公路工程标准规范理解与应用丛书

《公路土工试验规程》释义手册

王　园
　　　　编著
《公路土工试验规程》编写组

人民交通出版社

内 容 提 要

本书为《公路土工试验规程》(JTG E40—2007)(以下简称《规程》)宣贯读本,由《规程》编写组编著。本书对《规程》条文的编制理由、定量技术指标的出处进行了解释,介绍了在执行《规程》条文时应注意的事项,试验的基本理论、技术细节及以往的经验教训,还包括为方便使用《规程》而补充的有关技术资料或重要的论文、报告等。

本书可作为《公路土工试验规程》(JTG E40—2007)培训用书。亦可供从事土工试验,路基及边坡建设、施工、监理和质检的工程技术人员、管理人员学习参考。

阅读说明:本书内容体系与《规程》完全一致,《规程》条文以楷体字示出,《规程》条文释义以宋体字示出。

图书在版编目(CIP)数据

《公路土工试验规程》释义手册/《公路土工试验规程》编写组编著. —北京:人民交通出版社,2007.9
ISBN 978-7-114-06836-2

Ⅰ.公... Ⅱ.公... Ⅲ.道路工程-试验-规程-中国-手册 Ⅳ.U41-65

中国版本图书馆 CIP 数据核字(2007)第 144801 号

公路工程标准规范理解与应用丛书
书　　名:《公路土工试验规程》释义手册
著 作 者:王　园　《公路土工试验规程》编写组
责任编辑:刘　涛
出版发行:人民交通出版社
地　　址:(100011)北京市朝阳区安定门外外馆斜街 3 号
网　　址:http://www.ccpress.com.cn
销售电话:(010) 59757973,85285656
总 经 销:人民交通出版社发行部
经　　销:各地新华书店
印　　刷:北京鑫正大印刷有限公司
开　　本:720×960　1/16
印　　张:35
字　　数:649 千
版　　次:2007 年 9 月　第 1 版
印　　次:2016 年 10 月　第 4 次印刷
书　　号:ISBN 978-7-114-06836-2
印　　数:13001 – 15000 册
定　　价:66.00 元
(有印刷、装订质量问题的图书由本社负责调换)

前言

中华人民共和国交通行业标准《公路土工试验规程》(JTG E40—2007)(简称《规程》)于2007年10月1日施行。为配合《规程》的宣贯和实施,交通部公路科学研究院研究员王园博士(《规程》主编)编写了这部《〈公路土工试验规程〉释义手册》。该手册可供从事土工试验、路基及边坡建设、施工、监理和质检的工程技术人员、管理人员学习参考。

《公路土工试验规程》(JTJ 051—1993)(简称《93规程》)发布实施恰逢我国大规模建设低等级公路后期。由于当时人们在公路工程建设中,对公路岩土工程问题认识不足,以及低等级公路对公路线性、坡度等技术指标要求较低,使公路岩土工程问题并未引起足够的重视。与我国各相邻领域横向比较,《93规程》的综合水平,已滞后于水利、工业与民用建筑、地质、冶金、铁路等各工程建设领域相关规程的技术水平。

自20世纪90年代以来,公路建设以前所未有的速度迅速发展。高速公路向西部、山区、高寒地区的建设投入逐步加大。公路建设频繁触及黄土、冻土、盐渍土、膨胀土等特殊土。高等级公路的高技术指标要求,使过去可以避让的许多公路岩土工程问题无法回避。《93规程》的许多内容和规定已不能够适应和满足我国新时期公路工程建设发展的需要。因此,对《93规程》进行了重新修订。

为方便工程技术人员学习《规程》,同步出版了《〈公路土工试验规程〉释义手册》。本书系统全面地讲解了土工试验的主要原理、技术理解和应当注意的问题等,为公路路基和边坡建设者提供更详细、具体的理论和试验细则指导,促进公路岩土工程技术进步。克服管理粗放、劳动强度较大、依赖经验和人海战术等缺点，建立集材料科学、散体结构学、试验科学、自动化系统科学以及工程经济学等多学科交叉融合的科学体系，打好基础，逐步实现我国公路建设的可持续发展。《〈公路土工试验规程〉释义手册》的出版不仅对《规程》条文的理解十分必要，而且有助于提高试验检测人员的理论技术水平和应对试验中突发技术问题的能力。

编制本书的目的之一是为了拓展我国广大土工试验检测人员的思路，便于大家在执行《规程》的工作中，逐步掌握《规程》中涉及的新试验和新方法的各个实施细节；在此基础上，深入钻研试验技能，有所发展、有所提高，并不断地取得更大的技术进步和技术创新。期待通过对《规程》的执行和本书的学习，不仅能够满足我国公路建设发展的实际需要，而且使我国新建公路路基和边坡的施工质量真正迈上一个新台阶，为公路运输车辆运行提供更加优质的服务。

本书全面系统地总结了我国十多年来，在土工试验技术方面所使用的新设备、新技术和新经验。全书分为31章，为了便于使用，各章与《规程》的各章完全对应，此外，增加了两个常用数据附件表，主要是为了满足不同环境下的试验需要。

本书主要内容有：规程条文的编制理由，定量技术指标的研究与解释，在执行《规程》条文时应注意的事项，试验的基本理论、技术细节及以往的经验教训，为方便使用《规程》补充的有关技术资料或重要的论文、报告等。

《规程》主要起草人：王园、谭春海、梁向前、李辉等。

本书的主编为王园。《规程》的主要编写和起草人员为本手册的编写组成员。

本书在编写过程中参考了部分文献资料，编者对文献作者的研究业绩和学术成就表示钦佩，在此向他们表示感谢！

在本书出版之际，编著者对交通部、人民交通出版社各级领导的支持与关心表示衷心感谢！由于此书的编写依据为《93 规程》，特对这部规程的所有参编者和参与审定的各位专家表示敬意和感谢！对全国实践《规程》并为之努力工作和作出贡献的专家、学者、工程技术人员和同行们表示真诚的谢意！

由于编著者的水平有限，加之岩土工程新技术、新设备发展很快，本书对国内外成功经验的总结亦不尽全面，疏漏和错误在所难免，敬请批评指正！

编著者

2007 年 8 月 28 日

目录 MULU

1 总 则

《公路土工试验规程》(JTG E40—2007)(简称本规程)包括87个测定土的基本工程性质的试验项目和一个土的工程分类方法标准。修订本规程的目的是使公路系统的试验室在进行土工试验时有一个统一的试验准则,使所有的试验及试验结果具有一致性和可比性。

共性技术要求系指土的物理、水理、力学和化学性质试验中带共性的要求或标准,内容涉及土性指标的选择、成果整理、指标换算和试验报告等,系参考其他部门经验并结合公路工程特点制定。

1.0.1 为测定土的基本工程性质,统一试验方法,并为公路工程设计和施工提供可靠的计算指标和参数,制定本规程。

《公路土工试验规程》(JTJ 051—93)(简称《93规程》)自1993年实施以来,已有14年的时间。在此期间,公路建设所涉及的岩土工程问题发生了巨大的变化,在低等级公路建设中可以避让的岩土工程问题,在高等级公路建设中由于线形、坡度等技术要求变得无法回避。随着公路建设穿越山区以及黄土、冻土等特殊土地区,要求《公路土工试验规程》提供更多、更可靠的计算参数和判定指标,同时测试技术也有了进一步的发展,因此有必要对原规程进行重新修订,使《公路土工试验规程》能够满足现时和未来一段时期的公路建设发展需要,规范公路土工测试标准,并使土工试验及试验结果具有一致性和可比性。

1.0.2 本规程适用于各类公路工程的地基土、路基土及其他路用土的基本工程性质试验。

我国建筑、水利、铁路、冶金等系统均有相应的土工试验规程或标准,基本内容与本规程基本相同。本规程在修订的过程中,特别注意到与国家标准的统一和合理衔接。但是由于公路建设的特点,有些试验方法的条件和评判指标不同,在某些具体的参数和规定上有一定的特殊要求,因此与其他行业的规定略有不同。在实际使用中应予以注意。

1.0.3 各项工程应编制合理的试验方案,采集代表性的试样,测算准确的数据和进行正确的资料分析整理,为设计和施工提供反映实际情况的各种土性指标。

土的工程分类是土工试验规程对土进行粒组和土的工程性质划分、试验规模和仪器划分的重要依据。本规程中土的工程分类系以国家标准《土的分类标准》

(GBJ 145—90)最新修订报批稿为基础并依照公路建设特性要求进行编制。各项基本试验遵照《土工试验方法标准》(GB/T 50123—1999),对《公路土工试验规程》(JTJ 051—93)进行了修订。

1.0.4 土工试验资料的分析整理按附录A进行,通过对样本(试验测得的数据)的研究,来估计总体(土体单元)的特征及其变化的规律性。

土工试验资料的分析整理,是提供真实有效、准确可靠的土性指标的重要环节。内容涉及数据记录的准确和客观性、成果整理、土性指标的选择、计算统计方法、误差分析、精度评价等。根据误差分析,对不合理的数据进行研究,分析其原因;在有条件的情况下,应进行一定的补充试验,以便决定对有疑问数据的取舍和更正。为便于使用,本规程仍保留了《93规程》的附录A部分。

1.0.5 土工试验检测报告,对不同类型和级配特征的土,应提供土的基本颗粒级配、液限和塑限指标;对于特殊土,还应提供描述特殊土基本特征的试验测试指标。

土工试验检测报告,均应包含土的最基本特性参数的描述。对于粗粒土和巨粒土必须进行颗粒分析试验,提供土样的颗粒级配粒组数据和级配特征曲线。对于细粒土除应进行颗粒分析试验,提供土样的颗粒级配粒组数据和级配特征曲线外,还应进行界限含水率试验,提供土样的液限、塑限和塑性指数等。这是可重复再现土工试验结果的基本条件,也是科学实验的基本要求。对于特殊土还应提供描述特殊土基本特征的试验测试指标。

1.0.6 公路土工试验除应符合本规程要求外,尚应符合国家和行业现行相关标准的规定。

在进行土工试验检测前,应对土工试验检测设备进行检查,仪器设备应符合《土工仪器的基本参数及通用技术条件》(GB/T 15406)的规定。根据国家计量法的要求,土工试验所用的仪器、设备应定期检定和校验。对通用仪器设备应按有关检定规程进行检定,对一些专用仪器设备应按相应的校验方法进行校验。

在执行本规程的过程中,对有些内容要求其符合现行国家标准《建筑地基基础设计规范》(GB 50007)、《湿陷性黄土地区建筑规范》(GBJ 25)、《膨胀土地区建筑技术规范》(GBJ 112)、《土的分类标准》(GBJ 145)、《岩土工程基本术语标准》(GB/T 50279)等,以及交通行业指南《盐渍土地区公路设计与施工指南》、《公路工程抗冻设计与施工技术指南》等的规定。

对于《公路土工试验规程》,应主要从试验目的和适用范围、使用的主要仪器设备、主要试验步骤和试验控制标准、试验成果整理方法、试验中应注意的问题,这五个方面进行总结、实践和认识。

土工试验主要解决的问题，是当土作为建筑物或建筑物的一部分时，对可能出现的变形、稳定和渗透等问题，在进行危害性验算、分析、评价时，对所需要的土的物理、力学、化学等特性指标进行合理规范地确定。因此，土工试验工作就是对于由特定各种颗粒粒径的松散集合体，当其作为建筑材料、建筑物或建筑物的一部分时，为了建筑物的运行安全和工程的设计、施工参数需要，采用规范统一的方法，获得这种具有特定级配特征和工程特点土体的物理、力学以及化学特性等指标。

与本规程有关的标准如下：

(1)国家标准《土工试验方法标准》(GB/T 50123—1999)；

(2)铁道部标准《铁路工程土工试验方法》(TBJ 102—1996)；

(3)水利部标准《土工试验规程》(SL 237—1999)；

(4)国家标准《土的分类标准》(GBJ 145—1990)；

(5)原冶金部标准《土工试验规程》(YBJ 42—1992)；

(6)原地质矿产部标准《土工试验规程》(DT—1992)；

(7)交通部标准《公路土工试验规程》(JTJ 051—1993)。

2 术语、符号

本章内容为新增内容。术语解释参考了《岩土工程基本术语标准》(GB/T 50279—1998)和《公路工程名词术语》(JTJ 002—1987)进行编写。

2.1 术 语

2.1.1 含水率 water content

土中水的质量与土颗粒质量的比值,以百分率表示。

在《93规程》中该名词称为"含水量"。近年来国内各行业和高等院校的教科书均将"含水量"改称为"含水率"。因此,修订后的规程也称"含水率"。该指标是土的物理性质试验指标之一。

2.1.2 密度 density

单位体积土的质量。

在土的工程性质中,密度表达的是湿密度、干密度、饱和密度以及浮密度这四种密度概念的泛指含义。该指标是土的物理性质试验指标之一。

2.1.3 孔隙率 porosity

土的孔隙体积与土总体积的比值,以百分率表示。

土的孔隙率和孔隙比虽然反映的都是孔隙体积在土体中的比率,但是它们反映的比率含义不同。这两个指标可以互相换算。它们都可以根据土的三大物理性质试验指标(含水率、湿密度和比重)换算得出,通常称该类指标为土的物理性质计算指标。土的物理性质计算指标共有六个(干密度、饱和密度、浮密度、孔隙率、孔隙比和饱和度)。

2.1.4 孔隙比 void ratio

土的孔隙体积与固体颗粒体积的比值。

土的体积包含孔隙体积和土粒体积,孔隙体积是孔隙气体积和孔隙水体积的总和。因此,土在通常情况下表现为三相体,即固相(土颗粒)、液相(土孔隙中的水分)和气相(土孔隙中的气体)。通常称这种土为湿土。当土中的孔隙被水充满(即土孔隙中无气体)时,该土即为两相体(固相和液相),该土称为饱和土。当土中的孔隙被气体充满(即土孔隙中无水分)时,该土也为两相体(固相和气相),但是称这种土为干土。

2.1.5 土粒比重 specific gravity of soil particle

土颗粒的质量与4℃蒸馏水的质量的比值。

土的比重也是土粒的密度与水在4℃时的密度比值,因此它在数值上与土粒的密度相同,但其物理含义不同。土的比重通常也称为土粒的比重,是一个无量纲量,而土粒的密度是一个有量纲量。它是土的三大物理性质试验指标(含水率、湿密度和比重)之一。

2.1.6 级配 gradation

土料按颗粒粗细的不同,将粒径相似、工程性质相近的颗粒划分为若干个粒组,土中各粒组的相对含量,即为土颗粒的级配。它是以不均匀系数 C_u 和曲率系数 C_c 来评价构成土的颗粒粒径分布曲线形态的一种概念。

级配是反映土颗粒几何组成特征的重要指标,它是描述土的最基本组成的指标,是土的工程分类、定名的主要依据之一。

2.1.7 稠度界限 consistency limit

黏性土随含水率的变化从一种状态变为另一种状态时的界限含水率。

稠度通常表现出的感观认识是黏性土的软、硬程度,基于土体的天然结构被破坏后的概念基础之上,土的不同稠度反映的是土所具有的不同状态。通常土的稠度状态分为固态、半固态、可塑态和液态(或流态),土的稠度状态常用五个稠度状态指标(缩限、塑限、液限、塑性指数和液性指数)来描述。缩限描述的是固态与半固态的界限含水率,塑限描述的是半固态与可塑态的界限含水率,液限描述的是可塑态与液态(或流态)的界限含水率,该三个指标也称为土的稠度界限指标。塑性指数反映了黏性土具有可塑性的含水率变化范围,间接表明土的强度随含水率改变而变化,综合表明了黏性土的粒度组成和矿物成分与水之间相互作用的特征。塑性指数的大小反映了土中黏粒含量的多少。液性指数反映了天然土体(地基土)的软硬程度。根据液性指数,可将天然地基土体的坚硬程度划分为坚硬、硬塑、可塑、软塑和流塑。

应当注意的是,因为液、塑限是用天然结构破坏后扰动土样来测定的,所以不能将土的结构性对强度的影响反映出来。多年来有许多业内研究者正在寻找直接使用天然状态的土测定稠度界限的量测新技术,并探讨土的力学性质与稠度之间的直接关系。

2.1.8 固结 consolidation

饱和土体在外荷载作用下，土体孔隙中水分逐渐排出，使土体体积减小、密度增长的过程。

土的固结过程是饱和土中孔隙水压力逐渐消散，有效应力逐渐增长的转换过程。《公路土工试验规程》中的固结是指饱和土体在侧限情况下的单向固结压缩变形。

饱和土体根据历史受力情况的不同，常分为正常固结土、超固结土和欠固结土。土体在自重作用下已压缩稳定，而后作用了上覆压力，现覆压力就是历史上所受到的最大固结压力，该土体就称为正常固结土，该土体的超固结比OCR(现覆压力与先期固结压力的比值)等于1；土体在自重作用下已压缩稳定，而后作用了上覆压力，现覆压力小于历史上所受到的最大固结压力，该土体就称为超固结土，该土体的超固结比OCR小于1；土体在自重作用下还未压缩稳定，而后又作用了现覆压力，该土体称为欠固结土，该土体的超固结比OCR等于1。

2.1.9 压缩系数 coefficient of compressibility

在K_0固结试验中，土试样的孔隙比减小量与有效压力增加量的比值。即e—p压缩曲线上某压力段的割线斜率，以绝对值表示。

压缩系数是土体在侧限情况下由单向压缩试验得出的土体压缩性试验指标。由于e—p压缩曲线不是一条直线，所以压缩系数不是一个常数，它随e—p压缩曲线与割线两交点的位置不同而改变。压缩系数适用于土在低压力(100～200kPa)工况下计算土体的压缩变形，通常用“正值”表示。

2.1.10 压缩指数 compression index

压缩试验所得土孔隙比与有效压力对数值关系曲线上直线段的斜率。即e—$\lg p$压缩曲线上大于先期固结压力后的直线段斜率。

压缩指数是土体在侧限情况下由单向压缩试验得出的土体在高压力(大于土的先期固结压力)情况下的压缩性试验指标。由于e—$\lg p$压缩曲线在高压力工况下是一条直线，所以压缩指数是一个常数。压缩指数适用于土在高压力(大于土的先期固结压力)工况下计算土体的压缩变形。(注：先期固结压力就是土体在历史上所受到的最大固结压力。)

2.1.11 压缩模量 constrained modulus

土体在侧限条件下受压时，竖向有效压力与竖向应变的比值。

压缩模量是根据土体在受力压缩前的孔隙比和土的压缩系数计算求出的压缩

性指标。因此压缩模量反映的是土体在侧限情况下单向压缩的工况条件。

2.1.12 回弹模量 modulus of resilience

土体在部分侧限条件下，卸载过程中的竖向压力与回弹应变的比值。

《公路土工试验规程》中的回弹模量是指在部分侧限的条件下单向加载、卸载测定土的回弹变形量，计算得出的土体弹性回弹变形的回弹模量。

2.1.13 渗透系数 coefficient of permeability

土中水渗流呈层流状态时，其流速与作用水力梯度成正比关系的比例系数。

渗透系数反映的是水流在渗透压力作用下通过土颗粒孔隙流动时，单位渗透坡降(水力坡降)的渗透流速。渗透系数的测定有两种试验方法：常水头渗透试验适用于渗透流速较大(水流状态为紊流状态)的土(粗粒土)，变水头渗透试验适用于渗透流速较小(水流状态为层流状态)的土(细粒土)。

2.1.14 抗剪强度 shear strength

土体在剪切面上所能承受的极限剪应力。

土的抗剪强度是土体抵抗剪切破坏的能力。土的抗剪强度常用抗剪强度指标凝聚力(内聚力)和摩擦角(内摩擦角)表述。根据土体的工作状态不同，选择不同的试验方法来确定土的抗剪强度指标。土的抗剪强度指标可通过直接剪切试验(快剪、慢剪、固结快剪)或三轴压缩试验(不固结不排水剪、固结排水剪、固结不排水剪)获得。若选用直接剪切试验方法，则应采用库仑强度理论整理试验数据。若选用三轴压缩试验方法，则应采用摩尔—库仑强度理论整理试验数据。土的抗剪强度指标按试验方法的不同可分为总应力强度指标和有效应力强度指标，这样就有总应力摩擦角和有效应力摩擦角以及总应力凝聚力和有效应力凝聚力。

在理论上，粗粒土颗粒之间不存在凝聚力，但是不论粗粒土的直接剪切试验还是三轴压缩试验，在成果整理上均出现凝聚力值，此时的凝聚力值实际反映的是粗粒土在剪切过程中，在剪切带内粗颗粒翻滚、咬合作用产生的部分抵抗剪切变形的力，该力通常称为咬合力。由于粗粒土在剪切过程中粗颗粒的翻滚、咬合对粗粒土剪切的摩擦和咬合效应分别有多大的贡献还很难说清，因此有些业内人士将粗粒土的抗剪强度指标统称为粗粒土的抗剪结构力指标。

2.1.15 无侧限抗压强度 unconfined compression strength

土体在无侧限条件下，抵抗轴向压力的极限强度。

无侧限抗压强度试验是三轴压缩试验的一个特例，即试样置于不受侧向限制的条件下进行的强度试验。此时试样所受到的小主应力为零，而大主应力的极限值为无侧限抗压强度。

无侧限抗压强度试验常用于测定饱和软黏土的灵敏度。灵敏度是原状土的无侧限抗压强度与扰动土的无侧限抗压强度之比。

目前使用的无侧限抗压强度仪一般有应力控制式和应变控制式两种。

2.1.16 有机质土 organic soil

土中有机质含量多于或等于总质量的5%且少于总质量的10%的土。

通常有机质土呈现黑色、暗色、青黑色或深绿色，有特殊的臭味，灼烧损失可达20%，大多有弹性、塑性，搓条时有海绵感，有的夹有植物纤维。

目前对土中有机质含量缺少公认的测试方法，各国的同类标准都按经验判别。如用土烘烤后液限的降低来判断，当烘烤后试样的液限小于烘烤前试样液限的1/3时，则认为试样为有机土。这是一种经验判断方法。

2.1.17 黄土 loess

主要由粉粒组成，呈棕黄或黄褐色，具有大孔隙和垂直节理特征的土。受水浸湿后产生湿陷的黄土，称为湿陷性黄土。

黄土在我国的西北、华北与东北的部分地区均有广泛的分布，它是具有某些特殊性质的黄色或褐黄色黏性土类。黄土中粉粒含量较多(大多在60%以上)，黏粒含量较少。粉粒之间多为黏粒与大量的可溶性盐类所胶结，致使黄土在天然状态下土质坚硬，压缩性较小，抗剪强度较高，承载能力较高。但有些黄土层中含有大量肉眼可见的大孔隙和竖向孔道，一旦浸水后土粒之间的大量可溶性盐类(例如碳酸钙和硫酸钙等)被溶解或软化，土粒薄膜水厚度加大，使粒间原有的连接受到破坏，土体突然发生明显变形。这种性质称为黄土的湿陷性。具有湿陷性的黄土称为湿陷性黄土。在自重压力下浸水发生湿陷的称为自重湿陷性黄土；在自重压力下浸水不发生湿陷的称为非自重湿陷性黄土。

2.1.18 膨胀土 expansive soil

富含亲水性矿物并具有明显的吸水膨胀与失水收缩特性的高塑性黏土。

膨胀土最显著的特征是遇水膨胀、失水收缩，也称为胀缩土。一般黏性土多具有程度不同的胀缩性。在实际工作中，要注意将膨胀性土与具有明显收缩性但无膨胀性或膨胀性极小的高含水率淤泥质土等软弱黏性土加以区别。

2.1.19 冻土 frozen soil

具有负温或零温度，并含有冰晶的土(石)。

冻土根据冻结状态持续时间可分为多年冻土(或永冻土)、隔年冻土和季节冻土(季冻土)。根据多年冻土的形成与存在的自然条件不同，将多年冻土分为高纬度多年冻土和高海拔多年冻土。按季节冻土与下卧土层的关系，将季节冻土分为季节冻结层和季节融化层。根据冻土所含盐类与有机质的不同，冻土可分为盐渍化冻土与冻结泥炭化土。根据变形特性，可将冻土分为坚硬冻土、塑性冻土与松散冻土。此外，根据冻土融沉性与土的冻胀性又可将冻土分为若干个亚类。如根据冻土冻胀率的大小可将冻土分为不冻胀、弱冻胀、冻胀、强冻胀和特强冻胀土五类，等等。

2.1.20 红土 laterite

石灰岩或其他岩浆岩经风化后形成的富含铁铝氧化物的褐红色粉土或黏土。

通常红黏土地区高温多雨，土中含有较多的铁质矿物，而那些铁、铝之类的不活泼元素，随水流的渗透，会沉淀在土壤中，经过进一步氧化，红色的氧化铁和褐色的氧化铝在土壤中渲染，由于土壤中氧化铁的含量大于氧化铝，所以土壤宏观呈现为红色，又由于受氧化铝的影响，红中略带灰色，成为砖红色，所以土壤也就成为红黏土。试验表明，红黏土的矿物成分以石英和水云母为主。这种土的天然含水率接近于塑限，粒间连接较强，因而这种土的天然孔隙比虽较大，但压缩性小，承载力高。许多红黏土的塑性指数较高，黏粒含量较多，有些地区的红黏土具有胀缩性。

2.1.21 盐渍土 saline soil

不同程度盐渍化土的总称。在公路工程中，一般指地表下 1.0m 内土中易溶盐含量平均大于 0.3%的土。

多数盐渍土的形成是由于当地地下水位过高、气候偏干、大地水分蒸发量较大，水气蒸发后留下大量可溶性盐分，导致地表土体富积盐，成为盐渍土。

我国盐渍土面积约为 1.0×10^{8}ha，其中现代盐渍土约占 37%，残积盐渍土约占 45%，潜在盐渍土约占 18%。我国盐渍土分布于辽、吉、黑、冀、鲁、豫、晋、新、陕、甘、宁、青、苏、浙、皖、闽、粤、内蒙古及西藏等 19 个省区。按自然地理条件及土壤形成过程，盐渍土划分为滨海湿润-半湿润海浸盐渍区、东北半湿润-半干旱草原-草甸盐渍区、黄淮海半湿润-半干旱旱作草甸盐渍区、甘新漠境盐渍区、青海极漠境盐渍区及西藏高寒漠境盐渍区等 8 个分区。

2.2 符 号

本规程相关符号见表 2-1。

表 2-1 符号和单位

名词、术语	符号	单位	名词、术语	符号	单位
时间	t	d,min,s	崩解量	A_t	%
温度(摄氏制)	t	℃	单位渗透流量	q	cm^3/s
含水率	w	%	承载比	CBR	%
湿土质量	m	g,kg	压缩系数	a	kPa^{-1}
干土质量	m_s	g,kg	体积压缩系数	a_v	kPa^{-1}
湿密度	ρ	$g/cm^3,kg/m^3$	压缩模量	E_s	kPa
干密度	ρ_d	$g/cm^3,kg/m^3$	回弹模量	E_0	kPa
土粒密度	ρ_s	$g/cm^3,kg/m^3$	固结系数	C_v	cm^2/s
土粒比重	G_s		固结度	U	%
孔隙比	e	%	时间因数	T_v	
孔隙率	n		相对下沉系数	i_m	
饱和度	S_r	%	自重湿陷系数	σ_{zs}	
土粒直径	d	mm	溶滤变形系数	δ_{wt}	
水的动力黏滞系数	n	kPa·s	湿陷起始压力	p_{sh}	kPa
砂的相对密度	D_r		垂直压力	p	kPa
最大孔隙比	e_{max}		轴向应变	δ_1	%
最小孔隙比	e_{min}		大主应力	δ_1	kPa
最大干密度	ρ_{dmax}	$g/cm^3,kg/m^3$	周围压力	δ_3	kPa
最小干密度	ρ_{dmin}	$g/cm^3,kg/m^3$	正应力	σ	kPa
液限	w_L	%	孔隙水压力	u	kPa
塑限	w_p	%	凝聚力	C	kPa
塑性指数	I_P		内摩擦角	φ	(°)
缩限	w_s	%	剪应力	τ	kPa
稠度	w_c		抗剪强度	S	kPa
体缩率	e_s	%	原状土无侧限抗压强度	q_u	kPa
最佳含水率	w_{op}	%	重塑土无侧限抗压强度	q_u'	kPa
自由膨胀率	δ_{ef}	%	灵敏度	S_t	
无荷载膨胀率	δ_e	%	冻土密度	ρ_f	g/cm^3
有荷载膨胀率	δ_{ep}	%	冻结温度	T	℃
膨胀力	p_e	kPa	冻土导热系数	λ	W/(m·K)
渗透系数	k	cm/s	未冻含水率	w_n	%
渗透速度	v	cm/s	冻胀率	η_f	%
t时间内渗透水量	Q	cm^3	冻土融化压缩系数	a	MPa^{-1}

本表内容主要为《93规程》中目录前的一页内容。由于修订后的规程增加了相关冻土、膨胀土、粗粒土、黄土以及湿化的试验方法,因此在修订后表中增加了无荷载膨胀率、有荷载膨胀率、膨胀力、崩解量、自重湿陷系数、溶滤变形系数、湿陷起始压力、冻土密度、冻结温度、冻土导热系数、未冻含水率、冻胀率和冻土融化压缩系数的名词、术语、符号和单位等的内容。

土是工程建设中最常遇到的具有散体性、易变形、复杂性和多孔性的物体，它由三相（固相、液相和气相）组成。

固相为土颗粒，液相为土中的水，气相为土中的气体。组成土的颗粒大小和矿物成分不同，可使土具有不同的工程性质。卵石、砾石和砂，具有较大的透水性，不具有黏性。颗粒细小的黏粒，多含黏土矿物，具有黏性，透水性较低。实际上很难对土颗粒逐粒测量它的大小，在工程上常常将工程性质和颗粒粒径相近的土颗粒划分为一个粒组。通常任何一种土都是由多种粒组所组成，人们将包含各种大小颗粒粒径并具有连续级配的土称为全粒径土，将包含各种大小颗粒粒径并具有不连续级配的土称为混合粒径土。

从工程意义上来说，土的液相即土中水，可分为结晶水、结合水和自由水。结晶水是存在于土颗粒矿物晶体内部的水。结合水是吸着在土颗粒表面呈薄膜状的水，受土粒表面引力的作用而不服从静水力学规律，其冰点低于0℃。结合水可分为强结合水（密度为 $2g/cm^3$，具有固体性质，能够抵抗剪切作用）和弱结合水（密度为 $1 \sim 2g/cm^3$），见图 2-A。自由水可分为毛细水（依靠水的表面张力和电化学引力运动，见图 2-B）和重力水（遵循重力势能规律运动）。

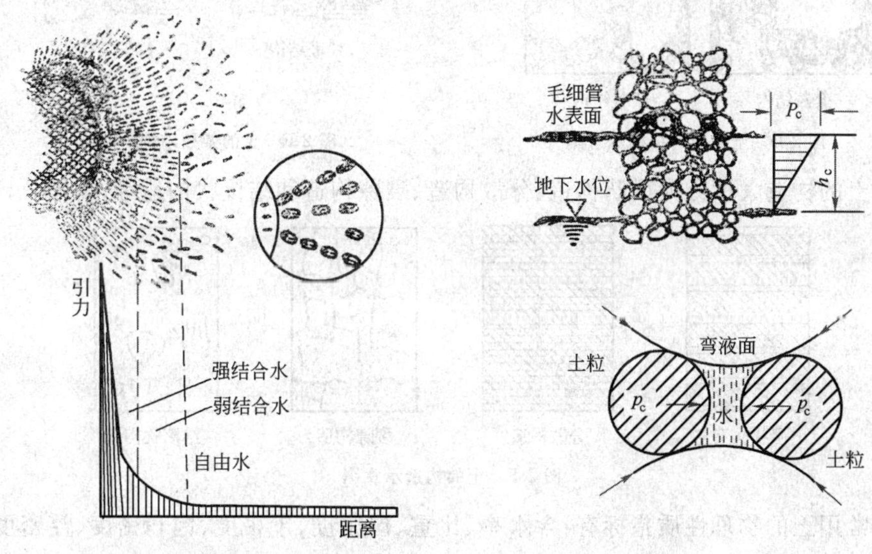

图 2-A　土中结合水示意图　　　　图 2-B　土中毛细水示意图

土中的气体可分为与大气相通的气体（称为水封闭气开敞系统）和与大气不相通的气体（称为气封闭水开敞系统）。土中的气体是指土颗粒孔隙中所含有的各种气体。

土的结构可分为单粒结构、蜂窝结构和架叠结构。单粒结构可分为紧密的单粒结构（也称为稳定的单粒结构）和疏松的单粒结构（也称为非稳定的单粒结构），见图 2-C。蜂窝结构可分为絮凝结构和絮状结构，见图 2-D。架叠结构可分为片堆结构（黏土颗粒以面与面形式堆叠）和片架结构（黏土颗粒以点和线的形式堆叠），见图 2-E。

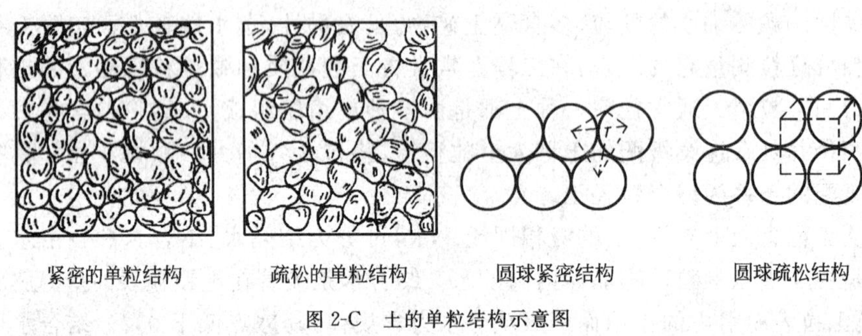

图 2-C　土的单粒结构示意图

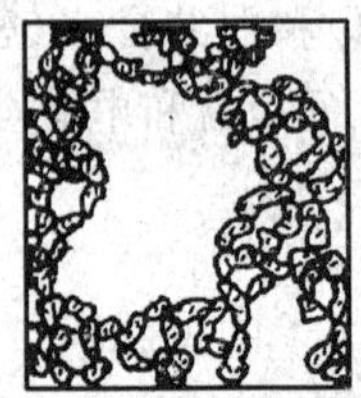

絮凝结构　　絮状结构

图 2-D　土的蜂窝结构示意图

片堆结构

片架结构

图 2-E　土的架叠结构示意图

土的构造大体分为层状构造、分散构造、裂隙构造和结核状构造等，见图 2-F。

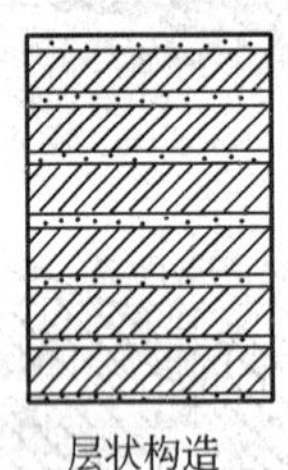

层状构造

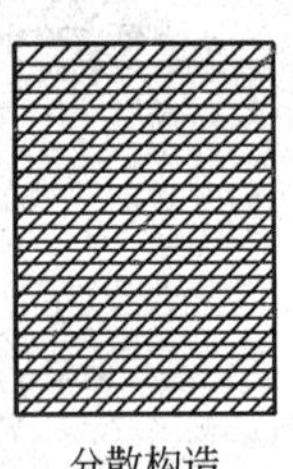

分散构造

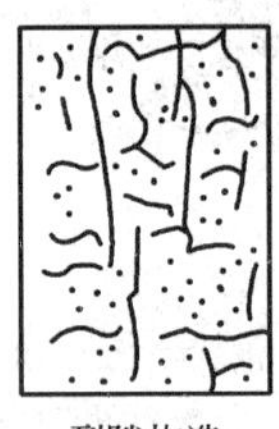

裂隙构造

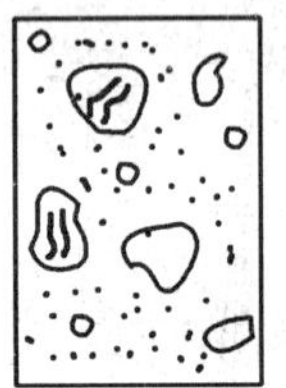

结核状构造

图 2-F　土的构造示意图

常用土的物理性质指标有：含水率、比重、湿密度、干密度、饱和密度、浮密度、孔隙率、孔隙比和饱和度这九个指标。其中前三个为试验指标，后六个为计算指标。

常用土的物理状态指标有：液限、塑限、缩限、塑性指数、液性指数和砂的相对密度等。前五个指标描述的对象是细粒土，见图 2-G，其中前四个指标是土体经过扰动后由试验获得的。土的塑性指数越大，则黏粒含量越多，见图 2-H。最后一个指标描述的对象是砂土。液性指数和砂的相对密度均用于评价天然土层的物理状态。

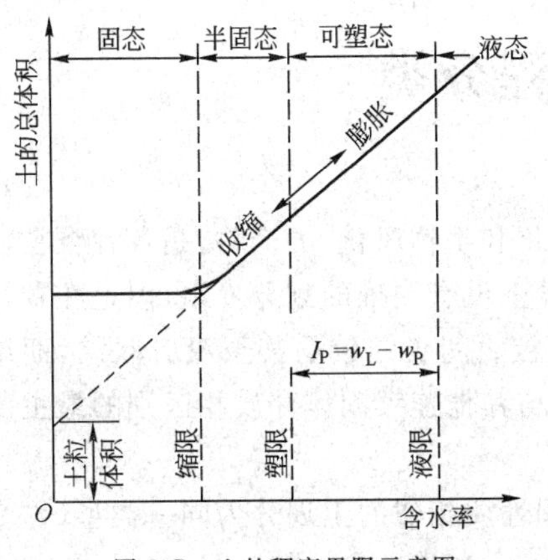

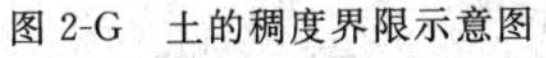

图 2-G 土的稠度界限示意图

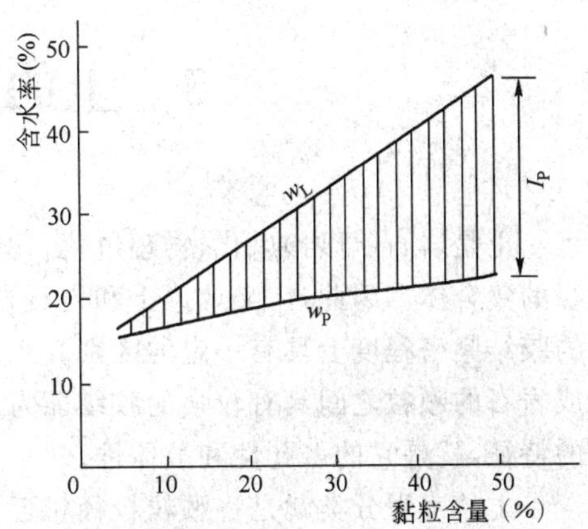

图 2-H 土的塑性指数与黏粒含量关系

常用土的力学性指标有:压缩系数、压缩指数、固结系数、抗剪强度指标(凝聚力、内摩擦角)、承载比、回弹模量、无侧限抗压强度以及黄土湿陷性指标、土的膨胀性指标、冻土特性指标等。通常"压缩"描述的是非饱和土体,"固结"描述的是饱和土体。

常用土的水理性指标有:渗透系数、湿化崩解量、毛细管水上升高度等。

此外,还有土中化学成分的测定指标以及土中矿物成分的测定指标等。

3　土的工程分类

土是岩石(母岩)风化(物理风化、化学风化和生物风化)的产物,是各种颗粒粒径的集合体。因此,广义地说土和岩石在尺度上没有明确的划分界限,但是在颗粒的胶结紧密程度上具有一定的区别。土的颗粒之间胶结较弱甚至没有联结,而组成岩石的颗粒之间具有较强的胶结能力。土与其他连续固体介质相区别的最主要的特征,就是它的多孔性和散体性。

土的工程分类就是将颗粒粒径相近、工程性质相似的土划分为同一类型(称为粒组),并为"土"分类定名奠定基础。

3.1　一般规定

3.1.1　土的工程分类(简称"分类")适用于公路工程用土的鉴别、定名和描述,以便对土的性状作定性评价。

本"分类"以《土的分类标准》(GBJ 145—90)的最新修订报批稿为基础,为公路岩土工程进行分类而编制,属专门分类标准。内容包括对土类进行鉴别,确定其名称和代号,并给以必要的描述。目的是统一公路工程用土的名称,并对土的工程性质加以定性。

3.1.2　应以土的下列特征作为土的分类依据:

(1)土颗粒组成特征。

(2)土的塑性指标:液限(w_L)、塑限(w_P)和塑性指数(I_P)。

(3)土中有机质存在情况。

土的工程分类是土工试验方法的内容之一,故分类试验应遵照本规程有关试验项目中规定的方法和要求进行。

3.1.3　本"分类"应按筛分法(T 0115—1993)确定各粒组的含量;按液限塑限联合测定法(T 0118—2007)确定液限和塑限;按本方法 3.4.8 判别有机质存在情况。

本"分类"将土分为巨粒土、粗粒土、细粒土和特殊土,可以满足一般的工程需要。由于土分类系按扰动试样进行,因此,土的天然状态如密度的疏、密,含水状态的干、湿,结构状态的成层或各向异性,历史应力为正常固结或超固结等,分类中均无法统筹考虑。为此,像软土等类型的土没有列入本标准。土的地质成因对土的性质有一定影响，但目前还没有反映这种因素的定量指标，而且属于同一成因的土类，其性质也会千差万别，所以绝大多数分类都不按成因划分土类。填土实际上是一种无确定概念的材料，可以是本“分类”所包括的各种土类，也可以是建筑房渣或工业弃料。遇到这种情况，建议在试样描述中详细记录说明。盐渍土是我国西北地区分布较广的土类，本“分类”仍将其保留在特殊土中。随着高速公路在华北、西北和青藏高原的建设，冻土病害问题突显出来，本“分类”将冻土的相关内容写入特殊土中。

3.1.4　土的颗粒应根据图 3-1 所列粒组范围划分粒组。

200　60　20　5　2　0.5　0.25　0.075　0.002(mm)

巨粒组		粗粒组						细粒组	
漂石（块石）	卵石（小块石）	砾（角砾）			砂			粉粒	黏粒
		粗	中	细	粗	中	细		

图 3-1　粒组划分图

粗粒土的性质主要取决于土颗粒的粒径分布和特征，而细粒土的性质却主要取决于土粒和水相互作用的状态，即土的塑性。土中有机质对土的工程性质也有影响。土颗粒的分布特征可用筛分法确定，土的塑性指标易于借常规试验测定。这些特征和指标也可在现场凭目测和触感的经验方法估计。根据这些特征和指标判别土类，既能反映土的主要物理力学性质，操作也方便。

3.1.5　本“分类”将土分为巨粒土、粗粒土、细粒土和特殊土，分类总体系见图 3-2。

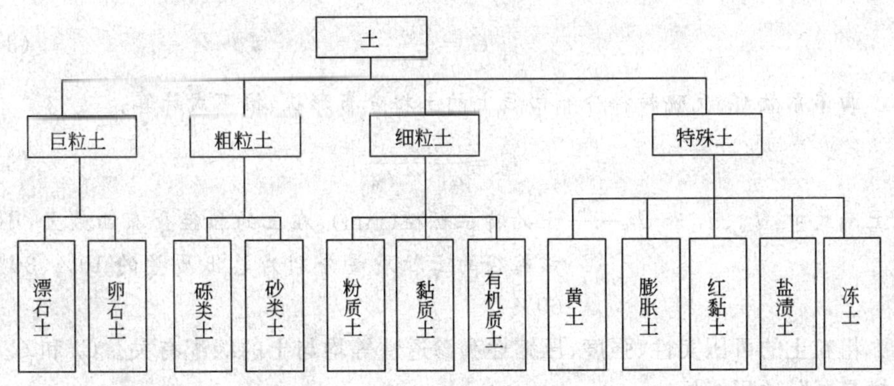

图 3-2　土分类总体系

粒组划分界限系反映土的某些性质改变的粒径值，如具有分子运动、毛细管水上升、亲水性、渗透性等。本“分类”采用的粒组范围主要是根据国外标准并结合国内各相邻行业的实际应用而规定的。关于粗粒与细粒的界限粒径，目前国内相关行业和 GBJ 145—1990 的最新修订报批稿均采用 0.075mm 作为细粒上限(或粗粒的下限)。对目前使用的 0.075mm 和 0.074mm 土壤筛的筛孔进行 40 倍的放大测量表明，筛孔实测孔径为 0.065～0.095mm。鉴于此，0.075mm 和 0.074mm 土壤筛的筛孔尺寸精度没有本质的区别，此次修订以 0.075mm 作为土的粗粒与细粒的分界粒径。关于黏粒与粉粒的交界粒径，目前国内相关行业和 GBJ 145—1990 采用 0.005mm 作为黏粒上限(或粉粒的下限)；同时鉴于《93 规程》对 0.074mm以下土颗粒分析试验中不进行刻度及弯月面校正，而本次修订已同其他行业一致均进行了刻度及弯月面校正等，再考虑到实际试验中的不可控制误差因素以及国标和相邻行业标准，同时考虑到小于 0.075mm 以下土的颗粒分析试验精度也无法达到可靠的 0.003mm 精度，因此在修订初期考虑将 0.005mm 作为粘黏与粉粒的分界粒径。但在规程修订的征求意见和审查阶段业内专家提出了不同的意见，认为在讨论膨胀土的工程性能方面，0.002mm 粒径是反映膨胀土性质变化的标志，所以规程修订审查会最后决定，此次修订后的土的工程分类仍然保留按 0.002mm 作为黏粒与粉粒的分界粒径。

通常在胶体化学中，粒径小于 0.0001mm 的颗粒，称为胶体颗粒。对土而言，粒径小于 0.005mm 的黏土粒，在化学性质上已具有或类似胶体颗粒的特性。

3.1.6 土颗粒组成特征应以土的级配指标的不均匀系数(C_u)和曲率系数(C_c)表示：

不均匀系数 C_u 反映粒径分布曲线上的土粒分布范围，按下式计算：

$$C_u=\frac{d_{60}}{d_{10}} \tag{3-1}$$

曲率系数 C_c 反映粒径分布曲线上的土粒分布形状，按下式计算：

$$C_c=\frac{{d_{30}}^2}{d_{10}\times d_{60}} \tag{3-2}$$

以上两式中：d_{10}、d_{30}和 d_{60}——土的特征粒径(mm)，在土的粒径分布曲线上，小于该粒径的土粒质量分别为总土质量的 10%、30%、60%。

粗粒土的可压实性、强度、压缩性和渗透性等均与土的级配有关。C_u 和 C_c 两指标是国际通用指标。

3.1.7 细粒土应根据塑性图分类。土的塑性图以液限(w_L)为横坐标、塑性指数(I_P)为纵坐标构成。

塑性图是美、英、日、德等国长期用于细粒土分类的标准，国际上称它为卡氏

(Gasagrande)塑性图。图中的液限是由国外广泛应用的卡氏碟式仪测定的。鉴于国标《土的分类标准》(GBJ 145—1990)的最新修订报批稿采用了质量为76g、锥角为30°、入土深度为17mm的液限标准 w_L 和 w_{L10}，w_L 与碟式仪液限时的不排水强度等效，本规程中测定土的液限采用碟式仪或相当于76g锥入土深度17mm的方法；考虑到100g锥入土深度20mm是公路交通系统的研究成果，并且该两种方法的试验结果等效，在本次修订中将两种方法同时列出，均可采用图3-7的塑性图进行分类。为了不使分类过细，仍如《土的分类标准》(GBJ 145—1990)一样，塑性图只采用A、B两条线，A线上有机土分别用CHO和CLO表示。

3.1.8 土的成分、级配、液限和特殊土等基本代号应按下列规定构成：

(1)土的成分代号

漂石 B

块石 B_a

卵石 Cb

小块石 Cb_a

砾 G

角砾 G_a

砂 S

粉土 M

黏土 C

细粒土(C和M合称) F

(混合)土(粗、细粒土合称) Sl

有机质土 O

(2)土的级配代号

级配良好 W

级配不良 P

(3)土液限高低代号

高液限 H

低液限 L

(4)特殊土代号

黄土 Y

膨胀土 E

红黏土 R

盐渍土 St

冻土　　　　　　　　　　　　Ft

本"分类"采用的各种代号和国外采用的相同。只是几种特殊土的代号系本规程所规定,以免与其他代号相混。国际上对漂石与块石、卵石与小块石、砾石与角砾均用同一代号表示,不易区分,建议用棱角形"angular"的第一个字母"a"作为B、Cb和G的脚标加以区分,即块石为B_a、小块石为Cb_a、角砾为G_a。

3.1.9　土类名称可用一个基本代号表示。

当由两个基本代号构成时,第一个代号表示土的主成分,第二个代号表示副成分(土的液限或土的级配)。

当由三个基本代号构成时,第一个代号表示土的主成分,第二个代号表示液限的高低(或级配的好坏),第三个代号表示土中所含次要成分。

土类的名称和代号见表3-1。

表3-1　土类的名称和代号

名　称	代　号	名　称	代　号	名　称	代　号
漂石	B	级配良好砂	SW	含砾低液限黏土	CLG
块石	B_a	级配不良砂	SP	含砂高液限黏土	CHS
卵石	Cb	粉土质砂	SM	含砂低液限黏土	CLS
小块石	Cb_a	黏土质砂	SC	有机质高液限黏土	CHO
漂石夹土	BSl	高液限粉土	MH	有机质低液限黏土	CLO
卵石夹土	CbSl	低液限粉土	ML	有机质高液限粉土	MHO
漂石质土	SlB	含砾高液限粉土	MHG	有机质低液限粉土	MLO
卵石质土	SlCb	含砾低液限粉土	MLG	黄土(低液限黏土)	CLY
级配良好砾	GW	含砂高液限粉土	MHS	膨胀土(高液限黏土)	CHE
级配不良砾	GP	含砂低液限粉土	MLS	红土(高液限粉土)	MHR
细粒质砾	GF	高液限黏土	CH	红黏土	R
粉土质砾	GM	低液限黏土	CL	盐渍土	St
黏土质砾	GC	含砾高液限黏土	CHG	冻土	Ft

表3-1原为《93规程》附录B的内容,并增加了盐渍土和冻土的名称和代号。

3.2　巨粒土分类

3.2.1　巨粒土应按图3-3定名分类。

(1)巨粒组质量多于总质量75%的土称漂(卵)石。

(2)巨粒组质量为总质量50%～75%(含75%)的土称漂(卵)石夹土。

与国外分类相比，巨粒土分类体系是我国分类标准的特色之一。本分类仍沿用《93规程》并参考国标《土的分类标准》(GBJ 145—1990)的最新修订报批稿将含巨粒的土分为三档：

土中巨粒组质量超过总质量50%的土称巨粒土，这时巨粒在上中起骨架作用，决定着土的主要性状。

土中巨粒组质量为总质量15%～50%(含50%)时，土占优势，巨粒部分起骨架作用，部分起充填作用，笼统称为漂(卵)石质土。

土中巨粒组质量少于总质量15%时，巨粒体积将不足试样总体积的10%，可视为散布在土内的零星颗粒，对土的总体性状不致有明显影响，故可舍去不计，扣除巨粒后土样按粗粒土或细粒土的相应规定分类定名。

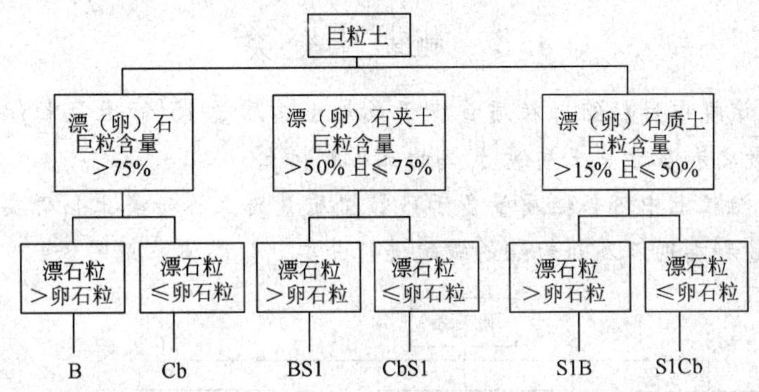

图 3-3　巨粒土分类体系

注：1. 巨粒土分类体系中的漂石换成块石，B 换成 B_a，即构成相应的块石分类体系。

2. 巨粒土分类体系中的卵石换成小块石，Cb 换成 Cb_a，即构成相应的小块石分类体系。

(3)巨粒组质量为总质量15%～50%(含50%)的土称漂(卵)石质土。

土中巨粒组质量多十试样总质量75%时，它们在土中所占体积已超过2/3，形成了骨架，对土的性状起主宰作用，这类土应称(纯)巨粒土。

(4)巨粒组质量少于或等于总质量15%的土，可扣除巨粒，按粗粒土或细粒土的相应规定分类定名。

巨粒组为总质量的50%～75%(含75%)，巨粒虽起主要作用，但土料的影响也不可忽视，为简化起见，定名为漂(卵)石夹土。

3.2.2　漂(卵)石按下列规定定名：

(1)漂石粒组质量多于卵石粒组质量的土称漂石，记为B。

漂石质量多于卵石质量的土称漂石。

(2)漂石粒组质量少于或等于卵石粒组质量的土称卵石，记为Cb。

漂石质量少于或等于卵石质量的土称卵石。

3.2.3 漂(卵)石夹土按下列规定定名:

(1)漂石粒组质量多于卵石粒组质量的土称漂石夹土,记为BSl。

(2)漂石粒组质量少于或等于卵石粒组质量的土称卵石夹土,记为CbSl。

漂(卵)石夹土的划分也基于上述考虑。

3.2.4 漂(卵)石质土应按下列规定定名:

(1)漂石粒组质量多于卵石粒组质量的土称漂石质土,记为SlB。

(2)漂石粒组质量少于或等于卵石粒组质量的土称卵石质土,记为SlCb。

(3)如有必要,可按漂(卵)石质土中的砾、砂、细粒土含量定名。

漂(卵)石质土也是基于上述考虑并根据习惯概念分类定名。

3.3 粗粒土分类

3.3.1 试样中巨粒组土粒质量少于或等于总质量15%,且巨粒组土粒与粗粒组土粒质量之和多于总土质量50%的土称粗粒土。

3.3.2 粗粒土中砾粒组质量多于砂粒组质量的土称砾类土。砾类土应根据其中细粒含量和类别以及粗粒组的级配进行分类。分类体系见图3-4。

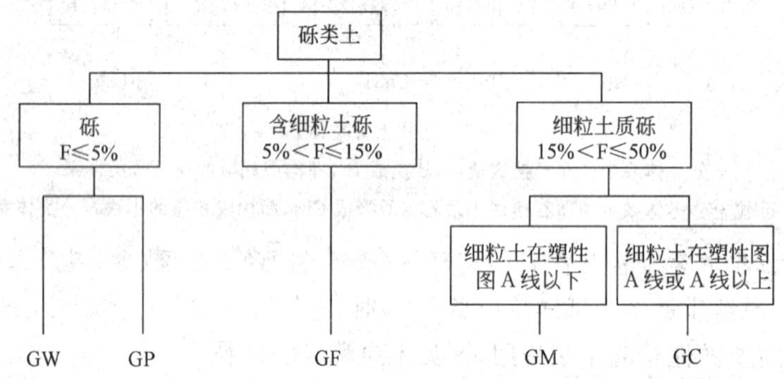

图3-4 砾类土分类体系

注:砾类土分类体系中的砾石换成角砾,G换成G_a,即构成相应的角砾土分类体系。

(1)砾类土中细粒组质量少于或等于总质量5%的土称砾,按下列级配指标定名:

①当$C_u \geqslant 5$,且$C_c = 1 \sim 3$时,称级配良好砾,记为GW。

②不同时满足3.3.2(1)中的①条件时,称级配不良砾,记为GP。

(2)砾类土中细粒组质量为总质量5%~15%(含15%)的土称含细粒土砾,记为GF。

(3)砾类土中细粒组质量大于总质量的15%,并小于或等于总质量的50%的土称细粒土质砾,按细粒土在塑性图中的位置定名:

①当细粒土位于塑性图 A 线以下时，称粉土质砾，记为 GM。

②当细粒土位于塑性图 A 线或 A 线以上时，称黏土质砾，记为 GC。

砾类土按其中含细粒组的多少可分为三档。当细粒组含量少于 5%时，细粒对砾类土性质无甚影响，应认为是(纯)砾。此时级配对土的性质有明显影响，应予考虑。本“分类”采用的两个级配指标和界限系根据我国长期工程经验，并参考国外主要标准确定的。

3.3.3 粗粒土中砾粒组质量少于或等于砂粒组质量的土称砂类土。砂类土应根据其中细粒含量和类别以及粗粒组的级配进行分类。分类体系见图 3-5。

砂类土的分类定名和砾石土一一对应，这符合一般习惯推理。

根据粒径分组由大到小，以首先符合者命名。

(1)砂类土中细粒组质量少于或等于总质量 5%的土称砂，按下列级配指标定名：

①当 $C_u \geqslant 5$，且 $C_c = 1 \sim 3$ 时，称级配良好砂，记为 SW。

②不同时满足本方法 3.3.3(1)中的①条件时，称级配不良砂，记为 SP。

(2)砂类土中细粒组质量为总质量 5%～15%(含 15%)的土称含细粒土砂，记为 SF。

(3)砂类土中细粒组质量大于总质量的 15%，并小于或等于总质量的 50%的土称细粒土质砂，按细粒土在塑性图中的位置定名：

①当细粒土位于塑性图 A 线以下时，称粉土质砂，记为 SM。

②当细粒土位于塑性图 A 线或 A 线以上时，称黏土质砂，记为 SC。

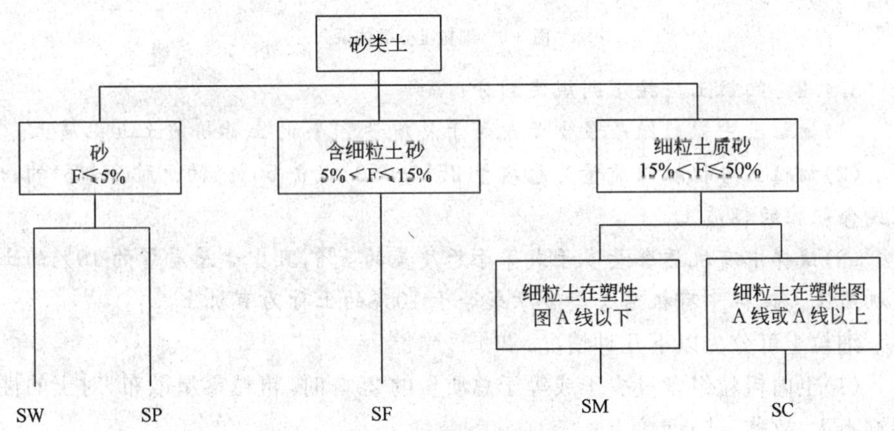

图 3-5 砂类土分类体系

注：需要时，砂可进一步细分为粗砂、中砂和细砂。

粗砂——粒径大于 0.5mm 颗粒多于总质量 50%；

中砂——粒径大于 0.25mm 颗粒多于总质量 50%；

细砂——粒径大于 0.075mm 颗粒多于总质量 75%。

3.4 细粒土分类

3.4.1 试样中细粒组土粒质量多于或等于总质量50%的土称细粒土。分类体系见图3-6。

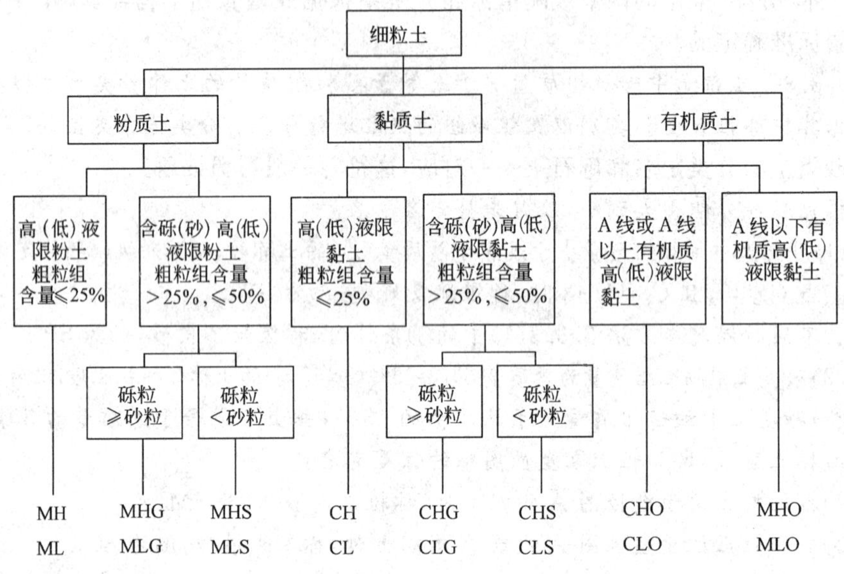

图3-6 细粒土分类体系

3.4.2 细粒土应按下列规定划分:

(1)细粒土中粗粒组质量少于或等于总质量25%的土称粉质土或黏质土。

(2)细粒土中粗粒组质量为总质量25%~50%(含50%)的土称含粗粒的粉质土或含粗粒的黏质土。

(3)试样中有机质含量多于或等于总质量的5%,且少于总质量的10%的土称有机质土。试样中有机质含量多于或等于10%的土称为有机土。

细粒土可分为以下几种情况:

(1)土内粗粒组含量少于或等于总质量的25%时,粗粒零星散布,对土的性质影响不大,故称(纯)细粒土。

(2)土内粗粒组含量为总质量的25%~50%(含50%)时,粗粒已能起部分骨架作用,对土的性状有相当影响,理应在定名时予以反映。

(3)有机质成分对土的物理力学性质有不同程度的影响,分类时应予以反映。

根据本标准的土分类体系,这里仍将《93规程》原老土名与现分类土名对照表列出，如表 3-A，以便于大致对照。鉴于老土名系按颗粒组成机械地划分，不同于新的分类体系，要完全套用新土名和代号是有困难的，因此，只能作大致的对照。从表 3-A 可以看出，一个老土名可能出现两个新土名，表明老分类法的不合理性。

表 3-A　新老土名对照表

老土组	老土名	颗粒组成（按质量%计）		塑性指数 I_P	液限（%）w_L	新土名		土名代号	砂粒含量（%）
		砂粒（2～0.074mm）	黏粒（<0.002mm）						
砂土	砂土	>80	0～3				砂 含细粒土砂	S SF	
砂性土	粉质砂土 粗亚砂土 细亚砂土	50～80 >50 粗砂 多于细砂 >50 细砂 多于粗砂	0～3 3～10 3～10			细粒土质砂	粉土质砂	SM	
粉性土	粉质亚砂土 粉土	20～50 <20	0～10 0～10	>2 >2	<50	粉质土	含砂低液限粉土 低液限粉土	MLS ML	
	粉质轻亚黏土 粉质重亚黏土	<45 <40	10～20 20～30	>10 >18	<50		含砂低液限粉土 低液限黏土	MLS CL	>25
黏性土	轻亚黏土 重亚黏土	>45 >40	10～20 20～30	>10 >18	<50	黏质土	黏土质砂 含砂低液限黏土	SC CLS	>50 >25
	轻黏土 重黏土	<70 <45	30～50 >50	>26 >50	>50		高液限黏土质砂 含砂高液限黏土 高液限黏土	SCH CHS CH	>50 >25

大量试验表明，当细粒土是由黏粒和粉粒组成时，粉粒中黏粒含量少于 10% 可能会表现出粗粒土的工程特性，而当黏粒含量达 10%～25%就有可能表现出明显的黏土性状。因此，粉土是一种工程性质很不稳定的土类，具有两面性，它依土中黏粒含量的多少表现出砂土或黏土的特征。

3.4.3　细粒土应按塑性图分类。本"分类"的塑性图（见图 3-7）采用下列液限分区：

低液限　$w_L<50\%$

高液限　$w_L\geq50\%$

利用塑性图进行细粒土分类的依据见本方法 3.1.7 说明。图中土类划分界限是按国际上广泛应用的碟式液限仪的试验标准和我国以往长期采用的按塑性指数

I_P 分类的标准确定的。图 3-7 中 $I_P=7$ 和 $I_P=4$ 两条横虚线之间的区域系过渡区，可能由低液限粉土 ML 过渡为低液限黏土 CL。该区域是根据碟式液限仪的试验结果为依据进行划分的。《93 规程》塑性图中采用的 $I_P=10$ 和 $I_P=6$ 两条横虚线系按理论液限值（也就是土的抗剪强度指标内摩擦角为零时土所具有的含水率）推算出来的。

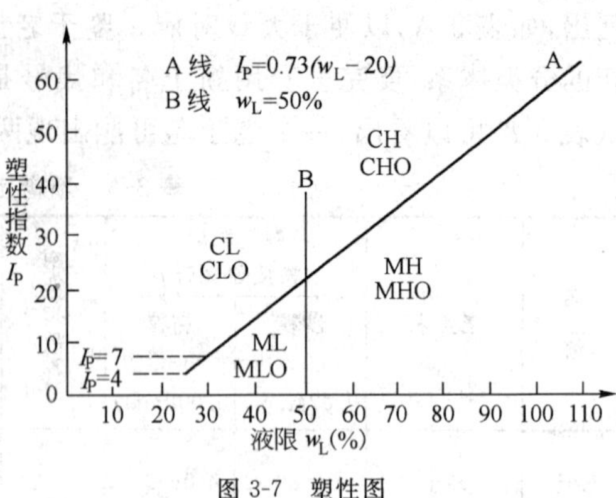

图 3-7 塑性图

应当特别注意的是，对于 $I_P<10$ 且 $w_L<15\%$，这一范围的土相关试验得出的液限值很不准，因此塑性图中的这一区域不能使用。

3.4.4 细粒土应按其在图 3-7 中的位置确定土名称：

(1)当细粒土位于塑性图 A 线或 A 线以上时，按下列规定定名：

在 B 线或 B 线以右，称高液限黏土，记为 CH；

在 B 线以左，$I_P=7$ 线以上，称低液限黏土，记为 CL。

(2)当细粒土位于 A 线以下时，按下列规定定名：

在 B 线或 B 线以右，称高液限粉土，记为 MH；

在 B 线以左，$I_P=4$ 线以下，称低液限粉土，记为 ML。

(3)黏土～粉土过渡区（CL～ML）的土可以按相邻土层的类别考虑细分。

当分类指标有时正好位于划分界限上时，应该从工程安全角度出发，确定土名称。通常分类遇搭界情况时，可按下列规则定名：

(1)土中粗、细粒组质量相同时，定名为细粒土。

(2)土正好位于塑性图 A 线上，定名为黏土。

(3)土正好位于塑性图 B 线上，当其在 A 线以上时，定名为高液限黏土；当其在 A 线以下时，定名为高液限粉土。

3.4.5 本"分类"确定的是土的学名和代号，必要时，允许附列通俗名称或当地习惯名称。

这样可以使不同行业和不同地区及不同方言对同类型土方便地描述交流。

3.4.6 含粗粒的细粒土应先按本方法 3.4.4 的规定确定细粒土部分的名称，再按以下规定最终定名：

(1)当粗粒组中砾粒组质量多于砂粒组质量时，称含砾细粒土，应在细粒土代号后缀以代号“G”。

(2)当粗粒组中砂粒组质量多于或等于砂粒组质量时，称含砂细粒土，应在细粒土代号后缀以代号“S”。

3.4.7 土中有机质包括未完全分解的动植物残骸和完全分解的无定形物质。后者多呈黑色、青黑色或暗色；有臭味；有弹性和海绵感。借目测、手摸及嗅感判别。

当不能判定时，可采用下列方法：将试样在105～110℃的烘箱中烘烤。若烘烤24h后试样的液限小于烘烤前的四分之三，则该试样为有机质土。当需要测有机质含量时，按有机质含量试验(T0151—1993)进行。

土中有机质成分可能是未完全分解的动植物残骸，也可能是经过完全分解而失去原成分性质的深色无定形物质，通常可由外观识别。目前对有机质含量缺少公认的测试方法，故各国的同类标准都按经验判别，用土烘烤后液限的降低来判别，就是经验方法之一。

3.4.8 有机质土应根据图3-7按下列规定定名：

(1)位于塑性图A线或A线以上时：

在B线或B线以右，称有机质高液限黏土，记为CHO；

在B线以左，I_P=7线以上，称有机质低液限黏土，记为CLO。

(2)位于塑性图A线以下：

在B线或B线以右，称有机质高液限粉土，记为MHO；

在B线以左，I_P=4线以下，称有机质低液限粉土，记为MLO。

(3)黏土～粉土过渡区(CL～ML)的土可以按相邻土层的类别考虑细分。

根据我国各地4 000余组有机质土的塑性指数I_P和液限w_L(76g锥液限标准)回归分析，得它们在塑性图上的分布如图3-A。其中沿海和内陆冲积河漫滩相的有机质土位于A线以上，而内陆湖泊相沉积的有机质土则位于A线以下。A线以上有机质土的烧失量一般为5%～10%，A线以下的则均在15%以上，而且距A线愈远，烧失量愈大。1983年，美国ASTM修订土分类标准时，也发现A线以上有有机质土存在；英国BSCS—1981同样承认了这个事实。我国杨可铭早在1981年就提出了

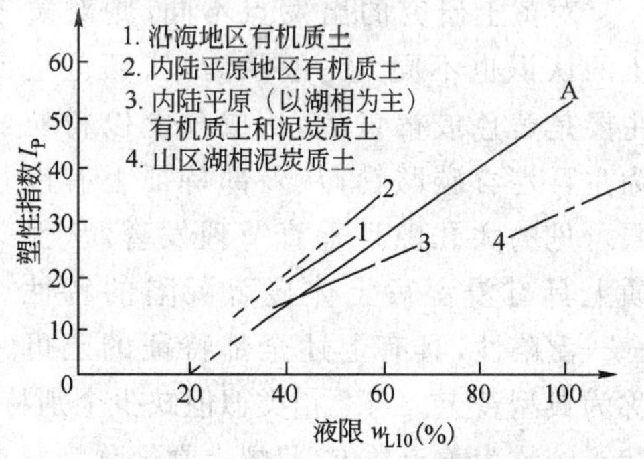

图3-A 有机质土在塑性图上的分布

(杨可铭，1981)

这样的研究成果。A线以上的有机质土仍按细粒土分类，只是在土类代号后缀以有机质代号“O”。

3.5 特殊土分类

即将颁布的新修订的国标《土的分类标准》已将特殊土部分内容删除。理由是“土的分类”是从土的颗粒级配和稠度状态特性出发的分类体系，是土的基本分类。对于特殊土（如膨胀土、湿陷性黄土、盐渍土，以及固体废弃物等），其性质与其成因、环境、状态、结构性等有关，此外还应根据其特殊性（如胀缩特性、湿陷性、有机质含量等）进行分类。因此，特殊土按“土的基本分类”进行分类理由不充分。并且还明确指出特殊土的特殊性质不是其颗粒粒径及塑性指标所能完全反映的。

但是，考虑到公路工程的特点和各类特殊土存在的现实情况，在实际工程中也不可能回避该类问题。为此，本规程在修订中仍然保留了“特殊土分类”一节。

3.5.1 本“分类”给出黄土、膨胀土和红黏土在塑性图中的位置及其学名，以及盐渍土的含盐量标准和冻土的分类标准。

本规程对特殊土在塑性图上的分布位置是根据我国大量实测资料统计后得到的，国外尚未发现过类似的成果。由于不同特殊土的成因、矿物成分、结构与一般土有别，因此，它们在塑性图上各占据一定的范围是理所当然的。

3.5.2 黄土、膨胀土和红黏土按图3-8定名。

(1)黄土：低液限黏土(CLY)，分布范围：大部分在A线以上，$w_L<40\%$。

黄土在粒度上粉粒含量高，其中的黏土矿物成分以次生的高岭石为主，故主要集中于A线以上的低液限区。

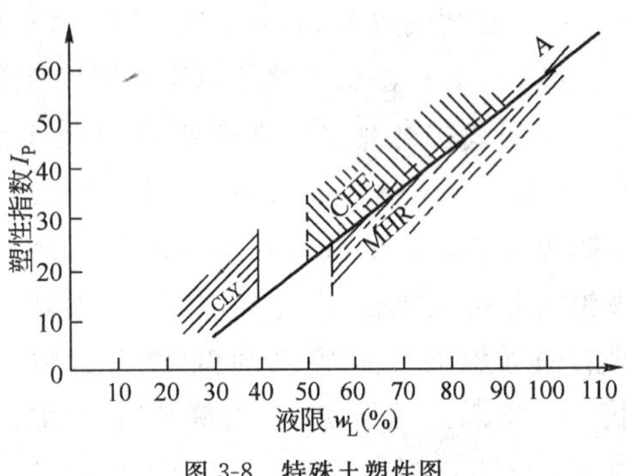

图3-8 特殊土塑性图

对黄土研究的出发点不同，则对黄土的认识也不同。一般认为，从颜色上主要是黄色或褐黄色，从成分上以粉粒为主且富含碳酸钙，从外部特征上有肉眼可见的大孔隙且垂直节理发育，从性质上具有浸湿后土体显著沉陷的特性——湿陷性，具有上述全部特征的土可称为典型黄土。与之相类似但缺少个别特征的土称为黄土状土。典型黄土和黄土状土统称为黄土类土，习惯上常简称为黄土。不论是典型黄土还是黄土状土，作为黄土类土时的主要标志是：粉质、大孔性、垂直节理发育、具有湿陷性。尤其是湿陷性是有别于其他土类的最独特的性质。具有湿陷性的黄土类土一般又称为湿陷性黄土。

用黄土自重湿陷系数 δ_{zs} 来判定黄土自重湿陷性，表 3-B。

表 3-B 黄土自重湿陷性分类

分类名称	分类标准(%)
非自重湿陷性黄土	$\delta_{zs}<0.015$
自重湿陷性黄土	$\delta_{zs}\geqslant 0.015$

同理，也可以用湿陷起始压力 p_{ah} 与实际压力 p 的比较来判断黄土的湿陷性。当黄土的 $p_{ah}>p$ 时，定为非湿陷性黄土；当黄土的 $p_{ah}\leqslant p$ 时，定为湿陷性黄土。

对于黄土湿陷性的评价，建议根据黄土浸水时在实际荷重下的黄土湿陷变形系数(δ_{wp})来判定黄土的湿陷性大小，见表 3-C。

表 3-C 黄土湿陷性分类

分类名称		分类等级	分类标准(%)	所属地区
非湿陷性黄土		I	$\delta_{wp}<0.015$	—
湿陷性黄土	弱湿陷性黄土	II	$0.015\leqslant\delta_{wp}\leqslant 0.03$	洛阳地区
	中湿陷性黄土	III	$0.03<\delta_{wp}\leqslant 0.07$	太原地区
	强湿陷性黄土	IV	$\delta_{wp}>0.07$	兰州地区

(2)膨胀土：高液限黏土(CHE)，分布范围：大部分在 A 线以上，$w_L>50\%$。

膨胀土是浸水高分散性的黏土，其矿物成分中亲水的蒙脱石含量较其他土为多；根据近 2 000 组资料的分析，它们均在 A 线以上。

膨胀土是一种吸水膨胀、失水收缩，具有较大的胀缩变形能力，且变形往复的高塑性黏土，即使在一定的荷载作用下，膨胀土仍可具有上述胀缩性质。由于膨胀土在原状干燥状态下强度较高，压缩性低，易被误认为是建筑性能较好的黏土。如果对膨胀土的认识不足，处理不当，将对公路工程建筑物的使用和安全造成危害。

膨胀土可以按膨胀潜势分类，见表 3-D。

表 3-D 膨胀土的膨胀潜势分类

自由膨胀率(%)	膨胀潜势
$40<\delta_{ef}\leqslant 65$	弱
$65<\delta_{ef}\leqslant 90$	中
$\delta_{ef}\geqslant 90$	强

膨胀土的成因大体有四种类型：残积坡积型、湖积型、冲积洪积型和冰水沉积型。从形成年代看，大部分为上更新统(Q_3)及其以前形成的土层。多分布在二级

阶地以上地区的残留高地或地壳上升剥蚀区。从膨胀土分布的气候条件看，在我国全国均有分布，见表3-E。

表3-E　我国部分地区膨胀土的分布、成因类型、地质年代及地貌特征表

地区		成因类型	地质年代	地貌特征
陕西	康平、汉中	残、坡、洪积土 冲积土	Q Q_2	斜坡 二级以上阶地
四川	成都、南充	冰水沉积土	$Q_3 \sim Q_2$	二级以上阶地
安徽	合肥	冲洪积土 冲积土	Q_3 Q_4	二级以上阶地及垄岗 一级阶地
云南	鸡街、蒙自、文山	冲积土 第三纪泥岩残坡积土	Q_3 Q	二级阶地 斜坡
贵州	贵阳、安顺、铜仁	石灰岩残坡积坡土	$Q_3 \sim Q_1$	低丘、缓坡
山东	泗水	坡洪积土 残坡积土	$Q_3 \sim Q_2$ $Q_3 \sim Q_2$	斜坡 低丘
河北	邯郸	残坡积土	Q	山前缓坡
河南	平顶山	湖相沉积土	Q_1	山前缓坡
湖北	郧县、襄樊、荆门、枝江	洪冲积土 湖相沉积土 残坡积土	$Q_3 \sim Q_2$ $Q_2 \sim Q_1$ Q	二级以上阶地 二级以上阶地 山前丘陵
广西	宁明、南宁、贵县	冲洪积土 石灰岩及第三纪泥岩残坡积土	$Q_4 \sim Q_3$ Q	一、二级阶地(南宁) 波状残丘

(3)红黏土：高液限粉土(MHR)，分布范围：大部分在A线以下，$w_L > 55\%$。

红黏土的黏粒含量一般为50%～70%，属黏土。但由于它们富含铁铝，天然状态下呈团粒结构，使按常规方法测得的塑性指数偏低而落于A线之下；并且发现，凡是落在A线以上的红黏土，其矿物成分中总是混入了一定量的蒙脱石和蛭石等亲水物质。这样的红黏土与A线以下的有明显区别，而且有强烈的膨胀性；如果它们位于膨胀土范围内，应当视为膨胀土。

红黏土一般呈褐红、棕红、黄褐等颜色。红黏土是亚热带湿热气候条件下，碳酸岩类岩石(如石灰岩、白云岩、泥质灰岩等)及玄武岩、页岩等风化后期的产物，故其黏粒含量很高。成因类型一般为残积、坡积或残坡积。红黏土广泛分布于亚热带湿热地区的山间盆地、洼地、低山及丘陵地带的顶部、缓坡及坡脚地段。红黏土的矿物成分以石英与水云母为主。这种土的天然含水率一般接近于其塑限，粒间连接较强，因而这种土的天然孔隙比虽大，但其压缩性低，强度高，且不具有湿陷性。

红黏土的状态可用含水比 u 来划分。所谓含水比，既为天然含水率 w 与液限 w_L 的比值，表示如下

$$u=\frac{w}{w_L} \tag{3-A}$$

由于液性指数 I_L 是划分黏性土状态的指标。对红黏土而言，可有如下关系：

$$I_L=\frac{1}{I_P}(uw_L-w_P) \tag{3-B}$$

以及

$$u=\frac{w_P}{w_L}+\left(1-\frac{w_P}{w_L}\right)I_L$$

或

$$u=\frac{w_P}{w_L}+\frac{I_P}{w_L}I_L \tag{3-C}$$

通过试验资料的相关统计分析表明，红黏土的 u 与 I_L 有如下关系：

$$u=0.55\times0.45I_L \tag{3-D}$$

故红黏土的状态用含水比 u 划分如下：

$u\leqslant0.55$	相当于坚硬状态
$0.55<u\leqslant0.70$	相当于硬塑状态
$0.70<u\leqslant0.85$	相当于可塑状态
$0.85<u\leqslant1.00$	相当于软塑状态
$u>1.00$	相当于流塑状态

实际上，有些地区的红黏土也具有膨胀性，且土层中分布有大量的裂隙，也称为裂隙黏土。土层遇水后大量漏失，浸水膨胀后强度显著降低，易发生滑坡。有些红黏土层中常有土洞发育，不宜用作为构筑物地基；如需使用，应注意进行适当处理。

应当引起注意的是，红黏土的结构性很强（主要是铁结构性很强）。当红黏土做界限含水率试验时，由于红黏土的结构性很强，因此表现出具有很强的粉土特征，多定名为高液限的粉土。而当红黏土做密度计法颗粒分析试验时，由于在试验过程中采用高温和分散剂，破坏了红黏土的强结构性，使红黏土得到了充分的分散，因此颗粒分析试验结果多呈黏粒含量很高。

3.5.3　盐渍土按表 3-2 规定分类。

我国盐渍土分布广泛，按地理区域划分，可分为沿海盐渍土区和内陆盐渍土区两个大区，内陆盐渍土又可分为半湿润、半干旱盐渍土区和干旱、过干旱盐渍土区两个亚区。

表 3-2 盐渍土工程分类

土层中平均总盐量（质量%） \ Cl^-/SO_4^{2-}比值 \ 名称	氯盐渍土	亚氯盐渍土	亚硫酸盐渍土	硫酸盐渍土
	>2.0	1.0～2.0	0.3～1.0	<0.3
弱盐渍土	0.3～1.5	0.3～1.0	0.3～0.8	0.3～0.5
中盐渍土	1.5～5.0	1.0～4.0	0.8～2.0	0.5～1.5
强盐渍土	5.0～8.0	4.0～7.0	2.0～5.0	1.5～4.0
过盐渍土	>8.0	>7.0	>5.0	>4.0

岩土中易溶盐类主要有氯化物盐类（NaCl、$MgCl_2$、KCl、$CaCl_2$）、硫酸盐类（Na_2SO_4、$MgSO_4$、$CaSO_4$）、碳酸盐类（Na_2CO_3、$NaHCO_3$）三种，其中以钠盐为主的NaCl、$MgSO_4$、Na_2CO_3、$NaHCO_3$ 对公路工程危害性较大。

盐渍土按形成过程可分为现代积盐过程盐渍土（简称现代盐渍土）、残余积盐过程盐渍土（简称残余盐渍土）和碱化过程盐渍土（简称碱化盐渍土）三类。现代盐渍土最为普遍，对公路工程的建设和运营影响较大。

盐渍土按其盐渍化程度和含盐性质对公路工程的危害性进行分类，见表 3-2。

盐渍土根据被利用的土层中平均总盐量可分为四档。盐渍土（salty soil）的代号 S 和砂（sand）的代号相重复，故以代号 St 表示。

碳酸盐渍土属碱性盐，以$(CO_3^{2}+HCO_3^-)/(Cl^-+SO_4^{2-})>0.3$为界。土体中含碳酸盐超过 0.5%，遇水后会使土体膨胀危害公路。

3.5.4 根据冻土冻结状态持续时间的长短，我国冻土可分为多年冻土、隔年冻土和季节冻土三种类型。（见表 3-3）。

表 3-3 冻土按冻结状态持续时间分类

类　型	持续时间 t（年）	地面温度（℃）特征	冻融特征
多年冻土	$t\geqslant2$	年平均地面温度≤0	季节融化
隔年冻土	$2>t\geqslant1$	最低月平均地面温度≤0	季节冻结
季节冻土	$t<1$	最低月平均地面温度≤0	季节冻结

冻土按国内、外各行业通常的习惯，按冻结状态持续时间分类，可分为多年冻土（简称“永冻土”）、隔年冻土和季节冻土（简称“季冻土”）。根据所含盐类与有机质的不同分为盐渍化冻土与冻结泥炭化土。根据其变形特性可分为坚硬冻土、塑

性冻土与松散冻土。根据冻土的融沉性与土的冻胀性又可分为若干亚类等。

盐渍化冻土的盐渍度 ζ(%)按下式计算：

$$\zeta=\frac{m_g}{g_d}\times 100 \tag{3-E}$$

式中：m_g——土中含易溶盐的质量(g)；

g_d——土骨架质量(g)。

盐渍化冻土盐渍度的最小界限值可按表 3-F 取值。

表 3-F　盐渍化冻土盐渍度的最小界限值

土　类	粗 粒 土	粉　土	粉 质 黏 土	黏　土
盐渍度(%)	0.10	0.15	0.20	0.25

冻结泥炭化土的泥炭化程度 ξ(%)按下式计算：

$$\xi=\frac{m_p}{g_d}\times 100 \tag{3-F}$$

式中：m_p——土中含植物残渣和泥炭的质量(g)；

g_d——土骨架质量(g)。

土的冻胀率是描述土的冻胀性的重要指标。不同级配特征土的冻胀率不同，当无实测冻胀数据时可按下式计算：

$$\eta=\left(\frac{R_m w}{R}-w_0\right)\lambda+2 \tag{3-G}$$

式中：η——土的平均冻胀率(%)；

w——调查时土的含水率(%)；

R_m——近 10 年最大午降水量(mm)；

R——调查年份年降水量(mm)；

w_0——起始冻胀含水率(%)；可取(0.80～0.84)w_P(土的塑限含水率)或参考表 3-G 选用；

λ——系数，细粒土取 0.25，粗粒土取 0.28。

表 3-G　不同土质的起始冻胀含水率

土 的 名 称	黏 质 土	粉 质 土	粉 土 质 砂	细粒土质砾、黏土质砂	含细粒土质砾(砂)
起始冻胀含水率 w_0(%)	12～17	10～14	9～11	8～10	6～8

《建筑地基基础设计规范》对地基土的冻胀性按不冻胀、弱冻胀、冻胀和强冻胀划分，见表 3-H。

表 3-H　地基土的冻胀性分类

<table>
<tr><th>土的名称</th><th>天然含水率 w(%)</th><th>冻结期间地下水位低于冻深的最小距离(m)</th><th>冻胀性类别</th></tr>
<tr><td>岩石、碎石土、砾砂、粗砂、中砂、细砂</td><td>不考虑</td><td>不考虑</td><td>不冻胀</td></tr>
<tr><td rowspan="6">粉砂</td><td rowspan="2">$w<14$</td><td>>1.5</td><td>不冻胀</td></tr>
<tr><td>≤1.5</td><td rowspan="2">弱冻胀</td></tr>
<tr><td rowspan="2">$14\leqslant w<19$</td><td>>1.5</td></tr>
<tr><td>≤1.5</td><td rowspan="2">冻胀</td></tr>
<tr><td rowspan="2">$w\geqslant 19$</td><td>>1.5</td></tr>
<tr><td>≤1.5</td><td>弱冻胀</td></tr>
<tr><td rowspan="7">粉土</td><td rowspan="2">$w\leqslant 19$</td><td>>2.0</td><td>不冻胀</td></tr>
<tr><td>≤2.0</td><td rowspan="2">弱冻胀</td></tr>
<tr><td rowspan="2">$19<w\leqslant 22$</td><td>>2.0</td></tr>
<tr><td>≤2.0</td><td rowspan="2">冻胀</td></tr>
<tr><td rowspan="2">$22<w\leqslant 26$</td><td>>2.0</td></tr>
<tr><td>≤2.0</td><td rowspan="2">强冻胀</td></tr>
<tr><td>$w>26$</td><td>不考虑</td></tr>
<tr><td rowspan="6">黏性土</td><td rowspan="2">$w\leqslant w_P+2$</td><td>>2.0</td><td>不冻胀</td></tr>
<tr><td>≤2.0</td><td rowspan="2">弱冻胀</td></tr>
<tr><td rowspan="2">$w_P+2<w\leqslant w_P+5$</td><td>>2.0</td></tr>
<tr><td>≤2.0</td><td rowspan="2">冻胀</td></tr>
<tr><td rowspan="2">$w_P+5<w\leqslant w_P+9$</td><td>>2.0</td></tr>
<tr><td>≤2.0</td><td rowspan="2">强冻胀</td></tr>
<tr><td></td><td>$w>w_P+9$</td><td>不考虑</td></tr>
</table>

注：①表中碎石土仅指充填物为砂土或硬塑、坚硬状态的黏性土，如充填物为粉土或其他状态的黏性土时，其冻胀性应按粉土或黏性土确定。

②表中细砂仅指粒径大于 0.075mm 的颗粒超过总质量 90%的细砂，其他细砂的冻胀性应按粉砂确定。

③w_p 为土的塑限。

对于季冻土，根据冻胀率 η 的大小分为不冻胀、弱冻胀、冻胀、强冻胀和特强冻胀土，并应符合表 3-I 的规定。

季冻土的平均冻胀率按下式计算：

$$\eta=\frac{z}{Z}\times 100 \tag{3-H}$$

式中：z——土的总冻胀值(mm)；

Z——不包括冻胀量的相应冻结深度(mm)。

表 3-I 季冻土的冻胀性分类

土组分类号	土组名称	土质干湿状态	调查时土的天然含水率 w(%)	达到最大冻深时地下、地表水位距冻结线的最小距离 h_w(m)	平均冻胀率 η(%)	冻胀等级	冻胀类别
I	含细粒土砾(砂),粒径小于 0.075mm 含量不大于 15%	干燥	不考虑	不考虑	$\eta \leqslant 1$	1	不冻胀
II	细粒土质砾(黏土质砂),粒径小于 0.075mm 含量不小于 15%	干燥	$w \leqslant 12$	>1.0	$\eta \leqslant 1$	1	不冻胀
				$\leqslant 1.0$	$1>\eta \leqslant 3.5$	2	弱冻胀
		中湿 潮湿	$12<w \leqslant 18$	>1.0			
				$\leqslant 1.0$	$3.5>\eta \leqslant 6$	3	冻胀
		过湿	$w>18$	>0.5			
				$\leqslant 0.5$	$6>\eta \leqslant 12$	4	强冻胀
III	粉土质砂	干燥	$w \leqslant 14$	>1.0	$\eta \leqslant 1$	1	不冻胀
				$\leqslant 1.0$	$1>\eta \leqslant 3.5$	2	弱冻胀
		中湿 潮湿	$14<w \leqslant 19$	>1.0			
				$\leqslant 1.0$	$3.5>\eta \leqslant 6$	3	冻胀
		过湿	$19<w \leqslant 23$	>1.0			
				$\leqslant 1.0$	$6>\eta \leqslant 12$	4	强冻胀
		过湿	$w>23$	不考虑	$\eta>12$	5	特强冻胀
IV	粉质土	干燥	$w \leqslant 19$	>1.5	$\eta \leqslant 1$	1	不冻胀
				$\leqslant 1.5$	$1>\eta \leqslant 3.5$	2	弱冻胀
		中湿 潮湿	$19<w \leqslant 22$	>1.5			
				$\leqslant 1.5$	$3.5>\eta \leqslant 6$	3	冻胀
		过湿	$22<w \leqslant 26$	>1.5			
				$\leqslant 1.5$	$6>\eta \leqslant 12$	4	强冻胀
		过湿	$26<w \leqslant 30$	>1.5			
				$\leqslant 1.5$	$\eta>12$	5	特强冻胀
		过湿	$w>30$	不考虑			
V	黏质土	干燥	$w \leqslant w_P+2$	>2.0	$\eta \leqslant 1$	1	不冻胀
				$\leqslant 2.0$	$1>\eta \leqslant 3.5$	2	弱冻胀
		中湿 潮湿	$w_P+2<w \leqslant w_P+5$	>2.0			
				$\leqslant 2.0$	$3.5>\eta \leqslant 6$	3	冻胀
		过湿	$w_P+5<w \leqslant w_P+9$	>2.0			
				$\leqslant 2.0$	$6>\eta \leqslant 12$	4	强冻胀
		过湿	$w_P+9<w \leqslant w_P+15$	>2.0			
				$\leqslant 2.0$	$\eta>12$	5	特强冻胀
		过湿	$w>w_P+15$	不考虑			

注:①土的干湿状态参照现行《公路沥青路面设计规范》相应条款确定。

②w_P 为土的塑限含水率。

③塑性指数大于 22 时,冻胀性降低一级。

④粒径小于 0.005mm 的含量大于 60%时,为不冻胀土。

⑤II、III 类土当充填细料大于总质量的 40%时,其冻胀性按充填料类别划分。

不同规范对土的冻胀等级划分不同，见表 3-J(按土的冻胀系数 η 确定)。

表 3-J　不同规范对土的冻胀等级划分

规范名称 / 冻胀类别	《公路工程抗冻设计与施工技术指南》及《冻土地区建筑地基基础设计规范》	《公路桥涵地基与基础设计规范》	前苏联交通建设部柔性路面设计规范(1985 年)	《公路工程抗冻设计与施工技术指南》(用于道路)
不冻胀	$\eta \leqslant 1.0$	$\eta \leqslant 1.0$	$\eta \leqslant 1.0$	$\eta \leqslant 1.0$
弱冻胀	$1.0 < \eta \leqslant 3.5$	$1.0 < \eta \leqslant 3.5$	$1.0 < \eta \leqslant 4.0$	$1.0 < \eta \leqslant 3.0$
冻胀	$3.5 < \eta \leqslant 6.0$	$3.5 < \eta \leqslant 6.0$	$4.0 < \eta \leqslant 7.0$	$3.0 < \eta \leqslant 5.0$
强冻胀	$6.0 < \eta \leqslant 12.0$	$6.0 < \eta \leqslant 13.0$	$7.0 < \eta \leqslant 10.0$	$5.0 < \eta \leqslant 9.0$
特强冻胀	$\eta < 12.0$	$\eta > 13.0$	$\eta > 10.0$	$\eta > 9.0$

这里应当说明的是，在《土的分类标准》(GBJ 145—1990)的修订讨论会上，业内学者认为土的分类是根据土的颗粒级配和液塑限(含塑性指数)进行分类的，从这方面来说不存在特殊土的分类概念，目前所说的各种特殊土用上述分类体系均可包含。因此，在即将出台的修订后的国标《土的分类标准》中取消了“特殊土分类”的内容。

此外，根据本规程第 1 章总则中第 1.0.5 条的原则，对特殊土试验检测报告，除应提供颗粒分析成果和界限含水率指标外，还应提供描述相应特殊土类型的特性指标。

3.6　土的简易鉴别、分类和描述

土的简易鉴别、分类方法主要是为现场勘察制定的，也可供试验室开启试样时初步判别土类。本规程的简易鉴别分类方法是根据国内外广泛应用的方法，结合多年实践经验确定的。

通常使用的几种简易鉴别的具体方法是根据我国工程勘察多年实践经验规定的，对每一种鉴别结果均以三个档次表示，由此可以对土类进行较可靠的评价。

3.6.1　土的简易鉴别方法是指用目测法代替筛分法确定土粒组成及其特征的方法；用干强度、手捻、韧性和摇振反应等定性方法代替用液限仪测定细粒土塑性的方法。

3.6.2　确定土粒组含量时，可将研散的风干试样摊成一薄层，凭目测估计土中巨、粗、细粒组所占的比例。再按本方法 3.2～3.4 的有关规定确定其为巨粒土、粗粒土或细粒土。

3.6.3 干强度试验：将一小块土捏成土团，风干后用手指捏碎、掰断及捻碎，根据用力大小区分为：

(1)很难或用力才能捏碎或掰断者为干强度高。

(2)稍用力即可捏碎或掰断者为干强度中等。

(3)易于捏碎和捻成粉末者为干强度低。

3.6.4 手捻试验：将稍湿或硬塑的小土块在手中揉捏，然后用拇指和食指将土捻成片状，根据手感和土片光滑度可分为：

(1)手感滑腻，无砂，捻面光滑者为塑性高。

(2)稍有滑腻感，有砂粒，捻面稍有光泽者为塑性中等。

(3)稍有黏性，砂感强，捻面粗糙者为塑性低。

3.6.5 搓条试验：将含水率略大于塑限的湿土块在手中揉捏均匀，再在手掌上搓成土条，根据土条不断裂而能达到的最小直径可区分为：

(1)能搓成小于1mm土条者为塑性高。

(2)能搓成1～3mm土条而不断者为塑性中等。

(3)能搓成直径大于3mm的土条即断裂者为塑性低。

3.6.6 韧性试验：将含水率略大于塑限的土块在手中揉捏均匀，然后在手掌中搓成直径为3mm的土条，再揉成土团，根据再次搓条的可能性可区分为：

(1)能揉成土团，再成条，捏而不碎者为韧性高。

(2)可再成团，捏而不易碎者为韧性中等。

(3)勉强或不能揉成团，稍捏或不捏即碎者为韧性低。

3.6.7 摇振反应试验：将软塑至流动的小土块，捏成土球，放在手掌上反复摇晃，并以另一手掌击此手掌，土中自由水渗出，球面呈现光泽；用两手指捏土球，放松后水又被吸入，光泽消失。根据上述渗水和吸水反应快慢可区分为：

(1)立即渗水和吸水者为反应快。

(2)渗水和吸水中等者为反应中等。

(3)渗水吸水慢及不渗不吸者为无反应。

3.6.8 巨粒土和粗粒土可根据本方法3.6.2条的目估，按本方法3.2和3.3中有关规定进行分类定名。

3.6.9 细粒土可根据本方法3.6.3～3.6.7的试验结果，按表3-4进行分类定名。

表 3-4 细粒土简易分类

半固态时的干强度	硬塑～可塑态时的手捻感和光滑度	土在可塑态时		软塑～流塑态时的摇振反应	土类代号
		可搓成最小直径(mm)	韧性		
低～中	灰黑色，粉粒为主，稍黏，捻面粗糙	3	低	快～中	MLO
中	砂粒稍多，有黏性，捻面较粗糙，无光泽	2～3	低～中	快～中	ML
中～高	有砂粒，稍有滑腻感，捻面稍有光泽，灰黑色者为 CLO	1～2	中	无～很慢	CL CLO
中	粉粒较多，有滑腻感，捻面较光滑	1～2	中	无～慢	MH
中～高	灰黑色，无砂，滑腻感强，捻面光滑	<1	中～高	无～慢	MHO
高～很高	无砂感，滑腻感强，捻面有光泽，灰黑色者为 CHO	<1	高	无	CH CHO

细粒土的简易鉴别分类方法是根据 8 种规程与手册以及国外 6 种权威性的规程与标准，结合北京市勘察院多年来的工程勘察经验提出的。

3.6.10 在现场采样和试验开启试样时，应按下列内容描述土的状态。

(1)巨粒土和粗粒土

通俗名称及当地名称；土颗粒最大粒径；漂石粒、卵石粒、砾粒、砂粒组的含量；土颗粒形状（圆、次圆、棱角或次棱角）；土颗粒的矿物成分；土的颜色和有机质；细粒土（黏土或粉土）；土的代号和名称。

(2)细粒土

通俗名称及当地名称；土颗粒最大粒径；漂石粒、卵石粒、砾粒、砂粒组的含量；潮湿时土的颜色及有机质；土的湿度（干、湿、很湿或饱和）；土的状态（流动、软塑、可塑或硬塑）；土的塑性（高、中或低）；土的代号和名称。

单独的土分类名称和代号不能反映其原位状态和某些特殊状态。本条内容为描述土性状的最基本内容，以便为土的利用提供更准确的依据。

3.6.11 根据土的不同用途分别描述下列名称：

(1)当用作填料时,不同土类的分布层次及范围。

(2)当用作地基时,土的分布层次及范围、结构性和密度。

土的描述是工程中利用土或评价土的重要依据,故描述的重点应密切结合工程需要。例如,用土作填料时,其天然含水率、有机质含量、粗细粒的搭配情况、土层分布以及厚度等均直接影响到土料的适宜性和蕴藏量的估计等。如土用作建筑物地基,稠度状态和结构等,都与地基承载力、渗透性关系密切。

在工程上有时也用一些现场快速鉴别黏土或粉土的方法。例如将细粒土用手捏成团,放在水中浸泡,观察其崩解的速度,在短时间(约 1h)内崩解的土多属粉土,在 5h 以上崩解的土大多为黏土。又如将细粒土放在水中浸泡散后,用水洗,查看水洗后的留存颗粒量有多少,若留存颗粒多则为粉土,反之留存颗粒少则为黏土。

4 土样采集和试样制备

T 0101—2007 土样的采集、运输和保管

土样的采集、运输和保管，是完成土工试验极其重要的环节，尤其是对特殊土的采集和运输应特别注意。如对原状冻土，在采集和运输的过程中应保持原土样温度和土样的结构以及含水率不变等。如果送到试验室的土样不符合要求，没有代表性，那么，任何精密的仪器和审慎的操作都将毫无意义。

1 土样要求

1.1 采取原状土或扰动土视工程对象而定。凡属桥梁、涵洞、隧道、挡土墙、房屋建筑物的天然地基以及挖方边坡、渠道等，应采取原状土样；如为填土路基、堤坝、取土坑(场)或只要求土的分类试验者，可采取扰动土样。冻土采取原状土样时，应保持原土样温度，保持土样结构和含水率不变。

1.2 土样可在试坑、平洞、竖井、天然地面及钻孔中采取。取原状土样时，必须保持土样的原状结构及天然含水率，并使土样不受扰动。用钻机取土时，土样直径不得小于10cm，并使用专门的薄壁取土器；在试坑中或天然地面下挖取原状土时，可用有上、下盖的铁壁取土筒，打开下盖，扣在欲取的土层上，边挖筒周围土，边压土筒至筒内装满土样，然后挖断筒底土层(或左、右摆动即断)，取出土筒，翻转削平筒内土样。若周围有空隙，可用原土填满，盖好下盖，密封取土筒。采取扰动土时，应先清除表层土，然后分层用四分法取样。对于盐渍土，一般应分别在0～0.05m、0.05～0.25m、0.25～0.50m、0.50～0.75m、0.75～1.0m垂直深度处，分层取样。同时，应测记采样季节、时间和气温。

1.3 土样数量按相应试验项目规定采取。

1.4 取土记录和编号：无论采用什么方法取样，均应用“取样记录簿”记录并撕下其一半作为标签，贴在取土筒上(原状土)或折叠后放入取土袋内。“取样记录簿”宜用韧质纸并必须用铅笔填写各项记录。取样记录簿记录内容应包含工程名称、路线里程(或地点)、记录开始日期、记录完毕日期、取样单位、采取土样的特征、试坑号、取样深度、土样号、取土袋号、土样名、用途、要求试验项目或取样说明、取样者、取样日期等。对取样方法、扰动或原状、取样方向以及取土过程中出现的现象等，应记入取样说明栏内。

2 土样包装和运输

2.1 原状土或需要保持天然含水率的扰动土，在取样之后，应立即密封取土筒，即先用胶布贴封取土筒上的所有缝隙，在两端盖上用红油漆写明“上、下”字样，以示土样层位。在筒壁贴上“取样记录簿”中扯下的标签，然后用纱布包裹，再浇注融蜡，以防水分散失。原状土样应保持土样结构不变；对于冻土，原状土样还应保持温度不变。

2.2 密封后的原状土在装箱之前应放于阴凉处，冻土土样应保持温度不变。不需保持天然含水率的扰动土，最好风干稍加粉碎后装入袋中。

2.3 土样装箱时，应与“取样记录簿”对照清点，无误后再装入，并在记录簿存根上注明装入箱号。对原状土应按上、下部位将筒立放，木箱中筒间空隙宜以稻(麦)草或软物填紧，以免在运输过程中受振、受冻。木箱上应编号并写明“小心轻放”、“切勿倒置”、“上”、“下”等字样。对已取好的扰动土样的土袋，在对照清点后可以装入麻袋内，扎紧袋口，麻袋上写明编号并拴上标签(如同行李签)，签上注明麻袋号数、袋内共装的土袋数和土袋号。

2.4 盐渍土的扰动土样宜用塑料袋装。为防止取样记录标签在袋内湿烂，可用另一小塑料袋装标签，再放入土袋中；或将标签折叠后放在盛土的塑料袋口，并将塑料袋折叠收口，用橡皮圈绕扎袋口标签以下，再将放标签的袋口向下折叠，然后再以未绕完的橡皮圈绕扎系紧。每一盐渍土剖面所取的 5 塑料袋土，可以合装于一个稍大的布袋内。同样在装入布袋前要与记录簿存根清点对照，并将布袋号补记在原始记录簿中。

本规程根据公路工程专业的特点和不同的工程性质，分别规定出采样的土体状态、取样方法、土样数量及“取样记录”。并对包装、运输与管理给出具体规定。每项试验所需土样的多少和土样的工程分类、土样状态及土的最大粒径有关，应参照相应试验项目采取。原则上扰动土按质量计，原状土按体积计。

本规程修订后增加了对冻土土样的采样、包装和运输要求。

3 土样的接受与管理

3.1 土样运到试验单位，应主动附送“试验委托书”，委托书内各栏根据“取样记录簿”的存根填写清楚，若还有其他试验要求，可在委托书内注明。土样试验委托书应包括试验室名称、委托日期、土样编号、试验室编号、土样编号(野外鉴别)、取样地点或里程桩号、孔(坑)号、取样深度、试验目的、试验项目等，以及责任人(如主管、主管工程师审核、委托单位及联系人等)。

3.2 试验单位在接到土样之后，即按照“试验委托书”清点土样，核对编号并检查所送土样是否满足试验项目的需要等。同时，每清点一个土样，即在委托书中的试验室编号栏内进行统一编号，并将此编号记入原标签上，以免与其他工程所送土样编号相重而发生错误。

3.3 土样清点验收后，即根据"试验委托书"登记于"土样收发登记簿"内，并将土样交试验负责人员妥善保存，按要求逐项进行试验。土样试验完毕，将余土仍装入原装内，待试验结果发出，并在委托单位收到报告书一个月后，若仍无人查询，即可将土样处理。若有疑问，尚可用余土复试。试验结果报告书发出时，即在原来"土样收发登记簿"内注明发出日期。

工程(或委托)单位，将土样送到试验室的同时，必须附送"委托试验书"，以便试验室核对验收，从而保证试样的品质，进行有效试验。

T 0102—2007 土样和试样制备

本规程要求统一土样和试样的制备程序和方法，以提高试验资料的可比性。

1 细粒土扰动土样的制备程序

1.1 对扰动土样进行土样描述，如颜色、土类、气味及夹杂物等；如有需要，将扰动土样充分拌匀，取代表性土样进行含水率测定。

1.2 将块状扰动土放在橡皮板上用木碾或粉碎机碾散，但切勿压碎颗粒；如含水率较大不能碾散时，应风干至可碾散时为止。

1.3 根据试验所需土样数量，将碾散后的土样过筛。物理性试验如液限、塑限、缩限等试验，需过0.5mm筛；常规水理及力学试验土样，需过2mm筛；击实试验土样的最大粒径必须满足击实试验采用不同击实筒试验时的土样中最大颗粒粒径的要求。按规定过标准筛后，取出足够数量的代表性试样，然后分别装入容器内，标以标签。标签上应注明工程名称、土样编号、过筛孔径、用途、制备日期和人员等，以备各项试验之用。若系含有多量粗砂及少量细粒土(泥砂或黏土)的松散土样，应加水润湿松散后，用四分法取出代表性试样。若系净砂，则可用匀土器取代表性试样。

1.4 为配制一定含水率的试样，取过2mm筛的足够试验用的风干土1～5kg，按本方法2.2步骤计算所需的加水量，然后将所取土样平铺于不吸水的盘内，用喷雾设备喷洒预计的加水量，并充分拌和，然后装入容器内盖紧，润湿一昼夜备用(砂类土浸润时间可酌量缩短)。

1.5 测定湿润土样不同位置的含水率(至少两个以上)，要求差值满足含水率测定的允许平行差值。

1.6 对不同土层的土样制备混合试样时，应根据各土层厚度，按比例计算相应质量配合，然后按本方法1.1～1.4步骤进行扰动土的制备工序。

2　扰动土样制备的计算

2.1　按下式计算干土质量：

$$m_s=\frac{m}{1+0.01w_h} \tag{T 0102-1}$$

式中：m_s——干土质量(g)；

m——风干土质量(或天然土质量)(g)；

w_h——风干含水率(或天然含水率)(%)。

2.2　按下式计算制备土样所需加水量：

$$m_w=\frac{m}{1+0.01w_h}\times 0.01(w-w_h) \tag{T 0102-2}$$

式中：m_w——土样所需加水量(g)；

m——风干含水率时的土样质量(g)；

w_h——风干含水率(%)；

w——土样所要求的含水率(%)。

2.3　按下式计算制备扰动土样所需总土质量：

$$m=(1+0.01w_h)\rho_d V \tag{T 0102-3}$$

式中：m——制备土样所需总土质量(g)；

ρ_d——制备土样所要求的干密度(g/cm^3)；

V——计算出的击实土样或压模土样体积(cm^3)；

w_h——风干含水率(%)。

2.4　按下式计算制备扰动土样应增加的水量：

$$\Delta m_w=0.01(w-w_h)\rho_d V \tag{T 0102-4}$$

式中：Δm_w——制备扰动土样应增加的水量(cm^3)；

其余符号含义同前。

3　粗粒土扰动土样的制备程序

3.1　无凝聚性的松散砂土、砂砾及砾石等按本方法1.3制备土样，然后取具有代表性足够试验用的土样做颗粒分析使用，其余过5mm筛，筛上筛下土样分别贮存，供做比重及最大、最小孔隙比等试验用，取一部分过2mm筛的土样备力学性质试验之用。

3.2　如砂砾土有部分黏土黏附在砾石上，可用毛刷仔细刷尽捏碎过筛，或先用水浸泡，然后用2mm筛将浸泡过的土样在筛上冲洗，取筛上及筛下具有代表性试样做颗粒分析用。

3.3　将过筛土样或冲洗下来的土浆风干至碾散为止，再按本方法1.1～1.4步骤操作。

4　扰动土样试件的制备程序

根据工程要求，将扰动土制备成所需的试件进行水理、物理力学等试验之用。

根据试件高度要求分别选用击实法和压样法，高度小的采用单层击实法，高度大的采用压样法。

4.1　击实法

4.1.1　根据工程要求，选用相应的夯击功进行击实。

4.1.2　按试件所要求的干质量、含水率，按本方法1和3制备湿土样，并称制备好的湿土样质量，准确至0.1g。

4.1.3　将试验用的切土环刀内壁涂一薄层凡士林，刀口向下，放在试件上，用切土刀将试件削成略大于环刀直径的土柱；然后将环刀垂直向下压，边压边削，至土样伸出环刀上部为止，削平环刀两端，擦净环刀外壁，称环土合质量，准确至0.1g，并测定环刀两端所削下土样的含水率。

4.1.4　试件制备应尽量迅速，以免水分蒸发。

4.1.5　试件制备的数量视试验需要而定，一般应多制备1～2组备用，同一组试件或平行试件的密度、含水率与制备标准之差值，应分别在$\pm 0.1g/cm^3$或2%范围之内。

4.2　压样法

4.2.1　按本方法4.1.2的规定，将湿土倒入压模内，拂平土样表面，以静压力将土压至一定高度，用推土器将土样推出。

4.2.2　按本方法4.1.3～4.1.5的规定进行操作。

本规程适用于扰动土样的预备程序、扰动或原状土样的制备程序。扰动土样的制备，包括风干、碾散、过筛、匀土、分样和贮存等预备程序以及制备试样程序。扰动土样的制备，视实际情况，分别按击实试验规程中标准击实方法制样，对中小型填方工程可按击样法或压样法进行。一般情况下，当试样的总厚度不大于50mm时，可采用压样法。

5　原状土试件制备程序

原状土的开土、土样描述及试样制备强调了对土样质量的鉴别。为保证试验结果的可靠性，质量不符要求的原状土样不能做力学性质试验。

按土样上下层次小心开启原状土包装皮，将土样取出放正，整平两端。在环刀内壁涂一薄层凡士林，刀口向下，放在土样上，无特殊要求时，切土方向应与天然土层层面垂直。

按本方法4.1.3的操作步骤切取试件，试件与环刀要密合，否则应重取。

切削过程中，应细心观察并记录试件的层次、气味、颜色，有无杂质，土质是否均匀,有无裂缝等。

如连续切取数个试件,应使含水率不发生变化。

视试件本身及工程要求,决定试件是否进行饱和;如不立即进行试验或饱和时,则将试件暂存于保湿器内。

切取试件后,剩余的原状土样用蜡纸包好置于保湿器内,以备补做试验之用。切削的余土做物理性质试验。平行试验或同一组试件密度差值不大于±0.1g/cm^3,含水率差值不大于2%。

冻土制备原状土样时,应保持原土样温度,保持土样的结构和含水率不变。

6 试件饱和

根据土样的渗透性采用浸水(毛细管)饱和法和真空饱和法。一般,渗透系数大于10^{-4}cm/s时,采用浸水饱和;小于10^{-4}cm/s时,采用真空饱和。渗透系数可以预估,不一定实测。浸水饱和,费时很多,可考虑使用高水头或负压的方法,以减少饱和时间。二氧化碳和反压力饱和是目前较好的饱和方法,但需要一定的仪器设备,故本规程没有列入。在三轴压缩试验中,列有反压力饱和及二氧化碳饱和。

土的孔隙逐渐被水填充的过程称为饱和。孔隙被水充满时的土,称为饱和土。

根据土的性质,决定饱和方法:

砂类土:可直接在仪器内浸水饱和。

较易透水的黏性土:即渗透系数大于10^{-4}cm/s时,采用毛细管饱和法较为方便,或采用浸水饱和法。

不易透水的黏性土:即渗透系数小于10^{-4}cm/s时,采用真空饱和法。如土的结构性较弱,抽气可能发生扰动,不宜采用。

7 毛细管饱和法

7.1 仪器设备

7.1.1 饱和器:见图T 0102-1~图T 0102-3。

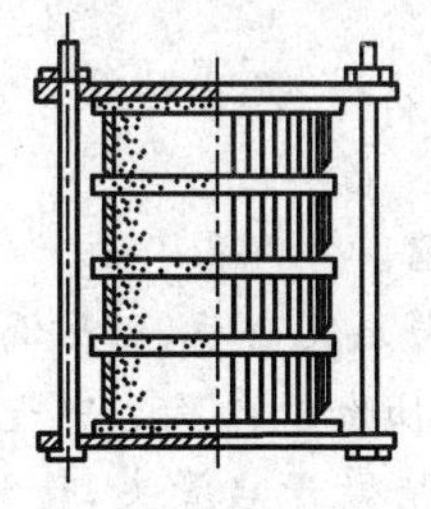

图T 0102-1 重叠式饱和器

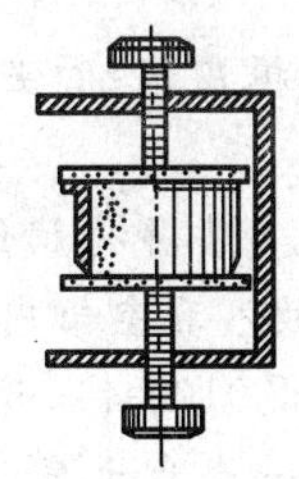

图T 0102-2 框架式饱和器

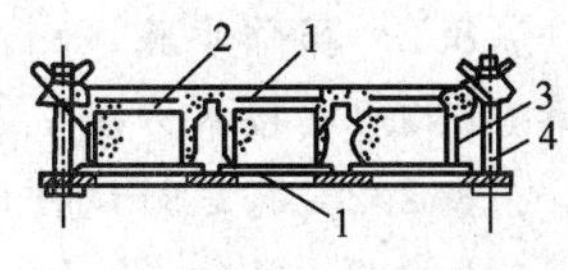

图T 0102-3 平列式饱和器

1-夹板;2-透水石;3-环刀;4-拉杆

7.1.2 水箱:带盖。

7.1.3 天平:感量0.1g。

7.2 操作步骤

7.2.1 在重叠式饱和器下正中放置稍大于环刀直径的透水石和滤纸,将装有试件的环刀放在滤纸上,试件上面再放一张滤纸和一块透水石。按这样的顺序重复,由下向上重叠至适当高度,将饱和器上板放在最上部透水石上,旋紧拉杆上端的螺丝,将各个环刀在上下板间夹紧。

7.2.2 如用平列式饱和器时,则将透水石放置于下板各圆孔上,并顺序放置滤纸、装试件的环刀、滤纸、上部透水石及上板,旋紧拉杆上端的螺丝,将各个环刀在上下板间夹紧。

7.2.3 将装好试件的饱和器,放入水箱中(重叠式和框架式饱和器放倒,平列式则平放)注清水入箱,水面不宜将试件淹没(重叠式和框架式饱和器)或超过试件顶面(平列式饱和器),以便土中气体得以排出。

7.2.4 关上箱盖,防止水分蒸发,静置数日,借土的毛细管作用,使试件饱和,一般约需3d。

7.2.5 取出饱和器,松开螺丝,取出环刀,擦干外壁,吸去表面积水,取下试件上下滤纸,称环土合质量,准确至0.1g,并计算饱和度。

7.2.6 如饱和度小于95%时,将环刀装入饱和器,浸入水内,重新延长饱和时间。

8 真空饱和法

8.1 仪器设备

8.1.1 真空饱和法整体装置,如图T 0102-4所示。

8.1.2 饱和器:尺寸形式见图T 0102-1~图T 0102-3。

8.1.3 真空缸:金属或玻璃制。

8.1.4 抽气机。

8.1.5 真空测压表。

8.1.6 其他:天平、硬橡皮管、橡皮塞、管夹、二路活塞、水缸、凡士林等。

8.2 操作步骤

8.2.1 按本方法7.2.1~7.2.2步骤将试件装入饱和器。

8.2.2 将装好试件的饱和器放入真空缸内,盖口涂一薄层凡士林,以防漏气。

8.2.3 关管夹,开阀门(见图T 0102-4),开动抽气机,抽除缸内及土中气体;当真空压力表达到−101.325kPa(一个负大气压力值)后,稍微开启管夹,使清水从引水管徐徐注入真空缸内。在注水过程中,应调节管夹,使真空压力表上的数值基本上保持不变。

8.2.4 待饱和器完全淹没水中后，即停止抽气，将引水管自水缸中提出，令空气进入真空缸内，静待一定时间，借大气压力使试件饱和。

8.2.5 取出试件称质量，准确至0.1g，计算饱和度。

通常毛细饱和法以及浸水饱和法的饱和度只能达到80%～85%。真空饱和法的饱和度可达97%左右。

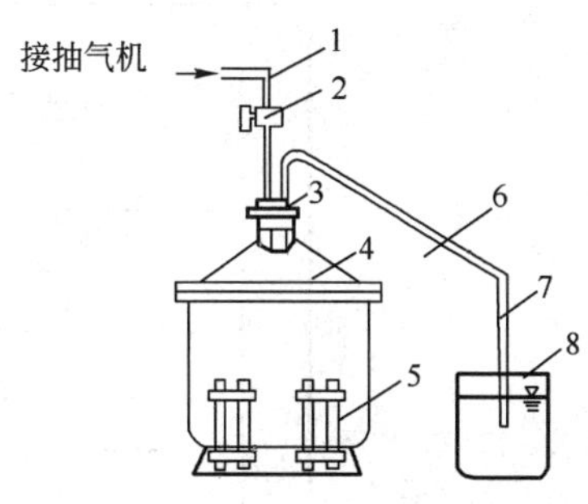

图 T 0102-4 真空饱和法装置

1-排气管；2-二通阀；3-橡皮塞；4-真空缸；5-饱和器；6-管夹；7-引水管；8-水缸

9 化学试验的土样制备

把土样平铺在搪瓷盘、木板或厚纸上，摊成薄层，放于室内阴凉通风处风干，不时翻拌，并将大块土捏散，促使均匀风干。风干场所力求干燥清洁，并要防止酸碱蒸汽的侵蚀和尘埃落入。

风干土样用木棍压碎，仔细检查砂砾，过2mm孔径的筛，筛出土块重新压碎，使全部通过为止。过筛后的土样经四分法缩减至200g左右，放在瓷研钵中研细，使其全部通过1mm的筛子，取其中3/4(用二次四分法，每次取一半)供一般化学试验之用。其余1/4重又研细，使全部通过0.5mm筛子，由四分法分出1/2，置于105～110℃烘箱中烘至恒温，贮于干燥器中，供碳酸盐等分析之用。

剩余1/2，压成扁平薄层，划成许多小方格，用角匙按分格规律均匀挑取样品10g左右，放入玛瑙研钵中仔细研碎，使其全部通过0.1mm筛子，最后在105～110℃烘箱中烘8h，放在干燥器内，供矿质成分全量分析之用。

10 结果整理

10.1 按下式计算饱和度：

$$S_r=\frac{(\rho-\rho_d)G_s}{e\rho_d} \tag{T 0102-5}$$

或

$$S_r=\frac{w\,G_s}{e} \tag{T 0102-6}$$

式中：S_r——饱和度(%)，计算至0.01；

ρ——饱和后的密度(g/cm^3)；

ρ_d——土的干密度(g/cm^3)；

e——土的孔隙比；

G_s——土粒比重；

w——饱和后的含水率(%)。

10.2 本试验记录格式如表T 0102-1。

表 T0102-1 扰动土试件制备记录

工程名称__________ 计算者__________

制 备 者__________ 校核者__________

土样编号	制备日期	制备标准			所需土质量及增加水量的计算					试件制备							备注
		干密度 ρ_d (g/cm³)	含水率 w (%)	计算的试筒或压模容积 V (cm³)	干土质量 m_s (g)	含水率 w_h (%)	湿土质量 m (g)	增加的水量 Δm_w (mL)	所需土质量 (g)	制备方法	环刀质量 (g)	环刀加湿土质量 (g)	湿土质量 (g)	密度 (g/cm³)	含水率 w (%)	干密度 ρ_d (g/cm³)	
×××		1.70	16	81	137.8	5	144.6	15.2	159.8	击样	40	198.7	158.7	1.96	15.4	1.70	应变剪切试验用
										击样		199.5	159.5	1.97	15.0	1.71	应变剪切试验用
										击样		199.0	159.0	1.96	15.9	1.69	应变剪切试验用
×××		1.70	16	100	170	5	178.4	18.7	197.1	击样	50	248.0	198.0	1.98	16.5	1.70	压缩试验用
×××		天然 1.65	天然 15	100	—	—	—	—	189.7	击样	50	239.3	188.3	1.89	14.8	1.65	压缩试验用天然含水率土样

5 土的含水率试验

在《93规程》中该试验称为“含水量试验”。近年来，国家标准、铁道、水利等相邻行业以及高等院校教科书均将土的“含水量”改称为“含水率”，从统一名词、概念的角度考虑，本规程也改称为土的“含水率”。当然，也有解释为“含水量是土体中所含的水量，单位为克(g)。而含水率是试样在105～110℃温度下烘至恒量时所失去的水质量和恒量后干土质量的比值，以百分率表示。”在国际上也有一些国家用“含水比”一词。

土中的水分为结晶水、结合水和自由水。结晶水是存在于矿物晶体内部或参与矿物构造的水。这部分水只有在高温(150～240℃，甚至400℃)下才能从土颗粒矿物中析出。因此可以把它看作矿物本身的一部分。结合水是紧密附着在土颗粒表面的薄层水膜，它是依靠水化学静电引力(库仑力和范德华力)吸附在土粒表面，它对细粒土的工程性质有很大的影响。结合水可划分为强结合水和弱结合水。强结合水靠近土颗粒表面，密度为2g/cm³，能够抗剪切，体现出固体特征。弱结合水远离土颗粒表面，它是强结合水与自由水的过渡型水，因此它的密度为2～1g/cm³。土颗粒表面结合水的总量及其变化，取决于矿物的亲水性、土粒的分散程度和土粒的带电离子等。由于表面结合水的存在，使细小颗粒(特别是黏粒)被水膜隔开，而使土粒之间不能直接接触，有一定距离，于是两个土粒之间的结合水将受到两个土颗粒的共同引力作用，在土粒间表现出一定的连接强度，这就是一般黏性土具有黏性与塑性的物理本质。自由水是存在于土颗粒孔隙中的水。它可分为毛细水和重力水。毛细水是由于土中存在着大小不同的孔隙，当土粒间的孔隙形成细小的不同通道时，由于水的表面张力作用，在土中引起了毛细现象，微管道中的水被称为毛细水。重力水是重力作用下在土中移动的自由水。它具有一般液态水的共性，重力水在土中的运动规律可用达西定律表述。影响土的物理、力学性质的主要是弱结合水和自由水。因此，测定土的含水率时主要是测定这两部分水的含量，而不包括结晶水和强结合水。试验研究表明，弱结合水和自由水在105～110℃下就可从土体中析出，强结合水则要在105～150℃下才可以从土体中析出。

T 0103—1993 烘 干 法

含水率试验的烘干法应用广泛，是测定含水率的通用标准方法，精度高，试验简便，结果稳定。

1 目的和适用范围

本试验方法适用于测定黏质土、粉质土、砂类土、砂砾石、有机质土和冻土土类的含水率。

含水率是土的基本物理指标之一。它反映土的状态，它的变化将使土的一系列力学性质随之而异；它又是计算土的干密度、孔隙比、饱和度等项指标的依据，是检测土工构筑物施工质量的重要指标。

2 仪器设备

2.1 烘箱：可采用电热烘箱或温度能保持105～110℃的其他能源烘箱。

2.2 天平：称量200g，感量0.01g。称量1 000g，感量0.1g。

2.3 其他：干燥器、称量盒[为简化计算手续，可将盒质量定期(3～6个月)调整为恒质量值]等。

烘干法一般采用能控制恒温的电热烘箱。

3 试验步骤

3.1 取具有代表性试样，细粒土15～30g，砂类土、有机质土为50g，砂砾石为1～2kg，放入称量盒内，立即盖好盒盖，称质量。称量时，可在天平一端放上与该称量盒等质量的砝码，移动天平游码，平衡后称量结果减去称量盒质量即为湿土质量。

3.2 揭开盒盖，将试样和盒放入烘箱内，在温度105～110℃恒温下烘干①。烘干时间对细粒土不得少于8h，对砂类土不得少于6h。对含有机质超过5%的土或含石膏的土，应将温度控制在60～70℃的恒温下，干燥12～15h为好。

3.3 将烘干后的试样和盒取出，放入干燥器内冷却(一般只需0.5～1h即可)②。冷却后盖好盒盖，称质量，准确至0.01g。

注①：对于大多数土，通常烘干16～24h就足够。但是，某些土或试样数量过多或试样很潮湿，可能需要烘更长的时间。烘干的时间也与烘箱内试样的总质量、烘箱的尺寸及其通风系统的效率有关。

注②：如铝盒的盖密闭，而且试样在称量前放置时间较短，可以不需要放在干燥器中冷却。

目前国内外一些主要土工试验标准以105～110℃为标准，故试验规定烘干温度为105～110℃。

试样烘至恒量所需的时间与土类及取土数量有关。本试验规定土量为15～30g,对砂类土宜烘6～8h,黏质土宜烘8～10h。砂类土、砾类土因持水性差,颗粒大小相差悬殊,水分变化大,所以试样应多取一些,本规程规定取50g。对有机质含量超过5%的土,因土质不均匀,采用烘干法时,除注明有机质含量外,亦应取50g。

有机质土在105～110℃温度下经长时间烘干后,有机质特别是腐殖酸会在烘干过程中逐渐分解而不断损失,使测得的含水率比实际的含水率大,土中有机质含量越高,误差越大。故本规程对有机质含量超过5%的土,规定应在60～70℃的恒温下进行烘干。

某些含有石膏的土在烘干时会损失其结晶水,用此方法测定其含水率有影响。每1%石膏对含水率的影响约为0.2%。如果土中有石膏,则试样应该在不超过80℃的温度下烘干,并可能要烘更长的时间。

4 结果整理

4.1 按下式计算含水率:

$$w=\frac{m-m_s}{m_s}\times 100 \tag{T 0103-1}$$

式中:w——含水率(%),计算至0.1;

m——湿土质量(g);

m_s——干土质量(g)。

4.2 本试验记录格式如表T 0103-1。

表T 0103-1 含水率试验记录(烘干法)

工程编号______ 试验者______

土样说明______ 计算者______

试验日期______ 校核者______

盒号		1	2	3	4
盒质量(g)	(1)	20	20	20	20
盒+湿土质量(g)	(2)	38.87	40.54	40.65	40.45
盒+干土质量(g)	(3)	35.45	36.76	36.16	35.94
水分质量(g)	(4)=(2)-(3)	3.42	3.78	4.49	4.51
干土质量(g)	(5)=(3)-(1)	15.45	16.76	16.16	15.94
含水率(%)	$(6)=\frac{(4)}{(5)}$	22.1	22.6	27.8	28.3
平均含水率(%)	(7)	22.4		28.1	

4.3 精密度和允许差。

本试验须进行二次平行测定，取其算术平均值，允许平行差值应符合表T 0103-2规定。

表 T 0103-2 含水率测定的允许平行差值

含水率(%)	允许平行差值(%)	含水率(%)	允许平行差值(%)
5 以下	0.3	40 以上	≤2
40 以下	≤1	对层状和网状构造的冻土	<3

5 报告

5.1 土的鉴别分类和代号。

5.2 土的含水率 w 值。

为了缩短烘焙时间，可以考虑采用向试样中加酒精以加速水分蒸发的方法。试验研究采用塑性指数分别为 11.0、15.0、22.0、22.0，相应的黏粒含量为 18%、38%、29%、41%的四个土样，土的质量为 30g，在含水率为 20%～40%的情况下，向土中加酒精 2～4mL 后放入烘箱烘焙。经过反复称量，发现黏土烘焙 2.5～3.5h即可达到恒量，粉质黏土烘焙 2～2.5h 即可达到恒量。如果土的质量固定为 3g 时，无论黏土或粉质黏土，加 0.5mL 的酒精烘焙，仅 0.5h 即可达到恒量。这是减少烘干法烘焙时间的较可行的方法。但酒精的数量及烘焙的时间各地可以通过比较试验确定。应当注意的是，加酒精后的效果与土体含水率的大小有关。

T 0104—1993 酒精燃烧法

酒精燃烧法其温度不符合 105～110℃的标准要求，但酒精倒入试样燃烧开始时即汽化，酒精的气体部分构成火焰的焰心，火焰与土样一般保持 2～3cm 的距离，实际上土样受到的温度仅在 70～80℃，待火焰将熄灭的几秒钟才与土面接触，致使土的温度上升 200～220℃。由于高温燃烧时间较短，土样基本受到适宜的温度。根据经验得知，测得的结果与烘干法误差不大。

当采用酒精燃烧法测定土的含水率时，应特别注意酒精存放的安全。在使用中应分层次分装酒精，如首先将桶装酒精分装在 500～1 000mL 的大瓶中，使用时再将大瓶中的酒精分装在 100mL 以下的小瓶中，从小瓶中将酒精倒入土样，点燃酒精燃烧湿土。再次将酒精倒入土样前，必须确定土样中的火焰已经熄灭，否则将可能造成严重事故。在野外试验确定土样中火焰熄灭的方法是将手从远处慢慢移向燃烧土样的坩埚上部，体会是否有高温燃烧的感觉。如果没有燃烧火焰，则手可以盖在坩埚上；如果有燃烧火焰，则手有烧灼感，应立刻从坩埚上部移开手，反复测试,直至火焰确定燃灭。应当引起注意的是,白天燃烧酒精,当燃烧的火焰较小时,人的肉眼很难观察到,此时应特别注意安全。在现场使用酒精燃烧法时,应做好试验操作安全预案。

1 目的和适用范围

本试验方法适用于快速简易测定细粒土(含有机质的土除外)的含水率。

在试样中加入酒精,利用酒精在土上燃烧,使土中水分蒸发,将土样烘干,是快速简易测定且较准确的方法之一;适用于在没有烘箱或土样较少的条件下,对细粒土进行含水率测定。

2 仪器设备

2.1 称量盒(定期调整为恒质量)。

2.2 天平:感量0.01g。

2.3 酒精:纯度95%。

酒精纯度要求达95%以上。

2.4 滴管、火柴、调土刀等。

3 试验步骤

3.1 取代表性试样(黏质土5~10g,砂类土20~30g),放入称量盒内,称湿土质量m,准确至0.01g。

取代表性试样时,砂类土数量应多于黏质土。

3.2 用滴管将酒精注入放有试样的称量盒中,直至盒中出现自由液面为止。为使酒精在试样中充分混合均匀,可将盒底在桌面上轻轻敲击。

3.3 点燃盒中酒精,燃至火焰熄灭。

3.4 将试样冷却数分钟,按本试验3.3~3.4方法再重新燃烧两次。

3.5 待第三次火焰熄灭后,盖好盒盖,立即称干土质量m_s,准确至0.01g。

4 结果整理

4.1 按下式计算含水率:

$$w=\frac{m-m_s}{m_s}\times 100 \qquad (T\ 0104\text{-}1)$$

式中:w——含水率(%),计算至0.1;

m——湿土质量(g);

m_s——干土质量(g)。

4.2 本试验记录格式如表T 0104-1。

表 T 0104-1 含水率试验记录(酒精燃烧法)

工程编号＿＿＿＿＿＿ 试验者＿＿＿＿＿＿

土样说明＿＿＿＿＿＿ 计算者＿＿＿＿＿＿

试验日期＿＿＿＿＿＿ 校核者＿＿＿＿＿＿

盒 号		1	2	3	4
盒质量(g)	(1)	20	20	20	20
盒＋湿土质量(g)	(2)	38.87	40.54	40.65	40.45
盒＋干土质量(g)	(3)	35.45	36.76	36.16	35.94
水分质量(g)	(4)＝(2)－(3)	3.42	3.78	4.49	4.51
干土质量(g)	(5)＝(3)－(1)	15.45	16.76	16.16	15.94
含水率(%)	$(6)=\frac{(4)}{(5)}$	22.1	22.6	27.8	28.3
平均含水率(%)	(7)	22.4		28.1	

4.3 精密度和允许差。

本试验须进行二次平行测定，取其算术平均值，允许平行差值应符合表T 0104-2规定。

表 T 0104-2 含水率测定的允许平行差值

含水率(%)	允许平行差值(%)	含水率(%)	允许平行差值(%)
5 以下	0.3	40 以上	≤2
40 以下	≤1	对层状和网状构造的冻土	<3

5 报告

5.1 土的鉴别分类和代号。

5.2 土的含水率 w 值。

T 0105—1993 比 重 法

含水率试验的比重法是建立在当前衡量技术高速发展的基础上。大称量、高精度、低感量天平的迅猛发展，使该试验方法成为现实。

1 目的和适用范围

本试验方法仅适用于砂类土。

通过本试验，测定湿土体积，估计土粒比重，间接计算土的含水率。由于试验时没有考虑温度的影响，所得结果准确度较差。土内气体能否充分排出，直接影响试验结果的精度，故比重法仅适用于砂类土。

2　仪器设备

2.1　玻璃瓶：容积500mL以上。

2.2　天平：称量1 000g，感量0.5g。

2.3　其他：漏斗、小勺、吸水球、玻璃片、土样盘及玻璃棒等。

本试验需用的主要设备为容积500mL以上的玻璃瓶。

3　试验步骤

3.1　取代表性砂类土试样200～300g，放入土样盘内。

3.2　向玻璃瓶中注入清水至1/3左右，然后用漏斗将土样盘中的试样倒入瓶中，并用玻璃棒搅拌1～2min，直到所含气体完全排出为止。

土样倒入未盛满水的玻璃瓶中后，用玻璃棒充分搅拌悬液，使空气完全排出，因土内气体能否充分排出会直接影响试验结果的精度。

3.3　向瓶中加清水至全部充满，静置1min后用吸水球吸去泡沫，再加清水使其充满，盖上玻璃片，擦干瓶外壁，称质量。

3.4　倒去瓶中混合液，洗净，再向瓶中加清水至全部充满，盖上玻璃片，擦干瓶外壁，称质量，准确至0.5g。

4　结果整理

4.1　按下式计算含水率：

$$w=\left[\frac{m(G_s-1)}{G_s(m_1-m_2)}-1\right]\times 100 \tag{T 0105-1}$$

式中：w——砂类土的含水率(%)，计算至0.1；

m——湿土质量(g)；

m_1——瓶、水、土、玻璃片合质量(g)；

m_2——瓶、水、玻璃片合质量(g)；

G_s——砂类土的比重。

4.2　本试验记录格式如表T 0105-1。

表T 0105-1　含水率试验记录(比重法)

土样编号	瓶号	湿土质量(g)	瓶、水、土、玻璃片合质量(g)	瓶、水、玻璃片合质量(g)	土样比重	含水率(%)	平均值(%)	备注

4.3 精密度和允许差。

本试验须进行二次平行测定，取其算术平均值，允许平行差值应符合表T 0105-2规定。

表 T 0105-2 含水率测定的允许平行差值

含水率(%)	允许平行差值(%)	含水率(%)	允许平行差值(%)
5 以下	0.3	40 以上	≤2
40 以下	≤1	对层状和网状构造的冻土	<3

5 报告

5.1 土的鉴别分类和代号。

5.2 土的含水率 w 值。

此外，鉴于碳化钙气压法目前已很少使用，市场上已不多见。过去引用该方法，主要是考虑在边远地区电力供应困难，现场工作条件较差等问题，无法开展正常的含水率试验工作等。现在用酒精燃烧法可完全替代该方法，且酒精资源丰富，更具备现场试验条件。因此，此次修订取消了碳化钙气压法作为含水率的试验方法。

近年来，有些工程现场试验室采用微波炉进行含水率试验，尽管烘干土样的效率很高，但是微波加热往往不均匀，其应用的经验性和实际可行的操作步骤以及应当注意的问题有待进一步总结。

在进行含水率试验时应注意的问题：

1. 注意选取有代表性的试样并保证所取试样具有足够的数量

进行含水率试验时，常常因试样代表性不足，而使测定结果失去实际意义。影响所测出试样含水率不均匀的因素有以下几点：

(1)土层本身的不均匀：上下层次中颗粒级配不同、密实度不同以及由于地下水位的影响，都可能造成含水率的不同。

对于该影响因素，应根据实际情况来选取试样。例如为了了解整个土层的综合概略的含水率值，可以沿土层剖面竖向切取土样，按各层比例配合均匀后测定含水率；如各层含水率有显著变化，那么要分别了解各层的含水率，这时可沿各层竖向取土并分别混合均匀后求每层的含水率；若为配合压缩、抗剪强度试验测定土样的含水率，则应在土样竖向切取并混合均匀后测定含水率。

(2)取土时的影响：在钻探取土时，由于筒壁的压入，会将土粒向筒壁的两侧压挤，使靠近筒壁处的孔隙变小，水分向试样的中心方向转移；此外，用湿法钻孔时，会使所取试样含水率比土的天然含水率大，所以这种方法应尽量避免采用。

消除这一影响因素应从野外钻探方法方面注意改进。

(3)土样在运输和储存期间，由于保护不当将使土样表面水分发生变化；由于震动作用也可引起土中水分的重新分布(特别是砂性土)。

然而，要想绝对消除这种影响因素，是不可能的，应尽量设法缩短运输及保管时间，并妥善包装。至于水分的重新分布和转移的现象，在取试样时应予注意，使所取试样尽可能混合均匀，具有代表性。

(4)选取扰动土(如风干土)时拌和不匀。

这一因素的消除主要依靠在选取试样时充分地拌和均匀。

(5)试样数量过少，代表性不足。

关于试样数量问题，在规程中已给予了特别关注并进行了详细说明，以期使试验结果可靠和精确。对砂性土或砾质土，因其持水性较差、颗粒大小相差悬殊、含水率易于变化等问题，所以试样应多取一些。

填土建筑物的土料在填筑前经过运输、翻晒或加水，含水率常不均匀，有些试样很难具有代表性。在这种情况下，侧定干密度时需用环刀内的全部土样进行试验。只有在含水率均匀时，才允许取一部分样品测定含水率换算其干密度。当然将环刀内全部土样烘干求其干密度最准确。但是酒精燃烧法中用过多的土样来测定准确的含水率是有困难的。因此，建议当含水率不均匀时，将试样数量酌量增加至 20～30g。

2. 采用烘干法试验应注意的事项

(1)烘土期间烘箱不应频繁开启，以免影响箱内温度。

(2)水分较多的土，不应与接近烘干的土在一个箱内混烘。

(3)因烘箱底层离热源较近，温度较高，故试样应距底层有一定距离。

(4)将称量盒校正恒量后，简化了试验过程中反复测量称量盒质量的手续。但使用一定时间后，称量盒的质量常有变化，因此一般半年需要校正一次，以保证试验精度。

6 土的密度试验

土的密度试验是土的三大物理性试验指标(比重、密度、含水率)之一。用它结合含水率和土的比重可以换算土的干密度、饱和密度、浮密度、孔隙比、孔隙率、饱和度等六个物理性计算指标。无论是室内试验还是野外勘察以及施工质量控制等均要测定土的密度指标。

1. 土的湿密度 ρ

$$\rho = \frac{m}{V} \tag{6-A}$$

式中:ρ——土的湿密度(g/cm^3);

m——湿土总质量(g);

V——土的总体积(cm^3)。

通常在无特殊说明的情况下,所说土的密度是指土的湿密度。因此,土的密度不是土粒的密度,土粒的密度也不是土粒的比重(土的比重),土粒的密度在数值上与土粒的比重相同,但二者的物理含义不同。密度是有量纲的量,而比重是无量纲的量。

2. 土的干密度 ρ_d

$$\rho_d = \frac{m_s}{V} \tag{6-B}$$

式中:ρ_d——土的干密度(g/cm^3);

m_s——干土(土颗粒)质量(g);

V——土的总体积(cm^3)。

3. 土的饱和密度 ρ_m 的定义

$$\rho_m = \frac{m_s + V_v \rho_w}{V} \tag{6-C}$$

式中:ρ_m——土的饱和密度(g/cm^3);

m_s——干土(土颗粒)质量(g);

V_v——土体空隙的体积(cm^3);

ρ_w——水的密度(g/cm³);

V——土的总体积(cm³)。

4. 土的浮密度 ρ'

$$\rho' = \frac{m_s - V_s \rho_w}{V} \tag{6-D}$$

式中:ρ'——土的浮密度(g/cm³);

m_s——干土(土颗粒)质量(g);

V_s——土颗粒的体积(cm³);

ρ_w——水的密度(g/cm³);

V——土的总体积(cm³)。

上述各密度之间有下述关系:

即 $$\rho_m > \rho > \rho_d > \rho'$$

5. 土的三相体中各相质量、体积之间的关系

$$m = m_s + m_w \quad (其中:m_a = 0) \tag{6-E}$$

$$V = V_s + V_v \quad (其中:V_v = V_w + V_a) \tag{6-F}$$

式中:m——湿土总质量(g);

m_s——干土(土颗粒)质量(g);

m_w——土中水的质量(g);

m_a——土中气相(气体)的质量(g);

V——土的总体积(cm³)。

V_s——土颗粒的体积(cm³);

V_v——土体空隙的体积(cm³);

V_a——土中气相(气体)的体积(cm³)。

6. 孔隙比 e

$$e = \frac{V_v}{V_s} \tag{6-G}$$

式中:e——土体的孔隙比;

V_v——土体空隙的体积(cm³);

V_s——土颗粒的体积(cm³)。

7. 孔隙率 n

$$n = \frac{V_v}{V} \tag{6-H}$$

或 $$n=\frac{e}{1+e}$$

反之 $$e=\frac{n}{1+n}$$

式中：n——土体的孔隙率；

V_v——土体空隙的体积(cm^3)；

V——土的总体积(cm^3)；

e——土体的孔隙比。

8. 饱和度 S_r

$$S_r=\frac{V_w}{V_v}\times 100 \tag{6-I}$$

式中：S_r——土体的饱和度(%)；

V_v——土体空隙的体积(cm^3)；

V_w——土中水的体积(cm^3)。

9. 土粒的密度 ρ_s

$$\rho_s=\frac{m_s}{V_s} \tag{6-J}$$

式中：ρ_s——土粒的密度(g/cm^3)；

m_s——干土(土颗粒)的质量(g)；

V_s——土颗粒的体积(cm^3)。

对于不能用环刀切削的坚硬、易碎、含有粗粒、形状不规则的土可用蜡封法。灌砂法和灌水法一般在野外应用，适用于砂、砾等土类。近几年用于现场测定天然密度的核子射线法也逐渐成熟，对饱和松散砂、淤泥、软黏土等在工程上也可用此法测定。

T 0107—1993　环　刀　法

1　目的和适用范围

本试验方法适用于细粒土。

环刀法只能用于测定不含砾石颗粒的细粒土的密度。环刀法操作简便而准确，在室内和野外普遍采用。

2　仪器设备

2.1　环刀：内径 6～8cm，高 2～5.4cm，壁厚 1.5～2.2mm。

在室内做密度试验，考虑到与剪切、固结等项试验所用环刀相配合，规定室内环刀容积为 60～150cm³。施工现场检查填土压实密度时，由于每层土压实度上下不均匀，为提高试验结果的精度，可增大环刀容积，一般采用的环刀容积为 200～500cm³。

环刀高度与直径之比，对试验结果是有影响的。根据钻探机具、取土器的筒高和直径的大小，确定室内试验使用的环刀直径为 6～8cm，高 2～3cm；野外采用的环刀规格尚不统一，径高比一般以 1～1.5 为宜。

环刀壁越厚，压入时土样扰动程度也越大，所以环刀壁越薄越好。但环刀压入土中时，须承受相当的压力，壁过薄，环刀容易破损和变形。因此，建议一般壁厚用 1.5～2mm。

2.2 天平：感量 0.1g。

2.3 其他：修土刀、钢丝锯、凡士林等。

3 试验步骤

3.1 按工程需要取原状土或制备所需状态的扰动土样，整平两端，环刀内壁涂一薄层凡士林，刀口向下放在土样上。

3.2 用修土刀或钢丝锯将土样上部削成略大于环刀直径的土柱，然后将环刀垂直下压，边压边削，至土样伸出环刀上部为止。削去两端余土，使土样与环刀口面齐平，并用剩余土样测定含水率。

3.3 擦净环刀外壁，称环刀与土合质量 m_1，准确至 0.1g。

在实际工程试验中应根据工程实际需要，采取原状土或制备所需状态的扰动土。

4 结果整理

4.1 按下列公式计算湿密度及干密度：

$$\rho = \frac{m_1 - m_2}{V} \tag{T 0107-1}$$

$$\rho_d = \frac{\rho}{1 + 0.01w} \tag{T 0107-2}$$

式中：ρ——湿密度（g/cm³），计算至 0.01；

m_1——环刀与土合质量（g）；

m_2——环刀质量（g）；

V——环刀体积（cm³）；

ρ_d——干密度（g/cm³），计算至 0.01；

w——含水率（%）。

4.2 本试验记录格式如表 T 0107-1。

表 T 0107-1 密度试验记录(环刀法)

土样编号			1		2		3	
环刀号			1	2	3	4	5	6
环刀容积(cm^3)	①		100	100	100	100	100	100
环刀质量(g)	②							
土+环刀质量(g)	③							
土样质量(g)	④	③-②	178.6	181.4	193.6	194.8	205.8	207.2
湿密度(g/cm^3)	⑤	④/①	1.79	1.81	1.94	1.95	2.06	2.07
含水率(%)	⑥		13.5	14.2	18.2	19.4	20.5	21.2
干密度(g/cm^3)	⑦	⑤/(1+0.01⑥)	1.58	1.58	1.64	1.63	1.71	1.71
平均干密度(g/cm^3)	⑧		1.58		1.64		1.71	

4.3 精密度和允许差。

本试验须进行二次平行测定,取其算术平均值,其平行差值不得大于0.03g/cm^3。

5 报告

5.1 土的鉴别分类和状态描述。

5.2 土的含水率 w(%)。

5.3 土的湿密度 ρ(g/cm^3)。

5.4 土的干密度 ρ_d(g/cm^3)。

采用环刀取样的方法有四种,即土柱压入法、直接压入法、落锤打入法和手锤打入法。一般来讲,为了防止土样扰动,采用土柱压入法最好。因此,本试验方法推荐的也是土柱压入法。但是在现场将黏土切一个土柱费时费力,压下环刀时又可能左右摆动,故实用上并不理想。同时规程中选用的环刀壁较薄,而且环刀下面具有向外壁倾斜的刃口,对土样的扰动影响较小,所以在工地推荐黏性土用直接压入法。但是如果土质坚硬,则可用落锤打入法或手锤打入法。直接压入法压入速度比较均匀;落锤打入法入土速度不均匀,而且有振动作用;手锤打入法除具有落锤打入法的缺点外,而且用力容易偏斜。湿砂土(不含砂粒)的砂柱易于切取,但压入打入时容易产生较大的扰动,故建议采用土柱压入法取样。根据工程实际操作经验,此法误差不超过 2%,而且操作也很方便。

对于含水率很高的土,削土时如用直尺来回刮削会使水分损失,所以刮平步骤最好细心而一次刮平。另外,环刀由于经常使用会产生不断磨损现象,所以应该定期校正，以提高试验精度。

T 0108—1993　电动取土器法

1　目的和适用范围

本试验方法适用于硬塑土密度的快速测定。

2　仪器设备

2.1　电动取土器由底座、行走轮、立柱、齿轮箱、升降机构、取芯头等组成，如图 T 0108-1 所示。

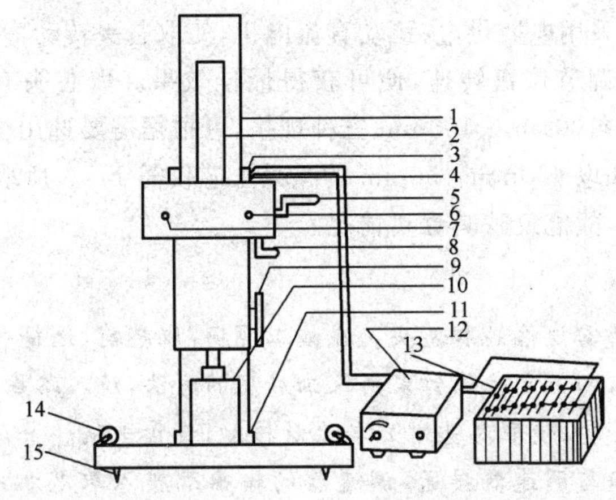

图 T 0108-1　电动取土器

1-立柱；2-升降轴；3-电源输入；4-直流电机；5 升降手柄；6 电源指示；7-电源指示；8-锁紧手柄；9-升降手轮；10-取芯头；11-立柱套；12-调速器；13-电瓶；14-行走轮；15 定位销

2.1.1　底座：由底座平台、定位销(15)、行走轮(14)组成。平台是整个仪器支撑基础；定位销供操作时仪器定位用；行走轮供换点取芯时仪器近距离移动用，当定位时四只轮子可扳起离开地表。

2.1.2　立柱：立柱由立柱(1)与立柱套(11)组成，装在底座平台上，作为升降机构、取芯机构、动力和传动机构的支架。

2.1.3　升降机构：由升降手轮(9)、锁紧手柄(8)组成，供调整取芯机构高低用。松开锁紧手柄，转动升降手轮，取芯机构即可升降，到所需位置时拧紧手柄定位。

2.1.4　取芯机构：由取芯头(10)、升降轴(2)组成。取芯头为金属圆筒，下口对称焊接两个合金钢切削刀头，上端面焊有平盖，其上焊螺母，靠螺旋接于升降轴上。取芯头有三种规格，即 ϕ50mm×50mm、ϕ70mm×70mm、ϕ100mm×100mm，取芯头为可换式。另配有相应的取芯套筒、扳手、铝盒等。

2.1.5 动力和传动机构:主要由直流电机(4)、调速器(12)、齿轮箱组成。另配电瓶和充电器。当电机工作时,通过齿轮箱的齿轮将动力传给取芯机构,升降轴旋转,取芯头进入旋切工作状态。

2.1.6 电动取土器主要技术参数为:工作电压 DC24V(36A·h);转速 50~70r/min,无级调速;整机质量约 35kg。

2.2 天平:称量 1 000g,感量 1.0g(用于取芯头内径为 10cm 样品的称量);称量 1 000g,感量 0.1g(用于取芯头内径小于 7cm 样品的称量)。

2.3 其他:修土刀、钢丝锯及测定含水率的设备等。

电动取芯机采用电瓶供电,驱动直流电机,使取芯头转动,并配备有调速器,根据路基土的湿度调节该机转速,便可获得最佳效果。取芯头有 ϕ50mm×50mm、ϕ70mm×70mm、ϕ100mm×100mm 三种规格,可根据需要选用。取芯头为可换式。取芯速度快,例如取 ϕ50mm×50mm 的一只土芯仅需 14s。所取的试件,因不扰动路基的原状结构,故能反映其真实情况。

3 试验步骤

3.1 装上所需规格的取芯头。在施工现场,取芯前,选择一块平整的路段,将四只行走轮打起,四根定位销钉采用人工加压的方法,压入路基土层中。松开锁紧手柄,旋动升降手轮,使取芯头刚好与土层接触,锁紧手柄。

3.2 将电瓶与调速器接通,调速器的输出端接入取芯机电源插口。指示灯亮,显示电路已通;启动开关,电动机工作,带动取芯机构转动。根据土层含水率调节转速,操作升降手柄、上提取芯机构,停机。移开机器。由于取芯头圆筒外表有几条螺旋状突起,切下的土屑排在筒外顺螺纹上旋抛出地表,因此,将取芯套筒套在切削好的土芯立柱上,摇动即可取出样品。

3.3 取出样品,立即按取芯套筒长度用手刀或钢丝锯修平两端,制成所需规格土芯,如拟进行其他试验项目,装入铝盒,送试验室备用。

3.4 用天平称量土芯带套筒质量,从土芯中心部分取试样测定含水率。

由于取芯头圆筒外表有几条螺旋状突起,切下的土屑排在筒外顺螺纹上旋抛出地表,因此,将取芯套筒套在切削好的土芯立柱上,摇动即可取出样品。

4 结果整理

4.1 对于所需规格的土芯按下列公式计算湿密度及干密度:

$$\rho = \frac{m_1 - m_2}{V} \qquad (T\ 0108\text{-}1)$$

$$\rho_{d}=\frac{\rho}{1+0.01w} \qquad (T\ 0108\text{-}2)$$

式中：ρ——湿密度(g/cm³)，计算至 0.01；

m_1——环刀与土合质量(g)；

m_2——环刀质量(g)；

V——环刀体积(cm³)；

ρ_d——干密度(g/cm³)；

w——含水率(%)。

4.2 本试验记录格式如表 T 0108-1。

表 T 0108-1 密度试验记录(电动取土器法)

土样编号			1		2		3	
环刀号			1	2	3	4	5	6
环刀容积(cm³)	(1)		100	100	100	100	100	100
环刀质量(g)	(2)							
土+环刀质量(g)	(3)							
土样质量(g)	(4)	(3)−(2)	178.6	181.4	193.6	194.8	205.8	207.2
湿密度(g/cm³)	(5)	$\frac{(4)}{(1)}$	1.79	1.81	1.94	1.95	2.06	2.07
含水率(%)	(6)		13.5	14.2	18.2	19.4	20.5	21.2
干密度(g/cm³)	(7)	$\frac{(5)}{1+0.01(6)}$	1.58	1.58	1.64	1.63	1.71	1.71
平均干密度(g/cm³)	(8)		1.58		1.64		1.71	

4.3 精密度和允许差。

本试验须进行二次平行测定，取其算术平均值，其平行差值不得大于0.03g/cm³。

5 报告

5.1 土的鉴别分类和状态描述。

5.2 土的含水率 w(%)。

5.3 土的湿密度 ρ(g/cm³)。

5.4 土的干密度 ρ_d(g/cm³)。

T 0109—1993 蜡 封 法

1 目的和适用范围

本试验方法适用于易破裂土和形态不规则的坚硬土。

不能用环刀切削的坚硬易碎、含有粗粒、形状不规则的土，可用蜡封法测定密度。

2　仪器设备

2.1　天平：感量0.01g。

2.2　烧杯、细线、石蜡、针、削土刀等。

3　试验步骤

3.1　用削土刀切取体积大于30cm^3的试件，削除试件表面的松、浮土以及尖锐棱角，在天平上称量，准确至0.01g。取代表性土样进行含水率测定。

3.2　将石蜡加热至刚过熔点，用细线系住试件浸入石蜡中，使试件表面覆盖一薄层严密的石蜡。若试件蜡膜上有气泡，需用热针刺破气泡，再用石蜡填充针孔，涂平孔口。

3.3　待冷却后，将蜡封试件在天平上称量，准确至0.01g。

3.4　用细线将蜡封试件置于天平一端，使其浸浮在盛有蒸馏水的烧杯中，注意试件不要接触烧杯壁，称蜡封试件的水下质量，准确至0.01g，并测量蒸馏水的温度。

3.5　将蜡封试件从水中取出，擦干石蜡表面水分，在空气中称其质量，将其与3.3中所称质量相比，若质量增加，表示水分进入试件中；若浸入水分质量超过0.03g，应重做。

蜡封试样在水中的重量，系指试样在水中的重力与浮力之差；蜡封试样的质量和蜡封试样在纯水中的质量之差，与纯水在T℃时的密度的比值，即为蜡封试样的体积；当再减去试样上蜡的体积之后，即得风干土样的体积。

密度试验中使用的石蜡，以55号石蜡为宜，其密度以实测为准。如无条件实测，可采用其密度的近似值0.92g/cm^3进行计算。测定石蜡的密度，应根据“阿基米德原理”，采用静水力学天平称量法或采用500～1 000mL广口瓶比重法进行。

封蜡时，为避免易碎裂土的扰动和蜡封试样内气泡的产生，本规程采用一次徐徐浸蜡方法。

4　结果整理

4.1　按下式计算湿密度及干密度：

$$\rho = \frac{m}{\frac{m_1 - m_2}{\rho_{wt}} - \frac{m_1 - m}{\rho_n}} \tag{T 0109-1}$$

$$\rho_d = \frac{\rho}{1 + 0.01w} \tag{T 0109-2}$$

式中：ρ——土的湿密度(g/cm³)，计算至0.01；

ρ_d——土的干密度(g/cm³)，计算至0.01；

m——试件质量(g)；

m_1——蜡封试件质量(g)；

m_2——蜡封试件水中质量(g)；

ρ_{wt}——蒸馏水在t℃时密度(g/cm³)，准确至0.001；

ρ_n——石蜡密度(g/cm³)，应事先实测，准确至0.01g/cm³；一般可采用0.92g/cm³；

w——含水率(%)。

4.2 本试验记录格式如表T 0109-1。

表T 0109-1 密度试验记录(蜡封法)

工程名称______ 土样说明______ 试验日期______

试 验 者______ 计 算 者______ 校 核 者______

土样编号	试件质量(g)	蜡封试件质量(g)	蜡封试件水中质量(g)	温度(℃)	水的密度(g/cm³)	蜡封试件体积(cm³)	蜡体积(cm³)	试件体积(cm³)	湿密度(g/cm³)	备注
	(1)	(2)	(3)		(4)	(5) $\frac{(2)-(3)}{(4)}$	(6) $\frac{(2)-(1)}{\rho_n}$	(7) (5)−(6)	(8) $\frac{(1)}{(7)}$	
1A	62.79	66.41	27.44	32	0.995	39.10	3.94	35.16	1.79	石蜡密度 0.92 g/cm³
	63.00	66.37	27.60	32	0.995	39.00	3.64	35.36	1.79	
2A	62.59	65.86	27.84	5	1.000	38.02	3.56	34.46	1.82	
	72.05	76.15	32.00	5	1.000	44.15	4.45	39.70	1.82	
平均									1.81	

土样编号			A
平均湿密度(g/cm³)	(9)		1.81
平均含水率(%)	(10)		13.5
平均干密度(g/cm³)	(11)	$\frac{(9)}{1+0.01(10)}$	1.59

4.3 精密度和允许差。

本试验须进行二次平行测定，取其算术平均值，其平行差值不得大于0.03g/cm³。

5 报告

5.1 土的鉴别分类和状态描述。

5.2 土的含水率 w(%)。

5.3 土的湿密度 ρ(g/cm^3)。

5.4 土的干密度 ρ_d(g/cm^3)。

T 0110—1993 灌 水 法

1 目的和适用范围

本试验方法适用于现场测定粗粒土和巨粒土的密度。

本试验方法适用于现场测定粗粒土和巨粒土特别是后者的密度,从而可为粗粒土和巨粒土最大干密度试验(表面振动压实仪法和振动台法)提供施工现场检验密实度的手段。

2 仪器设备

2.1 座板:座板为中部开有圆孔,外沿呈方形或圆形的铁板,圆孔处设有环套,套孔的直径为土中所含最大石块粒径的 3 倍,环套的高度为其粒径的 5%。

2.2 薄膜:聚乙烯塑料薄膜。

2.3 储水筒:直径应均匀,并附有刻度。

2.4 台秤:称量 50kg,感量 5g。

2.5 其他:铁镐、铁铲、水准仪等。

以往规程中使用的橡皮囊,尚无定型产品。本试验采用聚氯乙烯塑料薄膜。

3 试验步骤

3.1 根据试样最大粒径宜按表 T 0110-1 确定试坑尺寸。

表 T 0110-1 试 坑 尺 寸

试样最大粒径(mm)	试坑尺寸	
	直径(mm)	深度(mm)
5～20	150	200
40	200	250
60	250	300
200	800	1 000

3.2 按确定的试坑直径画出坑口轮廓线。将测点处的地表整平，地表的浮土、石块、杂物等应予清除，坑凹不平处用砂铺整。用水准仪检查地表是否水平。

3.3 将座板固定于整平后的地表。将聚乙烯塑料膜沿环套内壁及地表紧贴铺好。记录储水筒初始水位高度，拧开储水筒的注水开关，从环套上方将水缓缓注入，至刚满不外溢为止。记录储水筒水位高度，计算座板部分的体积。在保持座板原固定状态下，将薄膜盛装的水排至对该试验不产生影响的场所，然后将薄膜揭离底板。

3.4 在轮廓线内下挖至要求深度，将落于坑内的试样装入盛土容器内，并测定含水率。

3.5 用挖掘工具沿座板上的孔挖试坑，为了使坑壁与塑料薄膜易于紧贴，对坑壁需加以整修。

将塑料薄膜沿坑底、坑壁密贴铺好。

在往薄膜形成的袋内注水时，牵住薄膜的某一部位，一边拉松，一边注水，使薄膜与坑壁间的空气得以排出，从而提高薄膜与坑壁的密贴程度。

3.6 记录储水筒内初始水位高度，拧开储水筒的注水开关，将水缓缓注入塑料薄膜中。当水面接近环套的上边缘时，将水流调小，直至水面与环套上边缘齐平时关闭注水管，持续3～5min，记录储水筒内水位高度。

按试样最大粒径确定试坑尺寸，试验规定试样最大粒径为200mm，一般情况下，可以满足现场检验巨粒土密度的要求。

4 结果整理

4.1 细粒与石料应分开测定含水率，按下式求出整体的含水率：

$$w = w_f p_f + w_c(1 - p_f) \tag{T 0110-1}$$

式中：w——整体含水率(%)，计算至0.01；

w_f——细粒土部分的含水率(%)；

w_c——石料部分的含水率(%)；

p_f——细粒料的干质量与全部材料干质量之比。

细粒料与石块的划分以粒径60mm为界。

4.2 按下式计算座板部分的容积：

$$V_1 = (h_1 - h_2)A_w \tag{T 0110-2}$$

式中：V_1——座板部分的容积(cm^3)，计算至0.01；

A_w——储水筒截面积(cm^2)；

h_1——储水筒内初始水位高度(cm)；

h_2——储水筒内注水终了时水位高度(cm)。

4.3 按下式计算试坑容积：

$$V_p = (H_1 - H_2)A_w - V_1 \tag{T 0110-3}$$

式中：V_p——试坑容积(cm^3)，计算至 0.01；

H_1——储水筒内初始水位高度(cm)；

H_2——储水筒内注水终了时水位高度(cm)；

A_w——储水筒断面积(cm^2)；

V_1——座板部分的容积(cm^3)。

4.4 按下式计算试样湿密度：

$$\rho = \frac{m_p}{V} \tag{T 0110-4}$$

式中：ρ——试样湿密度(g/cm^3)，计算至 0.01；

m_p——取自试坑内的试样质量(g)。

4.5 灌水法密度试验记录格式如表 T 0110-2。

表 T 0110-2 灌水法密度试验记录

工程名称________ 试验者________

土样编号________ 计算者________

试坑深度________m 校核者________

试样最大粒径________mm 试验日期________

测点				1	2
座板部分注水前储水筒水位高度	h_1(cm)	(1)			
座板部分注水后储水筒水位高度	h_2(cm)	(2)			
储水筒断面积	A_w(cm^2)	(3)			
座板部分的容积	$V_1=(h_1-h_2)A_w$(cm^3)	(4)	[(1)−(2)]×(3)		
试坑注水前储水筒水位高度	H_1(cm)	(5)			
试坑注水后储水筒水位高度	H_2(cm)	(6)			
试坑容积	$V_p=(H_1-H_2)A_w-V_1$(cm^3)	(7)	[(5)−(6)]×(3)−(4)		
取自试坑内的试样质量	m_p(g)	(8)			
试样湿密度	$\rho=\frac{m_p}{V}$(g/cm^3)	(9)	$\frac{(8)}{(7)}$		

续上表

测　　点				1	2
细粒土部分含水率	w_f(%)	(10)			
石料部分含水率	w_c(%)	(11)			
细粒料干质量与全部干质量之比	p_f	(12)			
整体含水率	$w = w_f p_f + w_c(1-p_f)$(%)	(13)	(10)×(12)+(11)×[1−(12)]		
试样干密度	$\rho_d = \frac{\rho}{1+w}$(g/cm³)	(14)	$\frac{9}{1+w}$		

日本灌水法密度试验分开测定细粒料与石料的含水率，这样更符合实际，故本试验采用了这种方法。日本对细粒料与石块的划分以75mm为界，本试验将分界粒径改为60mm，因日本以75mm作为砾粒的上限，而我国则以60mm作为粗粒土和巨粒土的分界粒径。

4.6　精密度和允许差。

灌水法密度试验应进行两次平行测定，两次测定的差值不得大于0.03g/cm³，取两次测值的平均值。

5　报告

5.1　试料来源，外观描述。

5.2　试样最大粒径(mm)。

5.3　试坑尺寸(cm)。

5.4　试样干密度 ρ_d(g/cm³)。

在现场测定粗粒土和巨粒土的密度多用灌水法。挖试坑后在坑内铺塑料薄膜袋，由于薄膜不能紧贴凹凸不平的坑壁，并有折叠、皱纹等现象，使测得的体积缩小，计算的密度偏大。为了避免过大的误差，要求薄膜袋的尺寸应与试坑大小相适应。

T 0111—1993　灌　砂　法

1　目的和适用范围

本试验法适用于现场测定细粒土、砂类土和砾类土的密度。试样的最大粒径一般不得超过15mm，测定密度层的厚度为150～200mm。

注：①在测定细粒土的密度时，可以采用 ϕ100mm 的小型灌砂筒。

②如最大粒径超过15mm，则应相应地增大灌砂筒和标定罐的尺寸，例如，粒径达40～60mm的粗粒土，灌砂筒和现场试洞的直径应为150～200mm。

灌砂法一般在野外应用。灌砂法是利用均匀颗粒的砂，由一定高度下落到一规定容积的筒或洞内，按其单位重不变的原理来测量试洞的容积。该试验使用的主要设备是灌砂法密度试验仪，包括漏斗、漏斗架、防风筒和套环。鉴于公路部门不常使用这种仪器，而使用最多的是灌砂筒和标定罐，因此，用灌砂筒来测定土的密度。

2　仪器设备

2.1　灌砂筒：金属圆筒（可用白铁皮制作）的内径为100mm，总高360mm。灌砂筒主要分两部分：上部为储砂筒，筒深270mm（容积约2 120cm^3），筒底中心有一个直径10mm的圆孔；下部装一倒置的圆锥形漏斗，漏斗上端开口直径为10mm，并焊接在一块直径100mm的铁板上，铁板中心有一直径10mm的圆孔与漏斗上开口相接。在储砂筒筒底与漏斗顶端铁板之间设有开关。开关为一薄铁板，一端与筒底及漏斗铁板铰接在一起，另一端伸出筒身外，开关铁板上也有一个直径10mm的圆孔。将开关向左移动时，开关铁板上的圆孔恰好与筒底圆孔及漏斗上开口相对，即三个圆孔在平面上重叠在一起，砂就可通过圆孔自由落下。将开关向右移动时，开关将筒底圆孔堵塞，砂即停止下落。

灌砂筒的形式和主要尺寸如图 T 0111-1 所示。

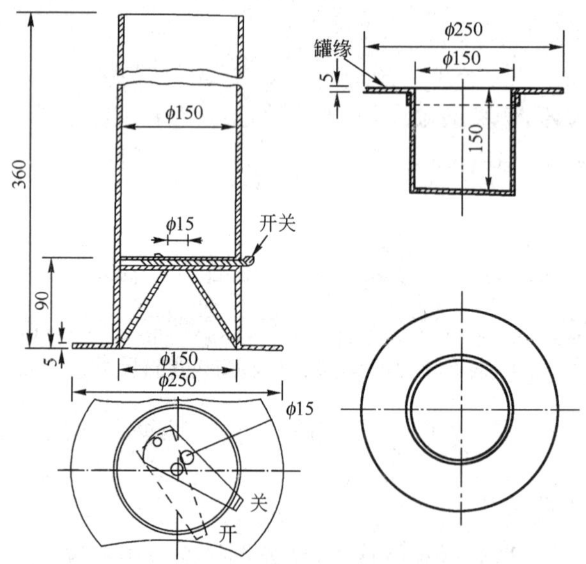

图 T 0111-1　灌砂筒和标定罐（单位：mm）

2.2 金属标定罐：内径100mm，高150mm和200mm的金属罐各一个，上端周围有一罐缘。

注：如由于某种原因，试坑不是150mm或200mm时，标定罐的深度应该与拟挖试坑深度相同。

2.3 基板：一个边长350mm，深40mm的金属方盘，盘中心有一直径100mm的圆孔。

2.4 打洞及从洞中取料的合适工具，如凿子、铁锤、长把勺、长把小簸箕、毛刷等。

2.5 玻璃板：边长约500mm的方形板。

2.6 饭盒(存放挖出的试样)若干。

2.7 台秤：称量10～15kg，感量5g。

2.8 其他：铝盒、天平、烘箱等。

2.9 量砂：粒径0.25～0.5mm、清洁干燥的均匀砂，约20～40kg。应先烘干，并放置足够时间，使其与空气的湿度达到平衡。

这种新的灌砂筒是根据英国标准BS137和BS1924设计制作的。其特点是，将过去所用的灌砂法密度测定仪的几个分开部件(如漏斗、漏斗架、防风筒、套环和量砂容器)合成一个整体。使用时，储砂筒内量砂处于封闭条件下，完全不受风的影响，因此，其测量精度高，准确性好。例如，用粒径0.25～0.50mm的量砂，在直径150mm、高170mm的标定罐(容积3 038cm^3)内标定量砂的密度，共标定10次。另外，确定填满灌砂筒下部圆锥体需要的量砂质量，也测定10次。这两种试验的结果如表T 0111-A所示。

表T 0111-A 灌砂筒的试验精度

试验项目	变化范围	平均值	标准差	变异系数(%)
填满圆锥体的砂(kg)	0.611～0.617	0.615	0.002 0	0.3
填满标定罐的砂(kg)	3.879～3.889	3.884	0.003 2	0.08
量砂密度(g/cm^3)	1.277～1.280	1.278	0.001	0.08

从表列资料可以看出，所得量砂密度的精度很高，变异系数仅0.08%。

用灌砂法测量试洞的容积时，其准确度和精度受下列几个因素的影响：

(1)标定罐的深度对砂的密度有影响。标定罐的深度减2.5cm，砂的密度约降低1%。因此，标定罐的深度应与试洞的深度一致。

(2)储砂筒中砂面的高度对砂的密度有影响。储砂筒中砂面的高度降低5cm，砂的密度约降低1%。因此，现场测量时，储砂筒中的砂面高度应与标定砂的密度时储砂筒中的砂面高度一致。

(3)砂的颗粒组成对试验的重现性有影响。使用的砂应清洁干燥，否则，砂的密度会有明显变化。

用不同粒径的砂标定漏斗的体积和砂的密度时的重现性列在表 T0111-B 中。从表中所列资料可以看出，使用粒径 0.3～0.6mm 砂的重现性最好。标定的精度达到 0.001kg。

表 T 0111-B 用不同粒径的砂标定时的重现性

砂的粒径 (mm)	与平均值的最大偏差	
	在锥形漏斗中 (%)	在标定罐中 (%)
0.6～1.2	0.4	0.3
0.3～0.6	0.2	0.1
0.15～0.3	0.6	0.2
小于 0.15	0.7	0.2

3 仪器标定

3.1 确定灌砂筒下部圆锥体内砂的质量

3.1.1 在储砂筒内装满砂，筒内砂的高度与筒顶的距离不超过 15mm，称筒内砂的质量 m_1，准确至 1g。每次标定及而后的试验都维持该质量不变。

3.1.2 将开关打开，让砂流出，并使流出砂的体积与工地所挖试洞的体积相当(或等于标定罐的容积)，然后关上开关，并称量筒内砂的质量 m_5，准确至 1g。

3.1.3 将灌砂筒放在玻璃板上，打开开关，让砂流出，直到筒内砂不再下流时，关上开关，并小心地取走罐砂筒。

3.1.4 收集并称量留在玻璃板上的砂或称量筒内的砂，准确至 1g。玻璃板上的砂就是填满灌砂筒下部圆锥体的砂。

3.1.5 重复上述测量，至少三次；最后取其平均值 m_2，准确至 1g。

3.2 确定量砂的密度

3.2.1 用水确定标定罐的容积 V

(1)将空罐放在台秤上，使罐的上口处于水平位置，读记罐质量 m_7，准确至 1g。

(2)向标定罐中灌水，注意不要将水弄到台秤上或罐的外壁。将一直尺放在罐顶，当罐中水面快要接近直尺时，用滴管往罐中加水，直到水面接触直尺；移去直尺，读记罐和水的总质量 m_8。

(3)重复测量时，仅需用吸管从罐中取出少量水，并用滴管重新将水加满到接触直尺。

(4)标定罐的体积 V 按下式计算：

$$V=(m_8-m_7)/\rho_w \qquad (\text{T 0111-1})$$

式中：V——标定罐的容积(cm^3)，计算至 0.01；

m_7——标定罐质量(g)；

m_8——标定罐和水的总质量(g)；

ρ_w——水的密度(g/cm^3)。

3.2.2 在储砂筒中装入质量为 m_1 的砂，并将罐砂筒放在标定罐上，打开开关，让砂流出，直到储砂筒内的砂不再下流时，关闭开关；取下罐砂筒，称筒内剩余的砂质量，准确至 1g。

3.2.3 重复上述测量，至少三次，最后取其平均值 m_3，准确至 1g。

3.2.4 按下式计算填满标定罐所需砂的质量 m_a：

$$m_a=m_1-m_2-m_3 \qquad (\text{T 0111-2})$$

式中：m_a——砂的质量(g)，计算至 1；

m_1——灌砂入标定罐前，筒内砂的质量(g)；

m_2——灌砂筒下部圆锥体内砂的平均质量(g)；

m_3——灌砂入标定罐后，筒内剩余砂的质量(g)。

3.2.5 按下式计算量砂的密度 ρ_s：

$$\rho_s=\frac{m_a}{V} \qquad (\text{T 0111-3})$$

式中：ρ_s——砂的密度(g/cm^3)，计算至 0.01；

V——标定罐的体积(cm^3)；

m_a——砂的质量(g)。

4 试验步骤

4.1 在试验地点，选一块约 40cm×40cm 的平坦表面，并将其清扫干净；将基板放在此平坦表面上；如此表面的粗糙度较大，则将盛有量砂 m_5 的灌砂筒放在基板中间的圆孔上。打开灌砂筒开关，让砂流入基板的中孔内，直到储砂筒内的砂不再下流时关闭开关；取下罐砂筒，并称筒内砂的质量 m_6，准确至 1g。

4.2 取走基板，将留在试验地点的量砂收回，重新将表面清扫干净；将基板放在清扫干净的表面上，沿基板中孔凿洞，洞的直径 100mm。在凿洞过程中，应注意不使凿出的试样丢失，并随时将凿松的材料取出，放在已知质量的塑料袋内，密封。试洞的深度应与标定罐高度接近或一致。凿洞毕，称此塑料袋中全部试样质量，准确至1g。减去已知塑料袋质量后，即为试样的总质量m_t。

4.3 从挖出的全部试样中取有代表性的样品，放入铝盒中，测定其含水率w。样品数量：对于细粒土，不少于100g；对于粗粒土，不少于500g。

4.4 将基板安放在试洞上，将灌砂筒安放在基板中间（储砂筒内放满砂至恒量m_1），使灌砂筒的下口对准基板的中孔及试洞。打开灌砂筒开关，让砂流入试洞内。关闭开关。小心取走灌砂筒，称量筒内剩余砂的质量m_4，准确至1g。

4.5 如清扫干净的平坦的表面上，粗糙度不大，则不需放基板，将罐砂筒直接放在已挖好的试洞上。打开筒的开关，让砂流入试洞内。在此期间，应注意勿碰动灌砂筒。直到储砂筒内的砂不再下流时，关闭开关。仔细取走灌砂筒，称量筒内剩余砂的质量m_4，准确至1g。

4.6 取出试洞内的量砂，以备下次试验时再用。若量砂的湿度已发生变化或量砂中混有杂质，则应重新烘干，过筛，并放置一段时间，使其与空气的湿度达到平衡后再用。

4.7 如试洞中有较大孔隙，量砂可能进入孔隙时，则应按试洞外形，松弛地放入一层柔软的纱布。然后再进行灌砂工作。

5 结果整理

5.1 按下式计算填满试洞所需砂的质量：

灌砂时试洞上放有基板的情况

$$m_b = m_1 - m_4 - (m_5 - m_6) \tag{T 0111-4}$$

灌砂时试洞上不放基板的情况

$$m_b = m_1 - m'_4 - m_2 \tag{T 0111-5}$$

式中：m_b——砂的质量(g)；

m_1——灌砂入试洞前筒内砂的质量(g)；

m_2——灌砂筒下部圆锥体内砂的平均质量(g)；

m_4、m'_4——灌砂入试洞后，筒内剩余砂的质量(g)；

$(m_5 - m_6)$——灌砂筒下部圆锥体内及基板和粗糙表面间砂的总质量(g)。

5.2 按下式计算试验地点土的湿密度：

$$\rho = \frac{m_t}{m_b} \times \rho_s \tag{T 0111-6}$$

式中：ρ——土的湿密度(g/cm^3)，计算至0.01；

m_t——试洞中取出的全部土样的质量(g)；

m_b——填满试洞所需砂的质量(g);

ρ_s——量砂的密度(g/cm³)。

5.3 按下式计算土的干密度:

$$\rho_d = \frac{\rho}{1 + 0.01w} \tag{T 0111-7}$$

式中:ρ_d——土的干密度(g/cm³),计算至0.01;

ρ——土的湿密度(g/cm³);

w——土的含水率(%)。

5.4 本试验的记录格式如表T 0111-1。

表T 0111-1 密度试验记录(灌砂法)

工程名称______ 土样说明 砾类土 试验日期______

试 验 者______ 计 算 者______ 校 核 者______

砂的密度 1.28g/cm³

取样桩号	取样位置	试洞中湿土样质量 m_t (g)	灌满试洞后剩余砂质量 m_4 (m_4')	试洞内砂质量 m_b (g)	湿密度 ρ (g/cm³)	含水率测定							干密度 ρ_d (g/cm³)
						盒号	盒+湿土质量 (g)	盒+干土质量 (g)	盒质量 (g)	干土质量 (g)	水质量 (g)	含水率 (%)	
		4 031		2 233.6	2.31	B_5	1 211	1 108.4	195.4	913	102.6	11.2	2.08
		2 900		1 613.9	2.30	3A	1 125	1 040	195.5	844.1	85	10.1	2.09

5.5 精密度和允许差。

本试验须进行二次平行测定,取其算术平均值,其平行差值不得大于0.03g/cm³。

6 报告

6.1 土的鉴别分类和状态描述。

6.2 土的含水率w(%)。

6.3 土的湿密度ρ(g/cm³)。

6.4 土的干密度ρ_d(g/cm³)。

若不采用上述灌砂筒法,采用直接灌砂法,则在灌砂法试验中,试坑尺寸必须与试样粒径相配合,使所取的试样有足够的代表性,为此可参考表T 0111-C中试样最大粒径及相对应的试坑尺寸。

表 T 0111-C 试坑尺寸

试样最大粒径(mm)	试坑尺寸(mm)	
	直径	深度
5(20)	150	200
40	200	250
60	250	300

由于灌砂法适用砂、砾,在开挖试坑时,周围的砂粒容易移动,使试坑体积减小,测得的密度偏高,操作时应特别小心。试坑内已松动的颗粒应全部取出。

地表刮平对提高测试试坑体积的准确性非常重要。许多现场测试不用套环,而是直接在刮平的地面上挖试坑,然后灌砂求其体积(简称“直接灌砂法”)。往往由于地面没有刮平,使所测试坑体积不准确。

7 土的比重试验

土的比重是土的三大基本物理性试验指标(比重、密度、含水率)之一。它是换算土的六个基本物理性计算指标和评价土类的重要依据之一,是一无量纲量。

关于比重的定义,以往国内《土工试验规程》和常见教科书上一般将比重定义为:土粒在温度100～105℃,烘至恒重时的重量与同体积4℃时蒸馏水重量的比值。近年来,国外某些书刊中给出这样的定义:给定体积材料的质量(或密度)与等体积水的质量(或密度)的比值。

各类科技词典中,多取物理学的定义来解释比重这个词,即物体的重量与其体积的比值。《现代科学技术词典》将材料的比重定义为:材料的密度和其一标准材料密度之比,这一定义更具有科学性和一般性。实际上,国外书刊上已直接用材料比重来定义土的比重了。鉴于以上情况,并考虑到我国法定计量单位中有关"比重"概念给土工试验一些基本公式和计算造成不便的现实,我们仍沿袭使用"比重"这个无量纲名词,作为土工试验中的专用名词来对待。但它有明确的定义:土粒比重是土粒在温度105～110℃下烘至恒量时的质量与同体积4℃时纯水质量的比值。这样既照顾了习惯用法,又有明确的科学定义,符合法定计量的有关规定。

从而有如下土粒比重G_s的表达式

$$G_s = \frac{m_s}{V_s \rho_{w4℃}} \tag{7-A}$$

式中:G_s——土粒的比重;

m_s——土粒的质量(g);

V_s——土粒的体积(cm^3);

$\rho_{w4℃}$——水在4℃时的密度(g/cm^3)。

通常所说土的比重就是指土粒的比重。

T 0112—1993 比 重 瓶 法

1 目的和适用范围

本试验法适用于粒径小于5mm的土。

颗粒小于5mm的土的比重用比重瓶法测定;根据土的分散程度、矿物成分、水溶盐和有机质的含量又分别规定用纯水和中性液体测定。排气方法也根据介质的不同分别采用煮沸法和真空抽气法。

2 仪器设备

2.1 比重瓶:容量100(或50)mL。

2.2 天平:称量200g,感量0.001g。

2.3 恒温水槽:灵敏度±1℃。

2.4 砂浴。

2.5 真空抽气设备。

2.6 温度计:刻度为0~50℃,分度值为0.5℃。

2.7 其他:如烘箱、蒸馏水、中性液体(如煤油)、孔径2mm及5mm筛、漏斗、滴管等。

目前各单位多用100mL的比重瓶,也有采用50mL的。比较试验表明,瓶的大小对比重结果影响不大,但因100mL的比重瓶可以多取些试样,使试样的代表性和试验的精度提高,所以本规程建议采用100mL的比重瓶,但也允许采用50mL的比重瓶。

2.8 比重瓶校正

比重瓶校正一般有两种方法:称量校正法和计算校正法。前一种方法精度比较高,后一种方法引入了某些假设,但一般认为对相对密度影响不大。本试验以称量校正法为准。

2.8.1 将比重瓶洗净、烘干,称比重瓶质量,准确至0.001g。

2.8.2 将煮沸后冷却的纯水注入比重瓶。对长颈比重瓶注水至刻度处,对短颈比重瓶应注满纯水,塞紧瓶塞,多余水分自瓶塞毛细管中溢出。调节恒温水槽至5℃或10℃,然后将比重瓶放入恒温水槽内,直至瓶内水温稳定。取出比重瓶,擦干外壁,称瓶、水总质量,准确至0.001g。

2.8.3 以5℃级差,调节恒温水槽的水温,逐级测定不同温度下的比重瓶、水总质量,至达到本地区最高自然气温为止。每级温度均应进行两次平行测定,两次测定的差值不得大于0.002g,取两次测值的平均值。绘制温度与瓶、水总质量的关系曲线。

3 试验步骤

关于试样状态,规定用烘干土,但考虑到烘焙对土中胶粒有机质的影响尚无一致意见,所以这次规定一般应用烘干试样,也可用风干或天然湿度试样。有机质含量一般规定小于5%时,可以用纯水测定。

3.1 将比重瓶烘干，将15g烘干土装入100mL比重瓶内（若用50mL比重瓶，装烘干土约12g），称量。

3.2 为排除土中空气，将已装有干土的比重瓶，注蒸馏水至瓶的一半处，摇动比重瓶，土样浸泡20h以上，再将瓶在砂浴中煮沸，煮沸时间自悬液沸腾时算起，砂及低液限黏土应不少于30min，高液限黏土应不少于1h，使土粒分散。注意沸腾后调节砂浴温度，不使土液溢出瓶外。

排气方法，规程中仍选用煮沸法为主。如需用中性液体时，则采用真空抽气法。

3.3 如系长颈比重瓶，用滴管调整液面恰至刻度处（以弯月面下缘为准），擦干瓶外及瓶内壁刻度以上部分的水，称瓶、水、土总质量。如系短颈比重瓶，将纯水注满，使多余水分自瓶塞毛细管中溢出，将瓶外水分擦干后，称瓶、水土总质量，称量后立即测出瓶内水的温度，准确至0.5℃。

3.4 根据测得的温度，从已绘制的温度与瓶、水总质量关系曲线中查得瓶水总质量。如比重瓶体积事先未经温度校正，则立即倾去悬液，洗净比重瓶，注入事先煮沸过且与试验时同温度的蒸馏水至同一体积刻度处，短颈比重瓶则注水至满，按本试验3.3步骤调整液面后，将瓶外水分擦干，称瓶、水总质量。

3.5 如系砂土，煮沸时砂粒易跳出，允许用真空抽气法代替煮沸法排除土中空气，其余步骤与本试验3.3～3.4相同。

3.6 对含有某一定量的可溶盐、不亲性胶体或有机质的土，必须用中性液体（如煤油）测定，并用真空抽气法排除土中气体。真空压力表读数宜为100kPa，抽气时间1～2h（直至悬液内无气泡为止），其余步骤同本试验3.3～3.4。

从资料上看，易溶盐含量小于0.5%时，用纯水和中性液体测得的比重几乎无差异。含盐量大于0.5%时，比重值可差1%以上，因此规定含盐量大于0.5%时，用中性液体测定。

3.7 本试验称量应准确至0.001g。

4 结果整理

4.1 用蒸馏水测定时，按下式计算比重：

$$G_s = \frac{m_s}{m_1 + m_s - m_2} \times G_{wt} \tag{T 0112-1}$$

式中：G_s——土的比重，计算至0.001；

m_s——干土质量(g)；

m_1——瓶、水总质量(g)；

m_2——瓶、水、土总质量(g)；

G_{wt}——t℃时蒸馏水的比重(水的比重可查物理手册),准确至0.001。

4.2 用中性液体测定时,按下式计算比重:

$$G_s = \frac{m_s}{m'_1 + m_s - m'_2} \times G_{kt} \tag{T 0112-2}$$

式中:G_s——土的比重,计算至0.001;

m'_1——瓶、中性液体总质量(g);

m'_2——瓶、土、中性液体总质量(g);

G_{kt}——t℃时中性液体比重(应实测),准确至0.001。

4.3 本试验记录格式如表T 0112-1。

表T 0112-1 比重试验记录(比重瓶法)

工程名称______ 试验方法______ 试验日期______

试 验 者______ 计 算 者______ 校 核 者______

试验编号	比重瓶号	温度(℃)	液体比重	比重瓶质量(g)	瓶、干土总质量(g)	干土质量(g)	瓶、液总质量(g)	瓶、液、土总质量(g)	与干土同体积的液体质量(g)	比重	平均比重值	备注
		(1)	(2)	(3)	(4)	(5)	(6)	(7)	(8)	(9)		
						(4)−(3)			(5)+(6)−(7)	$\frac{(5)}{(8)}\times(2)$		
	1	15.2	0.999	34.886	49.831	14.945	134.714	144.225	5.434	2.746	2.75	
	2	15.2	0.999	34.287	49.227	14.940	134.696	144.191	5.445	2.741		

4.4 精密度和允许差。

本试验必须进行二次平行测定,取其算术平均值,以两位小数表示,其平行差值不得大于0.02。

5 报告

5.1 土的鉴别分类和代号。

5.2 土的比重G_s值。

粗、细粒土混合料比重的测定,本规程规定分别测定粗、细粒土的比重,然后取加权平均值。

T 0169—2007 浮 力 法

比重试验的浮力法是建立在当前衡量技术高速发展的基础上。大称量、高精度、低感量天平的迅猛发展,使该试验方法成为现实。

1 目的和适用范围

本试验目的是测定土颗粒的比重。本试验方法适用于粒径大于或等于 5mm 的土,且其中粒径大于或等于 20mm 的土质量应小于总土质量的 10%。

颗粒大于 5mm 的砾石、碎石等粗粒,颗粒本身有孔隙存在。孔隙又分封闭的与开敞的两部分。浸水时开敞部分为水所填充,封闭部分水不能浸入。因此,粗粒比重的种类通常以视比重、干比重、饱和面干比重和比重四种形式来表示。

规程中采用视比重,这样比较方便,因为一般指的孔隙,实际上是指被水充填的孔隙。

浮力法所测结果较为稳定。但大于 20mm 粗粒较多时,采用本方法将增加试验设备,室内使用不便。因此,规定粒径大于 5mm 的试样中 20mm 颗粒含量小于 10%时用浮力法。

2 仪器设备

2.1 浮力仪(含电子天平):称量 1 000g 以上,感量 0.001g;应附有孔径小于 5mm 的金属网篮,其直径为 10～15cm,高为 10～20cm;适合网篮沉入的盛水容器(如图 T 0169-1)。

2.2 其他:烘箱、温度计、孔径 5mm 及 20mm 筛等。

3 试验步骤

3.1 取代表性试样 500～1 000g (m_s)。彻底冲洗试样,直至颗粒表面无尘土和其他污物。

3.2 称烧杯和杯中水的质量 m_1,将金属网篮缓缓浸没于水中,再称烧杯、杯中水和悬没水中的金属网篮的总质量,并立即测量容器内水的温度,准确至 0.5℃。计算出悬没于水中的金属网篮的浮力质量 m_2。

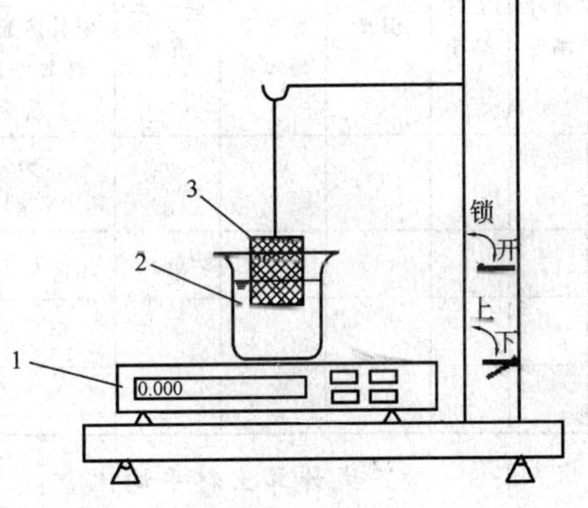

图 T 0169-1 浮力仪

1-电子天平;2-盛水容器;3-盛粗粒土的金属网篮

3.3 将试样浸在水中一昼夜取出,立即放入金属网篮,缓缓浸没于水中,并在水中摇晃,至无气泡逸出时为止。

3.4 称烧杯、杯中水和悬没于水中的金属网篮及试样的总质量 m_3。并立即测量容器内水的温度,准确至 0.5℃。

3.5 取出试样烘干,称量。

4　结果整理

4.1　按下式计算土粒比重：

$$G_s = \frac{m_s}{m_3 - m_2 - m_1} \times G_{wt} \qquad (T\,0169\text{-}1)$$

式中：G_s——土粒比重，计算至0.001；

m_s——干土质量(g)；

m_1——烧杯和杯中水的质量(g)；

m_2——悬没于水中的金属网篮的浮力质量(g)；

m_3——烧杯、杯中水和悬没水中的金属网篮及试样的总质量(g)；

G_{wt}——t℃时水的比重，准确至0.001。

4.2　本试验记录格式如表T 0169-1。

表T 0169-1　比重试验记录(浮力法)

工程名称＿＿＿＿＿＿＿＿＿＿　试验日期＿＿＿＿＿

试 验 者＿＿＿＿＿　计 算 者＿＿＿＿＿　校 核 者＿＿＿＿＿

野外编号	室内编号	温度	某一温度下水的比重	烘干土质量	烧杯、杯中水和悬没于水中的金属网篮及试样的浮力总质量	悬没于水中的金属网篮的浮力质量	烧杯和杯中水的质量	比重	平均值
		(℃)		m_s (g)	m_3 (g)	m_2 (g)	m_1 (g)		
		(1)	(2)	(3)	(4)	(5)	(6)	(7)	
	1								
	2								

4.3　按下式计算土料平均比重：

$$G_s = \frac{1}{\frac{P_1}{G_{s1}} + \frac{P_2}{G_{s2}}} \qquad (T\,0169\text{-}2)$$

式中：G_s——土料平均比重，计算至0.01；

G_{s1}——大于5mm土粒的比重；

G_{s2}——小于5mm土粒的比重；

P_1——大于5mm土粒占总质量的百分数(%)；

P_2——小于5mm土粒占总质量的百分数(%)。

4.4 精密度和允许差。

本试验必须进行二次平行测定,取其算术平均值,以两位小

值不得大于0.02。

5 报告

5.1 土的鉴别分类和代号。

5.2 土的比重 G_s 值。

T 0113—1993 浮 称 法

1 目的和适用范围

本试验目的是测定土颗粒的比重。本试验方法适用于粒径大于或等

的土,且其中粒径大于或等于20mm的土质量应小于总土含量的10%。

浮称法与浮力法的基本原理一样。

浮称法所测结果较为稳定。但大于20mm粗粒较多时,采用本方法将增加试验设备,室内使用不便。因此,规定粒径大于5mm的试样中20mm颗粒小于10%时用浮称法。

2 仪器设备

2.1 静水力学天平(或物理天平):称量1 000g以上,感量0.001g;应附有孔径小于5mm的金属网篮,其直径为10~15cm,高为10~20cm;适合网篮沉入的盛水容器(图T 0113-1)。

2.2 其他:烘箱、温度计、孔径5mm及20mm筛等。

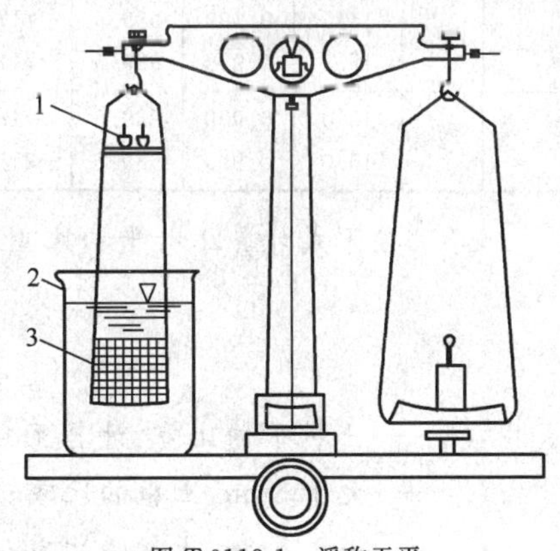

图 T 0113-1 浮称天平

1-调平平衡砝码盘;2-盛水容器;3-盛粗粒土的金属网篮

3 试验步骤

3.1 取代表性试样500~1 000g。彻底冲洗试样,直至颗粒表面无尘土和其他污物。

3.2 将试样浸在水中一昼夜取出,立即放入金属网篮,缓缓浸没于水中,并在水中摇晃,至无气泡逸出时为止。

3.3 称金属网篮和试样在水中的总质量。

3.4 取出试样烘干,称量。

3.5 称金属网篮在水中质量,并立即测

，准确至 0.5℃。

计算土粒比重：

$$G_s = \frac{m_s}{m_s - (m'_2 - m'_1)} \times G_{wt} \quad (\text{T 0113-1})$$

比重，计算至 0.001；

网篮在水中质量(g)；

和金属网篮在水中总质量(g)；

土质量(g)；

t℃时水的比重，准确至 0.001。

本试验记录格式如表 T 0113-1。

表 T 0113-1　比重试验记录(浮称法)

工程名称＿＿＿＿＿＿＿＿　试验日期＿＿＿＿

试 验 者＿＿＿＿　计 算 者＿＿＿＿　校 核 者＿＿＿＿

野外编号	室内编号	温度(℃)	水的比重	烘干土质量(g)	金属网篮加试样在水中质量(g)	金属网篮在水中质量(g)	试样在水中质量(g)	比重	平均值
		(1)	(2)	(3)	(4)	(5)	(6)	(7)	
							(4)－(5)	$\frac{(3)\times(2)}{(3)-(6)}$	
	1	15.5	0.999	989.5	717.8	100	617.8	2.659	2.66
		15.5	0.999	989.5	717.7	100	617.7	2.658	
	2	15.0	0.999	989.5	718.5	100	618.5	2.664	2.67
		15.0	0.999	989.5	718.7	100	618.7	2.665	

4.3　按下式计算土料平均比重：

$$G_s = \frac{1}{\frac{P_1}{G_{s1}} + \frac{P_2}{G_{s2}}} \quad (\text{T 0113-2})$$

式中：G_s——土料平均比重，计算至 0.01；

G_{s1}——大于 5mm 土粒的比重；

G_{s2}——小于 5mm 土粒的比重；

P_1——大于 5mm 土粒占总质量的百分数(%)；

P_2——小于 5mm 土粒占总质量的百分数(%)。

4.4 精密度和允许差。

本试验必须进行二次平行测定，取其算术平均值，以两位小数表示，其平行差值不得大于0.02。

5 报告

5.1 土的鉴别分类和代号。

5.2 土的比重 G_s 值。

T 0114—1993 虹吸筒法

1 目的和适用范围

本试验目的是测定土颗粒的比重。本试验法适用于粒径大于或等于5mm的土，且其中粒径大于或等于20mm土的含量大于或等于总土质量的10%。

由于对粗颗粒的实体积测试不准，所以虹吸筒法测得的结果不稳定，测得的比重值一般偏小。一般只在粒径大于5mm的试样中20mm的颗粒大于10%时，才用虹吸筒法。

本试验方法测得的比重与浮力法和浮称法相同，也为土粒的视比重。若要测定饱和面干比重，亦采用虹吸筒法，具体操作参考有关手册。

2 仪器设备

2.1 虹吸筒：见图T 0114-1。

2.2 台秤：称量10kg，感量1g。

2.3 量筒：容积大于2 000mL。

2.4 其他：烘箱、温度计、孔径5mm及20mm的筛等。

3 试验步骤

3.1 取代表性试样1 000～7 000g。将试样彻底冲洗，直至颗粒表面无尘土和其他污物。

3.2 再将试样浸在水中一昼夜取出，晾干（或用布擦干），称量。

3.3 注清水入虹吸筒，至管口有水溢出时停止注水。待管不再有水流出后，关闭管夹，将试样缓缓放入筒中，边放边搅，至无气泡逸出时为止，搅动时勿使水溅出筒外。称量筒质量。

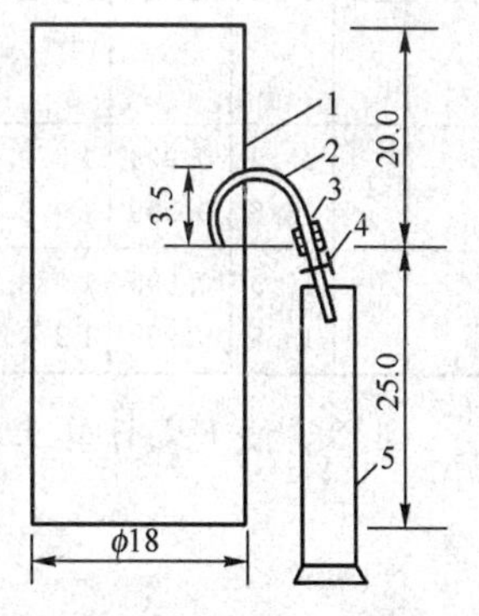

图T 0114-1 虹吸筒（单位：cm）
1-虹吸筒；2-虹吸管；3-橡皮管；4-管夹；5-量筒

3.4 待虹吸筒中水面平静后，开管夹，让试样排开的水通过虹吸管流入筒中。

3.5 称量筒与水质量后,测量筒内水的温度,准确至0.5℃。

3.6 取出虹吸筒内试样,烘干,称量。

3.7 本试验称量准确至1g。

4 结果整理

4.1 按下式计算比重:

$$G_s=\frac{m_s}{(m_1-m_0)-(m-m_s)}\times G_{wt} \qquad \text{(T 0114-1)}$$

式中:G_s——土粒比重,计算至0.01;

m_s——干土质量(g);

G_{wt}——t℃时水的比重,准确至0.001;

m——晾干试样质量(g);

m_1——量筒加水总质量(g);

m_0——量筒质量(g)。

4.2 本试验记录格式如表T 0114-1。

表T 0114-1 比重试验记录(虹吸筒法)

工程名称________________ 试验日期__________

试 验 者__________ 计 算 者__________ 校 核 者__________

野外编号	室内编号	温度(℃)	水的比重	烘干土质量(g)	风干土质量(g)	量筒质量(g)	量筒加排开水质量(g)	排开水质量(g)	吸着水质量(g)	比重	平均值
		(1)	(2)	(3)	(4)	(5)	(6)	(7)	(8)	(9)	
								(6)−(5)	(4)−(3)	$\frac{(3)\times(2)}{(7)-(8)}$	
	1	15.5	0.999	1 979.0	2 000	272.4	1 040.0	767.7	21.0	2.647	2.65
		15.5	0.999	1 979.0	2 010	272.4	1 049.4	777.0	31.0	2.649	
	2	15.5	0.999	1 978.5	2 000	272.4	1 039.0	766.6	21.5	2.652	2.65
		15.5	0.999	1 970.0	2 000	272.4	1 045.0	772.0	30.5	2.651	

4.3 按下式计算土料平均比重:

$$G_s=\frac{1}{\dfrac{P_1}{G_{s1}}+\dfrac{P_2}{G_{s2}}} \qquad \text{(T 0114-2)}$$

式中:G_s——土料平均比重,计算至0.01;

G_{s1}——大于5mm土粒的比重;

G_{s2}——小于5mm土粒的比重；

P_1——大于5mm土粒占总质量的百分数(%)；

P_2——小于5mm土粒占总质量的百分数(%)。

4.4 精密度和允许差。

本试验必须进行二次平行测定，取其算术平均值，以两位小数表示，其平行差值不得大于0.02。

5 报告

5.1 土的鉴别分类和代号。

5.2 土的比重 G_s 值。

需要补充说明的是，比重瓶法仅能用作细粒土(小于5mm)的比重测定，但天然土常为粗、细颗粒混合而成，尤其是在路堤填料中经常遇到。因此，大于5mm的粗粒土用虹吸筒法测定比重。由于虹吸筒不能同时测定小于5mm颗粒的比重，这样对全粒径土体就需要采用联合测定的方法。即分别采用比重瓶法和虹吸筒法(或浮力法、浮称法等)测定比重，然后再求其加权平均值。若用虹吸筒法测定全粒径土时，对于细土粒易悬浮于水中而为虹吸管所吸出，同时在试验的过程中细粒部分易于丢失，此外细粒土过多时会影响排气。在确定采用何种比重试验方法时，应考虑在不影响结果精度的原则下，尽量一次测定。因此，当大于5mm土粒不多时可以直接用比重瓶法进行。

8 颗粒分析试验

土是各种颗粒粒径的集合体。它由固体、液体和气体三部分组成(称为三相系)。固体部分即为土颗粒,主要由矿物颗粒和有机质组成。土粒的矿物成分主要决定于母岩的成分及其所经受的风化(物理风化、化学风化和生物风化)作用。无黏性颗粒主要是由化学稳定的(如石英)或强度较小的原生矿物(如白云母、长石)所组成。黏粒主要是由次生矿物组成。较大的黏粒,主要成分为高岭石类矿物,较细的黏粒主要成分为蒙脱石、伊里石和高岭石等类矿物。

土中包含着各种大小和形状不同的颗粒,它们都属于土的颗粒组成部分。在工程上将各种几何尺寸相近、工程性质相似的土颗粒化分为若干组,称为粒组。所谓土的颗粒组成(或机械组成)就是土中各种粒组的相对含量,称为土的颗粒级配。通常用占总土质量的百分数(或小于某一粒径土质量占总土质量的百分数)表示。确定土的粒组的相对含量的方法,称为颗粒分析试验。

在工程实践中,最常用的颗粒分析试验有两大类:一是机械分析法,如筛析法;二是物理分析法,如密度计法、移液管法等等。前者适用于分析粒径大于0.075mm 且不大于 60mm 的土颗粒,后者适用于分析粒径小于 0.075mm 的土颗粒。若土中粗细颗粒兼有,则联合采用筛析法及密度计法或移液管法。

土的颗粒大小与土的物理力学性质有着一定的关系。根据土的颗粒组成进行分类,可以概略地判定其透水性、可塑性、收缩、膨胀等物理力学性质。但是它还不能完全反映土的各种复杂性质,特别是对于黏性土,其矿物成分、颗粒形状以及胶体含量等都是影响土的物理力学性质的主要因素,同时颗粒分析结果本身在很大程度上取决于试样制备方法和试验方法等因素。所以对于黏性土来说,按塑性指数分类往往比按颗粒组成来分类更为恰当。

T 0115—1993 筛 分 法

砂土及砂性土,由于其颗粒大小不同,风干含水率也不同,因而在不同程度上影响了过筛效率。按道理,颗粒分析时应采用烘干试样,但考虑到烘干试样在分析过程中仍不免吸收空气中的水分,同时采用风干试样其含水率对各粒组的含量影响较小,而且可以省略求含水率及换算干土重之烦,因此对砂土而言,通常多采用风干试样进行试验。

1 目的和适用范围

本试验法适用于分析粒径大于 0.075mm 的土颗粒组成。对于粒径大于 60mm 的土样，本试验方法不适用。

当大于 0.075mm 的颗粒超过试样总质量的 15％时，应先进行筛分试验，然后经过洗筛，再用密度计法或移液管法进行试验。

2 仪器设备

2.1 标准筛：粗筛（圆孔）孔径为 60mm、40mm、20mm、10mm、5mm、2mm；细筛孔径为 2.0mm、1.0mm、0.5mm、0.25mm、0.075mm。

在最新修订的公路工程水泥混凝土和沥青混凝土以及基层集料的相应规范中，已将试验使用的圆孔筛改为方孔筛。筛孔几何形式的改变将对粗颗粒土的级配有一定的影响，并会带来其他指标的相应变化。按照面积等效圆进行换算，圆孔筛直径的面积等效圆直径约是对应方孔筛边长的 1.128 倍。

设方孔筛孔边长为 d，另设该方孔筛的等效面积圆的直径为 D。可知方孔筛的面积为 d^2，该方孔筛的等效面积圆的面积为$\frac{1}{4}\pi D^2$。则有

$$d^2 = \frac{1}{4}\pi D^2$$

那么

$$d = 0.886\,226D$$

所以

$$D = 1.128\,38d$$

可见，若保证方孔筛的孔面积与圆孔筛的孔面积相同时，圆孔筛的最小尺寸 D（直径）比方孔筛的最小尺寸 d（边长）大 1.128 38 倍。若保证方孔筛的孔边长 d 与对应圆孔筛的孔径 D 长度相同，则圆孔筛的面积仅仅是方孔筛面积的 0.886 226 倍（或方孔筛的面积是圆孔筛面积的 1.128 38 倍）。

2.2 天平：称量 5 000g，感量 5g；称量 1 000g，感量 1g；称量 200g，感量 0.2g。

2.3 摇筛机。

2.4 其他：烘箱、筛刷、烧杯、木碾、研钵及杵等。

分析筛的孔径，可根据试样颗粒的粗、细情况灵活选用。

3 试样

从风干、松散的土样中，用四分法按照下列规定取出具有代表性的试样：

3.1　小于 2mm 颗粒的土 100～300g。

3.2　最大粒径小于 10mm 的土 300～900g。

3.3　最大粒径小于 20mm 的土 1 000～2 000g。

3.4　最大粒径小于 40mm 的土 2 000～4 000g。

3.5　最大粒径大于 40mm 的土 4 000g 以上。

对于砾类土等颗粒较大的土样，按其最大颗粒决定试样数量。这样比较直观，易于掌握，又可得到比较有代表性的数据。

用风干土样进行筛分试验，按四分法取代表性试样，数量随粒径大小而异，粒径愈大，数量愈多。

4　试验步骤

4.1　对于无凝聚性的土

对于无凝聚性的土样，可采用干筛法。

4.1.1　按规定称取试样，将试样分批过 2mm 筛。

4.1.2　将大于 2mm 的试样按从大到小的次序，通过大于 2mm 的各级粗筛。将留在筛上的土分别称量。

4.1.3　2mm 筛下的土如数量过多，可用四分法缩分至 100～800g。将试样按从大到小的次序通过小于 2mm 的各级细筛。可用摇筛机进行振摇。振摇时间一般为 10～15min。

4.1.4　由最大孔径的筛开始，顺序将各筛取下，在白纸上用手轻叩摇晃，至每分钟筛下数量不大于该级筛余质量的 1%为止。漏下的土粒应全部放入下一级筛内，并将留在各筛上的土样用软毛刷刷净，分别称量。

4.1.5　筛后各级筛上和筛底土总质量与筛前试样质量之差，不应大于 1%。

4.1.6　如 2mm 筛下的土不超过试样总质量的 10%，可省略细筛分析；如 2mm 筛上的土不超过试样总质量的 10%，可省略粗筛分析。

4.2　对于含有黏土粒的砂砾土

对于含有部分黏土的砾类土，必须用水筛法，以保证颗粒充分分散。

4.2.1　将土样放在橡皮板上，用木碾将黏结的土团充分碾散，拌匀、烘干、称量。如土样过多时，用四分法称取代表性土样。

4.2.2　将试样置于盛有清水的瓷盆中，浸泡并搅拌，使粗细颗粒分散。

4.2.3　将浸润后的混合液过 2mm 筛，边冲边洗过筛，直至筛上仅留大于 2mm 以上的土粒为止。然后，将筛上洗净的砂砾风干称量。按以上方法进行粗筛分析。

4.2.4　通过 2mm 筛下的混合液存放在盆中，待稍沉淀，将上部悬液过0.075

mm 洗筛，用带橡皮头的玻璃棒研磨盆内浆液，再加清水、搅拌、研磨、静置、过筛，反复进行，直至盆内悬液澄清。最后，将全部土粒倒在 0.075mm 筛上，用水冲洗，直到筛上仅留大于 0.075mm 净砂为止。

4.2.5 将大于 0.075mm 的净砂烘干称量，并进行细筛分析。

4.2.6 将大于 2mm 颗粒及 2～0.075mm 的颗粒质量从原称量的总质量中减去，即为小于 0.075mm 颗粒质量。

4.2.7 如果小于 0.075mm 颗粒质量超过总土质量的 10%，有必要时，将这部分土烘干、取样，另做密度计或移液管分析。

5 结果整理

5.1 按下式计算小于某粒径颗粒质量百分数：

$$X = \frac{A}{B} \times 100 \tag{T 0115-1}$$

式中：X——小于某粒径颗粒的质量百分数（%），计算至 0.01；

A——小于某粒径的颗粒质量（g）；

B——试样的总质量（g）。

5.2 当小于 2mm 的颗粒如用四分法缩分取样时，按下式计算试样中小于某粒径的颗粒质量占总土质量的百分数：

$$X = \frac{a}{b} \times p \times 100 \tag{T 0115-2}$$

式中：X——小于某粒径颗粒的质量百分数（%），计算至 0.01；

a——通过 2mm 筛的试样中小于某粒径的颗粒质量（g）；

b——通过 2mm 筛的土样中所取试样的质量（g）；

p——粒径小于 2mm 的颗粒质量百分数。

5.3 在半对数坐标纸上，以小于某粒径的颗粒质量百分数为纵坐标，以粒径（mm）为横坐标，绘制颗粒大小级配曲线，求出各粒组的颗粒质量百分数，以整数（%）表示。

5.4 必要时按下式计算不均匀系数：

$$C_u = \frac{d_{60}}{d_{10}} \tag{T 0115-3}$$

式中：C_u——不均匀系数，计算至 0.1 且含两位以上有效数字；

d_{60}——限制粒径，即土中小于该粒径的颗粒质量为 60% 的粒径（mm）；

d_{10}——有效粒径，即土中小于该粒径的颗粒质量为 10% 的粒径（mm）。

5.5 本试验记录格式如表 T 0115-1。

表 T 0115-1 颗粒分析试验记录(筛分法)

工程名称____________ 试验者__________

土样编号____________ 计算者__________

试验日期____________ 校核者__________

土样说明____________

筛前总土质量=3 000g 小于 2mm 土质量=810g 小于 2mm 土占总土质量=27%				小于 2mm 取试样质量=810g				
粗筛分析				细筛分析				
孔径	累积留筛土质量(g)	小于该孔径的土质量(g)	小于该孔径土质量百分比(%)	孔径(mm)	累积留筛土质量(g)	小于该孔径的土质量(g)	小于该孔径土质量百分比(%)	占总土质量百分比(%)
				2.0	2 190	810	100	27.0
60				1.0	2 410	590	72.8	19.7
40	0	3 000	100	0.5	2 740	260	32.1	8.7
20	350	2 650	88.3	0.25	2 920	80	9.9	2.7
10	920	2 080	69.3	0.075	2 980	20	2.5	0.7
5	1 600	1 400	46.7					
2	2 190	810	27.0					

5.6 精密度和允许差。

筛后各级筛上和筛底土总质量与筛前试样质量之差,不应大于1%。

6 报告

6.1 土的鉴别分类和代号。

6.2 颗粒级配曲线。

6.3 不均匀系数 C_u。

通常将 d_{10} 称为有效粒径,该粒径的大小与土的渗透性有显著的相关效应。将 d_{60} 称为限制粒径,该粒径与土的强度有一定的相关性。

在工作中常遇到人们在说明筛孔时用筛号表述,这是传统的习惯。筛号的定义是每英寸长度上有多少个筛孔,就称这种筛为多少号筛。例如:每英寸长度上有60 个孔的筛称为 60 号筛(或称为 60 目筛)。各筛号对应的孔径见表 T 0115-A。

表 T 0115-A 筛号与孔径的对应表

通用筛名		其他筛名	
筛号	孔径(mm)	筛名称	孔径(mm)
400	0.038	1号方孔筛	8.5
325	0.044	2号方孔筛	3.5
300	0.046	3号方孔筛	2.0
230	0.063	4号方孔筛	1.2
200	0.075		
170	0.090		
140	0.106		
100	0.15		
60	0.25		
50	0.30		
40	0.425		
30	0.60		
25	0.718		
20	0.850		
16	1.18		
10	2.00		
8	2.36		

注:无180号筛和250号筛。

T 0116—2007 密度计法

密度计法也称比重计法。密度计分为甲种和乙种。甲种密度计读数表示1 000mL悬液中的干土重;乙种密度计读数表示悬液比重。两种密度计的制造原理和使用方法基本相同。但是两种密度计在刻度时所采用的悬液温度标准不同(20℃/20℃,20℃/4℃),因此,在密度计校准及土量百分比的计算公式中,有严格的区别,如不加以注意,将会造成错误。国家标准采用20℃/20℃。由于密度计制造不一定规范,造成浮泡体积和刻度不准确,加之密度计的刻度是以纯水作为作为标准,当悬液加入分散剂后,则比重增大,故需要在使用前对刻度、弯月面、土粒沉降距离、温度、分散计等的影响进行校验。

1 目的和适用范围

本试验方法适用于分析粒径小于0.075mm的细粒土。

2 仪器设备

2.1 密度计

2.1.1 甲种密度计:刻度单位以20℃时每1 000mL悬液内所含土质量的克数表示,刻度为-5～50,最小分度值为0.5。

2.1.2 乙种密度计:刻度单位以20℃时悬液的比重表示,刻度为0.995～1.020,最小分度值为0.000 2。

2.2 量筒:容积为1 000mL,内径为60mm,高度为350mm±10mm,刻度为0～1 000mL。

2.3 细筛:孔径为2mm、0.5mm、0.25mm;洗筛:孔径为0.075mm。

2.4 天平:称量100g,感量0.1g;称量100g(或200g),感量0.01g。

2.5 温度计:测量范围0～50℃,精度0.5℃。

2.6 洗筛漏斗:上口直径略大于洗筛直径,下口直径略小于量筒直径。

2.7 煮沸设备:电热板或电砂浴。

2.8 搅拌器:底板直径50mm,孔径约3mm。

2.9 其他:离心机、烘箱、三角烧瓶(500mL)、烧杯(400mL)、蒸发皿、研钵、木碾、称量铝盒、秒表等。

由于不同浓度溶液的表面张力不同,弯月面的上升高度也不同,密度计在生产后其刻度与密度计的几何形状、质量等均有关。因此,需进行刻度、有效沉降距离和弯月面的校正。

3 试剂

浓度25%氨水、氢氧化钠(NaOH)、草酸钠($Na_2C_2O_4$)、六偏磷酸钠[$(NaPO_3)_6$]、焦磷酸钠($Na_4P_4P_2O_7 \cdot 10H_2O$)等,如须进行洗盐手续,应有10%盐

酸、5%氯化钡、10%硝酸、5%硝酸银及6%双氧水等。

本规程选用的试剂供作分散处理和洗盐之用，其中六偏磷酸钠和焦磷酸钠属强分散剂。

4 试样

密度计分析土样应采用风干土。土样充分碾散，通过2mm筛(土样风干可在烘箱内以不超过50℃鼓风干燥)。

求出土样的风干含水率，并按下式计算试样干质量为30g时所需的风干土质量。准确至0.01g。

$$m = m_s(1 + 0.01w) \tag{T 0116-1}$$

式中：m——风干土质量，计算至0.01(g)；

m_s——密度计分析所需干土质量(g)；

w——风干土的含水率(%)。

密度计分析用的土样采用风干土，试样质量为30g，即悬液浓度为3%。

5 密度计校正

密度计应对刻度及弯月面、温度、土粒比重和分散剂等进行校正。

5.1 密度计刻度及弯月面校正：按《标准玻璃浮计检定规程》(JJG 86—2001)进行。土粒沉降距离校正参见本试验条文说明。

5.2 温度校正：当密度计的刻制温度是20℃，而悬液温度不等于20℃时，应进行校正，校正值查表T 0116-1。

表T 0116-1 温度校正值

悬液温度	甲种密度计温度校正值	乙种密度计温度校正值	悬液温度	甲种密度计温度校正值	乙种密度计温度校正值
t(℃)	m_t	m'_t	t(℃)	m_t	m'_t
10.0	−2.0	−0.001 2	15.0	−1.2	−0.000 8
10.5	−1.9	−0.001 2	15.5	−1.1	−0.000 7
11.0	−1.9	−0.001 2	16.0	−1.0	−0.000 6
11.5	−1.8	−0.001 1	16.5	−0.9	−0.000 6
12.0	−1.8	−0.001 1	17.0	−0.8	−0.000 5
12.5	−1.7	−0.001 0	17.5	−0.7	−0.000 4
13.0	−1.6	−0.001 0	18.0	−0.5	−0.000 3
13.5	−1.5	−0.000 9	18.5	−0.4	−0.000 3
14.0	−1.4	−0.000 9	19.0	−0.3	−0.000 2
14.5	−1.3	−0.000 8	19.5	−0.1	−0.000 1

续上表

悬液温度	甲种密度计温度校正值	乙种密度计温度校正值	悬液温度	甲种密度计温度校正值	乙种密度计温度校正值
t(℃)	m_t	m'_t	t(℃)	m_t	m'_t
20.0	−0.0	−0.000 0	25.0	+1.7	+0.001 0
20.2	0.0	−0.000 0	25.5	+1.9	+0.001 1
20.5	+0.1	+0.000 1	26.0	+2.1	+0.001 3
21.0	+0.3	+0.000 2	26.5	+2.2	+0.001 4
21.5	+0.5	+0.000 3	27.0	+2.5	+0.001 5
22.0	+0.6	+0.000 4	27.5	+2.6	+0.001 6
22.5	+0.8	+0.000 5	28.0	+2.9	+0.001 8
23.0	+0.9	+0.000 6	28.5	+3.1	+0.001 9
23.5	+1.1	+0.000 7	29.0	+3.3	+0.002 1
24.0	+1.3	+0.000 8	29.5	+3.5	+0.002 2
24.5	+1.5	+0.000 9	30.0	+3.7	+0.002 3

5.3 土粒比重校正:密度计刻度应以土粒比重 2.65 为准。当试样的土粒比重不等于 2.65 时,应进行土粒比重校正。校正值查表 T 0116-2。

表 T 0116-2 土粒比重校正值

土粒比重	甲种密度计	乙种密度计
	C_G	C_G'
2.50	1.038	1.666
2.52	1.032	1.658
2.54	1.027	1.649
2.56	1.022	1.641
2.58	1.017	1.632
2.60	1.012	1.625
2.62	1.007	1.617
2.64	1.002	1.609
2.66	0.998	1.603
2.68	0.993	1.595
2.70	0.989	1.588

续上表

土粒比重	甲种密度计	乙种密度计
	C_G	C_G'
2.72	0.985	1.581
2.74	0.981	1.575
2.76	0.977	1.568
2.78	0.973	1.562
2.80	0.969	1.556
2.82	0.965	1.549
2.84	0.961	1.543
2.86	0.958	1.538
2.88	0.954	1.532

5.4 分散剂校正：密度计刻度系以纯水为准，当悬液中加入分散剂时，比重增大，故须加以校正。

注纯水入量筒，然后加分散剂，使量筒溶液达1 000mL。用搅拌器在量筒内沿整个深度上下搅拌均匀，恒温至20℃。然后将密度计放入溶液中，测记密度计读数。此时密度计读数与20℃时纯水中读数之差，即为分散剂校正值。

6 土样分散处理

土样的分散处理，采用分散剂。对于使用各种分散剂均不能分散的土样（如盐渍土等），须进行洗盐。

对于一般易分散的土，用25%氨水作为分散剂，其用量为：30g土样中加氨水1mL。

对于用氨水不能分散的土样，可根据土样的pH值，分别采用下列分散剂：

6.1 酸性土（pH<6.5），30g土样加0.5mol/L氢氧化钠20mL。溶液配制方法：称取20g NaOH（化学纯），加蒸馏水溶解后，定容至1 000mL，摇匀。

6.2 中性土（pH=6.5～7.5），30g土样加0.25mol/L草酸钠18mL。溶液配制方法：称取33.5g $Na_2C_2O_4$（化学纯），加蒸馏水溶解后，定容至1 000mL，摇匀。

6.3 碱性土（pH>7.5），30g土样加0.083mol/L六偏磷酸钠15mL。溶液配制方法：称取51g$(NaPO_3)_6$（化学纯），加蒸馏水溶解后，定容至1 000mL，摇匀。

6.4 若土的pH大于8，用六偏磷酸钠分散效果不好或不能分散时，则30g土样加0.125mol/L焦磷酸钠14mL。溶液配制方法：称取55.8g $Na_4P_2O_7 \cdot 10H_2O$（化学纯），加蒸馏水溶解后，定容至1 000mL，摇匀。

对于强分散剂(如焦磷酸钠)仍不能分散的土,可用阳离子交换树脂(粒径大于2mm的)100g放入土样中一起浸泡,不断摇荡约2h,再过2mm筛,将阳离子交换树脂分开,然后加入0.083mol/L六偏磷酸15mL。

对于可能含有水溶盐,采用以上方法均不能分散的土样,要进行水溶盐检验。其方法是:取均匀试样约3g,放入烧杯内,注入4～6mL蒸馏水,用带橡皮头的玻璃棒研散,再加25mL蒸馏水,煮沸5～10min,经漏斗注入30mL的试管中,塞住管口,放在试管架上静置一昼夜。若发现管中悬液有凝聚现象(在沉淀物上部呈松散絮绒状),则说明试样中含有足以使悬液中土粒成团下降的水溶盐,要进行洗盐。

根据对分散剂和分散方法的试验研究结果,特对分散剂和分散方法作如下规定:

进行土的分散之前,用煮沸后的蒸馏水,按1∶5的土水比浸泡土样,摇振3min,澄清约半小时后,用酸度计或pH试纸测定土样悬液的pH值。按照酸性土(pH≤6.5)、中性土(6.5<pH≤7.5)、碱性土(pH>7.5)分别选用分散剂。这样,就可避免采用一种分散剂所带来的偏差。

对酸性土(30g土样),加0.5mol/L氢氧化钠20mL;对中性土(30g土样),加0.25mol/L草酸钠18mL;对碱性土(30g土样),加0.083mol/L六偏磷酸钠15mL。若土的pH值大于8,六偏磷酸钠分散效果不好或不好分散时,另用30g土样加0.125mol/L焦磷酸钠14mL进行分散。加入以上分散剂稍加振荡,煮沸40min,即可分散。

对于用强分散剂(如焦磷酸钠)仍不能分散的土样,可用阳离子树脂(粒径大于2mm)100g投入浸泡的土样中,不断搅拌,使之进行交换,历时约2h,观察其不起泡时为止,说明此时离子交换基本完成。再过2mm筛,将阳离子树脂与土样悬液分开,然后在土样悬液中加入0.083mol/L六偏磷酸钠15mL,不煮沸即可分散。交换后的树脂,加盐酸处理,使之恢复后,仍能继续使用。

7 洗盐(过滤法)

7.1 将分散用的试样放入调土皿内,注入少量蒸馏水,拌和均匀。将滤纸微湿后紧贴于漏斗上,然后将调土皿中土浆迅速倒入漏斗中,并注入热蒸馏水冲洗过滤。附于皿上的土粒要全部洗入漏斗。若发现滤液混浊,须重新过滤。

7.2 应经常使漏斗内的液面保持高出土面约5mm。每次加水后,须用表面皿盖住。

7.3 为了检查水溶盐是否已洗干净,可用两个试管各取刚滤下的滤液3～5mL,管中加入数滴10%盐酸及5%氯化钡;另一管加入数滴10%硝酸及5%硝酸盐。若发现任一管中有白色沉淀时,说明土中的水溶盐仍未洗净,应继续清洗,直至检查时试管中不再发现白色沉淀时为止。将漏斗上的土样细心洗下,风干取样。

本规程规定对易溶盐含量超过总量0.5%的土样须进行洗盐,采用过滤法。

洗盐的检验方法,本规程采用目测法。此外尚可采用"电导法"。其具体操作方法,详见有关的试验规程。电导法效率高,操作方便、准确。它的原理是根据电导率在低浓度溶液范围内,与悬液中易溶盐成正比关系。由于导电率因盐性不同其值也不一,故对不同地区不同盐性的土类,应做标准样试验。

当对含有易溶盐超过0.5%的土进行密度计或移液管法颗粒分析时,若不洗盐,将对试验结果产生显著的影响,如表T 0116-A所示。

表T 0116-A 盐渍土洗盐与不洗盐的比较(按密度计法)

省(区)	土样号	含盐量(%)	粉粒含量(%) 0.05～0.005mm		黏粒含量(%) <0.005mm	
			洗盐前	洗盐后	洗盐前	洗盐后
新疆	146	5.26	22.33	6.0	9.08	18.61
	147	14.66	17.23	13.10	40.04	41.17
甘肃	133	2.1	62.20	47.50	1.50	14.00
	142	2.19	54.50	43.50	0.50	14.00
	143	1.11	24.99	22.47	17.99	21.34
	149	5.13	20.79	7.21	5.25	16.52
	156	0.88	41.50	34.70	9.50	13.00

在实际工作中往往会遇到这样的情况:即试样虽然经过清洗仍然发现成絮状下降现象;或者滤液经过化学鉴定并无含盐反映,而在分析中则有成团下降现象发生。这种土多系含高价阳离子的碳酸盐类,比较常见的如碳酸钙。因为当土中细小颗粒,特别是胶质颗粒吸收钙离子时,能发生非可逆性的胶体性质和黏结效应,而将土粒胶结起来,以致能够抵抗水的破坏作用。所以对这种含盐土,只用清洗方法而不加化学处理,往往效果不好。

8 试验步骤

本规程所规定的试验步骤适用于甲、乙两种密度计。

8.1 将称好的风干土样倒入三角烧瓶中,注入蒸馏水200mL,浸泡一夜。按前述规定加入分散剂。

8.2 将三角烧瓶稍加摇荡后,放在电热器上煮沸40min(若用氨水分散时,要用冷凝管装置;若用阳离子交换树脂时,则不需煮沸)。

8.3 将煮沸后冷却的悬液倒入烧杯中,静置1min。将上部悬液通过0.075mm筛,注入1 000mL量筒中。杯中沉土用带橡皮头的玻璃棒细心研磨。加水入杯中,搅拌后静置1min,再将上部悬液通过0.075mm筛,倒入量筒。反复进行,直至静置1min后,上部悬液澄清为止。最后将全部土粒倒入筛内,用水冲洗至仅有大于 0.075mm 净砂为止。注意量筒内的悬液总量不要超过 1 000mL。

8.4 将留在筛上的砂粒洗入皿中，风干称量，并计算各粒组颗粒质量占总土质量的百分数。

8.5 向量筒中注入蒸馏水，使悬液恰为 1 000mL(如用氨水作分散剂时，这时应再加入 25%氨水 0.5mL，其数量包括在 1 000mL 内)。

8.6 用搅拌器在量筒内沿整个悬液深度上下搅拌 1min，往返约 30 次，使悬液均匀分布。

8.7 取出搅拌器，同时开动秒表。测记 0.5min、1min、5min、15min、30min、60min、120min、240min 及 1 440min 的密度计读数，直至小于某粒径的土重百分数小于 10%为止。每次读数前 10～20s 将密度计小心放入量筒至约接近估计读数的深度。读数以后，取出密度计(0.5min 及 1min 读数除外)，小心放入盛有清水的量筒中。每次读数后均须测记悬液温度，准确至 0.5℃。

8.8 如一次作一批土样(20 个)，可先做完每个量筒的 0.5min 及 1min 读数，再按以上步骤将每个土样悬液重新依次搅拌一次。然后分别测记各规定时间的读数。同时在每次读数后测记悬液的温度。

8.9 密度计读数均以弯月面上缘为准。甲种密度计应准确至 1，估读至 0.1；乙种密度计应准确至 0.001，估读至 0.000 1。为方便读数，采用间读法，即 0.001 读作 1，而 0.000 1 读作 0.1。这样既便于读数，又便于计算。

9 结果整理

9.1 小于某粒径的试样质量占试样总质量的百分比按下列公式计算：

9.1.1 甲种密度计

$$X = \frac{100}{m_s} C_G (R_m + m_t + n - C_D) \qquad \text{(T 0116-2)}$$

$$C_G = \frac{\rho_s}{\rho_s - \rho_{w20}} \times \frac{2.65 - \rho_{w20}}{2.65}$$

式中：X——小于某粒径的土质量百分数(%)，计算至 0.1；

m_s——试样质量(干土质量)(g)；

C_G——比重校正值，查表 T 0116-2；

ρ_s——土粒密度(g/cm^3)；

ρ_{w20}——20℃时水的密度(g/cm^3)；

m_t——温度校正值，查表 T 0116-1；

n——刻度及弯月面校正值；

C_D——分散剂校正值；

R_m——甲种密度计读数。

9.1.2 乙种密度计

$$X = \frac{100V}{m_s} C'_G [(R'_m - 1) + m'_t + n' - C'_D] \rho_{w20} \qquad (T\ 0116\text{-}3)$$

$$C'_G = \frac{\rho_s}{\rho_s - \rho_{w20}}$$

式中：X——小于某粒径的土质量百分数(%)，计算至0.1；

V——悬液体积(=1 000mL)；

m_s——试样质量(干土质量)(g)；

C'_G——比重校正值，查表T 0116-2；

ρ_s——土粒密度(g/cm³)；

n'——刻度及弯月面校正值；

C'_D——分散剂校正值；

R'_m——乙种密度计读数；

ρ_{w20}——20℃时水的密度(g/cm³)；

m'_t——温度校正值，查表T 0116-1；

9.2 土粒直径按下列公式计算，也可按图T 0116-1确定。

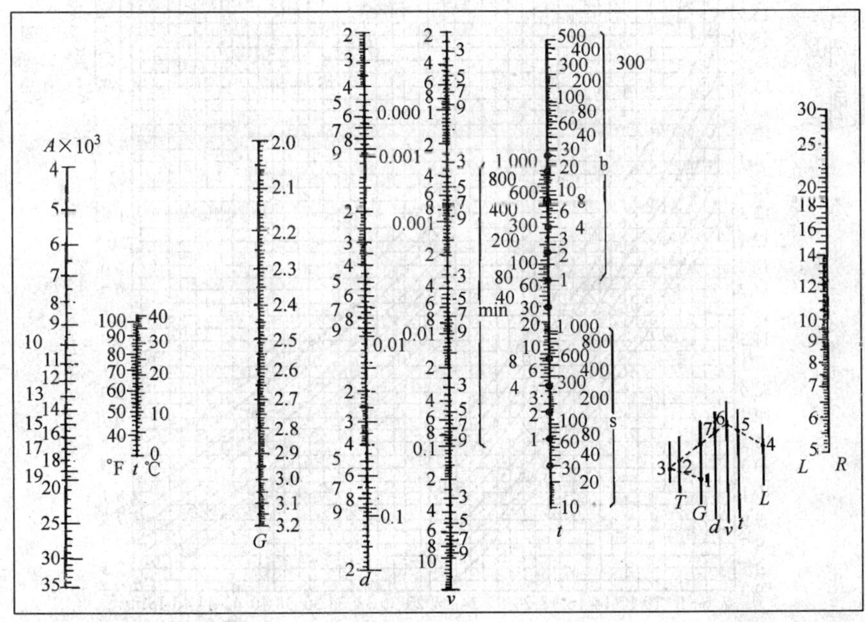

图T 0116-1 土粒直径列线图

$$d = \sqrt{\frac{1\,800 \times 10^4 \eta}{(G_s - G_{wt})\rho_{w4} g} \times \frac{L}{t}} \qquad (\text{T 0116-4})$$

式中：d——土粒直径(mm)，计算至 0.000 1 且含两位有效数字；

ρ——水的动力黏滞系数(参见“渗透试验”)(10^{-6}kPa·s)；

ρ_{w4}——4℃时水的密度(g/cm^3)；

G_s——土粒比重；

G_{wt}——温度 t℃时水的比重；

L——某一时间 t 内的土粒沉降距离(cm)；

g——重力加速度(981cm/s^2)；

t——沉降时间(s)。

为了简化计算，公式(T 0116-4)可写成：

$$d = K\sqrt{\frac{L}{t}} \qquad (\text{T 0116-5})$$

式中：K——粒径计算系数$\left(=\sqrt{\frac{1\,800 \times 10^4 \eta}{(G_s - G_{wt})\rho_{w4} g}}\right)$，与悬液温度和土粒比重有关，其值见图 T 0116-2。

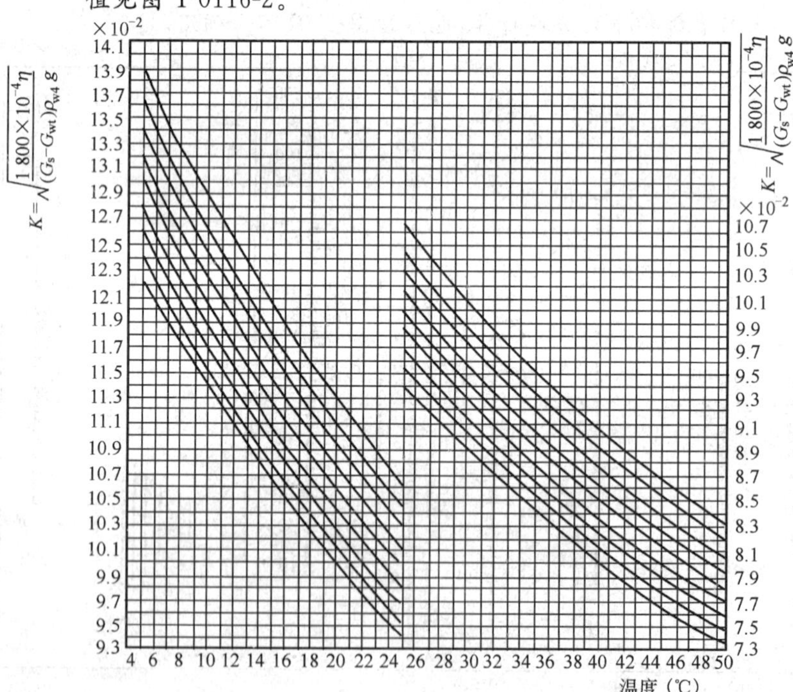

图 T 0116-2 粒径计算系数 K 值图

9.3 以小于某粒径的颗粒百分数为纵坐标，以粒径(mm)为横坐标，在半对数纸上，绘制粒径分配曲线(图 T 0116-3)。求出各粒组的颗粒质量百分数，并且不大于 d_{10} 的数据点至少有一个。

如系与筛分法联合分析，应将两段曲线绘成一平滑曲线。

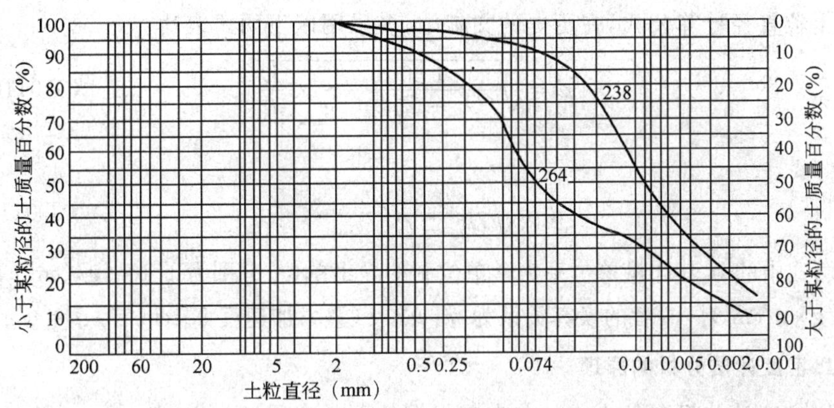

图 T 0116-3 粒径分配曲线

9.4 本试验记录格式如表 T 0116-3。

表 T 0116-3 颗粒分析试验记录(甲种密度计)

工程名称______ 土粒比重 2.74 试验者______

土样编号______ 比重校正值______ 计算者______

土样说明 密度计号 甲 4 校核者______

烘干土质量 g 量筒编号______ 试验日期______

下沉时间	悬液温度	密度计读数	温度校正值	分散剂校正值	刻度及弯月面校正	R	R_H	土粒沉降落距	粒径	小于某粒径的土质量百分数
t(min)	t(℃)	R_m	m_t	C_D	n	$R_m+m_t+n-C_D$	RC_G	L(cm)	d(mm)	X(%)
0.5	19.50	29.7	−0.1	1.3	2.06	30.36	29.78	10.49	0.061 4	99.3
1	19.50	27.2	−0.1	1.3	2.10	27.90	27.37	12.25	0.046 9	91.2
5	19.50	23.6	−0.1	1.3	2.03	24.23	23.77	12.43	0.021 1	79.2
15	19.50	19.5	−0.1	1.3	2.00	20.10	19.72	12.94	0.012 4	65.7
30	20.00	15.7	0.0	1.3	2.08	16.48	16.17	13.23	0.008 8	53.9
60	20.00	9.4	0.0	1.3	1.95	10.05	9.86	13.93	0.006 4	32.9
120	20.00	4.8	0.0	1.3	2.10	5.60	5.49	14.19	0.004 6	18.3
240	20.00	2.4	0.0	1.3	1.92	3.02	2.96	15.74	0.003 4	9.9

10 报告

10.1 土的鉴别分类和代号。

10.2 颗粒分析试验记录表。

10.3 土的颗粒级配曲线。

土粒直径计算公式，在历史的文献中，多采用以下两式表达：

$$d=\sqrt{\frac{1\,800\eta}{(G_s-G_{wt})\rho_{w4}g}\times\frac{L}{t}} \tag{T 0116-A}$$

或

$$d=\sqrt{\frac{1\,800\mu}{(G_s-G_{wt})\rho_{w4}}\times\frac{L}{t}} \tag{T 0116-B}$$

以上两式中的 η，其计量单位系力学单位制的导出单位，分别为 η[10^{-2}g/(cm · s)]、μ(10^{-5}g · s/cm^2)。两者的换算关系为 $\eta=\mu\times$g(重力加速度 981cm/s^2)、$\mu=\eta/g$。

1. 密度计法分析的原理

用密度计分析颗粒大小的分布是根据如下基本假定：

(1)土颗粒在水中的下沉规律服从司笃克斯(STOKS)定律；

(2)试验开始时土颗粒均匀地分布于水中；

(3)使用的量筒直径要比密度计的直径大很多。

密度计法颗粒分析试验是将定量的土样和水混合制成悬液，注入量筒中，悬液容积为 1 000mL。悬液经过搅拌，大小颗粒均匀地分布于水中，此时，悬液的浓度上下一致。颗粒相同的土粒依照司笃克斯定律将以等速 v 下降，经过 t 秒钟后所有粒径为 d 的颗粒下降的距离 $L=vt$，因此，所有大于 d 的颗粒已经下降到 L 平面以下，L 平面以上则仅有小于 d 的颗粒。靠近 L 平面上取一单位体积观察，则该部分悬液中不大于 d 的颗粒分布情况与试验开始时完全一样。其中一部分颗粒降到 L 平面以下，同一时间内又有一部分从上面降下来，因此量得 L 深度处悬液的比重与原来悬液的比重相比较，即可求出粒径小于 d 的颗粒占的百分数。在不同时间内量得不同 L 深度处的密度，即可找出不同粒径的数量，以绘成颗粒大小分布曲线。司笃克斯研究颗粒在静水中下沉的速度时，曾将土的颗粒设想为一刚性的小球，在无限延伸的匀质液体中下沉。当球体开始下沉的最初一瞬间，因受重力加速度的影响，速度有逐渐增大的趋势；但在瞬时间内，在适当的条件下，即能改变下沉的情况，此时球体在水中的自重恰好与其所受的液体黏滞阻力相抵消，球体脱离了重力加速度的影响，而借惯性作用等速下沉。设小球体的直径为 d，下沉速度为 v，球体密度为 ρ_s，水的密度为 ρ_w，液体的黏滞系数为 η，则球体的重力：

$$F_1 = \frac{1}{6}\pi d^3 \rho_s g \tag{T 0116-C}$$

液体对球体的浮力

$$F_2 = \frac{1}{6}\pi d^3 \rho_w g \tag{T 0116-D}$$

球体的浮力减去液体的浮力为球体在液体中下降的力

$$F_3 = F_1 - F_2 = \frac{1}{6}\pi d^3 (\rho_s - \rho_w) g \tag{T 0116-E}$$

球体在液体中下降时，由于液体具有黏性，必然发生摩擦。球体上所受摩擦力为：

$$R_f = \frac{1}{4}\phi\pi d^2 v^2 \rho_w \tag{T 0116-F}$$

式中：ϕ——阻力系数，与 R_e（雷诺数 R_e =）有关。

司笃克斯的研究认为：

$$\phi = \frac{12}{R_e}$$

故

$$R_f = 3\pi d \eta v \tag{T 0116-G}$$

当球体开始沉降时 v 甚小，故 R_f 亦甚小，但由于重力加速度作用，v 速度增大，仅在数秒钟内，即可使 R_f 值增大至与 F_3 相等。当 $R_f = F_3$ 时，球体重力平衡，于是等速下降，因此

$$\frac{1}{6}\pi d^3 (\rho_s - \rho_w) g = 3\pi d \eta v \tag{T 0116-H}$$

$$v = \frac{\rho_s - \rho_w}{18\eta} g d^3 \tag{T 0116-I}$$

$$d = \sqrt{\frac{18\eta}{(\rho_s - \rho_w) g}} \tag{T 0116-J}$$

又

$$v = \frac{L}{t} \tag{T 0116-K}$$

所以

$$d = \sqrt{\frac{18\eta}{(\rho_s - \rho_w) g} \cdot \frac{L}{t}} \tag{T 0116-L}$$

又可以写成

$$d = \sqrt{\frac{1\,800 \times 10^4 \eta}{(G_s - G_w) \rho_{wt} \cdot g} \cdot \frac{L}{t}} \tag{T 0116-M}$$

式中：d——颗粒直径（mm）；

η——水的动力黏滞系数（10^{-6} kPa · s）；

G_s——土粒比重；

G_w——水的比重；

L——某一时间 t 内土粒下沉距离(mm)；

ρ_{wt}——t℃时水的密度(g/cm³)；

g——重力加速度(cm/g²)；

t——沉降时间(s)。

式(T 0116-L)或式(T 0116-M)的推导基于颗粒在液体中必须是以等速下沉的条件，否则式中的 v 无法确定。因此，就沉降速度而言，司笃克斯定律有其一定的适用范围。1934 年凡尔赛国际土壤物理学会议规定，该公式只适用于 0.02～0.002mm 的颗粒。当颗粒直径过大时，其沉降速度超过公式所允许的速度，则颗粒在液体中下沉时，会产生紊流现象，而不是等速运动。如颗粒直径过小，则胶体颗粒遇水后成为悬浮物质，由于水分子力的作用而相互撞击永不停止，产生布朗运动，从而改变原颗粒在液体中沉降的特性，而不能正确地量测下沉速度。

2. 密度计土粒沉降距离校正

(1)测定密度计浮泡体积。在 250mL 量筒内倒入约 130mL 纯水，并保持水温为 20℃，测定量筒内水面读数(以弯月面上缘为准)后画一标记。将密度计放入量筒中，使水面达密度计最低分度处(以弯月面上缘为准)，同时测记水面在量筒上的读数(以弯月面上缘为准)后再画一标记，两者之差，即为密度计浮泡的体积。读数准确至 1mL。

(2)测定密度计浮泡体积中心。在测定密度计浮泡体积后，将密度计向上缓缓垂直提起，使水面恰落至两标记的正中间，此时水面与浮泡相切(以弯月面上缘为准)，即为浮泡体积中心。将密度计固定在三足架上，用直尺准确量出水面至密度计最低分度的垂直距离。

(3)测定 1 000mL 量筒内径(准确至 1mm)，并算出量筒面积。

(4)量出自密度计最低分度至玻璃杆上各分度处的距离，每隔 5 格或 10 格量距 1 次。

(5)按式(T 0116-N)计算土粒有效沉降距离(见图 T 0116-A)。

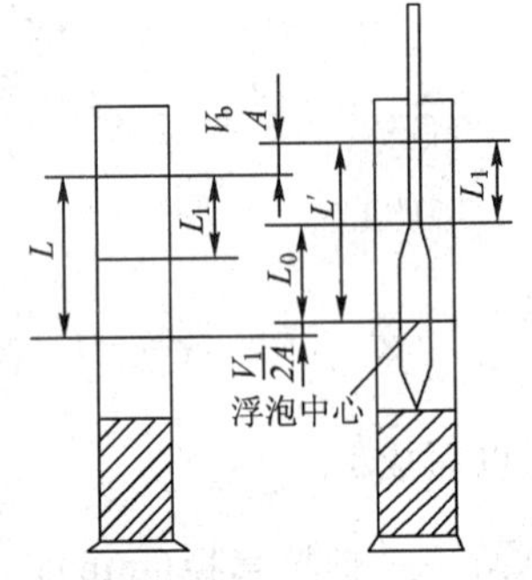

图 T 0116-A　土粒有效沉降距离校正

$$L = L' - \frac{V_b}{2A} = L_1 + \left(L_0 - \frac{V_b}{2A}\right) \quad \text{(T 0116-N)}$$

式中：L——土粒有效沉降距离(cm)；

L_1——自最低刻度至玻璃杆上各分度的距离(cm)；

L_0——密度计浮泡中心至最低分度的距离(cm)；

V_b——密度计浮泡体积(cm^3)；

A——1 000mL 量筒面积(cm^2)。

(6)用所量出的不同 L_1 代入式(T 0116-N)，计算出如图 T 0116-A 相应的 L 值。

T 0117—1993　移液管法

移液管法是根据各种粒径在一定时间内下沉距离的关系来计算吸取悬液的时间和距离，国家标准用固定颗粒和吸取深度来计算时间。

1　目的和适用范围

本试验方法适用于分析粒径小于 0.075mm 细粒土的组成。

本试验方法适用于粒径小而且比重大的土。

2　仪器设备

2.1　分析天平：感量 0.001g。

2.2　移液管：为土的颗粒分析特制的 25mL 移液管，管端侧面开有四个小孔(图 T 0117-1)。

2.3　恒温水槽：高度应高于量筒。

2.4　1 000mL 量筒、50mL 小烧杯(高型)等，其他与密度计分析(T 0116—2007)相同。

移液管法不能保证吸取同一深度处的悬液，因此，我们将移液管端部略为放大，侧面加开四个小孔，既能保证悬液不致流失，又可吸取近似同一深度处平面的悬液。

3　试验步骤

3.1　取代表性试样，黏质土为 10～15g，砂类土为 20g，按密度计法(T 0116—2007)8.1～8.5 制取悬液。

3.2　将盛土样悬液的量筒放入恒温水槽，使悬液恒温至适当温度。试验中悬液温度变化不得大于±0.5℃。按式(T 0117-1)计算粒径小于 0.05mm、0.01mm、0.005mm 和其他所需粒径下沉一定深度所需的静置时间：

$$t = \frac{L}{\frac{2}{9} \times 10^{-4} \times g \times r^2 \times \frac{\rho_s - \rho_{wt}}{\eta}} \qquad (\text{T 0117-1})$$

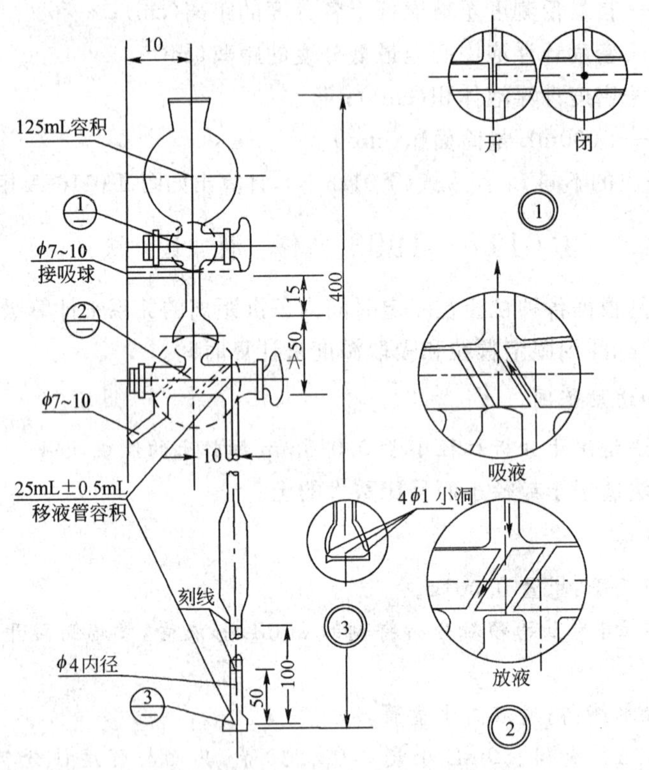

图 T 0117-1　移液管(单位:mm)

式中:t——某粒径土粒下沉一定深度所需的静置时间(s),计算至 0.01;

g——重力加速度,981cm/s^2;

r——土粒半径$\left(\frac{d}{2}\right)$(cm)(原以 mm 表示的粒径在这里须化为 cm);

ρ_s——土粒密度(g/cm^3);

ρ_{wt}——t℃时水的密度(g/cm^3);

η——纯水的动力黏滞系数(10^{-6}kPa·s);

L——移液管浸入悬液深度(10cm)。

3.3　准备好 50mL 小烧杯,称量,准确至 0.001g。

3.4　准备好移液管,活塞①应放在关闭位置上,旋转活塞②应放在与移液管及吸球相通的位置上。

3.5　用搅拌器将悬液上下搅拌各约 30 次,时间为 1min,使悬液分布均匀。

停止搅拌，立即开动秒表。

3.6 根据各粒径的静置时间提前约10s，将移液管放入悬液中，浸入深度为10cm，靠连接自来水管所产生的负压或用吸球来吸取悬液。

3.7 吸入悬液，至略多于25mL，旋转活塞②180°，使与放液管相通，再将多余悬液从放液口放出。

3.8 将移液管下口放入已称量的小烧杯中，再旋转活塞②180°，使与移液管相通。同时用吸球将悬液(25mL)全部注入小烧杯内。在移液管上口预先倒入蒸馏水，此时开活塞①，使水流入移液管中，再将这部分水连同管内剩余颗粒冲入小烧杯内。

3.9 将烧杯内悬液浓缩至半干，放入烘箱内在105～110℃温度下烘至恒量。称量小烧杯连同干土的质量，准确至0.001g。

温度越高，悬液静置时间越短。在不同温度(40～60℃)下，用移液管法和密度计法进行了比较试验，结果表明，误差不大。但为保险起见，采用50℃没有问题；一般情况下，可采用40℃，这样可缩短试验时间。

如无恒温水槽，则在室温变化不大的情况下(在测定时间内，室温变化小于0.5℃)，也可采用室温法。方法是将吸液深度从10cm减为5cm，按实际悬液温度计算某粒径的静置时间，取此值的一半，作为吸取悬液的时间。1 000mL或2 000 mL量管均可采用。

4 结果整理

4.1 土中小于某粒径的颗粒含量百分数按下式计算：

$$X = \frac{A \times 1\,000}{25 \times B} \times 100 \tag{T 0117-2}$$

或

$$X = \frac{C}{B} \times 100, C = \frac{A \times 1\,000}{25} \tag{T 0117-3}$$

式中：X——小于某粒径的颗粒含量百分数(%)，计算至0.1；

A——25mL悬液中小于某粒径的颗粒烘干质量(g)；

B——试样总质量(g)；

C——1 000mL悬液中小于某粒径的颗粒总质量(g)。

如系与筛分法联合分析，应将两段曲线绘成一平滑曲线。

4.2 本试验记录格式如表T 0117-1。

表 T 0117-1　颗粒分析试验（移液管法）

工 程 名 称＿＿＿＿　>0.075mm 颗粒含量(%)＿＿＿＿　试 验 者＿＿＿＿

土 样 编 号＿＿＿＿　<0.075mm 颗粒含量(%)＿＿＿＿　计 算 者＿＿＿＿

土 样 说 明＿＿＿＿　试　验　日　期＿＿＿＿　校 核 者＿＿＿＿

总干土质量 9.8g　取　样　深　度 10cm　土粒比重 2.65

粒径 (mm)	杯号	杯十土质量 (g)	杯质量 (g)	25mL 吸管内土质量 (g)	1 000mL 量筒内土质量 (g)	小于某粒径土质量百分数 (%)	小于某粒径土质量占总土质量百分数 (%)
(1)	(2)	(3)	(4)	(5)	(6)	(7)	
				(3)−(4)	$\frac{9.8}{100}\times$(7)		
0.05	A	30.032 4	29.787 4	0.245 0	9.80	100.0	
0.01	B	20.303 4	20.168 6	0.134 8	5.39	55.0	
0.005	C	22.066 5	21.953 8	0.112 7	4.51	46.0	
0.001	D	23.247 5	23.164 2	0.083 3	3.33	34.0	

5　报告

5.1　土的鉴别分类和代号；

5.2　颗粒分析试验记录表；

5.3　土的颗粒级配曲线。

通常在计算前需要测定土粒比重及悬液温度；为简便计算，也可以事先制成土粒在不同温度静水中某一深度的沉降时间表备查，如表 T 0117-A。

表 T 0117-A　土粒在不同温度静水中沉降时间表

土粒比重	土粒直径 (mm)	沉降距离 (cm)	10℃ (h/min/s)	12.5℃ (h/min/s)	15℃ (h/min/s)	17.5℃ (h/min/s)	20℃ (h/min/s)	22.5℃ (h/min/s)	25℃ (h/min/s)	27.5℃ (h/min/s)	30℃ (h/min/s)	32.5℃ (h/min/s)	35℃ (h/min/s)
2.60	0.050	25.0	/2/29	/2/19	/2/10	/2/02	/1/55	/1/49	/1/43	/1/37	/1/32	/1/27	/1/23
	0.050	12.5	/1/14	/1/09	/1/05	/1/01	//58	/54	/51	/48	/46	/44	/41
	0.010	10.0	/24/52	/23/12	/21/45	/20/24	/19/14	/18/06	/17/06	/16/09	15/39	/14/38	/13/49
	0.005	10.0	1/39/36	1/32/48	1/26/59	1/21/37	1/16/55	1/12/24	1/08/25	1/04/14	1/01/10	/58/23	/55/16
2.65	0.050	25.0	/2/25	/2/15	/2/06	/1/59	/1/52	/1/45	/1/40	/1/34	/1/29	/1/25	/1/20
	0.050	12.5	/1/12	/1/07	/1/03	//59	/56	/53	/50	/47	/44	/42	/40
	0.010	10.0	/24/07	/22/30	/21/05	/19/47	/18/39	/17/33	/16/35	/15/39	/14/50	/14/06	/13/24
	0.005	10.0	1/36/27	1/29/59	1/24/21	1/19/08	1/14/34	1/10/12	1/06/21	1/02/38	/59/19	/56/24	/53/34

续上表

土粒比重	土粒直径(mm)	沉降距离(cm)	10℃(h/min/s)	12.5℃(h/min/s)	15℃(h/min/s)	17.5℃(h/min/s)	20℃(h/min/s)	22.5℃(h/min/s)	25℃(h/min/s)	27.5℃(h/min/s)	30℃(h/min/s)	32.5℃(h/min/s)	35℃(h/min/s)
2.70	0.050	25.0	/2/20	/2/11	/2/03	/1/55	/1/49	/1/42	/1/36	/1/31	/1/21	/1/22	/1/18
	0.050	12.5	/1/10	/1/05	/1/01	//58	/54	/51	/48	/45	/43	/41	/39
	0.010	10.0	/23/24	/21/50	/20/28	/19/13	/18/06	/17/02	/16/06	/15/12	/14/23	/13/41	/13/00
	0.005	10.0	1/33/38	1/27/21	1/21/54	1/16/50	1/12/24	1/08/10	1/04/24	1/00/47	/57/34	/54/44	/52/00
2.75	0.050	25.0	/2/16	/2/07	/1/59	/1/52	/1/45	/1/39	/1/34	/1/28	/1/24	/1/21	/1/16
	0.050	12.5	/1/08	/1/04	/1/00	//56	/53	/50	/47	/44	/42	/40	/38
	0.010	10.0	/22/44	/21/13	/19/53	/18/40	/17/35	/16/33	/15/38	/14/46	/13/59	/13/26	/12/37
	0.005	10.0	1/30/55	1/24/52	1/19/33	1/14/38	1/10/19	1/06/13	1/02/34	/59/04	/55/56	/53/48	/50/31
2.80	0.050	25.0	/2/13	/2/04	/1/56	/1/49	/1/42	/1/36	/1/31	/1/26	/1/21	/1/17	/1/14
	0.050	12.5	/1/06	/1/02	//58	//54	/51	/48	/46	/43	/14	/39	/37
	0.010	10.0	/22/06	/20/38	/19/20	/18/09	/17/05	/16/06	/15/12	/14/21	/13/35	/12/55	/12/17
	0.005	10.0	1/28/25	1/22/30	1/17/20	1/12/33	1/08/22	1/04/22	1/00/50	/57/25	/54/21	/51/42	/49/07

移液管法主要是首先称取一定量的干土质量 m_d，按比重计法进行处理后，倒入量筒搅拌均匀，再从量筒中吸取一定体积的悬液注入烧杯，然后烘干、称量。因此，在悬液中小于某一约定粒径的土粒质量 m_0 等于被吸取的土粒干质量 m'_d 乘以悬液总体积 V 与被吸取悬液体积 V_1 之比，即：

$$m_0 = m'_d \frac{V}{V_1} \tag{T 0117-A}$$

小于某一粒径的土粒质量的百分数为：

$$X(\%) = \frac{m_0}{m_d} = \frac{m'_d V}{m_d V_1} \times 100 \tag{T 0117-B}$$

9 界限含水率试验

当黏性土中含水率发生变化时，土的状态就随之而变。如土的含水率由少变多时，土体便从固态转变为半固态、塑态以致成为液态，土的体积随之变大。反之，当土的含水率由多变少，土的物理状态出现相反的变化，体积就会缩小。这种状态的变化，反映了土粒与水相互作用的结果，也表明含水率变化对于黏性土的物理力学性质的影响。1911 年瑞典科学家阿太堡（Atterberg）将土从液限过渡到固态的过程划分为五个阶段，规定了各个界限含水率，称为阿太堡限度。

一定状态的黏性土表现出一定的物理力学性质。表征黏性土在某一含水率下所具有的状态，就叫稠度状态。所谓土的稠度状态就是土的软硬状态，工程中常以坚硬、可塑或流塑等术语加以描述。描述这些稠度状态的界限的含水率称为稠度界限，简称为界限含水率。如液性界限、塑性界限和收缩界限，分别简称为液限、塑限和缩限。

应当注意的是，界限含水率的概念是基于土体的结构已被破坏的含义基础之上。

T 0118—2007 液限和塑限联合测定法

1 目的和适用范围

1.1 本试验的目的是联合测定土的液限和塑限，用于划分土类、计算天然稠度和塑性指数，供公路工程设计和施工使用。

1.2 本试验适用于粒径不大于 0.5mm、有机质含量不大于试样总质量 5% 的土。

1950 年以来，我国一直采用瓦氏 76g 平衡锥来测定土的液限，相应的入土深度为 $h_L = 10$mm。用不同基座材料的碟式仪测得液限时土的抗剪强度如表 T 0118-A所示。按 76g 锥标准测得土（从低塑性到高塑性）液限时的抗剪强度如表 T 0118-B 所示，显然高出表 T 0118-A 中数值许多。

表 T 0118-A　液限时土的抗剪强度

硬橡皮	2.5	Seed 等人(1964)
胶木	2～3 1.1～2.3 1.3～2.4 0.5～4	Casagrahde(1958) Norman(1958) Youssef 等人(1965) Karlsson(1977)
英国标准橡皮	0.8～1.6 0.7～1.45 1～3	Norman(1985) Skepton 和 Northey(1952) Skopek 和 Ter-Stepanian (1975)

表 T 0118-B　76g 锥液限时几种土的抗剪强度试验结果

土　名	76g 锥的液限	剪切时土样含水率	抗剪强度
	ϖ_L	w	(kPa)
红黏土	58.0	60.0	5.4
青海砂类土	23.0	22.9	4.7
内蒙西部砂类土	22.5	21.4	5.2
北京粉质土	31.0	30.7	4.9

根据 1 000 多个土样的液限试验，发现按 76g 锥和卡氏碟式仪测得的结果相差很大，两者之间的关系可表示如下：

$$\varpi_L = 6.5 + 0.66 w_L \quad (T\ 0118\text{-}A)$$

$$(r = 0.96, n = 1\ 106)$$

式中：ϖ_L——76g 锥入土深度 10mm 求得的液限(%)，计算至 0.01；

w_L——碟式仪求得的液限(%)。

我国水电部在修订液限塑限联合测定法的过程中，曾组织全国 13 个单位对各地 16 种土(从低液限到高液限)用 FG—II 型光电式液限仪进行了第二次液限塑限对比试验，其中不同标准时的不排水抗剪强度如表 T 0118-C 所示。

表 T 0118-C　不同标准下的液限强度 (不排水抗剪强度，kPa)

液限标准	76g 锥 h_L=17mm	76g 锥 h_L=10mm	ASTM 碟式仪 平均液限	100g 锥 h_L=20mm
平均值 范围值	1.9 1.3～2.7	5.3 3.1～7.1	1.9 0.7～3.7	1.9 1.2～2.6

从表 T 0118-C 的试验结果可以看出，76g 锥以入土深度 17mm 作为液限和 100g 锥以入土深度 20mm 作为液限时的抗剪强度与美国 ASTM D423 碟式仪液

限时的强度一致，说明 76g 锥 17mm 和 100g 锥 20mm 的液限入土深度均可以达到与 ASTM D423 碟式仪等效的目的。

影响圆锥入土深度的因素可归结为土质、物理状态（湿度和密度状态）和结构三大方面。对于扰动土，排除了结构状态的影响。塑限时入土深度与含水率关系不稳定的原因就在于湿密状态和土质的影响。

压密理论告诉我们，最佳含水率约等于或略大于塑限，此时土的状态不再符合土力学中关于可塑性的定义。在这种状态下，圆锥和土体将产生剪切和压密的综合作用。为消除试样密度对圆锥入土深度的影响，测定塑限时，必须首先控制试样的密实程度。以 K_2 表示密实度系数，定义为试样任意含水率下土体干密度 ρ_d 与饱水时干密度 ρ_{dsat} 之比：

$$K_2 = \frac{\rho_d}{\rho_{dsat}} \tag{T 0118-B}$$

$$\rho_{dsat} = \frac{G_s}{1 + G_s w} \tag{T 0118-C}$$

式中：ρ_d——土的干密度（g/cm^3），计算至 0.01；

w——含水率，以小数计；

G_s——土粒比重。

根据研究，当 $K_2 = 0.95 \sim 1.0$ 时，各类细粒土的入土深度与含水率呈对数线性关系，这就是控制试验密实度对入土深度影响的标准。

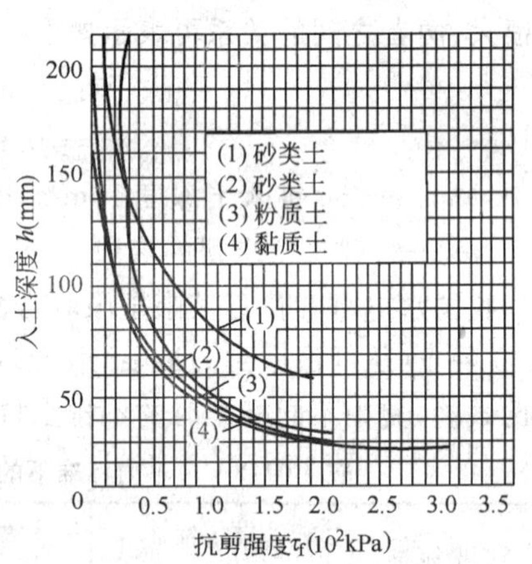

图 T 0118-A　抗剪强度与入土深度的关系曲线

土的性质对塑限时入土深度有显著影响。一般地讲，对砂类土的影响较大，而对粉质土和黏质土的影响则较小。哈尔滨建筑工程学院曾对三种土按锥质量 475g 正应力计算，在不同含水率和密度下进行了 500 余组剪切试验，整理出的剪力 τ_f 与入土深度 h 的关系曲线如图 T 0118-A。可以看出，粉质土和黏质土的两条曲线几乎重合，而与砂类土的曲线有较大差别。试验结果如下：

粉质土和黏质土　　$\tau_f = 90 \sim 130$kPa

（可搓成条的）砂类土　　$\tau_f = 50$kPa

剪切试验结果提供了考虑土质差异的塑限入土深度的依据。相应于滚搓法塑限值的100g锥塑限入土深度 h_P 与液限 w_L 之间的关系曲线如图T 0118-B所示。从图T 0118-B可以看出，液限 w_L>35%的点子比较集中，h_P 值基本上在2～3mm范围内波动；而 w_L<35%的点子则相当分散，h_P 值变化颇大。低塑性黏土和砂类土属于或共存于 w_L<35%这个范围内。

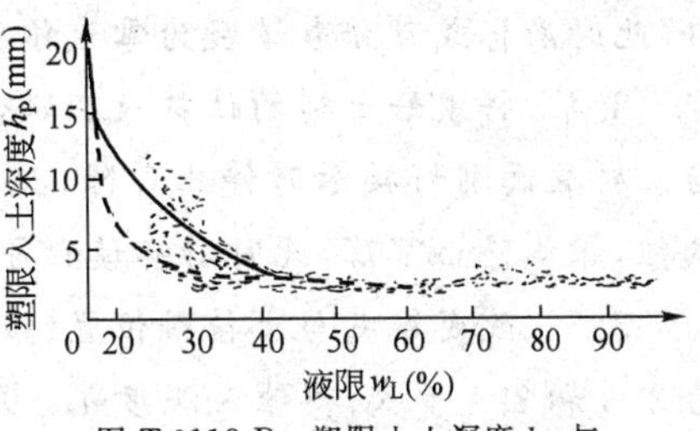

图T 0118-B　塑限入土深度 h_P 与液限 w_L 的关系曲线

因此，对不同土类，必须采用变数 h_P 值。

2　仪器设备

2.1　圆锥仪：锥质量为100g或76g，锥角为30°，读数显示形式宜采用光电式、数码式、游标式、百分表式。

2.2　盛土杯：直径50mm，深度40～50mm。

2.3　天平：称量200g，感量0.01g。

2.4　其他：筛(孔径0.5mm)、调土刀、调土皿、称量盒、研钵(附带橡皮头的研杵或橡皮板、木棒)、干燥器、吸管、凡士林等。

液限塑限联合测定仪有数码式、光电式、游标式和百分表式四种。本规程将这四种仪器一并列出，可根据具体情况选用。

3　试验步骤

3.1　取有代表性的天然含水率或风干土样进行试验。如土中含大于0.5mm的土粒或杂物时，应将风干土样用带橡皮头的研杵研碎或用木棒在橡皮板上压碎，过0.5mm的筛。

取0.5mm筛下的代表性土样200g，分开放入三个盛土皿中，加不同数量的蒸馏水，土样的含水率分别控制在液限(a点)、略大于塑限(c点)和二者的中间状态(b点)。用调土刀调匀，盖上湿布，放置18h以上。测定a点的锥入深度，对于100g锥应为20mm±0.2mm，对于76g锥应为17mm。测定c点的锥入深度，对于100g锥应控制在5mm以下，对于76g锥应控制在2mm以下。对于砂类土，用100g锥测定c点的锥入深度可大于5mm，用76g锥测定c点的锥入深度可大于2mm。

3.2　将制备的土样充分搅拌均匀，分层装入盛土杯，用力压密，使空气逸出。对于较干的土样，应先充分搓揉，用调土刀反复压实。试杯装满后，刮成与杯边齐平。

3.3　当用游标式或百分表式液限塑限联合测定仪试验时，调平仪器，提起锥杆(此时游标或百分表读数为零)、锥头上涂少许凡士林。

3.4 将装好土样的试杯放在联合测定仪的升降座上,转动升降旋钮,待锥尖与土样表面刚好接触时停止升降,扭动锥下降旋钮,同时开动秒表,经5s时,松开旋钮,锥体停止下落,此时游标读数即为锥入深度h_1。

3.5 改变锥尖与土接触位置(锥尖两次锥入位置距离不小于1cm),重复本试验3.3和3.4步骤,得锥入深度h_2。h_1、h_2允许平行误差为0.5mm,否则,应重做。取h_1、h_2平均值作为该点的锥入深度h。

3.6 去掉锥尖入土处的凡士林,取10g以上的土样两个,分别装入称量盒内,称质量(准确至0.01g),测定其含水率w_1、w_2(计算到0.1%)。计算含水率平均值w。

3.7 重复本试验3.2~3.6步骤,对其他两个含水率土样进行试验,测其锥入深度和含水率。

3.8 用光电式或数码式液限塑限联合测定仪测定时,接通电源,调平机身,打开开关,提上锥体(此时刻度或数码显示应为零)。将装好土样的试杯放在升降座上,转动升降旋钮,试杯徐徐上升,土样表面和锥尖刚好接触,指示灯亮,停止转动旋钮,锥体立刻自行下沉,5s时,自动停止下落,读数窗上或数码管上显示键入深度。试验完毕,按动复位按钮,锥体复位,读数显示为零。

试样制备好坏对液限塑限联合测定的精度具有头等重要意义。制备试样应均匀、密实。一般制备三个试样。一个要求含水率接近液限(入土深度20mm±0.2mm),一个要求含水率接近塑限,一个居中。否则,就不容易控制曲线的走向。对于联合测定精度最有影响的是靠近塑限的那个试样。可以先将试样充分搓揉,再将土块紧密地压入容器,刮平,待测。当含水率等于塑限时,对控制曲线走向最有利,但此时试样很难制备,必须充分搓揉,使土的断面上无孔隙存在。为便于操作,根据实际经验含水率可略放宽,以入土深度不大于4~5mm为限。

调整联合测定仪,使锥尖与土表面接触,按钮使锥自动落下。关于放锥时间,1999年水电部颁发的《土工试验规程》(SL 237—1999)规定为5s,英国BS 1377—75亦规定为5s。我们在试验中发现,黏质土锥深随时间变化不甚明显,对低塑性土,在5~30s之间锥深随时间的增长有加大的趋势,其对应的液限塑限值随之减小。交通部第一公路勘察设计院曾对10个低塑性土试样以不同放锥时间(5s、15s、30s)进行了对比试验,发现不同时间的液限塑限差值不大,不致影响土的定名,因此放锥时间定为5s是可行的。对于土面变形的误差不另校正,统一计入读数内。采用度盘或游标后,读数可读到0.01cm。

4 结果整理

4.1 在双对数坐标上，以含水率 w 为横坐标，锥入深度 h 为纵坐标，点绘 a、b、c 三点含水率的 h—w 图，连此三点，应呈一条直线。如三点不在同一直线上，要通过 a 点与 b、c 两点连成两条直线，根据液限（a 点含水率）在 h_P—w_L 图上查得 h_P，以此 h_P 再在 h—w 的 ab 及 ac 两直线上求出相应的两个含水率，当两个含水率的差值小于 2%时，以该两点含水率的平均值与 a 点连成一直线。当两个含水率的差值不小于 2%时，应重做试验。

原规程中对两个含水率的差值小于或大于 2%有处理方法，但对于两个含水率的差值等于 2%时，没有指出明确的解决方法，这样就形成了一个问题的空白点。为此，修订后的规程将"两个含水率的差值大于 2%"修订为"两个含水率的差值不小于 2%"。这样逻辑性就完整了，同时与国标也相同。

4.2 液限的确定方法

4.2.1 若采用 76g 锥做液限试验，则在 h—w 图上，查得纵坐标入土深度 $h=$ 17mm 所对应的横坐标的含水率 w，即为该土样的液限 w_L。

4.2.2 若采用 100g 锥做液限试验，则在 h—w 图上，查得纵坐标入土深度 $h=20$mm 所对应的横坐标的含水率 w，即为该土样的液限 w_L。

修订后的规程将 100g 锥入土 20mm（原《93 规程》规定）和 76g 锥入土 17mm（国标规定）求液限同时列入，是因为这两种锥的试验方法所得结果基本相同。而 100g 锥入土 20mm 为液限只有交通系统使用，这样列出就可使试验人员了解这两种方法所具有的共性，便于技术交流和数据对比。这里需要说明的是，大量对比试验研究表明，76g 锥入土 17.4mm 所得液限值与 100g 锥入土 20mm 所得液限值完全相同。

从图 T 0118-B 可以看出，在低塑性范围内（$w_L<35\%$），如用两条曲线计算 h_P 值，则基本上可概括图中点子的分布，一条是下部的双曲线，纵坐标以液限 $w_L=20\%$为原点，因 $w_L<20\%$，点子很少；另一条是上部的多项式曲线，曲线左端到 $w_L=24\%$为止，因在该点以左，点子也很少。

4.3 塑限的确定方法

4.3.1 根据本试验 4.2.1 求出的液限，通过 76g 锥入土深度 h 与含水率 w 的关系曲线（见图 T 0118-1），查得锥入土深度为 2mm 所对应的含水率即为该土样的塑限 w_P。

4.3.2 根据本试验 4.2.2 求出的液限，通过液限 w_L 与塑限时入土深度 h_P 的关系曲线（见图 T 0118-2），查得 h_P，再由图 T 0118-1 求出入土深度为 h_P 时所对应的含水率，即为该土样的塑限 w_P。查 $h_P—w_L$ 关系图时，须先通过简易鉴别法及筛分法（见土的工程分类及 T 0115—1993）把砂类土与细粒土区别开来，再按这两种土分别采用相应的 $h_P—w_L$ 关系曲线；对于细粒土，用双曲线确定 h_P 值；对于砂类土，则用多项式曲线确定 h_P 值。

若根据本试验 4.2.2 求出的液限，当 a 点的锥入深度在 20mm±0.2 mm 范围内时，应在 ad 线上查得入土深度为 20mm 处相对应的含水率，此为液限 w_L。再用此液限在"图 T 0118-2 $h_P—w_L$ 关系曲线"上找出与之相对应的塑限入土深度 h'_P，然后到 $h—w$ 图 ad 直线上查得 h'_P 相对应的含水率，此为塑限 w_P。

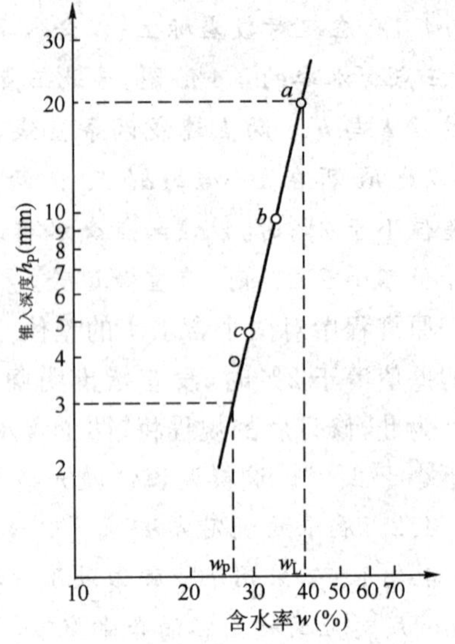

图 T 0118-1　锥入深度与含水率（$h—w$）关系

首先需要测定 $h_L=20$mm 时土的液限 w_L，然后分别按砂类土和细粒土的公式计算相应的 h_P 值。于是，塑限值可直接从 $\lg h—\lg w$ 图上读出。

在 $h—w$ 双对数坐标纸上，当 a、b、c 三点不在同一直线上时，《土工试验方法标准》（GBJ 50123—1999）规定按固定 h_P 值（$h_P=2$mm）确定 ab、ac 两直线交点处的两个含水率。本试验（T 0118—2007）第 4 条规定按变数 h_P 值确定 ab、ac 直线交点处的两个含水率。显然，后者更为合理，因为 h_P 值随土质而异。

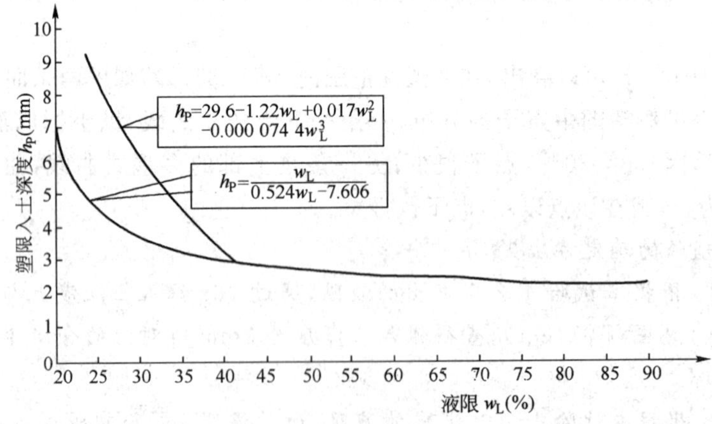

图 T 0118-2　$h_P—w_L$ 关系曲线

4.4　本试验记录格式如表 T 0118-1。

表 T 0118-1　液限塑限联合试验记录

工程名称＿＿＿＿＿　　试 验 者＿＿＿＿＿

土样编号＿＿＿＿＿　　计 算 者＿＿＿＿＿

取土深度＿＿＿＿＿　　校 核 者＿＿＿＿＿

土样设备＿＿＿＿＿　　试验日期＿＿＿＿＿

试验项目 \ 试验次数		1	2	3	
入土深度	h_1	4.68	9.81	19.88	
	h_2	4.73	9.79	20.12	
	$\frac{1}{2}(h_1+h_2)$	4.71	9.80	20	
含水率	盒号				w_P I_P 双曲线法 27.2 14.0 搓条法 26.2 15.0
	盒质量(g)	20			
	盒＋湿土质量(g)	25.86	27.49	30.62	
	盒＋干土质量(g)	24.51	25.52	27.53	
	水分质量(g)	1.35	1.97	3.09	液限　$w_L=41.2$
	干土质量(g)	4.51	5.52	7.53	
	含水率(%)	29.9	35.7	41.04	

4.5　精密度和允许差。

本试验须进行两次平行测定，取其算术平均值，以整数(%)表示。其允许差值为：高液限土小于或等于 2%，低液限土小于或等于 1%。

5　报告

5.1　土的鉴别分类和代号。

5.2　土的液限 w_L、塑限 w_P 和塑性指数 I_P。

1. 联合测定法的理论根据

联合测定法的理论依据是圆锥入土深度与相应含水率在双对数坐标上具有直线关系，根据极限平衡理论求得。如图 T 0118-C 所示，设 P 代表圆锥的重力，h 表示土样表面到锥尖的深度，A 代表锥与土接触面积，则沿此表面的极限剪应力等于：

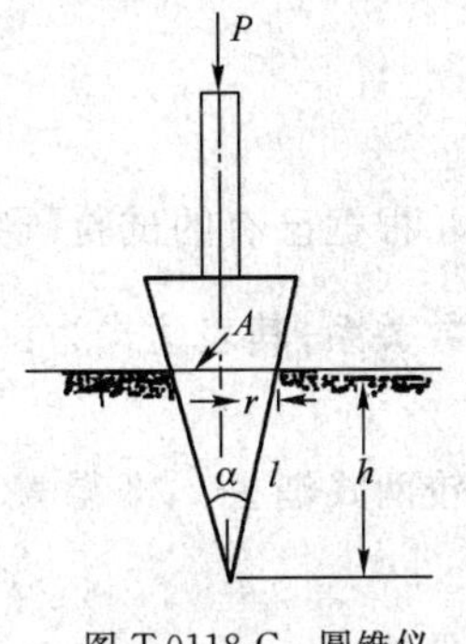

图 T 0118-C　圆锥仪

$$\tau = \frac{P\cos\frac{\alpha}{2}}{A} \qquad (T\ 0118\text{-}D)$$

式中：α——圆锥的顶角；

A——$\pi rl = \pi h^2 \tan\frac{\alpha}{2} / \cos\frac{\alpha}{2}$。

所以
$$\tau = \frac{P\cos^2\frac{\alpha}{2}}{\pi h^2 \tan\frac{\alpha}{2}} = CP/h^2 \qquad (T\ 0118\text{-}E)$$

式中：C——圆锥形状系数。

若圆锥顶角为30°，将式（T 0118-E）绘成双对数线，则是一条直线，如图T 0118-D所示。图上绘制了某单位对多种土用小十字板剪力仪和无侧限压缩仪进行的不同含水率和抗剪强度与对应圆锥入土深度试验的结果。从图上看出，理论曲线与试验曲线的特性一致。将式（T 0118-E）写成双对数表达式：

$$\lg\tau = C_1 - 2\lg h \qquad (T\ 0118\text{-}F)$$

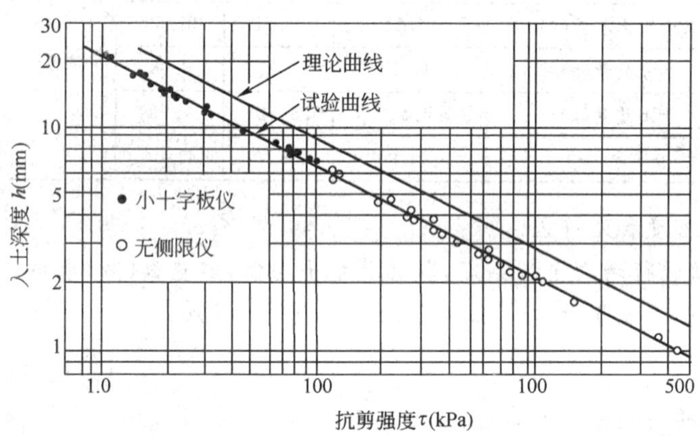

图 T 0118-D　圆锥入土深度与抗剪强度关系

根据已有的试验研究，重塑土无侧限抗压强度$\left(\frac{1}{2}q_u\right)$与含水率（$w$）也存在双对数关系，其表达式为：

$$\lg\tau' = C_2 - m\lg w \qquad (T\ 0118\text{-}G)$$

比较两式消去τ，即得h与w的关系：

$$\lg h = \frac{m}{2}\lg w + (C_1 - C_2) \qquad (T\ 0118\text{-}H)$$

式(T 0118-H)表明入土深度(h)与含水率(w)成双对数关系。

2. 各种液限试验成果的经验换算

由于历史的原因,我国许多行业仍沿用前苏联标准,以 76g 锥入土深度 10mm 液限作为标准,采用 I_P 单一指标对细粒土进行分类。在这种情况下,可按下述方法对各种液限试验成果进行经验换算。

(1)根据国内外许多学者通过 1 313 个土样,对液限碟式仪和液限锥式仪(取 76g 锥入土深度 10mm 时的含水率作为液限,暂记为 w_{L10})所进行的对比试验成果,进行统计分析显示:

$$w_{L10} = 0.73w_{LD} + 5.40 \quad (T\ 0118\text{-}I)$$

或

$$w_{LD} = 1.37w_{L10} - 7.40 \quad (T\ 0118\text{-}J)$$

式中:w_{L10}——76g 锥入土深度 10mm 时的液限(%);

w_{LD}——液限碟式仪试验的液限值(%)。

(2)根据南京水利科学研究院、中国建筑科学研究院、建设部综合勘察研究设计院、长江科学研究院、西安理工大学等单位,针对 1 322 种土样,对 76g 锥入土深度 10mm 的液限 w_{L10} 和入土深度 17mm 的液限 w_{L17} 进行的对比试验,进行统计分析显示:

$$w_{L17} = 1.24w_{L10} - 2.30 \quad (T\ 0118\text{-}K)$$

或

$$w_{L10} = 0.81w_{L17} + 1.85 \quad (T\ 0118\text{-}L)$$

式中:w_{L10}——76g 锥入土深度 10mm 时的液限(%);

w_{L17}　76g 锥入土深度 17mm 时的液限(%)。

(3)交通部公路科学研究院,对 1 709 种土样,分别进行了 100g 锥入土 20mm 的液限 w_{L20} 和 76g 锥入土 10mm 的液限 w_{L10} 对比试验,成果数据统计分析显示:

$$w_{L20} = 1.49w_{L10} - 9.39 \quad (T\ 0118\text{-}M)$$

或

$$w_{L10} = 0.67w_{L20} + 6.29 \quad (T\ 0118\text{-}N)$$

式中:w_{L10}——76g 锥入土深度 10mm 时的液限(%);

w_{L20}——100g 锥入土深度 20mm 时的液限(%)。

式中 w_{L20} 与 w_{L10} 的相关系数的平方值 $R^2 = 0.999\ 9$,即相关系数 $R = 0.999\ 95$。

由此可知,w_{L20} 与 w_{L10} 之间的相关系数 $R=0.999\ 95$,存在着非常好的相关关系。通过对 1 709 组试验指标对比,用上式计算的 w_{L20} 值与实际试验指标 w_{L20} 的误差统计计算分析显示,最大正偏差为 0.965,最大负偏差为 -0.986,因此最大绝对偏差为 0.986,偏差平方的平均值为 0.011。相对误差绝对值的平均值为0.003,最大值为

0.037,误差均较小。由于液限含水率均大于5%,且最大拟合偏差液限含水率小于1%,满足《公路土工试验规程》含水率的平行试验差要求小于或等于1%的规定。因此,w_{L20}与w_{L10}值指标之间可以通过该式进行互相换算,其换算结果的误差完全满足《公路土工试验规程》(JTG E40—2007)的含水率试验平行差要求。

通过函数分析表明,当w_{L10}的取值在8.25%~24.91%范围内时,用式(T 0118-J)计算的液限结果w_{LD}与用式(T 0118-M)计算的液限结果w_{L20}其绝对误差均小于1%,满足《公路土工试验规程》(JTG E40—2007)的含水率试验平行差要求。同样,要满足《公路土工试验规程》(JTG E40—2007)的含水率试验平行差要求时,对于w_{LD}和w_{L17}来说,用式(T 0118-J)和式(T 0118-K)计算的液限其w_{L10}的取值范围应在31.54%~46.92%之间;而对于w_{L20}和w_{L17}来说,用式(T 0118-M)和式(T 0118-K)计算的液限其w_{L10}的取值范围应在24.36%~32.36%之间。

T 0170—2007 液限碟式仪法

国内采用碟式仪测定液限的单位极少。美国、日本以及欧洲国家均采用碟式仪测定液限。虽然各国都采用卡氏碟式仪为标准,但其仪器规格仍有差别。现有的比较试验资料表明:碟的质量、槽刀形状及基座材料的弹性对成果影响较大。英国所用碟式仪的基座材料为硬橡胶,美国推荐用硬塑料,两者测得的液限含水率略有差别。由于仪器规格不同,因此所测得的强度也有所不同。我国以往采用的是国际上应用较广的ASTM标准的液限仪及A型槽刀,见图T 0170-2。

1 目的和适用范围

本试验的目的是按碟式液限仪法测定土的液限,适用于粒径小于0.5mm以及有机质含量不大于试样总质量5%的土。

2 仪器设备

2.1 碟式液限仪:由土碟和支架组成专用仪器,并有专用划刀,如图T 0170-1,底座应为硬橡胶制成。

2.2 天平:称量200g,分度值0.01g。

2.3 其他:烘箱、干燥缸、铝盒、调土刀、筛(孔0.5mm)等。

3 试验步骤

3.1 取过0.5mm筛的土样(天然含水率的土样或风干土样均可)约100g,放在调土皿中,按需要加纯水,用调土刀反复拌匀。

3.2 取一部分试样,平铺于土碟的前半部,如图T 0170-1a)所示。铺土时应防止试样中混入气泡。用调土刀将试样面修平,使最厚处为10mm,多余试样放回调土皿中。以蜗形轮为中心，用划刀自后至前沿土碟中央将试样划成槽缝清晰的两半[图 T 0170-2a)]。为避免槽缝边扯裂或试样在土碟中滑动，允许从前至后，再从后至前多划几次，将槽逐步加深，以代替一次划槽，最后一次从后至前的划槽能明显地接触碟底。但应尽量减少划槽的次数。

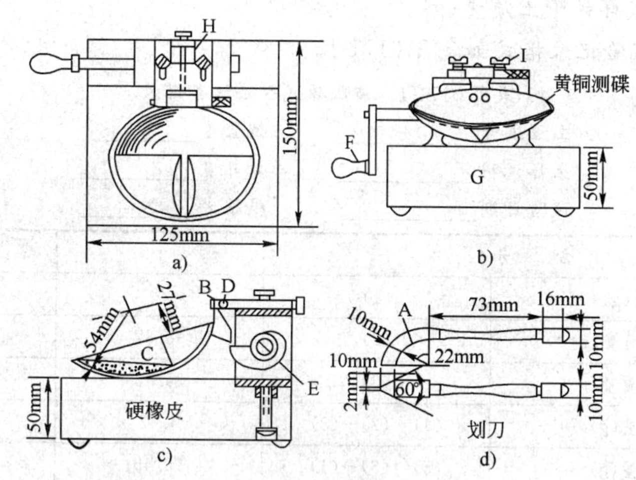

图 T 0170-1 碟式液限仪

A-划刀；B-销子；C-土碟；D-支架；E-蜗轮；F-摇柄；G-底座；H-调整板；I-螺丝

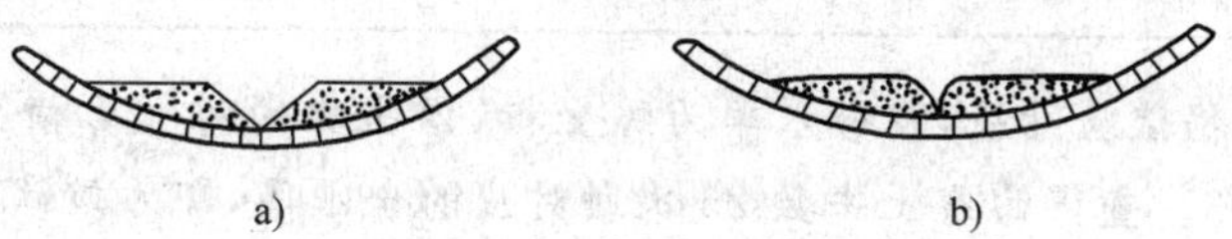

图 T 0170-2 划槽及合拢状态

a)试前划成两半；b)试后合拢情况

3.3 以每秒 2 转的速率转动摇柄 F，使土碟反复起落，坠击于底座 G 上，数记击数，直至试样两边在槽底的合拢长度为 13mm 为止，记录击数，并在槽的两边采取试样 10g 左右，测定其含水率。

3.4 将土碟中的剩余试样移至调土皿中，再加水彻底拌和均匀，按本试验 3.1～3.3的规定至少再做两次试验。这两次土的稠度应使合拢长度为 13mm 时所需击数在 15～35 次之间(25 次以上及以下各 1 次)。然后测定各击次下试样的相应含水率。

4 结果整理

4.1 按式(T 0170-1)计算各击次下合拢时试样的相应含水率：

$$w_n = \left(\frac{m_n}{m_s} - 1\right) \times 100 \tag{T 0170-1}$$

式中：w_n——n 击下试样的含水率(%)，计算至 0.01；

m_n——n 击下试样的质量(g)；

m_s——试样的干土质量(g)。

4.2 本试验记录格式如表 T 0171-1。

表 T 0171-1 液限碟式仪法试验记录

工程编号＿＿＿＿＿＿ 试验者＿＿＿＿＿＿

土样说明＿＿＿＿＿＿ 计算者＿＿＿＿＿＿

试验日期＿＿＿＿＿＿ 校核者＿＿＿＿＿＿

盒号		1	2
盒质量(g)	(1)	20	20
盒＋湿土质量(g)	(2)	38.87	40.54
盒＋干土质量(g)	(3)	35.45	36.76
水分质量(g)	(4)＝(2)－(3)	3.42	3.78
干土质量(g)	(5)＝(3)－(1)	15.45	16.76
液限含水率(%)	$(6)=\frac{(4)}{(5)}$	22.1	22.6
平均液限含水率(%)	(7)	22.4	

4.3 根据试验结果，以含水率为纵坐标，以击次的对数为横坐标，绘制曲线，如图 T 0170-3。查得曲线上击数 25 次所对应的含水率，即为该试样的液限。

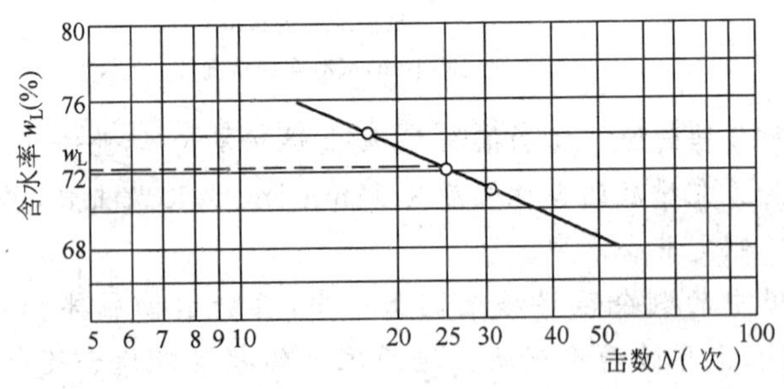

图 T 0170-3 含水率与击数关系曲线

4.4 精密度和允许差。

本试验须进行两次平行测定，取其算术平均值，以整数(%)表示。其允许差值为：高液限土小于或等于 2%，低液限土小于或等于 1%。

5 报告

5.1 土的鉴别分类和代号。

5.2 土的液限值。

测定土的液限和塑限最通用的方法分别为碟式仪法和滚搓法。目前,碟式仪仍然有两种划刀,一种是 ASTM 划刀(简称 A 刀),另一种是卡氏划刀(简称 C 刀)。试验结果表明,用 A 刀测得的液限值比用 C 刀测得的液限值约低 10%。另外,碟式仪底座的硬度也影响试验结果。卡式试验得到液限时的不排水抗剪强度为 2～3kPa。为此本标准建议用美国 ASTM D423 所采用的碟式仪规格,以便于国际技术交流。

在用碟式仪进行土的液限试验过程中,对槽沟闭合的判断,人为影响较大。目前各国闭合长度规定不一致,多数采用 13mm。但必须指出的是,即使合拢长度规定相同,判断起来也很困难。另外,碟式仪液限操作较难掌握,且费时间,成果也容易分散。目前国内使用的碟式仪多数为进口仪器,国内尚无较好的定型碟式仪产品。

应当说明的是,土体理论液限的判别依据是,黏性土随着土中含水率的不断增加,土的不排水抗剪强度不断减小,当土的不排水抗剪强度恰好为零时,土体所具有的含水率即为液限。通过液限碟式仪法对某土样试验,得出的液限值所对应土体进行试验得出的不排水抗剪强度 τ 值约是 1.7kPa,且不为零;76g 圆锥仪下沉 10mm 时,所对应土体的不排水抗剪强度 τ 值约是 5.1～5.2kPa;而 76g 圆锥仪下沉 17mm 时,所对应土体的不排水抗剪强度 τ 值与液限碟式仪法的结果基本接近。实际上,76g 圆锥仪下沉 17.4mm,对应土体进行试验得出的不排水抗剪强度 τ 值与液限碟式仪法的结果基本一致。鉴于液限碟式仪法是国际公认的标准液限试验方法,因此,76g 圆锥仪下沉 10mm 的液限标准不妥。在新修订的国标《土的分类标准》也删除了该液限试验方法。

此外,《93 规程》的塑性图中 $I_P=10$ 以及 $I_P=6$ 两条水平线,是根据土体理论液限的判别依据(当土的不排水抗剪强度恰好为零时,土体所具有的含水率),对试验数据资料进行推演得出的。显然,这与液限碟式仪法作为液限试验的标准不符。因此,本规程在修订中按液限碟式仪法,还原了塑性图中两条水平线分别为 $I_P=7$ 和 $I_P=4$。这样就与国际现行通用标准完全融合,并保证了资料交流的统一性。

T 0119—1993 塑限滚搓法

塑限试验长期以来采用滚搓法。该法虽存在许多缺点,如标准不易掌握,人为因素较大,测值比较分散,所得成果的再现性和可比性较差,但由于该试验法的物理概念明确,且试验人员已在实践中积累了许多经验,国际上有很多国家采用此法,故本规程将滚搓法列入塑限的标准试验方法。

1 目的和适用范围

本试验的目的是按滚搓法测定土的塑限,适用于粒径小于 0.5mm 以及有机质含量不大于试样总质量 5%的土。

2 仪器设备

2.1 毛玻璃板:尺寸宜为 200mm×300mm。

2.2 天平:感量 0.01g。

2.3 其他:烘箱、干燥器、称量盒、调土皿、直径 3mm 的铁丝等。

关于滚搓工具,有的单位认为毛橡皮板同样能得出满意的结果,在无毛玻璃板的情况下,也允许用毛橡皮板。

3 试验步骤

3.1 按本规程(T 0118—1993) 3.1 条制备试样,一般取土样约 50g 备用。为在试验前使试样的含水率接近塑限,可将试样在手中捏揉至不粘手为止,或放在空气中稍为晾干。

3.2 取含水率接近塑限的试样一小块,先用手搓成椭圆形,然后再用手掌在毛玻璃板上轻轻搓滚。搓滚时须以手掌均匀施压力于土条上,不得将土条在玻璃板上进行无压力的滚动。土条长度不宜超过手掌宽度,并在滚搓时不应从手掌下任一边脱出。土条在任何情况下不允许产生中空现象。

3.3 继续搓滚土条,直至土条直径达 3mm 时,产生裂缝并开始断裂为止。若土条搓成 3mm 时仍未产生裂缝及断裂,表示这时试样的含水率高于塑限,则将其重新捏成一团,重新搓滚;如土条直径大于 3mm 时即行断裂,表示试样含水率小于塑限,应弃去,重新取土加适量水调匀后再搓,直至合格。若土条在任何含水率下始终搓不到 3mm 即开始断裂,则认为该土无塑性。

3.4 收集约 3～5g 合格的断裂土条,放入称量盒内,随即盖紧盒盖,测定其含水率。

国内外在测定塑限的规定中,搓条方法不尽相同,土条断裂时的直径多数采用 3mm,我国历次规程均采用 3mm,故仍沿用 3mm。关于滚搓速度,各国均无具体要求。美国 ASTM D424 规定搓滚速度为 80～90 次/min。英国 BS 1377 规定,手指的压力必须使滚搓 5～10 个往返后,土条直径由 6mm 减至 3mm,高塑性黏土则允许往返 10～15 次。这种规定太细、太死,不易掌握,也无必要,故仍维持原有规定。对于某些低液限砂类土,始终搓不到 3mm,可认为塑性极低或无塑性,可按极细砂处理。

4 结果整理

4.1 按下式计算塑限：

$$w_P = \left(\frac{m_1}{m_2} - 1\right) \times 100 \qquad (T\,0119\text{-}1)$$

式中：w_P——塑限(%)，计算至0.1；

m_1——湿土质量(g)；

m_2——干土质量(g)。

4.2 本试验记录格式如表T 0119-1。

表T 0119-1 塑限滚搓法试验记录

工程编号__________ 试验者__________

土样说明__________ 计算者__________

试验日期__________ 校核者__________

盒号		1	2
盒质量(g)	(1)	20	20
盒+湿土质量(g)	(2)	38.87	40.54
盒+干土质量(g)	(3)	35.45	36.76
水分质量(g)	(4)=(2)-(3)	3.42	3.78
干土质量(g)	(5)=(3)-(1)	15.45	16.76
塑限含水率(%)	$(6)=\frac{(4)}{(5)}$	22.1	22.6
平均塑限含水率(%)	(7)	22.4	

4.3 精密度和允许差。

本试验须进行两次平行测定，取其算术平均值，以整数(%)表示。其允许差值为：高液限土小于或等于2%，低液限土小于或等于1%。

5 报告

5.1 土的鉴别分类和代号。

5.2 土的塑限值。

塑限试验的滚搓法，在国内一直使用。该法纯粹是手工操作，它的准确程度完全取决于操作者经验和技巧，人为影响较大，结果不够稳定，所以一直存在着争议。虽然滚搓法试验原始，但是各种新方法的提出皆以滚搓法为比较基础，所以该方法仍然列入规程，作为塑限的标准试验方法。

T 0120—1993 缩 限 试 验

本节内容是用试验的方法求得土的缩限含水率，其体缩率和线缩率的测求方法见收缩试验。

1 目的和适用范围

土的缩限是扰动的黏质土在饱和状态下，因干燥收缩至体积不变时的含水率。本试验适用于粒径小于0.5mm和有机质含量不超过5%的土。

2 仪器设备

2.1 收缩皿(或环刀)：直径4.5～5cm，高2～3cm。

2.2 天平：感量0.01g。

2.3 电热恒温烘箱或其他含水率测定装置。

2.4 蜡、烧杯、细线、针。

2.5 卡尺：分度值0.02mm。

2.6 其他：制备含水率大于液限的土样所需的仪器。

缩限试验所用收缩皿，其直径最好大于高度，以便于蒸发干透，也可用液限试验杯代替。但环刀是不适宜的，因它不便振动排气，不便挤压，同时环刀与玻璃杯之间容易跑水流土。

3 试验步骤

3.1 制备土样：取具有代表性的土样，制备成含水率大于液限的土膏。

3.2 在收缩皿内涂一薄层凡士林，将土样分层装入皿内，每次装入后将皿底拍击试验台，直至驱尽气泡为止。

3.3 土样装满后，用刀或直尺刮去多余土样，立即称收缩皿加湿土质量。

3.4 将盛满土样的收缩皿放在通风处风干，待土样颜色变淡后，放入烘箱中烘至恒量，然后放在干燥器中冷却。

3.5 称收缩皿和干土总质量，准确至0.01g。

3.6 用蜡封法测定试样体积。

分层装填试样时，要注意不断挤压拍击，以充分排气。否则，不符合体积收缩等于水分减少的基本假定，而使计算结果失真。本规程要求收缩皿底和皿壁要平滑弯曲，为的是易于装土排气。改用蜡封法代替水银排开法测定体积，在于防止污染。

4 结果整理

4.1 缩限：含水率达液限的土在105～110℃下水分继续蒸发至体积不变时

的含水率,叫做缩限,用下式计算。

$$w_s = w - \frac{V_1 - V_2}{m_s} \times \rho_w \times 100 \tag{T 0120-1}$$

式中:w_s——缩限(%),计算至0.1;

w——试验前试样含水率(%);

V_1——湿试件体积(即收皿缩容积)(cm^3);

V_2——干试件体积(cm^3);

m_s——干试件质量(g);

ρ_w——水的密度,等于$1g/cm^3$。

4.2 收缩指数:液限与缩限之差称收缩指数,按下式计算。

$$I_s = w_L - w_s \tag{T 0120-2}$$

式中:I_s——收缩指数(%),计算至0.1;

w_L——土的液限(%)。

4.3 本试验记录格式如表T 0120-1所示。

4.4 精密度和允许差。

本试验需进行二次平行测定,取其算术平均值,计算至0.1%。平行差值,高液限土不得大于2%,低液限土不得大于1%。

表T 0120-1 扰动土收缩试验记录

工程名称＿＿＿＿＿＿ 试验者＿＿＿＿＿＿

土样编号＿＿＿＿＿＿ 计算者＿＿＿＿＿＿

土样说明＿＿＿＿＿＿ 校核者＿＿＿＿＿＿

土样制备说明＿＿＿＿＿＿ 试验日期＿＿＿＿＿＿

室内编号		1		11	
收缩皿编号		1	2	3	4
液限 w_L(%)		49		60	
皿+湿土质量 m_1(g)		116.4	117.2	118.6	119.4
皿+干土质量 m_2(g)		98.0	98.8	97.5	98.3
皿的质量 m_3(g)		62	63	62	62.5
含水率 w(%)	$\frac{m_1-m_2}{m_2-m_3}\times100$	51.1	51.4	59.4	58.9
皿的容积 V_1(cm^3)		38.2	38.5	37.6	38.0
干土体积 V_2(cm^3)		23.4	23.6	20.2	20.6
缩限平均值 w_s(%)	$w-\frac{V_1-V_2}{m_2-m_3}\rho_w\times100$	10.0	9.8	10.4	10.3
		9.9		10.4	
收缩指数 I_s	w_L-w_s	39.1		49.6	

5 报告

5.1 土的鉴别分类和代号。

5.2 土的缩限 w_s 和收缩指数 I_s。

由含水率测定得到的液限、塑限以及由此推导出的塑性指数 I_P、液性指数 I_L 以及缩限等均得到广泛的应用。许多研究者经过对实践的总结和所累积资料的分析，提出了鉴别土的物理状态的各含水率指标标准，以及指标间的相互关系。表 T 0120-A为常见黏土矿物的液、塑限。由表可知，液限取决于土的矿物组成、表面交换能力以及吸附水膜的厚度。一般来说，表面交换能力强，土颗粒比较薄，吸附水膜较厚，液限值就高。

T 0120-A 常见黏土矿物的液、塑限

指标	高岭土	伊里土	钠蒙脱土	其他蒙脱土	粗粒土
液限 w_L(%)	40～60	80～120	700	300～650	20 或 0
塑性指数 I_P	10～25	50～70	650	200～550	0
活动度	0.4	0.9	7	1.5	0

液、塑限对细粒土的鉴别和分类提供了非常有用的资料，我国《建筑地基基础设计规范》以塑性指数将细粒土分为：

$I_P > 17$ 黏土

$10 < I_P \leqslant 17$ 粉质黏土

$3 < I_P \leqslant 10$ 粉土

$I_P \leqslant 3$ 大多为砂土类的无黏性土

塑性指数 I_P 越大，则表示土中粘粒含量越多。

应用塑性指数判别土的状态，在《公路桥涵地基与基础设计规范》(JTJ 024—85)中规定：

$I_L < 0$ 坚硬、半坚硬

$0 \leqslant I_L < 0.5$ 硬塑

$0.5 \leqslant I_L < 1.0$ 软塑

$1.0 \leqslant I_L$ 流塑

应用塑性指数判别土的状态，在《工业与民用建筑工程地质勘察规范》(TJ 21—77)中规定：

$I_L < 0$ 坚硬、半坚硬

$0 < I_L \leqslant 0.25$ 硬塑

$0.25 < I_L \leqslant 0.75$ 可塑

$0.75 < I_L \leqslant 1.0$　　软塑

$1.0 < I_L$　　流塑

应用塑性指数 I_P 和土中小于 0.002mm 颗粒含量的百分数 $p(\%)$ 可计算土的活动度 A：

$$A = \frac{I_P}{p}$$

活动度高的土，从液限变到缩限时，体积变化一般较大。A 值小于 0.75 的土，一般认为是比较不活动的土。在正常情况下，$A=0.75\sim1.5$。

按土的活动度指标，可对黏性土分类如下：

$A < 0.75$　　非活性黏土

$0.75 \leqslant A < 1.25$　　正常黏土

$1.25 < A$　　活性黏土

塑性指数反映的是液、塑限的差值，并未说明两个界限含水率的绝对值。实际上液、塑限差值相等的两种土，可能一种是绝对值均高的土，另一种是绝对值均低的土，而这两种土的性质则截然不同。根据经验，土的性质既随塑性指数，也随界限含水率所处位置而发生变化。目前对细粒土分类采用的塑性图就是既考虑塑性指数，又考虑了土的液限大小，比单用塑性指数更为合理。

土的收缩特性可用于判断地基土的适用性。国外在公路工程中，所采用的土分类，用缩性的各项指标来判断路基好坏、冻害的程度。近 20 年来，利用缩性指标及液、塑限来综合判断土的膨胀特性，从而对膨胀土进行分类。这些方法可参考有关文献。

10 土的收缩试验

土的收缩是湿土变干时由含水率减少所引起的。这时包围着土粒的薄膜水厚度变薄，土粒在分子吸引力的作用下，互相移近，土的体积因而减小。反映土的收缩性质的指标有：缩限和体积收缩。必须注意的是，在收缩过程中，可能因土体收缩不一致而产生不均匀应力，导致土体产生裂缝。有了裂缝的土体，其强度会显著降低，透水性会显著增大。因此用土修筑路堤时，应考虑到裂缝的不利影响和采取必要的防裂措施。

T 0121—1993 收缩试验

1 目的和适用范围

本试验方法适用于原状土和击实黏质土。

随着土体含水率的减少，土的收缩过程大致可分三个阶段（图 T 0121-A）：直线收缩阶段(I)，其斜率为收缩系数；曲线过渡阶段(II)，随土质不同，曲线各异；近水平直线阶段，此时土的体积基本上不再收缩。根据定义，缩限系指土在收缩过程中，体积不再变化时所对应的含水率，即图 T 0121-A 中 C 点所对应的含水率。但在实际过程中很难确定这一点，因此，通常以过渡阶段曲线的拐点 E（即 I、III 两阶段直线延长线的交点）所对应的含水率 w'_s 代替。根据试验和计算，含水率小于 w'_s 后，土体减少的收缩率仅为总收缩的 5%～10%；Terzaghi 也曾测得这种附加的收缩率小于总收缩率的 5%，可见以 E 点代替 C 点的误差是不大的。

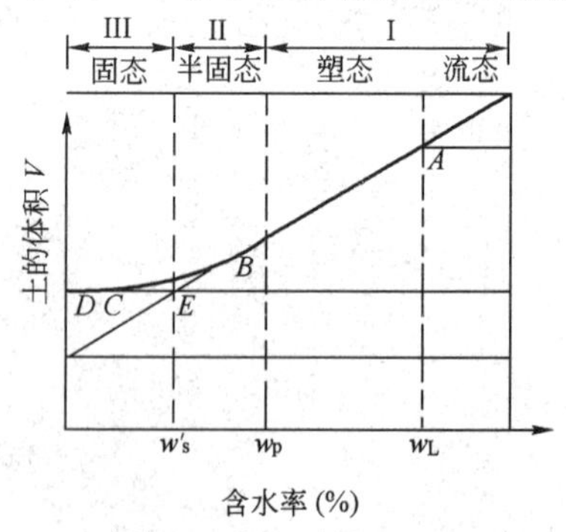

图 T 0121-A 土体收缩过程

本试验的目的是测定原状土和击实土试样在自然风干条件下的线缩率、体缩率、缩限及收缩系数等收缩指标。

2 仪器设备

2.1 收缩仪：如图 T 0121-1 所示。多孔板直径约 70mm，厚约 4mm，孔的总面积应大于整个板面的 50%以上；测板直径 10mm，厚约 4mm。

2.2　环刀：直径 61.8mm，高 20mm。

2.3　卡尺：0.05mm×12.5mm；千分表，最小分度值 0.001mm。

2.4　其他：推土块、凡士林、干燥缸和蜡封工具等。

在仪器设备方面，目前国内多采用轻金属制成百分表架与托板连在一起的形式，以便整体称量，避免反复装卸试样。也有专用的干缩仪，设有电热干燥器，或放干燥剂，可以减轻气温变化的影响，并可随时称质量。有的单位提出用微波干燥的方法，在低温下快速干缩，大约 1～2h 即可完成收缩全过程。迄今还没有定型设备。

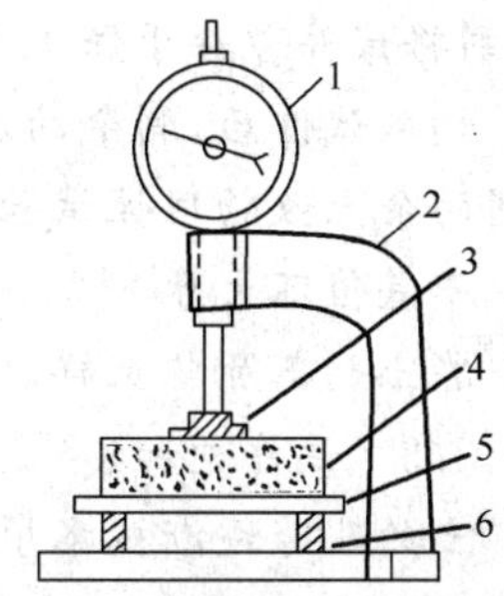

图 T 0121-1　收缩仪

1-量表；2-支架；3-侧板；4-试样；5-多孔板；6-垫块

3　试样

3.1　压样法制备试样

3.1.1　按试件所要求的干质量、含水率，按本规程 T 0102—2007 中 4.2 制备湿土样，并称制备好的湿土样质量，准确至 0.1g。

3.1.2　将湿土倒入压模内，拂平土样表面，以静压力将土压至一定高度，用推土器将土样推出。

3.1.3　将试验用的切土环刀内壁涂一薄层凡士林，刀口向下，放在试件上，用切土刀将试件削成略大于环刀直径的土柱。然后将环刀垂直向下压，边压边削，至土样伸出环刀上部为止，削平环刀两端，擦净环刀外壁，称环土合质量，准确至 0.1g，并测定环刀两端所削下土样的含水率。

3.1.4　试件制备应尽量迅速，以免水分蒸发。

3.1.5　试件制备的数量视试验需要而定，一般应多制备 1～2 组备用，同一组试件或平行试件的密度、含水率与制备标准之差值，应分别在 $\pm 0.1g/cm^3$ 或 2% 范围之内。

3.2　原状土试件制备程序

按土样上下层次小心开启原状土包装皮，将土样取出放正，整平两端。在环刀内壁涂一薄层凡士林，刀口向下，放在土样上，无特殊要求时，切土方向应与天然土层层面垂直。

按本试验 3.1.3 的操作步骤切取试件，试件与环刀要密合，否则应重取。

切削过程中，应细心观察并记录试件的层次、气味、颜色，有无杂质，土质是否均匀，有无裂缝等。

如连续切取数个试件，应使含水率不发生变化。

视试件本身及工程要求，决定试件是否进行饱和；如不立即进行试验或饱和时，则将试件暂存于保湿器内。

切取试件后，剩余的原状土样用蜡纸包好置于保湿器内，以备补做试验之用。切削的余土做物理性试验。平行试验或同一组试件密度差值不大于±0.1g/cm^3，含水率差值不大于2%。

冻土制备原状土样时，应保持原土样温度，保持土样的结构和含水率不变。

3.3 试件饱和

土的孔隙逐渐被水填充的过程称为饱和。孔隙被水充满时的土，称为饱和土。

根据土的性质，决定饱和方法：

砂类土：可直接在仪器内浸水饱和。

较易透水的黏性土：即渗透系数大于10^{-4}cm/s时，采用毛细管饱和法较为方便，或采用浸水饱和法。

不易透水的黏性土：即渗透系数小于10^{-4}cm/s时，采用真空饱和法。如土的结构性较弱，抽气可能发生扰动，不宜采用。

将试样推出环刀(当试样不紧密时，采用风干脱环法)，置于多孔板上，称试样和多孔板的质量，准确至0.1g。

原状土收缩试验的方法很多，大部分为直接量测法。例如，将原状土切削成立方体或长方体，以量测各个棱边长度的变化，或在土块四周和上端安装百分表，观测整体收缩变形量。在方法上一致的是试样上放测板，下放多孔板，利用低温和干燥剂等。在量测方面，除卡尺、百分表、蜡封法外，近来也有用聚氯乙烯封闭的。这对体积变形复杂或对发生细裂纹的试样，有一定适应性。

4 试验步骤

4.1 装好百分表，记下初读数。

4.2 在室温不高于30℃条件下进行收缩试验。根据试样温度及收缩速度，宜每隔1～4h测记百分表读数，并称整套装置和试样质量，准确至0.1g。两天后，每隔6～24h测记百分表读数，并称质量，至两次百分表读数不变。在收缩曲线的Ⅰ阶段内应取不得少于4个数据。

4.3 试验结束，取出试样，并在105～110℃下烘干。称干土质量，准确至0.1g。

4.4 按本规程蜡封法(T 0109—1993)测定烘干试样体积。

5 结果整理

5.1 按下式计算起始和收缩过程的含水率：

$$w=\left(\frac{m_t}{m_s}-1\right)\times 100 \qquad (T\ 0121\text{-}1)$$

式中：w——起始或某时刻的含水率(%)，计算至0.1；

m_t——某时刻称得的试样质量(g)；

m_s——干土质量(g)。

5.2 按下式计算线缩率：

$$e_{sL}=\frac{R_t-R_0}{H_0}\times 100 \tag{T 0121-2}$$

式中：e_{sL}——线缩率(%)，计算至0.01；

H_0——试样原高度(mm)；

R_0——百分表初读数(mm)；

R_t——收缩过程中某时刻百分表读数(mm)。

5.3 体缩率按下式计算：

$$e_s=\frac{V_0-V_1}{V_0}\times 100 \tag{T 0121-3}$$

式中：e_s——体缩率(%)，计算至0.1；

V_0——试样原体积(环刀容积)(cm^3)；

V_1——试样烘干后的体积(cm^3)。

5.4 以线缩率为纵坐标，含水率为横坐标，绘制关系曲线，如图T 0121-2。如I和II阶段的转折点明显，则与其相应的横坐标值即为原状土的缩限w'_s。否则，延长I、II阶段的直线段，两者交点相应的横坐标值即为原状土的近似缩限。

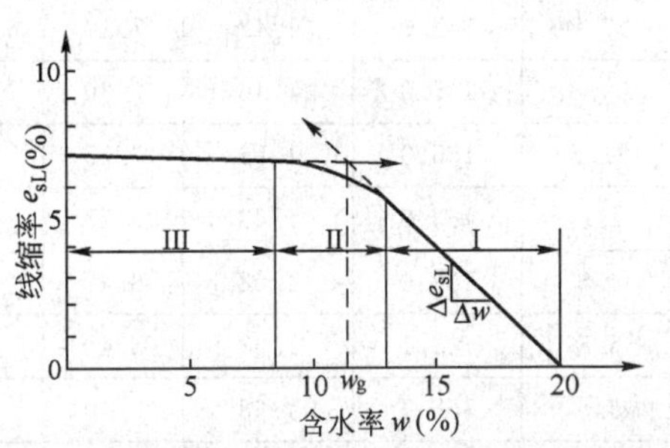

图 T 0121-2 含水率与线缩率的关系曲线

5.5 本试验记录格式如表T 0121-1。

表 T 0121-1 原状土收缩试验记录

工程名称＿＿＿＿＿＿ 试 验 者＿＿＿＿＿＿

土样编号＿＿＿＿＿＿ 计 算 者＿＿＿＿＿＿

仪器编号＿＿＿＿＿＿ 校 核 者＿＿＿＿＿＿

土样说明＿＿＿＿＿＿ 试验日期＿＿＿＿＿＿

日期 (d.h)	百分表读数 (1/100)	单向收缩率 (mm)	线缩率 (%)	试样质量 (g)	水质量 (g)	含水率 (%)	试验前后状态
14.15	0	0	0	120.12	31.12	35.0	
15.8	19.3	0.19	0.95	118.3	29.3	32.9	
16.0	50.0	0.50	2.50	113.7	24.7	27.7	

续上表

<table>
<tr><th>日期
(d.h)</th><th>百分表读数
(1/100)</th><th>单向收缩率
(mm)</th><th>线缩率
(%)</th><th>试样质量
(g)</th><th>水质量
(g)</th><th>含水率
(%)</th><th>试验前后状态</th></tr>
<tr><td>16.8</td><td>63.0</td><td>0.63</td><td>3.15</td><td>112.2</td><td>23.2</td><td>26.1</td><td rowspan="16">试样原高度＝20mm
试样面积＝30cm²
试验前含水率＝35%
试验前干密度＝1.48 g/cm³
试验后干土质量＝89g
试验后试样尺寸：
高度＝1.71cm
直径＝5.80cm</td></tr>
<tr><td>16.0</td><td>94.5</td><td>0.95</td><td>4.75</td><td>109.3</td><td>22.3</td><td>22.8</td></tr>
<tr><td>17.8</td><td>97.6</td><td>0.98</td><td>4.90</td><td>108.7</td><td>19.7</td><td>22.1</td></tr>
<tr><td>18.0</td><td>110.8</td><td>1.11</td><td>5.55</td><td>107.1</td><td>18.1</td><td>20.3</td></tr>
<tr><td>18.8</td><td>116.6</td><td>1.17</td><td>5.85</td><td>106.6</td><td>17.4</td><td>19.5</td></tr>
<tr><td>19.8</td><td>124.8</td><td>1.25</td><td>6.25</td><td>105.3</td><td>16.3</td><td>18.2</td></tr>
<tr><td>21.8</td><td>129.8</td><td>1.30</td><td>6.50</td><td>104.6</td><td>15.6</td><td>17.6</td></tr>
<tr><td>23.8</td><td>134.0</td><td>1.34</td><td>6.70</td><td>104.0</td><td>15.0</td><td>16.9</td></tr>
<tr><td>25.8</td><td>139.0</td><td>1.39</td><td>6.95</td><td>103.4</td><td>14.4</td><td>16.2</td></tr>
<tr><td>27.8</td><td>142.0</td><td>1.42</td><td>7.10</td><td>102.7</td><td>14.1</td><td>15.8</td></tr>
<tr><td>29.8</td><td>146.0</td><td>1.46</td><td>7.30</td><td>102.4</td><td>13.4</td><td>5.0</td></tr>
<tr><td>31.8</td><td>155.0</td><td>1.55</td><td>7.75</td><td>101.1</td><td>12.1</td><td>13.6</td></tr>
<tr><td>2.8</td><td>163.0</td><td>1.63</td><td>8.15</td><td>99.7</td><td>10.7</td><td>12.0</td></tr>
<tr><td>4.8</td><td>168.0</td><td>1.68</td><td>8.40</td><td>97.9</td><td>8.9</td><td>10.0</td></tr>
<tr><td>6.8</td><td>168.1</td><td>1.68</td><td>8.40</td><td>95.7</td><td>6.7</td><td>7.5</td></tr>
<tr><td>8.8</td><td>168.1</td><td>1.68</td><td>8.40</td><td>94.8</td><td>5.8</td><td>6.5</td></tr>
<tr><td colspan="2">体缩(%)</td><td>24.6</td><td colspan="2">收缩系数</td><td>0.37</td><td>缩限(%)</td><td>12.3</td></tr>
</table>

6　报告

6.1　土的鉴别分类和代号。

6.2　土的体缩率 e_s(%)。

6.3　土的线缩率 e_{sL}(%)。

6.4　土的缩限 w'_s(%)。

11 土的天然稠度试验

T 0122—2007 天然稠度试验

土的天然稠度由液限、塑限和天然含水率三个指标计算而得。

1 目的和适用范围

1.1 土的液限与天然含水率之差和塑性指数之比,称为土的天然稠度。

1.2 本试验采用直接法和间接法。直接法是按烘干法(T 0103—1993)测定原状土的天然含水率,用稠度公式计算土的天然稠度。间接法是用 LP—100 型液限塑限联合测定仪测定天然结构土体的锥入深度,并用联合测定结果确定土的天然稠度。

2 仪器设备

2.1 LP—100 型液限塑限联合测定仪。

2.2 环刀:直径 5～6cm,高 3～4cm。

2.3 其他:削土刀、钢丝锯、凡士林、含水率试验设备等。

3 试验步骤

3.1 按含水率试验中烘干法(T 0103—1993)的试验步骤测定原状土的天然含水率。

3.2 切削具有天然含水率、土质均匀的试件 1 块,其长度、宽度(或直径)不小于 5cm,厚度不小于 3cm。整平上下面。对于软黏土,若能用环刀切入土体时,将切入环刀后的土体整平上下面。

3.3 将制备好的试样按液限塑限联合测定法(T 0118—2007)测定其液限和塑限。按(T 0118—2007)中 3.3～3.8 条步骤测定其锥入深度,填入记录表内。

3.4 改变锥尖在试件表面的位置 3～5 处(锥尖之间的距离不小于 1cm),测其锥入深度,并记入记录表内。

4 结果整理

4.1 由联合测定,已知土的液限 w_L 和塑性指数 I_P;由含水率试验,已知土的

天然含水率 w。将这些数据代入下式，即可计算该土的天然稠度 w_c：

$$w_c = \frac{w_L - w}{I_P} \tag{T 0122-1}$$

4.2 土体的含水率 w 和锥入深度 h 为曲线关系，用下式表示：

$$\lg h = \alpha + \beta \lg w \tag{T 0122-2}$$

或

$$\lg h = \alpha + \beta \lg(w_L - I_P w_c) \tag{T 0122-3}$$

式中：

$$\beta = \frac{\lg 20 - \lg h_P}{\lg w_L - \lg w_P}$$

$$\alpha = \lg 20 - \beta \lg w_L$$

在联合测定法中，w_L、w_P、h_P 和 I_P 均为已知，测得锥入深度 h 后，由公式(T 0122-3)或查由该式绘制的诺谟图，即可求得稠度 w_c。

4.3 由测得的多个锥入深度中取占多数的值，或对允许误差范围内的数值求其平均值，作为计算锥入深度。根据联合测定时该土样的塑限入土深度 h_P，由图 T 0122-1 查得相应的稠度 w_c 值。

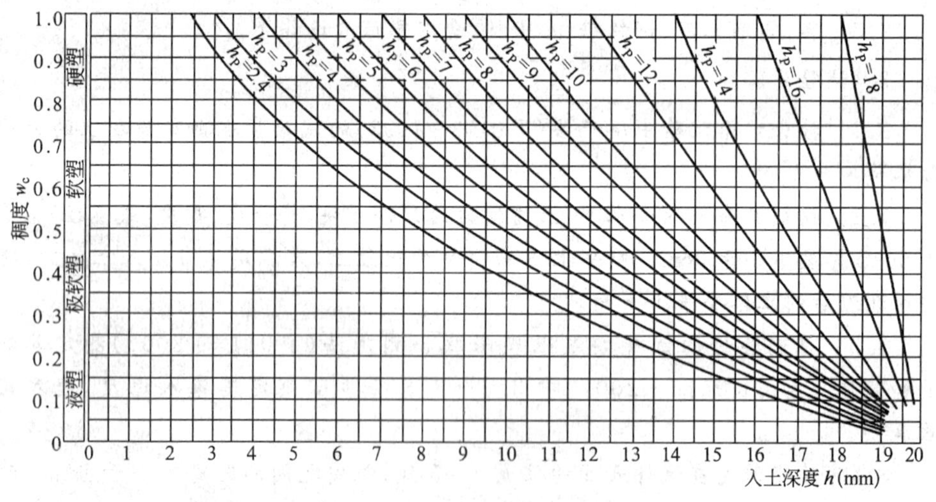

图 T 0122-1 入土深度与天然稠度的诺谟图

4.4 本试验记录格式如表 T 0122-1。

表 T 0122-1 天然稠度试验记录

工 程 编 号__________ 土样编号__________ 取土深度__________

土样制备说明__________ 试验日期__________

试 验 者__________ 计 算 者__________ 校 核 者__________

锥入深度 h(mm)						最后所取读数 h (mm)	塑限锥入深度 h_P (mm)	稠度 w_c	土的状态描述	备 注
试验次数	1	2	3	4	5					
	12.5	12.3	12.5	12.5	12.7	12.5	3	0.36	极软塑	按图 T 0122-1

5 报告

5.1 土的鉴别分类和代号。

5.2 土的天然稠度 w_c 值。

液限塑限联合测定用双对数坐标绘制含水率与入土深度的关系时，有很好的线性关系。稠度的划分，既然为 0～1.0，那就不能用双对数坐标来表示入土深度与稠度的关系，而须用普通坐标来表示它们的关系。这就带来一个问题：究竟入土深度与稠度是线性关系还是曲线关系？所谓线性关系，就是入土深度 h 与 w_c 的关系可以式(T 0122-A)表示：

$$w_c = \frac{w_L - f(h)}{I_P} \tag{T 0122-A}$$

式中有两个变数，即自变数 $f(h)$ 和因变数 w_c。因 w_L 和 I_P 为常数，故构成线性关系。

如果入土深度 h 与含水率 w 是双对数关系，则：

$$\lg h = \alpha + \beta \lg w \tag{T 0122-B}$$

将稠度公式(T 0122-1)代入上式得：

$$\lg h = \alpha + \beta \lg(w_L - w_c I_P) \tag{T 0122-C}$$

当土达到液限时，$w = w_L$，$h = 20$mm，式(T 0122-C)变为：

$$\lg 20 = \alpha + \beta \lg w_L \tag{T 0122-D}$$

当土达到塑限时，$w = w_P =$，h 为塑限时的锥入深度 h_p，式(T 0122-C)变为：

$$\lg h_P = \alpha + \beta \lg w_P \tag{T 0122-E}$$

式(T 0122-D)和式(T 0122-E)表示两个边界情况。联解此二式，可求得不同土质的系数 α、β 值，即

$$\alpha = \lg 20 - \beta \lg w_L$$

$$\beta=\frac{\lg20-\lg h_{P}}{\lg w_{L}-\lg w_{P}}$$

根据联合测定结果，对 348 个土样入土深度与含水率双对数图进行了验证，发现实测入土深度与按式(T 0122-C)的计算深度十分吻合，而与按式(T 0122-A)的计算深度偏离很大。这就证明了稠度与入土深度在普通坐标上应是曲线关系，从而否定了多年来国内外认为是线性关系的结论，也间接证明了入土深度与含水率在双对数坐标上应是直线关系。

对于一个具体土样而言，h_{L} 和 h_{P} 根据联合试验为已知值，塑性指数 I_{P} 也为已知值，于是 h 与 w_{c} 之间的关系就可进行计算了。

12 砂的相对密度试验

砂土的紧密程度对于公路路基和地基的稳定性具有重要的意义。砂土的密实度直接影响到砂土的工程性质。砂土越密实,其抗剪强度就越大,压缩变形越小,承载能力也就越高。

砂土的紧密程度不能仅以它的孔隙比大小来衡量。颗粒大小、形状以及均匀系数不同的两种砂土,即使其孔隙比完全相同,但其紧密程度可能有很大的差别。因此应该根据砂土孔隙比与极限孔隙比的相对关系来表示,亦即当孔隙比接近于最小孔隙比时,则砂土处于紧密状态;反之当孔隙比接近于最大孔隙比时,则砂土处于疏松状态,通常用相对密度指标来表示。

T 0123—1993 砂的相对密度试验

相对密度是无凝聚性粗粒土紧密程度的指标,对于土作为材料的建筑物的地基稳定性,特别是在抗震稳定性方面,具有重要的意义。

1 目的和适用范围

1.1 相对密度是砂紧密程度的指标,等于其最大孔隙比与天然孔隙比之差和最大孔隙比与最小孔隙比之差的比值。

1.2 本试验的目的是求无凝聚性土的最大与最小孔隙比,用于计算相对密度,借此了解该土在自然状态或经压实后的松紧情况和土粒结构的稳定性。

1.3 本试验适用于颗粒直径小于5mm的土,且粒径2～5mm的试样质量不大于试样总质量的15%。

2 仪器设备

2.1 量筒:容积为500mL及1 000mL两种,后者内径应大于60mm。

2.2 长颈漏斗:颈管内径约12mm,颈口磨平(图 T 0123-1)。

2.3 锥形塞:直径约15mm的圆锥体镶于铁杆上(图 T 0123-1)。

2.4 砂面拂平器(图 T 0123-1)。

2.5 电动最小孔隙比仪,如无此种仪器,可用下列2.6～2.8设备。

2.6 金属容器,有以下两种:

2.6.1 容积 250mL,内径 50mm,高度 127mm。

2.6.2 容积 1 000mL,内径 100mm,高度 127mm。

2.7 振动仪(图 T 0123-2)。

2.8 击锤:锤重 1.25kg,高度 150mm,锤座直径 50mm(图 T 0123-3)。

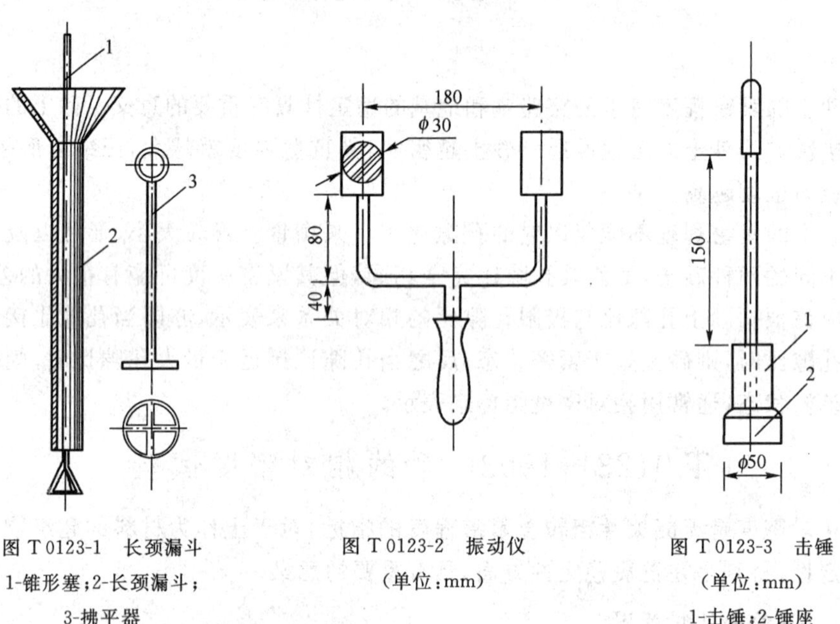

图 T 0123-1 长颈漏斗
1-锥形塞;2-长颈漏斗;
3-拂平器

图 T 0123-2 振动仪
(单位:mm)

图 T 0123-3 击锤
(单位:mm)
1-击锤;2-锤座

相对密度试验中的三个参数,即最大干密度、最小干密度及现场干密度对相对密度值都很敏感。因此,试验方法和仪器设备的标准化是十分重要的。然而,目前没有统一而完善的测求最大、最小孔隙比的方法,天然孔隙比的测定也存在不少问题。从国外情况看,美国对相对密度试验研究较多,最大密度试验方法也基本上统一用振动台法。

2.9 台秤:感量 1g。

3 试验步骤

3.1 最大孔隙比的测定

3.1.1 取代表性试样约 1.5kg,充分风干(或烘干),用手搓揉或用圆木棍在橡皮板上碾散,并拌和均匀。

3.1.2 将锥形塞杆自漏斗下口穿入,并向上提起,使锥体堵住漏斗管口,一并放入容积 1 000mL 量筒中,使其下端与量筒底相接。

3.1.3 称取试样 700g,准确至 1g,均匀倒入漏斗中,将漏斗与塞杆同时提高,移动塞杆使锥体略离开管口，管口应经常保持高出砂面约1～2cm，使试样缓缓且均匀分布地落入量筒中。

3.1.4 试样全部落入量筒后取出漏斗与锥形塞，用砂面拂平器将砂面拂平，勿使量筒振动，然后测读砂样体积，估读至5mL。

3.1.5 以手掌或橡皮塞堵住量筒口，将量筒倒转，缓慢地转动量筒内的试样，并回到原来位置，如此重复几次，记下体积的最大值，估读至5mL。

3.1.6 取上述两种方法测得的较大体积值，计算最大孔隙比。

3.2 最小孔隙比的测定

3.2.1 取代表性试样约4kg，按本试验3.1.1步骤处理。

3.2.2 分三次倒入容器进行振击，先取上述试样600～800g(其数量应使振击后的体积略大于容器容积的1/3)倒入1 000cm^{3}容器内，用振动仪以150～200次/min的速度敲打容器两侧，并在同一时间内，用击锤于试样表面锤击30～60次/min，直至砂样体积不变为止(一般约5～10min)。敲打时要用足够的力量使试样处于振动状态；振击时，粗砂可用较少击数，细砂应用较多击数。

3.2.3 如用电动最小孔隙比试验仪时，当试样同上法装入容器后，开动电机，进行振击试验。

3.2.4 按本试验3.2.2步骤进行后两次加土的振动和锤击，第三次加土时应先在容器口上安装套环。

3.2.5 最后一次振毕，取下套环，用修土刀齐容器顶面削去多余试样，称量，准确至1g，计算其最小孔隙比。

1. 最小干密度试验

测定最大孔隙比即最小干密度的方法常见的有漏斗法、量筒法和松砂器法。水电部门的对比试验结果表明，几种方法所得结果相差不大，但各种方法本身尚存在不同的问题。漏斗法是用小的管径来控制砂样，使其均匀缓慢地落入量筒，以达到很疏松的堆积。但由于受漏斗管径的限制，有些粗颗粒受到阻塞；加大管径又不易控制砂样的慢慢流出，故一般只适用于较小颗粒的砂样。慢速倒转法由于颗粒下落较慢，粗颗粒下落较快，产生粗细颗粒分层现象。采用慢速倒转法虽然存在一些缺点，但能达到较松的密度，测得最大孔隙比。

2. 最大干密度试验

测定砂的最小孔隙比即最大干密度，国外采用振动台法，国内以往采用振动锤击法。

通常采用的方法，按加力性质可分为三大类：锤击法、振动法、锤击与振动或静荷载与振动联合使用的方法。锤击法主要适用于略具黏性的砂土，与击实试验的作用相同。振动法是一种较好的方法，因能产生不同的惯性力而引起密度的增加，所以美国 ASTM 将其列为标准试验方法。锤击与振动联合使用的方法，兼有振动与锤击的优点。将两种方法进行比较，结果表明，振动锤击法比振动台法测得的最大干密度大，如表 T 0123-A。

表 T 0123-A　不同方法测得的最大干密度(单位:g/cm³)

土　　类	振动台法		振动锤击法	
	干法	湿法	干法	湿法
标准砂	1.65	1.72	1.78	1.72
黄砂	1.88	1.94	2.04	1.96

鉴于以上试验结果，本规程仍以振动锤击法作为测定最大干密度的标准方法。

4　结果整理

4.1　按下列公式计算最小与最大干密度：

$$\rho_{dmin} = \frac{m}{V_{max}} \tag{T 0123-1}$$

$$\rho_{dmax} = \frac{m}{V_{min}} \tag{T 0123-2}$$

式中：ρ_{dmin}——最小干密度(g/cm³)，计算至 0.01；

ρ_{dmax}——最大干密度(g/cm³)，计算至 0.01；

m——试样质量(g)；

V_{max}——试样最大体积(cm³)；

V_{min}——试样最小体积(cm³)。

4.2　按下列公式计算最大与最小孔隙比：

$$e_{max} = \frac{\rho_w G_s}{\rho_{dmin}} - 1 \tag{T 0123-3}$$

$$e_{min} = \frac{\rho_w G_s}{\rho_{dmax}} - 1 \tag{T 0123-4}$$

式中：e_{max}——最大孔隙比，计算至 0.01；

e_{min}——最小孔隙比，计算至 0.01；

G_s——土粒比重；

ρ_{dmin}——最小干密度(g/cm³)。

ρ_{dmax}——最大干密度(g/cm³)；

4.3　按下列公式计算相对密度：

$$D_r = \frac{e_{max} - e_0}{e_{max} - e_{min}} \tag{T 0123-5}$$

或

$$D_r = \frac{(\rho_d - \rho_{dmin})\rho_{dmax}}{(\rho_{dmax} - \rho_{dmin})\rho_d} \tag{T 0123-6}$$

式中：D_r——相对密度，计算至 0.01；

ρ_{dmin}——最小干密度（g/cm³）；

ρ_{dmax}——最大干密度（g/cm³）；

e_0——天然孔隙比或填土的相应孔隙比；

e_{max}——最大孔隙比；

e_{min}——最小孔隙比；

ρ_d——天然干密度或填土的相应干密度（g/cm³）。

4.4　本试验记录格式如表 T 0123-1。

表 T 0123-1　相对密度试验记录

工程名称________　试验者________

土样编号________　计算者________

试验日期________　校核者________

试验项目			最大孔隙比		最小孔隙比		备注
试验方法			漏斗法		振击法		
试样＋容器质量 (g)	(1)				2 162	2 165	
容器质量 (g)	(2)		750				
试样质量 (g)	(3)	(1)－(2)	400	420	412	415	
试样体积 (cm³)	(4)		335	350	250		
干密度 (g/cm³)	(5)	(3)÷(4)	1.20		1.20		
平均干密度 (g/cm³)	(6)		1.20		1.66		
比重 G_s	(7)		2.65				
孔隙比 e	(8)		1.21		0.59		
天然干密度 (g/cm³)	(9)		1.30				
天然孔隙比 e_0	(10)		1.04				
相对密度 D_r	(11)		0.27				

4.5　精密度和允许差。

最小与最大干密度，均须进行两次平行测定，取其算术平均值，其平行差值不得超过 0.03g/cm³。

5 报告

5.1 砂类土的鉴别分类和代号。

5.2 砂的相对密度 D_r 值。

相对密度指标能够合理地反映砂土的紧密情况，在一定程度上反映了砂土的物理力学性质，因此，通常用作砂土紧密程度的分类（表 T 0123-B）及确定砂土填筑密度的依据。

表 T 0123-B 砂土按相对密度的分类

土 类	疏 松	中 密	紧 密
相对密度 D_r	$1<D_r\leqslant 0.33$	$0.33<D_r\leqslant 0.67$	$0.67<D_r\leqslant 1.00$

砂土的相对密度指标，在一定程度上反映了砂土的粒径级配、颗粒形状、大小和结构排列的特征；从理论上说，比较合理地反映了砂土的紧密程度，也在一定程度上反映出砂土的物理力学性质。

自然界中，砂土的紧密程度和它的生成条件有关。由水力和风力搬运沉积的粗砂粒，其 D_r 值介于 0.2～0.4 之间；细粒砂的 $D_r<0.2$；山麓冰积砾石类土的 D_r 值常大于 0.4；海滩受风浪作用堆积的中、细砂的 D_r 值则稍大于 0.7。

相对密度适用于透水性良好的无凝聚性土，例如纯砂、纯砾等。对于排水不良的土料，如无凝聚性粉砂、极细砂或砂质土，砾质土中含有大量粉砂，在较高的击实功能下得到的最大干密度往往大于振动法得到的最大干密度，不能用相对密度来衡量。遇到这种情况建议用相对密度和击实试验两种方法同时试验，取其孔隙比最小值。这种砂土的最大分子水容量一般在 8%左右。若黏粒含量极微时可仍用一般的相对密度试验方法进行试验。美国 ASTM 标准规定：细粒（<0.075mm）含量不大于 12%，且能自由排水的土料，宜进行相对密度试验。国内还没有具体规定，仅指出相对密度试验用于排水性能良好的无凝聚性土。

对于一些性质特殊的砂土，如风化砂、含多量云母质的砂等，本试验方法也不适用。由于这种砂的硬度极小，在较轻落锤下，即可被破碎。因此，采用振动法可能较适宜。

有时由试验所得的最小孔隙比要比自然情况下的孔隙比小，通常这种情况是不合理的，但是在特殊情况下也并非不可能。由于某些特殊地质作用，可能使砂土得到很紧密的排列，这种紧密程度用人工方法难以得到。因此，当发现有此类情况时，应研究产生的原因，并重复进行试验，加以证实。

振打锤击法是应用轻锤击打，故可称为振打轻锤法。它基本不破碎砂土的颗粒。该方法与用机械振动方法的比较，见表 T 0123-C。其中振动所得结果，是在

3 600 次/min的频率、0.5mm 的振幅下对较均匀的粗砂及中砂试验测得。试验时将砂样一次加入筒中,冲水饱和后,再施加振动。虽然所采用的试验方法仅是限于饱和砂,但仍可看到振打轻锤法能够得到较好的结果。

表 T 0123-C 几种砂样的密度比较

土 类	最大干密度(g/cm³)		最小干密度(g/cm³)	不均匀系数 C_u
	振动法	振打轻锤法		
中砂	1.67	1.81	1.38	2.0
粗砂	1.67	1.81	1.39	2.4
粗砂	1.66	1.79	1.33	1.8
中砂	1.55	1.76	1.27	1.7
中砂	1.66	1.84	1.33	2.1

从理论上讲,振动法是较为理想的方法,特别是对于级配不均匀的砂土,能借助于大小颗粒所受的不同振动影响而紧密排列,但此法所需的振动加速度较大,振动频率较高,在不受约束的条件下及振动加速度不够时,会将砂土振松。而振打锤击法所得结果较为理想,能得到较小的孔隙比。就锤击本身来说,同时能提供压实和振动两种作用,振动锤击法具有同样的作用。要取得较好的结果,锤的质量、落距和击数是关键。为了实用目的,标准规定了锤重、落距和锤击次数。

最大孔隙比试验方法有漏斗法和量筒倒转法。两种方法均是在保持土的原有级配,在颗粒均匀分布的条件下设法求得其最松散状态的孔隙比。实际操作经验表明,量筒倒转法较漏斗法可以得到满意的结果,其原因是全部颗粒都能得到重新排列的机会;同时颗粒在重新排列的过程中自由落距较小,因而可以消除一部分由于自重的影响所引起的增密作用。值得注意的是倒转的速度对试验结果有一定的影响。试验表明,慢速倒转能够达到较松的状态,测得最小干密度。而漏斗法受漏斗管径的限制,适用于较小颗粒的砂土,且颗粒自由落距较大,易使砂土结构增密。

采用量筒反复慢速倒转法,虽然能够得到较大的孔隙比,但是在慢速倒转的过程中,由于细颗粒下落较慢,而粗颗粒下落较快,产生了粗细颗粒渐次分层的现象,即细粒在上层,粗粒在下层。这就改变了砂土的原始均匀性,其结果是不合理的,尤其是当砂土颗粒大小不均匀时,此种影响更加明显。表 T 0123-D 列出的比较试验结果说明了不均匀系数大的砂土用慢速倒转法得到的孔隙比要比其他方法得到的孔隙比大许多。

表 T 0123-D　不同试验方法所得最大孔隙比

试样类别	不均匀系数 C_u	量筒慢速倒转法	漏斗法	松砂器法
0.50～0.60mm	—	1.06	1.06	1.07
0.30～0.60mm	—	1.02	1.00	1.00
0.30～1.20mm	—	1.00	0.91	0.90
1.00～1.20mm	—	0.90	0.88	0.90
极细砂	1.86	0.82	0.79	0.80
细砂	2.42	0.92	0.84	0.85
砂砾	2.52	0.87	0.75	0.75

注：表内极细砂、细砂，用 500cm³ 量筒、砂样 300～500g 进行试验，其他用 1 000cm³ 量筒、砂样 800～900g 进行试验。

量筒快速倒转法的试验表明，它能够得到比其他方法更大的孔隙比，表 T 0123-E为比较试验结果。可见，快速倒转法所得密度一般介于慢速倒转法与漏斗法之间，却能获得较好的成果，同时快速倒转法无颗粒离析（颗粒大小分开）现象。

表 T 0123-E　最小干密度（最大孔隙比）比较试验结果

土样名称和性质		量筒慢速倒转法 (g/cm³)	量筒快速倒转法 (g/cm³)	漏斗法 (g/cm³)	松砂器法 (g/cm³)
均匀砂	细砂	1.40	1.42	1.40	1.41
	0.25～0.50mm	1.25	1.24	1.25	1.27
	0.10～0.43mm	1.30	1.31	1.29	1.28
不均匀砂	中砂	1.31	1.33	1.34	
	粗砂（C_u=3.5）	1.33	1.40	1.40	
	混合砂	1.29	1.31	1.33	
	粗砂	1.38	1.45	1.48	
	粗砂	1.38	1.45	1.45	
	中砂（C_u=2.2）	1.40	1.45	1.43	1.39

注：1. 表内系用风干砂于 1 000cm³ 量筒进行测定，其中漏斗法用锥形塞，松砂器法用“十”字形松砂器。
2. 试验中所有试样的最大粒径都小于 5mm。

影响最大、最小孔隙比的因素是容器的尺寸和试样的湿度。一般情况下，容器内径大，测得的孔隙比小。试样的湿度主要是水分子对颗粒表面产生润滑作用，同时产生毛细水表面张力而引起假凝聚力，从而造成虚假的孔隙。所以在试验中测定最大孔隙比时采用干试样，测定最小孔隙比时最好采用最优含水率时的砂样。

目前试验时一般采用干砂。而振动法应进行干法和湿法比较试验，取其最大值。

在《工业与民用建筑地基基础设计规范》中直接根据砂土的天然孔隙比 e 来划分砂的密实度，见表 T 0123-F。

表 T 0123-F　砂土密实度划分标准

土名＼密实度	密　实	中　密	稍　密	松　散
砾砂、粗砂、中砂	$e<0.60$	$0.60\leqslant e\leqslant 0.75$	$0.75<e\leqslant 0.85$	$e>0.85$
细砂、粉砂	$e<0.70$	$0.70\leqslant e\leqslant 0.85$	$0.85<e\leqslant 0.95$	$e>0.95$

在《公路桥涵地基基础设计规范》中规定用相对密度 D_r 来确定砂土的紧密程度，见表 T 0123-G。

表 T 0123-G　砂土密实度表

分　级		相对密度 D_r	标准贯入平均击数 $N_{63.5}$
密实		$D_r>0.67$	30～50
中密		$0.67>D_r\geqslant 0.33$	10～20
松散	稍密	$0.33>D_r\geqslant 0.20$	5～9
	极松	$D_r<0.20$	<5

13 土的湿化试验

土的湿化是指黏性土体在水中发生崩解或强度减弱的现象，属于土体膨胀的另一种形态。土在膨胀过程中，使相邻土粒的距离超过土粒间的引力作用范围时，或使粒间结构连接受到破坏时，都会使土体发生崩解现象。土在水中崩解的难易，表明了土对水的稳定程度。研究土的湿化性具有重要的实际意义，例如路堑边坡、路堤河岸，当受水体浸湿时，就有可能湿化而失稳，发生崩解现象。在路堤的设计与施工中，也需要了解土料湿化崩解的速度，作为取舍料场的依据。土湿化性质的指标有崩解量和崩解速度。

T 0171—2007 湿 化 试 验

用土作为建筑材料的公路工程，直接处于大气中，遭受着气候、水位变化的作用，土体易产生湿化的现象，以至于破裂、剥落或降低其强度和稳定性。另外在湿法填筑路堤的设计与施工中，需要了解土料湿化崩解的速度，作为取舍料场的依据。因此测定土的湿化性能，是有重要意义的。

1 目的和适用范围

1.1 土的湿化是土体在水中发生崩解的现象。本试验的目的是测定具有结构性的黏质土体在水中的崩解速度，作为湿法填筑路堤选择土料的标准之一。

1.2 本试验方法适用于粒径不大于10mm的土。

2 仪器设备

2.1 浮筒：长颈锥体，下有挂钩，颈上有刻度，分度值为5，如图T 0171-1所示。

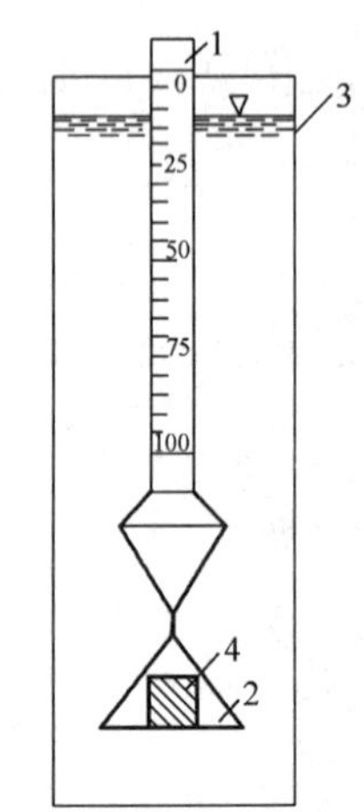

图 T 0171-1 湿化仪示意图
1-浮筒；2-网板；3-玻璃水筒；4-试样

2.2 网板：10cm×10cm。金属方格网，孔眼1cm^2，可挂在浮筒下端。

2.3 玻璃水筒：宽约15cm，高约70cm，长度视需要而定，内盛清水。

2.4 天平：称量500g，分度值0.01g。

2.5 其他:烘箱、干燥器、时钟、切土刀、调土皿、称量皿等。

3 试验步骤

3.1 按需要取原状土或用扰动土制备成所需状态的土样,用切土刀切边长为50mm的立方体试样6个。

试样的选用取决于实际工作条件,如为地基土应采用原状土样;如为填筑的路堤,应取扰动土样,并控制一定的密度和含水率,制备成试样进行试验。在水利行业标准《水中填土筑坝暂行施工技术规范》中,规定以5cm×5cm×5cm的立方体土体进行湿化试验,作为选择土料标准之一。

3.2 按本规程含水率试验、密度试验中规定测定试样的含水率及密度。

3.3 将试样放在网板中央,网板挂在浮筒下,然后手持浮筒颈端,迅速地将试样浸入水筒中,开动秒表。

3.4 立即测记开始时浮筒齐水面处刻度的瞬间稳定读数及开始时间。

3.5 在试验开始后按1min、3min、10min、30min、60min、2h、3h、4h……测记浮筒齐水面处的刻度读数,并描述各时该试样的崩解情况。根据试样崩解的快慢,可适当缩短或延长测读的时间间隔。

试验中需要测定的指标,主要是崩解速度。因此,需要确定读数的时间间隔。

3.6 当试样完全通过网板落下后,试验即告结束。如果试样长期不崩解时,则记试样在水中的情况,直到6个试样试验完毕。

4 结果整理

4.1 按下式计算崩解量:

$$A_t = \frac{R_t - R_0}{100 - R_0} \times 100 \tag{T 0171-1}$$

式中:A_t——试样在时间t时的崩解量(%),计算至0.01;

R_t——时间t时浮筒齐水面处的刻度读数;

R_0——试验开始时浮筒齐水面处刻度的瞬间稳定读数。

4.2 本试验的记录格式如表T 0171-1。

4.3 精密度或允许误差。

若干次平行试验的偏差系数C_v(%)应不大于10%。

5 报告

5.1 土的鉴别分类和代号。

5.2 土的湿化崩解量A_t值(%)。

表 T 0171-1　湿化试验记录表

工程编号＿＿＿＿＿＿　试 验 者＿＿＿＿＿＿

土样编号＿＿＿＿＿＿　计 算 者＿＿＿＿＿＿

仪器说明＿＿＿＿＿＿　校 核 者＿＿＿＿＿＿

土样说明＿＿＿＿＿＿　试验用水＿＿＿＿＿＿

密度　(g/cm³)　含水率　(%)					
观察时间 年　月 d:h:min	经过时间 h:min	浮筒读数	浮筒 读数差	崩解量 (%)	崩解情况
		R_t	R_t-R_0	$A_t=\frac{R_t-R_0}{100-R_0}\times 100$	

黏性土的湿化特征与土的矿物成分、分散程度、交换阳离子、溶液的成分和浓度、土的原始含水率以及土的内部联结特征等因素有关。目前虽有一些常用方法测定有关指标，但大多尚不能定量地用于工程设计上，只能定性地用以比较黏性土在这方面的性质。

14 土中毛细管水上升高度试验

由于土中存在着大小不同的孔隙，当土粒间的孔隙形成细小的不同通道时，由于水的表面张力作用，在土中引起了毛细现象，微管道中的水被称为毛细管水。在水与空气的分界面上形成了弯液面，表面张力的反力会使土粒挤紧，这个力成为毛细压力。

卵砾石组成的土(2mm 以上的颗粒)，孔隙通道大，就没有毛细现象。只有砂土，尤其是细砂和粉砂才表现有明显的毛细现象。完全干燥的砂土是松散的，但当其有了一定含水率时，毛细作用就会在砂粒间引起毛细压力，因而砂粒间表现出互相黏着的能力。故在湿砂中可挖成一定深度的直立坑壁。但如砂土被水淹没时，随着表面张力的消失，砂粒间的黏着现象也就不存在了。由毛细压力所形成的使砂粒互相黏着的力，称为砂土的假凝聚力。这种现象称为砂土的假凝聚现象。

黏性土的毛细现象十分复杂，实用意义也不大。

T 0128—1993 毛细管水上升高度试验

土的毛细管水上升高度是水在土孔隙中因毛细作用而上升的最大高度。土中毛细管现象是由于土粒与水分子之间的相互吸引力以及水的表面张力而产生的。

毛细管作用使土中自由水从自由水面通过土的微小通道逐渐上升。其上升的高度和速度取决定土的孔隙、有效粒径、土孔隙中吸附空气和水的性质以及温度等，可用试验方法测定。一般来说，这个高度对于卵石为零至几厘米；对砂土则在数十厘米之间；对黏土则可达数百厘米。

1 目的和适用范围

1.1 土的毛细管水上升高度是水在土孔隙中因毛细管作用而上升的最大高度。

1.2 本试验的目的是测定土的毛细管水上升高度和速度，用于估计地下水位升高时路基被浸湿的可能性和浸湿的程度。

1.3 结合道路工程的特点，本规程采用直接观测法。本试验适用于确定对道路发生危害的路基土的强烈毛细管水上升高度，即在含水率与上升高度的关系曲线上，取含水率等于塑限时的下部高度为强烈毛细管水上升高度。

测定毛细管水上升高度的试验方法一般分为两类，即采用正、负水头作用的方法测得毛细管水上升高度。试验原理都是根据毛细管水的弯液面所能支持的水柱重力而算出毛细管水的上升高度。实际上通常的毛细管水头，对公路路基工程影响不大，而对路基产生危害作用的主要是强烈毛细管水上升高度。目前测定毛细管水上升高度，大多采用直接观测法，并按土的塑限值从上升高度与含水率的关系曲线上查出强烈毛细管水上升高度。以塑限作为强烈毛细管水上升高度的上限，是因为含水量小于塑限时，毛细管水对路基不发生危害。

正水头作用的试验法是使土中毛细管水的弯液面支持上升的水柱。常用的是直接观测法，适用于砂性土。负水头作用的试验法是使土中毛细管水的弯液面支持下降的水柱。常用的是土样管法，适用于原状土或扰动的细砂及极细砂，不适用于黏性较大(塑性指数和液限较大)的黏性土。

2 仪器设备

2.1 毛细管试验仪：包括试验架、有机玻璃试验管、有机玻璃盛水筒、特制挂簧及挂绳等。

有机玻璃管内径4.0～4.5cm、壁厚3mm左右，每10cm开一直径10mm小洞，洞口配有能拧紧的有机玻璃小盖，下端和有机玻璃底座用丝扣相接，距零点1cm处开一排气小孔。管顶有可以通气的铝盖。底座上配有橡皮垫圈和铜丝网。若两根管相接，还有联结接口和螺栓。用特制弹簧保证盛水下降时水面高度始终保持不变，如图T 0128-1。

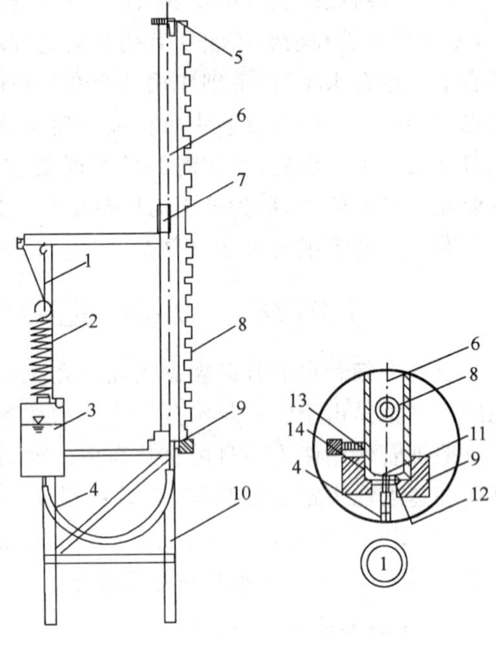

图T 0128-1 毛细管试验仪

1-挂绳；2-特制弹簧；3-盛水筒；4-塑料管；5-铝盖；6-有机玻璃土样管；7-接口；8-ϕ10mm小洞及螺盖；9-底座(详见①)；10-试验架；11-铜丝网；12-多孔圆钢板；13-排气孔；14-橡胶垫圈

2.2 其他：天平(感量0.01g)、烘箱、漏斗、捣棒等。

铁道部科学研究院设计的毛细管水上升高度试验仪比一般的仪器优越，其特点是用特制挂簧能保证盛水筒水位下降时水面高度始终保持不变；升高盛水筒能加大水头作用，缩短观测时间；盛土样的管子采用有机玻璃管，经久耐用，装土捣实时不致破坏，其侧面开有间距10cm的小孔，便于取土测定含水量；能观测毛细管水上升速度。鉴于这些优点，故本规程选用这种仪器。

盛水筒弹簧可按下列密圈圆柱形螺旋弹簧计算公式进行设计：

$$\lambda = \frac{64PR^3 n}{Gd^4} \tag{T 0128-A}$$

式中：λ——弹簧在轴向压力 P 作用下的伸长或缩短量(cm)；

R——弹簧圈半径(cm)；

n——弹簧圈数；

G——剪切弹簧模量(等于 8×10^7kPa)；

d——弹簧钢丝直径(cm)。

例如，当 $P=6.4$N，$\lambda=12$cm，$d=0.15$cm 和 $R=1.4$cm 时，$n=43$ 圈。

3 试验步骤

3.1 装好毛细管试验仪，将底座的垫圈和铜丝网垫好，然后与有机玻璃管拧紧，同时将管上排气孔和小孔全部拧上盖。对于毛细管水上升高度较大的土，如需要两根或两根以上的管时，应先准备好接口、螺栓，以便随时拼接。

3.2 取具有代表性的风干土样 5kg 左右(每个管需土 2.0～2.5kg 左右)，借漏斗分数次装入有机玻璃管中，并用捣棒不断振捣，使其密实度均匀。当装满一根管后，若需要继续拼接时，用胶布将两管包好，外用接口接上，拧紧固定螺栓，继续将土样装入，同时边用捣棒振捣，直至装满为止。顶端盖上铝盖。

3.3 将有机玻璃管放入装好的试验架上，固定管身，使其垂直。

3.4 将盛水筒装满水，盖上盖子，拧上弹簧，接上塑料管，挂上挂绳。

3.5 用水平尺控制盛水筒水面比有机玻璃管零点高出 0.5～1.0cm，然后固定挂绳于挂钩上，这时筒内水面高度将始终保持不变。

3.6 接通塑料管和有机玻璃管底部的接口，然后开启排气小孔，使空气排出，直到孔内有水流出时，拧紧螺帽。

3.7 从小孔有水排出时计起，经 30min、60min，以后每隔数小时，根据管中土的颜色，测记该时的毛细管水上升高度，直至上升稳定为止。

3.8 若需要了解强烈毛细管水上升高度，可将筒壁小洞盖打开，依次用小勺取出土样，测其含水率。

土样原始湿度不一，密度不同，试验所得结果也不同。因此，试验时应按具体要求控制管内土样的湿度和密度。

4 结果整理

4.1 在半对数纸上，以毛细管水上升高度 h 为纵坐标，以时间 t 为横坐标，绘制毛细管水上升高度 h 与时间 t 的关系曲线，如图 T 0128-2。

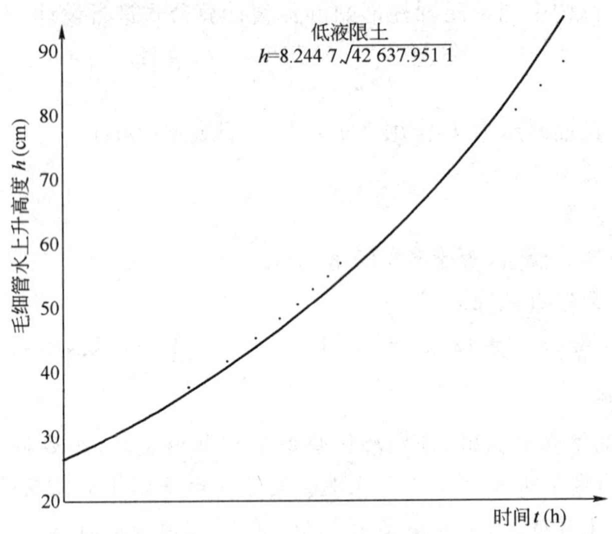

图 T 0128-2　毛细管水上升高度与时间的关系曲线

绘制时，应根据实测值的散点分布，确定 $h—t$ 关系的数学模型，一般可按下式表达：

$$h=\sqrt[n]{mt} \qquad (\text{T 0128-1})$$

式中：n、m——试验常数，用最小二乘法求得。

4.2　另绘制毛细管水上升高度 h 与含水率 w 的关系曲线，如图 T 0128-3。在横坐标上找出含水率等于该土塑限之点，从该点引垂线，交曲线于 A 点，再由 A 点引水平线，交纵坐标于 B 点。B 点的纵坐标即代表该土的强烈毛细管水上升高度 h_c。

4.3　本试验记录格式如表 T 0128-1。

表 T 0128-1　强烈毛细管水上升高度试验记录

土样编号__________计　算　者__________

土样说明__________校　核　者__________

仪器编号__________试验日期__________

毛细管水上升高度(cm)	20	40	60	80	100	120	140	160
含水率(%)	34.3	33.2	30.7	27.0	26.2	24.8	23.2	21.0

根据毛细管水上升高度与时间的关系曲线，可用最小二乘法求得曲线的类型，

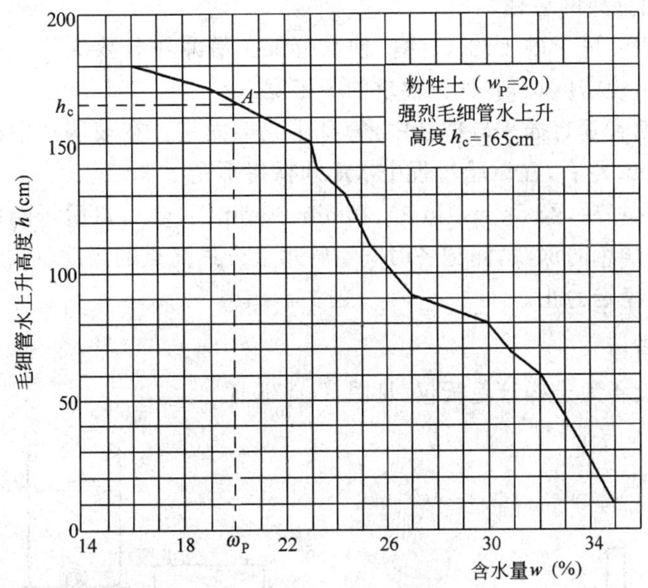

图 T 0128-3　毛细管水上升高度与含水率的关系曲线

并可估算毛细管水上升的平均速度。

5　报告

5.1　土的鉴别分类和代号。

5.2　土的强烈毛细管水上升高度 h_c 值(cm)。

在一般情况下，毛细管水的上升高度随孔隙的变小而增高，但在高分散性的黏土中，土粒之间的孔隙大部分为结合水所充满，或具有复杂的胶结物质，使毛细管水不能上升，所以它的上升高度达不到 2m。毛细管作用在粗粒土中不明显，在不密实的粉土中最为显著，而黏性土中的毛细管现象，需要进一步深入研究。

毛细管水上升高度试验可以求出土内毛细管水的上升高度及其上升速度。用于估测地下水位升高时，某些地区是否会变成沼泽或盐碱化，建筑物有无被浸湿的可能性等问题，并用来推算降低地下水位的必要程度。

在相邻行业中，大多数试验室测定毛细管水上升高度试验都是获得土样的毛细管水实际上升高度，而不是土样的强烈毛细管水上升高度。其相关试验和关心的问题叙述如下。

一、直接观测法

(1)仪器设备主要为毛管仪，见图 T 0128-A。厚壁玻璃管内径 2～3cm，长

100cm,底端用金属网包住。

(2)取代表性风干砂土约1.5kg,使其分散。借漏斗分数次装入玻璃管中,并用棒轻轻捣实,使密度均匀,达到要求的干密度。

(3)将玻璃管垂直插入玻璃杯中,管身用支架固定。在玻璃杯中注入水,水面应高出管底1cm左右,在试验过程中水面须保持不变。

(4)注水入杯后,经5min、10min、20min、30min、60min,以后每隔数小时,根据玻璃管中砂土颜色的深浅,测记各时间毛管水上升最高点的高度(以杯中水面为基点),直至上升稳定为止。

二、土样管法

(1)仪器设备为土样管毛管仪,见图T 0128-B。

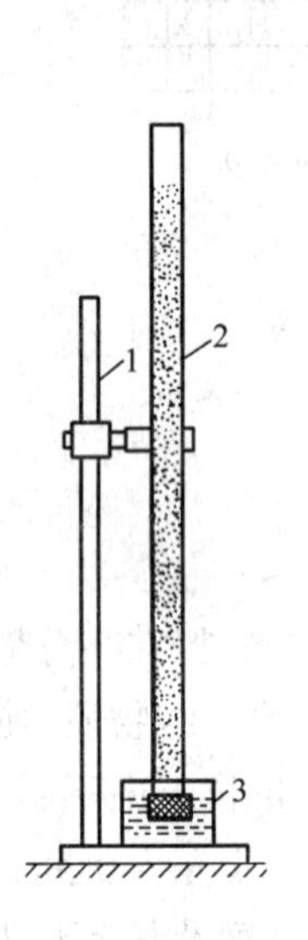

图T 0128-A 毛管仪

1-支架;2-厚壁玻璃管;3-玻璃杯

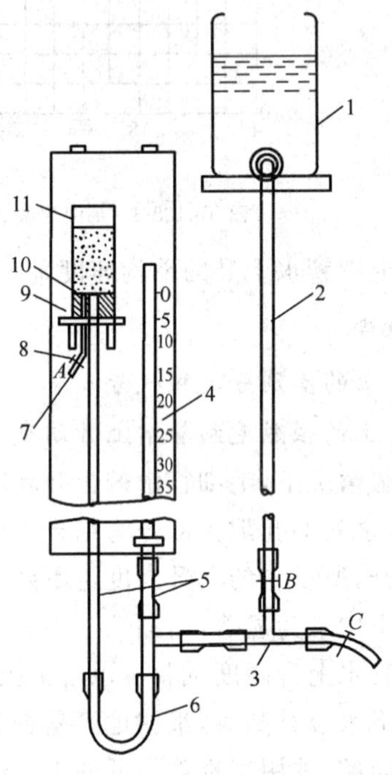

图T 0128-B 土样管毛管仪

1-供水瓶;2-玻璃管;3-三通接头;4-直尺;5-测压管;6-橡皮管;7-排气管;8-管夹;9-橡皮塞;10-筛布;11-玻璃杯

(2)关管夹A、B、C。供水瓶中注满水,取代表性的风干土样500g左右,经分散后分数次倒入玻璃筒中,并逐次捣实,使其均匀,达到要求的密度,直至试样高度达 8.0cm 为止，测定试样密度。如是原状试样，可用切土筒取试样高度 8cm 后，将试样推入玻璃筒，使其距玻璃筒上端约 2cm，四周间隙用蜡密封，使其不漏气。玻璃筒下口用铺有筛布的橡皮塞塞紧，并采用封密措施。土中含有较多黏土颗粒时，则在筛布上铺一层粗砂缓冲层。此时，直尺零点与缓冲层顶齐平。

(3)开管夹 A、B，使水缓缓地经测压管上升到试样下部，排尽管内空气至排气管流出的水中无气泡时，关 A、B。

(4)慢慢开或关管夹 B，使水缓慢地由下而上地饱和试样，至试样表面见水时，关 B。

(5)慢慢开管夹 C，使右边测压管之水面逐渐下降，至管内水面停止下降或开始升高时，测记此时测压管水面读数，即为毛管水上升高度。

(6)重复(3)～(5)步骤，取两次结果的平均值。

通常粒径大的砂土，毛细管水上升高度就小，达到最大上升高度所需的时间就短。反之，粒径小的砂土，毛细管水上升高度就大，而所需时间就长。一般来说，试验开始时毛细管水上升速度较快，接近最高值时，速度变慢。根据试验可绘制毛细管水上升高度与时间的关系曲线。当曲线趋近渐近直线时，可按渐近趋势直线估计毛细管水的上升高度。

在试验过程中，由于在毛细管水上升高度范围内的砂土受到毛细管压力的作用，试样体积将缩小，甚至整个砂柱样发生沉降。随着毛细管水上升高度的增加，毛细管压力的作用范围和数值也加大，砂土体积的压缩就增大，至毛细管水上升稳定时，体积压缩达到最大，则孔隙比变小，但处于毛细管水上升区域上部的砂土，没有受到毛细管水压力作用，所以仍能保持原来的孔隙比，因此与毛细管水上升高度相应的孔隙比应以试验后的孔隙比为标准。

土样管法中玻璃筒底端橡皮塞上的筛布网格不能太小，如果网格小于土的孔隙，则将影响土的毛细管水上升高度。如果试样中细粒较多，为防止土粒通过筛布掉入水中，可在筛布上铺一层粗砂缓冲层。

测压管中水柱下降速度的快慢与打开管夹 C 的松紧程度有关。试验开始时，可松一些，水面的下降速度略大些，当水面高度约达到毛细管水上升高度的一半时，将毛细管水上升速度降低，调整管夹 C 的松紧程度，以便准确地测定毛管水上升高度。当水流经过 C 夹外流，至右边测压管内水面降到一定高度后，空气就从孔隙中进入土样，因土样下部有橡皮塞，所以空气开始进入试样底端时无法看到。在这一过程中，右边测压管中水面的下降速度渐趋缓慢，以至停止下降，至空气进入试样底面时，右边测压管中的水面又开始上升。当水面开始由下降转向上升时，左边测压管的水位即下降。由于毛管水弯液面的破坏是在试样底面下，所以在估算毛管水上升高度时应从试样底面算起。

土的毛细性是水通过土的毛细孔隙受毛细作用向各方向运动的性能。所谓毛细作用就是水与矿物颗粒表面间的分子吸引力同水与气体界面间的表面张力二者间的相互作用。

在工程实践中,土中毛细现象常可见到,随着潜水面的上升则毛细水带随之上升。毛细水的上升可能会引起一些工程不良后果。如:①造成土地的沼泽化和盐渍化;②建筑物地基受毛细水浸湿后稳定性降低;③引起道路路面的变形和强度降低。为了降低潜水面,提高土的强度,保证建筑物的安全,必须对土的毛细性进行分析,才能作出正确的工程地质评价,提出合理的防治措施。

水在毛细管中上升的原因,主要是液体的表面由于内聚力的作用总是期望缩小至最小面积,这种趋势使得弯液面总是期望向水平发展。但是,当弯液面的中心部分上升一点,固体与液体表面的浸湿力又立即将弯液面的边缘牵引向上,这样一方面使毛细水上升,另一方面也试图保持弯液面的存在,这种相互斗争直至毛细管水上升所形成的水柱重量与浸湿力相平衡时才停止。此时毛细管水上升达到最大高度,与水柱重量相应的弯液面的半径等于毛细管半径。

评价土的毛细性的指标有毛细管水上升高度和毛细管水上升速度等。

1. 毛细管水上升高度

如图 T0128-C 所示,水分子与管壁之间的分子引力 Q_1、Q_2 这两个向量,在弯液面与管壁的交点上与弯液面相切。这两个力各分为两个分力:沿管壁方向和垂直管壁方向。垂直管壁的两个分力的合力等于零,不影响水的上升高度,只迫使水全部充满毛细管的断面。与管壁方向平行的分力的合力作用在管轴上,称为弯液面的拖曳张力。

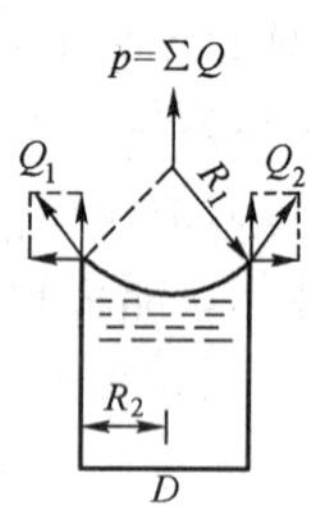

图 T0128-C 毛细管中弯液面的拖曳张力

毛细管单位面积上的拖曳张力 p(Pa),可根据拉普拉斯公式求得。

$$p = \alpha\left(\frac{1}{R_1} + \frac{1}{R_2}\right) \quad \text{(T 0128-B)}$$

式中: α——表面张力系数,15℃的蒸馏水其值为 0.007 546N/m;

R_1、R_2——弯液面在两个互相垂直断面上的曲率半径(m)。

当弯液面为球形时,$R_1 = R_2$,则得球形弯液面的拖曳张力为

$$p = \frac{2\alpha}{R} \quad \text{(T 0128-C)}$$

式中：R——弯液面的曲率半径(m)，当全浸湿时，等于毛细管的半径。

当毛细管水上升所形成的水柱重量与拖曳张力 p(Pa)平衡时，亦即毛细管水上升达到最大高度时，称为毛细管水上升高度，用 H_K 表示。

$$H_K \gamma_w = p \tag{T 0128-D}$$

$$H_K = \frac{p}{\gamma_w} = \frac{2\alpha}{R\gamma_w} = \frac{4\alpha}{D\gamma_w} \tag{T 0128-E}$$

式中：H_K——毛细管水上升高度(m)；

R——毛细管半径(m)；

γ_w——水的重度(kN/m^3)；

α——表面张力系数，15℃的蒸馏水其值为 0.007 546N/m；

D——毛细管直径(cm)。

将 $\gamma_w = 9.8$kN/m^3 和 $\alpha = 0.007\ 546$N/m 代入式(T 0128-E)得

$$H_K = \frac{3.08 \times 10^{-6}}{D} \tag{T 0128-F}$$

2. 毛细管水上升速度

砂土的毛细管水上升速度 v_K 可表述为

$$v_K = k\,\frac{H_K - h}{h} \tag{T 0128-G}$$

式中：v_K——毛细管水上升速度(cm/h)；

k——渗透系数(cm/h)；

H_K——毛细管水上升高度(cm)；

h——某瞬间的毛细管水上升高度(cm)。

从式(T0128-G)可以看出，当 h 增长的愈多则 v_K 愈小，最后达到 $v_K = 0$，而此时 h 就等于实测的毛细管水上升最大高度 H_K 值。

黏性土的渗透规律与砂土有所区别，因为黏性土中阻碍自由水渗透运动的大多是结合水。只有在水力坡度超过起始水力坡度(I_0)时，也就是说促使自由水移动的外力作用超过土颗粒间的分子引力的作用时，才能发生渗透现象。所以黏性土的毛细管水上升速度(v_K)就是

$$v_K = k\left(\frac{H_K - h}{h} - I_0\right) \tag{T 0128-H}$$

式中：v_K——毛细管水上升速度(cm/h)；

k——渗透系数(cm/h)；

H_K——毛细管水上升高度(cm)；

h——某瞬间的毛细管水上升高度(cm)；

I_0——起始水力坡度。

H_K 为理论上求得的毛细管水上升最大高度，但实测的毛细管水上升高度 H'_K 应是 $v_K=0$ 时的 h 值，因此

$$H'_K = \frac{H_K}{1+I_0} = \frac{3.08\times10^{-6}}{D} \times \frac{1}{1+I_0} \tag{T 0128-I}$$

式中：H'_K——实测毛细管水上升高度(cm)；

H_K——毛细管水上升高度(cm)；

I_0——起始水力坡度；

D——毛细管直径(cm)。

这说明了为什么黏性土的 H_K 一般只有 10m 左右。

3. 影响土毛细性的因素

土的粒度成分对毛细性影响最为显著，不同直径的粒组具有不同的毛细管水上升最大高度和速度，见表 T 0128-A。

表 T0128-A　不同粒组中毛细管水的上升高度和上升速度

颗粒大小(mm)	孔隙率(%)	毛细管水上升高度(cm)			到达最大高度的时间(d)	平均速度(cm/h)	
		24h	48h	最大		在第一昼夜	在到达最大上升高度以前
1～0.5	41.8	11.5	12.3	13.1	4	0.48	0.14
0.2～0.1	40.4	37.6	39.6	42.8	8	1.56	0.22
0.1～0.05	41.0	53.0	57.4	105.5	72	2.21	0.06

从表 T 0128-A 中可以清楚地看到：毛细管水上升高度随着粒组直径的增大而降低；毛细管水上升速度随着粒组直径的增大而增大。粒度成分之所以对土的毛细性起着很重要的作用，在于粒度成分决定了土的孔隙的性质和大小。

根据奥霍金的研究，矿物成分不同，毛细性亦不同，但对砂土来说，主要还是因为矿物不同，颗粒形状不同，所形成的孔隙特征不同而起作用。

水溶液的成分和浓度对黏性土的毛细性影响很大，其中置换阳离子的成分对

黏土粒组起着两种性质相反的作用,即分散作用和凝聚作用。分散作用增大土的毛细管水上升高度,而凝聚作用降低毛细管水上升高度。因此在分散性较差的黏土和粉质黏土中以一定浓度的一价钠离子饱和,可使孔隙中结合水加厚而毛细水的通道更细,因而提高其毛细上升高度,其原因在于钠离子起着分散作用加强了土中细小的毛细孔隙的数量。相反在分散性较高的粉土中以一定浓度的钠离子饱和,由于部分毛细孔转变为超毛细孔,使孔隙中结合水增多,I_0 增加,因而毛细上升高度反而降低。

置换阳离子的成分不仅影响毛细上升高度,还强烈地影响着毛细上升速度。

此外,不同盐类在毛细管水上升过程中,还有着明显的分异作用。例如在水中含有氯化钠和硫酸钠时,毛细管的上部氯化物占优势,而下部为硫酸盐占优势。这种上升速度不等的分异现象是由于个别离子的扩散速度不等所致。

在野外开挖坑道、渠道以及土层的天然露头时,皆可观测得到土的毛细管水上升最大高度。而在实验室是利用装有砂土的玻璃管直接观测毛细管水上升高度和速度。也有用卡明斯基毛细仪测定毛细管水上升最大高度的。

另外,毛细管水上升最大高度也可以利用土的某些物理性质指标进行经验计算。如哈赞公式:

$$H_K = 0.446\frac{1-n}{n}\times\frac{1}{d_{10}} = 0.446\frac{1}{ed_{10}} \qquad (\text{T 0128-J})$$

式中:H_K——毛细管水上升最大高度(mm);

n——土的孔隙率(%);

d_{10}——有效粒径(小于 10mm 的土质量占总土质量的百分数)(mm);

e——土的孔隙比。

4. 毛细压力

根据牛顿第三定律,作用于弯液面上的拖曳张力与作用于管壁上的力,数值相等,符号相反。这些施加在毛细管壁上的力统称为毛细管水压力或毛细压力、微管压力。

在土中也有毛细管水压力存在。假如土的毛细孔隙具有一致的直径,那么上升到最大高度 H_K 时,在弯液面处的水平面上,作用于土颗粒上的毛细管水压力 $p_K=\gamma_w H_K$。由于毛细管水压力引起的荷载全部由土颗粒(骨架)承担,在地下水面与弯液面之间某一高度 H 处,毛细管水压力就等于 $\gamma_w H$。

15 渗透试验

渗透是液体在多孔介质中运动的现象。这一现象表达的定量指标是渗透系数。土的渗透性是由于土颗粒骨架之间存在连通的孔隙结构，构成了水的运移通道，土中自由水在重力作用下，通过土颗粒骨架的孔隙运动，而使土体所具有的一种水力学特性。它是土力学和土体工程所涉及研究解决的三大问题(强度问题、稳定问题和渗透问题)之一。土中孔隙水的运动和孔隙水压力的变化，常常是影响土的各种力学性质及控制各种土工建筑物设计与施工的重要因素。

选用何种方法来测定土的渗透系数，应根据土样的渗透性大小来确定采用常水头法或变水头法。因两种方法的测试原理不同，故效果各异。对弱透水性的土样，用常水头法不能准确地量测出水量；而对强透水性的土样，用变水头法由于水头下降过快，无法得到满意的结果。在一般情况下，常水头法适用于渗透系数(k)大于 10^{-4}cm/s 的土，变水头法适用于渗透系数(k)为 $10^{-4}\sim10^{-7}$cm/s 的土。

T 0129—1993 常水头渗透试验

1 目的和适用范围

1.1 本试验方法适用于砂类土和含少量砾石的无凝聚性土。

1.2 试验用水应采用实际作用于土的天然水。如有困难，允许用蒸馏水或一般经过滤的清水，但试验前必须用抽气法或煮沸法脱气。试验时水温宜高于试验室温度 3~4℃。

渗透是水在多孔介质中运动的现象。若土中渗透水流呈层线状态，则渗透速度与水力坡降成正比。以达西定理表示，即

$$v = kJ$$

式中：v——渗透速度(cm/s)；

k——渗透系数(cm/s)；

J——水力坡降。

常水头渗透试验适用于砂类土。

2 仪器设备

2.1 常水头渗透仪(70 型渗透仪)：如图 T 0129-1，其中有封底圆筒高 40cm，

内径 10cm；金属孔板距筒底 6cm。有三个测压孔，测压孔中心间距 10cm，与筒边连接处有铜丝网；玻璃测压管内径为 0.6cm，用橡皮管与测压孔相连。

2.2 其他：木锤、秒表、天平等。

用于常水头渗透试验的仪器有 70 型渗透仪。这种仪器设备，操作方法和量测技术等方面与国外大同小异，国内各单位通过多年来工作实践认为是可行的。

3 试验步骤

3.1 按图 T 0129-1 将仪器装好，接通调节管和供水管，使水流到仪器底部，水位略高于金属孔板，关止水夹。

3.2 取具有代表性土样 3～4kg，称量，准确至 1.0g，并测其风干含水率。

3.3 将土样分层装入仪器，每层厚 2～3cm，用木锤轻轻击实到一定厚度，以控制孔隙比。如土样含黏粒比较多，应在金属孔板上加铺约 2cm 厚的粗砂作为缓冲层，以防细粒被水冲走。

3.4 每层试样装好后，慢慢开启止水夹，水由筒底向上渗入，使试样逐渐饱和。水面不得高出试样顶面。当水与试样顶面齐平时，关闭止水夹。饱和时水流不可太急，以免冲动试样。

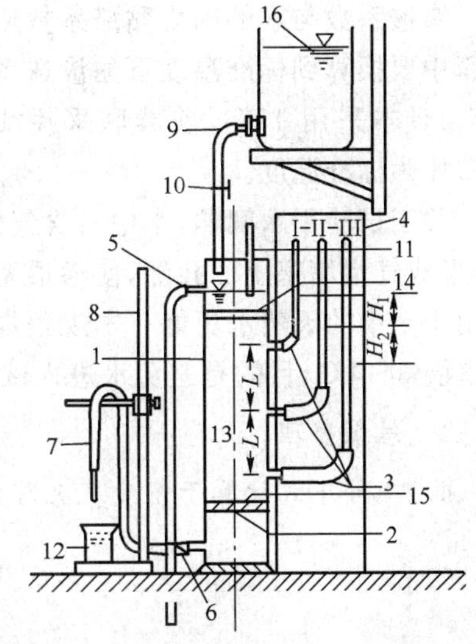

图 T 0129-1 常水头渗透仪装置

1-金属圆筒；2-金属孔板；3-测压孔；4-测压管；5-溢水孔；6-渗水孔；7-调节管；8-滑动支架；9-供水管；10-止水夹；11-温度计；12-量杯；13-试样；14-砾石层；15-铜丝网；16-供水瓶

3.5 如此分层装入试样、饱和，至高出测压孔 3～4cm 为止，量出试样顶面至筒顶高度，计算试样高度，称剩余土质量，准确至 0.1g，计算装入试样总质量。在试样上面铺 1～2cm 砾石作缓冲层，放水，至水面高出砾石层 2cm 左右时，关闭止水夹。

3.6 将供水管和调节管分开，将供水管置入圆筒内，开启止水夹，使水由圆筒上部注入，至水面与溢水孔齐平为止。

3.7 静置数分钟，检查各测压管水位是否与溢水孔齐平，如不齐平，说明仪器有集气或漏气，需挤压测压管上的橡皮管，或用吸球在测压管上部将集气吸出，调至水位齐平为止。

3.8 降低调节管的管口位置，水即渗过试样，经调节管流出。此时调节止水夹，使进入筒内的水量多于渗出水量，溢水孔始终有余水流出，以保持筒中水面不变。

3.9 测压管水位稳定后，测记水位，计算水位差。

3.10　开动秒表，同时用量筒接取一定时间的渗透水量，并重复一次。接水时，调节管出水口不浸入水中。

3.11　测记进水和出水处水温，取其平均值。

3.12　降低调节管管口至试样中部及下部 1/3 高度处，改变水力坡降$\frac{H}{L}$，重复 3.8～3.11 步骤进行测定。

渗透系数与水的动力黏滞系数成反比，而动力黏滞系数与温度有关，为此，在计算中要换算到标准温度下的渗透系数。关于标准温度，各国极不统一，美国采用 20℃，日本采用 15℃，前苏联采用 10℃。为了与国标取得一致，故本规程也以 20℃作为标准温度。

关于试验用水问题，水中所含气体对渗透系数的影响，主要是由于水中气体分离，形成气泡堵塞土的孔隙，使渗透系数降低。因此，试验中要求用无气水，用实际作用于土中的天然水更好。本规程规定用过滤后的纯水进行脱气，并规定水温高于室温 3～4℃，目的是避免水进入试样因温度升高而分解出气泡。

4　结果整理

4.1　按下式计算干密度及孔隙比：

$$\rho_d = \frac{m_s}{Ah} \tag{T 0129-1}$$

$$e = \frac{G_s}{\rho_d} - 1 \tag{T 0129-2}$$

式中：ρ_d——干密度（g/cm^3），计算至 0.01；

e——试样孔隙比，计算至 0.01；

m_s——试样干质量（g）；

$$m_s = \frac{m}{1 + w_h}$$

m——风干试样总质量（g）；

w_h——风干含水率（%）；

A——试样断面积（cm^2）；

h——试样高度（cm）；

G_s——土粒比重。

4.2　按下式计算渗透系数：

$$k_t = \frac{QL}{AHt} \tag{T 0129-3}$$

式中：k_t——水温 t℃时试样渗透系数（cm/s），计算至三位有效数字；

Q——时间 t 内的渗透水量(cm^3)；

L——两测压孔中心之间的试样高度(等于测压孔中心间距：$L=10cm$)；

H——平均水位差(cm)；

$$H = \frac{H_1 + H_2}{2}(cm)$$

t——时间(s)。

其他符号同上。

4.3　标准温度下的渗透系数按下式计算：

$$k_{20} = k_t \frac{\eta_t}{\eta_{20}} \tag{T 0129-4}$$

式中：k_{20}——标准水温(20℃)时试样的渗透系数(cm/s)，计算至三位有效数字；

η_t——t℃时水的动力黏滞系数(kPa·s)；

η_{20}——20℃时水的动力黏滞系数(kPa·s)；

η_t/η_{20}——黏滞系数比，见表 T 0129-1。

表 T 0129-1　水的动力黏滞系数 η_t、黏滞系数比 $\frac{\eta_t}{\eta_{20}}$

温度 t(℃)	动力黏滞系数 η_t(10^{-6}kPa·s)	$\frac{\eta_t}{\eta_{20}}$	温度 t(℃)	动力黏滞系数 η_t(10^{-6}kPa·s)	$\frac{\eta_t}{\eta_{20}}$
10.0	1.310	1.297	20.0	1.010	1.000
10.5	1.292	1.279	20.5	0.998	0.988
11.0	1.274	1.261	21.0	0.986	0.976
11.5	1.256	1.243	21.5	0.974	0.964
12.0	1.239	1.227	22.0	0.963	0.953
12.5	1.223	1.211	22.5	0.952	0.943
13.0	0.206	1.194	23.0	0.941	0.932
13.5	1.190	1.178	23.5	0.930	0.921
14.0	1.175	1.163	24.0	0.920	0.910
14.5	1.160	1.148	24.5	0.909	0.900
15.0	1.144	1.133	25.0	0.899	0.890
15.5	1.130	1.119	25.5	0.889	0.880
16.0	1.115	1.104	26.0	0.879	0.870
16.5	1.101	1.090	26.5	0.869	0.861
17.0	1.088	1.077	27.0	0.860	0.851
17.5	1.074	1.066	27.5	0.850	0.842
18.0	1.061	1.050	28.0	0.841	0.833
18.5	1.048	1.038	28.5	0.832	0.824
19.0	1.035	1.025	29.0	0.823	0.815
19.5	1.022	1.012	29.5	0.814	0.806

4.4 根据需要，可在半对数坐标纸上绘制以孔隙比为纵坐标，渗透系数为横坐标的 e—k 关系曲线。

4.5 本试验记录格式如表 T0129-2。

4.6 精密度和允许差。

一个试样多次测定时，应在所测结果中取 3～4 个允许差值符合规定的测值，求平均值，作为该试样在某孔隙比 e 时的渗透系数。允许差值不大于 2×10^{-n}。

按土力学的基本公式计算干密度和孔隙比。根据渗透系数与动力黏滞系数成反比的关系，很容易把某温度下的渗透系数换算为标准温度下的渗透系数。

孔隙比与渗透系数的关系曲线，需要时才绘制。

5 报告

5.1 土的鉴别分类和代号。

5.2 土的渗透系数 k_{20} 值(cm/s)。

T 0130-2007 变水头渗透试验

1 目的和适用范围

本试验方法适用于细粒土。本试验采用的蒸馏水，应在试验前用抽气法或煮沸法进行脱气。试验时的水温，宜高于室温 3～4℃。

2 仪器设备

2.1 渗透容器：见图 T 0130-1，由环刀、透水石、套环、上盖和下盖组成。环刀内径 61.8mm，高 40mm；透水石的渗透系数应大于 10^{-3}cm/s。

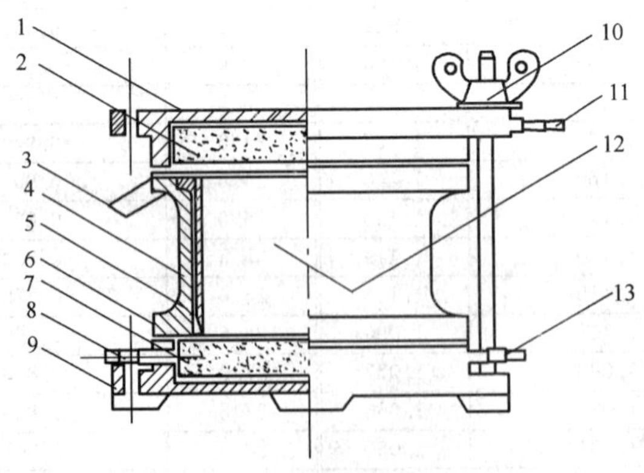

图 T 0130-1 渗透容器

1-上盖；2-透水石；3-橡皮圈；4-环刀；5-盛土筒；6-橡皮圈；7- 透水石；8-排气孔；9-下盖；10-固定螺杆；11-出水孔；12-试样；13-进水孔

表 T 0129-2　常水头渗透试验记录

工程名称______　仪器编号______　试样高度 h=30cm　孔隙比 e=0.95　试验者______

土样编号______　测压孔间距 L=10cm　试样干质量 m_s=3 200g　计 算 者______　校核者______

土样说明______　试样断面积 A=78.5cm²　土粒比重 G_s=2.65　试验日期______

试验次数	经过时间	测压管水位			水位差			水力坡降	渗透水量	渗透系数	平均水温	校正系数	水温20℃时渗透系数	平均渗透系数
	t (s)	1管 (cm)	2管 (cm)	3管 (cm)	H_1 (cm)	H_2 (cm)	平均 H (cm)	J	Q (cm³)	k_t (cm/s)	t (℃)	$\frac{\eta_t}{\eta_{20}}$	k_{20} (cm/s)	$\overline{k_{20}}$
(1)	(2)	(3)	(4)	(5)	(6)	(7)	(8)	(9)	(10)	(11)	(12)	(13)	(14)	(15)
					(3)−(4)	(4)−(5)	$\frac{(6)+(7)}{2}$	$\frac{(8)}{(10)}$		$\frac{(10)}{A(9)(2)}$			(11)×(13)	$\frac{\sum(14)}{n}$
1	518	45.0	43.0	41.0	2.0	2.0	2.0	0.20	110	0.0135	13.5	1.176	0.0159	
2	520	45.0	43.0	41.0	2.0	2.0	2.0	0.20	111	0.0135	13.5	1.176	0.0159	
3	200	43.8	39.4	35.0	4.4	4.4	4.4	0.44	92	0.0135	13.5	1.176	0.0159	
4	200	43.6	39.2	34.8	4.4	4.4	4.4	0.44	93	0.0135	13.5	1.176	0.0159	
5	125	44.3	36.5	28.7	7.8	7.8	7.8	0.78	105	0.0137	13.5	1.176	0.0161	
6	125	44.3	36.5	28.7	7.8	7.8	7.8	0.78	105	0.0137	13.5	1.176	0.0161	0.016

2.2　变水头装置：由温度计（分度值0.2℃）、渗透容器、变水头管、供水瓶、进水管等组成（图T 0130-2）。变水头管的内径应均匀，管径不大于1cm，管外壁应有最小分度为1.0mm的刻度，长度宜为2m左右，如图T 0130-2。

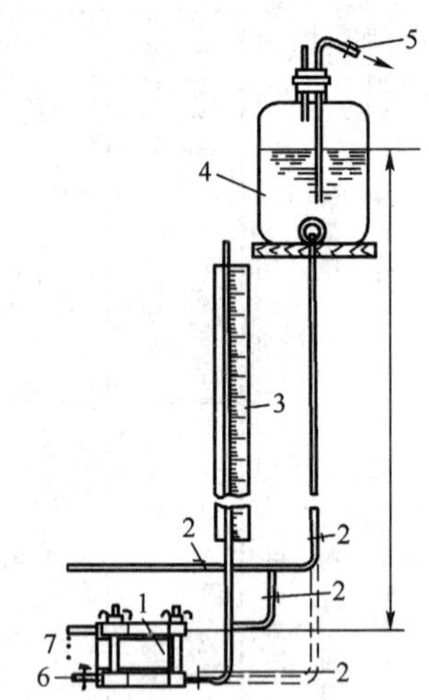

图T 0130-2　变水头渗透装置

1-渗透容器；2-进水管夹；3-变水头管；4-供水瓶；5-接水源管；6-排气水管；7-出水管

2.3　其他：切土器、温度计、削土刀、秒表、钢丝锯、凡士林。

用于变水头渗透试验的仪器要求结构简单，止水严密，易于排气。由于《93规程》中的变水头渗透试验方法已很少使用，本标准采用国标和相关行业相同的简单的试验装置进行试验。

3　试样制备

应按本规程（T 0102—2007）的规定进行，并应测定试样的含水率和密度。

用原状土试样试验时，可根据需要用环刀垂直或平行于土样层面切取；用扰动土样试验时，可按击实法制备试样，两者均须进行充水饱和。

4　试验步骤

试验用水要求与常水头渗透试验相同。

4.1　将装有试样的环刀装入渗透容器，用螺母旋紧，要求密封至不漏水不漏气。对不易透水的试样，进行抽气饱和；对饱和试样和较易透水的试样，直接用变水头装置的水头进行饱和。

4.2　将渗透容器的进水口与变水头管连接，利用供水瓶中的纯水向进水管注满水，并渗入渗透容器，开排气阀，排除渗透容器底部的空气，直至溢出水中无气泡，关排水阀，放平渗透容器，关进水管夹。

4.3　向进水头管注纯水，使水升至预定高度，水头高度根据试样结构的疏松程度确定，一般不应大于2m，待水位稳定后切断水源，开进水管夹，使水通过试样。当出水口有水溢出时开始测记变水头管中起始水头高度和起始时间，按预定时间间隔测记水头和时间的变化，并测记出水口的温度，准确至0.2℃。

4.4　将变水头管中的水位变换高度，待水位稳定再进行测记水头和时间变化，重复试验5～6次。当不同开始水头测定的渗透系数在允许差值范围内时，结束试验。

5 结果整理

5.1 按下式计算干密度及孔隙比：

$$\rho_d = \frac{m_s}{Ah} \quad (T\ 0130\text{-}1)$$

$$e = \frac{G_s}{\rho_d} - 1 \quad (T\ 0130\text{-}2)$$

式中：ρ_d——干密度(g/cm^3)，计算至0.01；

e——试样孔隙比，计算至0.01；

m_s——试样干质量(g)；

$$m_s = \frac{m}{1 + w_h}$$

m——风干试样总质量(g)；

w_h——风干含水率(%)；

A——试样断面积(cm^2)；

h——试样高度(cm)；

G_s——土粒比重。

5.2 变水头渗透系数按下式计算：

$$k_T = 2.3\frac{aL}{A(t_2 - t_1)}\lg\frac{H_1}{H_2} \quad (T\ 0130\text{-}3)$$

式中：k_t——水温t℃时的试样渗透系数(cm/s)，计算至三位有效数字；

a——变水头管的内径面积(cm^2)；

2.3——ln和lg的变换因数；

L——渗径，即试样高度(cm)；

t_1、t_2——分别为测读水头的起始和终止时间(s)；

H_1、H_2——起始和终止水头；

A——试样的过水面积。

与《93规程》相比，渗透系数计算公式也进行了修订。

求得的渗透系数也是某一温度下的渗透系数，同样需换算为标准温度下的渗透系数。

5.3 标准温度下的渗透系数按下式计算：

$$k_{20} = k_t\frac{\eta_t}{\eta_{20}} \quad (T\ 0130\text{-}4)$$

式中：k_{20}——标准水温(20℃)时试样的渗透系数(cm/s)，计算至三位有效数字；

η_t——t℃时水的动力黏滞系数(kPa·s)；

η_{20}——20℃时水的动力黏滞系数(kPa·s);

η_t/η_{20}——黏滞系数比,见表 T 0129-1。

5.4 根据需要,可在半对数坐标纸上绘制以孔隙比为纵坐标,渗透系数为横坐标的 e—k 关系曲线。

5.5 变水头渗透试验的记录格式见表 T 0130-1。

5.6 精密度和允许差。

一个试样多次测定时,应在所测结果中取 3～4 个允许差值符合规定的测值,求平均值,作为该试样在某孔隙比 e 时的渗透系数。允许差值不大于 2×10^{-n}。

6 报告

6.1 土的鉴别分类和代号。

6.2 土的变水头渗透系数 k_{20} 值(cm/s)。

一、土的渗透规律——达西定律

水在土体中的渗透会引起两方面的问题:一是渗漏问题;二是渗透稳定问题。前者是研究因渗透而引起的水量损失;后者是研究土工建筑物的稳定安全问题。如果在设计和施工中忽视了土体的渗透稳定问题,就会因发生渗透变形而使建筑物的稳定条件变坏,甚至造成工程事故。

水力学将水流状态分为层流和紊流两种。试验分析研究指出,由于细粒土的孔隙细小,黏滞阻力大,所以在大多数情况下,水在土孔隙中的流速缓慢,属于层流。早在 1856 年,法国学者达西(Darcy H.)就根据中砂的实验结果,发现在层流状态时,水的渗透速度 v 与水力坡降 i 成正比,即

$$v = ki \tag{15-A}$$

或

$$q = kiA \tag{15-B}$$

式中:v——渗透速度(cm/s);

k——渗透系数(cm/s);

i——比例常数,称为土的渗透系数(水力坡降);

q——渗透流量(cm^3/s);

A——垂直于渗流方向土的截面积(cm^2)。

水在中砂土中渗透的这一规律已为大量实验所证实,通常将其视为水在土中渗透的基本规律,称为渗透定律或达西定律。

许多试验研究表明,在粗粒土中(如砾、卵石地基或填石路堤),渗透速度增大,达西定律显示出它的局限性。当渗透流速超过临界流速 v_{cr} 时,渗透速度 v 与坡降 i 的关系,即表现为非线性的紊流关系,此时达西定律便不适用。

表 T 0130-1　变水头渗透试验记录

工程名称＿＿＿＿　仪器编号＿＿＿＿　土粒比重G_s＝2.71　试验者＿＿＿＿

土样编号＿＿＿＿　试样断面积 A＝30cm^2　孔隙比 e＝0.721　计算者＿＿校核者＿＿

土样说明粉性土(原状)　试样高度 h_i＝4cm　测压管面积 a＝0.224cm^2　试验日期＿＿＿＿

历时 t			开始水头 h_1 (cm)	终了水头 h_2 (cm)	$2.3\frac{aL}{At}$ (cm/s)	$\lg\frac{H_1}{H_2}$	平均水温 t (℃)	水温 t℃时渗透系数 k_t (cm/s)	校正系数 η_t/η_{20}	水温 20℃时渗透系数 k_{20} (cm/s)	平均渗透系数 $\overline{k_{20}}$ (cm/s)
开始 t_1 (日时分)	终了 t_2 (日时分)	历时 t (s)									
(1)	(2)	(3)	(4)	(5)	(6)	(7)	(9)	(10)	(11)	(12)	(13)
		(2)－(1)								(10)×(11)	$\frac{\sum(12)}{n}$
4 8 30	4 8 31	60	160	125	1.15×10^{-3}	0.107 2	9	1.23×10^{-4}	1.334	1.65×10^{-4}	
4 8 31	4 8 32	60	160	125	1.15×10^{-3}	0.1072	9	1.23×10^{-4}	1.334	1.65×10^{-4}	
4 8 32	4 8 33	60	160	126	1.15×10^{-3}	0.103 8	9	1.19×10^{-4}	1.334	1.59×10^{-4}	
4 8 33	4 8 34	60	160	126	1.15×10^{-3}	0.103 8	9	1.19×10^{-4}	1.334	1.59×10^{-4}	
4 8 34	4 8 35	60	160	126	1.15×10^{-3}	0.103 8	9	1.19×10^{-4}	1.334	1.59×10^{-4}	
4 8 35	4 8 36	60	160	127	1.15×10^{-3}	0.100 3	9	1.15×10^{-4}	1.334	1.54×10^{-4}	
4 8 36	4 8 37	60	160	127	1.15×10^{-3}	0.100 3	9	1.15×10^{-4}	1.334	1.54×10^{-4}	1.59×10^{-4}

大量试验研究表明，水在细粒土中的渗透规律表现出明显的三个折线段，如图15-A。这三个阶段分别定义为初始渗透阶段、稳定渗透阶段和极限渗透阶段，各段所对应的渗透系数分别称为初始渗透系数 k_0、稳定渗透系数 k_a 和极限渗透系数 k_f。各界限点的渗透坡降分别称为起始渗透坡降 i_0、稳定起始渗透坡降 i_{a0}、极限起始渗透坡降 i_{f0}、极限渗透坡降 i_f。

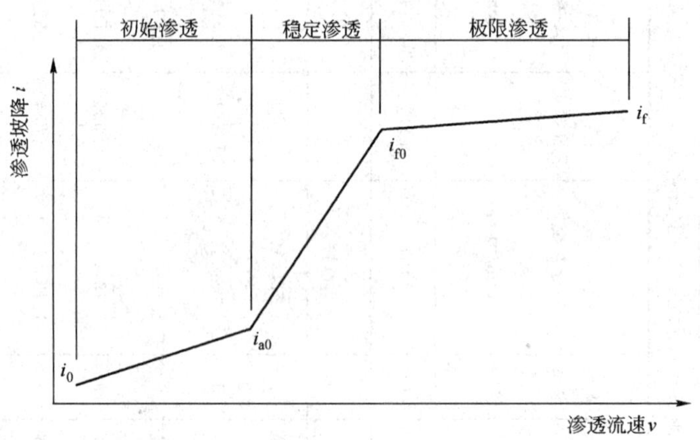

图 15-A　渗透流速 v 与渗透坡降 i 关系图

讨论初始渗透阶段的渗透状态对工程来说过于保守，且应用价值不大。讨论极限渗透阶段对工程来说安全储备太小，过于危险，且破坏发展很快，一般无法补救，在设计上不宜考虑。稳定渗透阶段的渗透状态对工程的实用价值较大，应是设计中的主要依据。从土工建筑物设计的经济性和运行的安全性考虑，选用稳定渗透系数作为土工建筑物设计的渗透性指标较为合理。

图 15-A 表明，稳定渗透阶段的渗透规律可表述为：

$$v = k(i - i_0)^n \tag{15-C}$$

或

$$\lg v = \lg k + n\lg(i - i_0)$$

式中：v——渗透流速；

k——渗透系数；

i——渗透坡降；

i_0——初始渗透坡降；

n——渗透指数。

由式(15-C)可知，当初始渗透坡降 i_0 为零，渗透指数 n 为 1（v—i 折线图中某渗透阶段的关系直线与渗透坡降坐标的夹角为 45°）时，土的某一特征渗透阶段的渗透规律与达西定律相同。

常见土的渗透系数变化范围如表 15-A 所示。

表 15-A 常见土的渗透系数

土的类别	渗透系数 k	
	cm/s	m/d
黏土	$<6\times10^{-6}$	<0.005
粉质黏土	$6\times10^{-6}\sim1\times10^{-4}$	0.005～0.1
粉土	$1\times10^{-4}\sim6\times10^{-4}$	0.1～0.5
黄土	$3\times10^{-4}\sim6\times10^{-4}$	0.25～0.5
粉砂	$6\times10^{-4}\sim1\times10^{-3}$	0.5～1.0
细砂	$1\times10^{-3}\sim6\times10^{-3}$	1.0～5.0
中砂	$6\times10^{-3}\sim2\times10^{-2}$	5.0～20.0
粗砂	$2\times10^{-2}\sim6\times10^{-2}$	20.0～50.0
圆砾	$6\times10^{-2}\sim1\times10^{-1}$	50.0～100.0
卵石	$1\times10^{-1}\sim6\times10^{-1}$	100.0～500.0

二、渗透系数的测定和影响因素

1. 渗透系数的测定方法

渗透系数试验主要分现场试验和室内试验两大类，一般说，现场试验比室内试验所得到的成果要准确可靠。

(1)实验室测定法：常水头试验法(透水性大的砂性土)、变水头试验法(透水性小的无黏性土)。

(2)现场测定法：实测流速法(色素法、电解质法、食盐法)、注水法、抽水法(降低水位法：平衡法、不平衡法)、水位恢复法等。

2. 影响渗透系数的因素

渗透系数是一个代表土的渗透性强弱的定量指标，也是渗透计算时必须用到的一个基本参数。试验研究表明，影响土渗透性的因素很多，但主要的影响因素有：

(1)土粒的大小和级配

土的粒度成分和矿物成分的影响：土的颗粒大小、形状及级配，影响土中孔隙大小及形状，因而影响渗透性。土粒越粗，越浑圆，越均匀时，渗透性就越大。砂土中含有较多粉土或黏土颗粒时，其渗透系数就大大降低。土中含有亲水性较大的黏土矿物或有机质时，也大大降低土的渗透性。土粒的大小和级配对土的渗透性有很大影响，如砂土中粉粒和黏粒含量增多时，砂土的渗透性就会大大降低，见图

15-B。根据经验，均粒砂的有效粒径 d_{10} 常在 0.1～3.0mm 之间，其渗透系数与有效粒径的平方成正比，即

$$k = C_1 d_{10}^2 \tag{15-D}$$

式中：k——砂的渗透系数(cm/s)；

d_{10}——有效粒径(cm)；

C_1——常数，自 100 变化到 150。

由于达西定律只适用于层流的情况，故一般只适用于中砂、细砂、粉砂等。对粗砂、砾石、卵石等粗颗粒土不适用，因为此时水的渗透流速较大，已不是层流而是紊流。

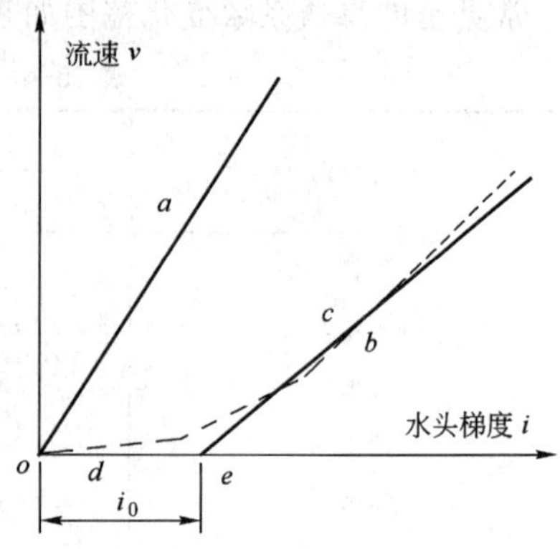

图 15-B　砂土与黏土的渗透规律

黏土中的渗流规律需将达西定律进行修正。在黏土中，土颗粒周围存在着结合水，结合水因受到分子引力作用而呈现黏滞性。因此，黏土中自由水的渗流受到结合水的黏滞作用产生很大阻力，只有克服结合水的黏滞阻力后才能开始渗流。我们把克服此黏滞阻力所需的水头梯度，称为黏土的起始水头梯度 i_0。这样，在黏土中应按下述修正后的达西定律计算渗流速度：

$$v = k(i - i_0) \tag{15-E}$$

在图 15-B 中绘出了砂土与黏土的渗透规律。直线 a 表示砂土的 v—i 关系，它是通过原点的一条直线。黏土的 v—i 关系是曲线 b(图中虚线所示)，d 点是黏土的起始水头梯度，当土中水头梯度超过此值后水才开始渗流。一般常用折线 c 代表曲线 b，即认为 e 点是黏土的起始水头梯度 i_0，其渗流规律用式(15-E)表示。

土的渗透系数可用室内渗透试验和现场抽水试验来确定。

(2)土的孔隙比

由 $e=\dfrac{V_v}{V_s}$ 可知，孔隙比 e 越大，V_v 越大，渗透系数越大，而孔隙比的影响，主要取决于土体中的孔隙体积，而孔隙体积又取决于孔隙的直径大小，取决于土粒的颗粒大小和级配。根据一些学者的研究，得出土的渗透系数 k(cm/s)与孔隙率或孔隙比之间的关系如下式：

$$k = \frac{C_2}{S_s^2} \times \frac{n^3}{(1-n)^2} \times \frac{\rho_w}{\eta} = \frac{C_2}{S_s^2} \times \frac{e^3}{1+e} \times \frac{\rho_w}{\eta} \tag{15-F}$$

式中：e——土的孔隙比；

n——土的孔隙率；

ρ_w——水的密度(g/cm^3)；

η——水的动力黏滞系数($g \cdot s/cm^2$);

C_2——与颗粒形状和水的实际流动方向有关的系数,可近似地采用0.125;

S_s——土颗粒的比表面积(cm^{-1})。

一些试验指出,无黏性土(如砂)渗透规律符合式(15-F)的关系;而黏性土(如黏土)偏离较大。

(3)水的动力黏滞系数

从式(15-F)可知,水在土中的渗透速度,是水的重度和动力黏滞系数的函数,两个数值又取决于水的温度。一般水的重度随温度的变化很小,可忽略不计;但动力黏滞系数却随水温变化而变化。故重度相同的同一种土,在不同的温度下,将有不同的渗透系数。国内工程上常以水温10℃或20℃时的渗透系数作为标准,在其他温度下的渗透系数均应校正为该温度下的渗透系数值。

(4)土中封闭气体含量

当土孔隙中存在密闭气泡时,会阻塞水的渗流,从而降低了的渗透性。这种密闭气泡有时是由溶解于水中的气体分离而形成的,这种封闭的气泡越多,土的渗透性便越小。故土的渗透性又随土中的封闭气体含量的多少而有所不同。因此,土中水的含气量多少也影响土的渗透系数。

(5)土的结构构造的影响

天然土层通常不是各向同性的,在渗透性方面往往也是如此。如黄土特别是具湿陷性黄土,竖直方向的渗透系数要比水平方向大得多。层状黏土常夹有薄的粉砂层,它在水平方向的渗透系数要比竖直方向大得多。

(6)结合水膜厚度的影响

黏性土中若土粒的结合水膜较厚时,会阻塞土的孔隙,降低土的渗透性。

此外,渗透水的性质、土中有机质和胶体颗粒的存在,都会影响土的渗透性,并对 k 值产生影响。

三、层状地基的等效渗透系数

天然沉积土往往是由渗透性不同的土层所组成。对于与土层层面平行和垂直的简单渗流情况,当各土层的渗透系数和厚度为已知时,我们可求出整个土层与层面平行和垂直的平均渗透系数,作为渗流计算的依据。

1. 水平渗流情况

已知地基内各层土的渗透系数分别为 k_1、k_2、k_3、……、k_n,厚度分别为 H_1、H_2、……、H_n,总厚度为 H。

任取两水流断面1—1、2—2;两断面距离为 L,水头损失为 Δh。这种平行于各层面的水平渗流的特点是:①各土层的水力坡降 $i(=h_1/L)$ 与等效土层的平均水力坡降相同。②若通过各土层的渗流量为 q_{1x}、q_{2x}、……、q_{nx},则通过整个土层的总渗流量 q_x 应为各土层渗流量之总和。即:

$$q_x = q_{1x} + q_{2x} + \cdots + q_{nx} = \sum_{i=1}^{n} q_{ix}$$

将达西定律代入上式,可得

$$k_x iH = \sum_{i=1}^{n} k_i \times iH_i = i\sum_{i=1}^{n} k_i H_i (k_x \text{ 等效渗透系数})$$

消去之后,即可得出沿水平方向的等效渗透系数 k_x

$$k_x = \frac{1}{H}\sum_{i=1}^{n} k_i H_i$$

2. 竖直渗流情况

对于与层面垂直的渗流的情况,我们可用类似的方法来求解。

$$k_y = \frac{H}{\sum_{i=1}^{n}\left(\frac{H_i}{K_i}\right)}$$

应当注意的是,在实际工程中,选用等效渗透系数时,一定要注意水流的方向,选择正确的等效渗透系数指标。

四、渗透力和渗透变形

渗流所引起的变形(稳定)问题一般可归结为两类:一类是土体的局部稳定问题。这是由于渗透水流将土体中的细颗粒冲出带走或局部土体产生移动,导致土体变形而引起的渗透变形。另一类是整体稳定问题。这是在渗流作用下,整个土体发生滑动或坍塌。

1. 渗透力

水在土体中流动时,将会引起水头的损失,而这种损失是由于水在土体孔隙中流动时,力图拖曳土粒时而消耗能量的结果。我们将渗透水流施加于单位土体内土粒上的拖曳力称为渗透力。

渗透力具有三种特征:①渗透力是一种体积力,量纲为 kN/m^3。②渗透力与水力坡降成正比,$j=\rho_w i$。③渗透力方向与渗流方向一致。

当渗流场中各个网格的水力坡降 i_i 求得后,应用式 $j=\rho_w i$ 可确定单位渗透力 $j_i=\rho_w i_i$;网格总的渗透力 $J_i=j_i \alpha_i l_i$;其方向与流向一致。

整个流场的总渗透力矢量 J 即为各网格渗透力的矢量和。

2. 渗透变形

土工建筑及地基由于渗透作用而出现变形或破坏称为渗透变形或渗透破坏。

按照渗透水流所引起的局部破坏的特征，渗透变形可分为流土和管涌两种基本形式。但就黏性土本身性质来说，只有管涌和非管涌之分。

(1)流土

流土是指在向上渗流作用下，局部土体表面隆起，或者颗粒群同时起动而流失的现象。它主要发生在地基或土坝下游渗流溢出处。基坑或渠道开挖时所出现的流沙现象是流土的一种常见形式。一般说来，任何类型的土，只要坡降达到一定的大小，都会发生流土破坏。

通俗地说，流土是指土体中的土颗粒在渗透水流的作用下，大、小颗粒同时运动的现象。

(2)管涌

管涌是渗透变形的另一种形式，它是指在渗流作用下土体中的细颗粒在粗颗粒形成的孔隙道中发生移动并被带走的现象。

通俗地说，管涌是指土体中的土颗粒在渗透水流的作用下，细小颗粒通过较大颗粒的孔隙产生运动的现象。

管涌的形成主要取决于土本身的性质。对于某些土，即使在很大的水力坡降下也不会出现管涌；而对于另一些土(如缺乏中间粒径的砂砾料)，却在不大的水力坡降下就可以发生管涌。

管涌破坏一般有个时间发育过程，是一种渐进性质的破坏，按其发展的过程，可分为两类：一种土，一旦发生渗透变形就不能承受较大的水力坡降，这种土称为危险性管涌土，这种渗透变形现象称为非稳定型管涌；另一种土，当出现渗透变形后，仍能承受较大的水力坡降，最后试样表面出现许多人泉眼，渗透量不断增大，但土体整体稳定，这种土称为非危险性管涌土，这种渗透变形现象称为稳定型管涌。

一般来说，黏性土只可能发生流土，而无管涌现象。

无黏性土渗透变形的形式主要取决于颗粒级配曲线的形状，其次是土的密度。

3. 土的临界水力坡降与渗透稳定性

(1)流土型的临界水力坡降

现从渗流溢出处取一单位土体，则该单位土体上有土体本身的有效重量 r'

$$r' = \rho' g = \frac{(G_s - 1)r_w}{1 + e}$$

以及竖直向上的渗透力 j

$$j = r_w i$$

当竖向渗透力等于土体的有效重量时，即 $r' = j$，土体就处于流土的临界状态。若设这时的水力坡降为 i_{cr}，则根据上述条件可求得：

$$i_{er} = (G_s - 1)(1 - n) \text{ 或 } i_{er} = \frac{G_s - 1}{1 + e}$$

由此可知，流土临界水力坡降取决于土的物理性质(G_s,n)，流土一般发生在渗流的溢出处。因此只要我们将渗流溢出处的水力坡降，即溢出坡降 i_c 求出，就可判别流土的可能性：

当 $i_c < i_{er}$ 时，土体处于稳定状态；

当 $i_c = i_{er}$ 时，土体处于临界状态；

当 $i_c > i_{er}$ 时，土体处于流土状态。

溢出坡降 i_c 实际上是不可能求出的，通常是把渗流溢出处的流网网格的平均水力坡降作为溢出坡降。

$$i_c = \frac{\Delta h}{\Delta l}$$

在设计时，为保证建筑物安全，通常要求将溢出坡降 i_c 限制在容许坡降$[i]$之内，即

$$i_c \leqslant [i] = \frac{i_{cr}}{F_s}$$

式中：F_s——流土安全系数，常取 1.5～2.5。

(2)管涌型的临界水力坡降

发生管涌的临界水力坡降目前尚无合适的公式可循，通常是根据试验时肉眼观察细颗粒的移动现象和借助于水力坡降 i 与流速 v 之间的变化来判断管涌是否出现。当水力坡降 i 增加到某一数值后，i—v 曲线明显向右偏离，这说明细颗粒已被带出，孔隙增大。此时的水力坡降和肉眼观察到细颗粒移动时的水力坡降，取两者中的数值较大者作为管涌的临界水力坡降 i_{er}。

(3)临界水力坡降的试验资料

①临界水力坡降与不均匀系数的关系

伊斯托美娜根据理论分析并结合一定的试验资料，给出了黏性土的临界水力坡降与不均匀系数的关系曲线，并按不均匀系数把土划分为流土型、过渡型和管涌型三类。土的不均匀系数越大，临界水力坡降越小。

②临界水力坡降与细料含量的关系

当土的级配不连续时，土的渗透变形性主要取决于细料的含量，或者说取决于细料充填粗料孔隙的程度。当细料填不满粗料的孔隙时，细料容易被渗透水流带走，这种土属于管涌土。当细料含量增大并足以填满粗料孔隙时，粗细料组成一个整体，共同抵抗渗透变形，其抗渗能力加强，这种土属于流土型土。

③临界水力坡降与渗透系数的关系

无黏性土的渗透性与渗透变形特性有着直接的关系。对于不均匀土,如果透水性强,渗透系数就大,抵抗渗透变形的能力差;如果透水性弱,渗透系数就小,抵抗渗透变形的能力则强。一般说来,渗透系数越大,则临界水力坡降越小。无黏性土的临界水力坡降可归纳如下,见表 15-B(钱家欢,河海大学)。

表 15-B 无黏性土的临界水力坡降

水力坡降	土类				
	流土型土		过渡型土	管涌型土	
	$C_u \leqslant 5$	$C_u > 5$		级配连续	级配不连续
临界水力坡降	0.8～1.0	1.0～1.5	0.4～0.8	0.2～0.4	0.10～0.30
容许水力坡降	0.4～0.5	0.5～0.8	0.25～0.40	0.15～0.25	0.10～0.20

上表中的土类按下列图示进行判别:

对于天然无黏性土:较均匀的土($C_u \leqslant 5$):流土型

不均匀的土($C_u > 5$):级配不连续:$P > 35\%$　流土

$P < 25\%$　管涌

$P = 25\% \sim 35\%$　过渡

级配连续:$D_0 < d_3$　流土

$D_0 > d_5$　管涌

$D_0 = d_3 \sim d_5$　过渡

其中:P——细料(小于分布曲线中与谷底对应粒径的颗粒)含量(%);

d_3, d_5——小于该粒径的土粒含量分别为 3%和 5%的土粒粒径(mm);

D_0——土的孔隙的平均直径(mm),可按下式估算:

$$D_0 - 0.63nd_{20}$$

n——土的孔隙率;

d_{20}——土的等效粒径,小于该粒径的土粒含量为 20%(mm)。

防止渗透变形的发生,一般可以从两个方面采取措施:一是减少水力坡降,为此又可以采取降低水头或增加渗径的办法来实现;二是在渗流溢出处加盖压重或设反滤层,或在建筑物下游设置减压井、减压沟等,使渗透水流有畅通的出路。

应当引起注意的是,式(15-A)给出的渗透速度是一种假想的平均流速,因为它假定水在土中的渗透是通过整个土体截面来进行的。而实际上,渗透水流仅仅通过土体中的孔隙流动。因此,水在土体孔隙中的实际平均流速要比由式(15-A)所求得的数值大得多,他们之间的关系为

$$v = v'n = v' \frac{e}{1+e}$$

式中：v——按式(15-A)求得的假想平均流速；

v'——通过土体孔隙的实际平均流速；

n,e——分别为土的孔隙率和孔隙比，这里假定面积孔隙率与体积孔隙率相等。

由于土体中的孔隙形状和大小异常复杂，要直接测定实际的平均流速非常困难。目前，在渗流计算中广泛采用的流速是假想断面平均流速。因此，通常所说的渗透速度均是指通过土体断面的平均流速。

根据渗透系数也可划分土的透水性，见表 15-C。

表 15-C　土按渗透系数分类

类　别	强透水	透　水	弱透水	微透水	不透水
k 值(cm/s)	$>1.16\times10^{-4}$	$1.16\times10^{-4}\sim1.16\times10^{-5}$	$1.16\times10^{-5}\sim1.16\times10^{-7}$	$1.16\times10^{-7}\sim1.16\times10^{-8}$	$<1.16\times10^{-8}$
k 值(m/d)	>10	10～1	1～0.01	0.01～0.001	<0.001

16 土的击实试验

击实是指对土瞬时地重复施加一定的机械功使土体变密。在击实过程中，由于击实功系瞬时作用土体，土体内的气体部分排出，而所含的水量则基本不变。

T 0131—2007 击 实 试 验

1 目的和适用范围

本试验方法适用于细粒土。

本试验分轻型击实和重型击实。轻型击实试验适用于粒径不大于 20mm 的土。重型击实试验适用于粒径不大于 40mm 的土。

当土中最大颗粒粒径大于或等于 40mm，并且大于或等于 40mm 颗粒粒径的质量含量大于 5%时，则应使用大尺寸试筒进行击实试验，或按 5.4 条进行最大干密度校正。大尺寸试筒要求其最小尺寸大于土样中最大颗粒粒径的 5 倍以上，并且击实试验的分层厚度应大于土样中最大颗粒粒径的 3 倍以上。单位体积击实功能控制在 2 677.2～2 687.0kJ/m^3 范围内。

当细粒土中的粗粒土总含量大于 40%或粒径大于 0.005mm 颗粒的含量大于总土质量的 70%(即 $d_{30}\leqslant$0.005mm)时，还应做粗粒土最大干密度试验，其结果与重型击实试验结果比较，最大干密度取两种试验结果的最大值。

各国所用的击实试验方法大同小异，重型击实试验方法的单位击实功为轻型击实法的 4.5 倍。

与美国相比，其他各国所用试筒的容积不尽相同，因此试验方法就有所不同：一种是改变击数而不改变击实功，例如英国；另一种是不改变击数而改变击实功，例如日本。英国 BS 1377—75 将试筒容积调整为1 000cm^3后，为了维持原轻型 598.2kJ/m^3 的击实功数值，特将每层击数提高到 27 次。

本次修订对击实试验采取了不同层数和击数而不改变击实功的做法，即对不同试验类别分别采用 27 次和 98 次，使相应的击实功仍维持在 2 677.2～2 687.0kJ/m^3。

为了适应不同道路等级、各种压实机具等的要求，本规程将轻型与重型试验并列。采用哪种方法,应根据有关规定或工程、科学试验的特殊需要选定。试验表明,在单位体积击实功相同的情况下,同类土用轻型和重型击实试验的结果相同。

考虑到在标准筛系列中没有25mm和38mm筛,结合对大粒径颗粒含量的要求,修订为20mm和40mm筛。

2 仪器设备

2.1 标准击实仪(图T 0131-1和图T 0131-2)。击实试验方法和相应设备的主要参数应符合表T 0131-1的规定。

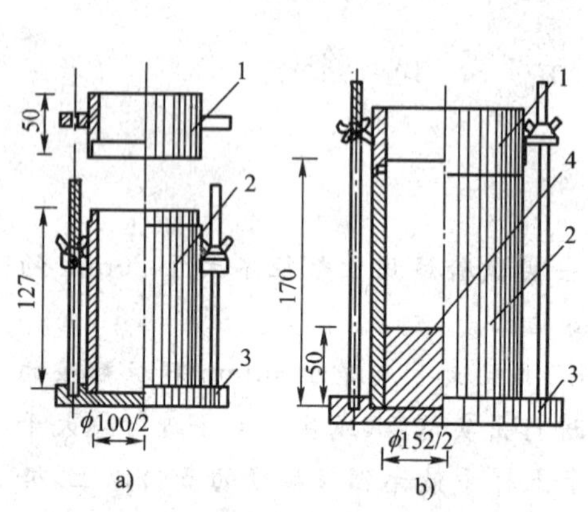

图T 0131-1 击实筒(单位:mm)

a)小击实筒;b)大击实筒

1-套筒;2-击实筒;3-底板;4-垫板

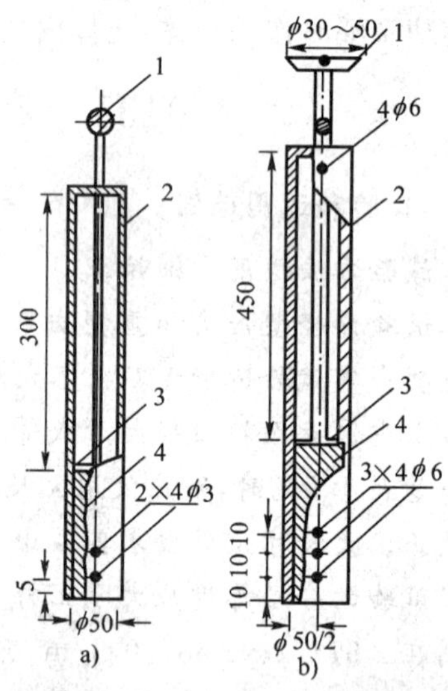

图T 0131-2 击锤和导杆(单位:mm)

a)2.5kg击锤(落高30cm);b)4.5kg击锤(落高45cm)

1-提手;2-导筒;3-硬橡皮垫;4-击锤

表T 0131-1 击实试验方法种类

试验方法	类别	锤底直径(cm)	锤质量(kg)	落高(cm)	试筒尺寸		试样尺寸		层数	每层击数	击实功(kJ/m³)	最大粒径(mm)
					内径(cm)	高(cm)	高(cm)	体积(cm³)				
轻型	I-1	5	2.5	30	10	12.7	12.7	997	3	27	598.2	20
	I-2	5	2.5	30	15.2	17	12	2 177	3	59	598.2	40
重型	II-1	5	4.5	45	10	12.7	12.7	997	5	27	2 687.0	20
	II-2	5	4.5	45	15.2	17	12	2 177	3	98	2 677.2	40

2.2 烘箱及干燥器。

2.3 天平:感量0.01g。

2.4 台秤：称量10kg，感量5g。

2.5 圆孔筛：孔径40mm、20mm和5mm各1个。

2.6 拌和工具：400mm×600mm、深70mm的金属盘，土铲。

2.7 其他：喷水设备、碾土器、盛土盘、量筒、推土器、铝盒、修土刀、平直尺等。

本次修订仍然采用了与美国试筒相近的尺寸，其中大试筒高17cm，减去垫块厚度5cm，净高为12cm，容积达2 177cm^3，比美国的类似试筒2 144cm^{3}稍大。设计大试筒是为了既可做击实试验，可也做承载比试验。

3 试样

3.1 本试验可分别采用不同的方法准备试样。各方法可按表T 0131-2准备试料。

表T 0131-2 试料用量

使用方法	类别	试筒内径 (cm)	最大粒径 (mm)	试料用量 (kg)
干土法，试样不重复使用	b	10	20	至少5个试样，每个3
		15.2	40	至少5个试样，每个6
湿土法，试样不重复使用	c	10	20	至少5个试样，每个3
		15.2	40	至少5个试样，每个6

3.2 干土法（土不重复使用）。按四分法至少准备5个试样，分别加入不同水分（按2%～3%含水率递增），拌匀后闷料一夜备用。

3.3 湿土法（土不重复使用）。对于高含水率土，可省略过筛步骤，用手拣除大于40mm的粗石子即可。保持天然含水率的第一个土样，可立即用于击实试验。其余几个试样，将土分成小土块，分别风干，使含水率按2%～3%递减。

根据试验类型的不同，分别采用干土法和湿土法准备试样。本次修订取消了干土法试样的重复使用方法。

所谓湿土法，就是采集5个以上的高含水率土样，每个质量3kg左右，按施工时能进行碾压的最高含水率分别晾干至不同含水率，其中至少3个土样小于此最高含水率，至少2个土样大于此最高含水率，然后按常规法进行击实试验。

4 试验步骤

根据工程实际的具体要求，按规定选择轻型或重型试验方法；根据土的性质按表T 0131-2规定选用干土法或湿土法，对于高含水率土宜选用湿土法，对于非高含水率土则选用干土法。

4.1 根据工程要求，按表T 0131-1规定选择轻型或重型试验方法。根据土的性质（含易击碎风化石数量多少、含水率高低），按表T 0131-2规定选用干土法（土不重复使用）或湿土法。

4.2 将击实筒放在坚硬的地面上，在筒壁上抹一薄层凡士林，并在筒底（小试筒）或垫块（大试筒）上放置蜡纸或塑料薄膜。取制备好的土样分3～5次倒入筒内。小筒按三层法时，每次约800～900g（其量应使击实后的试样等于或略高于筒高的1/3）；按五层法时，每次约400～500g（其量应使击实后的土样等于或略高于筒高的1/5）。对于大试筒，先将垫块放入筒内底板上，按三层法，每层需试样1 700g左右。整平表面，并稍加压紧，然后按规定的击数进行第一层土的击实，击实时击锤应自由垂直落下，锤迹必须均匀分布于土样面，第一层击实完后，将试样层面"拉毛"然后再装入套筒，重复上述方法进行其余各层土的击实。小试筒击实后，试样不应高出筒顶面5mm；大试筒击实后，试样不应高出筒顶面6mm。

该步是很重要的试验步骤，应严格掌握。对于干土法，每次宜增加2%～3%的含水率，这样可以提高击实曲线的质量。

4.3 用修土刀沿套筒内壁削刮，使试样与套筒脱离后，扭动并取下套筒，齐筒顶细心削平试样，拆除底板，擦净筒外壁，称量，准确至1g。

4.4 用推土器推出筒内试样，从试样中心处取样测其含水率，计算至0.1%。测定含水率用试样的数量按表T0131-3规定取样（取出有代表性的土样）。两个试样含水率的精度应符合本试验第5.6条的规定。

表 T 0131-3 测定含水率用试样的数量

最大粒径(mm)	试样质量(g)	个数
<5	15～20	2
约5	约50	1
约20	约250	1
约40	约500	1

4.5 对于干土法（土不重复使用）和湿土法（土不重复使用），将试样搓散，然后按本试验第3条方法进行洒水、拌和，每次约增加2%～3%的含水率，其中有两个大于和两个小于最佳含水率，所需加水量按下式计算：

$$m_w = \frac{m_i}{1+0.01w_i} \times 0.01(w - w_i) \qquad (T\ 0131\text{-}1)$$

式中：m_w——所需的加水量(g)；

m_i——含水率 w_i 时土样的质量(g)；

w_i——土样原有含水率(%)；

w——要求达到的含水率(%)。

按上述步骤进行其他含水率试样的击实试验。

土中夹有较大的颗粒，如碎（砾）石等，对于求最大干密度和最佳含水率都有一定的影响。所以试验规定要过 40mm 筛。如 40mm 筛上颗粒(称超尺寸颗粒)较多(3%～30%)时,所得结果误差较大。因此,必须对超尺寸颗粒的试料直接用大型试筒(如容积 2 177cm^3)做试验。当细粒土中的粗粒土含量大于 40%时,还应做粗粒土最大干密度试验,其结果与重型击实试验结果相比较,最大干密度取两种试验结果的最大值。最佳含水率则对应取值。

5　结果整理

5.1　按下式计算击实后各点的干密度:

$$\rho_d=\frac{\rho}{1+0.01w} \tag{T 0131-2}$$

式中:ρ_d——干密度(g/cm^3),计算至 0.01;

ρ——湿密度(g/cm^3);

w——含水率(%)。

5.2　以干密度为纵坐标,含水率为横坐标,绘制干密度与含水率的关系曲线(图 T 0131-3),曲线上峰值点的纵、横坐标分别为最大干密度和最佳含水率。如曲线不能绘出明显的峰值点,应进行补点或重做。

5.3　按下式计算饱和曲线的饱和含水率 w_{max},并绘制饱和含水率与干密度的关系曲线图。

$$w_{max}=\left[\frac{G_s\rho_w(1+w)-\rho}{G_s\rho}\right]\times 100 \tag{T 0131-3}$$

或

$$w_{max}=\left(\frac{\rho_w}{\rho_d}-\frac{1}{G_s}\right)\times 100 \tag{T 0131-4}$$

式中:w_{max}——饱和含水率(%),计算至 0.01;

ρ——试样的湿密度(g/cm^3);

ρ_w——水在 4℃时的密度(g/cm^3);

ρ_d——试样的干密度(g/cm^3);

G_s——试样土粒比重,对于粗粒土,则为土中粗细颗粒的混合比重;

w——试样的含水率(%)。

5.4　当试样中有大于 40mm 的颗粒时,应先取出大于 40mm 的颗粒,并求得其百分率 p,把小于 40mm 部分做击实试验,按下面公式分别对试验所得的最大干密度和最佳含水率进行校正(适用于大于 40mm 颗粒的含量小于 30%时)。

最大干密度按下式校正:

$$\rho'_{dm}=\frac{1}{\frac{1-0.01p}{\rho_{dm}}+\frac{0.01p}{\rho_w G'_s}} \tag{T 0131-5}$$

式中：ρ'_{dm}——校正后的最大干密度(g/cm^3)，计算至0.01；

ρ_{dm}——用粒径小于40mm的土样试验所得的最大干密度(g/cm^3)；

p——试料中粒径大于40mm颗粒的百分率(%)；

G'_s——粒径大于40mm颗粒的毛体积比重，计算至0.01。

最佳含水率按下式校正：

$$w'_0 = w_0(1-0.01p)+0.01pw_2 \quad \text{(T 0131-6)}$$

式中：w'_0——校正后的最佳含水率(%)，计算至0.01；

w_0——用粒径小于40mm的土样试验所得的最佳含水率(%)；

p——同前；

w_2——粒径大于40mm颗粒的吸水量(%)。

5.5　本试验记录格式如表T 0131-4。

表T 0131-4　击实试验记录

校核者＿＿＿＿＿　计算者＿＿＿＿＿　试验者＿＿＿＿＿

土样编号		筒号			落距		45cm				
土样来源		筒容积	997cm³		每层击数		27				
试验日期		击锤质量	4.5kg		大于5mm颗粒含量						
干密度	试验次数	1		2		3		4		5	
	筒+土质量(g)	2 981.8		3 057.1		3 130.9		3 215.8		3 191.1	
	筒质量(g)	1 103		1 103		1 103		1 103		1 103	
	湿土质量(g)	1 878.8		1 954.1		2 027.9		2 112.8		2 088.1	
	湿密度(g/cm³)	1.88		1.96		2.03		2.12		2.09	
	干密度(g/cm³)	1.71		1.75		1.80		1.83		1.76	
含水率	盒号										
	盒+湿土质量(g)	35.60	35.44	33.93	33.69	32.88	33.16	33.13	34.09	36.96	38.31
	盒+干土质量(g)	34.16	34.02	32.45	32.26	31.40	31.64	31.36	32.15	24.28	35.36
	盒质量(g)	20	20	20	20	20	20	20	20	20	20
	水质量(g)	1.44	1.42	1.48	1.43	1.48	1.52	1.77	1.94	2.68	2.95
	干土质量(g)	14.16	14.02	12.45	12.26	11.40	11.64	11.36	12.15	14.28	15.36
	含水率(%)	10.3	10.1	11.9	11.7	13.0	13.0	15.6	16.0	18.8	19.2
	平均含水率(%)	10.2		11.8		13.0		15.8		19.0	
	最佳含水率=15.0%			最大干密度=1.83g/cm³							

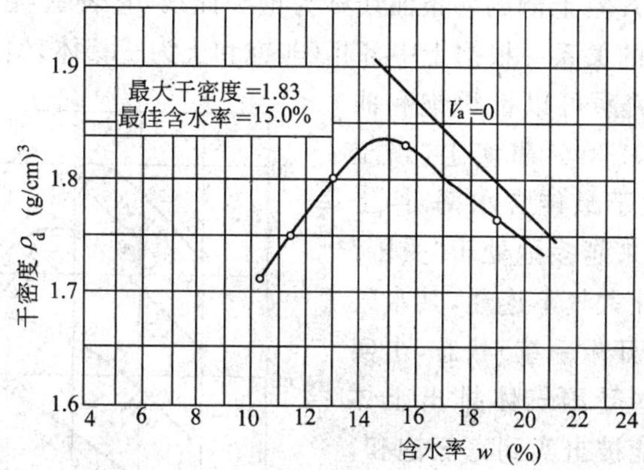

图 T 0131-3 含水率与干密度的关系曲线

5.6 精密度和允许差

本试验含水率须进行两次平行测定，取其算术平均值，允许平行差值应符合表 T 0131-5 规定。

表 T 0131-5 含水率测定的允许平行差值

含水率(%)	允许平行差值(%)	含水率(%)	允许平行差值(%)
5 以下	0.3	40 以上	≤2
40 以下	≤1		

6 报告

6.1 土的鉴别分类和代号。

6.2 土的最佳含水率 w_0(%)。

6.3 土的最大干密度 ρ_{dm}(g/cm^3)。

图 T 0131-3 为细粒土的典型击实曲线试验成果，从图中可以看出：

(1)击实曲线有个峰点，说明在一定击实功能下，只有当土的含水率为某一定值(称为最佳含水率)时，土才能被击实至最大干密度；若土的含水率小于或大于最佳含水率(前者称为偏干，后者称为偏湿)，则所得的干密度都小于最大值。

(2)当土偏干时，含水率的变动对干密度的影响要比偏湿时的影响更为明显，在图 T 0131-A 中这表现为曲线的左段比右段的坡度陡。此时的细粒土处于疏松状态，土的结构为片架结构，土中孔隙大都相互连接，土中含水少而含气多。土颗粒在击实功能的作用下颗粒骨架克服颗粒之间的表面摩擦阻力产生运动，土体致密。随着土中含水率的降低，这种颗粒之间的表面摩擦阻力增大，颗粒运动困难，其土体在固定的击实功能作用下，土体的干密度降低，故不能达到最大干密度状态。

(3)图 T 0131-A 右上侧的一条曲线称为饱和曲线，它表示当土在饱和状态时的含水率与干密度的关系。根据土中各相(非饱和土为三相体，饱和土及干土为二相体)的相对含量关系可以推得饱和曲线的表达式(T 0131-3)。事实上，当土的含水率接近或大于最佳含水率时，土内孔隙中的空气越来越多地处于"受困"(土中气体与土体外大气不连通，其水气形态称为气封闭水开敞系统)状态，击实作用已不能将这些受困气体排出土体外，即击实土不可能被击实到完全饱和，因之当干密度相同时击实曲线上各点的含水率都小于饱和曲线上各点的含水率，也就是击实曲线必然位于饱和曲线的左下侧而不可能与饱和曲线相交。一般黏性土在其最佳击实情况下(击实曲线峰点)，其饱和度通常约为 80%左右。

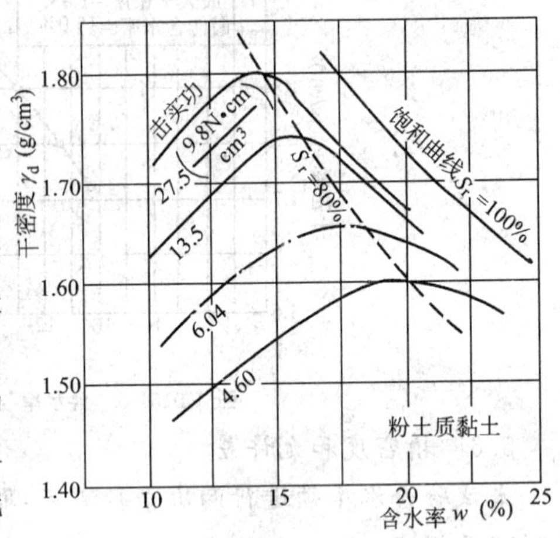

图 T 0131-A 不同击实功对击实特性的影响

(4)不同土类的击实特性不同。图 T 0131-Ba)系五种不同土料的粒径曲线。图 T 0131-Bb)为五种土料在同一标准击实条件下试验所得的五条曲线，可见含粗粒越多的土，其最大干密度值越大，而最佳含水率越小。不同级配细粒土料的这一击实特性，缘于土的组成和结构、土中各种力(孔隙水压力、孔隙气压力等)的存在与变化所形成。

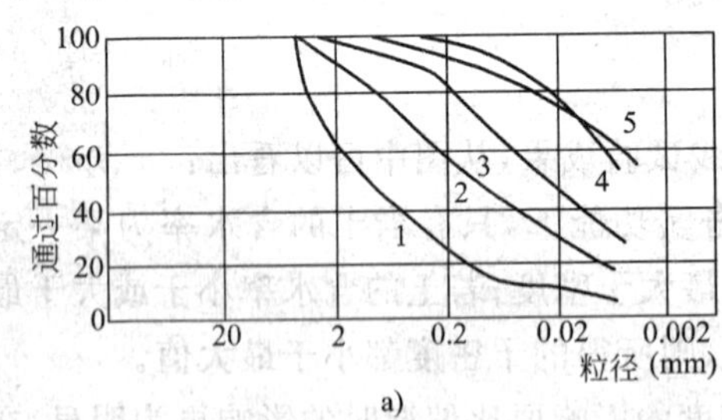

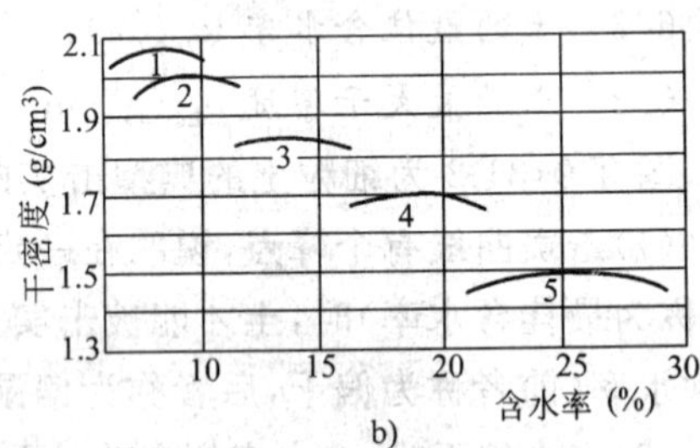

图 T 0131-B 各种土的击实曲线

无论是现场或是试验室内进行试验，击实作用均来自一个方向，击实作用会使黏土的片状颗粒沿一个方向排列起来。当含水率增大时，水对土粒起着润滑作用，土经过击实它的结构就会由原来的片架结构转变为较紧密的片堆结构。

现场填筑试验与室内击实试验两者条件不同。例如现场填筑时的压实机械与室内击实试验自由落锤的工作情况不同，前者是碾压而后者是冲击。另外，现场填筑时土在填方中的变形条件，与击实试验土在刚性击实筒内的变形条件不同。前者可产生一定程度的侧向变形，后者则完全受侧限。目前还未能从理论上找出两者的普遍规律，但某些工程从两种试验结果得出的对比资料说明，击实试验还是可以近似地模拟现场填筑的情况，对研究填土的击实特性仍是一个重要的方面。

图 T 0131-A 是粉质黏土在不同不同单位击实功作用下的击实试验成果。可见，增大击实功能会使填土最大干密度增大而使最佳含水率减小。当土偏干时，增加击实功能对增大干密度的影响较大，偏湿时则收效不大。故对偏湿土体企图用增大击实功能的办法提高土的密度是不经济的。

当土料中所含粗粒占总土重小于 30%时，粗粒只是分散地“浮”在细粒之间，这时粗粒的存在不足以影响土料的性质。如粗粒含量超过总土重的 30%时，则粗粒开始形成骨架，土中可能会出现架空现象，这时土的击实特性就应采用合适的大尺寸击实仪来进行击实试验。

在填方工程中，击实试验有两种用途：一是用来判别在某一击实功能下，土的击实性能是否良好以及土可能达到的最佳密度范围与相应的含水率值，为填方设计（或为现场填筑试验设计）合理选用填筑含水率与填筑密度提供依据。另一种用途是为研究填土的力学特性，在制备试样时，提供合理的土样密度与含水率。

事实上，影响土的压实特性的三大因素（土类和级配、含水率、击实功能）中，目前我们只考虑了一个半。试验表明，不同级配土类的最佳击实功能不同，而我们在做击实试验时均采用同一种击实功能，因此在进行击实试验时没有考虑土类和级配的影响。大量试验说明，对于不同级配的细粒土，采用三层重型击实试验时，每层击实次数达 130 击才能将细粒土的各种不同级配状况的最佳击实效果包容。目前在细粒土重型三层击实试验时，规定每层击数均为 98 击，可见击实功能只能说是部分考虑。当然含水率在击实试验过程中已完全考虑。

击实试验的试验形式与羊脚碾碾压的受力情况较相似。工程实践表明，对于黏性土采用击实试验成果作为现场填筑的标准，则现场碾压机械宜采用羊脚碾；对击实曲线表现为双峰型的细粒土宜采用冲击压实方法碾压。对于粉性土，采用冲击压实具有较好的压实效果。

17 土的承载比(CBR)试验

承载比(CBR)值反映的是土体在部分侧限条件下所具有的某种承载能力。它与地基的承载力、模量、弯沉等指标没有直接的关系,目前也缺少这方面的对比资料和经验数据。

T 0134—1993 承载比(CBR)试验

本试验主要参考美国 ASTM D1883—78 和 AASHTO—74 规程编制。承载比试验是由美国加州公路局首先提出来的,简称 CBR(California Bearing Ratio 的缩写)试验。日本也把 CBR 试验纳入全国工业规格土质试验方法规程(JIS A1211—70)。所谓 CBR 值,是指试料贯入量达 2.5mm 时,单位压力对标准碎石压入相同贯入量时标准荷载强度的比值。标准荷载与贯入量之间的关系如表 T 0134-A 所示。

表 T 0134-A 不同贯入量时的标准荷载强度和标准荷载

贯入量(mm)	标准荷载强度(kPa)	标准荷载(kN)
2.5	7 000	13.7
5.0	10 500	20.3
7.5	13 400	26.3
10.0	16 200	31.8
12.5	18 300	36.0

标准荷载强度与贯入量之间的关系也可用公式表示:

$$p=162L^{0.61} \tag{T 0134-A}$$

式中:p——标准荷载强度(kPa);

L——贯入量(mm)。

CBR 是路基土和路面材料的强度指标,是柔性路面设计的主要参数之一。在我国的柔性路面设计中,虽以路基土和路面材料的回弹模量值作为设计参数,但在路基路面施工规范中仍将 CBR 作为一项力学指标。在现场测试中,CBR 值的离散性较大。为便于参考国外有关 CBR 方面的资料进行设计,同时进一步积累这方面的资料,促进国际学术交流,仍将 CBR 试验列入本规程。

1 目的和适用范围

1.1 本试验方法只适用于在规定的试筒内制件后,对各种土和路面基层、底基层材料进行承载比试验。

1.2 试样的最大粒径宜控制在 20mm 以内,最大不得超过 40mm 且含量不超过 5%。

2 仪器设备

在美国,CBR 筒采用的尺寸为直径 15.3cm,高 11.64cm(筒高 177.8mm 减去垫块厚度 61.4mm),容积与重型击实筒相同,仍为 2 144cm^3。一般要求制备 3 个试件,使击实后的干密度为最大干密度的 95%~100%,每个试件分别按每层 10、30 和 60 次夯实,均分三层击实。

在日本,CBR 筒的尺寸与重型击实试验用的试筒相同,垫块厚度 50cm。制备试件时,采用与重型击实试验相同层数和每层击数。

目前使用的路面材料测试仪,其附件 CBR 筒的尺寸与美国的相近,只是垫块厚度为 50cm,但较美国的薄一些,与日本的相同。考虑到路面材料测试仪已成批生产,使用的单位也较多,因此,本规程以路面材料测试仪作为加载设备,同时维持 CBR 筒原定尺寸和垫块厚度。

2.1 圆孔筛:孔径 40mm、20mm 及 5mm 筛各 1 个。

2.2 试筒:内径 152mm、高 170mm 的金属圆筒;套环,高 50mm;筒内垫块,直径 151mm、高 50mm;夯击底板,同击实仪。试筒的形式和主要尺寸如图 T 0134-1所示,也可用 T 0131—2007 击实试验的大击实筒。

2.3 夯锤和导管:夯锤的底面直径 50mm,总质量 4.5kg。夯锤在导管内的总行程为 450mm,夯锤的形式和尺寸与重型击实试验法所用的相同。

2.4 贯入杆,端面直径 50mm、长约 100mm 的金属柱。

2.5 路面材料强度仪或其他载荷装置:能量不小于 50kN,能调节贯入速度至每分钟贯入 1mm,可采用测力计式,如图 T 0134-2 所示。

2.6 百分表:3 个。

2.7 试件顶面上的多孔板(测试件吸水时的膨胀量),如图 T 0134-3 所示。

2.8 多孔底板(试件放上后浸泡水中)。

2.9 测膨胀量时支承百分表的架子,如图 T 0134-4 所示。或采用压力传感器测试。

2.10 荷载板:直径 150mm,中心孔眼直径 52mm,每块质量 1.25kg,共 4 块,并沿直径分为两个半圆块,如图 T 0134-5 所示。

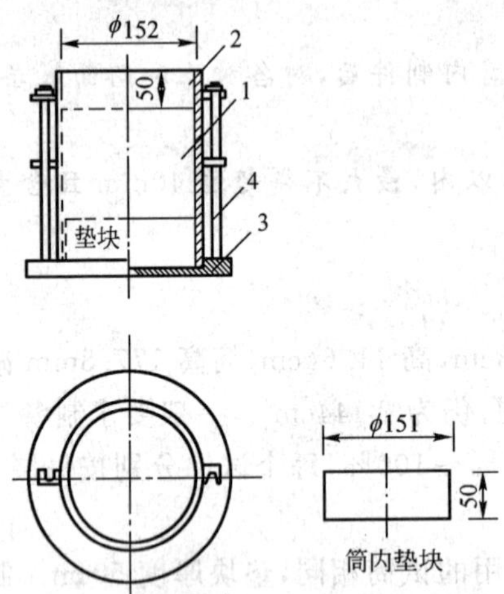

图 T 0134-1　承载比试筒(单位:mm)

1-试筒;2-套环;3-夯击底板;4-拉杆

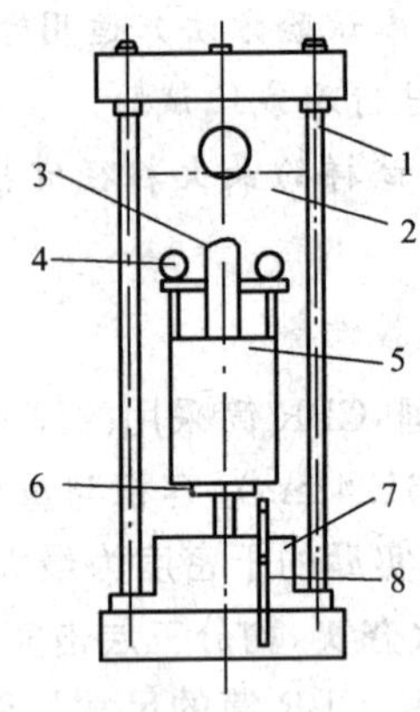

图 T 0134-2　手摇测力计式载荷装置示意图

1-框架;2-量力环;3-贯入杆;4-百分表;5-试件;6-升降台;7-蜗轮蜗杆箱;8-摇把

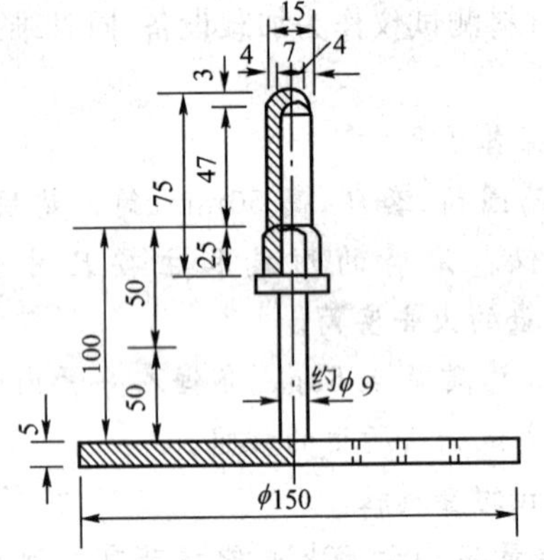

图 T 0134-3　带调节杆的多孔板(单位:mm)

图 T 0134-4　膨胀量测定装置(单位:mm)

2.11　水槽:浸泡试件用,槽内水面应高出试件顶面 25mm。

2.12　其他:台秤,感量为试件用量的 0.1%;拌和盘、直尺、滤纸、脱模器等与击实试验相同。

3　试样

将具有代表性的风干试料(必要时可在 50℃烘箱内烘干),用木碾捣碎,但应尽量注意不使土或粒料的

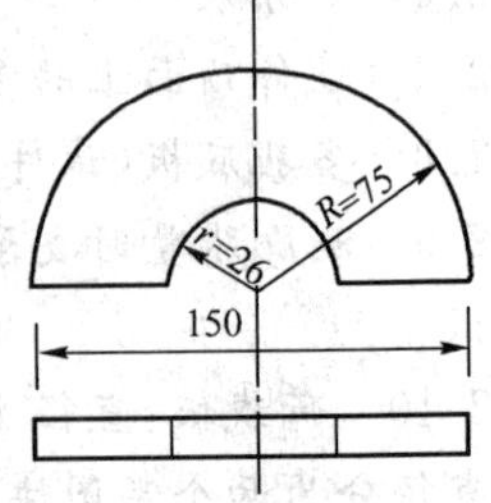

图 T 0134-5　荷载板(单位:mm)

单个颗粒破碎。土团均应捣碎到通过5mm的筛孔。

采取有代表性的试料50kg，用40mm筛筛除大于40mm的颗粒，并记录超尺寸颗粒的百分数。将已过筛的试料按四分法取出约25kg。再用四分法将取出的试料分成4份，每份质量6kg，供击实试验和制试件之用。

在预定做击实试验的前一天，取有代表性的试料测定其风干含水率。测定含水率用的试样数量可参照表T 0134-1采取。

本试验采用风干试料，按四分法备料。先按击实试验求得试料的最佳含水率后，再按此最佳含水率制备所需试件。

表T 0134-1 测定含水率用试样的数量

最大粒径(mm)	试样质量(g)	个数
<5	15～20	2
约5	约50	1
约20	约250	1
约40	约500	1

4 试验步骤

做CBR试验时，应模拟材料在使用过程中处于最不利状态，在一般情况下，可按饱水四昼夜作为设计状态。但是，在干燥地区，如能结合地区、地形、排水、路面排水构造和路面结构等因素，论证土基潮湿程度和土试件饱水四昼夜的含水率有明显差异时，则可适当改变试件饱水方法和饱水时间，使CBR试验更符合实际状况。

4.1 称试筒本身质量(m_1)，将试筒固定在底板上，将垫块放入筒内，并在垫块上放一张滤纸，安上套环。

4.2 将试料按表T 0134-2中II-2规定的层数和每层击数进行击实，求试料的最大干密度和最佳含水率。

表T 0134-2 击实试验方法种类

试验方法	类别	锤底直径(cm)	锤质量(kg)	落高(cm)	试筒尺寸		试样尺寸		层数	每层击数	击实功(kJ/m³)	最大粒径(mm)
					内径(cm)	高(cm)	高(cm)	体积(cm³)				
轻型	I-1	5	2.5	30	10	12.7	12.7	997	3	27	598.2	20
	I-2	5	2.5	30	15.2	17	12	2 177	3	59	598.2	40
重型	II-1	5	4.5	45	10	12.7	12.7	997	5	27	2 687.0	20
	II-2	5	4.5	45	15.2	17	12	2 177	3	98	2 677.2	40

4.3　将其余3份试料，按最佳含水率制备3个试件。将一份试料平铺于金属盘内，按事先计算得的该份试料应加的水量[按式(T 0134-1)]均匀地喷洒在试料上。

$$m_w=\frac{m_i}{1+0.01w_i}\times 0.01(w-w_i) \quad (T\ 0134\text{-}1)$$

式中：m_w——所需的加水量(g)；

m_i——含水率 w_i 时土样的质量(g)；

w_i——土样原有含水率(%)；

w——要求达到的含水率(%)。

用小铲将试料充分拌和到均匀状态，然后装入密闭容器或塑料口袋内浸润备用。

浸润时间：重黏土不得少于24h，轻黏土可缩短到12h，砂土可缩短到1h，天然砂砾可缩短到2h左右。

制每个试件时，都要取样测定试料的含水率。

注：需要时，可制备三种干密度试件。如每种干密度试件制3个，则共制9个试件。每层击数分别为30、50和98次，使试件的干密度从低于95%到等于100%的最大干密度。这样，9个试件共需试料约55kg。

4.4　将试筒放在坚硬的地面上，取备好的试样分3次倒入筒内(视最大料径而定)，每层需试样1 700g左右(其量应使击实后的试样高出1/3筒高1～2mm)。整平表面，并稍加压紧，然后按规定的击数进行第一层试样的击实，击实时锤应自由垂直落下，锤迹必须均匀分布于试样面上。第一层击实完后，将试样层面“拉毛”，然后再装入套筒，重复上述方法进行其余每层试样的击实。大试筒击实后，试样不宜高出筒高10mm。

4.5　卸下套环，用直刮刀沿试筒顶修平击实的试件，表面不平整处用细料修补。取出垫块，称试筒和试件的质量(m_2)。

4.6　泡水测膨胀量的步骤如下：

4.6.1　在试件制成后，取下试件顶面的破残滤纸，放一张好滤纸，并在其上安装附有调节杆的多孔板，在多孔板上加4块荷载板。

4.6.2　将试筒与多孔板一起放入槽内(先不放水)，并用拉杆将模具拉紧，安装百分表，并读取初读数。

4.6.3　向水槽内放水，使水自由进到试件的顶部和底部。在泡水期间，槽内水面应保持在试件顶面以上大约25mm。通常试件要泡水4昼夜。

4.6.4　泡水终了时，读取试件上百分表的终读数，并用下式计算膨胀量：

$$膨胀量=\frac{泡水后试件高度变化}{原试件高(=120mm)}\times 100\% \quad (T\ 0134\text{-}2)$$

4.6.5 从水槽中取出试件，倒出试件顶面的水，静置15min，让其排水，然后卸去附加荷载和多孔板、底板和滤纸，并称量(m_3)，以计算试件的湿度和密度的变化。

4.7 贯入试验

4.7.1 将泡水试验终了的试件放到路面材料强度试验仪的升降台上，调整偏球座，对准、整平并使贯入杆与试件顶面全面接触，在贯入杆周围放置4块荷载板。

为了模拟地基的上覆压力，在浸水膨胀和贯入试验时，试样表面需要加荷载块，希望能施加与实际荷载或设计荷载相同的力。但对于黏性土来说，特别是上覆压力很大时，荷载块的影响无法达到要求，因此标准中规定施加四块1.25kg的荷载块作为标准方法。

4.7.2 先在贯入杆上施加45N荷载，然后将测力和测变形的百分表指针均调整至整数，并记读起始读数。

在加荷装置上安装好贯入杆后，为了使贯入杆端面与试样表面充分接触，所以在贯入杆上施加45N的预压力，将此荷载作为试验时的零荷载，并将该状态的贯入量设为零点。绘制的压力和贯入量关系曲线，起始部分呈反弯，则表示试验开始时贯入杆端面与土表面接触不好，应对曲线进行修正。

4.7.3 加荷使贯入杆以1～1.25mm/min的速度压入试件，同时测记三个百分表的读数。记录测力计内百分表某些整读数(如20、40、60)时的贯入量，并注意使贯入量为250×10^{-2}mm时，能有5个以上的读数。因此，测力计内的第一个读数应是贯入量30×10^{-2}mm左右。

5 结果整理

绘制单位压力(p)与贯入量(l)关系曲线时，如发现曲线起始部分反弯，则应对曲线进行修正，以O'作为修正原点。

5.1 以单位压力(p)为横坐标，贯入量(l)为纵坐标，绘制$p—l$关系曲线，如图T 0134-6所示。图上曲线1是合适的。曲线2开始段是凹曲线，需要进行修正。修正时在变曲率点引一切线，与纵坐标交于O'点，O'即为修正后的原点。

5.2 一般采用贯入量为2.5mm时的单位压力与标准压力之比作为材料的承载比(CBR)。

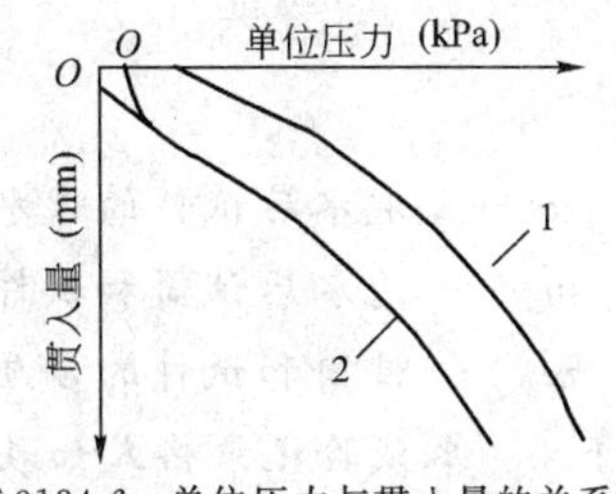

图T 0134-6 单位压力与贯入量的关系曲线

即：

$$CBR=\frac{p}{7\,000}\times 100 \tag{T 0134-3}$$

式中：CBR——承载比(%)，计算至0.1；

p——单位压力(kPa)。

同时计算贯入量为5mm时的承载比：

$$CBR=\frac{p}{10\,500}\times 100 \tag{T 0134-4}$$

如贯入量为5mm时的承载比大于2.5mm时的承载比，则试验应重做。如结果仍然如此，则采用5mm时的承载比。

5.3 试件的湿密度用下式计算：

$$\rho=\frac{m_2-m_1}{2\,177} \tag{T 0134-5}$$

式中：ρ——试件的湿密度(g/cm^3)，计算至0.01；

m_2——试筒和试件的合质量(g)；

m_1——试筒的质量(g)；

2 177——试筒的容积(cm^3)。

5.4 试件的干密度用下式计算：

$$\rho_d=\frac{\rho}{1+0.01w} \tag{T 0134-6}$$

式中：ρ_d——试件的干密度(g/cm^3)，计算至0.01；

w——试件的含水率。

5.5 泡水后试件的吸水量按下式计算：

$$w_a=m_3-m_2 \tag{T 0134-7}$$

式中：w_a——泡水后试件的吸水量(g)；

m_3——泡水后试筒和试件的合质量(g)；

m_2——试筒和试件的合质量(g)。

5.6 本试验记录格式如表T 0134-3和表T 0134-4。

表 T 0134-3　贯入试验记录

土 样 编 号＿＿＿＿＿＿＿　　试 验 者＿＿＿＿＿＿＿

最大干密度 1.69g/cm^3　　计 算 者＿＿＿＿＿＿＿

最佳含水率 18%　　校 核 者＿＿＿＿＿＿＿

每 层 击 数　98　　试验日期＿＿＿＿＿＿＿

试件编号＿＿＿＿＿＿＿

量力环校正系数 $C=0.239\,8$kN/0.01mm，贯入杆面积 $A=1.963\,5\times10^{-3}\,\text{m}^2$

$$P=\frac{C\times R}{A}$$

$l=2.5$mm 时，$p=611$kPa　　$\text{CBR}=\frac{p}{7\,000}\times100=8.7\%$

$l=5.0$mm 时，$p=690$kPa　　$\text{CBR}=\frac{p}{10\,500}\times100=6.6\%$

荷载测力计百分表		单位压力	贯入量百分表读数					贯入量
			左表		右表		平均值	
读数	变形值		读数	位移值	读数	位移值		
R'_i (0.01mm)	$R=R'_{i+1}-R'_i$ (0.01mm)	p (kPa)	R_{1i} (0.01mm)	$R_1=R_{1i+1}-R_{1i}$ (0.01mm)	R_{2i} (0.01mm)	$R_2=R_{2i+1}-R_{2i}$ (0.01mm)	$R_1=\frac{1}{2}(R_1+R_2)$ (0.01mm)	l (mm)
0.0			0.0		0.0			
	0.9	110		60.4		60.6	60.5	0.61
0.9			60.4		60.6			
	1.8	220		106.5		106.5	106.5	1.07
1.8			106.5		106.5			
	2.9	354		151.1		150.9	151.0	1.51
2.9			151.1		150.9			
	4.0	489		193.9		194.1	194.0	1.94
4.0			193.9		194.1			
	4.8	586		240.4		240.6	240.5	2.41
4.8			240.4		240.6			
	5.1	623		286.1		285.9	286.0	2.86
5.1			286.1		285.9			
	5.4	660		335.0		335.0	335.0	3.34
5.4			335.0		335.0			
	5.6	684		383.0		383.0	383.0	3.83
5.6			383.0		383.0			
	5.6	684		488.0		488.0	488.0	4.88
5.6			488.0		488.0			

表 T 0134-4　膨胀量试验记录

	试验次数			1	2	3
膨胀量	筒号	(1)				
	泡水前试件(原试件)高度(mm)	(2)		120	120	120
	泡水后试件高度(mm)	(3)		128.6	136.5	133
	膨胀量(%)	(4)	$\frac{(3)-(2)}{(2)}\times100$	7.167	13.75	10.83
	膨胀量平均值(%)	10.58				
密度	筒质量 m_1(g)	(5)		6 660	4 640	5 390
	筒+试件质量 m_2(g)	(6)		10 900	8 937	9 790
	筒体积(cm^3)	(7)		2 177	2 177	2 177
	湿密度 ρ(g/cm^3)	(8)	$\frac{(6)-(5)}{(7)}$	1.948	1.974	2.021
	含水率 w(%)	(9)		16.93	18.06	26.01
	干密度 ρ_d(g/cm^3)	(10)	$\frac{(8)}{1+0.01w}$	1.666	1.672	1.604
	干密度平均值(g/cm^3)	1.647				
吸水量	泡水后筒+试件合质量 m_3(g)	(11)		11 530	9 537	10 390
	吸水量 w_a(g)	(12)	(11)−(6)	630	600	600
	吸水量平均值(g)	610				

5.7　精密度和允许差

如根据 3 个平行试验结果计算得的承载比变异系数 C_V 大于 12%，则去掉一个偏离大的值，取其余两个结果的平均值。如 C_V 小于 12%，且 3 个平行试验结果计算的干密度偏差小于 0.03g/cm^3，则取 3 个结果的平均值。如 3 个试验结果计算的干密度偏差超过 0.03g/cm^3，则去掉一个偏离大的值，取其余两个结果的平均值。

承载比小于 100，相对偏差不大于 5%；承载比大于 100，相对偏差不大于 10%。

精度要求系对三个平行试验结果规定的。

6　报告

6.1　材料的颗粒组成、最佳含水率(%)和最大干密度(g/cm^3)。

6.2　材料的承载比(%)。

6.3　材料的膨胀量(%)。

当制备三种干密度试件时，对应所需压实度的CBR求取方法如图T 0134-A，其膨胀量求取方法相同。

CBR试验成果应用于公路和机场跑道的设计时，根据土的类别能求得跑道或路面的总厚度。

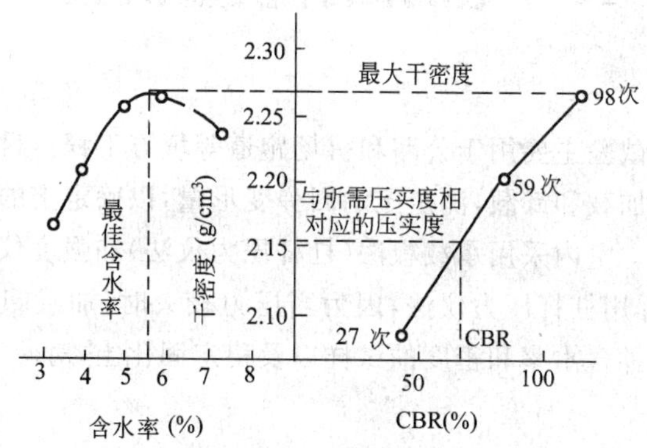

图T 0134-A　对应于所需压实度的CBR求取方法

CBR试验的缺点是试验费时，成果比较分散，一般CBR对砂土给出的强度指标偏低，而对黏性土给出的强度指标偏高。此外，大量的现场测试经验表明，现场测试的CBR值离散性很大，总体来说无实际应用价值。

在我国的柔性路面设计中，以路基土和路面材料的回弹模量值作为设计参数者居多，但不少单位，特别是科研单位，为便于使用CBR资料，对回弹模量和CBR的关系进行了大量的试验工作。目前仍将CBR试验作为《公路土工试验规程》中的标准试验方法，是便于积累这方面的资料，开展技术交流。

18 土的回弹模量试验

土的回弹模量试验主要用于公路和机场跑道等填方工程。目的是通过对试样进行规定压力下的加载和卸载，测定土的回弹变形量，以确定土的回弹模量。该试验也可在现场进行。室内采用承载板法（杠杆压力仪法）和强度仪法。对含水率较大、硬度较小的试样用杠杆压力仪法，因为当压力较大时，加载卸载比较困难。而强度仪法适用于各种含水率和密度的试样以及稳定固化土，对硬度较大的土，强度仪法尤为方便。

T 0135—1993 承载板法

本试验方法也多称为杠杆压力仪法。当压力较大时，加卸载将比较繁琐，因此主要适用于含水量较大、硬度较小的土。

1 目的和适用范围

本试验适用于不同湿度和密度的细粒土。

2 仪器设备

本规程的承载板直径为50mm，杠杆压力仪的加压球座直径为50mm。用原有设备时，必须保证加压球座在承载板上居中放置，避免发生偏心。

2.1 杠杆压力仪：最大压力1 500N，如图T 0135-1所示。

2.2 承载板：直径50mm，高80mm，如图T 0135-2所示。

2.3 试筒：内径152mm、高170mm的金属圆筒；套环，高50mm；筒内垫块，直径151mm；高50mm；夯击底板与击实仪相同。如图T 0134-1所示。

2.4 量表：千分表两块。

2.5 秒表一只。

3 试样

3.1 本试验可分别采用不同的方法准备试样。各方法可按表T 0135-1准备试料。

表 T 0135-1 试 料 用 量

使用方法	类别	试筒内径(cm)	最大粒径(mm)	试料用量(kg)
干土法,试样不重复使用	b	10 15.2	20 40	至少5个试样,每个3 至少5个试样,每个6
湿土法,试样不重复使用	c	10 15.2	20 40	至少5个试样,每个3 至少5个试样,每个6

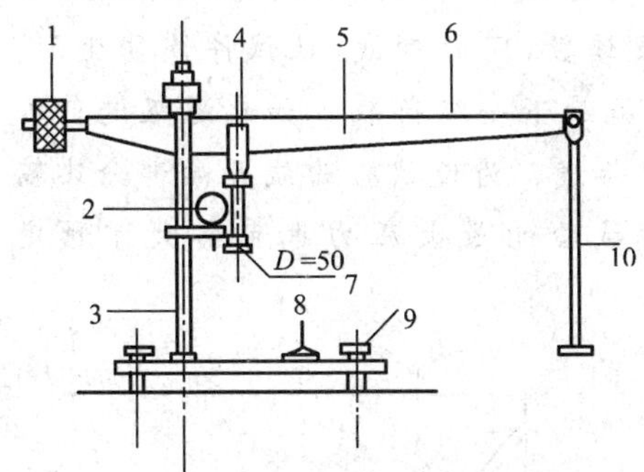

图 T 0135-1 杠杆压力仪(单位:mm)

1-调平砝码;2-千分表;3-立柱;4-加压杆;5-水平杠杆;6-水平气泡;7-加压球座;8-底座气泡;9-调平脚螺丝;10-加载架

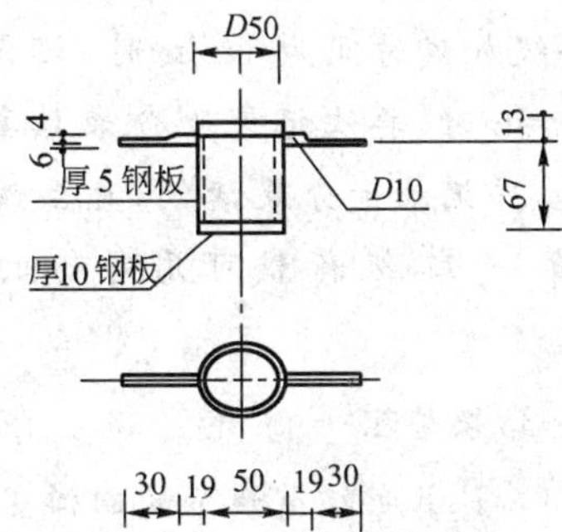

图 T 0135-2 承载板(单位:mm)

3.2 干土法(土不重复使用)按四分法至少准备5个试样,分别加入不同水分(按2%~3%含水率递增),拌匀后闷料一夜备用。

3.3 湿土法(土不重复使用)对于高含水率土,可省略过筛步骤,用手拣除大于40mm的粗石子即可。保持天然含水率的第一个土样,可立即用于击实试验。其余几个试样,将土分成小土块,分别风干,使含水率按2%~3%递减。

3.4 根据工程要求选择轻型或重型法,视最大粒径用小筒或大筒进行击实试验,得出最佳含水率和最大干密度。然后按最佳含水率用上述试筒击实制备试件。

由于加载初始时的土样塑性变形,得出的 $p—l$ 曲线有可能与纵坐标轴相交于原点以下的位置。如果仍按读数值计算回弹变形,其中将包含一部分塑性变形,故应采用从每个变形读数中减去交点坐标数值的方法予以修正。

4 试验步骤

4.1 安装试样:将试件和试筒放在杠杆压力仪的底盘上;将承载板放在试件

中央(位置)并与杠杆压力仪的加压球座对正;将千分表固定在立柱上,将表的测头安放在承载板的表架上。

4.2　预压:在杠杆仪的加载架上施加砝码,用预定的最大单位压力 p 进行预压。含水率大于塑限的土,$p=50\sim100$kPa,含水率小于塑限的土,$p=100\sim200$kPa。预压进行1~2次,每次预压1min。预压后调正承载板位置,并将千分表调到接近满量程的位置,准备试验。

4.3　测定回弹量:将预定最大单位压力分成4~6份,作为每级加载的压力。每级加载时间为1min时,记录千分表读数,同时卸载,让试件恢复变形。卸载1min时,再次记录千分表读数,同时施加下一级荷载。如此逐级进行加载卸载,并记录千分表读数,直至最后一级荷载。为使试验曲线开始部分比较准确,第一、二级荷载可用每份的一半。试验的最大压力也可略大于预定压力。

5　结果整理

5.1　计算每级荷载下的回弹变形 l:

$$l=\text{加载读数}-\text{卸载读数} \qquad (\text{T 0135-1})$$

5.2　以单位压力 p 为横坐标(向右),回弹变形 l 为纵坐标(向下),绘制 $p—l$ 曲线,如图T 0135-3。

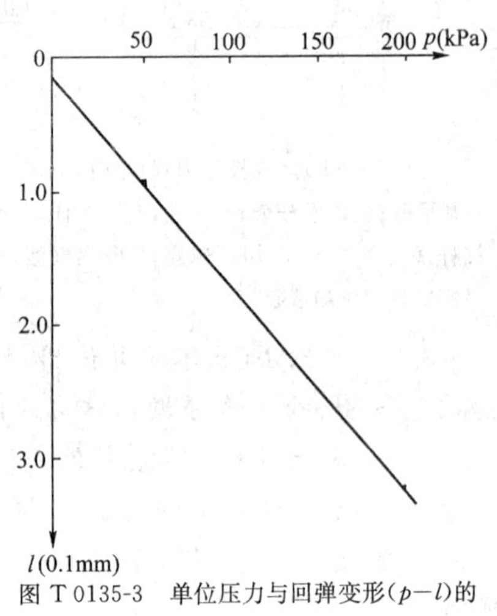

图T 0135-3　单位压力与回弹变形($p—l$)的关系曲线

5.3　按下式计算每级荷载下的回弹模量:

$$E=\frac{\pi p D}{4l}(1-\mu^2) \qquad (\text{T 0135-2})$$

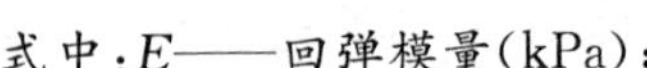
式中:E——回弹模量(kPa);

p——承载板上的单位压力(kPa);

D——承载板直径(cm);

l——相应于单位压力的回弹变形(cm);

μ——细粒土的泊松比,取0.35。

5.4　每个试样的回弹模量由 $p—l$ 曲线上直线段的数值确定。

5.5　对于较软的土,如果 $p—l$ 曲线不通过原点,允许用初始直线段与纵坐标轴的交点当作原点,修正各级荷载下的回弹变形和回弹模量。

5.6　本试验记录表格见表T 0135-2。

表 T 0135-2 回弹模量试验记录

（杠杆压力仪法）

工程名称 试验工程　　压力计______

土样编号 NO.2　　试验者______

土样说明 黏质土　　计算者______

试验方法 杠杆仪法　　试验日期______

加载级数	单位压力(kPa)	砝码重量(N)或压力计读数(0.01mm)	量表读数(0.1mm)						回弹变形(0.1mm)		回弹模量
			加载			卸载					
			左	右	平均	左	右	平均	读数值	修正值	
1	25	5	8.91	9.04	8.98	9.48	9.62	9.55	0.57	0.38	22 670
2	50	10	8.15	8.29	8.22	9.08	9.25	9.17	0.95	0.76	22 670
3	100	20	6.50	6.72	6.61	8.27	8.40	8.34	1.73	1.54	22 375
4	150	30	4.96	5.11	5.04	7.39	7.64	7.52	2.48	2.29	22 571
5	200	40	3.30	3.42	3.36	6.53	6.69	6.61	3.25	3.06	22 522

5.7 精密度和允许差。

土的回弹模量由三个平行试验的平均值确定，每个平行试验结果与均值回弹模量相差均应不超过5%。

6 报告

6.1 土的鉴别分类和代号。

6.2 试验方法。

6.3 土的回弹模量 E 值(kPa)。

T 0136—1993 强度仪法

本试验法适用于各种湿度、密度的土和加固土，硬度较大的土用本方法尤为方便。

1 目的和适用范围

本试验适用于不同湿度、密度的细粒土及其加固土。

2 仪器设备

2.1 路面材料强度仪：能量不小于50kN，能调节贯入速度至每分钟贯入1mm，可采用测力计式，如图 T 0136-1。

注：为使读数时不挡视线，可将贯入杆上的量表支架用螺丝孔与贯入杆相联，做CBR试验时将支架拧上，进行本试验时将支架取下。

2.2 试筒：内径 152mm，高 170mm 的金属圆筒；套环，高 50mm；筒内垫块，直径 151mm，高 50mm；夯击底板同击实仪。试筒的形式和尺寸与击实试验相同，仅在与夯击底板的立柱联结的缺口板上多一个内径 5mm、深 5mm 的螺丝孔，用来安装千分表支架，如图 T 0136-1。

2.3 承载板；直径 50mm、高 80mm 的用钢板制成的空心圆柱体，两侧带有量表支架，如图 T 0136-2。

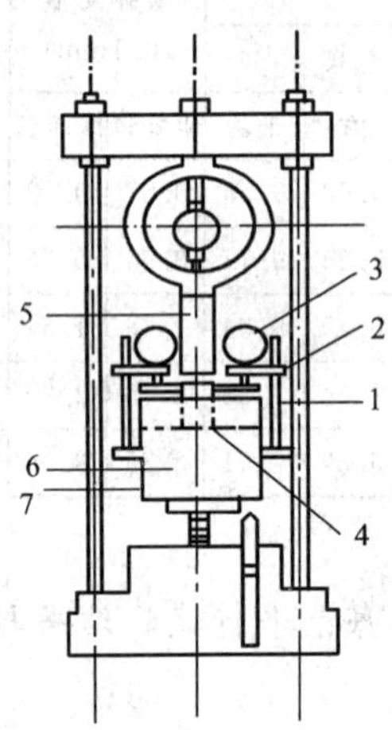

图 T 0136-1 路面材料强度仪及试样安装方法

1-千分表支杆；2-表夹；3-千分表；4-承载板；5-贯入杆；6-土样；7-试筒

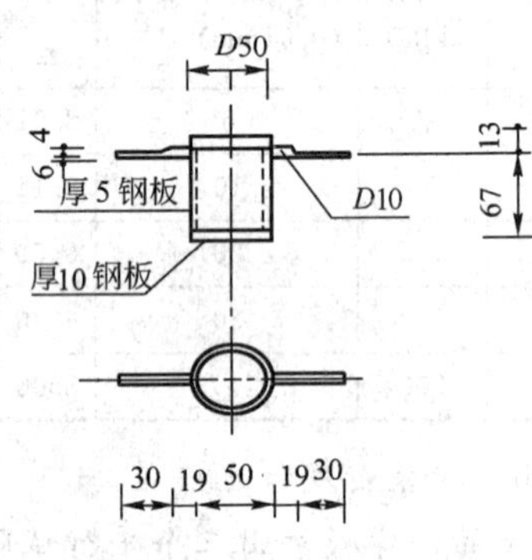

图 T 0136-2 承载板(单位：mm)

2.4 量表支杆及表夹：支杆长 200mm，直径 10mm，一端带有长 5mm 的与试筒上螺丝孔联结的螺丝杆，如图 T 0136-3。表夹的各部尺寸如图 T 0136-4。表夹可用钢制，也可用硬塑料制成。

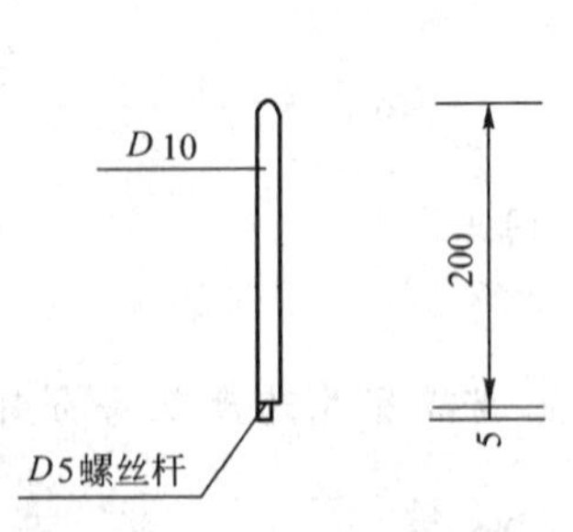

图 T 0136-3 千分表支杆(单位：mm)

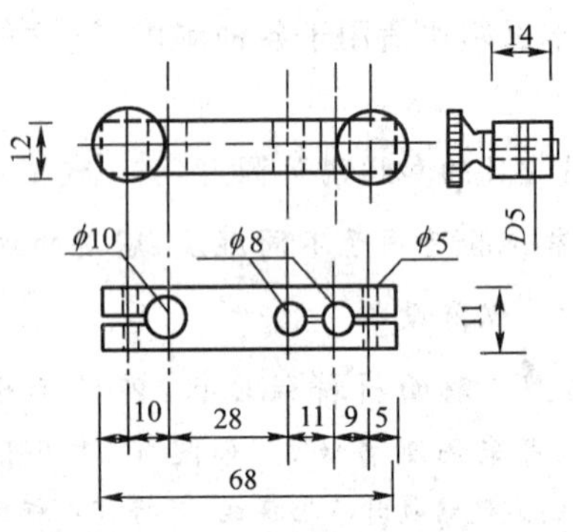

图 T 0136-4 表夹(单位：mm)

2.5 量表:千分表两块。

2.6 秒表一只。

本方法所要求的试筒,仅需在一般击实试验和CBR试验所用的试筒上,钻一直径5mm、深5mm的螺丝孔。一般的简易机工车间都能很方便地做到。

强度仪法和承载板法所用的承载板相同,两种仪器通用。

为防止量表支杆生锈后与表夹难以良好连接,支杆最好能用电镀处理。

3 试样

3.1 用上述带螺丝孔的试筒采用不同的方法击实制备试件。各方法可按表T 0136-1准备试料。

表T 0136-1 试料用量

使用方法	类别	试筒内径(cm)	最大粒径(mm)	试料用量(kg)
干土法,试样不重复使用	b	10	20	至少5个试样,每个3
		15.2	40	至少5个试样,每个6
湿土法,试样不重复使用	c	10	20	至少5个试样,每个3
		15.2	40	至少5个试样,每个6

3.2 干土法(土不重复使用)按四分法至少准备5个试样,分别加入不同水分(按2%~3%含水率递增),拌匀后闷料一夜备用。

3.3 湿土法(土不重复使用)对于高含水率土,可省略过筛步骤,用手拣除大于40mm的粗石子即可。保持天然含水率的第一个土样,可立即用于击实试验。其余几个试样,将土分成小土块,分别风干,使含水率按2%~3%递减。

根据工程要求选择轻型或重型法,视最大粒径用小筒或大筒进行击实试验,得出最佳含水率和最大干密度。然后按最佳含水率用上述试筒击实制备试件。

加载后由于土样的微小变形可能会使测力计发生轻微的卸载,对于较硬的土,卸载很小可以忽略;土样较软时,可用手稍稍触动强度仪摇把,补上卸掉的微小压力。

4 试验步骤

4.1 安装试样:将试件和试筒放在强度仪的升降台上;将千分表支杆拧在试筒两侧的螺丝孔上,将承载板放在试件表面中央位置,并与强度仪的贯入杆对正;将千分表和表夹安装在支杆上,并将千分表测头安放在承载板两侧的支架上。

4.2 预压:摇动摇把,用预定的试验最大单位压力进行预压。含水率大于塑限的土,$p=50\sim100$kPa;含水率小于塑限的土,$p=100\sim200$kPa。预压进行1~2次,每次预压1min。预压后调正承载板位置,并将千分表调到接近满量程的位置,准备试验。

4.3 测定回弹模量。

4.3.1 将预定的最大压力分为4～6份，作为每级加载的压力。由每级压力计算测力计百分表读数，按照百分表读数逐级加载。

4.3.2 加载卸载：将预定最大单位压力分成4～6份，作为每级加载的压力。每级加载时间为1min时，记录千分表读数，同时卸载，让试件恢复变形。卸载1min时，再次记录千分表读数，同时施加下一级荷载。如此逐级进行加载卸载，并记录千分表读数，直至最后一级荷载。为使试验曲线开始部分比较准确，第一、二级荷载可用每份的一半。试验的最大压力也可略大于预定压力。

如果试样较硬，预定的 p 值可能偏小，此时可不受 p 值的限制，增加加载级数，至需要的压力为止。

由于加载初始时的土样塑性变形，得出的 $p-l$ 曲线有可能与纵坐标轴相交于原点以下的位置。如果仍按读数值计算回弹变形，其中将包含一部分塑性变形，故应采用从每个变形读数中减去交点坐标数值的方法予以修正。

5 结果整理

5.1 计算每级荷载下的回弹变形 l：

$$l = 加载读数 - 卸载读数 \quad (T\ 0136\text{-}1)$$

5.2 以单位压力 p 为横坐标（向右），回弹变形为 l 纵坐标（向下），绘制 $p—l$ 曲线，如图 T 0136-5。

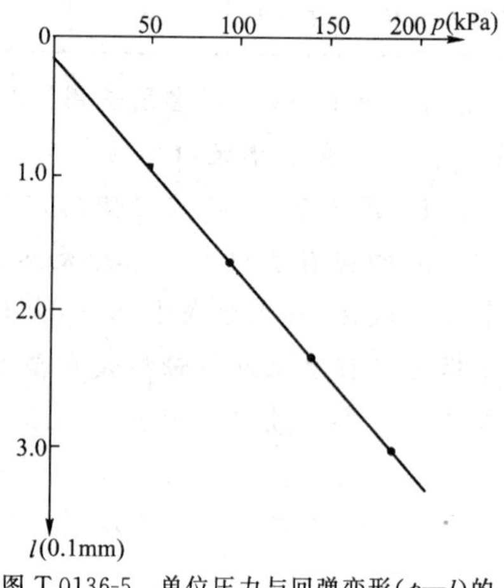

图 T 0136-5 单位压力与回弹变形（$p—l$）的关系曲线

5.3 按下式计算每级荷载下的回弹模量：

$$E = \frac{\pi p D}{4l}(1-\mu^2) \quad (T\ 0136\text{-}2)$$

式中：E——回弹模量（kPa）；

p——承载板上的单位压力（kPa）；

D——承载板直径（cm）；

l——相应于单位压力的回弹变形（cm）；

μ——细粒土的泊松比，取0.35；对于具有一定龄期的加固土取0.25～0.30。

5.4 每个试样的回弹模量由 $p—l$ 曲线上直线段的数值确定。

5.5 对于较软的土，如果 $p—l$ 曲线不通过原点，允许用初始直线段与纵坐标轴的交点当作原点，修正各级荷载下的回弹变形和回弹模量。

5.6 试验记录格式如表 T 0136-2。

表 T 0136-2　回弹模量试验记录

（强度仪法）

工程名称　试验工程　　压 力 计　500kg 量力环

土样编号　NO.8　　试 验 者　试验工程

土样说明　黏质土　　计 算 者　试验工程

试验方法　强度仪法　　试验日期

加载级数	单位压力(kPa)	砝码重量(N)或压力计读数(0.01mm)	量表读数(0.1mm)						回弹变形(0.1mm)		回弹模量(kPa)
			加载			卸载					
			左	右	平均	左	右	平均	读数值	修正值	
1	80	6.56	7.19	7.03	7.11	7.38	7.22	7.30	0.19		145 090
2	160	13.12	6.68	6.56	6.62	7.07	6.95	7.01	0.39		141 370
3	240	19.67	6.24	6.08	6.16	6.78	6.62	6.70	0.54		153 151
4	320	26.23	5.73	5.63	5.68	6.49	6.37	6.43	0.75		147 025
5	400	32.79	5.26	5.14	5.20	6.16	6.06	6.11	0.91		151 468
6	480	39.34	4.74	4.60	4.67	5.88	5.76	5.82	1.15		143 828

5.7　精密度和允许差。

土的回弹模量由三个平行试验的平均值确定，每个平行试验结果与均值回弹模量相差均应不超过5%。

6　报告

6.1　土的鉴别分类和代号。

6.2　试验方法。

6.3　土的回弹模量 E 值(kPa)。

室内回弹模量试验中，尤其在加压初始阶段，试样的回弹变形很小，估读误差大，所以测定变形一定要用千分表。由于加载开始时的土样塑性变形，得出的 $p—l$ 曲线有可能与纵坐标相交于原点以下，如果按读数值计算回弹变形，其中将包含一部分塑性变形，所以对读数应进行校正，即将 $p—l$ 曲线直线段延长与纵坐标相交点作为原点。

强度仪法中，加压后由于试样的微小变形可能会使测力计发生轻度卸压。对于较硬的土，卸载很小，可忽略不计；当试样较软时，可稍摇动手柄，补上卸掉的微小压力。

19 土体固结试验

固结试验(Consolidation Test)以 Terzaghi 的单向固结理论为基础。因此,土体固结是指饱和土体在侧限条件下,垂直单向受力作用后,随着时间的延续,土中超静孔隙水压力逐渐消散,有效应力(土颗粒骨架传递的力)逐渐增长,土体积产生压缩变形的过程。土体固结稳定表示土中超静孔隙水压力已充分消散,土体所受的所有荷载已全部由土体颗粒骨架来承受(即土体所受应力与土体的有效应力相等)。对于非饱和土,由于是三相体,土体中含有气体,用本试验方法无法测得土体中的孔隙气压力,故规定可用该试验中的方法测定压缩指标,但不得用于测定固结系数。

固结试验是研究土体一维变形特性的测试方法。它是测定土体在压力作用下的压缩特性,所得的各项指标用以判断土的压缩性和计算土工建筑物与地基的沉降。固结试验成果一般整理成 e—p 曲线或 e—$\lg p$ 曲线,以便计算土的压缩系数、压缩指数、回弹指数、先期固结压力、压缩模量以及原状土的先期固结压力等。对于饱和土体通过固结试验可以绘制变形与时间的关系曲线,从而计算整理出固结系数指标等。

T 0137—1993 单轴固结仪法

单轴固结仪法的固结试验也称为增量分级加荷法。这一方法是国内外常用的标准方法。该法规定标准加荷时间为 24h 一级,加荷率为 1(即每级压力为前级压力的一倍)。

1 目的和适用范围

1.1 本试验的目的是测定土的单位沉降量、压缩系数、压缩模量、压缩指数、回弹指数、固结系数以及原状土的先期固结压力等。

1.2 本试验方法适用于饱和的黏质土。当只进行压缩时,允许用非饱和土。

2 仪器设备

2.1 固结仪:见图 T 0137-1,试样面积 30cm^2 和 50cm^2,高 2cm。

2.2 环刀:直径为 61.8mm 和 79.8mm,高度为 20mm。环刀应具有一定的刚度,内壁应保持较高的光洁度,宜涂一薄层硅脂或聚四氟乙烯。

2.3 透水石：由氧化铝或不受土腐蚀的金属材料组成，其透水系数应大于试样的渗透系数。用固定式容器时，顶部透水石直径小于环刀内径0.2～0.5mm；当用浮环式容器时，上下部透水石直径相等。

2.4 变形量测设备：量程10mm，最小分度为0.01mm的百分表或零级位移传感器。

2.5 其他：天平、秒表、烘箱、钢丝锯、刮土刀、铝盒等。

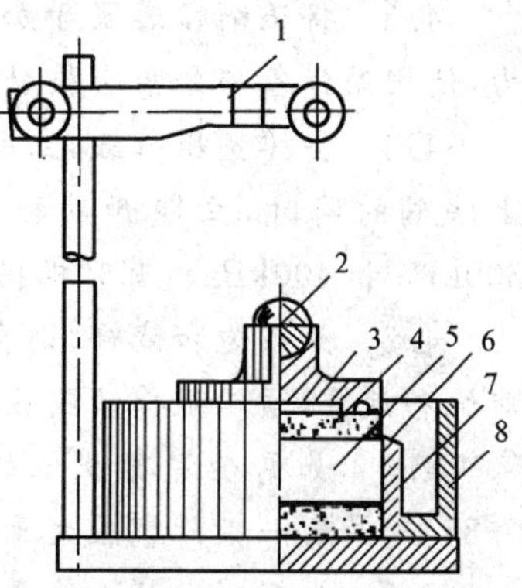

图 T 0137-1 固结仪

1-量表架；2-钢珠；3-加压上盖；4-透水石；5-试样；6-环刀；7-护环；8-水槽

固结试验所用固结仪的加荷设备，常用的是杠杆式和磅秤式。近年来，随着固结压力的增大，也有采用气压式、液压式等的。本规程采用杠杆式加荷设备。垂直变形测量设备一般用百分表，随着仪器自动化(数据自动采集)，应采用灵敏度为零级的位移传感器。

在相同的试验条件下，高度不同的试样，所反映的各固结阶段的沉降量以及时间过程均有差异。本规程所用仪器直径为61.8mm和79.9mm，高度为20mm，径高比接近国外标准(3.5～4.0)。

3 试样

3.1 根据工程需要切取原状土样或制备所需湿度密度的扰动土样。切取原状土样时，应使试样在试验时的受压情况与天然土层受荷方向一致。

3.2 用钢丝锯将土样修成略大于环刀直径的土柱。然后用手轻轻将环刀垂直下压，边压边修，直至环刀装满土样为止。再用刮刀修平两端，同时注意刮平试样时，不得用刮刀往复涂抹土面。在切削过程中，应细心观察试样并记录其层次、颜色和有无杂质等。

3.3 擦净环刀外壁，称环刀与土总质量，准确至0.1，并取环刀两面修下的土样测定含水率。试样需要饱和时，应进行抽气饱和。

根据工程实际需要，切取厚状土样或按(T 0102—2005)中2规定制备所需湿度密度的扰动土样。试样需要饱和时，应按(T 0102—2005)中7规定进行抽气饱和。

4 试验步骤

4.1 在切好土样的环刀外壁涂一薄层凡士林，然后将刀口向下放入护环内。

4.2 将底板放入容器内，底板上放透水石、滤纸，借助提环螺丝将土样环刀及护环放入容器中，土样上面覆滤纸、透水石，然后放下加压导环和传压活塞，使各部密切接触，保持平稳。

4.3　将压缩容器置于加压框架正中，密合传压活塞及横梁，预加 1.0kPa 压力，使固结仪各部分紧密接触，装好百分表，并调整读数至零。

4.4　去掉预压荷载，立即加第一级荷载。加砝码时应避免冲击和摇晃，在加上砝码的同时，立即开动秒表。荷载等级一般规定为 50kPa、100kPa、200kPa、300kPa 和 400kPa。有时根据土的软硬程度。第一级荷载可考虑用 25kPa。

4.5　如系饱和试样，则在施加第一级荷载后，立即向容器中注水至满。如系非饱和试样，须以湿棉纱围住上下透水面四周，避免水分蒸发。

4.6　如需确定原状土的先期固结压力时，荷载率宜小于 1，可采用 0.5 或 0.25倍，最后一级荷载应大于 1000kPa，使 e—lg$p$ 曲线下端出现直线段。

4.7　如需测定沉降速率、固结系数等指标，一般按 0s、15s、1min、2min、4min、6min、9min、12min、16min、20min、25min、35min、45min、60min、90min、2h、4h、10h、23h、24h，至稳定为止。固结稳定的标准是最后 1h 变形量不超过 0.01mm。

当不需测定沉降速度时，则施加每级压力后 24h，测记试样高度变化作为稳定标准。当试样渗透系数大于 10^{-5}cm/s 时，允许以主固结完成作为相对稳定标准。按此步骤逐级加压至试验结束。

注：测定沉降速率仅适用于饱和土。

4.8　试验结束后拆除仪器，小心取出完整土样，称其质量，并测定其终结含水率（如不需测定试验后的饱和度，则不必测定终结含水率），并将仪器洗干净。

本规程规定每级荷载下固结 24h 作为稳定标准。

5　结果整理

本规程介绍了单位沉降量 S、压缩系数 a、固结系数 C_v、压缩模量 E_s 和先期固结压力 p_c 等的确定方法。

5.1　按下式计算试验开始时的孔隙比：

$$e_0=\frac{\rho_s(1+0.01w_0)}{\rho_0}-1 \tag{T 0137-1}$$

5.2　按下式计算单位沉降量：

$$S_i=\frac{\sum\Delta h_i}{h_0}\times 1\,000 \tag{T 0137-2}$$

5.3　按下式计算各级荷载下变形稳定后的孔隙比 e_i：

$$e_i=e_0-(1+e_0)\times\frac{S_i}{1\,000} \tag{T 0137-3}$$

5.4　按下式计算某一荷载范围的压缩系数 a_v：

$$a_v=\frac{e_i-e_{i+1}}{p_{i+1}-p_i}$$

$$=\frac{(S_{i+1}-S_i)(1+e_0)/1\,000}{p_{i+1}-p_i} \quad \text{(T 0137-4)}$$

5.5 按下式计算某一荷载范围内的压缩模量 E_s 和体积压缩系数 m_v：

$$E_s=\frac{p_{i+1}-p_i}{(S_{i+1}-S_i)/1\,000} \quad \text{(T 0137-5)}$$

$$m_v=\frac{1}{E_s}=\frac{a_v}{1+e_0} \quad \text{(T 0137-6)}$$

上列各式中：E_s——压缩模量(kPa)，计算至0.01；

m_v——体积压缩系数(kPa^{-1})，计算至0.01；

a_v——压缩系数(kPa^{-1})，计算至0.01；

e_0——试验开始时试样的孔隙比，计算至0.01；

ρ_s——土粒密度(数值上等于土粒比重)(g/cm^3)；

w_0——试验开始时试样的含水率(%)；

ρ_0——试验开始时试样的密度(g/cm^3)；

S_i——某一级荷载下的沉降量(mm/m)，计算至0.1；

$\Sigma\Delta h_i$——某一级荷载下的总变形量，等于该荷载下百分表读数(即试样和仪器的变形量减去该荷载下的仪器变形量，mm)；

h_0——试样起始时的高度(mm)；

e_i——某一荷载下压缩稳定后的孔隙比，计算至0.01；

p_i——某一荷载值(kPa)。

5.6 以单位沉降量 S_i 或孔隙比 e 为纵坐标，以压力 p 为横坐标，作单位沉降量或孔隙比与压力的关系曲线，如图 T 0137-2 所示。

5.7 按下式计算压缩指数 C_c 及回弹指数 C_s：

$$C_c(\text{或}\ C_s)=\frac{e_i-e_{i+1}}{\lg p_{i+1}-\lg p_i} \quad \text{(T 0137-7)}$$

5.8 按下述方法求固结系数 C_v。

5.8.1 求某一压力下固结度为90%的时间 t_{90}。

以百分数表读数 d(mm)为纵坐标，时间平方根$\sqrt{t}$(min)为横坐标，作 d—$\sqrt{t}$ 曲线，如图 T 0137-3。延长 d—$\sqrt{t}$ 曲线开始段的直线，交纵坐标轴于 d_s(理论零点)。过 d_s 作另一直线，令其横坐标为前一直线横坐标的1.15倍，则后一直线与 d—$\sqrt{t}$ 曲线交点所对应的时间平方即为固结度达90%所需的时间 t_{90}，C_v 按下式计算：

$$C_v=\frac{0.848\bar{h}^2}{t_{90}} \quad \text{(T0137-8)}$$

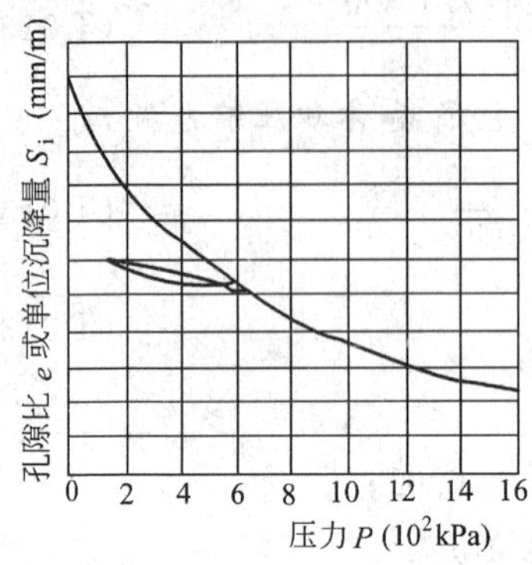

图 T 0137-2 S_i(或 e)—p 关系曲线

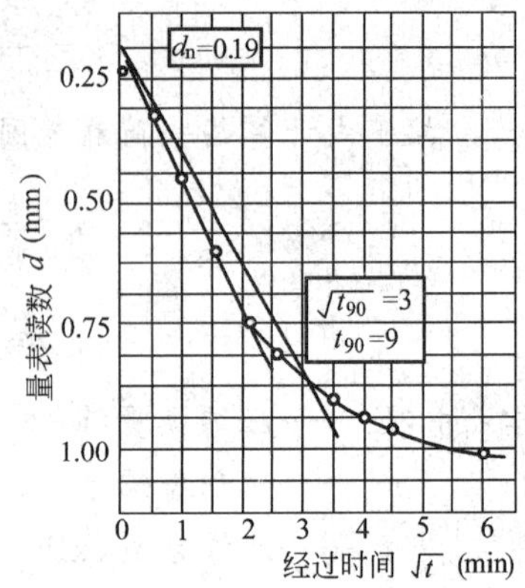

图 T 0137-3 用时间平方根法求 t_{90}

式中：C_v——固结系数(cm^2/s)，计算至三位有效数字；

$$\bar{h}=\frac{h_1+h_2}{4} \tag{T 0137-9}$$

$\bar{h}$——计算至0.01；即等于某一荷载下试样初始与终了高度的平均值之半。

5.8.2 求某一荷载下固结度为68%的 t_{68}。

以百分表读数 d(mm)为纵坐标，以时间的常用对数 $\lg t$(min)为横坐标，在半对数纸上作 d—$\lg t$ 曲线，如图 T 0137-4 所示。在曲线开始部分选择任意时间 t_1，查到相应的百分数读数 d_1，又在 $t_2=\frac{t_1}{4}$ 处查得另一相应的百分表读数 d_2，$2d_2-d_1$ 之值为 d_{s1}。如此另在曲线开始部分以同法求得 d_{s2}、d_{s3}、d_{s4} 等，取其平均值，得理论零点 d_s。通过 d_s 作一水平线，然后向上延长曲线中的直线段，两直线交点的横坐标乘以10即得 t_{68}，则：

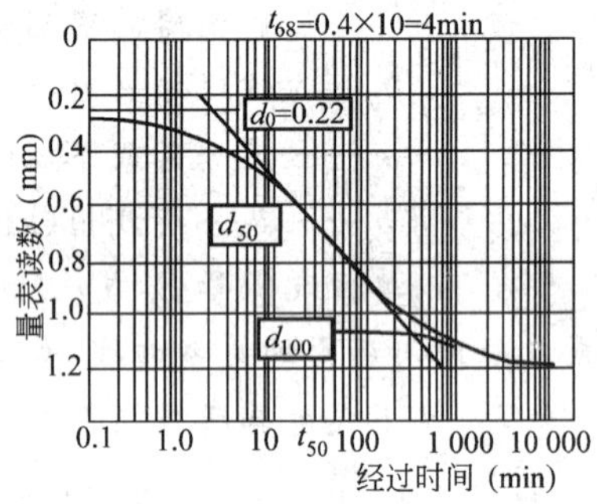

图 T 0137-4 用时间对数坡度法求 t_{68}

$$C_v=\frac{0.380\bar{h}^2}{t_{68}} \tag{T 0137-10}$$

式中：C_v——固结系数(cm^2/s)，计算至三位有效数字；

5.8.3 求某一荷载下固结度为50%的 t_{50}。

同上法求得理论零点 d_s 后，延长 d—$\lg t$ 曲线的中部直线段和通过曲线尾部数点作一切线的交点即为理论终点为 d_{100}，则

$$d_{50}=\frac{d_0+d_{100}}{2}$$

对应于 d_{50} 的时间即为固结度等于50%的时间 t_{50}，则

$$C_v = \frac{0.197\bar{h}^2}{t_{50}} \tag{T 0137-11}$$

式中：C_v——固结系数(cm^2/s)，计算至三位有效数字；

5.9 按下述方法确定原状土的先期固结压力 p_c。

作 e—lg$p$ 曲线(图 T 0137-5)，在曲线上首先找出最小曲率半径 R_{min} 的 O 点，通过 O 点作水平线以 OA、切线 OB 及 AOB 的分角线 OD，OD 与曲线的直线 C 的延长线交于 E 点，则对应于 E 点的压力值即为先期固结压力 p_c。

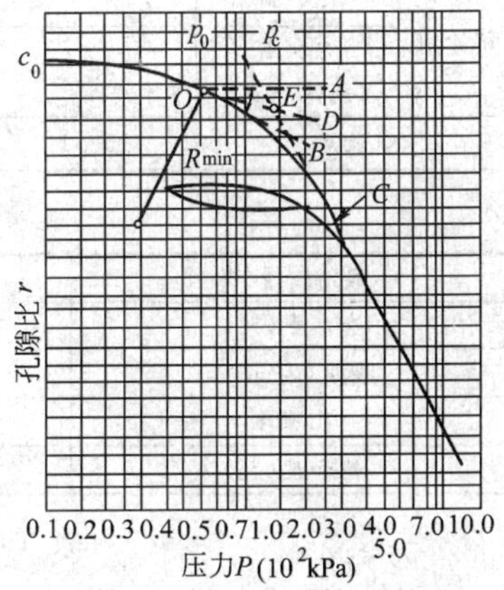

图 T 0137-5 e—lg$P$ 曲线先期固结压力

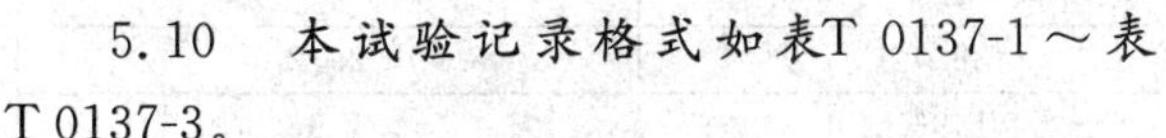

5.10 本试验记录格式如表T 0137-1～表 T 0137-3。

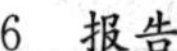

6 报告

6.1 土的鉴别分类和代号。

6.2 土的压缩系数 a_v(MPa^{-1})。

6.3 土的压缩模量 E_s(MPa)。

6.4 土的压缩指数 C_c。

6.5 土的回弹指数 C_s。

6.6 土的固结系数 C_v(cm^{-2}/s)。

6.7 原状土的先期固结压力 p_c(kPa)。

表 T 0137-1 固结试验记录(一)

工程编号＿＿＿＿＿＿ 试 验 者＿＿＿＿＿＿

土样编号＿＿＿＿＿＿ 计 算 者＿＿＿＿＿＿

取土深度＿＿＿＿＿＿ 校 核 者＿＿＿＿＿＿

土样说明＿＿＿＿＿＿ 试验日期＿＿＿＿＿＿

含 水 试 验

试样情况		盒号	盒+湿土质量(g)	盒+干土质量(g)	盒质量(g)	水质量(g)	干土质量(g)	含水率(%)	
			(1)	(2)	(3)	(4)	(5)	(6)	
			(1)	(2)	(3)	(1)－(2)	(2)－(3)	$\frac{(4)}{(5)} \times 100$	
试验前	饱和前								
	饱和后(或饱和土)		22.17	17.94	7.0	4.23	10.94	38.7	平均
			17.50	14.61	7.0	2.89	7.61	38.0	38.4
试验后			127.8	102.6	16.2	25.2	86.4	29.2	

密 度 试 验　　　　续上表

试样情况		环刀+土质量(g)	环刀质量(g)	土质量(g)	试样体积(cm^3)	密度(g/cm^3)
		(1)	(2)	(3)	(4)	(5)
		(1)	(2)	(1)−(2)	(4)	(3)÷(4)
试验前	饱和前					
	饱和后(或饱和土)	166.3	46.5	119.8	64.4	1.86
试验后		158.1	46.5	111.6	57.0	1.96

孔隙比及饱和度计算 $G_s=2.75$

试样情况	试验前	试验后
含水率(%)	38.4	29.2
密度(g/cm^3)	1.86	1.96
孔隙比	1.046	0.813
饱和度(%)	100	100

表 T 0137-2　固结试验记录(二)

工程编号＿＿＿＿　土样编号＿＿＿＿　试 验 者＿＿＿＿

仪器编号＿＿＿＿　土样说明＿＿＿＿　试验日期＿＿＿＿

经过时间(min)	压力(kPa)							
	50		100		200		400	
	时间	读数	时间	读数	时间	读数	时间	读数
0.00	10:20	0	10:20	0.964	10:20	1.358	10:20	2.355
0.25		0.410		1.014		1.445		2.335
1.00		0.510		1.062		1.522		2.405
2.25		0.602		1.107		1.590		2.423
4.00		0.632		1.140		1.644		2.438
6.25		0.749		1.168		1.688		2.450
9.00		0.800		1.192		1.722		2.460
12.25		0.834		1.208		1.748		2.470
16.00		0.854		1.228		1.766		2.480
20.25		0.869		1.232		1.782		2.488
25.00		0.897		1.240		1.792		2.495
30.25		0.886		1.247		1.806		2.500
36.00		0.891		1.253		1.813		2.508

续上表

经过时间(min)	压力(kPa)							
	50		100		200		400	
	时间	读数	时间	读数	时间	读数	时间	读数
42.25		0.896		1.258		1.820		2.515
60.00	11:20	0.906		1.331		1.836		2.530
23h		0.962		1.355		1.945		2.636
24h		0.964		1.358		1.948		2.640
总变形量(mm)		0.964		1.358		1.948		2.640
仪器变形量(mm)		0.040		0.050		0.062		0.074
试样总变形量(mm)		0.924		1.308		1.886		2.564

压缩系数 a_v 是 $e—p$ 曲线上某一压力范围的割线斜率，表示在该压力范围内土的压缩性，它随压力增加而减小。地基的压缩性可按 p_1 为 0.1MPa、p_2 为0.2MPa 时相对应的压缩系数 a_{1-2} 划分为低、中、高压缩性，并按表 T 0137A 进行评价。

表 T 0137-A　地基压缩性评价

压缩系数 a_{1-2}(MPa)	土体压缩性评价
$a_{1-2}<0.1$	低压缩性
$0.1\leqslant a_{1-2}<0.5$	中压缩性
$a_{1-2}\geqslant 0.5$	高压缩性

压缩指数 C_c 是 $e—\lg p$ 曲线上当压力较大时的直线段的斜率，它是计算黏性土地基沉降量的主要指标。

回弹指数 C_s 是 $e—\lg p$ 曲线上卸载段的斜率，用它可估算卸载后土体的回弹量。它是土体弹性分量的量度，在土体的弹塑性增量分析理论中是一个重要指标。

先期固结压力 p_c 是土体在历史上所承受过的最大有效固结压力，一般用原状土在加荷、卸荷、再加荷的压缩、回弹试验所得的 $e—\lg p$ 曲线上求得。在天然土层中，当某土层的上覆有效压力 p 大于 p_c 时，该土层处于正常固结状态；p 大于 p_c 而尚未达到固结稳定时，为欠固结状态；当 p 小于 p_c 时该土层处于超固结状态。在相同的压力范围内，三种土层的压缩量不同，欠固结土压缩量最大。因此 p_c 是影响黏性土地基沉降计算的主要因素之一。

固结系数 C_v 是估算沉降速率的指标。固结系数越大，土的固结越快。

上述土的压缩特性指标与土的性质、状态、应力条件及测试方法等有关，因此，选取代表性试样与确定合理的测试方法是取得正确试验成果的基本要求。

表 T0137-3 固结试验记录(三)

工程编号__________ 土样编号__________ 试验日期__________

试 验 者__________ 计 算 者__________ 校 核 者__________

试样原始高度 $h_0=20\text{mm}$ $C_v=\frac{0.848\bar{h}^2}{t_{90}}$ $C_v=\frac{0.197\bar{h}^2}{t_{50}}$ $C_v=\frac{0.380\bar{h}^2}{t_{68}}$

试验前孔隙比 $e_0=1.04$

加荷时间(h)	压力(kPa)	试样总变形量(mm)	压缩后试样高度(mm)	单位沉降量(mm/m)	孔隙比	平均试样高度(mm)	单位沉降量差(mm/m)	压缩模量(MPa)	压缩系数(MPa^{-1})	排水距离(cm)	固结系数($10^{-3}\text{cm}^2/\text{s}$)
	p	$\sum\Delta h_i$	$h=h_0-\sum\Delta h_i$	$S_i=\frac{\sum\Delta h_i}{h_0}\times 1\,000$	$e_i=e_0-\frac{S_i(1+e_0)}{1\,000}$	$\bar{h}=\frac{h_1+h_2}{2}$	S_2-S_1	E_s	a_v	$\bar{h}=\frac{h_1+h_2}{4}$	C_v
0	0	0	20.000	0	1.04						
						19.537	46.3	1.03	1.80	0.977	2.18
24	50	0.926	19.074	46.3	0.95						
						18.883	19.1	2.45	0.80	0.944	2.02
24	100	1.308	18.692	65.4	0.91						
						18.403	28.9	3.14	0.60	0.920	1.90
24	200	1.886	18.114	94.3	0.85						
						17.775	33.9	5.15	0.35	0.896	1.62
24	400	2.564	17.436	128.2	0.78						
						17.053	38.3	8.70	0.20	0.889	1.61
24	800	3.330	16.670	166.5	0.70						

T 0138—1993 快速试验法

快速试验法的要求是，每级荷载下固结 1h，最后一级荷载固结 24h，以两者变形之比作为校正系数校正变形量。考虑到公路部门在修建高等级公路时，需采集大量土样做固结试验，如规定均按常规方法进行，则试验时间将会拖得很长，不能满足实际工作需要，故本规程仍保留快速试验法。

1 目的和适用范围

本试验采用快速方法确定饱和黏质土的各项土性指标，是一种近似试验方法。

2 仪器设备

2.1 固结仪：见图 T 0138-1，试样面积 $30cm^2$ 和 $50cm^2$，高 2cm。

2.2 环刀：直径为 61.8mm 和 79.8mm，高度为 20mm。环刀应具有一定的刚度，内壁应保持较高的光洁度，宜涂一薄层硅脂或聚四氟乙烯。

2.3 透水石：由氧化铝或不受土腐蚀的金属材料组成，其透水系数应大于试样的渗透系数。用固定式容器时，顶部透水石直径小于环刀内径 0.2～0.5mm；当用浮环式容器时，上下部透水石直径相等。

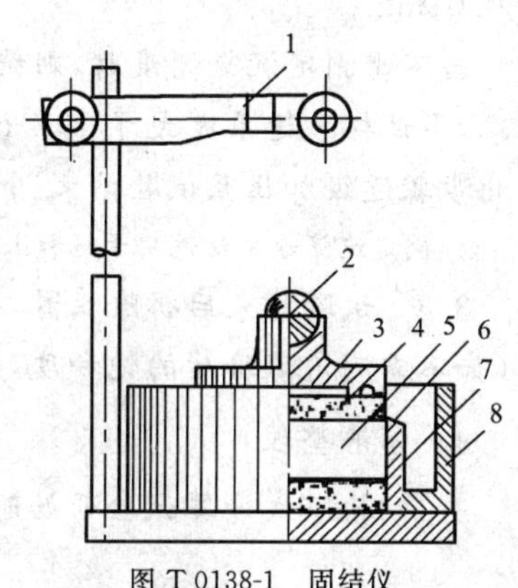

图 T 0138-1 固结仪

1-量表架；2-钢珠；3-加压上盖；4-透水石；5-试样；6-环刀；7-护环；8-水槽

2.4 变形量测设备：量程 10mm，最小分度为 0.01mm 的百分表或零级位移传感器。

2.5 其他：天平、秒表、烘箱、钢丝锯、刮土刀、铝盒等。

3 试验步骤

3.1 在切好土样的环刀外壁涂一薄层凡士林，然后将刀口向下放入护环内。

3.2 将底板放入容器内，底板上放透水石、滤纸，借助提环螺丝将土样环刀及护环放入容器中，土样上面覆滤纸、透水石，然后放下加压导环和传压活塞，使各部密切接触，保持平稳。

3.3 将压缩容器置于加压框架正中，密合传压活塞及横梁，预加 1.0kPa 压力，使固结仪各部分紧密接触，装好百分表，并调整读数至零。

3.4 去掉预压荷载，立即加第一级荷载。加砝码时应避免冲击和摇晃，在加上砝码的同时，立即开动秒表。荷载等级一般规定为 50kPa、100kPa、200kPa、

300kPa和400kPa。有时根据土的软硬程度,第一级荷载可考虑用25kPa。

3.5 如系饱和试样,则在施加第一级荷载后,立即向容器中注水至满。如系非饱和试样,须以湿棉纱围住上下透水面四周,避免水分蒸发。

3.6 如需确定原状土的先期固结压力时,荷载率宜小于1,可采用0.5或0.25倍,最后一级荷载应大于1 000kPa,使 e—lg$p$ 曲线下端出现直线段。

3.7 一般按0s、15s、1min、2min、4min、6min、9min、12min、16min、20min、25min、35min、45min、60min,至稳定为止。各级荷载下的压缩时间规定为1h,最后一级荷载下加读到稳定沉降时的读数。固结稳定的标准是最后1h变形量不超过0.01mm。

当不需测定沉降速度时,则施加每级压力后24h,测记试样高度变化作为稳定标准,当试样渗透系数大于 10^{-5}cm/s时,允许以主固结完成作为相对稳定标准。按此步骤逐级加压至试验结束。

注:测定沉降速率仅适用于饱和土。

3.8 试验结束后拆除仪器,小心取出完整土样,称其质量,并测定其终结含水率(如不需测定试验后的饱和度,则不必测定终结含水率),并将仪器洗干净。

4 结果整理

4.1 按下式计算试验开始时的孔隙比:

$$e_0=\frac{\rho_s(1+0.01w_0)}{\rho_0}-1 \tag{T 0138-1}$$

4.2 按下式计算单位沉降量:

$$S_i=\frac{\sum\Delta h_i}{h_0}\times 1\,000 \tag{T 0138-2}$$

4.3 按下式计算各级荷载下变形稳定后的孔隙比 e_i:

$$e_i=e_0-(1+e_0)\times\frac{S_i}{1\,000} \tag{T 0138-3}$$

4.4 按下式计算某一荷载范围的压缩系数 a_v:

$$a_v=\frac{e_i-e_{i+1}}{p_{i+1}-p_i}=\frac{(S_{i+1}-S_i)(1+e_0)/1\,000}{p_{i+1}-p_i} \tag{T 0138-4}$$

4.5 按下式计算某一荷载范围内的压缩模量 E_s 和体积压缩系数 m_v:

$$E_s=\frac{p_{i+1}-p_i}{(S_{i+1}-S_i)/1\,000} \tag{T 0138-5}$$

$$m_v=\frac{1}{E_s}=\frac{a_v}{1+e_0} \tag{T 0138-6}$$

上列各式中：E_s——压缩模量(kPa)，计算至0.01；

m_v——体积压缩系数(kPa^{-1})，计算至0.01；

a_v——压缩系数(kPa^{-1})，计算至0.01；

e_0——试验开始时试样的孔隙比，计算至0.01；

ρ_s——土粒密度(数值上等于土粒比重)(g/cm^3)；

w_0——试验开始时试样的含水率(%)；

ρ_0——试验开始时试样的密度(g/cm^3)；

S_i——某一级荷载下的沉降量(mm/m)，计算至0.1；

$\Sigma\Delta h_i$——某一级荷载下的总变形量，等于该荷载下百分表读数(即试样和仪器的变形量减去该荷载下的仪器变形量，mm)；

h_0——试样起始时的高度(mm)；

e_i——某一荷载下压缩稳定后的孔隙比，计算至0.01；

p_i——某一荷载值(kPa)。

4.6　以单位沉降量 S_i 或孔隙比 e 为纵坐标，以压力 p 为横坐标，作单位沉降量或孔隙比与压力的关系曲线，如图 T 0138-2 所示。

4.7　按下式计算压缩指数 C_c 及回弹指数 C_s：

$$C_c(\text{或 } C_s)=\frac{e_i-e_{i+1}}{\lg p_{i+1}-\lg p_i} \tag{T 0138-7}$$

4.8　按下述方法求固结系数 C_v。

4.8.1　求某一压力下固结度为90%的时间 t_{90}。

以百分数表读数 d(mm)为纵坐标，时间平方根$\sqrt{t}$(min)为横坐标，作 d—$\sqrt{t}$ 曲线，如图 T 0138-3，延长 d—$\sqrt{t}$ 曲线开始段的直线，交纵坐标轴于 d_s(理论零点)。过 d_s 作另一直线，令其横坐标为前一直线横坐标的1.15倍，则后一直线与 d—$\sqrt{t}$ 曲线交点所对应的时间平方即为固结度达90%所需的时间 t_{90}，C_v 按下式计算：

$$C_v=\frac{0.848\bar{h}^2}{t_{90}} \tag{T 0138-8}$$

式中：C_v——固结系数(cm^2/s)，计算至三位有效数字；

$$\bar{h}=\frac{h_1+h_2}{4} \tag{T 0138-9}$$

$\bar{h}$——计算至0.01；

即等于某一荷载下试样初始与终了高度的平均值之半。

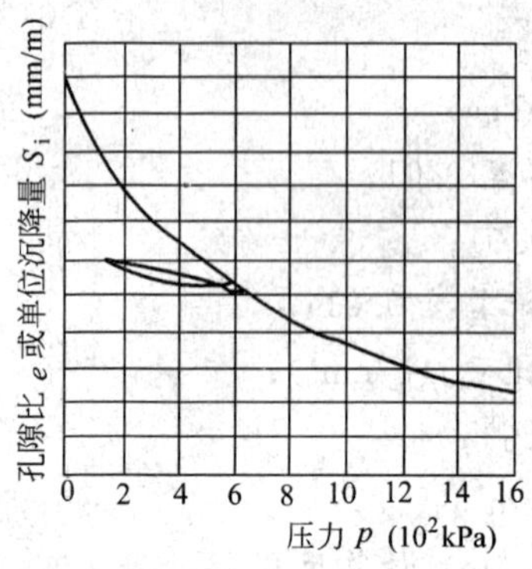

图 T 0138-2　S_i(或 e)—p 关系曲线

图 T 0138-3　用时间平方根法求 t_{90}

4.8.2　求某一荷载下固结度为 68%的 t_{68}。

以百分表读数 d(mm)为纵坐标，以时间的常用对数 lg$t$(min)为横坐标，在半对数纸上作 d—lg$t$ 曲线，如图 T 0138-4 所示。在曲线开始部分选择任意时间 t_1，查到相应的百分数读数 d_1，又在 $t_2=\frac{t_1}{4}$ 处查得另一相应的百分表读数 d_2，$2d_2-d_1$ 之值为 d_{s1}。如此另在曲线开始部分以同法求得 d_{s2}、d_{s3}、d_{s4} 等，取其平均值，得理论零点 d_s。通过 d_s 作一水平线，然后向上延长曲线中的直线段，两直线交点的横坐标乘以 10 即得 t_{68}，则：

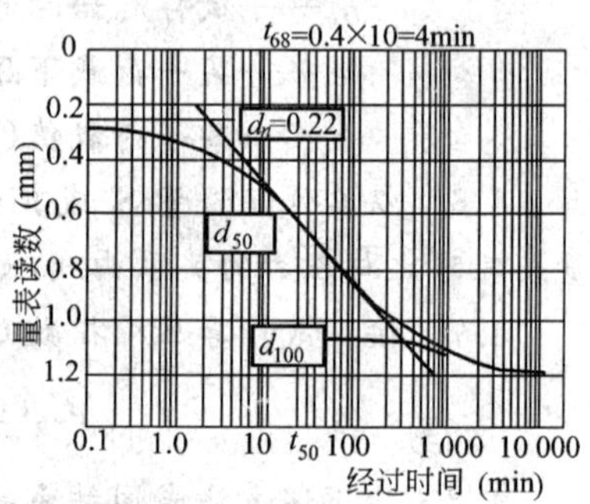

图 T 0138-4　用时间对数坡度法求 t_{68}

$$C_v=\frac{0.380\bar{h}^2}{t_{68}} \tag{T 0138-10}$$

式中：C_v——固结系数(cm²/s)，计算至三位有效数字；

4.8.3　求某一荷载下固结度为 50%的 t_{50}。

同上法求得理论零点 d_s 后，延长 d—lg$t$ 曲线的中部直线段和通过曲线尾部数点作一切线的交点即为理论终点为 d_{100}，则

$$d_{50}=\frac{d_0+d_{100}}{2}$$

对应于 d_{50} 的时间即为固结度等于 50%的时间 t_{50}，则

$$C_v=\frac{0.197\bar{h}^2}{t_{50}} \tag{T 0138-11}$$

式中：C_v——固结系数(cm²/s)，计算至三位有效数字；

4.9 按下述方法确定原状土的先期固结压力 p_c。

作 e—lg$p$ 曲线（图 T 0138-5），在曲线上首先找出最小曲率半径 R_{min} 的 O 点，通过 O 点作水平线以 OA、切线 OB 及 AOB 的分角线 OD，OD 与曲线的直线 C 的延长线交于 E 点，则对应于 E 点的压力值即为先期固结压力 p_c。

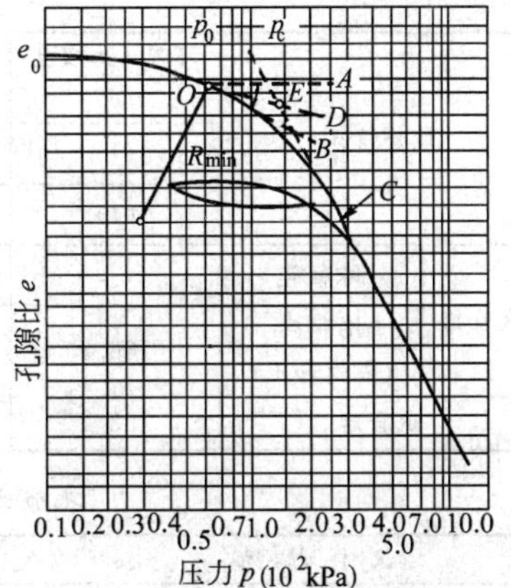

图 T 0138-5 e—lg$p$ 曲线先期固结压力

4.10 按下式计算各级荷载下试样校正后的总变形量：

$$\sum\Delta h_i=(h_i)_t\frac{(h_n)_T}{(h_n)_t}=K(h_i)_t \tag{T 0138-12}$$

式中：$\sum\Delta h_i$——某一荷载下校正后的总变形量(mm)；

$(h_i)_t$——同一荷载下压缩 1h 的总变形量减去该荷载下的仪器变形量(mm)；

$(h_n)_t$——最后一级荷载下压缩 1h 的总变形量减去该荷载下的仪器变形量(mm)；

$(h_n)_T$——最后一级荷载下达到稳定标准的总变形量减去该荷载下仪器变形量(mm)；

K——大于 1 的校正系数，$K=\dfrac{(h_n)_T}{(h_n)_t}$。

4.11 本试验记录见表 T 0138-1～表 T 0138-3。

表 T 0138-1 固结试验记录(一)

工程编号＿＿＿＿＿＿ 试 验 者＿＿＿＿＿＿

土样编号＿＿＿＿＿＿ 计 算 者＿＿＿＿＿＿

取土深度＿＿＿＿＿＿ 校 核 者＿＿＿＿＿＿

土样说明＿＿＿＿＿＿ 试验日期＿＿＿＿＿＿

含 水 试 验

试样情况		盒号	盒＋湿土质量(g)	盒＋干土质量(g)	盒质量(g)	水质量(g)	干土质量(g)	含水率(%)
			(1)	(2)	(3)	(4)	(5)	(6)
			(1)	(2)	(3)	(1)－(2)	(2)－(3)	$\frac{(4)}{(5)}\times100$
试验前	饱和前							
	饱和后(或饱和土)		22.17 17.50	17.94 14.61	7.0 7.0	4.23 2.89	10.94 7.61	38.7 平均 38.0 38.4
试验后			127.8	102.6	16.2	25.2	86.4	29.2

密 度 试 验　　续上表

试样情况		环刀+土质量(g)	环刀质量(g)	土质量(g)	试样体积(cm^3)	密度(g/cm^3)
		(1)	(2)	(3)	(4)	(5)
		(1)	(2)	(1)-(2)	(4)	(3)÷(4)
试验前	饱和前					
	饱和后(或饱和土)	166.3	46.5	119.8	64.4	1.86
试验后		158.1	46.5	111.6	57.0	1.96

孔隙比及饱和度计算 $G_s=2.75$

试 样 情 况	试 验 前	试 验 后
含水率(%)	38.4	29.2
密度(g/cm^3)	1.86	1.96
孔隙比	1.046	0.813
饱和度(%)	100	100

表 T 0138-2　固结试验记录(二)

工程编号________　土样编号________　试 验 者________

仪器编号________　土样说明________　试验日期________

经过时间(min)	压力(kPa)							
	50		100		200		400	
	时间	读数	时间	读数	时间	读数	时间	读数
0.00	10:20	0	10:20	0.964	10:20	1.358	10:20	2.355
0.25		0.410		1.014		1.445		2.335
1.00		0.510		1.062		1.522		2.405
2.25		0.602		1.107		1.590		2.423
4.00		0.632		1.140		1.644		2.438
6.25		0.749		1.168		1.688		2.450
9.00		0.800		1.192		1.722		2.460
12.25		0.834		1.208		1.748		2.470
16.00		0.854		1.228		1.766		2.480
20.25		0.869		1.232		1.782		2.488
25.00		0.897		1.240		1.792		2.495
30.25		0.886		1.247		1.806		2.500
36.00		0.891		1.253		1.813		2.508

续上表

经过时间(min)	压力(kPa)							
	50		100		200		400	
	时间	读数	时间	读数	时间	读数	时间	读数
42.25		0.896		1.258		1.820		2.515
60.00	11:20	0.964		1.358		1.948		2.530
23h		—		—		—		2.636
24h		—		—		—		2.640
总变形量(mm)		0.964		1.358		1.948		2.640
仪器变形量(mm)		0.040		0.050		0.062		0.074
试样总变形量(mm)		0.924		1.308		1.886		2.564

表 T 0138-3　快速法固结试验记录

工程编号＿＿＿＿＿＿　试 验 者＿＿＿＿＿＿

土样编号＿＿＿＿＿＿　计 算 者＿＿＿＿＿＿

试验日期＿＿＿＿＿＿　校 核 者＿＿＿＿＿＿

试样原始高度 $h_0=20$mm			$K=\frac{(h_n)_T}{(h_n)_t}=1.031$			
加荷时间(h)	压力(kPa)	校正前试样总变形量(mm)	校正后试样总变形量(mm)	压缩后试样高度(mm)	单位沉降量(mm/m)	备注
	p	$(h_i)_t$	$\sum\Delta h_i=K(h_i)_t$	$h=h_0-\sum\Delta h_i$	$S_i=\frac{\sum\Delta h_i}{h}\cdot 1\,000$	
1	50	1.20	1.24	18.76	62	
1	100	1.98	2.04	17.96	102	
1	200	2.76	2.85	17.15	142	
1	400	3.53	3.64	16.36	182	
1	800	4.24	4.37	15.63	219	
稳定	800	4.37				

5　报告

5.1　土的鉴别分类和代号；

5.2　土的压缩系数 a_v(MPa^{-1})。

5.3　土的压缩模量 E_s(MPa)。

5.4　土的压缩指数 C_c。

5.5 土的回弹指数 C_s。

5.6 土的固结系数 C_v(cm^{-2}/s)。

5.7 原状土的先期固结压力 p_c(kPa)。

从20世纪50年代开始,我国一些单位为了缩短试验时间,采用了快速试验法。这种方法理论依据不足,仅作为一种方法列入各相关系统的土工试验规程。20世纪80年代,连续加荷的试验研究取得了长足的发展,逐渐形成了标准化。美国于1983年也将此法列入ASTM标准。

快速试验法成立的理由是,对于2cm厚的试样,在压力作用下1h的固结度一般可达90%以上,按此速率进行试验,对试验结果进行校正,可得到与常规固结试验近似的结果。快速试验法可以缩短试验历时,所以得到广泛应用。根据经验认为:快速试验法测得的变形量小于常规法测得的变形量,因此对各级压力下的压缩量需用大于1的系数进行校正。但在实践经验中发现,对于某些扰动试样,不一定符合以上规律,有时快速试验法的压缩量大于常规法,实际压缩量的大小并不单纯取决于时间的长短,而与土的性质有关。快速试验法由于没有理论依据,只有对透水性较大的地基土,或当建筑物对地基变形要求不高,不需要估算沉降发展过程的工程,才可采用。快速试验法的稳定标准一般定为每小时的变形不大于0.005mm。需要修正时,根据最后一级压力下稳定变形量与1h变形量的比值分别乘以前各级压力下1h的变形量,即可得到修正后的各级压力下的变形量。

土的固结试验研究表明,试样的尺寸、环刀侧壁的摩擦阻力、加荷率、加荷历时、先期固结压力以及固结系数的确定方法等均可以对土的固结试验成果以及评价地基土层的压缩变形性能造成影响。

天然沉积土层一般是非均质而成层的,这种土在水平方向有较大的透水性,其固结速率和孔隙水压力的消散较均质土层快很多,因此试样尺寸越大,所得成果的代表性越强,如果试样很薄,成层性起的作用就显著。在固结试验中试样的高度与直径必须选择适当。原状土在切削过程中,试样的结构会受到破坏,破坏产生的影响随试样径高比不同而不同。资料显示,直径相等但高度不同的试样,由于扰动程度的不同,其孔隙比与压力关系曲线变化如图T 0138-A所示。图上曲线表明,试样的高度对固结试验成果有影响,这也说明扰动对试验成果有影响,所以对固结试验的试样高径比应有一定的规定。

土的固结试验的主要机械误差来自于环刀与试样侧面之间的摩擦阻力,这种摩擦抵消了试样上所加荷载的一部分,使试样上的有效压力估计过高。为了减少摩擦,除规定一定的径高比外,常用的方法是在环刀内壁涂润滑材料,较多的是涂衬聚四氟乙烯(Teflon),也可涂硅脂。另外,也可采用浮动式容器代替固定式容

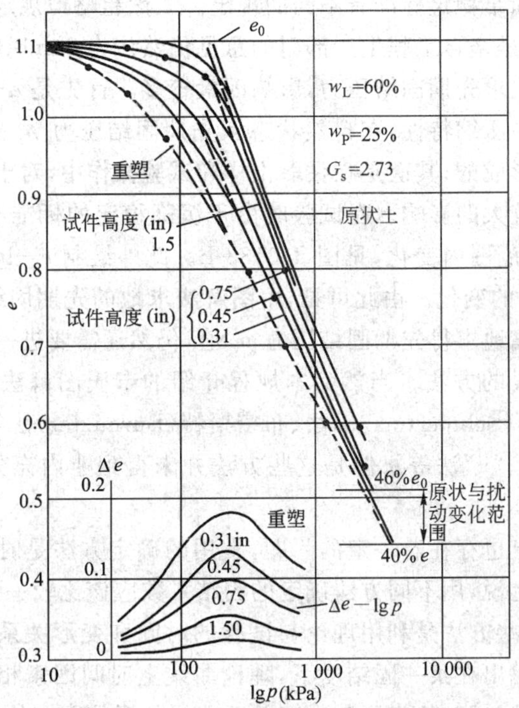

图 T 0138-A　不同扰动程度下的孔隙比与压力关系曲线

注：1in＝2.54cm。

器。浮动式容器中的试样是由上下两端向中部压缩，而固定式容器中的试样是由上向下压缩。当试样高度相同时，浮动式容器的环壁摩擦力较固定式小50%。

加荷历时（即固结稳定时间标准）对土体固结试验结果有影响。固结沉降的稳定时间取决于试样的透水性和流变性质，土样的黏性越大（即塑性指数越高），达到稳定所需时间愈长，某些软黏土要达到完全稳定，需要几天甚至几周时间。这是因为黏性土在外荷载作用下，由有效应力产生了主固结和次固结两部分体积变化，对于不同的稳定时间就会地出不同的压缩曲线。图 T 0138-B 为不同加荷历时的压缩曲线。由图 T 0138-B 可见，各级荷重作用下的历时不同，得出的压缩指数基本一致，但先期固结压力 p_c 值不同。以往

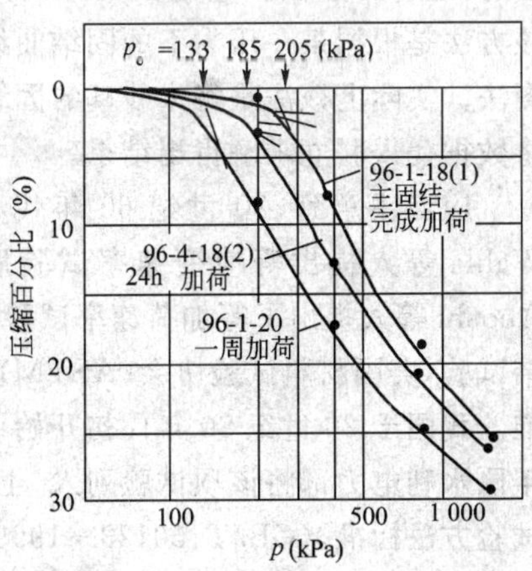

图 T 0138-B　加荷历时对 p_c 的影响

国内各相关行业对固结稳定标准有不同的规定。虽然粗略地规定了以24h作为稳定固结变形标准，但是来自工程生产部门的意见仍然认为24h时间过长。

本规程用图解法求先期固结压力，影响因素较多。首先是e—lg$p$曲线尚不能完全反映天然土层的压缩特性，在自然状态下先期固结压力p_c是通过若干年，而不是几小时或几天形成的；其次是在钻取土样和试验操作中，对土样的扰动以及试验方法等都能造成较大的影响。在试验时由于沉降稳定的标准不同，可使先期固结压力p_c值在较大范围内变化，见图T 0138-B。此外绘制e—lg$p$曲线所用比例不同，p_c值也有明显的变化。由此可见，用图解法求地的先期固结压力p_c结果并不总是可靠。要可靠地求得先期固结压力p_c值，仍然还需要进一步研究确定天然地层中黏土压缩曲线的方法。当然除本规程介绍的卡氏图解法求先期固结压力p_c外，尚有史默特曼(Schmertmann)法、布密斯特(Burmister)法等。近年来，国内有学者提出了"f"法、"z"法等。但是这些方法并未得到业内充分认可，也未得到广泛应用。

固结系数的确定也存在着一定的问题，常用的确定方法是时间平方根法和时间对数法。从常理上说，用不同方法确定的固结系数应该比较一致，实际上却相差甚远。究其原因，这些方法是利用理论与试验的时间和变形关系曲线的形状相似性，以经验配合法，找出在某一固结度下，理论曲线上时间因素相当于试验曲线上某一时间值，但是实际试验的变形与时间关系曲线的形状因土的性质、状态以及受荷历史而不同，因而也不可能得出一致的结果。在实际应用时，宜先用时间平方根法求C_v，如不能准确定出开始的直线段，再选用时间对数法。当然除上述两种方法外，还有三点法。它是由日本西夫郎木(Sivaram)和寺完美一(Swamee)提出。该方法是根据某一压力下的固结曲线取三点的数据解联立方程求C_v值，以代替作图法。实际上该法是将太沙基的固结理论曲线方程用配合法求得经验公式，然后将数据代入联立求解得出结果。

应当注意到，20世纪60年代LoweIII等人提出控制梯度试验。Smith与Wahla等人提出等应变速率试验后，引起了国际上业内人士的关注。1970年Aboshi等人提出了等加荷速率试验。Wissa等人于1971年进行了等应变速率固结试验，美国材料试验协会(ASTM)于1983年将等应变速率试验列于岩土试验标准。我国于20世纪80年代初开始该项试验研究，也得到了比较满意的结果，1984年原水利电力部将该项试验列入《土工试验规程》的说明书中，目前国家标准《土工试验方法标准》(GB/T 50123—1999)也列入了该项试验。等应变速率固结试验、等梯度固结试验以及等加荷速率固结试验均为控制条件不同的连续加荷固结试验。

连续加荷固结试验是在试样上连续加荷，随时测定试样的变形量与试样底部的孔隙水压力。该试验除克服常规固结试验时间长的缺点外，整个试样的应力条件比较均匀，因而试样的压缩率也较均匀，能以不同的压缩率进行试验达到所需的最大压力。在常规固结试验中，试样中孔隙水压力分布的等时线如图 T 0138-C。可以发现，在固结过程中，沿试样高度各水平面上的有效应力很不均匀，尤其是在加荷瞬间，接近排水面处有效应力最大，不排水面处最小。这样试样内各处受压不匀，造成压缩性不均匀，试样不同高度处，孔隙水压力剃度相差很大，加荷瞬间，排水面处剃度级高，易使试样结构遭到破坏。其次，常规固结试验随着固结的发展，试样应变率变化很大，而连续加荷固结试验克服了这个缺点，可以控制不同应变速率进行试验。在连续加荷固结试验中，试样底部的孔隙水压力可以通过加荷速率来控制，这样沿试样高度空隙水压力的分布形状也可得到控制，除起始和终了时刻外，不管试样上施加的压力多大，试样内孔隙水压力等时线的形状相似，即等时线可以相互平行。但值得注意的是正确测定孔隙水压力非常重要，且要求试样完全饱和。

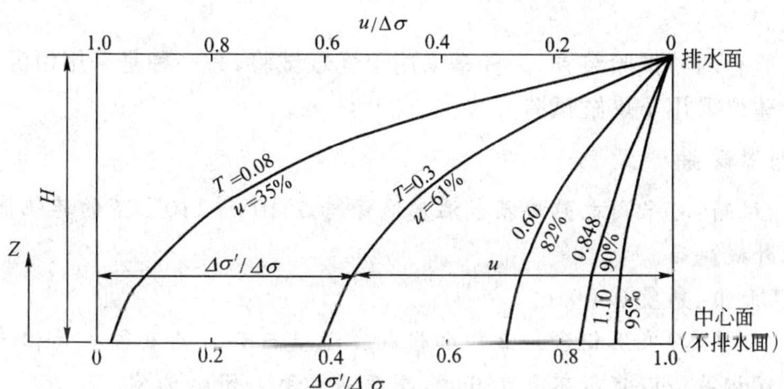

图 T 0138-C　标准固结试验孔隙水压力等时线

20 土的标准吸湿含水率试验

本试验方法系中交第二公路勘察设计研究院 2002～2004 年交通部西部交通建设科技项目“膨胀土地区公路勘察设计技术研究”的研究成果。针对该试验，中交第二公路勘察设计研究院等单位获得了两项专利。

T 0172—2007 标准吸湿含水率试验

1 目的和适用范围

本试验方法适用于在温度为 20℃±2℃、相对湿度为 60%±5%标准条件下，进行土样标准吸湿含水率的测定，同时也可间接确定土样或水泥等细粒材料比表面等性质。

本试验有两种试验装置，一种是采用干燥缸试验，另一种是采用恒温恒湿箱试验。通常建议采用干燥缸试验方法。

2 仪器设备

2.1 烘箱：可采用电热烘箱或温度能保持在 105～110℃下的其他能源烘箱，也可用红外线烘箱。

2.2 天平：感量 0.001g。

2.3 称量盒：采用铝盒。土样水分蒸发速度与铝盒的直径成正相关，与铝盒的高度成反相关。以直径不大于 6cm，高度不大于 1.5cm 为宜。

2.4 试验装置：盛有氯化钙或其他干燥剂的干燥缸；或恒温恒湿箱等。

采用干燥缸试验的最大优点是湿度可以很准确地控制。试验温度由室温控制。室内安装两台双制式空调即可解决室内温度控制问题。

3 试剂

用蒸馏水配置溴化钠饱和盐溶液 1 000mL 。溴化钠饱和盐溶液中可以略有结晶，充分保证盐溶液处于饱和状态。

4 试验步骤

4.1 干燥缸法

4.1.1 将洁净的铝盒置于 105～110℃恒温下烘 3～4h，取出在干燥缸中冷却至室温,立即称量。如此反复操作,直至恒质重为止(前后两次质量相差不大于0.001g),记下铝盒质量。

4.1.2 取具有代表性的天然土体试样约4g,土样应用小刀切削为薄片状,置于已知质量(m_0)的小铝盒中,将土样平铺盒底,盖紧盒盖称量盒与湿土总质量(m_1)。

4.1.3 揭开盒盖,直接将装有土样的小铝盒放置在饱和盐溶液上的多孔板上。

4.1.4 每天取出土样测读一次读数,记下盒与湿土总质量,直到试样恒质量为止,测记吸湿后盒与恒定湿土总质量(m_2),准确至0.001g。

4.1.5 将恒质量的土样放入烘箱中,在温度105～110℃恒温下烘焙8h。

4.1.6 取出铝盒,将盒盖盖好,放入盛有$CaCl_2$的干燥器中放置冷却至室温(一般只需0.5～1h即可),立即称量。

4.1.7 再将铝盒放入烘箱中,在温度105～110℃恒温下烘焙3～4h。取出铝盒,将盒盖盖好,放入盛有$CaCl_2$的干燥器中放置冷却至室温,立即称量。如此反复操作直至恒质量为止,记下质量(m_3),准确至0.001g。

4.2 恒温恒湿箱法

4.2.1 将溴化钠饱和盐溶液1 000mL放置于恒湿箱底部。

4.2.2 将洁净的铝盒置于105～110℃恒温下烘3～4h,取出在干燥缸中冷却至室温,立即称量。如此反复操作,直至恒量为止(前后两次质量相差不大于0.001g),记下铝盒质量。

4.2.3 取具有代表性的天然土体试样约4g,土样应用小刀切削为薄片状,置于已知质量(m_0)的小铝盒中,将土样平铺盒底,盖紧盒盖称量盒与湿土总质量(m_1)。

4.2.4 揭开盒盖,将装有土样的铝盒放入恒温恒湿箱中。

4.2.5 盖上恒湿箱盖板,使之密封。

4.2.6 每大取出土样测读一次读数,记下盒与湿土总质量,直到试样恒质量为止,测记吸湿后盒与恒定湿土总质量(m_2),准确至0.001g。

4.2.7 将恒质量的土样放入烘箱中,在温度105～110℃恒温下烘焙8h。

4.2.8 取出铝盒,将盒盖盖好,放入盛有$CaCl_2$的干燥器中放置冷却至室温(一般只需0.5～1 h即可),立即称量。

4.2.9 再将铝盒放入烘箱中,在温度105～110℃恒温下烘焙3～4h。取出铝盒,将盒盖盖好,放入盛有$CaCl_2$的干燥器中放置冷却至室温,立即称量。如此反复操作直至恒质量为止,记下质量(m_3),准确至0.001g。

采用恒温恒湿箱试验,将土样放置在恒温恒湿箱中,将恒温恒湿箱设置为控制的标准温度(20℃±2℃)和标准湿度(60%±5%),土样恒量的含水率即为最大吸湿含水率。为了加快试验进度,可在恒温恒湿箱中增加空气对流装置。这种试验装置最大的优点是试验温度和湿度能够比较精确地控制，标准吸湿含水率的测定变得非常简单。不足的是，恒温恒湿箱在保湿养护试验过程中喷淋可能会对试样有影响，此外试验设备比较昂贵。

5 结果整理

5.1 按下式计算标准吸湿含水率

$$w_a = \frac{m_2 - m_3}{m_3 - m_0} \times 100 \tag{T 0172-1}$$

式中：w_a——标准吸湿含水率(%)，计算至0.01；

m_0——铝盒质量(g)；

m_2——吸湿后盒与湿土总质量(g)；

m_3——烘干后的盒与土总质量(g)；

$m_2 - m_3$——最大吸水质量(g)；

$m_3 - m_0$——试验干土质量(g)。

5.2 本试验记录格式如表T 0172-1。

表T 0172-1 标准吸湿含水率记录表

工程编号＿＿＿＿＿＿ 试 验 者＿＿＿＿＿＿

土样说明＿＿＿＿＿＿ 计 算 者＿＿＿＿＿＿

取土深度＿＿＿＿＿＿ 校 核 者＿＿＿＿＿＿

土样说明＿＿＿＿＿＿ 试验日期＿＿＿＿＿＿

盒 号			134	
吸湿后盒+湿土总质量	m_2	(g)	35.605	35.451
烘干后盒+干土总质量	m_3	(g)	34.162	34.023
盒质量	m_0	(g)	20.000	20.000
最大吸水质量	$m_2 - m_3$	(g)	1.443	1.428
干土质量	$m_3 - m_0$	(g)	14.162	14.023
标准吸湿含水率	w_a	(%)	10.19	10.18
平均标准吸湿含水率	w_a	(%)	10.19	

5.3 精密度和允许差。

本试验需要进行平行测定，平行试验容许误差0.2%，取算术平均值。

6 报告

6.1 土的鉴别分类和代号。

6.2 土的标准吸湿含水率w_a(%)值。

21 黄土湿陷试验

黄土为第四纪时期形成的黄色粉状沉积物，由于成因的不同，历史条件、地理条件的改变以及区域性自然气候条件的影响，使黄土的外部特性、结构特性、物质成分以及物理、化学、力学特性均不相同。本规程将原生黄土、次生黄土、黄土状土及新近堆积黄土统称为黄土类土。因为它们具有某些共同的变形特性，需要通过压缩试验来测定。一般来说黄土中粉粒含量常占总土量的60%以上，含有大量的碳酸盐、硫酸盐和氯化物等可溶盐类，具有肉眼可见的大孔隙，竖直节理发育，能保持直立的天然边坡。因此，天然状态下的黄土质地坚硬，压缩性小，强度和承载能力均较高。浅层黄土多数孔隙比大，含水率小，一旦浸水后，土粒之间的可溶性盐类被水溶解或软化，使土粒间原有连接遭到破坏，并发生显著的附加下沉，其强度也随着迅速降低，这种黄土称为湿陷性黄土。有的黄土却并不发生湿陷，则称为非湿陷性黄土。一般泛指的黄土则包括湿陷性黄土和非湿陷性黄土。由于黄土湿陷而引起建筑物不均匀沉降，是造成黄土地区地基事故的主要原因。因此，对于黄土地基首先必须判明它是否具有湿陷性，再进而区别其是否属于自重湿陷性黄土或非自重湿陷性黄土，以便采取相应的措施。

一、黄土的基本特征

1. 分布和标志

黄土是一种特殊的第四纪大陆松软的堆积物，在我国北方特别发育，分布广阔，厚度巨大，成因复杂，性质特殊，与工程建设关系密切。在北方黄土地区修建的大量工程，由于对自然规律认识不足，在黄土类土上修建的某些厂房曾出现过问题，如厂房基础突然下沉，导致墙壁开裂，甚至机器不能正常运转。这与黄土类土的特殊性质有关。

我国黄土基本上分布在西北、华北和东北等地，面积达60多万平方公里，一般分布限于北纬30°～48°之间，尤以北纬34°～45°之间最为发育。这些地区位于我国大陆的内部，在西北沙漠和半沙漠区外缘，气候上表现为干燥和半干燥，温暖少雨，带有大陆性气候的特点。

黄土是第四纪的产物，从更新世(Q_1)开始堆积，经历了整个第四纪，直至目前还没有结束。按地层时代及其基本特征，黄土类土可分为三类。第一类：老黄土，它包括 Q_1 午城黄土和 Q_2 的离石黄土，一般没有湿陷性，土的承载力较高，一般在 400kPa 以上。其中午城黄土主要分布在陕甘高原，覆盖在第三纪红土层或基岩之上，而离石黄土 Q_2 分布较广，厚度也大，形成了黄土高原主体，主要分布在甘肃、陕西、河南西部等地。第二类：新黄土，它包括 Q_3 马兰黄土和 Q_4^1 次生黄土状土，广泛叠覆在老黄土之上，在北方各地分布很广，与公路工程建设关系密切，通常均有湿陷性，属一般湿陷性黄土。土的承载力一般为 150～250kPa。人们通常所指的湿陷性黄土大都指这类黄土，厚度很少超过 30m，尤以马兰黄土分布更广，构成湿陷性黄土的主体。第三类：新近堆积黄土，它分布在局部地方，是第四纪近期沉积，厚仅数米，土质松散，压缩性高，湿陷性不一。土的承载力较低，一般小于 150kPa。过去对它的研究不够，近期才将它单独划分出来，应特别注意仔细研究。

各地区黄土的总厚度不一，一般说来，高原地区较厚，而以陕甘高原最厚，可达 100～200m，而其他高原地区一般只有 30～100m。河谷地区的黄土总厚度一般只有几米到 30m，且主要为新黄土，老黄土常缺失。

关于黄土的成因，各家说法不一。一般认为，黄土在一定的自然地理条件下，由不同的物质来源，受不同的地质作用，分布在不同地貌单元上，是多种成因的堆积物。我国黄土主要是风积、洪积、冲—洪积、冰水—洪积等成因类型或其他混合类型。

究竟什么是黄土类土，它包括哪些土？由于研究的出发点不一样，对于这个问题直到目前还没有统一的认识。一般认为，从颜色上看，主要是黄色或褐黄色；从成分上看，以粉粒为主；富含碳酸钙；从外部特征上看，有肉眼可见到的大孔隙，垂直节理发育；从性质上看，具有浸湿后土体显著沉陷的特性，即湿陷性。具有上述全部特征的土就称为典型黄土。与之相类似但缺少个别特征的土就称为黄土状土。典型黄土和黄土状土就统称为黄土类土，习惯上常简称黄土。不管是典型黄土或是黄土状土，作为黄土类土时主要标志是粉质、大孔性、垂直节理发育、具湿陷性。尤其湿陷性是有异于其他土类的最独特的性质，对建筑物的安全有直接的影响。具有湿陷性的黄土类土一般又称为湿陷性黄土，它的勘察、设计、施工与一般土不一样，我国《湿陷性黄土地区建筑规范》有相应的规定。

2. 黄土的成分和结构特征

黄土之所以在干燥时具有较高的强度，遇水后又表现出明显的湿陷性，这主要是由黄土的成分和结构构造等特征所决定的。

黄土的矿物成分主要是石英（含量常超过 50%）、长石（含量常达 25%以上）、碳酸盐（含量常为 10%～15%，主要是 $CaCO_3$）、黏土矿物（含量只有百分之十几）；

此外，还有少量的(百分之几)云母和重矿物；至于易溶盐、中溶盐和有机物的含量都较少，一般都不超过 2%。

黄土基本上是由小于 0.25mm 的颗粒组成，尤以 0.1～0.01mm 的颗粒占主要地位。粉粒(小于 0.05～0.005mm)含量常超过 50%以上，甚至达 60%～70%，且其中主要的是 0.01～0.05mm 的粗粉粒；砂粉粒(大于 0.05mm)含量较少，一般很少超过 20%，甚至只有百分之几，且其中主要的是 0.1～0.05mm 的极细砂；黏粒(小于 0.005mm)含量变化较大，一般为 5%～35%，最常见为 15%～25%。

从结构排列和联结情况看，黄土以由石英和长石(还有少量的云母、黏土矿物和碳酸钙)组成的极细砂粒和粗粉粒为基本骨架，其中砂粒基本上互相不接触，浮在以粗粉粒组成的架空结构中；以由石英和碳酸钙等组成的细粉粒作为填充料，聚集在较粗颗粒之间；以高岭石或水云母为主(还有少量的腐殖质和其他胶体的黏粒)和所吸附的结合水以及部分水溶盐作为胶结材料，依附在上述各类颗粒的周围，将较粗颗粒胶结起来，形成大孔和多孔的结构形式。由于胶结材料的成分、数量和胶结形式(如有接触胶结、接触—基底胶结、基底胶结等)的不同，黄土在水和压力的作用下表现就不一样。黄土的这种特殊结构形式是在干燥气候条件下形成和长期变化的产物。黄土在形成时是极松散的，靠颗粒的摩擦或在少量水分的作用下略有联结，但水分逐渐蒸发后，体积有些收缩，胶体、盐分、结合水集中在较细颗粒周围，形成一定的胶结。连续经过多次的反复湿润干燥过程，盐分累积增多，部分胶体陈化，因此胶结联结是逐渐加强的，故能支持较松散的结构形式。

综上所述，黄土在成分和结构上的基本特点是：以由石英和长石组成的粉粒为主，矿物亲水性较弱，粒度细而均一；联结虽较强但不抗水，未经很好压实，结构疏松多孔，大孔性明显。所以，黄土具有明显的遇水强度联结减弱，结构趋于紧密的倾向。

3. 天然状态下黄土的工程性质

由于黄土的特殊成分和结构，因此在天然状态下黄土具有其特殊的基本性质：

(1)塑性较弱。液限一般为 26%～34%，塑限常在 16%～20%之间，塑性指数多在 8～14 之间。

(2)含水率较低。天然含水率取决于土的特性和水文地质条件，一般含水率较低，在 10%～15%之间。高原 Q_3 马兰黄土含水率略低，常为 11%～20%，甚至低于 10%；河谷阶地 Q_4 黄土含水率略高，常为 15%～25%。

(3)密度较低。压实程度很差，孔隙较大，孔隙率高，孔隙率 45%～55%(孔隙比 0.8～1.1)，干密度 1.3～1.5g/cm^3。

(4)透水性较强。由于大孔和垂直节理发育，透水性比颗粒组成类似的一般黏性土要强得多，常为中等透水性(渗透系数常超过 1×10^{-3}cm/s)。同时具有明显的各向异性，垂直方向比水平方向渗透系数一般大数倍，甚至数十倍。

(5)强度较高。尽管孔隙率很高，但仍具有中等抗压缩能力(一般 $a_{1-2}=0.2\sim0.6\text{MPa}^{-1}$)；抗剪强度较高(一般 $\varphi=15°\sim25°$，$c=30\sim60$kPa)。但新近堆积黄土(Q_4^1)土质松软，强度低，压缩性高。

与一般黏性土一样，黄土的强度取决于土的类型、含水率和孔隙情况。在含水较少时，随着黏粒含量（即塑性指数)的增大或均匀分布的碳酸钙含量的增多，土的强度增大。对具有相同成分的黄土，随着含水率的增大或孔隙的增多，土的强度降低。

天然状态下黄土的主要特点是密度小和含水率低，透水性强。但是黄土遇水后，性质发生急剧变化。这是由于遇水后联结减弱，土粒移动，结构破坏，密度增大，土的强度急剧降低，土体产生强烈变形，透水性也逐渐减弱。

二、黄土的湿陷性及其评价方法

湿陷性黄土分为非自重湿陷性和自重湿陷性两种。非自重湿陷性黄土，在自重压力下受水浸湿不发生湿陷；自重湿陷性黄土，在自重压力下受水浸湿发生湿陷。

1.黄土湿陷的原因和湿陷性的判定

(1)黄土产生湿陷的原因

关于黄土产生湿陷的原因，业内学者们提出过很多假说。湿陷是在一定压力作用下，由于水的渗入而使土的联结显著减弱的一种特殊变形。湿陷变形的根本矛盾与压缩变形一样，是变形力(压力)与变形阻力(主要是联结力)的矛盾。当变形力大于变形阻力时，土粒位置就移动，产生变形；随着土粒移动，土粒的结合水联结和摩擦阻力逐渐加强；当压力变化不大时，或变形阻力增强到一定程度时，土粒移动缓慢而趋于停止，即变形趋于稳定；这时变形力等于变形阻力，而达到平衡状态。当由于某种原因使变形力增大或变形阻力减小时，平衡被破坏，变形过程又开始进行。湿陷变形与一般压缩变形实质没有很大区别，但压缩变形是荷重的增加，使变形力加大，而水对联结阻力的减小所起作用较小，压缩变形是逐渐进行且过程较长。湿陷变形是由于水的渗入而使联结阻力显著减弱，浸湿前后联结阻力变化很大，而变形力变化并不大，所以湿陷变形往往在较短时间内形成，且变形量很大。

黄土具有明显的遇水联结减弱，结构趋于紧密的产生湿陷的特殊成分和结构，这是黄土产生湿陷的根本原因。天然状态下黄土的含水率较低，胶结联结和强结合水联结起主导作用。一般来说，联结阻力较强，但这种联结的抗水性很弱，且胶结联结仅局限于部分接触点上，所以遇水后在一定压力下，就会使联结显著减弱而产生湿陷变形。同时，由于未经很好压实而密度较小，大孔性和多孔性明显，给产生湿陷形成良好而必要的条件，因为有较多空间可以让土粒移动，且有利于水的渗入。

可见，黄土中亲水性较弱的矿物愈多、易溶盐愈多或黏粒愈少，土的湿陷可能性表现愈明显。很多资料表明，在含水率较低的情况下，塑性指数大于12的黄土(或约相当于黏粒含量20%)，湿陷性通常很微弱或没有。塑性指数小于12，尤其是小于10时，黄土经常有湿陷性，且 I_P 值愈小，则湿陷愈强烈。同时，黄土的天然含水率愈低，密实度愈低，则浸湿后含水率提高愈多，联结减弱愈明显，土的湿陷愈强烈。一般说来，低塑性、低含水率、低密度是黄土具有湿陷性的表现，但没有一定条件湿陷也不可能产生。另外，压力的大小、水的数量和质量、水流方向和速度都与土的湿陷有关。

渗入黄土中的水，使胶结土粒的凝胶变成溶胶，部分土中易溶盐被溶解带走，使结合水膜加厚，因此胶结联结部分被破坏，水联结减弱，结构被严重破坏，甚至流速较大时会带走某些细颗粒。同时，水的渗入增大土的自重，使压力增大。由于黄土联结情况不同，在压力作用下，当湿陷前土的联结较强时，湿陷量取决于湿陷后变形阻力与压力的对比，变形阻力减弱得愈多(即天然含水率愈低)，或压力愈大，湿陷量可能愈大；当湿陷前土的联结较弱时，湿陷量表现较大，湿陷速度也快，湿陷量取决于压力和浸湿前土的结构状态，压力愈大，或孔隙比愈大，湿陷量可能愈大。

在不同压力作用下，土的湿陷系数是不一样的。当压力较小时，湿陷量很小，随着压力的增大，湿陷量逐渐增加，但其量小且变形缓慢。当压力超过某值时，湿陷量急剧增大，结构的破坏从少量缓慢而变为大量而迅速。这个开始出现明显湿陷的压力，称为湿陷起始压力。在浸水压缩试验后所求的湿陷系数 δ_s 与压力 p 关系曲线上，可找出 $\delta_{sp} \doteq 0.015$ 对应的压力，以此作为湿陷起始压力。在该压力下浸水，土呈明显的湿陷现象。不同地区黄土湿陷起始压力不同。一般是黏粒含量愈多，天然含水率愈低，密实度愈高(孔隙比愈小)，黄土的湿陷起始压力就愈大，而埋藏愈深时，土的含水率愈高，密实度愈高，同样湿陷起始压力愈大。表21-A是我国西北三个地方黄土湿陷起始压力与土的特性关系。

表21-A 黄土湿陷起始压力与土的特性关系

地名	天然含水率(%)	天然孔隙比	黏粒含量(%)	湿陷起始压力(MPa^{-1})
兰州	12	1.05	14	2～5
西安	22	1.05	25	8～12
洛阳	25	0.87	28	>12

(2)黄土湿陷性的判定

黄土的湿陷性多用室内浸水侧限压缩试验来判定。天然黄土试样在某压力 p 压缩稳定后(这时土样高为 h_p),不增加荷重而将土样浸水饱和,土样产生附加变形(这时测得土样的高度为 h'_p),h_p 与 h'_p 之差越大,说明土的湿陷越明显。一般用 h_p 与 h'_p 之差(湿陷值)与原土样高度 h_0 之比来衡量黄土的湿陷程度,这个指标叫相对湿陷系数 δ_s。

$$\delta_s = \frac{h_p - h'_p}{h_0} \tag{21-A}$$

或

$$\delta_s = \frac{e_p - e'_p}{1 + e_0} \tag{21 -B}$$

式中:h_p、e_p——分别为保持天然含水率和结构的土样,在侧限条件下加压到规定压力 p(kPa)时,压缩稳定后的高度(cm)和孔隙比;

h'_p、e'_p——分别为上述加压稳定后的土样,在浸水作用下压缩稳定后的高度(cm)和孔隙比;

h_0、e_0——分别为土样的原始高度(cm)和天然孔隙比。

δ_s 值越大,说明黄土的湿陷性越强,但在不同压力作用下,黄土的 δ_s 不同。我国新编《湿陷性黄土地区建筑规范》规定:测定湿陷系数时的压力,自基础底面算起(初步勘察时,自地面以下 1.5m 算起),10m 内的土层应用 200kPa,10m 以下的土层用 300kPa。但对压缩性较高的新近堆积黄土,5m 内的土层应用 150kPa,5～10m 内的土层用 200kPa,10m 以下的土层用 300kPa。

《湿陷性黄土地区建筑规范》规定的黄土湿陷性与非湿陷性的划分,见表 21-B。

表 21-B　黄土湿陷性与非湿陷性的划分

名　　称	相对湿陷系数 δ_s
非湿陷性黄土	$\delta_s < 0.015$
湿陷性黄土	$\delta_s \geqslant 0.015$

对待某些具体情况,也可因地制宜,根据当地经验,采用 $\delta_s = 0.02$ 作为划分湿陷与非湿陷性黄土的界限值。

湿陷性黄土按湿陷系数的大小可分为三类,用以表明湿陷作用的强烈程度,见表 21-C。

表 21-C 湿陷性黄土湿陷作用强烈程度的划分

湿陷作用强烈程度	湿陷系数	所属地区
弱湿陷性	$\delta_s \leqslant 0.03$	洛阳地区
中等湿陷性	$0.03 < \delta_s \leqslant 0.07$	太原地区
强湿陷性	$\delta_s > 0.07$	兰州地区

划分自重湿陷性和非自重湿陷性黄土，应按室内压缩试验，在土的饱和自重压力下测定的自重湿陷系数δ_{zs}判定。自重湿陷系数按下式计算：

$$\delta_{zs} = \frac{h_z - h'_z}{h_0} \tag{21-C}$$

式中：h_z——保持天然湿度和结构的土样，加压至土的饱和自重压力时，下沉稳定后的高度(cm)；

h'_z——上述加压稳定后的土样，在浸水作用下，下沉稳定后的高度(cm)；

h_0——土样的原始高度(cm)。

测定上覆土层的饱和自重压力(按饱和度$S_r = 85\%$时的重度计算)，应自天然地面算起(当挖、填方厚度和面积较大时，自设计地面算起)，至该土样顶面为止。当饱和自重压力大于300kPa时，仍用300kPa。

自重湿陷性黄土与非自重湿陷性黄土的判定可按表21-D。

表 21-D 自重湿陷性黄土与非自重湿陷性黄土的划分

名称	自重湿陷系数 δ_{zs}
非自重湿陷性黄土	$\delta_{zs} < 0.015$
自重湿陷性黄土	$\delta_{zs} \geqslant 0.015$

工程实践中，某些黄土地区由于洼地积水造成地面下沉，或是水管漏水导致水管折断，波及建筑物地基而发生很大裂缝，路基发生局部严重坍塌；而在另一些地区则没有这种现象，或是只在建筑物荷重较大时才有这些现象。这就必须区分这两种不同湿陷的黄土，以便建筑结构物时采取不同的防护措施和施工要求。实践证明，非自重湿陷性黄土的湿陷起始压力一般较大，超过其上部土层的饱和自重压力。

对于黄土，判定其属于自重湿陷性或非自重湿陷性，应采用综合评价的方法，主要是通过室内浸水压缩试验所求得湿陷起始压力，并计算黄土的自重湿陷量Δ_{zs}，结合场地的地貌、地质条件、当地建筑经验等因素综合考虑。

对于湿陷性黄土地基，自重湿陷量Δ_{zs}(cm)可按下式计算：

$$\Delta_{zs}=\sum_{i=1}^{n}\delta_{zsi}h_i \tag{21-D}$$

式中：δ_{zsi}——第 i 层土样在压力等于上覆土层的饱和自重压力下的湿陷系数，按公式(21-C)计算；

h_i——第 i 层土的厚度(cm)；

n——计算厚度内土层的数目。

计算厚度从地面（当挖、填方厚度和面积较大时，从设计地面）算至湿陷性黄土层的底面为止。当 Δ_{zs}<7cm 时，一般认为是非自重湿陷性黄土地基；当 Δ_{zs}>11cm 时，一般认为是自重湿陷性黄土地基；当 Δ_{zs} 为 7～11cm 时，需要结合地貌、地质条件及当地建筑经验综合考虑确定。湿陷量只是在一定条件下评价黄土地基自重湿陷程度的一个假定的相对指标，只能说比较接近实际，但试验和计算方法尚存在一定的问题。确定 7cm 和 11cm 这两个界限，主要是考虑我国不同湿陷类型黄土的情况。如河南、西安等地的黄土属于非自重湿陷性，而兰州地区黄土属于典型的自重湿陷性。前者的自重湿陷量一般不超过几厘米，而后者常在 10cm 以上。此外，也考虑了建筑物地基容许沉陷量的因素。

一般来说，具有自重湿陷的黄土常有下述一些特征，而非自重湿陷性黄土则相反。

(1)微地貌上经常发现有自重湿陷造成的碟形凹地，高阶地边缘黄土陷穴非常发育。

(2)自重湿陷性黄土厚度较大，常超过 10m；天然含水率低，常小于塑限，甚至低于 5%；黏粒含量常小于 20%，或塑性指数 I_P 小于 10。

(3)不同深度的湿陷系数都较大，常超过 0.05。

(4)由当地建筑经验可知，雨季常因自重湿陷而发生天然地面陷落或开裂，坡顶地面纵向裂缝显著。轻型构筑物因地基上偶然浸水而受到损害的例子很多，如自承重墙体出现裂缝，发生起伏变形甚至倒塌。

当通过上述方法（按自重湿陷量和湿陷起始压力值评价，考虑了场地的地貌、地质条件和当地建筑经验），尚不能明确判定黄土是否属于自重湿陷时，可进行现场试坑浸水试验，以最后确定。

现场试坑浸水试验是在现场挖一直径或边长不小于湿陷性黄土厚度（不应小于 10m）的平底圆形或方形试坑，深度一般为 50cm，坑底铺以 5～10cm 厚的粗砂或石子。在坑内不同深度处和坑外地面设置若干沉降观测标点。在坑内放水，水深应保持 30cm，浸水过程中注意观察地表周围的变化，系统进行标点的观测，精度控制在±0.1mm 以内。浸水一直进行到湿陷性黄土层全部饱和并达到湿陷稳定为止。稳定标准为最后 5d 的平均湿陷量每天小于 1mm。当实际测定的自重湿陷量 $\Delta'_{zs} \leqslant 7cm$ 时，定为非自重湿陷性黄土场地；$\Delta'_{zs} > 7cm$ 时，定为自重湿陷性黄土场地。

黄土的湿陷性与孔隙比、含水率以及所受压力的大小有关。天然孔隙比愈大，或天然含水率愈低，则湿陷性愈强。在天然孔隙比和含水率不变的情况下，随着压力的增大，黄土的湿陷量增加；但当压力超过某一数值后，再增加压力，湿陷量反而减少。

应当指出的是，压缩变形与湿陷变形的含义不同。压缩变形是指黄土在载荷作用下含水率不变时的垂直变形。这种变形相当于黄土地基未经处理，当建筑物施工时，含水率变化很小，主要是载荷增加所产生的垂直变形。而湿陷变形是指黄土在荷重和浸水共同作用下，由于结构遭破坏产生显著的湿陷变形，这是黄土的重要特性。湿陷系数大于或等于 0.015 时，称为湿陷性黄土；当湿陷系数小于 0.015 时，称非湿陷性黄土。

本试验规程采用相对下沉系数、自重湿陷系数、溶滤变形系数和湿陷起始压力作为黄土湿陷指标。

T 0139—2007　相对下沉系数试验

1　目的和适用范围

本试验的目的是测定黄土（黄土类土）的大孔隙比和相对下沉系数。

黄土湿陷性指标的测定，国内外都沿用单线、双线两种方法。单线法比双线法更符合黄土变形的实际情况；双线法简便，工作量小，但与变形的实际情况不完全符合。

2　仪器设备

2.1　固结仪：见图 T 0139-1，试样面积 $30cm^2$ 和 $50cm^2$，高 2cm。

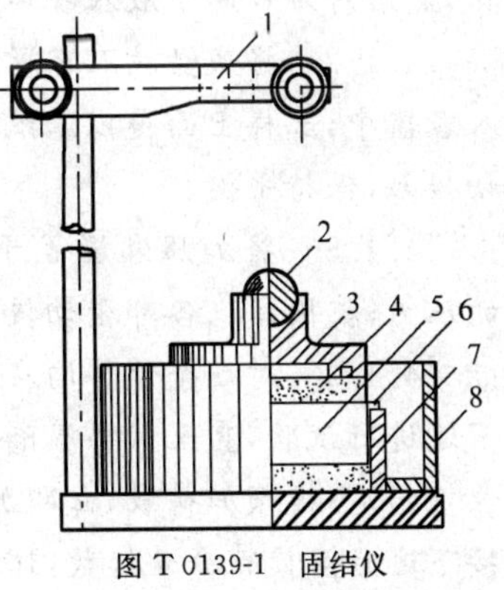

图 T 0139-1　固结仪

1-量表架；2-钢珠；3-加压上盖；4-透水石；5-试样；6-环刀；7-护环；8-水槽

2.2　环刀：直径为 61.8mm 和 79.8mm，高度为 20mm。环刀应具有一定的刚度，内壁应保持较高的光洁度，宜涂一薄层硅脂或聚四氟乙烯。

2.3　透水石：由氧化铝或不受土腐蚀的金属材料组成，其透水系数应大于试样的渗透系数。用固定式容器时，顶部透水石直径小于环刀内径 0.2～0.5mm；当用浮环式容器时，上下部透水石直径相等。

2.4 变形量测设备：量程10mm，最小分度为0.01mm的百分表或零级位移传感器。

2.5 其他：天平、秒表、烘箱、钢丝锯、刮土刀、铝盒等。

黄土相对下沉系数试验所用的加荷设备，常用的有杠杆式和磅秤式。近年来，随着压缩应力的增大，也有采用气压式、液压式等的。本试验采用杠杆式加荷设备。垂直变形测量设备一般用百分表，随着仪器自动化(数据自动采集)，应采用灵敏度为零级的位移传感器。

在相同的试验条件下，高度不同的试样，所反映的各下沉变形阶段的沉降量以及时间过程均有差异。本试验所用仪器直径为61.8mm和79.9mm，高度为20mm，径高比接近国外标准(3.5～4.0)。

3 试样

为判定黄土(黄土类土)的下沉性质，应切取三个原状土样。切土时应使土样受荷方向与天然土层受荷方向一致，并记录和描述土样的层次、颜色和有无杂质等。各试样间的密度差值不得大于0.03g/cm^3，并测定试样含水率。

为测定黄土的湿陷性指标，一般应切取三个原状土样，一个试样用于测定孔隙比或垂直变形与压力的关系，另两个试样用于测定大孔隙比与压力的关系。

4 试验步骤

4.1 单线法

4.1.1 切取5个环刀试样，分别将切好的原状土样的环刀外壁涂一薄层凡士林，然后将刀口向下放入护环内。

4.1.2 将底盘放入容器内，底盘上放透水石和滤纸，借助提环螺丝将护环放入容器中，土样上面覆以滤纸和透水石，然后放下加压导环和传压活塞，使各部密切接触，保持平衡。

4.1.3 将加压容器置于加压框架正中，密合传压活塞及横梁，预加1.0kPa的压力，使固结仪各部密切接触，装好百分表，并调整读数至零。

4.1.4 对5个试样均在天然湿度下分级加压，分别加至不同的规定压力，按下述进行试验，直至试样湿陷变形稳定为止。

(1)去掉预加荷载，立即加上第一级荷载50kPa，在加上砝码的同时开动秒表，按下述时间读百分表读数：10min、20min、30min，以后每1h读数一次，直至达到稳定沉降为止。然后加第二级荷载。沉降稳定的标准是每小时变形量不超过0.01mm。

(2)第二级荷载为100kPa,以后顺次为150kPa、200kPa、400kPa,加压间隔为50kPa。荷载加上后,按本试验4.1.4(1)规定的时间记录百分表读数至沉降稳定为止。

(3)5个试样分别在最后一级压力下,达到沉降稳定,稳定标准为每小时变形不大于0.01mm。而后自试样顶面加水,按本试验4.1.4(1)规定的时间间隔记录百分表读数至再度达沉降稳定。稳定标准为每3d变形不大于0.01mm。

4.1.5 记读最后一级荷载下达到假定沉降后的百分表读数。拆除仪器,取下试样,测定其含水率和干密度。

4.1.6 如须测定大孔隙比与压力的关系,用从同一块土切取的另外两个性质相同土样,测定其密度和含水率。并按上述步骤安装仪器并进行试验。但第一个试样在整个过程中应保持其天然含水率。为此,需用湿棉花覆盖在传压活塞周围。第二个试样在50kPa压力下达到沉降稳定,稳定标准为每小时变形不大于0.01mm。而后自试样顶面加水,直至试样分别在各级压力下浸水变形稳定。稳定标准为每3d变形不大于0.01mm。

4.1.7 为求实际压力下的大孔隙比及相对下沉系数,可按本试验4.1.4(2)和(3)以及4.1.5步骤进行试验,求大孔隙比及相对下沉系数的实际最大值。

4.1.8 试验完毕,放掉容器的积水,拆除仪器,取出土样。在试样中心处取土测定其含水率。

4.2 双线法

4.2.1 切取两个环刀试样,分别将切好的原状土样的环刀外壁涂一薄层凡士林,然后将刀口向下放入护环内。

4.2.2 将底盘放入容器内,底盘上放透水石和滤纸,借助提环螺丝将护环放入容器中,土样上面覆以滤纸和透水石,然后放下加压导环和传压活塞,使各部密切接触,保持平衡。

4.2.3 将加压容器置于加压框架正中,密合传压活塞及横梁,预加1.0kPa的压力,使固结仪各部密切接触,装好百分表,并调整读数至零。

4.2.4 一个试样在天然湿度下按下述分级加压,直至湿陷变形稳定为止。

(1)去掉预加荷载,立即加上第一级荷载50kPa,在加上砝码的同时开动秒表,按下述时间读百分表读数:10min、20min、30min,以后每1h读数一次,直至达到稳定沉降为止。然后加第二级荷载。沉降稳定的标准是每小时变形量不超过0.01mm。

(2)第二级荷载为100kPa,以后顺次为150kPa、200kPa、400kPa,加压间隔为50kPa。荷载加上后,按本试验4.2.4(1)规定的时间记录百分表读数至沉降稳定为止。

(3)试样在最后一级压力下,达到沉降稳定,稳定标准为每小时变形不大于0.01mm。再自试样顶面加水,按本试验4.2.4(1)规定的时间间隔记录百分表读数至再度达浸水沉降稳定。稳定标准为每3d变形不大于0.01mm。

4.2.5 另一个试样在天然湿度下施加第一级压力50kPa,按4.2.4(1)规定的时间间隔记录百分表读数,直至变形稳定,稳定标准为每小时变形不大于0.01mm。而后浸水,再分级加压、记录百分表读数,直至试样在各级压力下浸水变形稳定为止。稳定标准为每3d变形不大于0.01mm。

4.2.6 记读最后一级荷载下达到假定沉降后的百分表读数。拆除仪器,取下试样,测定其含水率和干密度。

4.2.7 为求实际压力下的大孔隙比及相对下沉系数,可按本试验4.2.4(2)和(3)以及4.2.6步骤进行试验,并在加荷至计算压力下浸水,求其在该荷载下的大孔隙比及相对下沉系数,或在不同荷载下进行试验,求大孔隙比及相对下沉系数的实际最大值。

4.2.8 试验完毕,放掉容器的积水,拆除仪器,取出土样。在试样中心处取土测定其含水率。

浸水压力和湿陷系数是划分湿陷等级的主要指标,工业与民用建筑物地基的基底压力大多在200kPa以下,采用200kPa的浸水压力接近实际荷载。因此,以200kPa的浸水压力作为评定湿陷系数的标准。

黄土颗粒间的黏性机理与黏土不同,故对黄土的压缩变形和湿陷变形,一般均采用每小时变形量不大于0.01mm为稳定标准。

5 结果整理

5.1 按下式计算试样的孔隙比:

$$e=\frac{h}{h_s}-1 \tag{T 0139-1}$$

$$h_s=\frac{h_0}{1+e_0} \tag{T 0139-2}$$

式中:e——试样的孔隙比,计算至0.001;

h_s——试样土粒体积高度(mm),计算至0.001;

h——试样高度(mm);

h_0——试验开始时试样的高度(mm);

e_0——试验开始时试样的孔隙比。

5.2 按下式计算大孔隙比（图 T 0139-2）：

$$e_m = e_p - e'_p \quad (T\,0139\text{-}3)$$

式中：e_m——大孔隙比，计算至 0.001；

e_p——p(kPa)压力时浸水前试样的稳定孔隙比；

e'_p——p(kPa)压力时浸水后试样的稳定孔隙比。

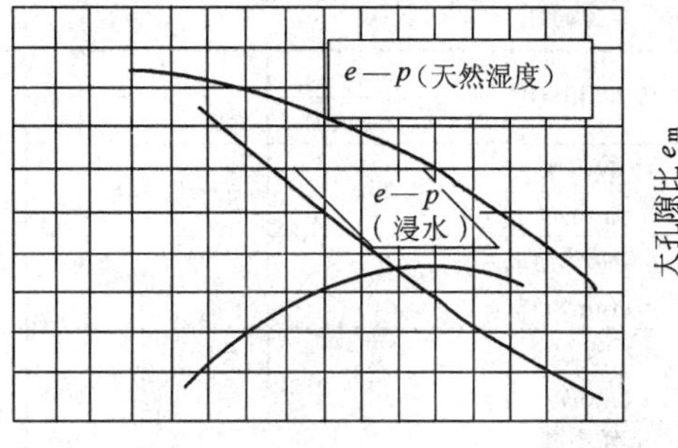

图 T 0139-2 $e—p$ 和 $e'_m—p$ 关系曲线

5.3 按下列计算相对下沉系数：

$$i_m = \frac{e_m}{1+e_0} \quad (T\,0139\text{-}4)$$

式中：i_m——相对下沉系数，计算至 0.01；

e_m——大孔隙比；

e_0——试验开始时孔隙比。

5.4 本试验记录格式如表 T 0139-1。

表 T 0139-1 黄土湿陷试验记录(相对下沉系数)

工程编号________ 试验者________

取土深度________ 计算者________

土样编号________ 校核者________

土样描述________ 试验日期________

试样原始高度 h_0＝20mm

试样原始孔隙比 e_0＝1.114

试样土粒体积高度 $h_s = \frac{h_0}{1+e_0} = 9.461\text{mm}$

压力(kPa)	50		100		150		200		200（在浸水下）	
	时间	读数	时间	读数	时间	读数	时间	读数	时间	读数
测值	9:30	0.000	11:00	0.250	13:00	0.408	15:30	0.570	18:00	0.766
	9:40	0.223	11:10	0.378	13:10	0.527	15:40	0.700	18:10	2.030
	9:50	0.240	11:20	0.389	13:20	0.541	15:50	0.720	18:20	2.070
	10:00	0.242	11:30	0.391	13:30	0.549	16:00	0.730	18:30	2.090
	10:30	0.247	12:00	0.400	14:00	0.558	16:30	0.749	19:00	2.118
	11:00	0.250	12:30	0.405	14:30	0.563	17:00	0.756	19:30	2.135
			13:00	0.408	15:00	0.568	17:30	0.761	20:00	2.143
					15:30	0.570	18:00	0.766	20:30	2.150
									21:00	2.157
									23:00	2.160

续上表

压力(kPa)	50		100		150		200		200（在浸水下）	
	时间	读数	时间	读数	时间	读数	时间	读数	时间	读数
总变形量(mm)	0.250		0.408		0.570		0.766		2.160	
仪器变形量(mm)	0.021		0.029		0.034		0.037		0.037	
试样变形量(mm)	0.229		0.279		0.536		0.729		2.123	
试样高度 h(mm)	19.771		19.621		19.464		19.271		17.877	
孔隙比 e	1.090		1.074		1.057		1.037		0.89	
大孔隙比 e_m	$e_m=e_p-e'_p=1.037-0.89=0.147$									
相对下沉系数 i_m	$i_m=\frac{e_m}{1+e_0}=\frac{0.147}{1+1.114}=0.07$									

6 报告

6.1 土的鉴别分类和代号；

6.2 黄土的大孔隙比 e_m 值；

6.3 黄土的相对下沉系数 i_m 值。

本试验方法采用大孔隙比和相对下沉系数作为黄土湿陷指标。两者从不同角度表征黄土的湿陷特性。

T 0173—2007 自重湿陷系数试验

黄土受水浸湿后，在上覆土的自重压力下发生湿陷的称为自重湿陷性黄土，在上覆土的自重压力下不发生湿陷的称为非自重湿陷性黄土。

1 目的和适用范围

本试验的目的是测定黄土(黄土类土)的自重湿陷系数。

2 仪器设备

2.1 固结仪：见图 T 0173-1，试样面积 $30cm^2$ 和 $50cm^2$，高 2cm。

2.2 环刀：直径为 61.8mm 和 79.8mm，高度为 20mm。环刀应具有一定的刚度，内壁应保持较高的光洁度，宜涂一薄层硅脂或聚四氟乙烯。

2.3 透水石：由氧化铝或不受土腐蚀的金属材料组成，其透水系数应大于试样的渗透系数。用固定式容器时，顶部透水石直径小于环刀内径 0.2～0.5mm；当用浮环式容器时，上下部透水石直径相等。

2.4　变形量测设备：量程 10mm，最小分度为 0.01mm 的百分表或零级位移传感器。

2.5　其他：天平、秒表、烘箱、钢丝锯、刮土刀、铝盒等。

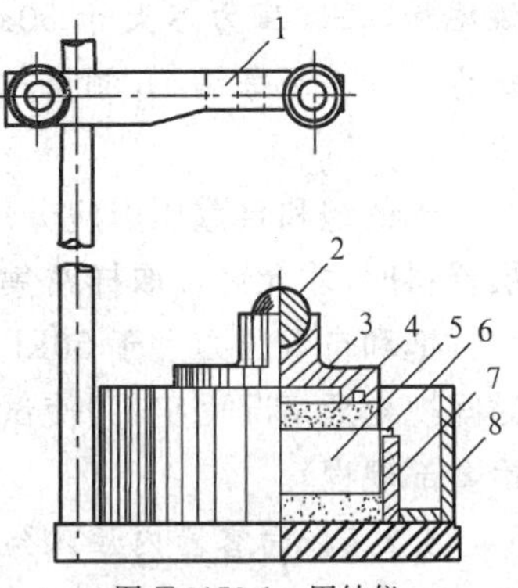

图 T 0173-1　固结仪

1-量表架；2-钢珠；3-加压上盖；4-透水石；5-试样；6-环刀；7-护环；8-水槽

3　试验步骤

3.1　原状土试件制备

3.1.1　按土样上下层次小心开启原状土包装皮，将土样取出放正，整平两端。在环刀内壁涂一薄层凡士林，刀口向下，放在土样上，无特殊要求时，切土方向应与天然土层层面垂直。

3.1.2　将试验用的切土环刀内壁涂一薄层凡士林，刀口向下，放在试件上，用切土刀将试件削成略大于环刀直径的土柱。然后将环刀垂直向下压，边压边削，至土样伸出环刀上部为止，削平环刀两端，擦净环刀外壁，称环土合质量，准确至 0.1g，并测定环刀两端所削下土样的含水量。试件与环刀要密合，否则应重取。

切削过程中，应细心观察并记录试件的层次、气味、颜色，有无杂质，土质是否均匀，有无裂缝等。

如连续切取数个试件，应使含水率不发生变化。

视试件本身及工程要求，决定试件是否进行饱和。如不立即进行试验或饱和时，则将试件暂存于保湿器内。

切取试件后，剩余的原状土样用蜡纸包好置于保湿器内，以备补做试验之用。切削的余土做物理性试验。平行试验或同一组试件密度差值不大于 $\pm 0.1 g/cm^3$，含水率差值不大于 2%。

3.2　单线法

3.2.1　切取 5 个环刀试样，分别将切好的原状土样的环刀外壁涂一薄层凡士林，然后将刀口向下放入护环内。

3.2.2　将底盘放入容器内，底盘上放透水石和滤纸，借助提环螺丝将护环放入容器中，土样上面覆以滤纸和透水石，然后放下加压导环和传压活塞，使各部密切接触，保持平衡。

3.2.3　将加压容器置于加压框架正中，密合传压活塞及横梁，预加 1.0kPa 的压力，使固结仪各部密切接触，装好百分表，并调整读数至零。

3.2.4　将土的饱和自重压力大致均分规定为 5 级压力，分别施加在 5 个试样上。当施加的压力小于或等于 50kPa 时，可一次施加；当压力大于 50kPa 时，应分级施加，每级压力不大于50kPa，每级压力时间不少于15min，如此连续加至规定压力。加压后每隔1h测记一次变形读数，直到每小时试样变形量不超过0.01mm为止。

土的饱和自重压力应分层计算，以工程地质勘察分层为依据，当工程未提供分层资料时，才允许按取样密集程度和试样密度粗略地划分层次。

饱和自重压力大于50kPa时，应分级施加，每级压力不大于50kPa。每级压力时间视变形情况而定，为使试验时有个参考，本条文中规定不小于15min(参考原冶金部规程)。

3.2.5 向容器内注入纯水，水面应高出试样顶面，每隔1h测记一次变形读数，分别测记5个试样浸水变形稳定读数后的百分表读数。直至试样浸水变形稳定为止。稳定标准为每3d变形不大于0.01mm。

3.2.6 拆除仪器，取下试样，测定其含水率和干密度。

3.3 双线法

3.3.1 切取两个环刀试样，分别将切好的原状土样的环刀外壁涂一薄层凡士林，然后将刀口向下放入护环内。

3.3.2 将底盘放入容器内，底盘上放透水石和滤纸，借助提环螺丝将护环放入容器中，土样上面覆以滤纸和透水石，然后放下加压导环和传压活塞，使各部密切接触，保持平衡。

3.3.3 将加压容器置于加压框架正中，密合传压活塞及横梁，预加1.0kPa的压力，使固结仪各部密切接触，装好百分表，并调整读数至零。

3.3.4 在一个试样上施加土的饱和自重压力，当饱和自重压力小于或等于50kPa时，可一次施加；当压力大于50kPa时，应分级施加，每级压力不大于50kPa，每级压力时间不少于15min，如此连续加至饱和自重压力。加压后每隔1h测记一次变形读数，直到每小时试样变形量不超过0.01mm为止。再自试样顶面加水，每隔1h测记一次变形读数。测记浸水沉降稳定百分表读数。稳定标准为每3d变形不大于0.01mm。

3.3.5 在另一个试样上施加第一个50kPa压力，每隔1h测记一次变形读数，直至试样每小时试样变形量不超过0.01mm为止。再向容器内注入纯水，水面应高出试样顶面，当饱和自重压力小于或等于50kPa时，可一次施加；当压力大于50kPa时，应分级施加，每级压力不大于50kPa，每级压力时间不少于15min，如此连续加至饱和自重压力。加压后每隔1h测记一次变形读数，直到试样浸水变形稳定为止。稳定标准为每3d变形不大于0.01mm。

3.3.6 试验完毕，放掉容器的积水，拆除仪器，取出土样。在试样中心处取土测定其含水率和干密度。

4 结果整理

4.1 自重湿陷系数按下式计算：

$$\delta_{zs}=\frac{h_z-h'_z}{h_0} \tag{T 0173-1}$$

式中：δ_{zs}——自重湿陷系数，计算至0.001；

h_z——在饱和自重压力下，试样变形稳定后的高度(mm)；

h'_z——在饱和自重压力下，试样浸水湿陷变形稳定后的高度(mm)；

h_0——试样初始高度(mm)。

4.2 本试验记录格式如表T 0173-1。

表T 0173-1 黄土湿陷性试验记录(自重湿陷系数)

工程编号__________ 试验者__________

试样编号__________ 计算者__________

试验日期__________ 校核者__________

<table>
<tr><td colspan="11">试样编号：__________ 环 刀 号：__________
仪 器 号：__________ 试样初始高度：__________ (mm)</td></tr>
<tr><td colspan="8">饱和自重压力计算</td><td colspan="3">试验测试</td></tr>
<tr><td rowspan="2">层数</td><td rowspan="2">密度
(g/cm³)</td><td rowspan="2">含水率
(%)</td><td rowspan="2">比重</td><td rowspan="2">孔隙度
(%)</td><td rowspan="2">饱和密度
(g/cm³)</td><td rowspan="2">层厚
(m)</td><td rowspan="2">土层自重压力
(kPa)</td><td rowspan="2">经过时间
(min)</td><td colspan="2">百分表读数</td></tr>
<tr><td>自重压力
(kPa)</td><td>浸水
(mm)</td></tr>
<tr><td></td><td>(1)</td><td>(2)</td><td>(3)</td><td>$(4)=1-\frac{(1)}{(3)\times[1+(2)]}$</td><td>$(5)=\frac{(1)}{1+(2)}+0.85\times(4)$</td><td>(6)</td><td>$(7)=9.81\times(6)\times(5)$</td><td></td><td></td><td></td></tr>
<tr><td rowspan="2"></td><td rowspan="2"></td><td rowspan="2"></td><td rowspan="2"></td><td rowspan="2"></td><td rowspan="2"></td><td rowspan="2"></td><td rowspan="2"></td><td></td><td></td><td></td></tr>
<tr><td>稳定读数</td><td></td><td></td></tr>
<tr><td colspan="6">自重压力(kPa) Σ(7)</td><td colspan="2"></td><td colspan="2">自重湿陷系数</td><td></td></tr>
</table>

5 报告

5.1 土的鉴别分类和代号。

5.2 黄土的自重湿陷系数 δ_{zs} 值。

T 0174—2007 溶滤变形系数试验

渗透溶滤变形是指黄土在荷重及渗透水长期作用下，由于盐类溶滤及土中孔隙继续被压密而产生的垂直变形，实际上是湿陷变形的继续，一般很缓慢，在公路湿陷性黄土地基中是常见的。

1 目的和适用范围

本试验的目的是测定黄土(黄土类土)的湿陷变形系数和溶滤变形系数。

溶滤变形系数是公路土工建筑物施工和运用阶段所关注的湿陷性指标。一般在实际荷重下进行试验，浸水后长期渗透求得溶滤变形。

2 仪器设备

2.1 固结仪：见图 T 0174-1，试样面积 30cm² 和 50cm²，高 2cm。

2.2 环刀：直径为 61.8mm 和 79.8mm，高度为 20mm。环刀应具有一定的刚度，内壁应保持较高的光洁度，宜涂一薄层硅脂或聚四氟乙烯。

2.3 透水石：由氧化铝或不受土腐蚀的金属材料组成，其透水系数应大于试样的渗透系数。用固定式容器时，顶部透水石直径小于环刀内径 0.2～0.5mm；当用浮环式容器时，上下部透水石直径相等。

2.4 变形量测设备：量程 10mm，最小分度为 0.01mm 的百分表或零级位移传感器。

2.5 其他：天平、秒表、烘箱、钢丝锯、刮土刀、铝盒等。

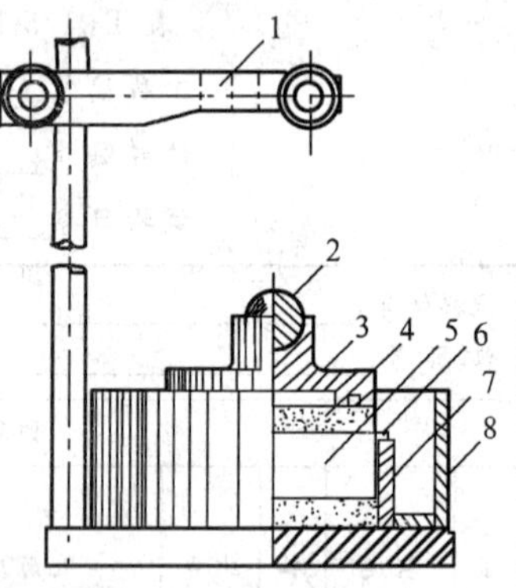

图 T 0174-1 固结仪

1-量表架；2-钢珠；3-加压上盖；4-透水石；5-试样；6-环刀；7-护环；8-水槽

3 试验步骤

3.1. 原状土试件制备

3.1.1 按土样上下层次小心开启原状土包装皮，将土样取出放正，整平两端。在环刀内壁涂一薄层凡士林，刀口向下，放在土样上，无特殊要求时，切土方向应与天然土层层次垂直。

3.1.2 将试验用的切土环刀内壁涂一薄层凡士林，刀口向下，放在试件上，用切土刀将试件削成略大于环刀直径的土柱。然后将环刀垂直向下压，边压边削，至土样伸出环刀上部为止，削平环刀两端，擦净环刀外壁，称环土合质量，准确至0.1g，并测定环刀两端所削下土样的含水量。试件与环刀要密合，否则应重取。

切削过程中，应细心观察并记录试件的层次、气味、颜色，有无杂质，土质是否均匀，有无裂缝等。

如连续切取数个试件，应使含水率不发生变化。

视试件本身及工程要求，决定试件是否进行饱和。如不立即进行试验或饱和时，则将试件暂存于保湿器内。

切取试件后，剩余的原状土样用蜡纸包好置于保湿器内，以备补做试验之用。切削的余土做物理性试验。平行试验或同一组试件密度差值不大于±0.1g/cm³，含水率差值不大于2%。

3.2　单线法

3.2.1　切取5个环刀试样，分别将切好的原状土样的环刀外壁涂一薄层凡士林，然后将刀口向下放入护环内。

3.2.2　将底盘放入容器内，底盘上放透水石和滤纸，借助提环螺丝将护环放入容器中，土样上面覆以滤纸和透水石，然后放下加压导环和传压活塞，使各部密切接触，保持平衡。

3.2.3　将加压容器置于加压框架正中，密合传压活塞及横梁，预加1.0kPa的压力，使固结仪各部密切接触，装好百分表，并调整读数至零。

3.2.4　对5个试样均在天然湿度下分级加压，分别加至不同的规定压力，按下述进行试验，直至试样湿陷变形稳定为止。

(1)去掉预加荷载，立即加上第一级荷载50kPa，在加上砝码的同时开动秒表，按下述时间读百分表读数：10min、20min、30min，以后每1h读数一次，直至达到稳定沉降为止。然后加第二级荷载。沉降稳定的标准是每小时变形量不超过0.01mm。

(2)第二级荷载为100kPa，以后顺次为150kPa、200kPa、400kPa，加压间隔为50kPa。荷载加上后，按本试验3.2.4(1)规定的时间记录百分表读数至沉降稳定为止。

(3)5个试样分别在最后一级压力下，达到沉降稳定后，自试样顶面加水，按本试验3.2.4(1)规定的时间间隔记录百分表读数至再度达沉降稳定。

3.2.5　继续用水渗透，每隔2h测记一次变形读数，24h后每天测记1～3次，直至每3d(72h)变形不大于0.01mm为止。

对于渗透溶滤变形，由于变形特性除粒间应力引起的缓慢塑性变形以外，还取决于长期渗透时盐类溶滤作用，故规定3d的变形量不大于0.01mm。

3.2.6 测记试样溶滤变形稳定的百分表读数。拆除仪器，取下试样，测定其含水率和干密度。

3.3 双线法

3.3.1 切取两个环刀试样，分别将切好的原状土样的环刀外壁涂一薄层凡士林，然后将刀口向下放入护环内。

3.3.2 将底盘放入容器内，底盘上放透水石和滤纸，借助提环螺丝将护环放入容器中，土样上面覆以滤纸和透水石，然后放下加压导环和传压活塞，使各部密切接触，保持平衡。

3.3.3 将加压容器置于加压框架正中，密合传压活塞及横梁，预加1.0kPa的压力，使固结仪各部密切接触，装好百分表，并调整读数至零。

3.3.4 一个试样在天然湿度下按下述分级加压，直至湿陷变形稳定为止。

(1)去掉预加荷载，立即加上第一级荷载50kPa，在加上砝码的同时开动秒表，按下述时间读百分表读数：10min、20min、30min，以后每1h读数一次，直至达到稳定沉降为止。然后加第二级荷载。沉降稳定的标准是每小时变形量不超过0.01mm。

(2)第二级荷载为100kPa，以后顺次为150kPa、200kPa、400kPa，加压间隔为50kPa。荷载加上后，按本试验3.3.4(1)规定的时间记录百分表读数至沉降稳定为止。

(3)试样在最后一级压力下，达到沉降稳定后，自试样顶面加水，按本试验3.3.4(1)规定的时间间隔记录百分表读数至再度达沉降稳定。

3.3.5 另一个试样在天然湿度下施加第一级压力50kPa，按3.3.4(1)规定的时间间隔记录百分表读数，待变形稳定后浸水。按3.3.4(1)规定的时间间隔记录百分表读数，直至第一级压力下湿陷稳定后，再分级加压、记录百分表读数，直至试样在各级压力下浸水变形稳定为止。

3.3.6 继续用水渗透，每隔2h测记一次变形读数，24h后每天测记1～3次，直至每3d(72h)变形不大于0.01mm为止。

3.3.7 测记试样溶滤变形稳定的百分表读数。拆除仪器，取下试样，测定其含水率和干密度。

4 结果整理

4.1 溶滤变形系数按下式计算：

$$\delta_{wt} = \frac{h_z - h_s}{h_0} \quad \text{(T 0174-1)}$$

式中：δ_{wt}——溶滤变形系数，计算至0.001；

h_z——在某级压力下，试样浸水湿陷变形稳定后的高度(mm)；

h_s——在某级压力下，长期渗透而引起的溶滤变形稳定后的试样高度(mm)；

h_0——试样初始高度(mm)。

4.2 本试验记录格式如表T 0174-1。

表T 0174-1 黄土湿陷试验记录(溶滤变形系数)

工程编号________ 试样含水率________ 试验者________

试样编号________ 试样密度________ 计算者________

仪器编号________ 土粒比重________ 校核者________

试验方法________ 试样初始高度________ mm

压力(kPa) / 变形读数(mm)	浸水湿陷		浸水溶滤	
	时间	读数	时间	读数
总变形量				
仪器变形量				
试样变形量				
试样高度				
	溶滤变形系数 $\delta_{wt}=\frac{h_z-h_s}{h_0}$			

5 报告

5.1 土的鉴别分类和代号。

5.2 黄土的溶滤变形系数δ_{wt}值。

T 0175—2007 湿陷起始压力试验

黄土在荷重作用下，受水浸湿后开始出现湿陷的压力，称为湿陷起始压力。黄土湿陷试验对地基来说，主要是测定自重湿陷系数、起始压力和规定压力下的湿陷系数，而对填土建筑物来说，主要是测定施工和运营阶段相应的湿陷性指标，包括本试验的所有内容。

1 目的和适用范围

本试验的目的是测定黄土(黄土类土)的湿陷起始压力。

2 仪器设备

2.1 固结仪:见图 T 0175-1,试样面积 $30cm^2$ 和 $50cm^2$,高 2cm。

2.2 环刀:直径为 61.8mm 和 79.8mm,高度为 20mm。环刀应具有一定的刚度,内壁应保持较高的光洁度,宜涂一薄层硅脂或聚四氟乙烯。

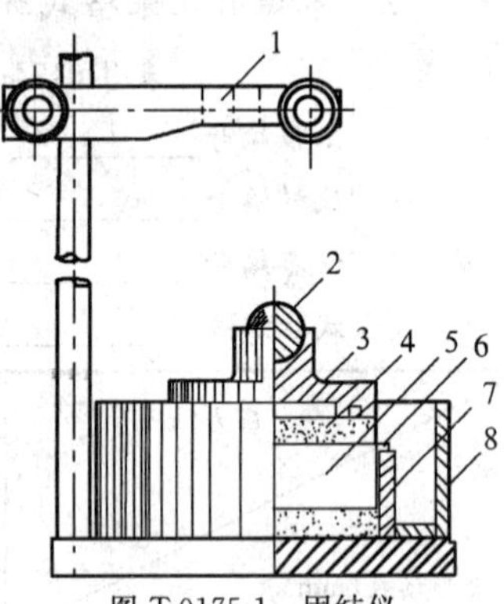

图 T 0175-1 固结仪

1-量表架;2-钢珠;3-加压上盖;4-透水石;5-试样;6-环刀;7-护环;8-水槽

2.3 透水石:由氧化铝或不受土腐蚀的金属材料组成,其透水系数应大于试样的渗透系数。用固定式容器时,顶部透水石直径小于环刀内径 0.2~0.5mm;当用浮环式容器时,上下部透水石直径相等。

2.4 变形量测设备:量程 10mm,最小分度为 0.01mm 的百分表或零级位移传感器。

2.5 其他:天平、秒表、烘箱、钢丝锯、刮土刀、铝盒等。

3 试验步骤

3.1 原状土试件制备

3.1.1 按土样上下层次小心开启原状土包装皮,将土样取出放正,整平两端。在环刀内壁涂一薄层凡士林,刀口向下,放在土样上。无特殊要求时,切土方向应与天然土层层次垂直。

3.1.2 将试验用的切土环刀内壁涂一薄层凡士林,刀口向下,放在试件上,用切土刀将试件削成略大于环刀直径的土柱。然后将环刀垂直向下压,边压边削,至土样伸出环刀上部为止,削平环刀两端,擦净环刀外壁,称环土合质量,准确至 0.1g,并测定环刀两端所削下土样的含水率。试件与环刀要密合,否则应重取。

切削过程中,应细心观察并记录试件的层次、气味、颜色,有无杂质,土质是否均匀,有无裂缝等。

如连续切取数个试件,应使含水率不发生变化。

视试件本身及工程要求,决定试件是否进行饱和。如不立即进行试验或饱和时,则将试件暂存于保湿器内。

切取试件后，剩余的原状土样用蜡纸包好置于保湿器内，以备补做试验之用。切削的余土做物理性试验。平行试验或同一组试件密度差值不大于±0.1g/cm^3，含水率差值不大于2%。

3.2 单线法

3.2.1 切取5个环刀试样，分别将切好的原状土样的环刀外壁涂一薄层凡士林，然后将刀口向下放入护环内。

3.2.2 将底盘放入容器内，底盘上放透水石和滤纸，借助提环螺丝将护环放入容器中，土样上面覆以滤纸和透水石，然后放下加压导环和传压活塞，使各部密切接触，保持平衡。

3.2.3 将加压容器置于加压框架正中，密合传压活塞及横梁，预加1.0kPa的压力，使固结仪各部密切接触，装好百分表，并调整读数至零。

3.2.4 对5个试样均在天然湿度下分级加压，分别加至不同的规定压力，按下述进行试验，直至试样湿陷变形稳定为止。

(1)去掉预加荷载，立即加上第一级荷载50kPa，在加上砝码的同时开动秒表，按下述时间读百分表读数：10min、20min、30min，以后每1h读数一次，直至达到稳定沉降为止。然后加第二级荷载。沉降稳定的标准是每小时变形量不超过0.01mm。

(2)第二级荷载为100kPa，以后顺次为150kPa、200kPa、400kPa，加压间隔为50kPa。荷载加上后，按本试验3.2.4(1)规定的时间记录百分表读数至沉降稳定为止。

(3)5个试样分别在最后一级压力下，达到沉降稳定后，自试样顶面加水，按本试验3.2.4(1)规定的时间间隔记录百分表读数至再度达变形稳定。稳定标准为每3d变形不大于0.01mm。

3.2.5 记读最后一级荷载下达到假定沉降后的百分表读数。拆除仪器，取下试样，测定其含水率和干密度。

3.3 双线法

3.3.1 切取两个环刀试样，分别将切好的原状土样的环刀外壁涂一薄层凡士林，然后将刀口向下放入护环内。

3.3.2 将底盘放入容器内，底盘上放透水石和滤纸，借助提环螺丝将护环放入容器中，土样上面覆以滤纸和透水石，然后放下加压导环和传压活塞，使各部密切接触，保持平衡。

3.3.3 将加压容器置于加压框架正中，密合传压活塞及横梁，预加1.0kPa的压力，使固结仪各部密切接触，装好百分表，并调整读数至零。

3.3.4　一个试样在天然湿度下按下述分级加压，直至湿陷变形稳定为止。

(1)去掉预加荷载，立即加上第一级荷载50kPa，在加上砝码的同时开动秒表，按下述时间读百分表读数：10min、20min、30min，以后每1h读数一次，直至达到稳定沉降为止。然后加第二级荷载。沉降稳定的标准是每小时变形量不超过0.01mm。

(2)第二级荷载为100kPa，以后顺次为150kPa、200kPa、400kPa，加压间隔为50kPa。荷载加上后，按本试验3.3.4(1)规定的时间记录百分表读数至沉降稳定为止。

(3)试样在最后一级压力下，达到沉降稳定，稳定标准为每小时变形不大于0.01mm。而后自试样顶面加水，按本试验3.3.4(1)规定的时间间隔记录百分表读数至再度达沉降稳定，稳定标准为每3d变形不大于0.01mm。

3.3.5　另一个试样在天然湿度下施加第一级压力50kPa，按3.3.4(1)规定的时间间隔记录百分表读数，待变形稳定，稳定标准为每小时变形不大于0.01mm。而后浸水，按3.3.4(1)规定的时间间隔记录百分表读数，直至第一级压力下浸水变形稳定，再分级加压、记录百分表读数，直至试样在各级压力下浸水变形稳定为止。稳定标准为每3d变形不大于0.01mm。

3.3.6　记读最后一级荷载下达到假定沉降后的百分表读数。拆除仪器，取下试样，测定其含水率和干密度。

4　结果整理

4.1　各级压力下的湿陷系数应按下式计算：

$$\delta_{sp}=\frac{h_{pn}-h_{pw}}{h_0} \tag{T 0175-1}$$

式中：δ_{sp}——各级压力下的湿陷系数，计算至0.001；

h_{pw}——在各级压力下试样浸水变形稳定后的高度(mm)；

h_{pn}——在各级压力下试样变形稳定后的高度(mm)；

h_0——试验开始时试样的高度(mm)。

以压力为横坐标、湿陷系数为纵坐标，绘制压力与湿陷系数关系曲线(图T 0175-2)，湿陷系数为0.015所对应的压力即为湿陷起始压力。

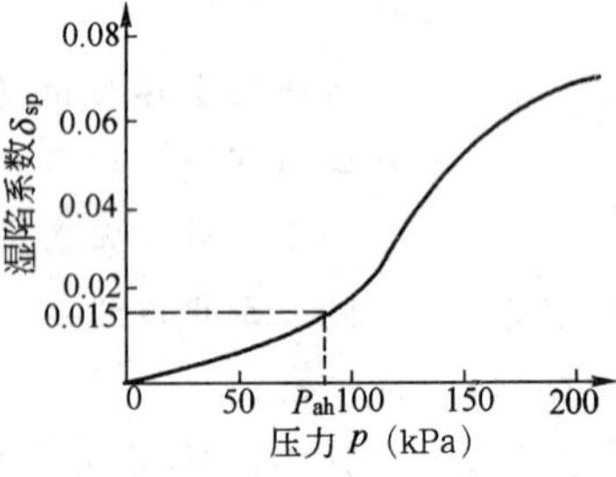

图T 0175-2　湿陷系数与压力关系曲线

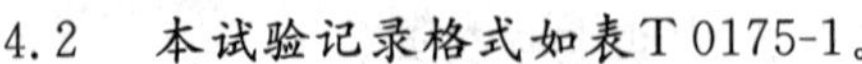
4.2　本试验记录格式如表T 0175-1。

表 T 0175-1　黄土湿陷试验记录(湿陷起始压力)

工程编号__________　　试验者__________

试样编号__________　　计算者__________

试验日期__________　　校核者__________

试样编号：　环刀号： 试样初始高度：　(mm)								环刀号： 试样初始高度：　(mm)						
经过时间 (min)	天然状态　仪器号：							浸水状态　仪器号：						
	50 (25) (kPa)	100 (50) (kPa)	150 (75) (kPa)	200 (100) (kPa)	250 (150) (kPa)	300 (200) (kPa)	浸水	50 (25) (kPa)	浸水	100 (50) (kPa)	150 (75) (kPa)	200 (100) (kPa)	250 (150) (kPa)	300 (200) (kPa)
	百分表读数(mm)							百分表读数(mm)						
仪器变形量														
试样变形量														
湿陷系数														

5　报告

5.1　土的鉴别分类和代号。

5.2　黄土的各级压力下的湿陷系数 δ_{sp} 值。

湿陷起始压力利用湿陷系数和压力关系曲线求得。测定湿陷起始压力(或不同压力下的湿陷系数),国内外都沿用单线、双线两种方法。从理论上和试验结果来说,单线法比双线法更符合黄土变形的实际情况,如果土质均匀,可以得出良好的结果。双线法简便,工作量少,但与变形的实际情况不完全符合。为与现行国家标准《湿陷性黄土地区建筑规范》(GBJ 50025—2004)对应使用,木规程改成单线法、双线法并列,供试验人员根据实际情况选用。采用双线法时,保持天然湿度施加压力的试样,在完成最后一级压力后仍要求浸水测定湿陷系数,其目的在于与浸水条件下最后一级压力的湿陷系数比较,以便二者进行校核。

黄土的湿陷变形特性,对黄土地区公路地基及填土路基的施工有较大的影响。在实际公路工程建设中,对于不同成因的黄土工程病害,应采取不同的工程处理方法。根据黄土的亲水性以及物理、化学变化可对黄土进行分类,见图 21-A。

由图 21-A 可见,憎水性黄土不具备公路工程的直接适用性。亲水性黄土虽然具备公路工程的适用性,但是多数类型的亲水性黄土具有潜在导致公路工程病害的风险。如物理分散性黄土可产生黄土液化,化学分散性黄土易导致严重的冲刷破坏,物理湿陷性黄土只要在地基的持力层范围或最大 7d 暴雨降水量的入渗深度范围进行正常压实就能满足工程应用的需要,化学湿陷性黄土则需进行特殊处理或特殊填筑工艺施工才能满足应用要求,物理湿胀(膨胀)性黄土必须进行化学改良或封闭隔离处理才能应用

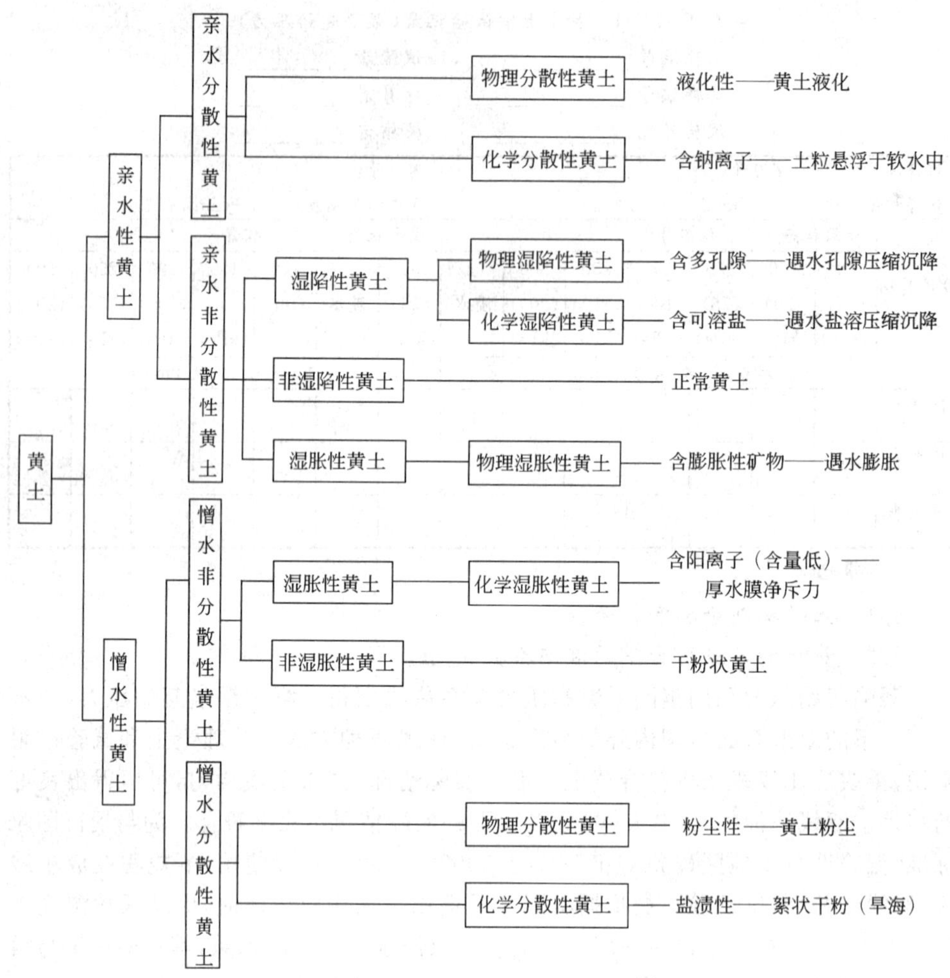

图 21-A　黄土亲水性以及物理化学分类

于公路工程等。通常人们所说的黄土主要是指亲水非分散的湿陷性黄土。

黄土地区公路工程建设的安全经济性决定于设计指标选择的正确与否，设计指标的确定与试验方法密切相关，而试验方法的正确性在于反映实际情况的程度。黄土压缩性指标的测定不能不考虑黄土本身的物质组成性质及状态，也不能不考虑工程施工运用期间可能的主要作用因素，以及这些因素所引起的土体变形。因此，在试验中应尽量采用实际荷重测定黄土压缩性指标作为设计施工依据，同时在试验中应尽量模拟实际工程中荷重、浸水及施工程序等作用因素，这样使试验方法能够有效地反映实际情况。

22　土的直接剪切试验

1. 理论依据

直接剪切试验的理论依据来自于库仑定律。它是库仑在1776年通过一系列砂土的摩擦试验总结出的土的抗剪强度规律，如图22-A。其表达式为：

$$\tau_f = \sigma\tan\varphi \quad (22\text{-A})$$

式中：τ_f——土的抗剪强度（N/cm^2）；

σ——作用在剪切面上的法向应力（N/cm^2）；

φ——土的抗剪强度指标之一，称为内摩擦角（°）。

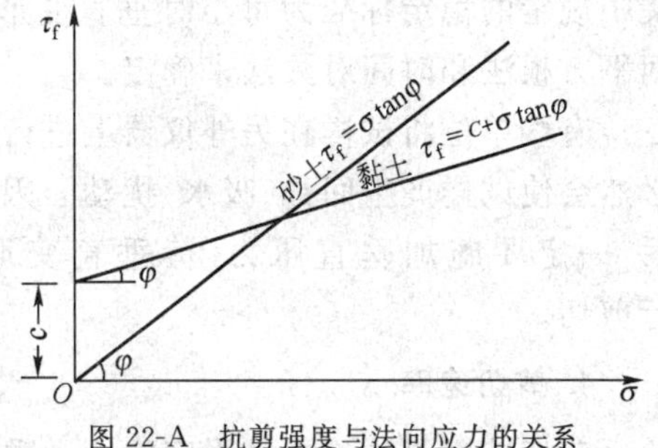

图22-A　抗剪强度与法向应力的关系

后来又提出了黏性土的抗剪强度表达式：

$$\tau_f = c + \sigma\tan\varphi \quad (22\text{-B})$$

式中：c——土的抗剪强度指标之一，称为凝聚力（N/cm^2）；对于无黏性土，$c=0$。

可以看出，无黏性上的抗剪强度由剪切面上土粒间的摩阻力形成，与法向应力σ大致成正比。当$\sigma=0$时，τ_f接近零，所以$\sigma—\tau_f$关系曲线为通过坐标原点的直线。

黏性土的抗剪强度包括摩阻力和凝聚力两个组成部分。后者的大小可看成不随法向应力σ改变。当$\sigma=0$时，抗剪强度包线在纵坐标上的截距即为c值。高塑性黏性土的抗剪强度以凝聚力为主。

以库仑理论为代表的古典土力学，曾将c作为单纯的凝聚力，而将$\sigma\tan\varphi$作为单纯的摩擦力，并认为一种土的c、φ都是定值。经过长期试验研究，特别是近70年土力学理论和试验技术的发展，虽然库仑公式在世界范围仍被普遍采用，但是对于c和φ的意义已有新的认识。同一种土的c、φ值也并非定值，它们随试验方法和排水条件的不同而有变化。所以对c和$\sigma\tan\varphi$分别赋予凝聚力和摩擦阻力的物理意义仍然不够确切。实际上c和φ只是$\sigma—\tau_f$关系图中的两个参数。也有业内人士称其为抗剪强度的两个结构性指标或结构力。

2. 试验中的垂直压力

黏性土的抗剪强度与垂直压力的关系并不完全符合库仑定律的直线关系。对于正常固结土，在一般压力作用下，可以认为是直线关系，但对于超固结土，在选择垂直压力时，应考虑先期固结压力 p_c 值，设计压力小于先期固结压力，施加的最大垂直压力不大于 p_c；设计压力大于先期固结压力，施加的最大垂直压力应大于 p_c。一次与分级施加垂直压力对土的压缩是有影响的，土的塑性指数愈大，影响也愈大。所以，对低含水率、高密度的黏性土，垂直压力应一次施加；对于松软的黏土，为避免试样挤出，垂直压力宜分级施加。

3. 垂直压力下试样的固结稳定标准

对固结快剪和慢剪的试样，在每级垂直压力作用下，应压缩到主固结完成。条文中规定的稳定标准为每小时垂直变形不大于 0.005mm，实际进行时，也可用时间平方根法和时间对数法来确定。

有些单位将试样在另外仪器上进行预压，然后再移至剪切盒中进行剪切，这样必然会使试样产生回弹、吸水、扰动。因此若采用这种预固结，当试样推入剪切盒后，一定要施加垂直压力，待垂直变形达到每小时不大于 0.005mm，才能进行剪切。

4. 剪切速率

剪切速率是影响土的强度的一个重要因素，它从两个方面影响土的强度：一是剪切速率对孔隙水压力的产生、传递与消散的影响，即影响试样的排水固结强度；另一是对黏滞阻力的影响，当剪切速率较高时，剪切历时较短时，黏滞阻力增大，表现出较高的抗剪强度；反之，黏滞阻力减小，所得的强度降低。在常规试验中，黏滞阻力的影响，通常考虑得较少。快剪试验应在 3～5min 内剪损，其目的就是为了在剪切过程中尽量避免试样的排水固结。然而，对于高含水率、低密度的土或透水性大的土，即使加快剪切速率，也难免排水固结。所以对于这类土，建议用三轴仪测定不排水强度。

5. 破坏值的选定

土的应力应变关系曲线，一般具有几种类型。破坏值的选定常有两种情况。如剪切应力—剪切位移关系曲线(图 22-B)中具有明显峰值或稳定值，则取峰值或稳定值作为抗剪强度值(如图 22-B 中曲线 1 及 2 的 a 点及 b 点)。若剪应力随剪切位移不断增加，无峰值或无稳定值时(如图 22-B 中的曲线 3)，则以相应于选定的某一剪切位移对应的剪应力值作为抗剪强度值。一般最大位移为试样直径的 1/15～1/10。对于直径 61.8mm 的试样，其最大剪切位移为 4～6mm，所以标准中规定取剪切位移为4mm对应的剪应力作为抗剪强度值。同时要求试验的剪切位移达6mm。实际上,以剪切位移作为选值标准,虽然方法简单,但理论上是不严格的。因各种不同类型破坏时的剪切位移是不完全相同的,即使对同一种土,在不同的垂直压力作用下,破坏剪切位移也不相同,因而只有在破坏值难于选取时,才能采用此法。

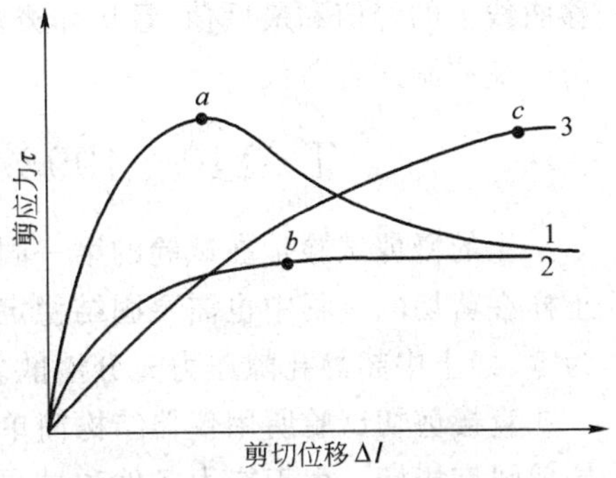

图 22-B 剪应力与剪切位移关系曲线

图22-B中的曲线a称为应力应变软化型曲线,它有明显的峰值;曲线b和c称为应力应变硬化型曲线,它们没有明显的峰值,但都逼近相应的水平直线(渐近线)。

一般黏性土及紧密砂土均可出现剪应力的峰值,即为破坏强度。松砂和软黏土试样则常不出现峰值,此时应按某一剪变形量作为控制破坏的标准。如可取相应于4mm剪变形量的剪应力作为破坏值τ_f。

直接剪切试验所用仪器结构简单,操作方便,以往试验室常用该试验测定土的抗剪强度指标。土的直接剪切试验分为两个阶段。第一阶段是固结阶段,在此阶段中分为两种情况:一是土样不需要固结(即不让土中孔隙压力消散,或使土中孔隙压力来不及消散);二是土样需要固结(即让土中孔隙压力充分消散,或使土中孔隙压力完全消散)。第二阶段是剪切阶段,在此阶段中也分为两种情况:一是在剪切过程中土样不需要固结(即在剪切过程中不让土中孔隙压力消散,或使土中孔隙压力来不及消散),称为快剪;二是在剪切过程中土样需要固结(即在剪切过程中让土样中的孔隙压力充分消散,或使土中孔隙压力完全消散),称为慢剪。这样土的直接剪切试验根据工程应用的不同需要,分为三种试验方法——慢剪试验、固结快剪试验和快剪试验。

直接剪切仪的最大缺点是不能有效地控制排水条件,剪切面积随剪切位移的增加而减小,因而它的使用受到一定的限制。例如,对于渗透性较大的土,进行快剪试验时,所得的总应力强度指标偏大,因而目前在国外很多国家仅用直剪仪进行慢剪试验。而国内很多单位仍旧采用直剪仪测定强度指标。为此,应当引起注意的是,对渗透系数大于10^{-6}cm/s的土不宜做快剪试验,应采用三轴不固结不排水试验测定总强度指标。

常用的直接剪切仪分为应变控制式和应力控制式两种。应变控制式是控制试样产生一定位移,测定其相应的水平剪应力;应力控制式是对试样施加一定水平剪应力,测定其相应的位移。应变控制式的优点是能较准确地测定剪应力和剪切位移曲线上的峰值和最后值，且操作方便。为此，对于细粒土的直接剪切试验一般采用应变控制式直剪仪。

T 0140—1993　黏质土的慢剪试验

土的慢剪试验是在试验的第一固结阶段土样需要固结稳定，在第二剪切阶段土样在剪切的过程中也需要固结稳定。这里的固结稳定是指土中的超静孔隙压力为零，即土中超静孔隙压力充分消散。

直接剪切试验所用仪器结构简单，操作方便，以往试验室均用该试验测定土的抗剪强度指标。由于应力条件和排水条件的限制，国外仅用直剪仪进行慢剪试验。本规程规定慢剪是主要方法。慢剪试验是在试样上施加垂直压力及水平剪切力的过程中均匀地使试样排水固结。如在施工期和工程使用期有充分时间允许排水固结，则可采用慢剪试验。

1　目的和适用范围

本试验方法适用于测定黏质土的抗剪强度指标。

2　仪器设备

2.1　应变控制式直剪仪：由剪切盒、垂直加荷设备、剪切传动装置、测力计和位移量测系统组成，如图 T 0140-1 所示。

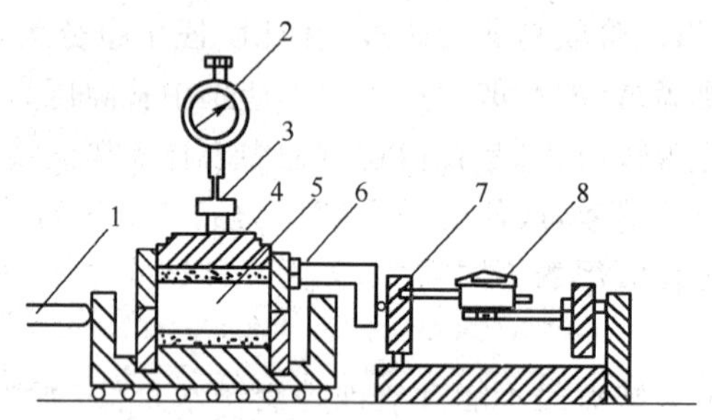

图 T 0140-1　应变控制式直剪仪示意图

1-推动座；2-垂直位移百分表；3-垂直加荷框架；4-活塞；5-试样；6-剪切盒；7-测力计；8-测力百分表

2.2　环刀：内径 61.8mm，高 20mm。

2.3　位移量测设备：百分表或传感器，百分表量程为 10mm，分度值为0.01mm；传感器的精度应为零级。

直剪仪分为应变控制式和应力控制式两种。应变控制式的优点是能较准确地测定剪应力和剪切位移曲线上的峰值和最后值，且操作方便。故本规程以此仪器为准。

3 试样

对于每个土样切取多少个试样的问题，一般是按照垂直压力的分级来确定。对于正常固结黏土，一般在100～400kPa荷载的作用下，可以认为符合库仑方程的直线关系，所以切取4个土样，以便逐渐施加四级垂直压力。根据我们多年来对黄土的试验，每一级压力宜小一些，可以取垂直压力分别为50kPa、100kPa、200kPa、300kPa、400kPa五级，需切取五个试样。

3.1 原状土试样制备

3.1.1 每组试样制备不得少于4个。

3.1.2 按土样上下层次小心开启原状土包装皮，将土样取出放正，整平两端。在环刀内壁涂一薄层凡士林，刀口向下，放在土样上。无特殊要求时，切土方向应与天然土层层面垂直。

3.1.3 将试验用的切土环刀内壁涂一薄层凡士林，刀口向下，放在试件上，用切土刀将试件削成略大于环刀直径的土柱。然后将环刀垂直向下压，边压边削，至土样伸出环刀上部为止，削平环刀两端，擦净环刀外壁，称环土合质量，准确至0.1g，并测定环刀两端所削下土样的含水率。试件与环刀要密合，否则应重取。

切削过程中，应细心观察并记录试件的层次、气味、颜色，有无杂质，土质是否均匀，有无裂缝等。

如连续切取数个试件，应使含水率不发生变化。

视试件本身及工程要求，决定试件是否进行饱和。如不立即进行试验或饱和时，则将试件暂存于保湿器内。

切取试件后，剩余的原状土样用蜡纸包好置于保湿器内，以备补做试验之用。切削的余土做物理性试验。平行试验或同一组试件密度差值不大于±0.1g/cm^3，含水率差值不大于2%。

3.2 细粒土扰动土样的制备程序

3.2.1 将扰动土样进行土样描述，如颜色、土类、气味及夹杂物等。如有需要，将扰动土样充分拌匀，取代表性土样进行含水率测定。

3.2.2 将块状扰动土放在橡皮板上用木碾或粉碎机碾散，但切勿压碎颗粒。如含水率较大不能碾散时，应风干至可碾散时为止。

3.2.3 根据试验所需土样数量，将碾散后的土样过筛。物理性试验如液限、塑限、缩限等试验，需过0.5mm筛；常规水理及力学试验土样，需过2mm筛；击实试验土样的最大粒径必须满足击实试验采用不同击实筒试验时的土样中最大颗粒粒径的要求。按规定过标准筛后，取出足够数量的代表性试样，然后分别装入容器内，标以标签。标签上应注明工程名称、土样编号、过筛孔径、用途、制备日期和人员等，以备各项试验之用。若系含有多量粗砂及少量细粒土（泥砂或黏土）的松散土样，应加水润湿松散后，用四分法取出代表性试样；若系净砂，则可用匀土器取代表性试样。

3.2.4　为配制一定含水率的试样，取过 2mm 筛的足够试验用的风干土 1～5kg。按下式计算制备土样所需加水量：

$$m_w = \frac{m}{1+0.01w_h} \times 0.01(w - w_h) \tag{T 0140-1}$$

式中：m_w——土样所需加水量(g)；

m——风干含水率时的土样质量(g)；

w_h——风干含水率(%)；

w——土样所要求的含水率(%)。

将所取土样平铺于不吸水的盘内，用喷雾设备喷洒预计的加水量，并充分拌和；然后装入容器内盖紧，润湿一昼夜备用（砂类土浸润时间可酌量缩短）。

3.2.5　测定湿润土样不同位置的含水率（至少两个以上），要求差值满足含水率测定的允许平行差值。

3.2.6　对不同土层的土样制备混合试样时，应根据各土层厚度，按比例计算相应质量配合，然后按本方法 3.2.1～3.2.4 步骤进行扰动土的制备工序。

3.3　试件饱和

土的孔隙逐渐被水填充的过程称为饱和。孔隙被水充满时的土，称为饱和土。

根据土的性质，决定饱和方法：

砂类土：可直接在仪器内浸水饱和。

较易透水的黏性土：即渗透系数大于 10^{-4}cm/s 时，采用毛细管饱和法较为方便，或采用浸水饱和法。

不易透水的黏性土：即渗透系数小于 10^{-4}cm/s 时，采用真空饱和法。如土的结构性较弱，抽气可能发生扰动，不宜采用。

4　试验步骤

4.1　对准剪切容器上下盒，插入固定销，在下盒内放透水石和滤纸，将带有试样的环刀刃向上，对准剪盒口，在试样上放滤纸和透水石，将试样小心地推入剪切盒内。

4.2　移动传动装置，使上盒前端钢珠刚好与测力计接触，依次加上传压板、加压框架，安装垂直位移量测装置，测记初始读数。

4.3　根据工程实际和土的软硬程度施加各级垂直压力，然后向盒内注水；当试样为非饱和试样时,应在加压板周围包以湿棉花。

4.4 施加垂直压力,每1h测记垂直变形一次。试样固结稳定时的垂直变形值为:黏质土垂直变形每1h不大于0.005mm。

4.5 拔去固定销,以小于0.02mm/min的速度进行剪切,并每隔一定时间测记测力计百分表读数,直至剪损。

4.6 试样剪损时间可按下式估算:

$$t_f = 50t_{50} \tag{T 0140-2}$$

式中:t_f——达到剪损所经历的时间(min);

t_{50}——固结度达到50%所需的时间(min)。

4.7 当测力计百分表读数不变或后退时,继续剪切至剪切位移为4mm时停止,记下破坏值。当剪切过程中测力计百分表无峰值时,剪切至剪切位移达6mm时停止。

4.8 剪切结束,吸去盒内积水,退掉剪切力和垂直压力,移动压力框架,取出试样,测定其含水率。

试验资料表明,当剪切速率为0.017~0.024mm/min时,剪切过程中试样能充分排水,测得的慢剪强度比较稳定。本规程规定慢剪速率为0.02mm/min。

以往各种规程以每小时变形不大于0.05mm为稳定标准。考虑到土类不同固结稳定时间不同,因此,本规程规定黏质土垂直变形每小时不大于0.005mm。

关于剪切标准,当剪应力与剪切变形的曲线有峰值时,表现出测力计百分表指针不再前进或显著后退,即为剪损。当剪应力与剪切变形的曲线无峰值时,表现出百分表指针随手轮旋转而继续前进,则规定某一剪切位移的剪应力值为破坏值。国内一般采用最大位移为试样直径的1/10,对61.8mm直径的试样约为6mm,本规程规定为6mm。

5. 结果整理

5.1 剪切位移按下式计算

$$\Delta l = 20n - R \tag{T 0140-3}$$

式中:Δl——剪切位移(0.01mm),计算至0.1;

n——手轮转数;

R——百分表读数。

5.2 剪应力按下式计算:

$$\tau = CR \tag{T 0140-4}$$

式中:τ——剪应力(kPa),计算至0.1;

C——测力计校正系数(kPa/0.01mm)。

公式(T 0140-3)中的常数 20 为手轮转一转的位移量(0.01mm)。式(T 0140-4)是抗剪强度的计算公式，R 需采用相应于最大剪应力的百分表读数。

5.3　以剪应力 τ 为纵坐标，剪切位移 Δl 为横坐标，绘制 τ—Δl 的关系曲线，如图 T 0140-2。

5.4　以垂直压力 p 为横坐标，抗剪强度 S 为纵坐标，将每一试样的抗剪强度点绘在坐标纸上，并连成一直线。此直线的倾角为摩擦角 φ，纵坐标上的截距为凝聚力 c，如图 T 0140-3 所示。

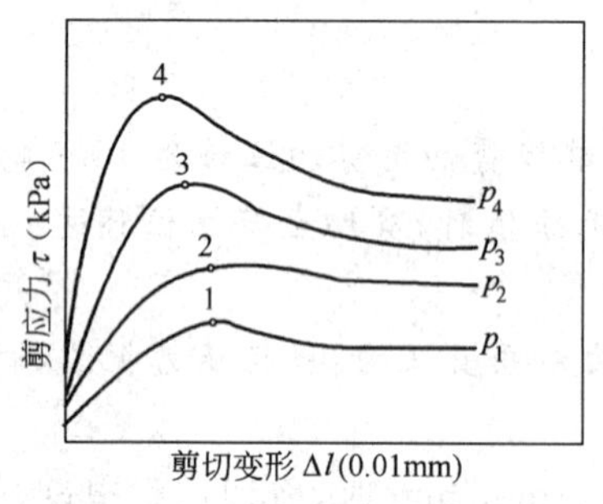

图 T 0140-2　剪应力 τ 与剪切位移 Δl 的关系曲线

图 T 0140-3　抗剪强度与垂直压力的关系曲线

5.5　本试验记录格式见表 T 0140-1 和表 T 0140-2。

表 T 0140-1　直接剪切试验记录(一)

工程编号＿＿＿＿＿＿　试验者＿＿＿＿＿＿

土样编号＿＿＿＿＿＿　校核者＿＿＿＿＿＿

土粒比重　$G_s = 2.70$　试验日期＿＿＿＿＿＿

试样编号				1			2			3			4			5		
				起始	饱和后	剪后	起始	饱和后	剪后	起始	饱和后	剪后	起始	饱和后	剪后	起始	饱和后	剪后
湿密度 ρ	(g/cm³)	(1)	(1)	1.76	1.93	1.94	1.75	1.93	1.94	1.75	1.94	1.94	1.74	1.94	1.95	1.75	1.94	1.95
含水率 w	(%)	(2)	(2)	16.4	27.7	28.8	16.4	27.8	28.8	16.4	27.7	28.8	16.4	27.7	28.7	16.4	27.7	28.8
干密度 ρ_d	(g/cm³)	(3)	$\frac{(1)}{1+\frac{(2)}{100}}$	1.51	1.51	1.51	1.50	1.51	1.51	1.50	1.52	1.51	1.49	1.52	1.52	1.50	1.52	1.52
孔隙比 e		(4)	$\frac{10G_s}{(3)}-1$	0.79	0.79	0.79	0.80	0.79	0.79	0.80	0.78	0.79	0.81	0.78	0.78	0.80	0.78	0.78

续上表

试样编号				1			2			3			4			5		
				起始	饱和后	剪后	起始	饱和后	剪后	起始	饱和后	剪后	起始	饱和后	剪后	起始	饱和后	剪后
饱和度 S_r	(%)	(5)	$\frac{G_s(2)}{(4)}$	56.0	94.7	98.4	55.4	95.0	98.4	55.3	95.8	98.4	54.6	95.8	99.3	55.3	95.8	99.6
试样描述本试样系用过2mm筛土制备的				注：①试样系用抽气饱和；②饱和后的饱和度：$S_r=\frac{(\rho-\rho_d)}{\rho_d e}G_s$														

表 T0140-2 直接剪切试验记录(二)

工程名称＿＿＿＿　　试验者＿＿＿＿

土样编号＿＿＿＿　　校核者＿＿＿＿

试验方法　慢剪　　试验日期＿＿＿＿

试样编号　仪器编号 手轮转速　垂直压力 300kPa 测力计校正系数 C=6.21kPa/0.01mm					剪切前固结时间 23h　剪切历时 剪切前压缩量 0.853mm　抗剪强度 152kPa				
手轮转数(1)	测力计百分表读数(0.01mm)(2)	剪切位移(0.01mm)(3)=(1)×20−(2)	剪应力(kPa)(4)=(2)×C	垂直位移(0.01mm)	手轮转数(1)	测力计百分表读数(0.01mm)(2)	剪切位移(0.01mm)(3)=(1)×20−(2)	剪应力(kPa)(4)=(2)×C	垂直位移(0.01mm)
1	1.6	18.4	9.9		16	21.2	298.8	131.7	
2	9.0	31.0	55.9		17	21.8	318.2	135.4	
3	11.0	49.0	68.3		18	21.8	338.2	135.4	
4	12.5	67.5	77.6		19	22.2	357.8	137.9	
5	14.0	86.0	86.9		20	22.8	377.2	141.6	
6	14.5	105.5	90.0		21	23.0	397.0	142.8	
7	15.3	124.7	95.0		22	23.3	416.7	144.7	
8	16.6	143.4	103.1		23	23.6	436.4	146.6	
9	17.0	163.0	105.6		24	24.0	456.0	149.0	
10	17.6	182.4	109.3		25	24.5	475.5	152.1	
11	18.3	201.7	114.6		26	24.5	495.5	152.1	
12	19.0	221.0	118.0		27	24.5	515.5	152.1	
13	19.7	240.3	122.3		28	24.8	535.2	154.0	
14	20.0	260.0	124.2		29	24.8	555.2	154.0	
15	20.8	279.2	129.2						

6　报告

6.1　土的鉴别分类和代号。

6.2　土的抗剪强度指标 c、φ 值。

T 0141—1993　黏质土的固结快剪试验

土的固结快剪试验是在试验的第一固结阶段土样需要固结稳定，而在第二剪切阶段土样在剪切的过程中不需要固结，即在剪切的过程中土中超静孔隙压力基本不消散。

固结快剪试验是在试样上施加垂直压力，待排水稳定后施加水平剪切力进行剪切。

1　目的和适用范围

本试验适用于渗透系数小于 10^{-6}cm/s 的黏质土。

由于仪器结构的限制，无法控制试样的排水条件，以剪切速率的快慢来控制试样的排水条件，实际上对渗透性大的土类还是要排水。为此，本试验规定对于渗透系数小于 10^{-6}cm/s 的土类，才允许用直剪仪进行固结快剪试验。对于公路高填方边坡，土体有一定湿度，施工中逐步压实固结，可以采用固结快剪试验。

2　仪器设备

直剪仪分为应变控制式和应力控制式两种。应变控制式的优点是能较准确地测定剪应力和剪切位移曲线上的峰值和最后值，且操作方便，故本规程以此仪器为准。

2.1　应变控制式直剪仪：由剪切盒、垂直加荷设备、剪切传动装置、测力计和位移量测系统组成，如图 T 0141-1 所示。

2.2　环刀：内径 61.8mm，高 20mm。

2.3　位移量测设备：百分表或传感器，百分表量程为 10mm，分度值为 0.01mm，传感器的精度应为零级。

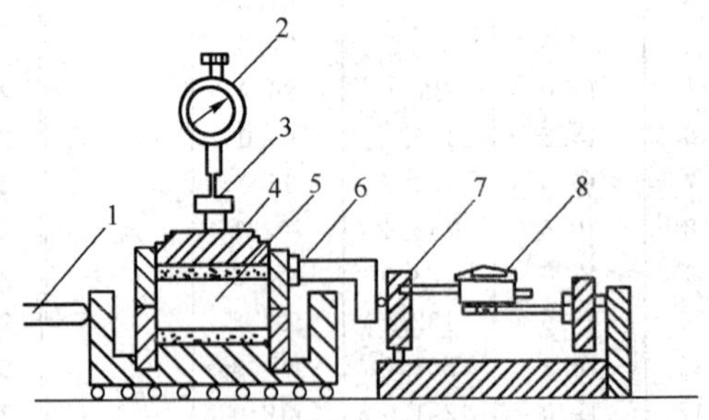

图 T 0141-1　应变控制式直剪仪示意图

1-推动座；2-垂直位移百分表；3-垂直加荷框架；4-活塞；5-试样；6-剪切盒；7-测力计；8-测力百分表

3 试样

对于每个土样切取多少个试样的问题，一般是按照垂直压力的分级来确定。对于正常固结黏土，一般在100～400kPa荷载的作用下，可以认为符合库仑方程的直线关系，所以切取4个土样，以便逐渐施加四级垂直压力。根据我们多年对黄土的试验，每一级压力宜小一些，可以取垂直压力分别为50kPa、100kPa、200kPa、300kPa、400kPa五级，需切取五个试样。

3.1 原状土试样制备

3.1.1 每组试样制备不得少于4个。

3.1.2 按土样上下层次小心开启原状土包装皮，将土样取出放正，整平两端。在环刀内壁涂一薄层凡士林，刀口向下，放在土样上。无特殊要求时，切土方向应与天然土层层面垂直。

3.1.3 将试验用的切土环刀内壁涂一薄层凡士林，刀口向下，放在试件上，用切土刀将试件削成略大于环刀直径的土柱。然后将环刀垂直向下压，边压边削，至土样伸出环刀上部为止，削平环刀两端，擦净环刀外壁，称环土合质量，准确至0.1g，并测定环刀两端所削下土样的含水率。试件与环刀要密合，否则应重取。

切削过程中，应细心观察并记录试件的层次、气味、颜色，有无杂质，土质是否均匀，有无裂缝等。

如连续切取数个试件，应使含水率不发生变化。

视试件本身及工程要求，决定试件是否进行饱和。如不立即进行试验或饱和时，则将试件暂存于保湿器内。

切取试件后，剩余的原状土样用蜡纸包好置于保湿器内，以备补做试验之用。切削的余土做物理性试验。平行试验或同一组试件密度差值不大于±0.1g/cm^3，含水率差值不大于2%。

3.2 细粒土扰动土样的制备程序

3.2.1 将扰动土样进行土样描述，如颜色、土类、气味及夹杂物等。如有需要，将扰动土样充分拌匀，取代表性土样进行含水率测定。

3.2.2 将块状扰动土放在橡皮板上用木碾或粉碎机碾散，但切勿压碎颗粒。如含水率较大不能碾散时，应风干至可碾散时为止。

3.2.3 根据试验所需土样数量，将碾散后的土样过筛。物理性试验如液限、塑限、缩限等试验，需过0.5mm筛；常规水理及力学试验土样，需过2mm筛；击实试验土样的最大粒径必须满足击实试验采用不同击实筒试验时的土样中最大颗粒粒径的要求。按规定过标准筛后，取出足够数量的代表性试样，然后分别装入容器内,标以标签。标签上应注明工程名称、土样编号、过筛孔径、用途、制备日期和人员等,以备各项试验之用。若含有多量粗砂及少量细粒土(泥砂或黏土)的松散土样,应加水润湿松散后,用四分法取出代表性试样。若系净砂,则可用匀土器取代表性试样。

3.2.4 为配制一定含水率的试样,取过 2mm 筛的足够试验用的风干土 1~5kg。按下式计算制备土样所需加水量:

$$m_w = \frac{m}{1+0.01w_h} \times 0.01(w - w_h) \quad (T\ 0141\text{-}1)$$

式中:m_w——土样所需加水量(g);

m——风干含水率时的土样质量(g);

w_h——风干含水率(%);

w——土样所要求的含水率(%)。

将所取土样平铺于不吸水的盘内,用喷雾设备喷洒预计的加水量,并充分拌和,然后装入容器内盖紧,润湿一昼夜备用(砂类土浸润时间可酌量缩短)。

3.2.5 测定湿润土样不同位置的含水率(至少两个以上),要求差值满足含水率测定的允许平行差值。

3.2.6 对不同土层的土样制备混合试样时,应根据各土层厚度,按比例计算相应质量配合,然后按本方法 3.2.1~3.2.4 步骤进行扰动土的制备工序。

3.3 试件饱和

土的孔隙逐渐被水填充的过程称为饱和。孔隙被水充满时的土,称为饱和土。

根据土的性质,决定饱和方法:

砂类土:可直接在仪器内浸水饱和。

较易透水的黏性土:即渗透系数大于 10^{-4}cm/s 时,采用毛细管饱和法较为方便,或采用浸水饱和法。

不易透水的黏性土:即渗透系数小于 10^{-4}cm/s 时,采用真空饱和法。如土的结构性较弱,抽气可能发生扰动,不宜采用。

4 试验步骤

4.1 对准剪切容器上下盒,插入固定销,在下盒内放透水石和滤纸,将带有试样的环刀刃向上,对准剪盒口,在试样上放滤纸和透水石,将试样小心地推入剪切盒内。

4.2 移动传动装置,使上盒前端钢珠刚好与测力计接触,依次加上传压板、加压框架,安装垂直位移量测装置,测记初始读数。

4.3 根据工程实际和土的软硬程度施加各级垂直压力,然后向盒内注水;当试样为非饱和试样时，应在加压板周围包以湿棉花。

4.4 施加垂直压力，每1h测记垂直变形一次。试样固结稳定时的垂直变形值为：黏质土垂直变形每1h不大于0.005mm。

4.5 拔去固定销，固结快剪试验的剪切速度为0.8mm/min，在3～5min内剪损。并每隔一定时间测记测力计百分表读数，直至剪损。

剪切速率规定为8mm/min，要求在3～5min内剪损，为的是在剪切过程中尽量避免试样有排水现象。

4.6 试样剪损时间可按下式估算：

$$t_f = 50t_{50} \tag{T 0141-2}$$

式中：t_f ——达到剪损所经历的时间(min)；

t_{50}——固结度达到50%所需的时间(min)。

4.7 当测力计百分表读数不变或后退时，继续剪切至剪切位移为4mm时停止，记下破坏值。当剪切过程中测力计百分表无峰值时，剪切至剪切位移达6mm时停止。

4.8 剪切结束，吸去盒内积水，退掉剪切力和垂直压力，移动压力框架，取出试样，测定其含水率。

5 结果整理

5.1 剪切位移按下式计算：

$$\Delta l = 20n - R \tag{T 0141-3}$$

式中：Δl ——剪切位移(0.01mm)，计算至0.1；

n ——手轮转数；

R ——百分表读数。

5.2 剪应力按下式计算：

$$\tau = CR \tag{T 0141-4}$$

式中：τ ——剪应力(kPa)，计算至0.1；

C—— 测力计校正系数(kPa/0.01mm)。

5.3 以剪应力τ为纵坐标，剪切位移Δl为横坐标，绘制τ—Δl的关系曲线，如图T 0141-2。

5.4 以垂直压力p为横坐标，抗剪强度S为纵坐标，将每一试样的抗剪强度点绘在坐标纸上，并连成一直线。此直线的倾角为摩擦角φ，纵坐标上的截距为凝聚力c，如图T 0141-3所示。

5.5 本试验记录格式见表T 0141-1和表T 0141-2。

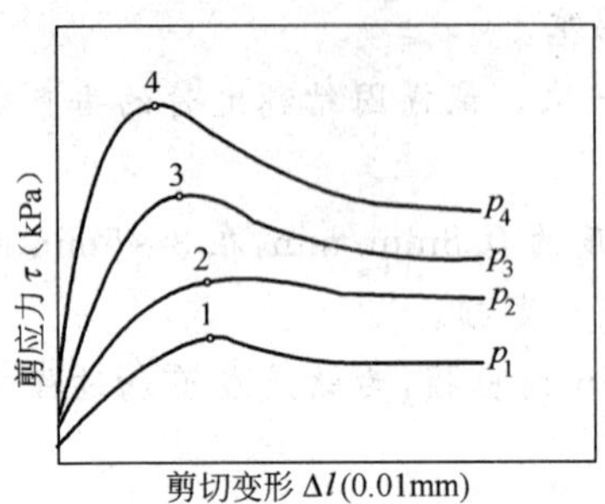

图 T 0141-2 剪应力 τ 与剪切位移 Δl 的关系曲线

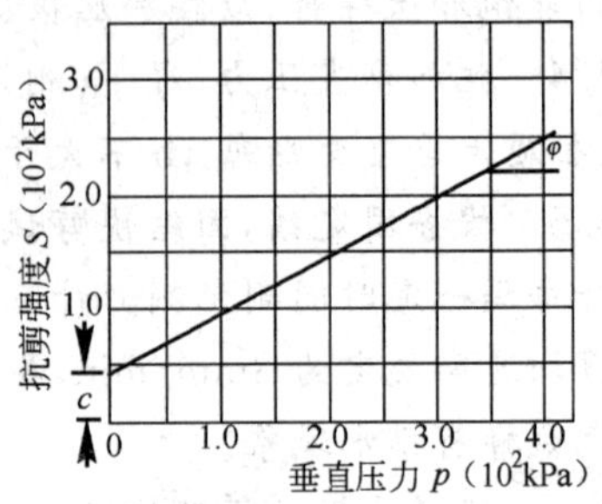

图 T 0141-3 抗剪强度与垂直压力的关系曲线

表 T 0141-1 直接剪切试验记录(一)

工程名称______ 试验者______

土样编号______ 校核者______

土粒比重 $G_s=2.70$ 试验日期______

试样编号				1			2			3			4			5		
				起始	饱和后	剪后	起始	饱和后	剪后	起始	饱和后	剪后	起始	饱和后	剪后	起始	饱和后	剪后
湿密度 ρ	(g/cm³)	(1)	(1)	1.76	1.93	1.94	1.75	1.93	1.94	1.75	1.94	1.94	1.74	1.94	1.95	1.75	1.94	1.95
含水率 w	(%)	(2)	(2)	16.4	27.7	28.8	16.4	27.8	28.8	16.4	27.7	28.8	16.4	27.7	28.7	16.4	27.7	28.8
干密度 ρ_d	(g/cm³)	(3)	$\frac{(1)}{1+\frac{(2)}{100}}$	1.51	1.51	1.51	1.50	1.51	1.51	1.50	1.52	1.51	1.49	1.52	1.52	1.50	1.52	1.52
孔隙比 e		(4)	$\frac{10G_s}{(3)}-1$	0.79	0.79	0.79	0.80	0.79	0.79	0.80	0.78	0.79	0.81	0.78	0.78	0.80	0.78	0.78
饱和度 S_r	(%)	(5)	$\frac{G_s(2)}{(4)}$	56.0	94.7	98.4	55.4	95.0	98.4	55.3	95.8	98.4	54.6	95.8	99.3	55.3	95.8	99.6
试样描述本试样系用过 2mm 筛土制备的				注:①试样系用抽气饱和;②饱和后的饱和度:$S_r=\frac{(\rho-\rho_d)}{\rho_d e}G_s$														

表 T 0141-2 直接剪切试验记录(二)

工程编号＿＿＿＿＿＿ 试验者＿＿＿＿＿＿

土样编号＿＿＿＿＿＿ 校核者＿＿＿＿＿＿

土样比重 慢剪 试验日期＿＿＿＿＿＿

试样编号 仪器编号 手轮转速 垂直压力 300kPa 测力计校正系数 C=6.21kPa/0.01mm					剪切前固结时间 23h 剪切历时 剪切前压缩量 0.853mm 抗剪强度 152kPa				
手轮转数 (1)	测力计百分表读数 (0.01mm) (2)	剪切位移 (0.01mm) (3)=(1)×20−(2)	剪应力 (kPa) (4)=(2)×C	垂直位移 (0.01mm)	手轮转数 (1)	测力计百分表读数 (0.01mm) (2)	剪切位移 (0.01mm) (3)=(1)×20−(2)	剪应力 (kPa) (4)=(2)×C	垂直位移 (0.01mm)
1	1.6	18.4	9.9		16	21.2	298.8	131.7	
2	9.0	31.0	55.9		17	21.8	318.2	135.4	
3	11.0	49.0	68.3		18	21.8	338.2	135.4	
4	12.5	67.5	77.6		19	22.2	357.8	137.9	
5	14.0	86.0	86.9		20	22.8	377.2	141.6	
6	14.5	105.5	90.0		21	23.0	397.0	142.8	
7	15.3	124.7	95.0		22	23.3	416.7	144.7	
8	16.6	143.4	103.1		23	23.6	436.4	146.6	
9	17.0	163.0	105.6		24	24.0	456.0	149.0	
10	17.6	182.4	109.3		25	24.5	475.5	152.1	
11	18.3	201.7	114.6		26	24.5	495.5	152.1	
12	19.0	221.0	118.0		27	24.5	515.5	152.1	
13	19.7	240.3	122.3		28	24.8	535.2	154.0	
14	20.0	260.0	124.2		29	24.8	555.2	154.0	
15	20.8	279.2	129.2						

6 报告

6.1 土的鉴别分类和代号。

6.2 土的抗剪强度指标 c、φ 值。

T 0142—1993 黏质土的快剪试验

土的快剪试验是在试验的第一固结阶段土样不需要固结，在第二剪切阶段土样在剪切的过程中也不需要固结。这里的不需要固结是指土中超静孔隙压力基本不消散。

快剪试验是在试样上施加垂直压力后，立即施加水平剪切力进行剪切。快剪试验用于在土体上施加荷载和剪切过程中均不发生固结和排水作用的情况。如公路挖方边坡，一般比较干燥，施工期边坡不发生排水固结作用，可以采用快剪试验。

1 目的和适用范围

本试验适用于渗透系数小于10^{-6}cm/s的黏质土。

2 仪器设备

2.1 应变控制式直剪仪:由剪切盒、垂直加荷设备、剪切传动装置、测力计和位移量测系统组成,如图T 0142-1所示。

2.2 环刀:内径61.8mm,高20mm。

2.3 位移量测设备:百分表或传感器,百分表量程为10mm,分度值为0.01mm,传感器的精度应为零级。

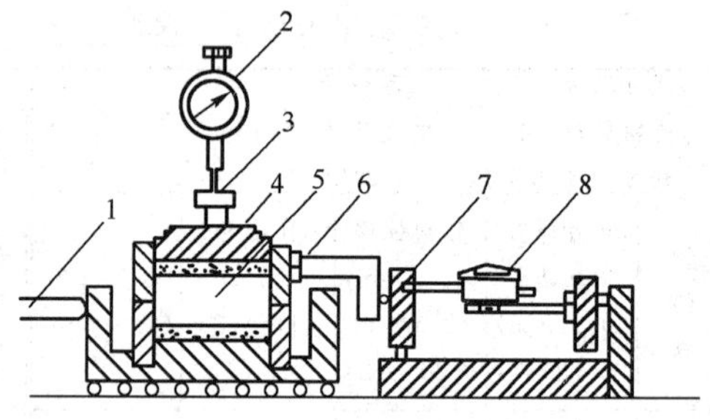

图T 0142-1 应变控制式直剪仪示意图

1-推动座;2-垂直位移百分表;3-垂直加荷框架;4-活塞;5-试样;6-剪切盒;7-测力计;8-测力百分表

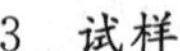

3 试样

3.1 原状土试样制备

3.1.1 每组试样制备不得少于4个。

3.1.2 按土样上下层次小心开启原状土包装皮,将土样取出放正,整平两端。在环刀内壁涂一薄层凡士林,刀口向下,放在土样上,无特殊要求时,切土方向应与天然土层层面垂直。

3.1.3 将试验用的切土环刀内壁涂一薄层凡士林,刀口向下,放在试件上,用切土刀将试件削成略大于环刀直径的土柱。然后将环刀垂直向下压,边压边削,至土样伸出环刀上部为止,削平环刀两端,擦净环刀外壁,称环土合质量,准确至0.1g,并测定环刀两端所削下土样的含水率。试件与环刀要密合,否则应重取。

切削过程中,应细心观察并记录试件的层次、气味、颜色,有无杂质,土质是否均匀,有无裂缝等。

如连续切取数个试件,应使含水率不发生变化。

视试件本身及工程要求,决定试件是否进行饱和。如不立即进行试验或饱和时,则将试件暂存于保湿器内。

切取试件后,剩余的原状土样用蜡纸包好置于保湿器内,以备补做试验之用。切削的余土做物理性试验。平行试验或同一组试件密度差值不大于±0.1g/cm^3,含水率差值不大于2%。

3.2 细粒土扰动土样的制备程序

3.2.1 将扰动土样进行土样描述,如颜色、土类、气味及夹杂物等。如有需要，将扰动土样充分拌匀，取代表性土样进行含水率测定。

3.2.2 将块状扰动土放在橡皮板上用木碾或粉碎机碾散，但切勿压碎颗粒。如含水率较大不能碾散时，应风干至可碾散时为止。

3.2.3 根据试验所需土样数量，将碾散后的土样过筛。物理性试验如液限、塑限、缩限等试验，需过0.5mm筛；常规水理及力学试验土样，需过2mm筛；击实试验土样的最大粒径必须满足击实试验采用不同击实筒试验时的土样中最大颗粒粒径的要求。按规定过标准筛后，取出足够数量的代表性试样，然后分别装入容器内，标以标签。标签上应注明工程名称、土样编号、过筛孔径、用途、制备日期和人员等，以备各项试验之用。若系含有多量粗砂及少量细粒土(泥砂或黏土)的松散土样，应加水润湿松散后，用四分法取出代表性试样。若系净砂，则可用匀土器取代表性试样。

3.2.4 为配制一定含水率的试样，取过2mm筛的足够试验用的风干土1～5kg。按下式计算制备土样所需加水量：

$$m_{\mathrm{w}}=\frac{m}{1+0.01w_{\mathrm{h}}}\times 0.01(w-w_{\mathrm{h}}) \qquad (\mathrm{T\,0142\text{-}1})$$

式中：m_{w} ——土样所需加水量(g)；

m ——风干含水率时的土样质量(g)；

w_{h} ——风干含水率(%)；

w ——土样所要求的含水率(%)。

将所取土样平铺于不吸水的盘内，用喷雾设备喷洒预计的加水量，并充分拌和；然后装入容器内盖紧，润湿一昼夜备用(砂类土浸润时间可酌量缩短)。

3.2.5 测定湿润土样不同位置的含水率(至少两个以上)，要求差值满足含水率测定的允许平行差值。

3.2.6 对不同土层的土样制备混合试样时，应根据各土层厚度，按比例计算相应质量配合，然后按本方法3.2.1～3.2.4步骤进行扰动土的制备工序。

3.3 试件饱和

土的孔隙逐渐被水填充的过程称为饱和。孔隙被水充满时的土，称为饱和土。

根据土的性质，决定饱和方法：

砂类土：可直接在仪器内浸水饱和。

较易透水的黏性土：即渗透系数大于10^{-4}cm/s时，采用毛细管饱和法较为方便，或采用浸水饱和法。

不易透水的黏性土：即渗透系数小于10^{-4}cm/s时，采用真空饱和法。如土的结构性较弱，抽气可能发生扰动，不宜采用。

4 试验步骤

4.1 对准剪切容器上下盒，插入固定销，在下盒内放透水石和滤纸，将带有试样的环刀刃向上，对准剪盒口，在试样上放滤纸和透水石，将试样小心地推入剪切盒内。

4.2 移动传动装置，使上盒前端钢珠刚好与测力计接触，依次加上传压板、加压框架，安装垂直位移量测装置，测记初始读数。

4.3 根据工程实际和土的软硬程度施加各级垂直压力，然后向盒内注水；当试样为非饱和试样时，应在加压板周围包以湿棉花。

4.4 施加垂直压力，拔出固定销立即开动秒表，以0.8mm/min的剪切速度进行。

快剪试验的剪切速率也规定为0.8mm/min，要求在3～5min内剪损。对于渗透系数大于10^{-6}cm/s的土类，应在三轴仪中进行。

4.5 当测力计百分表读数不变或后退时，继续剪切至剪切位移为4mm时停止，记下破坏值。当剪切过程中测力计百分表无峰值时，剪切至剪切位移达6mm时停止。

4.6 剪切结束，吸去盒内积水，退掉剪切力和垂直压力，移动压力框架，取出试样，测定其含水率。

5 结果整理

5.1 剪切位移按下式计算

$$\Delta l = 20n - R \qquad (T\ 0141\text{-}2)$$

式中：Δl ——剪切位移(0.01mm)，计算至0.1；

n ——手轮转数；

R ——百分表读数。

5.2 剪应力按下式计算：

$$\tau = CR \qquad (T\ 0141\text{-}3)$$

式中：τ ——剪应力(kPa)，计算至0.1；

C—— 测力计校正系数(kPa/0.01mm)。

5.3 以剪应力τ为纵坐标，剪切位移Δl为横坐标，绘制τ—Δl的关系曲线，如图T 0141-2。

5.4 以垂直压力p为横坐标，抗剪强度S为纵坐标，将每一试样的抗剪强度点绘在坐标纸上，并连成一直线。此直线的倾角为摩擦角φ，纵坐标上的截距为凝聚力c，如图T 0140-3所示。

5.5 本试验记录格式见表T 0142-1和表T 0142-2。

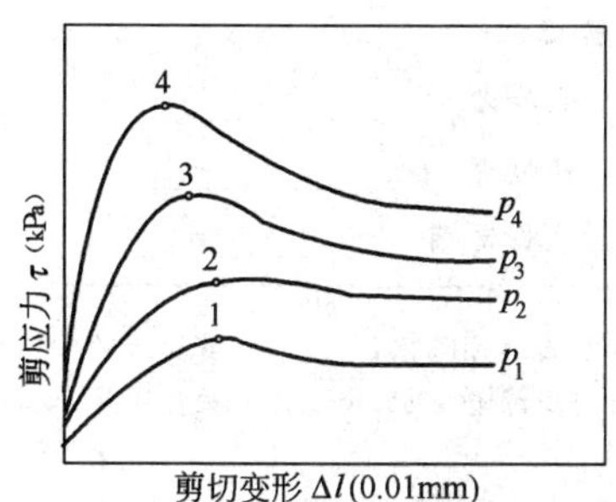

图 T 0142-2 剪应力 τ 与剪切位移 Δl 的关系曲线

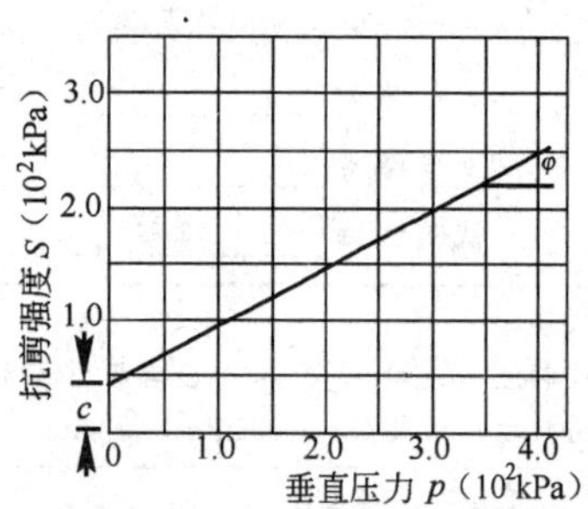

图 T 0142-3 抗剪强度与垂直压力的关系曲线

表 T 0142-1 直接剪切试验记录(一)

工程编号＿＿＿＿＿＿ 试验者＿＿＿＿＿＿

土样编号＿＿＿＿＿＿ 校核者＿＿＿＿＿＿

土粒比重 $G_s = 2.70$ 试验日期＿＿＿＿＿＿

试样编号				1			2			3			4			5		
				起始	饱和后	剪后	起始	饱和后	剪后	起始	饱和后	剪后	起始	饱和后	剪后	起始	饱和后	剪后
湿密度 ρ	(g/cm³)	(1)	(1)	1.76	1.93	1.94	1.75	1.93	1.94	1.75	1.94	1.94	1.74	1.94	1.95	1.75	1.94	1.95
含水率 w	(%)	(2)	(2)	16.4	27.7	28.8	16.4	27.8	28.8	16.4	27.7	28.8	16.4	27.7	28.7	16.4	27.7	28.8
干密度 ρ_d	(g/cm³)	(3)	$\frac{(1)}{1+\frac{(2)}{100}}$	1.51	1.51	1.51	1.50	1.51	1.51	1.50	1.52	1.51	1.49	1.52	1.52	1.50	1.52	1.52
孔隙比 e		(4)	$\frac{10G_s}{(3)}-1$	0.79	0.79	0.79	0.80	0.79	0.79	0.80	0.78	0.79	0.81	0.78	0.78	0.80	0.78	0.78
饱和度 S_r	(%)	(5)	$\frac{G_s(2)}{(4)}$	56.0	94.7	98.4	55.4	95.0	98.4	55.3	95.8	98.4	54.6	95.8	99.3	55.3	95.8	99.6
试样描述本试样系用过2mm筛土制备的				注：①试样系用抽气饱和；②饱和后的饱和度：$S_r = \frac{(\rho - \rho_d)}{\rho_d e} G_s$														

表 T0142-2 直接剪切试验记录(二)

工程名称______ 试验者______

土样编号______ 校核者______

试验方法 慢剪 试验日期______

试样编号 手轮转速 测力计校正系数 $C=6.21\text{kPa}/0.01\text{mm}$		仪器编号 垂直压力 300kpa			剪切前固结时间 23h 剪切前压缩量 0.853mm			剪切历时 抗剪强度 152kPa	
手轮转数 (1)	测力计百分表读数 (0.01mm) (2)	剪切位移 (0.01mm) (3)=(1)×20−(2)	剪应力 (kPa) (4)=(2)×C	垂直位移 (0.01mm)	手轮转数 (1)	测力计百分表读数 (0.01mm) (2)	剪切位移 (0.01mm) (3)=(1)×20−(2)	剪应力 (kPa) (4)=(2)×C	垂直位移 (0.01mm)
1	1.6	18.4	9.9		16	21.2	298.8	131.7	
2	9.0	31.0	55.9		17	21.8	318.2	135.4	
3	11.0	49.0	68.3		18	21.8	338.2	135.4	
4	12.5	67.5	77.6		19	22.2	357.8	137.9	
5	14.0	86.0	86.9		20	22.8	377.2	141.6	
6	14.5	105.5	90.0		21	23.0	397.0	142.8	
7	15.3	124.7	95.0		22	23.3	416.7	144.7	
8	16.6	143.4	103.1		23	23.6	436.4	146.6	
9	17.0	163.0	105.6		24	24.0	456.0	149.0	
10	17.6	182.4	109.3		25	24.5	475.5	152.1	
11	18.3	201.7	114.6		26	24.5	495.5	152.1	
12	19.0	221.0	118.0		27	24.5	515.5	152.1	
13	19.7	240.3	122.3		28	24.8	535.2	154.0	
14	20.0	260.0	124.2		29	24.8	555.2	154.0	
15	20.8	279.2	129.2						

6 报告

6.1 土的鉴别分类和代号。

6.2 土的抗剪强度指标 c、φ 值。

T 0143—1993 砂类土的直剪试验

砂类土的最大特点是土中孔隙压力极易消散。因此试验的两个主要阶段过程与黏质土的慢剪试验(T 0142—2005)略有相似。若进行快剪试验,则总应力强度指标偏大。

1 目的和适用范围

本试验适用于砂类土。

本试验用于测定砂类土在不同干密度下的抗剪强度指标。

2 仪器设备

2.1 应变控制式直剪仪：由剪切盒、垂直加荷设备、剪切传动装置、测力计和位移量测系统组成，如图 T 0143-1 所示。

2.2 环刀：内径 61.8mm，高 20mm。

2.3 位移量测设备：百分表或传感器。百分表量程为 10mm，分度值为 0.01mm；传感器的精度应为零级。

3 试样

本试验取过 2mm 筛的风干砂类土，并按预定的试样干密度，用公式计算每个试样需称取的砂质量。

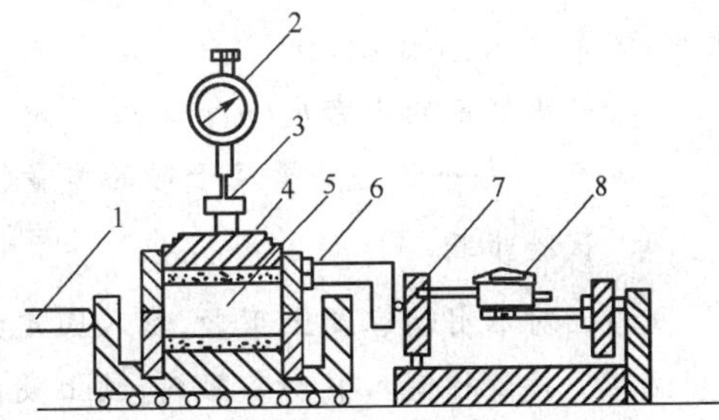

图 T 0143-1 应变控制式直剪仪示意图

1-推动座；2-垂直位移百分表；3-垂直加荷框架；4-活塞；5-试样；6-剪切盒；7-测力计；8-测力百分表

3.1 取过 2mm 筛的风干砂1 200g。

3.2 将扰动土样进行土样描述，如颜色、土类、气味及夹杂物等。如有需要，将扰动土样充分拌匀，取代表性土样进行含水率测定。

3.3 将块状扰动土放在橡皮板上用木碾或粉碎机碾散，但切勿压碎颗粒。如含水率较大不能碾散时，应风干至可碾散时为止。

3.4 根据试验所需土样数量，将碾散后的土样过筛。物理性试验如液限、塑限、缩限等试验，需过 0.5mm 筛；常规水理及力学试验土样，需过 2mm 筛；击实试验土样的最大粒径必须满足击实试验采用不同击实筒试验时的土样中最大颗粒粒径的要求。按规定过标准筛后，取出足够数量的代表性试样，然后分别装入容器内，标以标签。标签上应注明工程名称、土样编号、过筛孔径、用途、制备日期和人员等，以备各项试验之用。若含有多量粗砂及少量细粒土（泥砂或黏土）的松散土样，应加水润湿松散后，用四分法取出代表性试样。若系净砂，则可用匀土器取代表性试样。

3.5 为配制一定含水率的试样，取过 2mm 筛的足够试验用的风干土 1～5kg，按本规程 T 0102—2007 中第 2 条步骤计算所需的加水量，然后将所取土样平铺于不吸水的盘内，用喷雾设备喷洒预计的加水量，并充分拌和，然后装入容器内盖紧，润湿一昼夜备用（砂类土浸润时间可酌量缩短）。

3.6 测定湿润土样不同位置的含水率（至少两个以上），要求差值满足含水率测定的允许平行差值。

3.7　对不同土层的土样制备混合试样时，应根据各土层厚度，按比例计算相应质量配合，然后按本规程 T 0102—2007 中第 1 条步骤进行扰动土的制备工序。

3.8　根据预定的试样干密度称取每个试样的风干砂质量，准确至 0.1g，每个试样的质量按下式计算：

$$m=V\rho_{d} \tag{T 0143-1}$$

式中：V —— 试样体积(cm^3)；

ρ_d ——规定的干密度(g/cm^3)；

m —— 每一试件所需风干砂的质量(g)。

4　试验步骤

4.1　对准剪切容器上下盒，插入固定销，放入透水石。

4.2　将试样倒入剪切容器内，放上硬木块，用手轻轻敲打，使试样达到预定干密度，取出硬木块，拂平砂面。

4.3　拔去固定销，进行剪切试验。剪切速度为 0.8mm/min，在 3～5min 内剪损。并每隔一定时间测记测力计百分表读数，直至剪损。

4.4　试样剪损时间可按下式估算：

$$t_{f}=50t_{50} \tag{T 0143-2}$$

式中：t_f ——达到剪损所经历的时间(min)；

t_{50}——固结度达到 50%所需的时间(min)。

4.5　当测力计百分表读数不变或后退时，继续剪切至剪切位移为 4mm 时停止，记下破坏值。当剪切过程中测力计百分表无峰值时，剪切至剪切位移达 6mm 时停止。

4.6　剪切结束，吸去盒内积水，退掉剪切力和垂直压力，移动压力框架，取出试样，测定其含水率。

4.7　试验结束后，顺次卸除垂直压力，加压框架、钢珠、传压板。清除试样，并擦洗干净，以备下次应用。

砂类土的渗透系数很大，潮湿状态与干燥状态的强度变化不大，剪切速度对强度几乎无影响，因此，可采用较快的剪切速率。

5　结果整理

5.1　剪切位移按下式计算

$$\Delta l=20n-R \tag{T 0143-3}$$

式中：Δl ——剪切位移(0.01mm)，计算至 0.1；

n ——手轮转数；

R ——百分表读数。

5.2 剪应力按下式计算：

$$\tau = CR \tag{T 0143-4}$$

式中：τ ——剪应力(kPa)，计算至0.1；

C—— 测力计校正系数(kPa/0.01mm)。

5.3 如欲求砂类土在某一垂直压力干密度下的抗剪强度，则以抗剪强度为纵坐标，垂直压力为横坐标，绘制在一定干密度下的抗剪强度与垂直压力的关系曲线，如图T 0143-1。

5.4 如欲求砂类土在某一下的抗剪强度，则以干密度为横坐标，抗剪强度为纵坐标，绘制一定垂直压力下的抗剪强度与干密度的关系曲线，如图 T 0143-2。

5.5 本试验记录格式见表 T 0143-1 和表 T 0143-2。

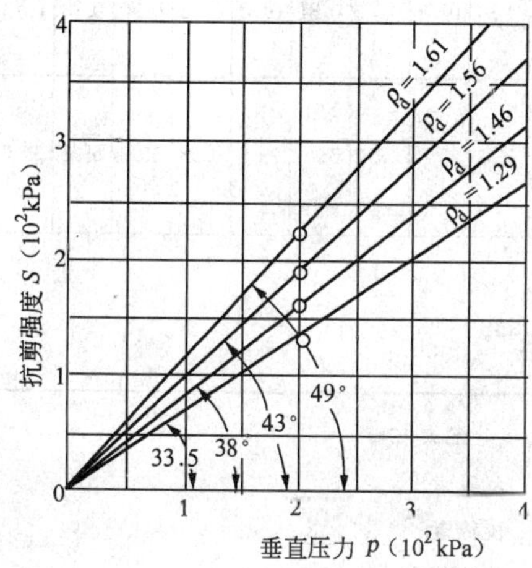

图 T 0143-1 抗剪强度与垂直压力的关系曲线

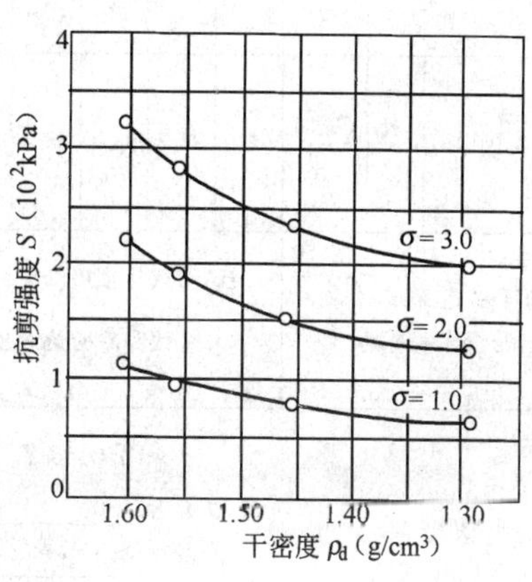

图 T 0143-2 抗剪强度与干密度的关系曲线

表 T 0143-1 直接剪切试验记录(一)

工程编号＿＿＿＿＿＿ 试验者＿＿＿＿＿＿

土样编号＿＿＿＿＿＿ 校核者＿＿＿＿＿＿

土粒比重 $G_s = 2.70$ 试验日期＿＿＿＿＿＿

试样编号				1			2			3			4			5		
				起始	饱和后	剪后	起始	饱和后	剪后	起始	饱和后	剪后	起始	饱和后	剪后	起始	饱和后	剪后
湿密度 ρ	(g/cm³)	(1)	(1)	1.76	1.93	1.94	1.75	1.93	1.94	1.75	1.94	1.94	1.74	1.94	1.95	1.75	1.94	1.95

续上表

试样编号				1			2			3			4			5		
				起始	饱和后	剪后	起始	饱和后	剪后	起始	饱和后	剪后	起始	饱和后	剪后	起始	饱和后	剪后
含水率 w	(%)	(2)	(2)	16.4	27.7	28.8	16.4	27.8	28.8	16.4	27.7	28.8	16.4	27.7	28.7	16.4	27.7	28.8
干密度 ρ_d	(g/cm³)	(3)	$\frac{(1)}{1+\frac{(2)}{100}}$	1.51	1.51	1.51	1.50	1.51	1.51	1.50	1.52	1.51	1.49	1.52	1.52	1.50	1.52	1.52
孔隙比 e		(4)	$\frac{10G_s}{(3)}-1$	0.79	0.79	0.79	0.80	0.79	0.79	0.80	0.78	0.79	0.81	0.78	0.78	0.80	0.78	0.78
饱和度 S_r	(%)	(5)	$\frac{G_s(2)}{(4)}$	56.0	94.7	98.4	55.4	95.0	98.4	55.3	95.8	98.4	54.6	95.8	99.3	55.3	95.8	99.6
试样描述本试样系用过2mm筛土制备的				注:①试样系用抽气饱和; ②饱和后的饱和度:$S_r=\frac{(\rho-\rho_d)}{\rho_d e}G_s$														

表 T 0143-2　直接剪切试验记录(二)

工程编号______　　试验者______

土样编号______　　校核者______

试验方法 固结快剪　　试验日期______

试样编号　　仪器编号 手轮转速　　垂直压力 300kPa 测力计校正系数 C=6.21kPa/0.01mm					剪切前固结时间 23h　　剪切历时 剪切前压缩量 0.853mm　　抗剪强度 152kPa				
手轮转数 (1)	测力计百分表读数 (0.01mm) (2)	剪切位移 (0.01mm) (3)=(1)×20−(2)	剪应力 (kPa) (4)=(2)×C	垂直位移 (0.01mm)	手轮转数 (1)	测力计百分表读数 (0.01mm) (2)	剪切位移 (0.01mm) (3)=(1)×20−(2)	剪应力 (kPa) (4)=(2)×C	垂直位移 (0.01mm)

续上表

1	1.6	18.4	9.9		16	21.2	298.8	131.7	
2	9.0	31.0	55.9		17	21.8	318.2	135.4	
3	11.0	49.0	68.3		18	21.8	338.2	135.4	
4	12.5	67.5	77.6		19	22.2	357.8	137.9	
5	14.0	86.0	86.9		20	22.8	377.2	141.6	
6	14.5	105.5	90.0		21	23.0	397.0	142.8	
7	15.3	124.7	95.0		22	23.3	416.7	144.7	
8	16.6	143.4	103.1		23	23.6	436.4	146.6	
9	17.0	163.0	105.6		24	24.0	456.0	149.0	
10	17.6	182.4	109.3		25	24.5	475.5	152.1	
11	18.3	201.7	114.6		26	24.5	495.5	152.1	
12	19.0	221.0	118.0		27	24.5	515.5	152.1	
13	19.7	240.3	122.3		28	24.8	535.2	154.0	
14	20.0	260.0	124.2		29	24.8	555.2	154.0	
15	20.8	279.2	129.2						

6 报告

6.1 土的鉴别分类和代号。

6.2 土的抗剪强度指标 c、φ 值。

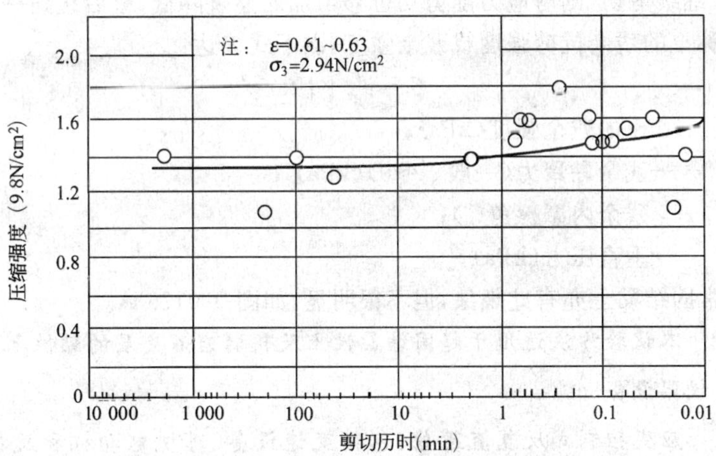

图 T 0143-A　干砂的压缩强度与剪切历时的关系(三轴剪切试验)

试验结果表明，砂类土的内摩擦角随试样干密度的增加而增大。

砂土透水性很大，在直剪仪上做砂土的快剪试验时，很难保持含水率不变，所以饱和砂土的快剪试验，在直剪仪上不能进行。对于砂(图 T 0143-A)在三轴剪切仪上用真空法来研究剪切速率对压缩强度的影响，结果发现，当 $\sigma_3=30\text{kPa}$、$\varepsilon=0.61\sim0.63$时，剪切历时由 0.01min 增加到 1 000min 时，压缩强度仅减少 0.24KPa。所以砂土的抗剪强度几乎不受剪切历时的影响。因此为了工作方便，节约时间，砂土的直剪试验可在较短的时间内结束。

T 0176—2007　排水反复直接剪切试验

土的排水反复直接剪切试验用于测定土的残余抗剪强度参数。

当研究黏土和黏土类岩石由于经受地质构造运动形成的软弱(泥化)夹层、古滑坡的滑动面和因挖方形成的滑动层面的抗剪强度时，均应挖取滑动面或软弱面(泥化)处的原状土测定其残余强度，或取滑动面或软弱面处的扰动土进行重塑，测定残余强度近似值。土的残余强度的测定是随着具有泥化夹层的地基工程、硬裂隙黏土边坡的长期稳定、古滑坡地区的工程研究而提出的，正在日益受到重视。

1　目的和适用范围

1.1　反复直接剪切试验是用应变控制式直剪仪在慢速(排水)条件下，对试样反复剪切至剪应力达到稳定值，以测求土的残余抗剪强度指标 c'_r 和 φ'_r。

超固结黏土试样在某一有效压力作用下进行剪切试验时，当剪应力达到峰值以后，若继续剪切，则剪应力随剪切位移增加而显著降低，最后达到一个稳定值，该稳定值称土的残余抗剪强度或残余强度，以下式表达：

$$S_r=c'_r+P\tan\varphi'_r \tag{T 0176-A}$$

式中：S_r ——土的残余强度(kPa)；

c'_r——残余黏聚力(一般 $c'\approx0$)(kPa)；

φ'_r——残余内摩擦角(°)；

P ——垂直压力(kPa)。

正常固结黏土亦有此现象，但不很明显，如图 T 0176-A。

1.2　本试验方法适用于超固结黏性土及软弱岩石夹层的黏性土。

2　仪器设备

2.1　应变控制式反复直剪仪：包括变速设备、可逆电动机和反推夹具，见图 T 0176-1。

关于室内测定残余强度的仪器和方法，目前主要有用三轴压缩试验、环剪仪做环形剪切试验和用直剪仪做排水反复直接剪切试验(以下简称反复剪)三种。反复

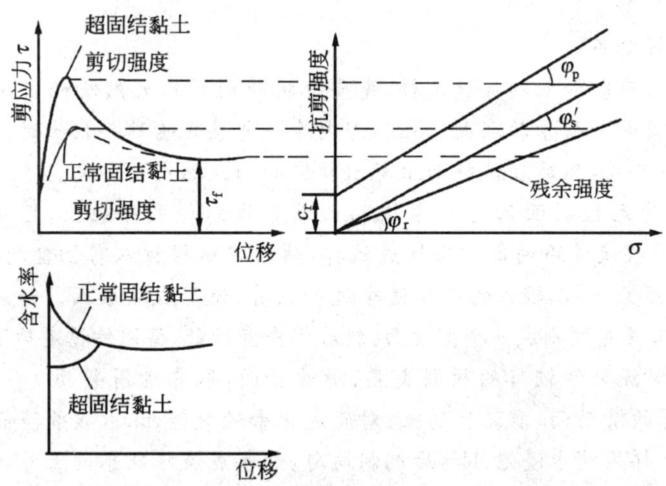

图 T 0176-A　剪应力与剪切位称关系曲线

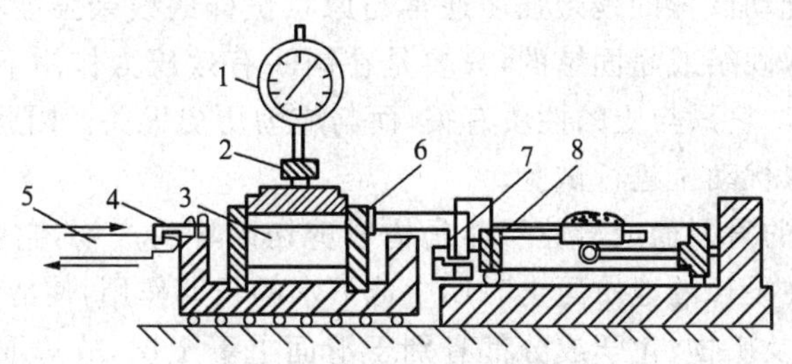

图 T 0176-1　反复直剪仪示意图

1-垂直变形百分表；2-加压框架；3-试样；4-连接杆；5-推动轴；6-剪切盒；7-限制连接杆；8-测力计

剪试验，存在一定的缺点。例如，每次反复后，有一小峰值出现，剪切面可能呈泥浆状。但它简单易行，对多数土均能测得较好的成果，因此，国内外应用较广。本规程也推荐采用直剪仪做反复排水剪试验。

本规程规定在进行第二次、第三次……剪切时，不卸除垂直荷载，将剪切盒下盒拉回原位置。因此，必须将原仪器的推力设备进行改装，使其能推进又能拉回；或另制造一反推设备，待一次剪切完成后，用反推设备将剪切盒下盒推回至原位置。

2.2　位移计(百分表)：量程 5～10mm，分度值 0.01mm。

2.3　天平：称量 500g，分度值 0.1g。

2.4　环刀：内径 6.18cm，高 2cm。

2.5　其他：饱和器、削土刀、秒表、滤纸等。

3　试验步骤

3.1　试样制备

3.1.1　对有软弱面的原状土样，先要分清软弱面的天然滑动方向，整平土样两端，使土样顶面平行于软弱面。在环刀内涂一薄层凡士林。切土时，使软弱面位于环刀高度一半处，然后在试样面上标出软弱面的天然滑动方向。

3.1.2　对无软弱面的完整原状黏土或原状的超固结黏土，可用环刀按(T 0102—2007)原状试样的制备方法切成试样，然后将试样放入剪切盒内。先在小于50kPa的垂直压力下，以较快的剪切速率进行预剪，使形成破裂面。如试样坚硬，也可用刀、锯等工具先切割成一个剪切面，然后加垂直荷载，待固结稳定后进行剪切。

3.1.3　对泥化带较厚的软弱夹层、滑坡层面，取靠近滑裂面1～2mm的土；对泥化带软薄的滑动面，取泥化的土；对无泥化带的裂隙面，取靠裂隙面两边的土。将所刮取的土样用纯水浸泡24h后调制均匀，制备成液限状态的土膏，将其填入环刀内。装填时，先沿环刀四周填入，然后填中部。应排除试样内的气体。

研究表明：扰动试样的残余强度通常与原状试样的残余强度相接近。对同一种土，不管是正常固结或超固结的，只要是在同一有效压力作用下，其残余强度相同，φ'_r为一常数。它只与土的性质有关，而与应力历史无关。因此，当选取原状土样有困难的，可取扰动土进行试验。

但软弱夹层的滑裂面或滑坡层面是构成剪切破坏的产物，它曾经受过较大的剪切位移，加之在漫长的地质历史时期中地下水的长期作用，使滑裂面或滑坡面上土的颗粒组成以及矿物、化学成分都有别于滑面上下土层，故选取扰动土样时，应取滑裂面或滑坡层面上1～2mm的土进行残余强度试验。否则扰动土的残余强度指标可能大于滑裂面或滑坡层面实际强度值。

经过对土(岩)地基软弱夹层或滑坡带土体的调查了解，夹层和滑动层面上土的含水率往往比夹层上下层的含水率高10%左右。当确定制备含水率时，应注意这个实际情况。本规程建议扰动土的制备含水率采用该土(泥化夹层和滑动层面)的液限为宜。

3.1.4　原状试样应取破裂面上的土测求含水率；对于扰动土试样可取切下的余土测求含水率。

3.1.5　试样应达到饱和。饱和方法一般用抽气饱和法。

3.1.6　每组试验应制备4个试样，同组试样的密度差值不大于0.03g/cm³。

3.2　试样剪切

3.2.1　先对仪器进行检查。然后将上、下剪切盒对准，插入固定销，顺次放入饱和透水板、滤纸，将试样推入剪切盒内。再放上滤纸、透水板及加压盖板、钢珠、加压框架等,并安装垂直百分表(位移计)。在活塞周围包以湿棉花,防止水分蒸发。然后测记测力计和垂直位移计的初始读数。

3.2.2 每组试验应取4个试样,在4种不同垂直压力下进行剪切试验。一个垂直压力相当于现场预期的最大压力,一个垂直压力要大于现场预期的最大垂直压力,其他垂直压力均小于现场预期的最大垂直压力。但垂直压力的各级差值要大致相等。也可以取垂直压力分别为100kPa、200kPa、300kPa、400kPa,各个垂直压力一次轻轻施加,若土质松软也可分级施加以防试样挤出。

在试样上施加规定的垂直压力后,测记垂直变形读数。如每小时垂直变形读数变化不超过0.005mm,认为已达到固结稳定。试样也可在其他仪器上固结,然后移至剪切盒内,继续固结至稳定,再进行剪切。

3.2.3 除含水率相当于液限试样的剪切外,一般原状土、硬黏土的试验,在剪切时,剪切盒应开缝,缝宽保持在0.3～1.0mm。

3.2.4 转动手轮,使剪切盒前端的钢珠与测力计刚好接触,再调整测力计读数至零位。

3.2.5 拔出固定销,调节变速箱。对一般粉质土、粉质黏土及低塑性黏土的剪切速度不宜超0.06mm/min;对高塑性黏土的剪切速度,不宜超过0.02mm/min。开动电机,测读垂直位移计和水平位移计读数。在第1次剪切过程中,达到峰值剪应力之前,一般水平位移每隔0.2～0.4mm测记1次;过峰值剪应力后,每隔0.5mm测记1次。每次剪切时,试验不能中断,直至最大剪切位移(每次正向剪切位移8～10mm)停止剪切。

剪切速率对测定土的残余强度具有明显的影响。土达到残余强度时,其剪切面上的孔隙压力已充分消散,土颗粒已完全定向排列,故测定残余强度的方法只能是最大剪切位移下的慢剪试验。

关于剪切速率对土的残余强度影响的问题,根据对黏土、高塑性黏土、粉质黏土及粉质土的液限试样和粉质黏土的原状试样进行不同剪切速度的对比试验,其成果见图T 0176-B。从图中可以看出:粉质土、粉质黏土、黏土及高塑性黏土的剪切速度的临界值分别为1.0mm/min、0.06mm/min和0.02mm/min。

当剪切速度采用0.02mm/min时,对于每一剪切行程的位移量为8～10mm的试验,约需8～10h左右。为了试验室工作的方便,可间隔一定时间进行下一次剪切(即可使试验在白天进行)。

3.2.6 倒转手轮,用反推设备缓慢地(剪切速度不大于0.6mm/min)将下剪盒反向推至与上剪切盒重合位置,插入固定销。按本试验3.2.5的规定进行第2次剪切。如此,继续反复进行剪切至剪应力达到稳定值为止。

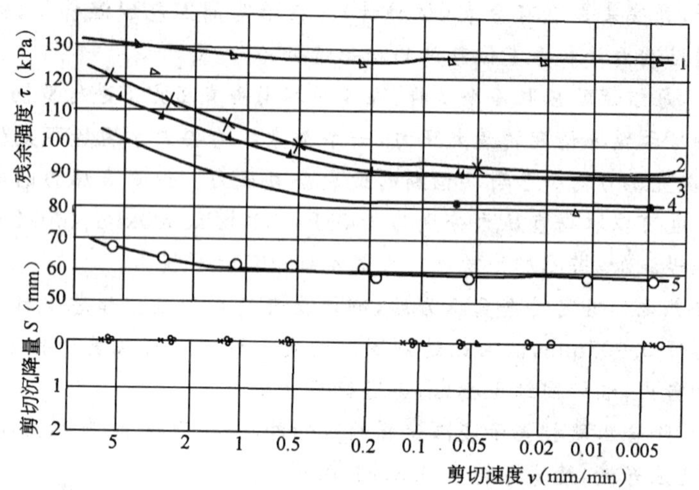

图 T 0176-B 剪切速度与残余强度和剪切沉降量关系曲线

1-江苏粉质土；2-广西 8301-7 粉质黏土；3-葛洲坝夹层土（原状土）；4-华东黏土；5-东北黏土

注：试样的垂直压力均为 200kPa。

关于试验的总剪切位移多大才能测到稳定的强度值的问题，一些专家进行了研究。斯肯普顿（Skempton）认为在室内试验时，过峰值强度后继续剪切到位移达 25～50mm，强度可降低到稳定残余值。诺布尔（H. L. Noble）用内径 4.8cm 的试样在直接剪切仪上以 0.004mm/min 的速率进行试验，每次剪切位移 2.5mm，再推回，如此反复剪 10～15 次，总位移约为 50～75mm，也可达到残余值。

近年来，长江科学院在对软弱夹层的试验中，使用直径为 6.4cm 的试样，在直接剪切仪上以 0.022 4mm/min 的剪切速率做反复直接剪切试验。试验成果表明：不同颗粒组成的试样，所需要的总剪切位移量是不一样的。一般来讲，黏粒含量大的试样，需要的总剪切位移量小，反之亦然，如粉质土、粉质黏土一般需要 40～48mm，黏土一般需要 24～32mm。一般反向剪切的剪应力大于正向剪切的剪应力，见图 T 0176-C。其原因在于反向剪切破坏了已定向排列的土颗粒，使得土的强度增高。因此，不能将反向剪切的位移量计入达到残余强度时所需要的总剪切位移量中。

3.2.7 剪切结束，测记垂直位移计读数，吸去剪切盒中积水，尽快卸除位移计、垂直压力、加压框架、加压盖板及剪切盒等，并描述剪切面的破坏情况。取剪切面附近的土样测定剪后含水率。

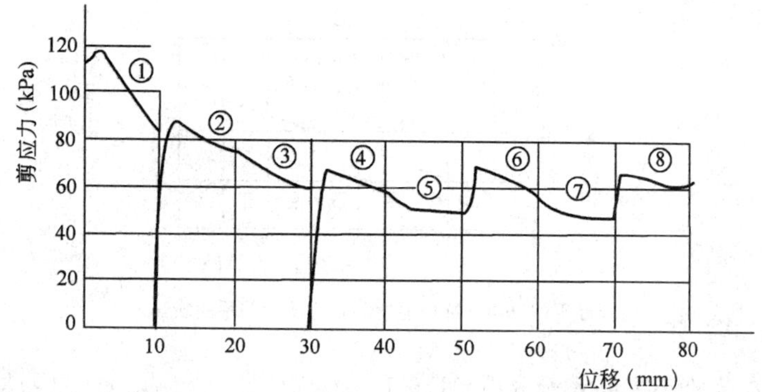

图 T 0176-C　反复剪切试验的应力和位移曲线

①、③、⑤、⑦-正向剪切;②、④、⑥、⑧-反向剪切

4　结果整理

4.1　按下式计算残余抗剪强度 S_r:

$$S_r=\frac{CR}{A_0}\times 10 \qquad (\mathrm{T\ 0176\text{-}1})$$

式中:C——测力计率定系数(N/0.01mm);

R——测力计读数(0.01mm);

A_0——试样面积(cm^2);

10——单位换算系数。

4.2　绘制剪应力与剪切位移关系曲线,见图 T 0176-2。取每个试验曲线上第 1 次剪切时峰值作为破坏强度 S;取曲线上最后稳定值作为残余强度 S_r,并绘制抗剪强度(峰值强度与残余强度)与垂直压力关系曲线,见图 T 0176-3。

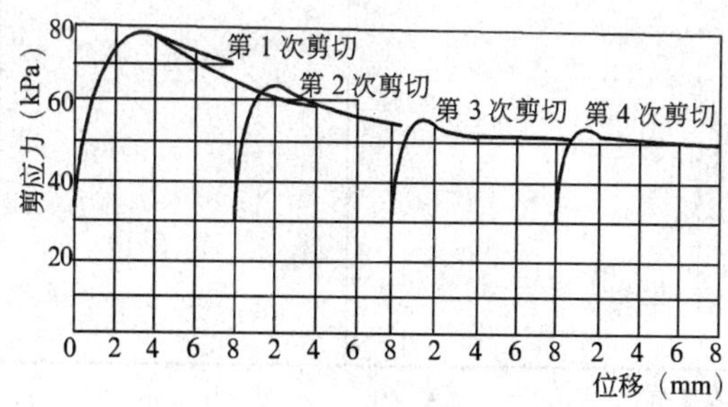

图 T 0176-2　剪应力与剪切位移曲线

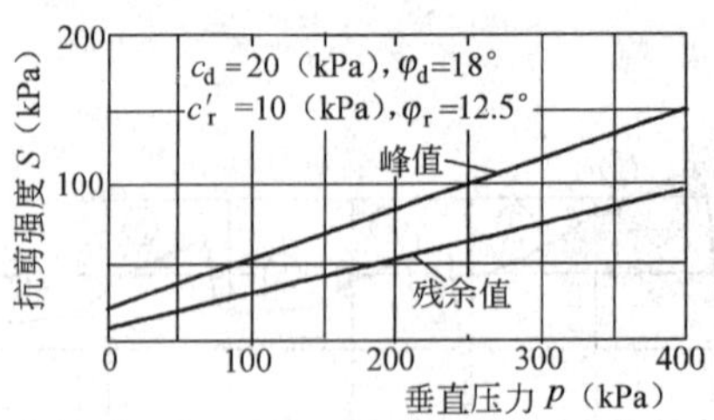

图 T 0176-3 抗剪强度与垂直压力关系曲线

4.3 本试验记录格式如表 T 0176-1。

表 T 0176-1 排水反复直接剪切试验

工程名称__________ 试验者__________ 校 核 者__________

土样编号__________ 计算者__________ 试验日期__________

<table>
<tr><td colspan="4">仪器编号：　　　　　　　　　　剪前固结时间：　min
测力计率定系数：　N/0.01mm　剪前固结沉降量：　min
剪切速率：　mm/min　　剪切次数：
垂直压力：　kPa　　抗剪强度：　kPa</td></tr>
<tr><td>剪切位移
(0.01mm)</td><td>垂直位移计读数
(0.01mm)</td><td>测力计读数
(0.01mm)</td><td>剪应力
(kPa)</td></tr>
<tr><td>30
60
100
130
160
200
230
260
300
350
400
⋮
800</td><td></td><td></td><td></td></tr>
</table>

注“+”为剪胀，“−”为剪缩。

5 报告

5.1 土的鉴别分类和代号。

5.2　土的抗剪强度指标 c、φ 值。

直接剪切试验所用的直剪仪在技术性能方面存在以下缺点：

(1)剪切过程中剪应变分布不均匀(图22-C)，应力条件复杂，而分析计算只能当作均匀分布来考虑，这就给成果带来一定的误差。

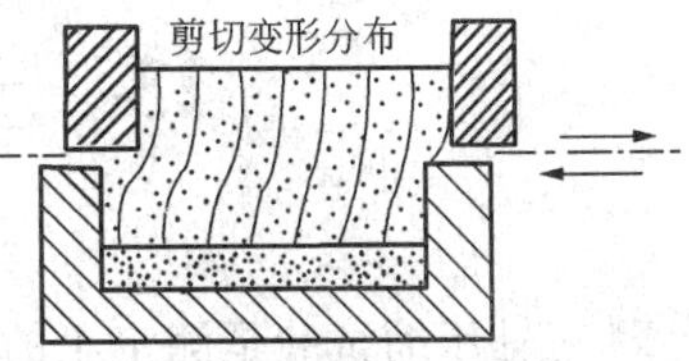

图 22-C　试样中的剪切变形分布

(2)剪切过程中试样面积逐渐减小，而且垂直荷载发生偏心，致使应力计算误差加大。

(3)剪切面只能人为地限制在上下盒的接触面上。

(4)不能严格控制试样的排水条件。

(5)不能量测试样中的孔隙水压力。

在使用应变控制式直剪仪时应注意的事项：

(1)作用于上下两盒上的方向相反的外力作用线要与剪切面上的中轴线相吻合，如外力不通过剪切面的中轴线时，须设法保证上下盒沿水平方向移动，不发生转动。

(2)下盒下面两滑槽的钢球个数及直径应相等，并须均匀分布。

(3)所有滑动部分必须加润滑剂。

(4)下盒前后滑动应均匀平稳，不应发生扭动现象。

通常人们将测定土的抗剪强度指标的试验称为剪切试验。剪切试验如按常用的试验仪器分类，则有直接剪切试验、三轴压缩试验、无侧限抗压强度试验和十字板剪切试验四种。其中除十字板剪切试验可在原位进行试验外，其他三种试验均需从现场取回土样，在室内进行。

目前欲正确测定土的抗剪强度指标是极为困难的，这是因为它们不仅取决于土的种类，而且在更大程度上取决于土的密度、含水率、初始应力状态、应力历史和试验中的排水条件等因素。因此，为了求得可供路基设计或边坡稳定分析用的土的强度指标，试验中除试样必须具有代表性外，它的受力和排水条件也应尽可能地与实际情况相一致。可是，根据现有的测试设备和技术条件，要完全做到这一点仍然有困难，目前只能作近似模拟。

23 土的三轴压缩试验

三轴压缩试验是测定土的抗剪强度的一种方法。土的抗剪强度是土体抵抗剪切破坏的极限能力。测定土的抗剪强度比较简单的方法是采用直接剪力仪进行试验，这种仪器操作简单，但存在许多缺点，其中最主要的缺点，就是无法控制试样的排水条件，因而它的应用范围极为狭小，而三轴压缩仪（又称三轴剪力仪）能够严格控制试样排水条件。此外，三轴压缩仪的优点还有：

①试样所受到的应力情况为已知；

②可以测定试样内的孔隙压力和体积变化；

③还可测定土的静止侧压力系数和非饱和土的固结系数等。

因此，三轴压缩仪已成为目前最基本和较完善的土工试验仪器。

根据排水条件的不同，三轴压缩试验可分为不固结不排水试验（UU）、固结不排水试验（CU）加测孔隙水压力试验（$\overline{\text{CU}}$）、固结排水试验（CD），以适用于不同工程条件而进行的抗剪强度指标测定。

三轴压缩试验的目的就是根据莫尔—库仑破坏准则测定土的抗剪强度参数：凝聚力和内摩擦角。

一般认为，土体的破坏条件用莫尔—库仑（Mohr-Coulomb）破坏准则表示比较符合实际情况。根据莫尔—库仑破坏准则，土体在各项主应力的作用下，作用在某一应力面上的剪应力（τ）与法向应力（σ）之比达到某一比值（即土的内摩擦角正切值 $\tan\varphi$），土体就将沿该面发生剪切破坏，而与作用的各项主应力的大小无关，如图 23-A 所示。常规三轴压缩试验是取 3～4 个圆柱体试样，分别在其四周施加不同的恒定周围压力（即小主应力）σ_3，随后逐渐增加轴向压力（即大主应力）σ_1 直至破坏为止。根据破坏时的大主应力与小主应力分别绘制莫尔圆，莫尔圆的切线就是剪应力与法向应力的关系曲线，通常以近似的直线表示，其倾角为 φ，在纵坐标轴上的截距为 c，见图 23-A。莫尔—库仑破坏准则的表达式为：

$$\frac{1}{2}(\sigma_1-\sigma_3)_f = c\cos\varphi + \frac{1}{2}(\sigma_1+\sigma_3)_f\sin\varphi \tag{23-A}$$

式中：σ_1、σ_3——大、小主应力（kPa）；

c——土的凝聚力（kPa）；

φ——土的内摩擦角(°)。

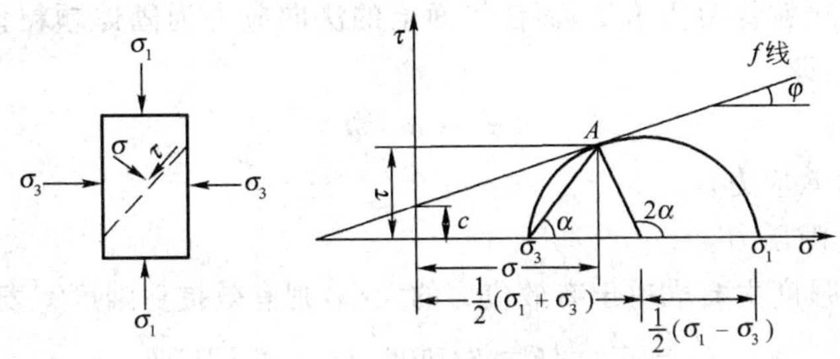

图 23-A 三轴试验中剪应力与法向应力关系

上式经整理后，即可得到

$$\sigma_{1f}=\sigma_{3f}\tan^2(45^\circ+\varphi/2)+2c\tan(45^\circ+\varphi/2) \quad (23\text{-B})$$

或

$$\sigma_{3f}=\sigma_{1f}\tan^2(45^\circ-\varphi/2)+2c\tan(45^\circ-\varphi/2) \quad (23\text{-C})$$

上式表明，若 c、φ 一定，而仅知 σ_1 和 σ_3 中的一个，还不能确定该点是否达到破坏。当 σ_3 保持不变时，只有 σ_1 增加到某一定值，莫尔应力圆与强度线相切，该点才处于极限平衡状态；或者，当 σ_1 保持不变时，只有 σ_3 减小到某一定值，莫尔应力圆与强度线相切，该点才处于极限平衡状态。由此可知，同一种土可以在不同 σ_3（或 σ_1）下达到剪破。如果对同一种土的一组试样，分别在不同 σ_3 下做剪切试验，那么它们必定在不同 σ_1 下达到剪破。于是，就可得到一组极限应力圆，作它们的包线即得上述抗剪强度包线。试验表明，强度包线为一曲线，但在一定的应力范围内通常可用直线（即库仑公式）近似表示。

剪应力 τ 与法向应力 σ 的关系用库仑公式表示为：

$$\tau=c+\sigma\tan\varphi \quad (23\text{-D})$$

式中：τ、σ 分别为作用在破坏面上的剪应力与法向应力。它与大主应力 σ_1、小土应力 σ_3 及破坏面与大主应力面的倾角 α 具有如下的关系：

$$\sigma=\frac{1}{2}(\sigma_1+\sigma_3)+\frac{1}{2}(\sigma_1-\sigma_3)\cos2\alpha \quad (23\text{-E})$$

$$\tau=\frac{1}{2}(\sigma_1-\sigma_3)\sin2\alpha \quad (23\text{-F})$$

式中：$\alpha=45^\circ+\frac{1}{2}\varphi$

图 23-A 中的 A 点表示土体中一点剪切极限破坏面上的应力状态，即剪切面上的剪应力为 τ，法向应力为 σ，剪切面与大主应力面的夹角为 α。该点所具有的抗剪强度指标：凝聚力为 c，内摩擦角为 φ。图中 f 线称为抗剪强度包络线，简称强度包线。

土体由固体颗粒及其孔隙内的水(或水和气体)所组成,土体受荷重后,其中剪应力是为固体颗粒骨架所承受,而任何面上的法向应力为固体颗粒骨架和孔隙水或气体所承受,即

$$\sigma' = \sigma - u \tag{23-G}$$

式中:σ'——有效应力;

u——孔隙压力。

土的抗剪强度主要取决于有效应力的大小,则有效抗剪强度 τ' 表示为:

$$\tau' = c' + (\sigma - u)\tan\varphi' = c' + \sigma'\tan\varphi' \tag{23-H}$$

式中:c'——有效凝聚力;

φ'——有效内摩擦角。

三轴压缩试验适用于测定黏性土和砂性土的总抗剪强度参数和有效抗剪强度参数。

虽然三轴压缩试验与直接剪切试验相比具有能控制试样排水条件、受力状态明确、可以控制大小主应力、剪切面不固定、能够准确地测定土的孔隙压力及体积变化等诸多优点,因此三轴压缩试验得到了广泛的发展,并使抗剪强度的研究也获得了很大的进展。然而常规三轴压缩试验也存在一定的缺点,如主应力方向固定不变、试验是在轴对称情况下进行等。这与工程实际情况有所不同,为此目前已发展有平面应变仪、真三轴仪、扭转三轴仪等,这些都能更专项准确地测定土的抗剪强度以及研究土应力应变关系。

T 0144—1993 不固结不排水试验

不固结不排水(UU)试验通常用 3～4 个圆柱形试样,分别在不同恒定周围压力(即小主应力 σ_3)下,施加轴向压力[即主应力差($\sigma_1-\sigma_3$)]进行剪切,直至破坏,在整个过程中,不允许试样排水。

1 目的和适用范围

1.1 不固结不排水(UU)试验是在施加周围压力和增加轴向压力直至破坏过程中均不允许试样排水。

1.2 本试验适用于测定细粒土和砂类土的总抗剪强度参数 c_u、φ_u。

本试验适用于测定黏质土和砂类土的总抗剪强度参数 c_u、φ_u。

2 仪器设备

2.1 三轴压缩仪:应变控制式(图 T 0144-1),由周围压力系统、反压力系统、孔隙水压力量测系统和主机组成。

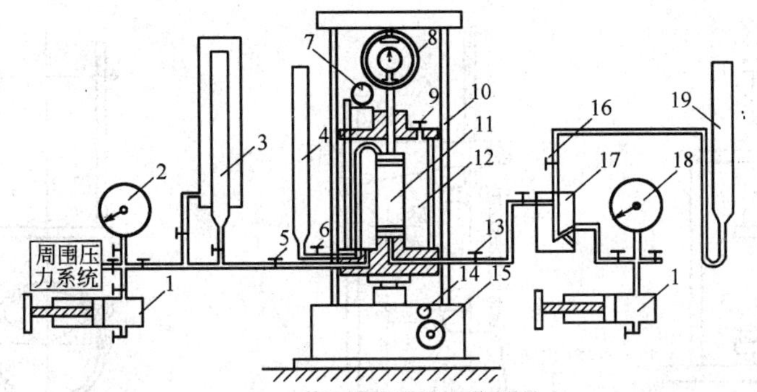

图 T 0144-1 应变控制式三轴压缩仪示意图

1-调节筒；2-周围压力表；3-体变管；4-排水管；5-周围压力阀；6-排水阀；7-变形量表；8-量力环；9-排气孔；10-轴向加压设备；11-试样；12-压力室；13-孔隙压力阀；14-离合器；15-手轮；16-量管阀；17-零位指示器；18-孔隙压力表；19-量管

2.2 附属设备：包括击实器、饱和器、切土器、分样器、切土盘、承膜筒和对开圆模，应符合下列各图要求：

2.2.1 击实器（图 T 0144-2）和饱和器（图 T 0144-3）。

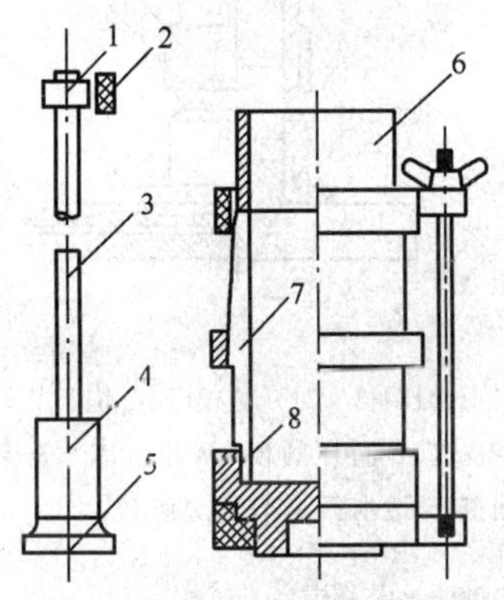

图 T 0144-2 击实器

1-套环；2-定位螺丝；3-导杆；4-击锤；5-底板；6-套筒；7-饱和器；8-底板

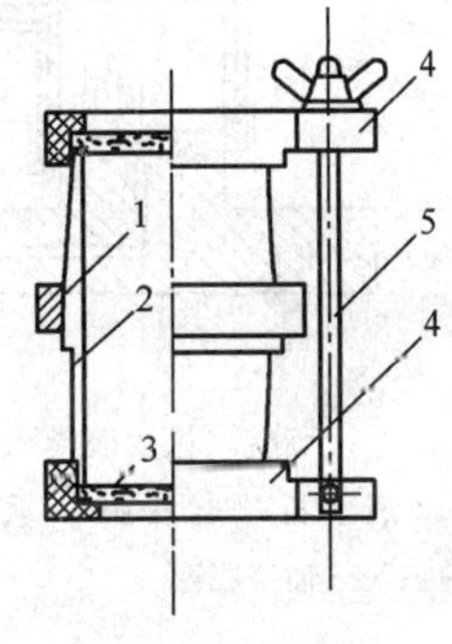

图 T 0144-3 饱和器

1-紧箍；2-土样筒；3-透水石；4-夹板；5-拉杆

2.2.2 切土盘（图 T 0144-4）、切土器（图 T 0144-5）和原状土分样器（图 T 0144-6）。

2.2.3 承膜筒（图 T 0144-7）及对开圆模（图 T 0144-8）。

2.3 百分表：量程 3cm 或 1cm，分度值 0.01mm。

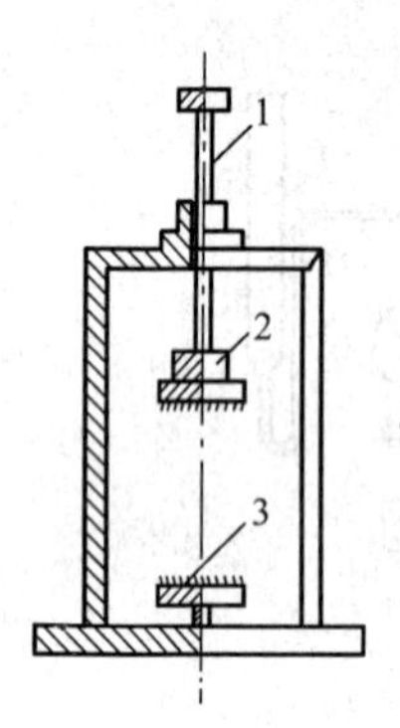

图 T 0144-4　切土盘

1-转轴；2-上盘；3-下盘

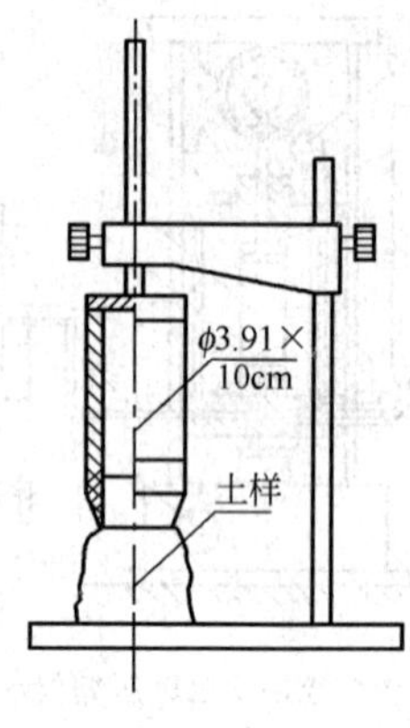

图 T 0144-5　切土器

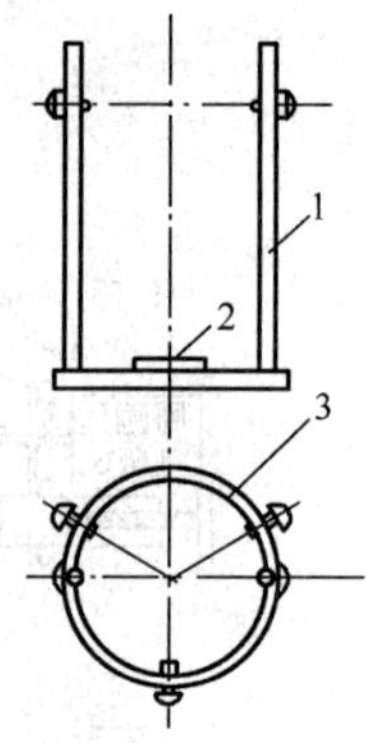

图 T 0144-6　原状土分样器（适用于软黏土）

1-滑杆；2-底座；3-钢丝架

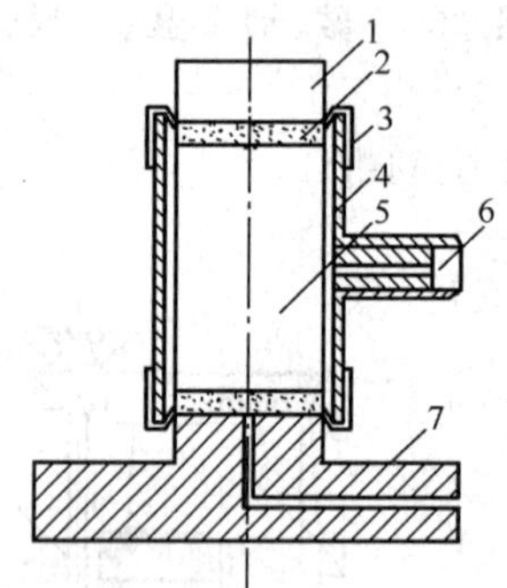

图 T 0144-7　承膜筒（橡皮膜借承膜筒套在试样外）

1-上帽；2-透水石；3-橡皮膜；4-承膜筒身；5-试样；6-吸气孔；7-三轴仪底座

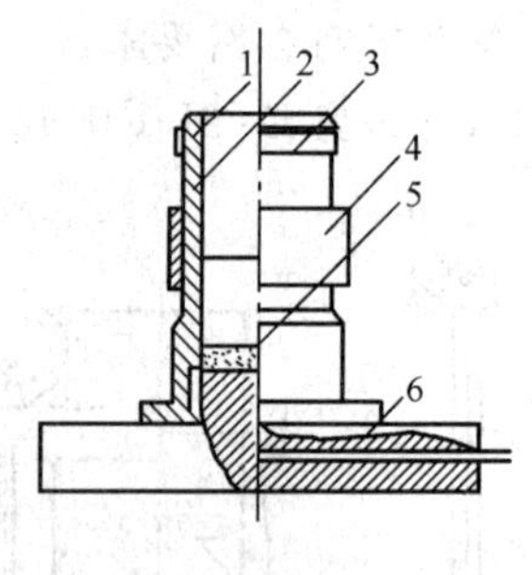

图 T 0144-8　对开圆模（制备饱和的砂样）

1-橡皮膜；2-制样圆模（两片组成）；3-橡皮圈；4-圆箍；5-透水石；6-仪器底座

2.4　天平：称量 200g，感量 0.01g；称量 1 000g，感量 0.1g。

2.5　橡皮膜：应具有弹性，厚度应小于橡皮膜直径的 1/100，不得有漏气孔。

三轴仪由压力室、周围压力系统、轴向加压系统、孔隙水压力量测系统以及试样体积变化量测设备等组成。

按轴向加压的不同，三轴仪分为应变控制式和应力控制式两种。前者操作方便，应用广泛，故本规程规定采用此种仪器。

3　仪器检查

3.1　周围压力的测量精度为全量程的 1%，测读分值为 5kPa。

3.2 孔隙水压力系统内的气泡应完全排除。系统内的气泡可用纯水施加压力使气泡上升至试样顶部沿底座溢出，测量系统的体积因数应小于 1.5×10^{-5} cm^3/kPa。

3.3 管路应畅通，活塞应能滑动，各连接处应无漏气。

3.4 橡胶膜在使用前应仔细检查，方法是在膜内充气，扎紧两端，然后在水下检查有无漏气。

试验前要求对仪器进行检查，以保证施加的周围压力能保持恒压。孔隙水压力量测系统应无气泡。仪器管路应畅通，无漏水现象。

4 试样制备

4.1 本试验需 3～4 个试样，分别在不同周围压力下进行试验。

4.2 试样尺寸：最小直径为 35mm，最大直径为 101mm，试样高度宜为试样直径的 2～2.5 倍，试样的最大粒径应符合表 T 0144-1 规定。对于有裂缝、软弱面和构造面的试样，试样直径宜大于 60mm。

表 T 0144-1 试样的土粒最大粒径

试样直径 ϕ(mm)	允许最大粒径(mm)
$\phi<100$	试样直径的 1/10
$\phi\geq100$	试样直径的 1/5

4.3 原状土试样的制备：根据土样的软硬程度，分别用切土盘和切土器按本试验 4.2 规定切成圆柱形试样，试样两端应平整，并垂直于试样轴。当试样侧面或端部有小石子或凹坑时，允许用削下的余土修整。试样切削时应避免扰动，并取余土测定试样的含水率。

4.4 扰动土试样制备：根据预定的干密度和含水率，按下述方法备样后，在击实器内分层击实，粉质土宜为 3～5 层，黏质土宜为 5～8 层，各层土样数量相等，各层接触面应刨毛。

4.4.1 将扰动土样进行土样描述，如颜色、土类、气味及夹杂物等。如有需要，将扰动土样充分拌匀，取代表性土样进行含水率测定。

4.4.2 将块状扰动土放在橡皮板上用木碾或粉碎机碾散，但切勿压碎颗粒。如含水率较大不能碾散时，应风干至可碾散时为止。

4.4.3 根据试验所需土样数量，将碾散后的土样过筛。物理性试验如液限、塑限、缩限等试验，需过 0.5mm 筛；常规水理及力学试验土样，需过 2mm 筛；击实试验土样的最大粒径必须满足击实试验采用不同击实筒试验时的土样中最大颗粒粒径的要求。按规定过标准筛后，取出足够数量的代表性试样，然后分别装入容器内，标以标签。标签上应注明工程名称、土样编号、过筛孔径、用途、制备日期和人员等，以备各项试验之用。若系含有多量粗砂及少量细粒土(泥砂或黏土)的松散土样，应加水润湿松散后，用四分法取出代表性试样。若系净砂，则可用匀土器取代表性试样。

4.4.4 为配制一定含水率的试样，取过 2mm 筛的足够试验用的风干土 1～5kg，按下式计算所需的加水量：

$$m_w = \frac{m}{1+0.01w_h} \times 0.01(w - w_h) \tag{T 0144-1}$$

式中：m_w——土样所需加水量(g)；

m——风干含水率时的土样质量(g)；

w_h——风干含水率(%)；

w——土样所要求的含水率(%)。

将所取土样平铺于不吸水的盘内，用喷雾设备喷洒预计的加水量，并充分拌和；然后装入容器内盖紧，润湿一昼夜备用(砂类土浸润时间可酌量缩短)。

4.4.5 测定湿润土样不同位置的含水率(至少两个以上)，要求差值满足含水率测定的允许平行差值。

4.4.6 对不同土层的土样制备混合试样时，应根据各土层厚度，按比例计算相应质量配合，然后按本方法 4.4.1～4.4.4 步骤进行扰动土的制备工序。

4.5 对于砂类土，应先在压力室底座上依次放上不透水板、橡皮膜和对开圆膜。将砂料填入对开圆膜内，分三层按预定干密度击实。当制备饱和试样时，在对开圆膜内注入纯水至 1/3 高度，将煮沸的砂料分三层填入，达到预定高度。放上不透水板、试样帽、扎紧橡皮膜。对试样内部施加 5kPa 负压力，使试样能站立，拆除对开膜。

4.6 对制备好的试样，量测其直径和高度。试样的平均直径 D_0 按下式计算：

$$D_0 = \frac{D_1 + 2D_2 + D_3}{4} \tag{T 0144-2}$$

式中：D_1、D_2、D_3——分别为上、中、下部位的直径。

试样的尺寸及最大粒径是根据国内现有的三轴仪压力室确定的。国产三轴仪试样尺寸为 ϕ39.1mm，ϕ61.8mm，ϕ101mm，但从国外引进的三轴仪试样尺寸最小为 35mm，故本规程规定试样直径为 ϕ35～ϕ101mm。试样的最大允许粒径参照国内外标准，规定为试样直径的 1/10 及 1/5，以便扩大适用范围。

原状土试样制备用切土器切取即可。对扰动试样，可采用压样法和击样法。压样法制备的试样均匀，但时间较长，故通常采用击样法制样，击锤的面积宜小于试样面积。在击实分层方面，为使试样均匀，层数多，效果好，故本规程规定黏质土为 5～8 层，粉质土为 3～5 层。

砂类土的试样制备通常有干样制备和煮沸制备两种。前者可测定干燥状态砂类土的强度。也可以在试样成型后注水饱和，以测定饱和状态下砂类土的强度。

5 试样饱和

5.1 抽气饱和

5.1.1 仪器设备

(1)真空饱和法整体装置如图 T 0144-9 所示。

(2)饱和器：尺寸形式见图 T 0144-10～图 T 0144-12。

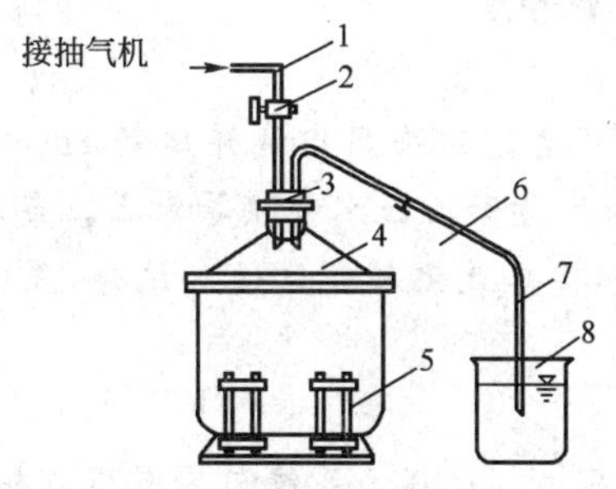

图 T 0144-9 真空饱和法装置

1-排气管；2-二通阀；3-橡皮塞；4-真空缸；5-饱和器；6-管夹；7-引水管；8-水缸

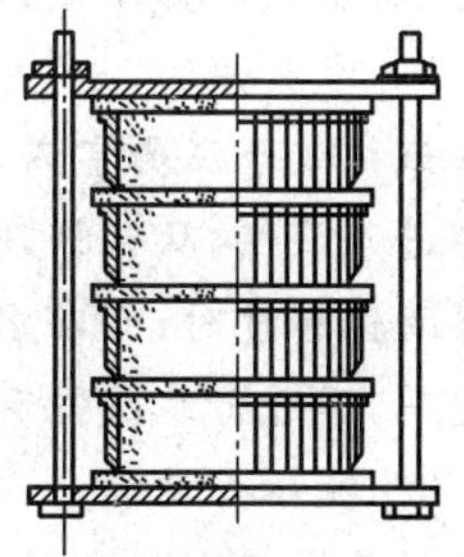

图 T 0144-10 重叠式饱和器

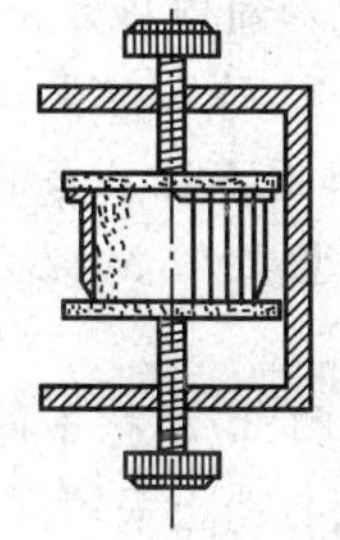

图 T 0144-11 框架式饱和器

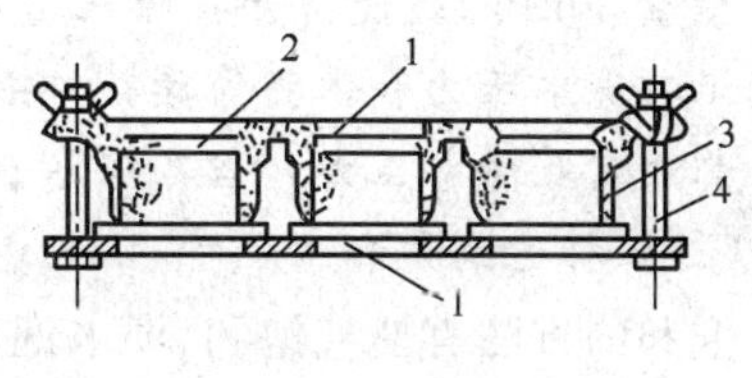

图 T 0144-12 平列式饱和器

1-夹板；2-透水石；3-环刀；4-拉杆

(3)真空缸：金属或玻璃制。

(4)抽气机。

(5)真空测压表。

(6)其他：天平、硬橡皮管、橡皮塞、管夹、二路活塞、水缸、凡士林等。

5.1.2 操作步骤

(1)将试件削入环刀，而后装入饱和器。

(2)将装好试件的饱和器放入真空缸内，盖口涂一薄层凡士林，以防漏气。

(3)关管夹，开阀门(见图 T 0144-9)，开动抽气机，抽除缸内及土中气体。当真空压力表达到－101.325kPa(一个负大气压力值)后，稍微开启管夹，使清水从引水管徐徐注入真空缸内。在注水过程中，应调节管夹，使真空压力表上的数值基本上保持不变。

(4)待饱和器完全淹没水中后，即停止抽气，将引水管自水缸中提出，令空气进入真空缸内，静待一定时间，借大气压力，使试件饱和。

(5)取出试件称质量，准确至0.1g，计算饱和度。

5.2 水头饱和

将试样装于压力室内，施加20kPa周围压力。水头高出试样顶部1m，使纯水从底部进入试样，从试样顶部溢出，直至流入水量和溢出水量相等为止。当需要提高试样的饱和度时，宜在水头饱和前，从底部将二氧化碳气体通入试样，置换孔隙中的空气，再进行水头饱和。

5.3 反压力饱和

试样要求完全饱和时，应对试样施加反压力。反压力系统与周围压力相同，但应用双层体变管代替排水量管。试样装好后，调节孔隙水压力等于101.325kPa(大气压力)，关闭孔隙水压力阀、反压力阀、体变管阀，测记体变管读数。开周围压力阀，对试样施加10～20kPa的周围压力，开孔隙压力阀，待孔隙压力变化稳定，测记读数。关孔隙压力阀。开体变管阀和反压力阀，同时施加周围压力和反压力，每级增量30kPa，缓慢打开孔隙压力阀，检查孔隙水压力增量，待孔隙水压力稳定后测记孔隙水压力和体变管读数，再施加下一级周围压力和反压力。每施加一级压力都测定孔隙水压力。当孔隙水压力增量与周围压力增量之比$\Delta u/\Delta\sigma_3>0.98$时，认为试样达到饱和。

饱和的方法有抽气饱和、浸水饱和、水头饱和及反压饱和，应根据不同土类和要求饱和度而选用不同的方法。通常对黏性土采用抽气饱和，粉土采用浸水饱和，砂性土采用水头饱和，渗透系数小于10^{-7}的老黏土采用反压饱和等。

6 试验步骤

6.1 在压力室底座上依次放上不透水板、试样及试样帽，将橡皮膜套在试样外，并将橡皮膜两端与底座入试样帽分别扎紧。

6.2 装上压力室罩，向压力室内注满纯水，关排气阀，压力室内不应有残留气泡。并将活塞对准测力计和试样顶部。

6.3 关排水阀，开周围压力阀，施加周围压力，周围压力值应与工程实际荷载相适应，最大一级周围压力应与最大实际荷载大致相等。

6.4 转动手轮，使试样帽与活塞及测力计接触，装上变形百分表，将测力计和变形百分表读数调至零位。

对试样施加的周围压力应尽可能与土体现场的压力一致。对于高路堤或其他荷载较大的工程，由于仪器性能的限制，不能对试样施加较大的周围压力，故规程也允许用较小的周围压力进行试验。

7 试样剪切

7.1 剪切应变速率宜为每分钟0.5%～1%。

7.2 开动马达，接上离合器，开始剪切。试样每产生0.3%～0.4%的轴向应变，测记一次测力计读数和轴向应变。当轴向应变大于3%时，每隔0.7%～0.8%的应变值测记一次读数。

7.3 当测力计读数出现峰值时，剪切应继续进行至超过5%的轴向应变为止。当测力计读数无峰值时，剪切应进行到轴向应变为15%～20%。

7.4 试验结束后，先关闭周围压力阀，关闭马达，拨开离合器。倒转手轮，然后打开排气孔，排除受压室内的水，拆除试样，描述试样破坏形状，称试样质量，并测定含水率。

就不固结不排水试验而言，如不测孔隙水压力，在通常的速率范围内对强度影响不大，故可根据试验方便的原则来选择剪切速率，本试验建议应变速率为每分钟0.5%～1.0%。

8 结果整理

8.1 轴向应变按下式计算：

$$\varepsilon_1 = \frac{\Delta h_i}{h_0} \tag{T 0144-3}$$

式中：ε_1——轴向应变值(%)；

Δh_i——剪切过程中的高度变化(mm)；

h_0——试样起始高度(mm)。

8.2 试样面积的校正按下式计算：

$$A_a = \frac{A_0}{1-\varepsilon_1} \tag{T 0144-4}$$

式中：A_a——试样的校正断面积(cm^2)；

A_0——试样的初始断面积(cm^2)。

8.3 主应力差按下式计算：

$$\sigma_1 - \sigma_3 = \frac{CR}{A_a} \times 10 \tag{T 0144-5}$$

式中：σ_1——大主应力(kPa)；

σ_3——小主应力(kPa)；

C——测力计校正系数(N/0.01mm)；

R——测力计读数(0.01mm)。

8.4 轴向应变与主应力差的关系曲线应在直角坐标纸上绘制。

以$(\sigma_1-\sigma_3)$的峰值为破坏点，无峰值时，取15%轴向应变时的主应力差值作为破坏点。以法向应力为横坐标，剪应力为纵坐标，在横坐标上以$\frac{\sigma_{1f}+\sigma_{3f}}{2}$为圆心，$\frac{\sigma_{1f}-\sigma_{3f}}{2}$为半径($f$注脚表示破坏)，在$\tau$—$\sigma$应力平面图上绘制破损应力图，并绘制不同周围压力下破损应力圆的包线。求出不排水强度参数(图T 0144-13)。

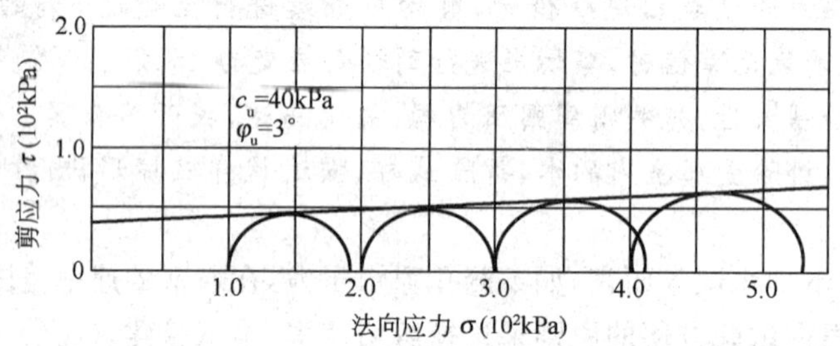

图T 0144-13 不固结不排水剪强度包线

8.5 本试验记录格式如表T 0144-1、表T 0144-2和表T 0144-3。

表T 0144-1 三轴压缩试验记录(一)

工程名称______ 土样编号______ 土样说明______

试验方法 UU 试验者______ 试验日期______

试样状态记录				周围压力(kPa)	350
	起始的	固结后	剪切后	反压力 u_0(kPa)	
直径 D(cm)	3.91			周围压力下的孔隙水压力	
高度 h_L(cm)	8.00	7.96	6.80	孔隙水压力系数 $\beta=\frac{\mu}{\sigma_3}$	
面积 A(cm²)	12.00	11.76			
体积 V(cm³)	96.00	93.60		破坏应变 ε_f(%)	6.9
质量 m(g)	188.54	192.50	193.21	破坏主应力差$(\sigma_1-\sigma_3)$(kPa)	101
密度(g/cm³)	1.96	2.06		破坏大主应力 σ_{1f}(kPa)	201
干密度 ρ_d(g/cm³)	1.60			破坏孔隙水压力系数 $\overline{B}_f=\frac{\mu_f}{\sigma_{1f}}$	0.53
试样含水率记录					
	起始的		剪切后	相应的有效大主应力 σ'_1(kPa)	148
盒号				相应的有效小主应力 σ'_3(kPa)	47

续上表

盒质量(g)	10	10		最大有效主应力比 $\left[\frac{\sigma'_1}{\sigma'_3}\right]_{max}$ 破坏点选值准则 $\left[\frac{\sigma'_1}{\sigma'_3}\right]_{max}$	3.15
盒＋湿土质量(g)	21.86	22.43			
湿土质量(g)	11.86	12.43	193.21		
盒＋干土质量(g)	19.63	20.12			
干土质量(g)	9.63	10.12	153.90	孔隙水压力系数 $A_f=\frac{\mu_f}{B(\sigma_1-\sigma_3)_f}$	
水质量(g)	2.23	2.31	39.31		
饱和度 S_r	86.3			试样破坏情况描述　呈鼓状破坏	

表 T 0144-2　三轴压缩试验记录(二) 反压力和固结过程

土样编号________　试验者________　校核者________

固结周围压力 100kPa　计算者________　试验日期________

加反压力过程							说明	固结过程						
时间(min)	周围压力σ_3(kPa)	反压力 u_0(ka)	孔隙水压力u(kPa)	孔隙水压力增量Δu(kPa)	试验体积变化			时间(min)	排水量管		孔隙水压力		体积变化管	
					读数(cm³)	体变量(cm³)			读数	排水量	读数(kPa)	压力值(kPa)	读数(cm³)	体变量(cm³)
20:30	30	10	17	17	25.8	0.2		0.1			328	78	27.7	0
20:55	60	40	38	21	26.0	0		0.5			328	78	27.2	0.5
21:20	90	70	67	29	26.9	+0.9		1			328	78	27.05	0.65
7:38	120	100	93	26	27.0	+1.0		5			325	75	26.8	0.9
8:08	150	130	122	29	27.2	+1.2		9			322	72	26.7	1.0
8:58	180	160	152	30	27.3	+1.3		16			317	67	26.6	1.1
9:58	210	160					检查未达饱和	25			311	61	26.5	1.2
10:08			181	29				36			306	56	26.4	1.3
10:08	210	190	185		27.4	+1.4		64			299	49	26.2	1.5
12:08	240	220	215	30	27.5	+1.5		105			289	39	26.0	1.7
14:08	270	220						144			280	30	25.9	1.8
14:18			244	29				220			272	22	25.7	2.0
15:08	270	250	250		27.7	+1.7		300			263	13	25.55	2.15
17:30	300	250						420			256	6	25.4	2.30
								490			255	5	25.35	2.35

注:①体变量(－)号表示排水,(＋)号表示吸水。

②本试验因加反压力,故固结时不用排水量管。

表 T 0144-3　三轴压缩试验记录(三)

土样编号________　试验方法 UU　周围压力 100kPa　试验者________

计算者________　校核者________　试验日期________　固结下沉量 $h=0.04$cm

测力计校正系数 $C=7.455$N/0.01mm　剪切速率 0.08mm/min

固结后高度 $h_c=7.96$cm　固结后面积 $A_c=11.76\text{cm}^2$

轴向变形读数(0.01mm)	轴向应变 $\varepsilon_1=\frac{\Delta h_i}{h_c}$ (%)	试样校正后面积 $A_a=\frac{A_c}{1-\varepsilon_1}$ (cm^2)	测力计百分表读数 R (0.01mm)	主应力差 $(\sigma_1-\sigma_3)=\frac{RC}{A_a}\times 100$ (kPa)	大主应力 $\sigma_1=(\sigma_1-\sigma_3)+\sigma_3$ (kPa)	孔隙水压力		有效大主应力 σ'_1 (kPa)	有效小主应力 σ'_3 (kPa)	有效主应力比 $\frac{\sigma'_1}{\sigma'_3}$
						读数(kPa)	压力值(kPa)			
0	0	11.76	0	0		255	5			
20	0.25	11.79	0.9	6	106	256	6	100	94	1.06
60	0.75	11.85	8.0	50	150	286	36	114	64	1.78
100	1.25	11.91	11.6	72	172	297	37	125	53	2.36
170	2.14	12.02	13.2	82	182	303	53	129	47	2.75
210	2.64	12.08	13.8	85	185	306	56	129	44	2.94
300	3.77	12.22	14.9	90	190	307	57	133	45	3.09
350	4.40	12.30	15.3	92	192	307	57	135	43	3.14
420	5.27	12.41	15.9	95	195	308	58	137	42	3.26
500	6.28	12.55	16.5	98	198	308	58	138	42	3.28
550	6.91	12.63	17.1	101	201	308	58	143	42	3.40
600	7.55	12.72	17.9	105	205	306	56	149	44	3.39
700	8.80	12.89	18.4	106	206	305	55	151	45	3.36
850	10.65	13.16	19.9	112	212	301	51	161	49	3.28
1000	12.57	13.45	21.3	118	218	298	48	170	52	3.26
1160	14.59	13.77	22.2	120	220	296	46	174	54	3.22
1250	15.70	13.95	23.0	123	223	294	44	179	56	3.20

由于不同土类的破坏特性不同,不能用一种标准来选择破坏标准。试验中规定采用最大主应力差、最大主应力比和有效应力路径的方法来确定强度的破坏值。当试验中无明显破坏值时,为了简单,可采用应变为 15%时的主应力差作为破坏值。当出现峰值后,再进行 5%后停止试验;若测力计读数无明显减少,则垂直应变应进行到 20%。

9　报告

9.1　土类(细粒土或砂类土)。

9.2　总抗剪强度参数:凝聚力 c_u(kPa)、内摩擦角 φ_u(°)。

不固结不排水试验适用的条件是土体受力而孔隙压力不消散的情况,当建筑物施工速度快,土的渗透系数较低,而排水条件又差时,为考虑施工期的稳定,可采用 UU 试验。

对于天然地基的饱和黏土,在这种饱和土的不固结不排水剪试验中,总强度包线将为一水平线。故

$$\varphi_{uu}=0$$

那么

$$\tau_f=c_{uu}=(\sigma_1-\sigma_3)_f/2$$

式中:c_{uu}——某一固结压力 σ_c 下的不固结不排水强度。

如果我们在较高的剪前固结压力 σ_c 下进行不固结不排水剪试验,那么由于 σ_c 越大,剪前孔隙比越小,则不排水强度 σ_{uu} 也就越大,见图 T 0144-A。在同一剪前固结压力下,一组不固结不排水试验结果求得的有效应力圆只有一个,如图 B 中的虚线圆所示,用这种试验也就得不到有效强度包线和 c'、φ'值。这是因为饱和土在三轴不排水条件下剪切时,由于自始至终不排水,对试件施加的荷载,全部由孔隙水压力承担,也就是 σ_1 和 σ_3 的增加只引起孔隙水压力 u 的增加,而有效应力值始终不变。每一试样破坏时的 σ_1 与 σ_3 都减去相应的孔隙水压力 u 值,只能得到唯一的一个共同的有效应力圆,也就无法作出强度包线,不能得到 c'、φ'值。也就是说,不能用不固结不排水剪试验测定饱和土的有效应力强度指标。

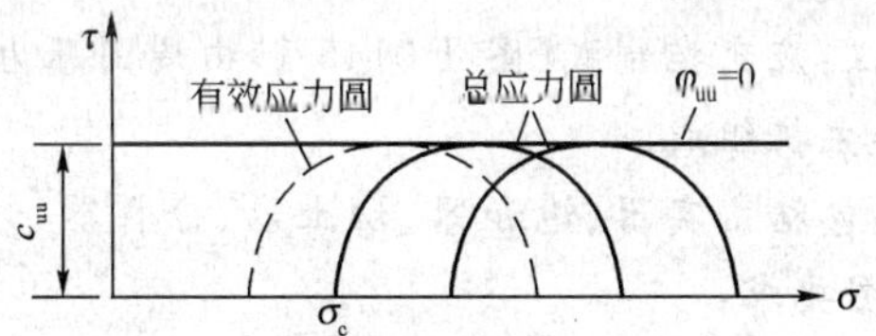

图 T 0144-A　不固结不排水剪强度包线

对非饱和土,如压实填土、未饱和的天然地层,这种土由于孔隙中存在空气,在不排气、不排水剪试验中,在周围压力增量 $\Delta\sigma_3$ 作用下仍会发生体积减少,因而它的强度将随 $\Delta\sigma_3$ 的增加而增长。然而强度的这种增长趋势将因孔隙中空气的压缩和溶解于水,试样饱和度的提高而越来越缓慢。最后,当试样达到饱和时,总强度包线就成为水平线。在一定的应力范围内,非饱和的不排气、不排水剪的总强度包线可以近似地用直线代替,如图 T 0144-B 所示。

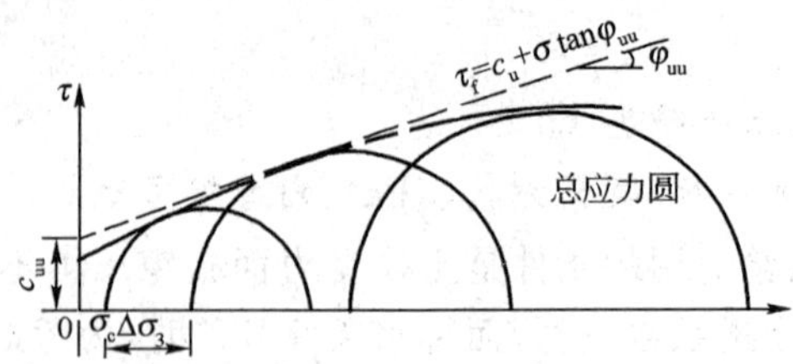

图 T 0144-B 非饱和土的不排气、不排水剪强度包线

若非饱和的天然地层预计施工期可能有雨水渗入或地下水位上升，会使试样饱和，则试样应在试验前予以饱和。

对不固结不排水试验，因不测孔隙水压力，在通常的剪切速率范围内对对强度影响不大。

T 0145—1993 固结不排水试验

固结不排水试验中测定孔隙水压力可求得土的有效强度指标，以便进行土体稳定的有效应力分析。试验中同时能测得总应力强度指标。

1 目的和适用范围

1.1 固结不排水(CU 或 $\overline{\text{CU}}$)试验是使试样先在某一周围压力作用下排水固结，然后在保持不排水的情况下，增加轴向压力直至破坏。

1.2 本试验适用于测定黏质土和砂类土的总抗剪强度参数 c_{cu}、φ_{cu}或有效抗剪强度参数 c'、φ'和孔隙压力系数。

2 仪器设备

2.1 三轴压缩仪：应变控制式(图 T 0145-1)由周围压力系统、反压力系统、孔隙水压力量测系统和主机组成。

2.2 附属设备：包括击实器、饱和器、切土器、分样器、切土盘、承膜筒和对开圆模，应符合下列各图要求：

2.2.1 击实器(图 T 0145-2)和饱和器(图 T 0145-3)。

2.2.2 切土盘(图 T 0145-4)、切土器(图 T 0145-5)和原状土分样器(图 T 0145-6)。

2.2.3 承膜筒(图 T 0145-7)及对开圆模(图 T 0145-8)。

2.3 百分表：量程 3cm 或 1cm，分度值 0.01mm。

2.4 天平：称量 200g，感量 0.01g；称量 1 000g，感量 0.1g。

2.5 橡皮膜：应具有弹性，厚度应小于橡皮膜直径的 1/100，不得有漏气孔。

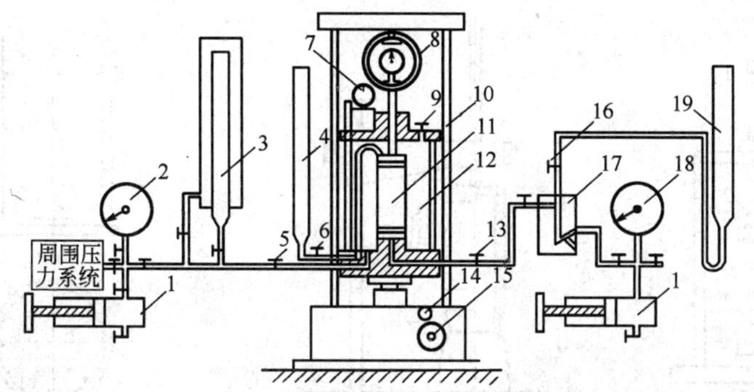

图 T 0145-1　应变控制式三轴压缩仪示意图

1-调压筒；2-周围压力表；3-体变管；4-排水管；5-周围压力阀；6-排水阀；7-变形量表；8-量力环；9-排气孔；10-轴向加压设备；11-试样；12-压力室；13-孔隙压力阀；14-离合器；15-手轮；16-量管阀；17-零位指示器；18-孔隙压力表；19-量管

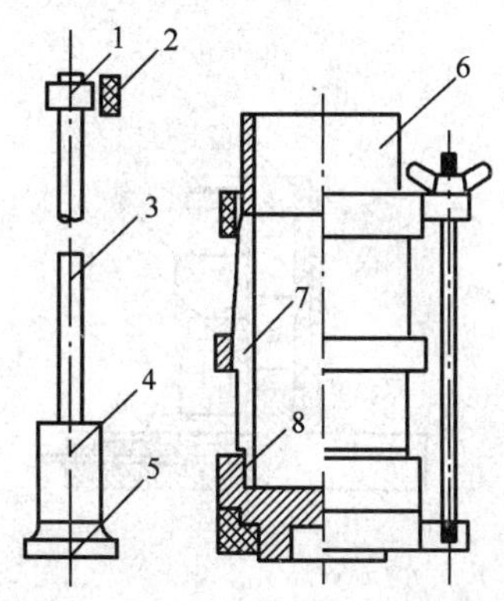

图 T 0145-2　击实器

1-套环；2-定位螺丝；3-导杆；4-击锤；5-底板；6-套筒；7-饱和器；8-底板

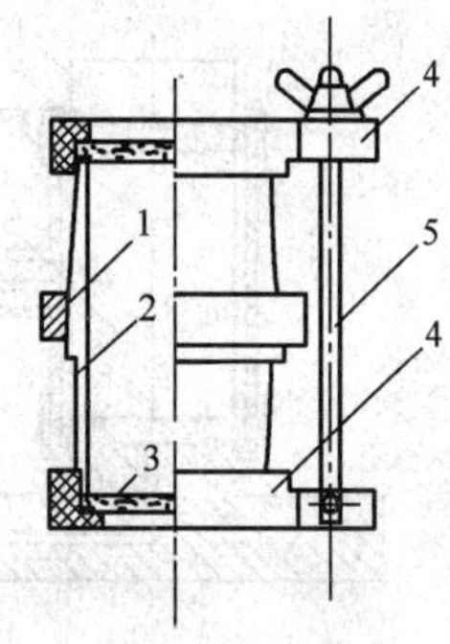

图 T 0145-3　饱和器

1-紧箍；2-土样筒；3-透水石；4-夹板；5-拉杆

三轴仪由压力室、周围压力系统、轴向加压系统、孔隙水压力量测系统以及试样体积变化量测设备等组成。

按轴向加压的不同，三轴仪分为应变控制式和应力控制式两种。前者操作方便，应用广泛，故本规程规定采用此种仪器。

3　仪器检查

3.1　周围压力的测量精度为全量程的 1%，测读分值为 5kPa。

3.2　孔隙水压力系统内的气泡应完全排除。系统内的气泡可用纯水施加压力使气泡上升至试样顶部沿底座溢出，测量系统的体积因数应小于 $1.5\times10^{-5}\mathrm{cm}^3/\mathrm{kPa}$。

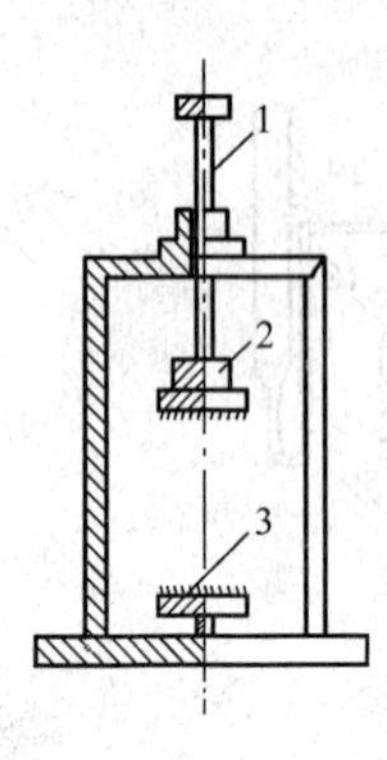

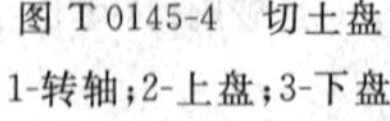
图 T 0145-4　切土盘

1-转轴；2-上盘；3-下盘

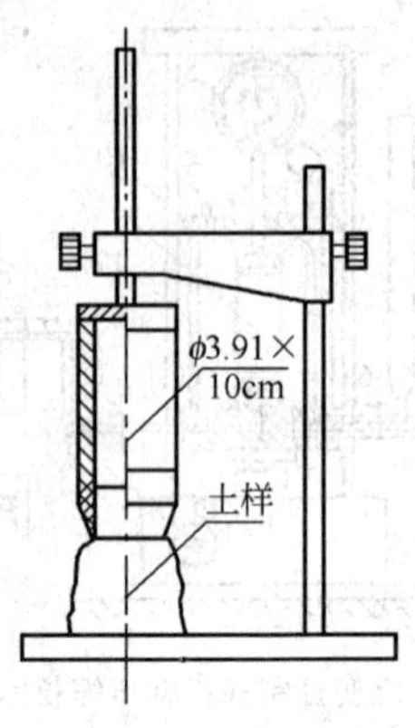

图 T 0145-5　切土器

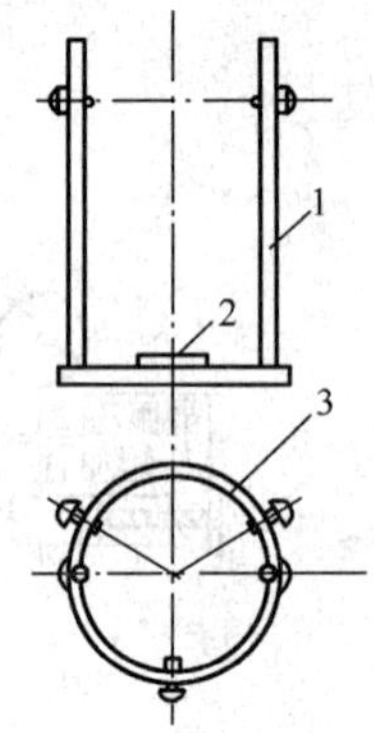

图 T 0145-6　原状土分样器(适用于软黏土)

1-滑杆；2-底座；3-钢丝架

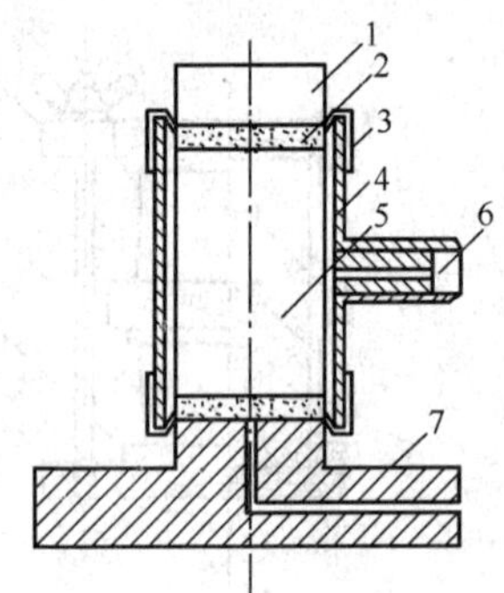

图 T 0145-7　承膜筒(橡皮膜借承膜筒套在试样外)

1-上帽；2-透水石；3-橡皮膜；4-承膜筒身；5-试样；6-吸气孔；7-三轴仪底座

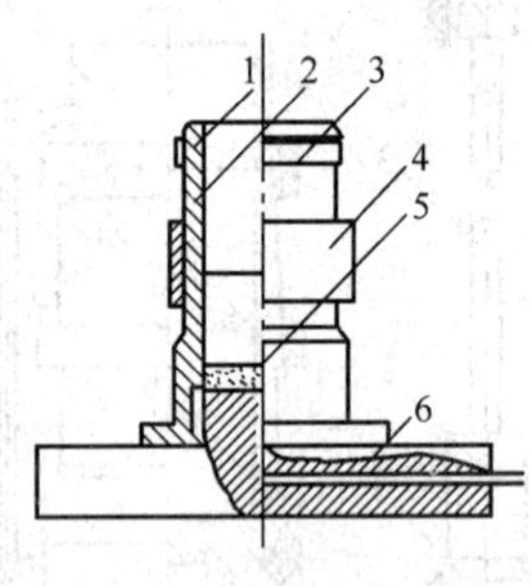

图 T 0145-8　对开圆模(制备饱和的砂样)

1-橡皮膜；2-制样圆模(两片组成)；3-橡皮圈；4-圆箍；5-透水石；4-仪器底座

3.3　管路应畅通，活塞应能滑动，各连接处应无漏气。

3.4　橡胶膜在使用前应仔细检查，方法是在膜内充气，扎紧两端，然后在水下检查有无漏气。

试验前要求对仪器进行检查，以保证施加的周围压力能保持恒压。孔隙水压力量测系统应无气泡。仪器管路应畅通，无漏水现象。

4　试样制备

4.1　本试验需 3～4 个试样，分别在不同周围压力下进行试验。

4.2 试样尺寸:最小直径为35mm,最大直径为101mm,试样高度宜为试样直径的2～2.5倍,试样的最大粒径应符合表T 0145-1规定。对于有裂缝、软弱面和构造面的试样,试样直径宜大于60mm。

表T 0145-1 试样的土粒最大粒径

试样直径ϕ(mm)	允许最大粒径(mm)
$\phi<100$	试样直径的1/10
$\phi\geq 100$	试样直径的1/5

4.3 原状土试样的制备:根据土样的软硬程度,分别用切土盘和切土器按本试验4.2规定切成圆柱形试样,试样两端应平整,并垂直于试样轴。当试样侧面或端部有小石子或凹坑时,允许用削下的余土修整。试样切削时应避免扰动,并取余土测定试样的含水率。

4.4 扰动土试样制备:根据预定的干密度和含水率,按下述方法备样后,在击实器内分层击实,粉质土宜为3～5层,黏质土宜为5～8层,各层土样数量相等,各层接触面应刨毛。

4.4.1 将扰动土样进行土样描述,如颜色、土类、气味及夹杂物等。如有需要,将扰动土样充分拌匀,取代表性土样进行含水率测定。

4.4.2 将块状扰动土放在橡皮板上用木碾或粉碎机碾散,但切勿压碎颗粒。如含水率较大不能碾散时,应风干至可碾散时为止。

4.4.3 根据试验所需土样数量,将碾散后的土样过筛。物理性试验如液限、塑限、缩限等试验,需过0.5mm筛;常规水理及力学试验土样,需过2mm筛;击实试验土样的最大粒径必须满足击实试验采用不同击实筒试验时的土样中最大颗粒粒径的要求。按规定过标准筛后,取出足够数量的代表性试样,然后分别装入容器内,标以标签。标签上应注明工程名称、土样编号、过筛孔径、用途、制备日期和人员等,以备各项试验之用。若系含有多量粗砂及少量细粒土(泥砂或黏土)的松散土样,应加水润湿松散后,用四分法取出代表性试样。若系净砂,则可用匀土器取代表性试样。

4.4.4 为配制一定含水率的试样,取过2mm筛的足够试验用的风干土1～5kg,按下式计算所需的加水量:

$$m_w = \frac{m}{1+0.01w_h} \times 0.01(w - w_h) \tag{T 0145-1}$$

式中:m_w——土样所需加水量(g);

m——风干含水率时的土样质量(g);

w_h——风干含水率(%);

w——土样所要求的含水率(%)。

将所取土样平铺于不吸水的盘内,用喷雾设备喷洒预计的加水量,并充分拌和;然后装入容器内盖紧,润湿一昼夜备用(砂类土浸润时间可酌量缩短)。

4.4.5　测定湿润土样不同位置的含水率(至少两个以上),要求差值满足含水率测定的允许平行差值。

4.4.6　对不同土层的土样制备混合试样时,应根据各土层厚度,按比例计算相应质量配合,然后按本方法4.4.1~4.4.4步骤进行扰动土的制备工序。

4.5　对于砂类土,应先在压力室底座上依次放上不透水板、橡皮膜和对开圆膜。将砂料填入对开圆膜内,分三层按预定干密度击实。当制备饱和试样时,在对开圆膜内注入纯水至1/3高度,将煮沸的砂料分三层填入,达到预定高度。放上不透水板、试样帽、扎紧橡皮膜。对试样内部施加5kPa负压力,使试样能站立,拆除对开膜。

4.6　对制备好的试样,量测其直径和高度。试样的平均直径D_0按下式计算:

$$D_0 = \frac{D_1 + 2D_2 + D_3}{4} \quad \text{(T 0145-2)}$$

式中:D_1、D_2、D_3——分别为上、中、下部位的直径。

5　试样饱和

5.1　抽气饱和

5.1.1　仪器设备

(1)真空饱和法整体装置如图T 0145-9所示。

(2)饱和器:尺寸形式见图T 0145-10~图T 0145-12。

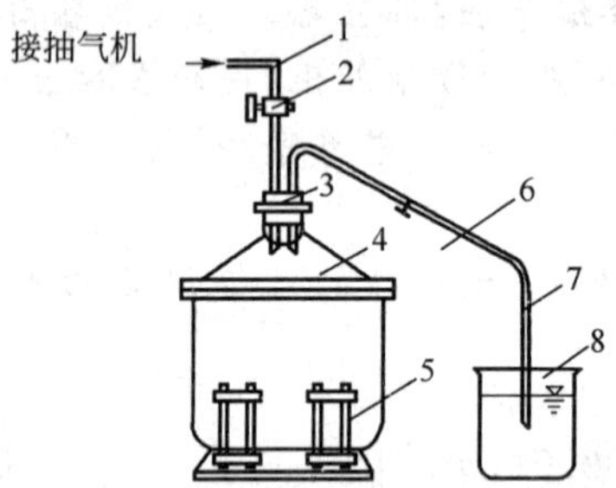

图T 0145-9　真空饱和法装置

1-排气管;2-二通阀;3-橡皮塞;4-真空缸;5-饱和器;6-管夹;7-引水管;8-水缸

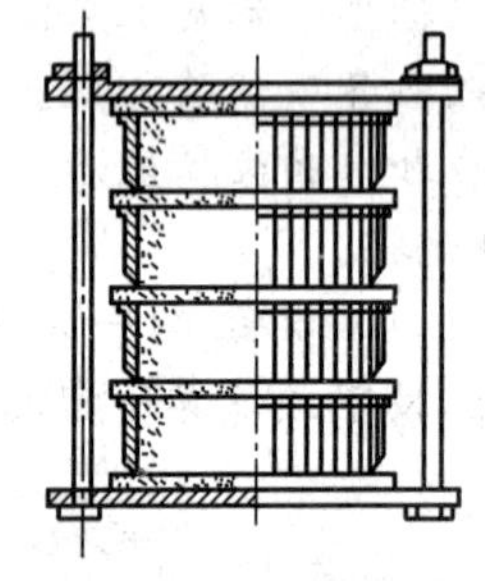

图T 0145-10　重叠式饱和器

(3)真空缸:金属或玻璃制。

(4)抽气机。

(5)真空测压表。

(6)其他:天平、硬橡皮管、橡皮塞、管夹、二路活塞、水缸、凡士林等。

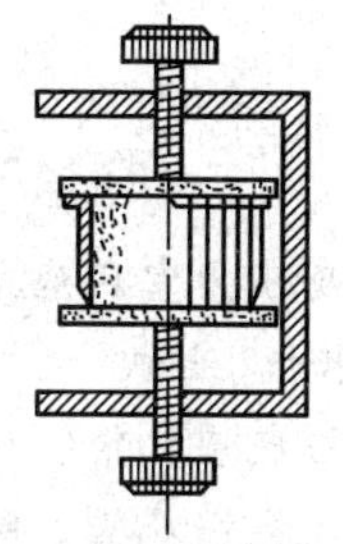

图 T 0145-11 框架式饱和器

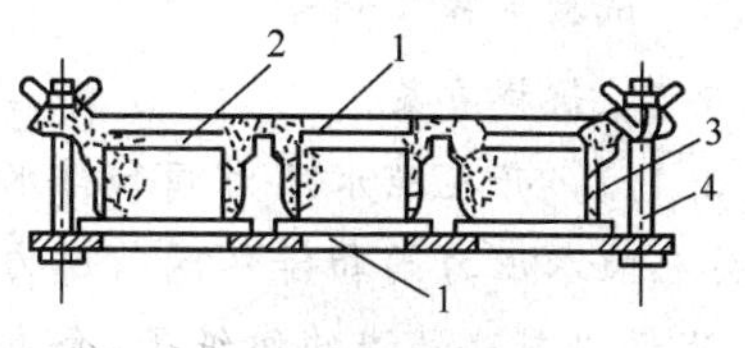

图 T 0145-12 平列式饱和器

1-夹板;2-透水石;3-环刀;4-拉杆

5.1.2 操作步骤

(1)将试件削入环刀,而后装入饱和器。

(2)将装好试件的饱和器放入真空缸内,盖口涂一薄层凡士林,以防漏气。

(3)关管夹,开阀门(见图 T 0145-9),开动抽气机,抽除缸内及土中气体。当真空压力表达到−101.325kPa(一个负大气压力值)后,稍微开启管夹,使清水从引水管徐徐注入真空缸内。在注水过程中,应调节管夹,使真空压力表上的数值基本上保持不变。

(4)待饱和器完全淹没水中后,即停止抽气,将引水管自水缸中提出,令空气进入真空缸内,静待一定时间,借大气压力,使试件饱和。

(5)取出试件称质量,准确至 0.1g,计算饱和度。

5.2 水头饱和

将试样装于压力室内,施加 20kPa 周围压力。水头高出试样顶部 1m,使纯水从底部进入试样,从试样顶部溢出,直至流入水量和溢出水量相等为止。当需要提高试样的饱和度时,宜在水头饱和前,从底部将二氧化碳气体通入试样,置换孔隙中的空气,再进行水头饱和。

5.3 反压力饱和

试样要求完全饱和时,应对试样施加反压力。反压力系统与周围压力相同,但应用双层体变管代替排水量管。试样装好后,调节孔隙水压力等于 101.325kPa(大气压力),关闭孔隙水压力阀、反压力阀、体变管阀,测记体变管读数。开周围压力阀,对试样施加 10~20kPa 的周围压力,开孔隙压力阀,待孔隙压力变化稳定,测记读数。关孔隙压力阀。开体变管阀和反压力阀,同时施加周围压力和反压力,每级增量 30kPa,缓慢打开孔隙压力阀,检查孔隙水压力增量,待孔隙水压力稳定后测记孔隙水压力和体变管读数,再施加下一级周围压力和反压力。每施加一级压力都测定孔隙水压力。当孔隙水压力增量与周围压力增量之比 $\Delta u/\Delta\sigma_3 > 0.98$

时，认为试样达到饱和。

6 试验步骤

6.1 试样安装

6.1.1 开孔隙水压力阀和排水阀，对孔隙水压力系统及压力室底座充水排气后，关孔隙水压力阀和排水阀。压力室底座上依次放上透水板、滤纸、试样及试样帽。试样周围贴浸湿的滤纸条，套上橡皮膜，将橡皮膜下端与底座扎紧。从试样底部充水，排除试样与橡皮膜之间的气泡，并将橡皮膜上部与试样帽扎紧。降低排水管，使管内水面位于试样中心以下20～40cm，吸除余水，关排水阀。需要测定应力应变时，应在试样与透水板之间放置中间夹有硅脂的两层圆形橡皮膜，膜中间应留直径为1cm的圆孔排水。

6.1.2 安装压力室罩，充水，关排气阀，压力室内不应有残留气泡。并将活塞对准测力计和试样顶部。提高排水管，使管内水面与试样高度的中心齐平，测记排水面读数。

6.1.3 开孔隙水压力阀，使孔隙水压力值等于大气压力，关闭孔隙水压力阀。

6.1.4 在压力室底座上依次放上不透水板、试样及试样帽，将橡皮膜套在试样外，并将橡皮膜两端与底座入试样帽分别扎紧。

6.1.5 装上压力室罩，向压力室内注满纯水，关排气阀，压力室内不应有残留气泡。并将活塞对准测力计和试样顶部。

6.1.6 关排水阀，开周围压力阀，施加周围压力，周围压力值应与工程实际荷载相适应，最大一级周围压力应与最大实际荷载大致相等。

6.1.7 转动手轮，使试样帽与活塞及测力计接触，装上变形百分表，将测力计和变形百分表读数调至零位。

6.1.8 调整轴向压力、轴向应变和孔隙水压力为零点，并记下体积变化量管的读数。当需施加反压力时，按本试验5.3条步骤施加。

在试样两端涂硅脂，可以减少端部摩擦，有利于试样内应力的均匀分布，并使孔隙水压力传递快。

橡皮膜对试验结果的影响有两方面，一方面是它的约束作用使试样强度增大；另一方面是膜的渗漏改变试样的含水率。是否对橡皮膜进行校正，可根据试验的精度要求及橡皮膜影响大小而定，规程未作明确规定。对于常规的、不大的周围压力下进行短期试验（如一日内完成），可不考虑橡皮膜的渗漏影响。

6.2 试样排水固结

关于固结标准，可采用两种方法：一种是以固结排水量达到稳定作为固结标准；另一种是以孔隙水压力完全消散作为固结标准。一般试验中，都以孔隙水压力消散度来检验固结完成情况，故本规程规定以孔隙水压力消散95%作为判别固结的标准。

6.2.1 开孔隙水压力阀，测定孔隙水压力。开排水阀。当需要测定排水过程时，按0s、15s、1min、2min、4min、6min、9min、12min、16min、20min、25min、35min、45min、60min、90min、2h、4h、10h、23h、24h测记排水管水面及孔隙水压力值，直至孔隙水压力消散95%以上。固结稳定的标准是最后1h变形量不超过0.01mm。固结完成后，关排水阀，测记排水管读数和孔隙水压力读数。

6.2.2 微调压力机升降台，使活塞与试样接触，此时轴向变形百分表的变化值为试样固结时的高度变化。

6.3 试样剪切

6.3.1 将轴向测力计、轴向变形百分表和孔隙水压力读数均调整至零。

6.3.2 选择剪切应变速率，进行剪切。黏质土每分钟应变为0.05%～0.1%；粉质土每分钟应变为0.1%～0.5%。

6.3.3 轴向压力、孔隙水压力和轴向变形，按下述测记。

(1)开动马达，接上离合器，开始剪切。试样每产生0.3%～0.4%的轴向应变，测记一次测力计读数和轴向应变。当轴向应变大于3%时，每隔0.7%～0.8%的应变值测记一次读数。

(2)当测力计读数出现峰值时，剪切应继续进行至超过5%的轴向应变为止。当测力计读数无峰值时，剪切应进行到轴向应变为15%～20%。

6.3.4 试验结束，关电动机和各阀门，开排气阀，排除压力室内的水，拆除试样，描述试样破坏形状。称试样质量，并测定含水率。

对于不同土类应选择不同的剪切速率，目的是使剪切过程中形成的孔隙水压力均匀增长，能测得比较符合实际的孔隙水压力。三轴压缩试验中，黏质土和粉质土剪切速率相差较大，故分别规定。砂类土的剪切速率以试验方便为原则，每分钟应变可在0.5%～1.0%左右。

7 结果整理

7.1 试样固结的高度计算：

按实测固结下沉计算试样的固结后高度：

$$h_c = h_0 - \Delta h_c \qquad (\text{T 0145-3})$$

按等应变简化式计算试样的固结后高度：

$$h_c = h_0 \left(1 - \frac{\Delta V}{V_0}\right)^{\frac{1}{3}} \qquad (\text{T 0145-4})$$

式中：h_c——试样固结后的高度(cm)；

ΔV——试样固结后与固结前的体积变化(cm^3)。

7.2 试样固结后的面积按下式计算：

按实测固结下沉计算试样的固结后面积 $A_c = \frac{V_0 - \Delta V}{h_c}$ (T 0145-5)

按等应变简化式计算试样的固结后面积 $A_c = A_0\left(1 - \frac{\Delta V}{V_0}\right)^{\frac{2}{3}}$ (T 0145-6)

式中：A_c——试样固结后的断面积(cm^2)。

7.3 剪切时试样的校正面积按下式计算：

$$A_a = \frac{A_c}{1 - \varepsilon_1} \tag{T 0145-7}$$

7.4 主应力差按下式计算。

$$\sigma_1 - \sigma_3 = \frac{CR}{A_a} \times 10 \tag{T 0145-8}$$

式中：σ_1——大主应力(kPa)；

σ_3——小主应力(kPa)；

C——测力计校正系数(N/0.01mm)；

R——测力计读数(0.01mm)。

7.5 有效主应力比按下列公式计算：

7.5.1 有效大主应力：

$$\sigma'_1 = \sigma_1 - u \tag{T 0145-9}$$

式中：σ'_1——有效大主应力(kPa)；

u——孔隙水压力(kPa)。

7.5.2 有效小主应力：

$$\sigma'_3 = \sigma_3 - u \tag{T 0145-10}$$

式中：σ'_3——有效小主应力(kPa)。

7.5.3 有效主应力比：

$$\frac{\sigma'_1}{\sigma'_3} = 1 + \frac{\sigma'_1 - \sigma'_3}{\sigma'_3} \tag{T 0145-11}$$

7.6 孔隙水压力系数按下列公式计算：

7.6.1 初始孔隙水压力系数：

$$B = \frac{u_0}{\sigma_3} \tag{T 0145-12}$$

式中：B——初始孔隙水压力系数；

u_0——初始周围压力产生的孔隙水压力(kPa)。

7.6.2 破坏时孔隙水压力系数：

$$A_f = \frac{u_f}{B(\sigma_1 - \sigma_3)_f} \tag{T 0145-13}$$

式中：A_f——破坏时的孔隙水压力系数；

u_f——试样破坏时，主应力差产生的孔隙水压力(kPa)。

7.7 轴向应变与主应力差的关系曲线按图 T 0145-13 绘制。

7.8 轴向应变与有效主应力比的关系曲线按图 T 0145-14 绘制。

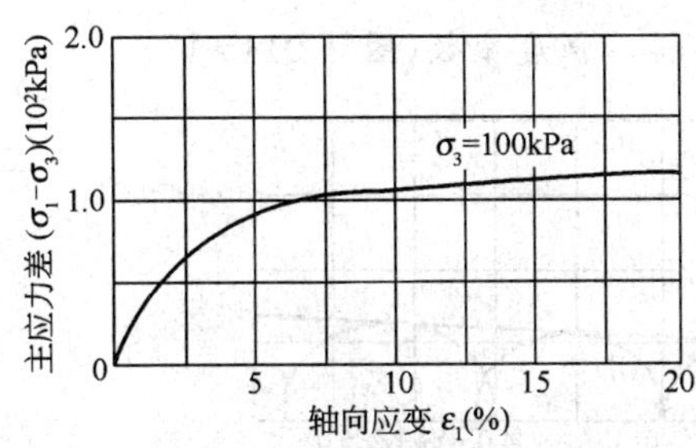

图 T 0145-13 主应力差与轴向应变的关系曲线

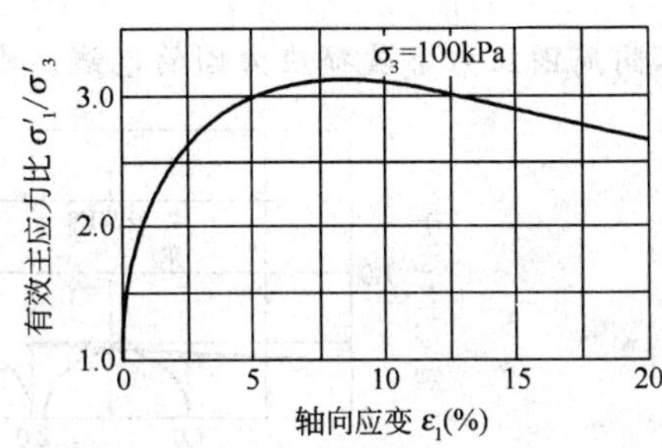

图 T 0145-14 有效主应力比与轴向应变的关系曲线

7.9 轴向应变与孔隙水压力的关系曲线按图 T 0145-15 绘制。

7.10 有效应力路径曲线按图 T 0145-16 绘制，并计算有效摩擦角和有效凝聚力。

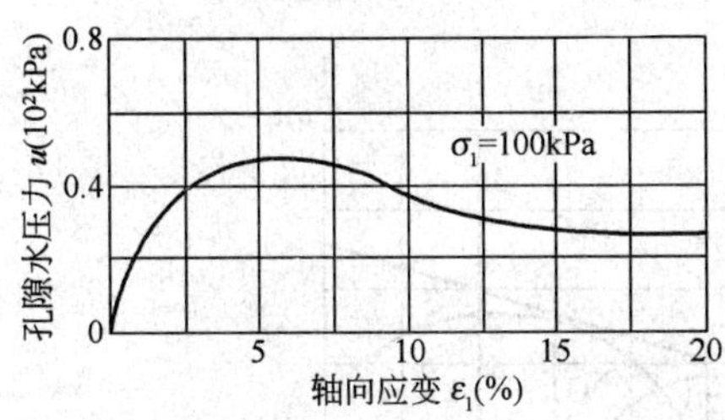

图 T 0145-15 孔隙水压力与轴向应变的关系曲线

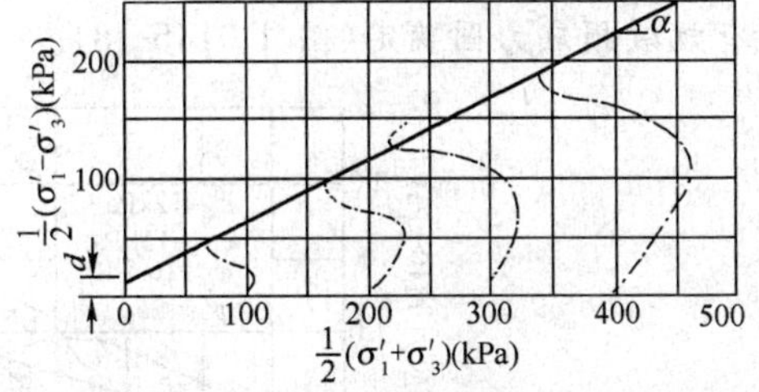

图 T 0145-16 有效应力路径曲线

有效摩擦角按下式计算：

$$\varphi' = \sin^{-1}\tan\alpha \tag{T 0145-14}$$

式中：φ'——有效摩擦角；

α——应力路径图上破坏点连线的倾角。

有效凝聚力按下式计算：

$$c' = \frac{d}{\cos\varphi'} \tag{T 0145-15}$$

式中：c'——有效凝聚力(kPa)；

d——应力路径图上破坏点连续在纵坐标轴上的截距(kPa)。

7.11 破坏应力圆、摩擦角和凝聚力的确定，根据轴向应变与主应力差的关系曲线在直角坐标纸上绘制。

以$(\sigma_1-\sigma_3)$的峰值为破坏点，无峰值时，取15%轴向应变时的主应力差值作为破坏点。以法向应力为横坐标，剪应力为纵坐标，在横坐标上以$\frac{\sigma_{1f}+\sigma_{3f}}{2}$为圆心，$\frac{\sigma_{1f}-\sigma_{3f}}{2}$为半径，($f$注脚表示破坏)，在$\tau$—$\sigma$应力平面图上绘制破损应力图，并绘制不同周围压力下破损应力圆的包线。求出不排水强度参数(图T 0145-17)。

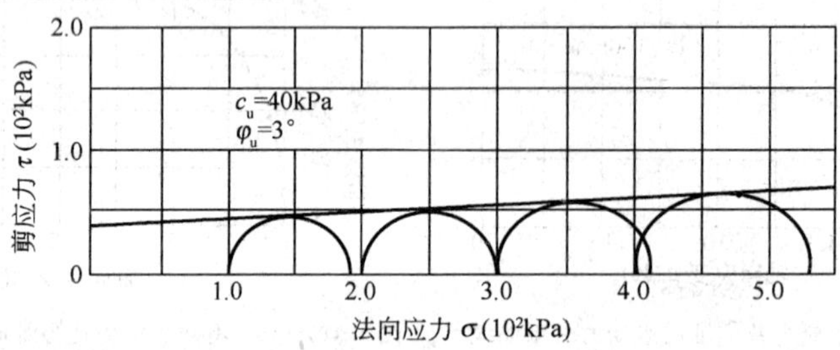

图T 0145-17　不固结不排水剪强度包线

7.12　有效摩擦角和有效凝聚力，应以$\frac{\sigma'_{1f}+\sigma'_{3f}}{2}$为圆心，$\frac{\sigma'_{1f}-\sigma'_{3f}}{2}$为半径绘制有效破损应力圆确定(图T 0145-18)。

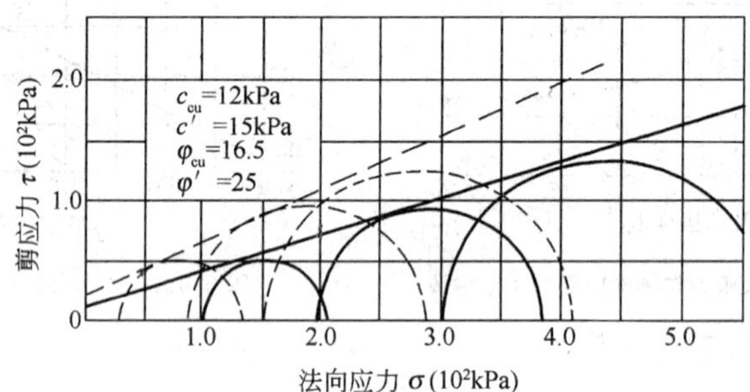

图T 0145-18　固结不排水剪强度包线

7.13　本试验记录格式如表T 0145-2、表T 0145-3和表T 0145-4。

表T 0145-2　三轴压缩试验记录(一)

工程名称______　土样编号______　土样说明______

试验方法　CU　试验者______　试验日期______

试样状态记录				周围压力(kPa)	350
	起始的	固结后	剪切后	反压力u_0(kPa)	
直径D(cm)	3.91			周围压力下的孔隙水压力	
高度h_L(cm)	8.00	7.96	6.80	孔隙水压力系数$B=\frac{\mu}{\sigma_3}$	
面积A(cm²)	12.00	11.76	6.9		

续上表

体积 V(cm³)	96.00	93.60		破坏应变 ε_f(%)	6.9
质量 m(g)	188.54	192.50	193.21	破坏主应力差$(\sigma_1-\sigma_3)$(kPa)	101
密度(g/cm³)	1.96	2.06		破坏大主应力 σ_{1f}	201
干密度 ρ_d(g/cm³)	1.60			破坏孔隙水压力系数$\overline{B}_f=\frac{\mu_f}{\sigma_{1f}}$	0.53
试样含水率记录					
	起始的		剪切后	相应的有效大主应力 σ'_1(kPa)	148
盒号				相应的有效小主应力 σ'_3(kPa)	47
盒质量(g)	10	10		最大有效主应力比$\left[\frac{\sigma'_1}{\sigma'_3}\right]_{max}$ 破坏点选值准则$\left[\frac{\sigma'_1}{\sigma'_3}\right]_{max}$	3.15
盒+湿土质量(g)	21.86	22.43			
湿土质量(g)	11.86	12.43	193.21		
盒+干土质量(g)	19.63	20.12			
干土质量(g)	9.63	10.12	153.90	孔隙水压力系数 $A_f=\frac{\mu_f}{B(\sigma_1-\sigma_3)_f}$	
水质量(g)	2.23	2.31	39.31		
饱和度 S_r	86.3			试样破坏情况描述:呈鼓状破坏	

表 T 0145-3　三轴压缩试验记录(二)反压力和固结过程

土样编号________　试验者________　校 核 者________

固结周围压力100kPa　计算者________　试验日期________

加反压力过程							说明	固结过程						
时间(min)	周围压力σ_3(kPa)	反压力u_0(kPa)	孔隙水压力u(kPa)	孔隙水压力增量Δu(kPa)	试验体积变化 读数(cm³)	试验体积变化 体变量(cm³)		时间(min)	排水量管 读数	排水量管 排水量	孔隙水压力 读数(kPa)	孔隙水压力 压力值(kPa)	体积变化管 读数(cm³)	体积变化管 体变量(cm³)
20:30	30	10	17	17	25.8	0.2		0.1			328	78	27.7	0
20:55	60	40	38	21	26.0	0		0.5			328	78	27.2	0.5
21:20	90	70	67	29	26.9	+0.9	检查未达饱和	1			328	78	27.05	0.65
7:38	120	100	93	26	27.0	+1.0		5			325	75	26.8	0.9
8:08	150	130	122	29	27.2	+1.2		9			322	72	26.7	1.0
8:58	180	160	152	30	27.3	+1.3		16			317	67	26.6	1.1
9:58	210	160						25			311	61	26.5	1.2

续上表

加反压力过程							说明	固结过程						
时间(min)	周围压力σ_3(kPa)	反压力u_0(kPa)	孔隙水压力u(kPa)	孔隙水压力增量Δu(kPa)	试验体积变化			时间(min)	排水量管		孔隙水压力		体积变化管	
					读数(cm³)	体变量(cm³)			读数	排水量	读数(kPa)	压力值(kPa)	读数(cm³)	体变量(cm³)
10:08			181	29				36			306	56	26.4	1.3
10:08	210	190	185		27.4	+1.4		64			299	49	26.2	1.5
12:08	240	220	215	30	27.5	+1.5	检查未达饱和	105			289	39	26.0	1.7
14:08	270	220						144			280	30	25.9	1.8
14:18			244	29				220			272	22	25.7	2.0
15:08	270	250	250		27.7	+1.7		300			263	13	25.55	2.15
17:30	300	250						420			256	6	25.4	2.30
								490			255	5	25.35	2.35

注：①体变量(—)号表示排水，(+)号表示吸水。

②本试验因加反压力，故固结时不用排水量管。

表 T 0145-4　三轴压缩试验记录(三)

土样编号________　试验方法CU　周围压力100kPa　试验者________

计算者________　校核者________　试验日期________　固结下沉量$h=0.04$cm

测力计校正系数$C=7.455$N/0.01mm　剪切速率0.08mm/min

固结后高度$h_c=7.96$cm　固结后面积$A_c=11.76\text{cm}^2$

轴向变形读数(0.01mm)	轴向应变$\varepsilon_1=\frac{\Delta h_i}{h_c}$(%)	试样校正后面积$A_a=\frac{A_c}{1-\varepsilon_1}$(cm²)	测力计百分表读数R(0.01mm)	主应力差$(\sigma_1-\sigma_3)=\frac{RC}{A_a}\times 100$(kPa)	大主应力$\sigma_1=(\sigma_1-\sigma_3)+\sigma_3$(kPa)	孔隙水压力		有效大主应力σ'_1(kPa)	有效小主应力σ'_3(kPa)	有效主应力比$\frac{\sigma'_1}{\sigma'_3}$
						读数(kPa)	压力值(kPa)			
0	0	11.76	0	0		255	5			
20	0.25	11.79	0.9	6	106	256	6	100	94	1.06
60	0.75	11.85	8.0	50	150	286	36	114	64	1.78
100	1.25	11.91	11.6	72	172	297	37	125	53	2.36
170	2.14	12.02	13.2	82	182	303	53	129	47	2.75
210	2.64	12.08	13.8	85	185	306	56	129	44	2.94
300	3.77	12.22	14.9	90	190	307	57	133	45	3.09
350	4.40	12.30	15.3	92	192	307	57	135	43	3.14

续上表

轴向变形读数 (0.01mm)	轴向应变 $\varepsilon_1=\frac{\Delta h_i}{h_c}$ (%)	试样校正后面积 $A_a=\frac{A_c}{1-\varepsilon_1}$ (cm^2)	测力计百分表读数 R (0.01mm)	主应力差 $(\sigma_1-\sigma_3)=\frac{RC}{A_a}\times 100$ (kPa)	大主应力 $\sigma_1=(\sigma_1-\sigma_3)+\sigma_3$ (kPa)	孔隙水压力 读数 (kPa)	孔隙水压力 压力值 (kPa)	有效大主应力 σ'_1 (kPa)	有效小主应力 σ'_3 (kPa)	有效主应力比 $\frac{\sigma'_1}{\sigma'_3}$
420	5.27	12.41	15.9	95	195	308	58	137	42	3.26
500	6.28	12.55	16.5	98	198	308	58	138	42	3.28
550	6.91	12.63	17.1	101	201	308	58	143	42	3.40
600	7.55	12.72	17.9	105	205	306	56	149	44	3.39
700	8.80	12.89	18.4	106	206	305	55	151	45	3.36
850	10.65	13.16	19.9	112	212	301	51	161	49	3.28
1 000	12.57	13.45	21.3	118	218	298	48	170	52	3.26
1 160	14.59	13.77	22.2	120	220	296	46	174	54	3.22
1 250	15.70	13.95	23.0	123	223	294	44	179	56	3.20

试验固结后的高度及面积可按实际的垂直变形量和排水量两种方法计算。鉴于试验过程中，装样时有剩余水分存在，而且垂直变形也不易测准确，因此，本规程建议采用两种方法。后一种方法是根据等应变条件推导而得，并认为饱和试样固结前后质量之差即为体积之差。剪切过程中的校正面积按平均断面计算剪损面积。

8　报告

8.1　土类(黏质土，砂类土)。

8.2　总抗剪强度参数 c_{cu}、φ_{cu}。

8.3　有效抗剪强度参数 c'、φ'。

8.4　孔隙水压力系数 A_f。

三轴压缩试验中的固结不排水剪试验，是模拟地基或土工建筑物建成后，本身已基本固结，但考虑到使用期间荷载的突然增大或水位骤降引起土体自重骤增，或当土层较薄，渗透性较大，施工速度较慢的竣工工程以及先施加垂直荷载，而后施加水平荷载的建筑物地基。

对于饱和黏性土固结不排水剪，由于剪切时的土样排水条件不同，在用总应力表达时其抗剪强度与固结排水剪强度相差较大。

正常固结黏性土的总应力强度包线是通过原点的直线[图 T 0145-A a)]，但同一种土的固结不排水剪内摩擦角 φ_{cu} 小于固结排水剪的内摩擦角 φ_d。试验证明，正常固结黏性土的固结不排水剪，其土样破坏时的主应力差与孔隙水压力成直线关系，也就是孔隙水压力与极限应力圆直径的比值为某一常数。所以有效应力强度包线在 τ 轴上的截距也趋近于零，$c' \approx c_{cu} \approx 0$，而 $\varphi' > \varphi_{cu}$[图 T 0145-B a)]。

超固结土的固结不排水剪总应力强度大于固结排水剪总应力强度，强度指标 φ_{cu} 小于 φ_d，但 c_{cu} 则大于 c_d[图 T 0145-A b)与图 T 0145-C b)]。超固结土的有效应力强度包线也不与原点相交，但可以肯定，$\varphi' > \varphi_{cu}$，$c' < c_{cu}$[图 T 0145-B b)]。

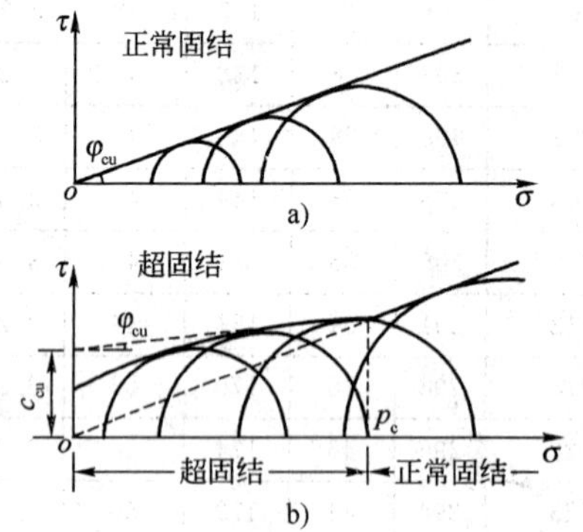

图 T 0145-A 饱和黏性土的固结不排水剪强度

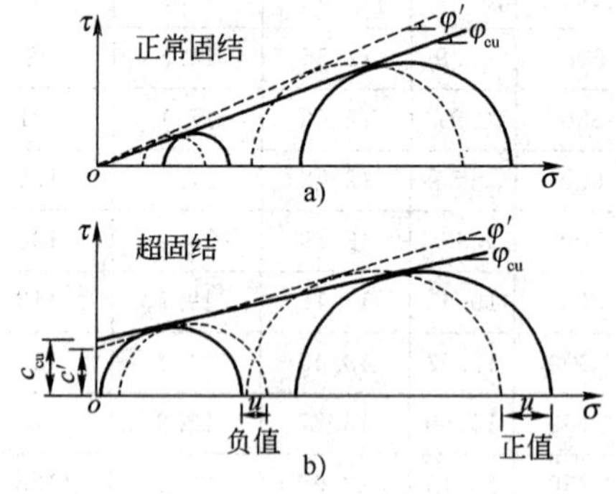

图 T 0145-B 正常固结土与高度超固结土的有效应力强度包线

压实黏性土在大多数情况下都是非饱和的，同时土在压实过程中一般都受到过较大的压力作用，因此压实黏土在某些方面与高度超固结黏性土相似，其强度包线近似于图 T 0145-D所示，工程上可采用下式分析：

$$\tau_f = c' + \sigma' \tan\varphi'$$

或

$$\tau_f = c_{cu} + \sigma \tan\varphi_{cu}$$

饱和松砂固结不排水剪试验的孔隙水压力变化接近于正常固结黏性土的情况，在固结排水剪试验中松砂的体积受到压缩。对于饱和密砂，在固结不排水试验中因体积膨胀，破坏时孔隙水压力为负值。

图 T 0145-C 饱和黏性土的固结排水剪强度

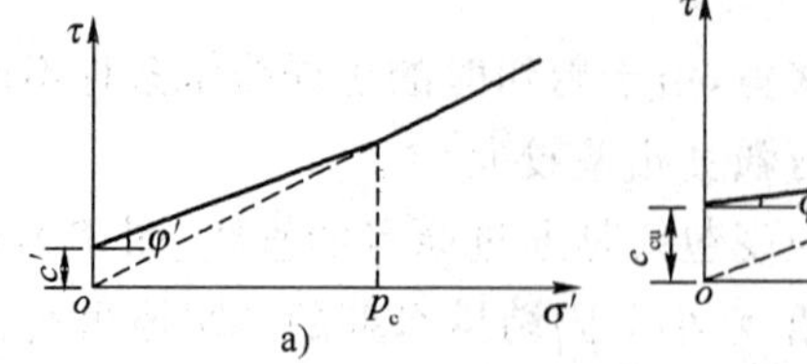

图 T 0145-D 压实土的抗剪强度包线

在固结不排水试验中，对不同的土类应选择不同的剪切应变速率，目的是使剪切过程中形成的孔隙水压力均匀增长，以便测得比较符合实际的孔隙水压力。固结不排水试验中，在试样底部测定孔隙水压力，在剪切过程中，试样剪切区的孔隙水压力是通过试样或滤纸条逐渐传递到试样底部，需要一定时间，若剪切应变速率较快，试样底部的孔隙水压力将产生明显的滞后，测得的数值偏低。

T 0146—1993　固结排水试验

固结排水试验可在各种试样上进行。试样既可以是饱和的，也可以是非饱和的。

1　目的和适用范围

1.1　固结排水试验(CD)是使试样先在某一周围压力作用下排水固结，然后在允许试样充分排水的情况下增加轴向压力直至破坏。

1.2　本试验适用于测定黏质土和砂类土的抗剪强度参数 c_d、φ_d。

固结排水试验的目的是测定土的应力应变关系，求得土的有效强度指标，从而研究各种土类的变形特性。

2　仪器设备

2.1　三轴压缩仪：应变控制式(图 T 0146-1)由周围压力系统、反压力系统、孔隙水压力量测系统和主机组成。

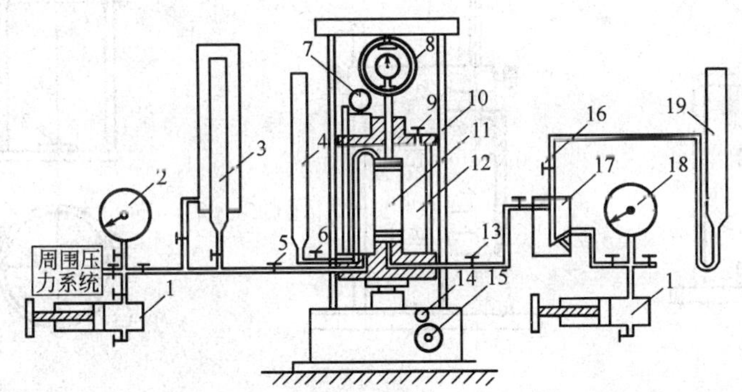

图 T 0146-1　应变控制式三轴压缩仪示意图

1-调压筒；2-周围压力表；3-体变管；4-排水管；5-周围压力阀；6-排水阀；7-变形量表；8-量力环；9-排气孔；10-轴向加压设备；11-试样；12-压力室；13-孔隙压力阀；14-离合器；15-手轮；16-量管阀；17-零位指示器；18-孔隙压力表；19-量管

2.2　附属设备：包括击实器、饱和器、切土器、分样器、切土盘、承膜筒和对开圆模，应符合下列各图要求：

2.2.1 击实器(图 T 0146-2)和饱和器(图 T 0146-3)。

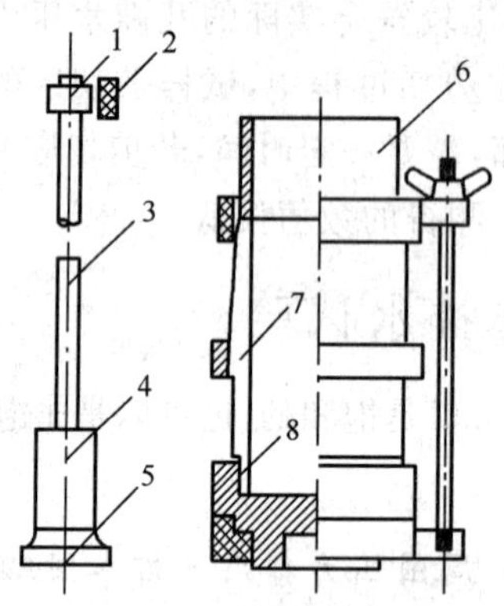

图 T 0146-2 击实器

1-套环;2-定位螺丝;3-导杆;4-击锤;5-底板;6-套筒;7-饱和器;8-底板

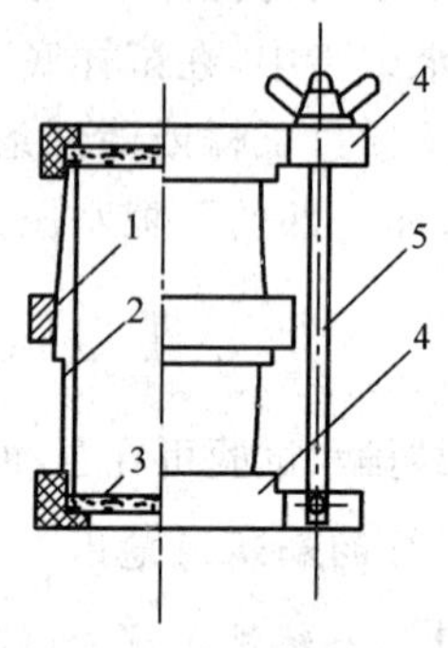

图 T 0146-3 饱和器

1-紧箍;2-土样筒;3-透水石;4-夹板;5-拉杆

2.2.2 切土盘(图 T 0146-4)、切土器(图 T 0146-5)和原状土分样器(图 T 0146-6)。

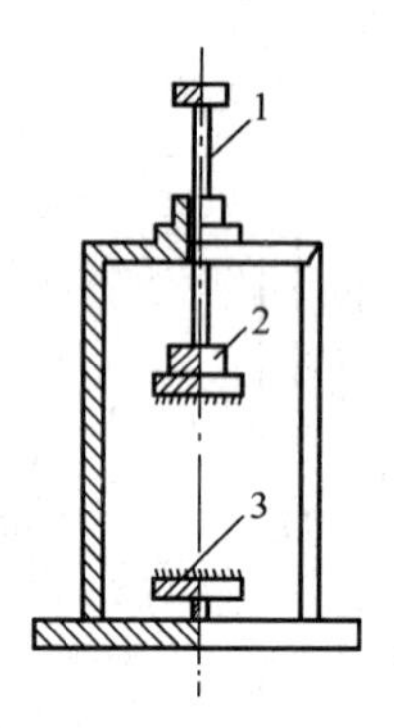

图 T 0146-4 切土盘

1-转轴;2-上盘;3-下盘

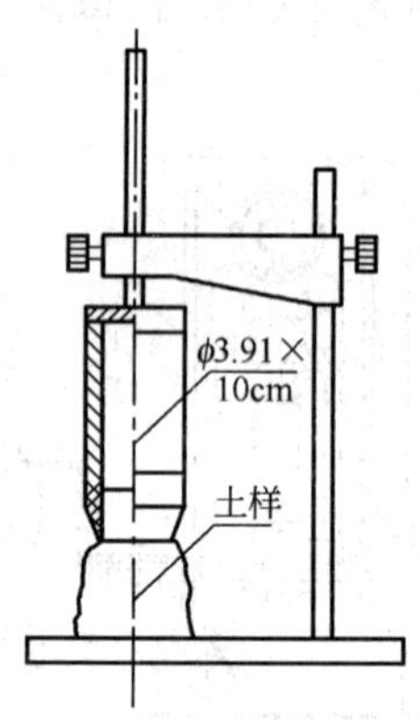

图 T 0146-5 切土器

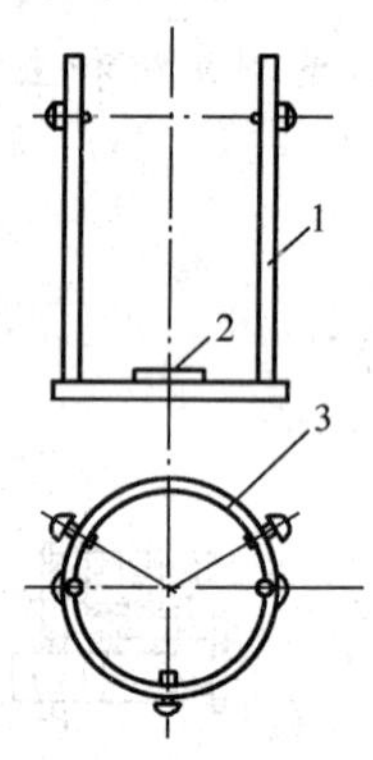

图 T 0146-6 原状土分样器(适用于软黏土)

1-滑杆;2-底座;3-钢丝架

2.2.3 承膜筒(图 T 0146-7)及对开圆模(图 T 0146-8)。

2.3 百分表:量程 3cm 或 1cm,分度值 0.01mm。

2.4 天平:称量 200g,感量 0.01g;称量 1 000g,感量 0.1g。

2.5 橡皮膜:应具有弹性,厚度应小于橡皮膜直径的 1/100,不得有漏气孔。

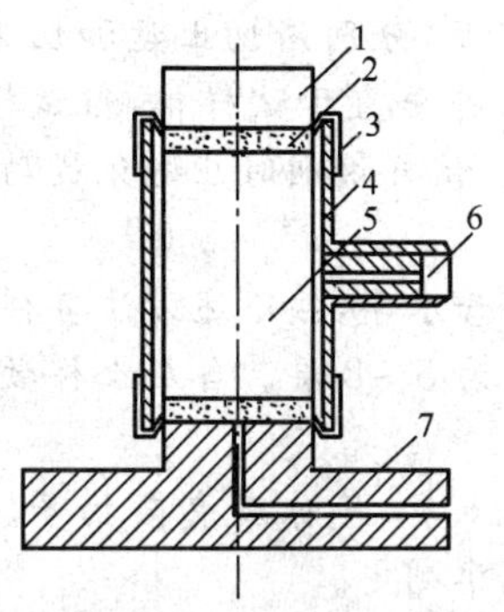

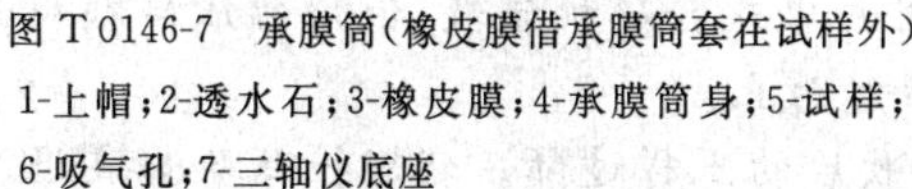
图 T 0146-7　承膜筒(橡皮膜借承膜筒套在试样外)

1-上帽；2-透水石；3-橡皮膜；4-承膜筒身；5-试样；6-吸气孔；7-三轴仪底座

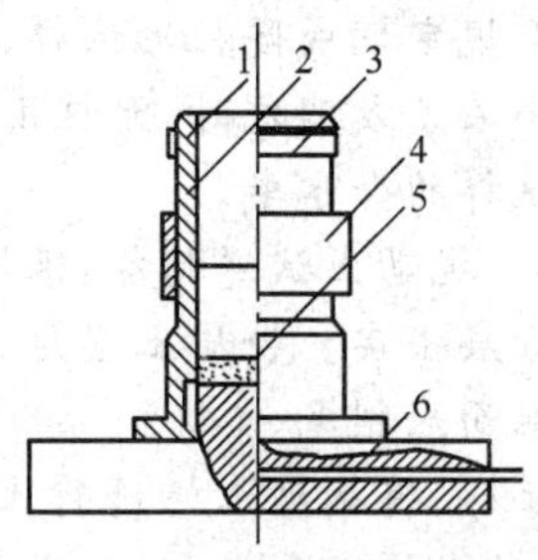

图 T 0146-8　对开圆模(制备饱和的砂样)

1-橡皮膜；2-制样圆模(两片组成)；3-橡皮圈；4-圆箍；5-透水石；6-仪器底座

三轴仪由压力室、周围压力系统、轴向加压系统、孔隙水压力量测系统以及试样体积变化量测设备等组成。

按轴向加压的不同，三轴仪分为应变控制式和应力控制式两种。前者操作方便，应用广泛，故本规程规定采用此种仪器。

3　仪器检查

试验前要求对仪器进行检查，以保证施加的周围压力能保持恒压。孔隙水压力量测系统应无气泡。仪器管路应畅通，无漏水现象。

3.1　周围压力的测量精度为全量程的 1%，测读分值为 5kPa。

3.2　孔隙水压力系统内的气泡应完全排除。系统内的气泡可用纯水施加压力使气泡上升至试样顶部沿底座溢出，测量系统的体积因数应小于 $1.5\times10^{-5}cm^3/kPa$。

3.3　管路应畅通，活塞应能滑动，各连接处应无漏气。

3.4　橡胶膜在使用前应仔细检查，方法是在膜内充气，扎紧两端，然后在水下检查有无漏气。

4　试样制备

4.1　本试验需 3～4 个试样，分别在不同周围压力下进行试验。

4.2　试样尺寸：最小直径为 35mm，最大直径为 101mm，试样高度宜为试样直径的 2～2.5 倍，试样的最大粒径应符合表 T 0146-1 规定。对于有裂缝、软弱面和构造面的试样，试样直径宜大于 60mm。

表 T 0146-1　试样的土粒最大粒径

试样直径 ϕ(mm)	允许最大粒径(mm)
$\phi<100$	试样直径的 1/10
$\phi\geqslant100$	试样直径的 1/5

4.3 原状土试样的制备：根据土样的软硬程度，分别用切土盘和切土器按本试验4.2规定切成圆柱形试样，试样两端应平整，并垂直于试样轴，当试样侧面或端部有小石子或凹坑时，允许用削下的余土修整。试样切削时应避免扰动，并取余土测定试样的含水率。

4.4 扰动土试样制备：根据预定的干密度和含水率，按下述方法备样后，在击实器内分层击实。粉质土宜为3～5层，黏质土宜为5～8层。各层土样数量相等，各层接触面应刨毛。

4.4.1 将扰动土样进行土样描述，如颜色、土类、气味及夹杂物等。如有需要，将扰动土样充分拌匀，取代表性土样进行含水率测定。

4.4.2 将块状扰动土放在橡皮板上用木碾或粉碎机碾散，但切勿压碎颗粒，如含水率较大不能碾散时，应风干至可碾散时为止。

4.4.3 根据试验所需土样数量，将碾散后的土样过筛。物理性试验如液限、塑限、缩限等试验，需过0.5mm筛；常规水理及力学试验土样，需过2mm筛；击实试验土样的最大粒径必须满足击实试验采用不同击实筒试验时的土样中最大颗粒粒径的要求。按规定过标准筛后，取出足够数量的代表性试样，然后分别装入容器内，标以标签。标签上应注明工程名称、土样编号、过筛孔径、用途、制备日期和人员等，以备各项试验之用。若系含有多量粗砂及少量细粒土（泥砂或黏土）的松散土样，应加水润湿松散后，用四分法取出代表性试样。若系净砂，则可用匀土器取代表性试样。

4.4.4 为配制一定含水率的试样，取过2mm筛的足够试验用的风干土1～5kg，按下式计算所需的加水量：

$$m_w = \frac{m}{1 + 0.01w_h} \times 0.01(w - w_h) \quad (T\ 0146\text{-}1)$$

式中：m_w——土样所需加水量(g)；

m——风干含水率时的土样质量(g)；

w_h——风干含水率(%)；

w——土样所要求的含水率(%)。

将所取土样平铺于不吸水的盘内，用喷雾设备喷洒预计的加水量，并充分拌和，然后装入容器内盖紧，润湿一昼夜备用（砂类土浸润时间可酌量缩短）。

4.4.5 测定湿润土样不同位置的含水率（至少两个以上），要求差值满足含水率测定的允许平行差值。

4.4.6 对不同土层的土样制备混合试样时，应根据各土层厚度，按比例计算相应质量配合，然后按本方法4.4.1～4.4.4步骤进行扰动土的制备工序。

4.5 对于砂类土，应先在压力室底座上依次放上不透水板、橡皮膜和对开圆膜。将砂料填入对开圆膜内，分三层按预定干密度击实。当制备饱和试样时，在对开圆膜内注入纯水至1/3高度，将煮沸的砂料分三层填入，达到预定高度。放上不透水板、试样帽、扎紧橡皮膜。对试样内部施加5kPa负压力，使试样能站立，拆除对开膜。

4.6 对制备好的试样，量测其直径和高度。试样的平均直径 D_0 按下式计算：

$$D_0 = \frac{D_1 + 2D_2 + D_3}{4} \quad (\text{T 0146-2})$$

式中：D_1、D_2、D_3——分别为上、中、下部位的直径。

5 试样饱和

5.1 抽气饱和

5.1.1 仪器设备

(1)真空饱和法整体装置如图T 0146-9所示。

(2)饱和器：尺寸形式见图T 0146-10～图T 0146-12。

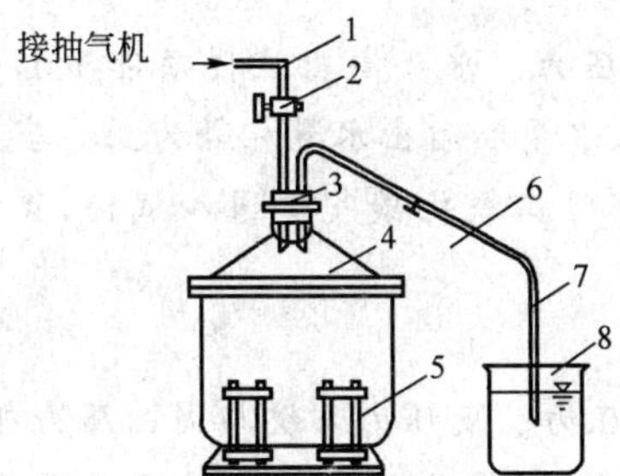

图T 0146-9 真空饱和法装置

1-排气管；2-二通阀；3-橡皮塞；4-真空缸；5-饱和器；6-管夹；7-引水管；8-水缸

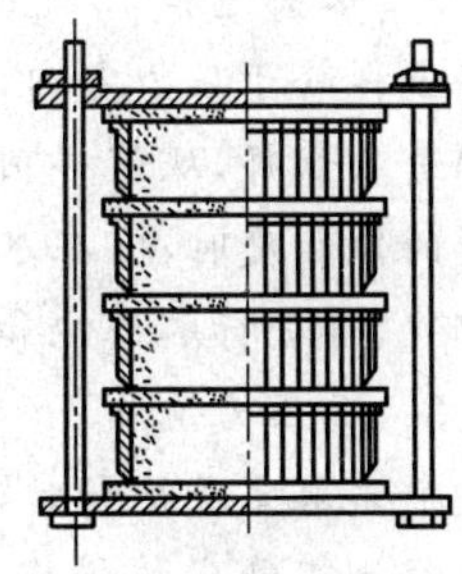

图T 0146-10 重叠式饱和器

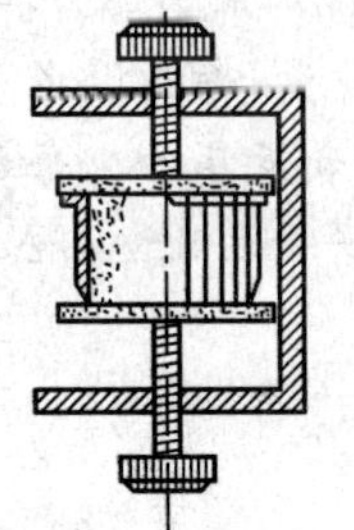

图T 0146-11 框架式饱和器

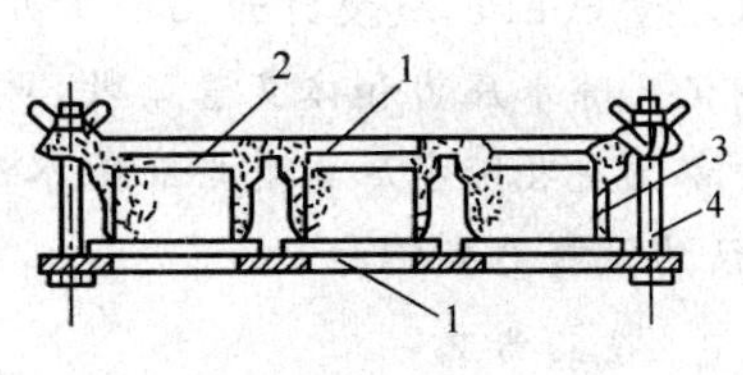

图T 0146-12 平列式饱和器

1-夹板；2-透水石；3-环刀；4-拉杆

(3)真空缸：金属或玻璃制。

(4)抽气机。

(5)真空测压表。

(6)其他:天平、硬橡皮管、橡皮塞、管夹、二路活塞、水缸、凡士林等。

5.1.2 操作步骤

(1)将试件装入饱和器。

(2)将装好试件的饱和器放入真空缸内,盖口涂一薄层凡士林,以防漏气。

(3)关管夹,开阀门(见图 T 0146-9),开动抽气机,抽除缸内及土中气体。当真空压力表达到－101.325kPa(一个负大气压力值)后,稍微开启管夹,使清水从引水管徐徐注入真空缸内。在注水过程中,应调节管夹,使真空压力表上的数值基本上保持不变。

(4)待饱和器完全淹没水中后,即停止抽气,将引水管自水缸中提出,令空气进入真空缸内,静待一定时间,借大气压力,使试件饱和。

(5)取出试件称质量,准确至 0.1g,计算饱和度。

5.2 水头饱和

将试样装于压力室内,施加 20kPa 周围压力。水头高出试样顶部 1m,使纯水从底部进入试样,从试样顶部溢出,直至流入水量和溢出水量相等为止。当需要提高试样的饱和度时,宜在水头饱和前,从底部将二氧化碳气体通入试样,置换孔隙中的空气,再进行水头饱和。

5.3 反压力饱和

试样要求完全饱和时,应对试样施加反压力。反压力系统与周围压力相同,但应用双层体变管代替排水量管。试样装好后,调节孔隙水压力等于 101.325kPa(大气压力),关闭孔隙水压力阀、反压力阀、体变管阀,测记体变管读数。开周围压力阀,对试样施加 10～20kPa 的周围压力,开孔隙压力阀,待孔隙压力变化稳定,测记读数。关孔隙压力阀。开体变管阀和反压力阀,同时施加周围压力和反压力,每级增量 30kPa,缓慢打开孔隙压力阀,检查孔隙水压力增量,待孔隙水压力稳定后测记孔隙水压力和体变管读数,再施加下一级周围压力和反压力。每施加一级压力都测定孔隙水压力。当孔隙水压力增量与周围压力增量之比 $\Delta u/\Delta\sigma_3>0.98$ 时,认为试样达到饱和。

6 试验步骤

6.1 试样安装

6.1.1 开孔隙水压力阀和排水阀,对孔隙水压力系统及压力室底座充水排气后,关孔隙水压力阀和排水阀。压力室底座上依次放上透水板、滤纸、试样及试样帽。试样周围贴浸湿的滤纸条,套上橡皮膜,将橡皮膜下端与底座扎紧。从试样底部充水,排除试样与橡皮膜之间的气泡,并将橡皮膜上部与试样帽扎紧。降低排水管,使管内水面位于试样中心以下 20～40cm,吸除余水,关排水阀。需要测定应力应变时，应在试样与透水板之间放置中间夹有硅脂的两层圆形橡皮膜，膜中间应留直径为1cm的圆孔排水。

6.1.2 安装压力室罩，充水，关排气阀，压力室内不应有残留气泡。并将活塞对准测力计和试样顶部。提高排水管，使管内水面与试样高度的中心齐平，测记排水面读数。

6.1.3 开孔隙水压力阀，使孔隙水压力值等于大气压力，关闭孔隙水压力阀。

6.1.4 关排水阀，开周围压力阀，施加周围压力，周围压力值应与工程实际荷载相适应，最大一级周围压力应与最大实际荷载大致相等。

6.1.5 转动手轮，使试样帽与活塞及测力计接触，装上变形百分表，将测力计和变形百分表读数调至零位。

6.1.6 调整轴向压力、轴向应变和孔隙水压力为零点，并记下体积变化量管的读数。当需施加反压力时，按本试验5.3条步骤施加。

6.2 试样排水固结

6.2.1 开孔隙水压力阀，测定孔隙水压力。开排水阀。当需要测定排水过程时，测记排水管水面及孔隙水压力值，直至孔隙水压力消散95%以上。固结完成后，关排水阀，测记排水管读数和孔隙水压力读数。

6.2.2 微调压力机升降台，使活塞与试样接触，此时轴向变形百分表的变化值为试样固结时高度变化。

6.3 试样剪切

6.3.1 将轴向测力计、轴向变形百分表和孔隙水压力读数均调整至零。打开排水阀。

6.3.2 选择剪切应变速率，进行剪切。剪切速率采用每分钟应变0.003%～0.012%。

固结排水试验的剪切速率对试验结果的影响，主要是由于在剪切过程中存在孔隙水压力造成的。如剪切速度快，孔隙水压力不完全消散，就不能得到真实的有效强度指标。比较试验表明，对黏质土，剪切应变速率选用每分钟0.003%～0.012%，虽仍有微量的孔隙水压力产生，但对强度影响不大，故本规程采用该速率进行试验。

6.3.3 轴向压力和轴向变形，按下述测记。

(1)开动马达，接上离合器，开始剪切。试样每产生0.3%～0.4%的轴向应变，测记一次测力计读数和轴向应变。当轴向应变大于3%时，每隔0.7%～0.8%的应变值测记一次读数。

(2)当测力计读数出现峰值时，剪切应继续进行至超过5%的轴向应变为止。

当测力计读数无峰值时，剪切应进行到轴向应变为15%～20%。

(3)在剪切过程中试样始终排水，孔隙水压力为零。

6.3.4 试验结束，关电动机和各阀门，开排气阀，排除压力室内的水，拆除试样，描述试样破坏形状。称试样质量，并测定含水率。

7 结果整理

7.1 试样固结的高度计算：

按实测固结下沉计算试样的固结后高度：

$$h_c = h_0 - \Delta h_c \tag{T 0146-3}$$

按等应变简化式计算试样的固结后高度：

$$h_c = h_0 \left(1 - \frac{\Delta V}{V_0}\right)^{\frac{1}{3}} \tag{T 0146-4}$$

式中：h_c——试样固结后的高度(cm)；

ΔV——试样固结后与固结前的体积变化(cm^3)。

7.2 试样固结后的面积按下式计算：

按实测固结下沉计算试样的固结后面积：

$$A_c = \frac{V_0 - \Delta V}{h_c} \tag{T 0146-5}$$

按等应变简化式计算试样的固结后面积：

$$A_c = A_0 \left(1 - \frac{\Delta V}{V_0}\right)^{\frac{2}{3}} \tag{T 0146-6}$$

式中：A_c——试样固结后的断面积(cm^2)。

7.3 剪切时试样的校正面积按下式计算：

$$A_a = \frac{V_c - \Delta V_i}{h_c - \Delta h_i} \tag{T 0146-7}$$

式中：ΔV_i——剪切过程中试样的体积变化(cm^3)；

Δh_i——剪切过程中试样的高度变化(cm)。

7.3.1 轴向应变按下式计算：

$$\varepsilon_1 = \frac{\Delta h_i}{h_0} \tag{T 0146-8}$$

式中：ε_1——轴向应变值(%)；

Δh_i——剪切过程中的高度变化(mm)；

h_0——试样起始高度(mm)。

7.3.2 试样面积的校正按下式计算：

$$A_a = \frac{A_0}{1-\varepsilon_1} \tag{T 0146-9}$$

式中：A_a——试样的校正断面积(cm^2)；

A_0——试样的初始断面积(cm^2)。

7.3.3 主应力差按下式计算：

$$\sigma_1 - \sigma_3 = \frac{CR}{A_a} \times 10 \tag{T 0146-10}$$

式中：σ_1——大主应力(kPa)；

σ_3——小主应力(kPa)；

C——测力计校正系数(N/0.01mm)；

R——测力计读数(0.01mm)。

7.4 有效主应力比和孔隙水压力系数的计算。

7.4.1 有效主应力比按下列公式计算：

(1)有效大主应力：

$$\sigma'_1 = \sigma_1 - u \tag{T 0146-11}$$

式中：σ'_1——有效大主应力(kPa)；

u——孔隙水压力(kPa)。

(2)有效小主应力：

$$\sigma'_3 = \sigma_3 - u \tag{T 0146-12}$$

(3)有效主应力比：

$$\frac{\sigma'_1}{\sigma'_3} = 1 + \frac{\sigma'_1 - \sigma'_3}{\sigma'_3} \tag{T 0146-13}$$

7.4.2 孔隙水压力系数按下列公式计算：

(1)初始孔隙水压力系数：

$$B = \frac{u_0}{\sigma_3} \tag{T 0146-14}$$

式中：B——初始孔隙水压力系数；

u_0——初始周围压力产生的孔隙水压力(kPa)。

(2)破坏时孔隙水压力系数：

$$A_f = \frac{u_f}{B(\sigma_1 - \sigma_3)_f} \tag{T 0146-15}$$

式中：A_f——破坏时的孔隙水压力系数；

u_f——试样破坏时，主应力差产生的孔隙水压力(kPa)。

7.5 绘制轴向应力 σ_1 与主应力差 $(\sigma_1-\sigma_3)$ 的关系曲线。

7.6 绘制轴向应变 ε_1 与主应力比 $\frac{\sigma_1}{\sigma_3}$ 的关系曲线。

7.7 破损应力圆、摩擦角和凝聚力的确定(图 T 0146-13)。

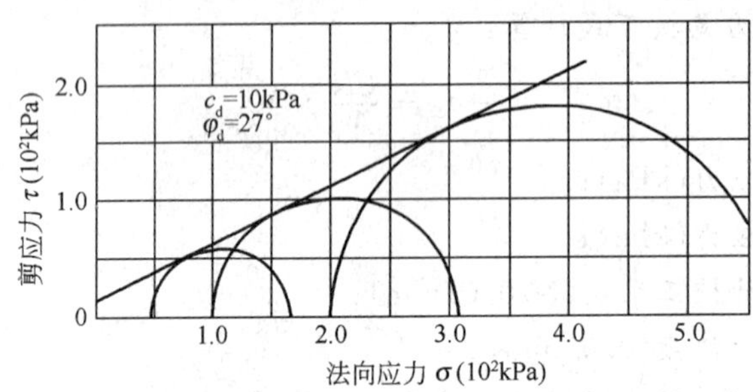

图 T 0146-13 固结排水剪强度包线

以 $(\sigma_1-\sigma_3)$ 的峰值为破坏点,无峰值时,取 15%轴向应变时的主应力差值作为破坏点。以法向应力为横坐标,剪应力为纵坐标,在横坐标上以 $\frac{\sigma_{1f}+\sigma_{3f}}{2}$ 为圆心,$\frac{\sigma_{1f}-\sigma_{3f}}{2}$ 为半径(f 注脚表示破坏),在 τ—σ 应力平面图上绘制破损应力图,并绘制不同周围压力下破损应力圆的包线。求出不排水强度参数。

7.8 本试验记录格式如表 T 0146-2、表 T 0146-3 和表 T 0146-4。

表 T 0146-2 三轴压缩试验记录(一)

工程名称________ 土样编号________ 土样说明________

试验方法 CD 试验者________ 试验日期________

试样状态记录				周围压力(kPa)	350
	起始的	固结后	剪切后	反压力 u_0(kPa)	
直径 D(cm)	3.91			周围压力下的孔隙水压力	
高度 h_L(cm)	8.00	7.96	6.80	孔隙水压力系数 $B=\frac{\mu}{\sigma_3}$	
面积 A(cm²)	12.00	11.76	6.9		
体积 V(cm³)	96.00	93.60		破坏应变 ε_f(%)	6.9
质量 m(g)	188.54	192.50	193.21	破坏主应力差 $(\sigma_1-\sigma_3)$(kPa)	101
密度(g/cm³)	1.96	2.06		破坏大主应力 σ_{1f}	201
干密度 ρ_d(g/cm³)	1.60			破坏孔隙水压力系数 $\overline{B}_f=\frac{\mu_f}{\sigma_{1f}}$	0.53
试样含水率记录					
	起始的		剪切后	相应的有效大主应力 σ'_1(kPa)	148
盒号				相应的有效小主应力 σ'_3(kPa)	47

续上表

盒质量(g)	10	10		最大有效主应力比 $\left[\frac{\sigma'_1}{\sigma'_3}\right]_{max}$ 破坏点选值准则 $\left[\frac{\sigma'_1}{\sigma'_3}\right]_{max}$	3.15
盒＋湿土质量(g)	21.86	22.43			
湿土质量(g)	11.86	12.43	193.21		
盒＋干土质量(g)	19.63	20.12			
干土质量(g)	9.63	10.12	153.90	孔隙水压力系数 $A_f=\frac{u_f}{B(\sigma_1-\sigma_3)_f}$	
水质量(g)	2.23	2.31	39.31		
饱和度 S_r	86.3			试样破坏情况描述：呈鼓状破坏	

表 T 0146-3　三轴压缩试验记录(二)反压力和固结过程

土样编号＿＿＿＿　　试验者＿＿＿＿　　校核者＿＿＿＿

固结周围压力100kPa　　计算者＿＿＿＿　　试验日期＿＿＿＿

加反压力过程							说明	固结过程						
时间(min)	周围压力σ_3(kPa)	反压力 u_0(ka)	孔隙水压力u(kPa)	孔隙水压力增量Δu(kPa)	试验体积变化			时间(min)	排水量管		孔隙水压力		体积变化管	
					读数(cm³)	体变量(cm³)			读数	排水量	读数(kPa)	压力值(kPa)	读数(cm³)	体变量(cm³)
20:30	30	10	17	17	25.8	0.2		0.1			328	78	27.7	0
20:55	60	40	38	21	26.0	0		0.5			328	78	27.2	0.5
21:20	90	70	67	29	26.9	+0.9		1			328	78	27.05	0.65
7:38	120	100	93	26	27.0	+1.0		5			325	75	26.8	0.9
8:08	150	130	122	29	27.2	+1.2		9			322	72	26.7	1.0
8:58	180	160	152	30	27.3	+1.3		16			317	67	26.6	1.1
9:58	210	160					检查未达饱和	25			311	61	26.5	1.2
10:08			181	29				36			306	56	26.4	1.3
10:08	210	190	185		27.4	+1.4		64			299	49	26.2	1.5
12:08	240	220	215	30	27.5	+1.5		105			289	39	26.0	1.7
14:08	270	220						144			280	30	25.9	1.8
14:18			244	29				220			272	22	25.7	2.0
15:08	270	250	250		27.7	+1.7		300			263	13	25.55	2.15
17:30	300	250						420			256	6	25.4	2.30
								490			255	5	25.35	2.35

注：①体变量(－)号表示排水，(＋)号表示吸水。

②本试验因加反压力，故固结时不用排水量管。

表 T 0146-4　三轴压缩试验记录(三)

土样编号________　试验方法CD　周围压力100kPa　试验者________

计算者________　校核者________　试验日期________　固结下沉量$h=0.04$cm

测力计校正系数$C=7.455$N/0.01mm　剪切速率0.08mm/min

固结后高度$h_c=7.96$cm　固结后面积$A_c=11.76\text{cm}^2$

轴向变形读数(0.01mm)	轴向应变 $\varepsilon_1=\frac{\Delta h_i}{h_c}$ (%)	试样校正后面积 $A_a=\frac{A_c}{1-\varepsilon_1}$ (cm^2)	测力计百分表读数 R (0.01mm)	主应力差 $(\sigma_1-\sigma_3)=\frac{RC}{A_a}\times 100$ (kPa)	大主应力 $\sigma_1=(\sigma_1-\sigma_3)+\sigma_3$ (kPa)	孔隙水压力		有效大主应力 σ'_1 (kPa)	有效小主应力 σ'_3 (kPa)	有效主应力比 $\frac{\sigma'_1}{\sigma'_3}$
						读数(kPa)	压力值(kPa)			
0	0	11.76	0	0		255	5			
20	0.25	11.79	0.9	6	106	256	6	100	94	1.06
60	0.75	11.85	8.0	50	150	286	36	114	64	1.78
100	1.25	11.91	11.6	72	172	297	37	125	53	2.36
170	2.14	12.02	13.2	82	182	303	53	129	47	2.75
210	2.64	12.08	13.8	85	185	306	56	129	44	2.94
300	3.77	12.22	14.9	90	190	307	57	133	45	3.09
350	4.40	12.30	15.3	92	192	307	57	135	43	3.14
420	5.27	12.41	15.9	95	195	308	58	137	42	3.26
500	6.28	12.55	16.5	98	198	308	58	138	42	3.28
550	6.91	12.63	17.1	101	201	308	58	143	42	3.40
600	7.55	12.72	17.9	105	205	306	56	149	44	3.39
700	8.80	12.89	18.4	106	206	305	55	151	45	3.36
850	10.65	13.16	19.9	112	212	301	51	161	49	3.28
1000	12.57	13.45	21.3	118	218	298	48	170	52	3.26
1160	14.59	13.77	22.2	120	220	296	46	174	54	3.22
1250	15.70	13.95	23.0	123	223	294	44	179	56	3.20

8　报告

8.1　土类(黏质土、砂类土)。

8.2　抗剪强度参数 c_d、φ_d。

饱和黏土在固结排水剪试验中的强度变化趋势与固结不排水剪试验相似。正常固结土的强度包线为通过坐标原点的直线;超固结土为微弯的曲线,通常可用直线近似代表,如图 T 0145-C b)所示。由于试验中孔隙水应力始终保持为零,故外加总应力就等于有效应力。总应力圆就是有效应力圆，总强度包线即为有效强度包线。在固结排水剪试验中由于试验所需时间较长，实用中常用有效应力强度指标 c' 和 φ' 代替 c_d 和 φ_d。那么，由固结排水剪求得的抗剪强度包线可表达为：

$$\tau_f = c_d + \sigma\tan\varphi_d$$

式中：c_d——固结排水剪试验求得凝聚力，对于正常固结土，$c_d=0$；

φ_d——固结排水剪试验求得的内摩擦角。

对于饱和密砂，在固结排水剪试验中应力变化情况与高度超固结黏土相似。

这里应当说明的是，实际上 c' 和 φ' 与 c_d 和 φ_d 严格来说是有区别的，前者在不排水条件下施加轴向压力的过程中测量孔隙压力，试样体积保持不变，而后者在剪切过程中，试样排水而导致体积变化，所以两者的应力应变关系是不会相同的。为此，在应用有限元计算土工问题时，为了模拟实际工程的排水条件，需用固结排水试验成果。这种方法可用于研究砂土地基的承载力或稳定性，也可用于研究黏土地基的长期稳定问题。实践证明，用应力控制式三轴仪作固结排水试验比用应变控制式三轴仪简便。除求得 c_d 和 φ_d 外，还能用于测定变形指标。

此外，用总应力法表达固结排水剪所得饱和黏性土的强度，应区分正常固结和超固结两种情况。正常固结黏性土的排水剪强度包线为一条直线，当试样未受任何固结压力时，其强度接近于零，所以强度包线将通过坐标原点附近[图 T 0145-C a)]。超固结黏性土的固结排水剪强度包线如图 T 0145-C a)中的 ab 段所示，为一微弯的曲线，而曲线 b 点右端则与正常固结的强度包线重合。如前所述，同一种土在同一法向压力作用下，超固结土的强度大于正常固结土的强度。在决定强度指标时，曲线 ab 可近似地用直线 $a'b$ 代替，$a'b$ 与 τ 轴的截距称为固结排水剪试验的凝聚力，即 c_d，它与水平轴的夹角称为排水试验的内摩擦角 φ_d。φ_d 值低于正常固结的 φ 角，凝聚力 c 值则大于正常固结土。

按理说，固结排水剪破坏时，土样的孔隙水压力应为零，这时有效应力 $\sigma'=\sigma-u=\sigma$，与总应力相等，所以用排水剪求得的总应力强度指标应该与有效应力强度指标一致，即 $\varphi'=\varphi_d$，$c'=c_d$。

然而，在黏土的固结排水剪试验中，为了保持孔隙水应力始终为零，试验时要选择极慢的剪切速率。这样，试验历时往往要长达数天，甚至数星期。因此，在一般情况下，黏土的有效应力强度指标通常借助量测孔隙水应力的固结不排水剪试验测定。但是在没有三轴设备时，为了取得 c' 和 φ' 值，也可用直剪试验的慢剪成果近似代替。

对固结排水剪试验的剪切应变速率对试验结果的影响，主要反映在剪切过程中是否存在孔隙水压力。如果剪切应变速率较快，孔隙水压力没有完全消散，就不能得到真实的有效强度指标，所以一定要选择缓慢的剪切应变速率。

T 0177—2007 一个试样多级加荷试验

1 目的和适用范围

1.1 本试验采用一个试样多级施加周围压力和轴向压力进行剪切，以测定土的总强度参数 c、φ 和有效强度参数 c'、φ'。

在三轴压缩试验中，用一个试样多级加荷测定土的强度参数 c 和 φ 值，是根据库仑定律，假定 c、φ 值不因应力状态的变化而改变，破裂角 $\alpha=\left(45°+\frac{\varphi}{2}\right)$ 在第一级荷载下出现后，在以后各级荷载下，均保持不变。第一级荷载以后所施加的荷载只是增加摩擦强度，因而可以测定强度包线。

1.2 本规程适用于无法取得多个试样(3～4 个)进行三轴试验的原状硬土、扰动土或有不规则裂隙的裂土。

一个试样多级加荷三轴压缩试验原则上适用于黏质土，砂质土。由于只采用一个试样确定强度包线，避免了多个试样的不均匀而造成的应力圆分散，各应力圆均能很好切于强度包线。但一个试样的代表性低于多个试样的代表性，故本规程只限于无法取得多个试样，或多个试样彼此性质不均匀的情况下采用此法，并不建议替代作为常规方法采用。

2 仪器设备

2.1 三轴压缩仪。

2.2 附属设备。

2.3 其他：击实器、切土器、承膜筒等。

3 试样制备

3.1 本试验需 3～4 个试样，分别在不同周围压力下进行试验。

3.2 试样尺寸：最小直径为 35mm，最大直径为 101mm，试样高度宜为试样直径的 2～2.5 倍，试样的最大粒径应符合表 T 0144-1 规定。对于有裂缝、软弱面和构造面的试样，试样直径宜大于 60mm。

3.3 原状土试样的制备：根据土样的软硬程度，分别用切土盘和切土器按3.2 规定切成圆柱形试样，试样两端应平整，并垂直于试样轴。当试样侧面或端部有小石子或凹坑时，允许用削下的余土修整。试样切削时应避免扰动，并取余土测定试样的含水率。

3.4 扰动土试样制备:根据预定的干密度和含水率,按下述备样。

3.4.1 将扰动土样进行土样描述,如颜色、土类、气味及夹杂物等。如有需要,将扰动土样充分拌匀,取代表性土样进行含水率测定。

3.4.2 将块状扰动土放在橡皮板上用木碾或粉碎机碾散,但切勿压碎颗粒。如含水率较大不能碾散时,应风干至可碾散时为止。

3.4.3 根据试验所需土样数量,将碾散后的土样过筛。物理性试验如液限、塑限、缩限等试验,需过 0.5mm 筛;常规水理及力学试验土样,需过 2mm 筛;击实试验土样的最大粒径必须满足击实试验采用不同击实筒试验时的土样中最大颗粒粒径的要求。按规定过标准筛后,取出足够数量的代表性试样,然后分别装入容器内,标以标签。标签上应注明工程名称、土样编号、过筛孔径、用途、制备日期和人员等,以备各项试验之用。若系含有多量粗砂及少量细粒土(泥砂或黏土)的松散土样,应加水润湿松散后,用四分法取出代表性试样。若系净砂,则可用匀土器取代表性试样。

3.4.4 为配制一定含水率的试样,取过 2mm 筛的足够试验用的风干土 1~5kg,按本规程 T 0102—2007 中 2.2 步骤计算所需的加水量,然后将所取土样平铺于不吸水的盘内,用喷雾设备喷洒预计的加水量,并充分拌和,然后装入容器内盖紧,润湿一昼夜备用(砂类土浸润时间可酌量缩短)。

3.4.5 测定湿润土样不同位置的含水率(至少两个以上),要求差值满足含水率测定的允许平行差值。

3.4.6 对不同土层的土样制备混合试样时,应根据各土层厚度,按比例计算相应质量配合,然后按本方法 3.4.1~3.4.4 步骤进行扰动土的制备工序。

3.4.7 而后在击实器内分层击实,粉质土宜为 3~5 层,黏质土宜为 5~8 层,各层土样数量相等,各层接触面应刨毛。

3.5 对于砂类土,应先在压力室底座上依次放上不透水板、橡皮膜和对开圆膜。将砂料填入对开圆膜内,分三层按预定干密度击实。当制备饱和试样时,在对开圆膜内注入纯水至 1/3 高度,将煮沸的砂料分三层填入,达到预定高度。放上不透水板、试样帽、扎紧橡皮膜。对试样内部施加 5kPa 负压力,使试样能站立,拆除对开膜。

3.6 对制备好的试样,量测其直径和高度。试样的平均直径 D_0 按下式计算:

$$D_0 = \frac{D_1 + 2D_2 + D_3}{4} \qquad \text{(T 0177-1)}$$

式中:D_1、D_2、D_3——分别为上、中、下部位的直径。

4　试样饱和

4.1　真空饱和

4.1.1　仪器设备

(1)真空饱和法整体装置同图T 0146-9。

(2)饱和器:尺寸形式同图T 0146-10～图T 0146-12。

(3)真空缸:金属或玻璃制。

(4)抽气机。

(5)真空测压表。

(6)其他:天平、硬橡皮管、橡皮塞、管夹、二路活塞、水缸、凡士林等。

4.1.2　操作步骤

(1)将试件装入饱和器。

(2)将装好试件的饱和器放入真空缸内,盖口涂一薄层凡士林,以防漏气。

(3)关管夹,开阀门(见图T 0149-9),开动抽气机,抽除缸内及土中气体,当真空压力表达到-101.325kPa(一个负大气压力值)后,稍微开启管夹,使清水从引水管徐徐注入真空缸内。在注水过程中,应调节管夹,使真空压力表上的数值基本上保持不变。

(4)待饱和器完全淹没水中后,即停止抽气,将引水管自水缸中提出,令空气进入真空缸内,静待一定时间,借大气压力,使试件饱和。

(5)取出试件称质量,准确至0.1g,计算饱和度。

4.2　水头饱和

将试样装于压力室内,施加20kPa周围压力。水头高出试样顶部1m,使纯水从底部进入试样,从试样顶部溢出,直至流入水量和溢出水量相等为止。当需要提高试样的饱和度时,宜在水头饱和前,从底部将二氧化碳气体通入试样,置换孔隙中的空气,再进行水头饱和。

4.3　反压力饱和

试样要求完全饱和时,应对试样施加反压力。反压力系统与周围压力相同,但应用双层体变管代替排水量管。试样装好后,调节孔隙水压力等于101.325kPa(大气压力),关闭孔隙水压力阀、反压力阀、体变管阀,测记体变管读数。开周围压力阀,对试样施加10～20kPa的周围压力,开孔隙压力阀,待孔隙压力变化稳定,测记读数。关孔隙压力阀。开体变管阀和反压力阀,同时施加周围压力和反压力,每级增量30kPa,缓慢打开孔隙压力阀,检查孔隙水压力增量,待孔隙水压力稳定后测记孔隙水压力和体变管读数,再施加下一级周围压力和反压力。每施加一级压力都测定孔隙水压力。当孔隙水压力增量与周围压力增量之比 $\Delta u/\Delta\sigma_3>0.98$ 时,认为试样达到饱和。

5 试验步骤

5.1 试样安装

5.1.1 不固结不排水剪试验(UU 试验)。

(1)在压力室底座上依次放上不透水板、试样及试样帽,将橡皮膜套在试样外,并将橡皮膜两端与底座入试样帽分别扎紧。

(2)装上压力室罩,向压力室内注满纯水,关排气阀,压力室内不应有残留气泡。并将活塞对准测力计和试样顶部。

(3)关排水阀,开周围压力阀,施加周围压力,周围压力值应与工程实际荷载相适应,最大一级周围压力应与最大实际荷载大致相等。

(4)转动手轮,使试样帽与活塞及测力计接触,装上变形百分表,将轴向压力的测力计和轴向应变的变形百分表读数以及孔隙水压力调至零位。

5.1.2 固结不排水剪试验(CU 试验)

(1)开孔隙水压力阀和排水阀,对孔隙水压力系统及压力室底座充水排气后,关孔隙水压力阀和排水阀。压力室底座上依次放上透水板、滤纸、试样及试样帽。试样周围贴浸湿的滤纸条,套上橡皮膜,将橡皮膜下端与底座扎紧。从试样底部充水,排除试样与橡皮膜之间的气泡,并将橡皮膜上部与试样帽扎紧。降低排水管,使管内水面位于试样中心以下 20~40cm,吸除余水,关排水阀。需要测定应力应变时,应在试样与透水板之间放置中间夹有硅脂的两层圆形橡皮膜,膜中间应留直径为 1cm 的圆孔排水。

(2)安装压力室罩,充水。提高排水管,使管内水面与试样高度的中心齐平,测记排水面读数。

(3)开孔隙水压力阀,使孔隙水压力值等于大气压力,关闭孔隙水压力阀。

(4)施加周围压力:在压力室底座上依次放上不透水板、试样及试样帽,将橡皮膜套在试样外,并将橡皮膜两端与底座入试样帽分别扎紧。装上压力室罩,向压力室内注满纯水,关排气阀,压力室内不应有残留气泡。并将活塞对准测力计和试样顶部。关排水阀,开周围压力阀,施加周围压力,周围压力值应与工程实际荷载相适应,最大一级周围压力应与最大实际荷载大致相等。转动手轮,使试样帽与活塞及测力计接触,装上变形百分表,将轴向压力的测力计和轴向应变的变形百分表读数以及孔隙水压力调至零位。并记下体积变化量管的读数。

当需施加反压力饱和时:试样要求完全饱和时,应对试样施加反压力。反压力系统与周围压力相同,但应用双层体变管代替排水量管。试样装好后,调节孔隙水压力等于101.325kPa(大气压力),关闭孔隙水压力阀、反压力阀、体变管阀,测记体变管读数。开周围压力阀,对试样施加10~20kPa的周围压力,开孔隙压力阀,待孔隙压力变化稳定,测记读数。关孔隙压力阀。开体变管阀和反压力阀,同时施加周围压力和反压力每级增量30kPa,缓慢打开孔隙压力阀,检查孔隙水压力增量,待孔隙水压力稳定后测记孔隙水压力和体变管读数,再施加下一级周围压力和反压力。每施加一级压力都测定孔隙水压力。当孔隙水压力增量与周围压力增量之比$\Delta u/\Delta\sigma_3>0.98$时,认为试样达到饱和。

(5)试样剪切前关闭孔隙压力阀及量管阀。

5.2 试样剪切

5.2.1 不固结不排水剪试验(UU试验)。

(1)按本试验5.5.1的规定安装试样后,施加第一级周围压力(周围压力分2~3级施加)。

(2)剪切应变速率取每分钟为0.5%~1.0%,然后开始剪切。开始阶段,以试样应变每隔0.3%~0.4%测记测力计和轴向位移计读数;当应变达3%以后,每隔0.7%~0.8%测记一次。

(3)当测力计读数稳定或接近稳定时,记录轴向位移计读数和测力计读数,关闭电机停止剪切,将轴向压力退至零。

(4)施加第二级周围压力。此时测力计读数因施加周围压力而增加,应重新调至原来读数值,然后转动手轮。当测力计读数微动时,表示试样帽与测力计重新接触,再按原剪切速率剪切,直至测力计读数稳定或接近稳定为止。

(5)按本试验5.2.1中(4)进行其余各级周围压力的试验。最后一级周围压力下的剪切累积应不超过20%。

(6)试验结束后,关周围压力阀,尽快拆除压力室罩,取下试样称量,并测定剪切后的含水率。

对于第一级围压作用下试样剪切完成后,须退除轴向压力(即测力计为零),使试样回复到等向受力状态,再施加下一级周围压力,这样可以消除固结时偏应力的影响,不致产生轴向蠕变变形,以保持试样在等向压力下固结,故规程作了退除轴向压力的规定。

一个试样多级加荷三轴试验的各级剪切变形随土的种类不同相差很大,故不能作统一规定。基本原则是第一级剪切变形应与多个试样试验的控制变形一致,最后一级达到的累积变形以不超过20%为准,中间剪切的轴向变形无法作出统一规定。各级剪切中,可以同时计算有效主应力比或绘制有效应力路径来控制。

破坏点的确定应与多个试样破坏标准的确定相一致。不另作规定。

对于软黏土及塑性大的土，因破坏点不明显，难以根据峰值或稳定值的近似点确定施加下一级周围压力的标准，因此可以按预先设定的轴向应变，施加各级周围压力。一般可以按以下标准进行(图 T 0177-A)：

第一级，轴向应变至 16%；

第二级，轴向应变至 18%；

第三级，轴向应变至 20%。

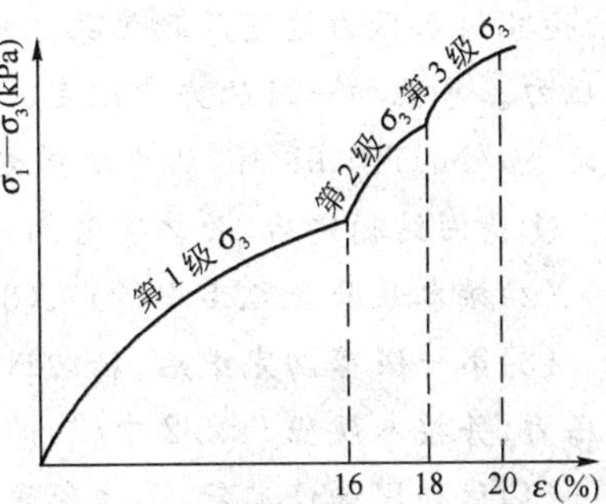

图 T 0177-A　按轴向应变加荷

5.2.2　固结不排水剪试验(CU 试验)。

(1)按本试验 5.1.2 条规定安装试样后施加第一级周围压力，并按如下规定进行试样固结。

①开孔隙水压力阀和排水阀，对孔隙水压力系统及压力室底座充水排气后，关孔隙水压力阀和排水阀。压力室底座上依次放上透水板、滤纸、试样及试样帽。试样周围贴浸湿的滤纸条，套上橡皮膜，将橡皮膜下端与底座扎紧。从试样底部充水，排除试样与橡皮膜之间的气泡，并将橡皮膜上部与试样帽扎紧。降低排水管，使管内水面位于试样中心以下 20～40cm，吸除余水，关排水阀。需要测定应力应变时，应在试样与透水板之间放置中间夹有硅脂的两层圆形橡皮膜，膜中间应留直径为 1cm 的圆孔排水。

②安装压力室罩，充水。提高排水管，使管内水面与试样高度的中心齐平，测记排水面读数。

③开孔隙水压力阀，使孔隙水压力值等于 101.325kPa(大气压力)，关闭孔隙水压力阀。

施加周围压力：在压力室底座上依次放上不透水板、试样及试样帽，将橡皮膜套在试样外，并将橡皮膜两端与底座入试样帽分别扎紧。装上压力室罩，向压力室内注满纯水，关排气阀，压力室内不应有残留气泡。并将活塞对准测力计和试样顶部。关排水阀，开周围压力阀，施加周围压力，周围压力值应与工程实际荷载相适应，最大一级周围压力应与最大实际荷载大致相等。转动手轮，使试样帽与活塞及测力计接触，装上变形百分表，将测力计和变形百分表读数调至零位。

调整轴向压力、轴向应变和孔隙水压力为零点，并记下体积变化量管的读数。

当需施加反压力饱和时：试样要求完全饱和时，应对试样施加反压力。反压力系统与周围压力相同，但应用双层体变管代替排水量管。试样装好后，调节孔隙水压力等于 101.325kPa(大气压力)，关闭孔隙水压力阀、反压力阀、体变管阀，测记体变管读数。开周围压力阀，对试样施加 10～20kPa 的周围压力，开孔隙压力阀，待孔隙压力变化稳定，测记读数。关孔隙压力阀。开体变管阀和反压力阀，同时施加周围压力和反压力每级增量 30kPa，缓慢打开孔隙压力阀，检查孔隙水压力增量，待孔隙水压力稳定后测记孔隙水压力和体变管读数，再施加下一级周围压力和反压力。每施加一级压力都测定孔隙水压力。当孔隙水压力增量与周围压力增量之比 $\Delta u/\Delta\sigma_3>0.98$ 时，认为试样达到饱和。

④待固结稳定后，关体变管阀或排水管阀。

(2)按本试验 3.4.1 中(2)及(3)的规定进行第一级试样剪切。

(3)第一级剪切完成后，轴向压力退至零。待孔隙压力稳定后再施加第二级周围压力，并按本规程 5.2.2 中(1)的规定进行排水固结。

(4)试样固结稳定后，关体变管阀或排水管阀，正转手轮，使活塞与试样帽接触为止，记录轴向位移计读数 Δh_2（此时试样高度 $h_2=h_0-\Delta h_2$）。

(5)按本试验 5.2.1 中(2)及(3)的规定进行剪切。

(6)按本试验 5.2.2 中(3)的规定进行下一级周围压力下的试验，最后一级周围压力下的剪切累积应变量应不超过 20%。

(7)按本试验 5.2.1 中(6)的规定拆除试样，称试样质量，并测定试验后试样的含水率。

6 结果整理

6.1 按下列两式计算不固结不排水试验施加第一级周围压力剪切时试样的轴向应变和面积：

$$\varepsilon_1=\frac{\Delta h}{h_0}\times 100 \tag{T 0177-2}$$

$$A_a=\frac{A_0}{1-0.01\varepsilon_1} \tag{T 0177-3}$$

以上两式中：h_0——试样起始高度(cm)；

Δh——试样在剪切时的轴向变形(cm)；

ε_1——轴向应变(%)；

A_0——试样起始面积(cm^2)；

A_a——试样剪切时的面积(cm^2)。

6.2 按下列公式计算固结不排水剪切施加第一级周围压力后的试样高度和面积。

6.2.1 固结后试样的高度和面积：

$$h_c = h_0 - \Delta h_c$$

或

$$h_c = h_0\left(1-\frac{\Delta V}{V_0}\right)^{1/3} \quad (\text{T } 0177\text{-}4)$$

$$A_c = \frac{V_0 - \Delta V}{h_0}$$

或

$$A_c = A_0\left(1-\frac{\Delta V}{V_0}\right)^{2/3} \quad (\text{T } 0177\text{-}5)$$

6.2.2 剪切时试样的轴向应变及面积：

$$\varepsilon_1 = \frac{\Delta h_c}{h_c} \times 100 \quad (\text{T } 0177\text{-}6)$$

$$A_a = \frac{A_c}{1-0.01_{\varepsilon 1}} \quad (\text{T } 0177\text{-}7)$$

以上两式中：h_c——固结后试样的高度(cm)；

Δh_c——固结变形量(轴向)(cm)；

V_0——试样起始体积(cm^3)；

ΔV——固结排水量(cm^3)。

6.2.3 施加第一级周围压力后，剪切终了时的高度和面积作为第二级周围压力下的起始高度和起始面积。

6.2.4 施加第二级周围压力后，剪切终了时的高度和面积作为第三级周围压力下的起始高度和起始面积。

采用该法进行试验，不固结不排水试验的试样面积修正与多个试样的试验相同。对于固结不排水试验，因为每一级周围压力下试样体积产生变化，所以试样面积修正还应考虑体积变化问题。目前仍按分级计算方法进行，即第一级周围压力下试样剪切终了时的状态作为下一级周围压力下试样的起始状态。面积修正仍按下式计算：

$$A_a = \frac{A_c}{1-\varepsilon_i}$$

式中：A_c——试样在本级周围压力下固结后试样的实际面积(cm^2)；

ε_i——试样在本级周围压力下的剪切应变(不累计)(%)。

上述计算方法存在一定误差，有待今后继续完善。

6.3 计算主应力差、主应力比和孔隙压力系数。

6.3.1 按下式计算主应力差：

$$\sigma_1 - \sigma_3 = \frac{CR}{A_a} \times 10 \quad (\text{T } 0177\text{-}8)$$

式中：σ_1——大主应力(kPa)；

σ_3——小主应力(kPa)；

C——测力计校正系数(N/0.01mm)；

R——测力计读数(0.01mm)。

6.3.2 按下式计算主应力比：

(1)有效大主应力：

$$\sigma'_1 = \sigma_1 - u \tag{T 0177-9}$$

式中：σ'_1——有效大主应力(kPa)；

u——孔隙水压力(kPa)。

(2)有效小主应力：

$$\sigma'_3 = \sigma_3 - u \tag{T 0177-10}$$

(3)有效主应力比：

$$\frac{\sigma'_1}{\sigma'_3} = 1 + \frac{\sigma'_1 - \sigma'_3}{\sigma'_3} \tag{T 0177-11}$$

(4)总主应力比：

$$\frac{\sigma_1}{\sigma_3} = 1 + \frac{\sigma_1 - \sigma_3}{\sigma_3} \tag{T 0177-12}$$

6.3.3 按下式计算孔隙压力系数：

(1)初始孔隙水压力系数：

$$B = \frac{u_0}{\sigma_3} \tag{T 0177-13}$$

式中：B——初始孔隙水压力系数；

u_0——初始周围压力产生的孔隙水压力(kPa)。

(2)破坏时孔隙水压力系数：

$$A_f = \frac{u_f}{B(\sigma_1 - \sigma_3)_f} \tag{T 0177-14}$$

式中：A_f——破坏时的孔隙水压力系数；

u_f——试样破坏时，主应力差产生的孔隙水压力(kPa)。

6.4 制图

6.4.1 绘制不固结不排水剪应力应变关系曲线，见图 T 0177-1。

6.4.2 绘制固结不排水剪应力与应变曲线，见图 T 0177-2。

6.4.3 绘制固结不排水剪的法向力与剪应力曲线，见图 T 0177-3。

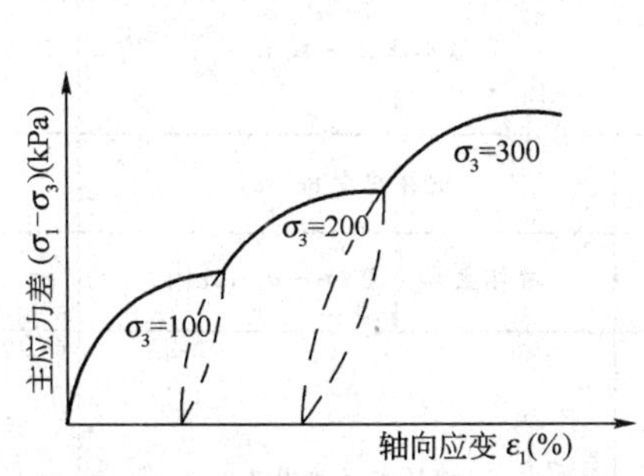

图 T 0177-1　不固结不排水剪应力与应变关系曲线

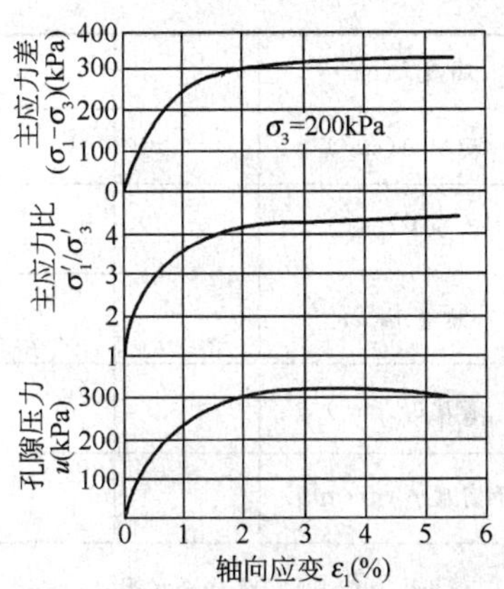

图 T 0177-2　固结不排水剪应力与应变曲线

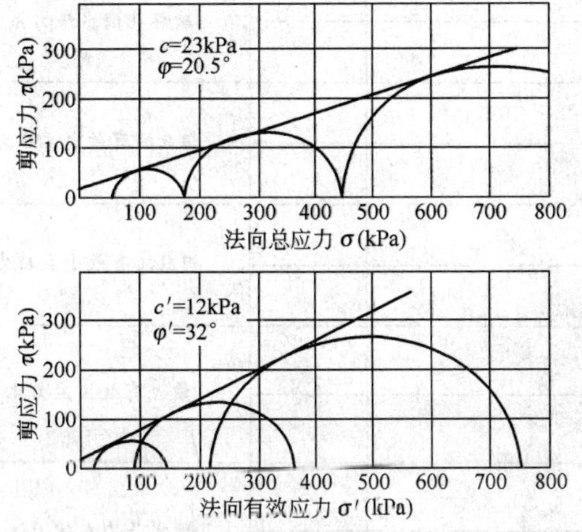

图 T 0177-3　一个试样固结不排水剪强度包线

6.5　本试验的记录格式如表 T 0177-1、表 T 0177-2 和表 T 0177-3。

表 T 0177-1　三轴压缩试验记录表(一)

工程名称＿＿＿＿＿　　试 验 者＿＿＿＿＿

土样编号＿＿＿＿＿　　计 算 者＿＿＿＿＿

土样说明＿＿＿＿＿　　校 核 者＿＿＿＿＿

试验方法＿＿＿＿＿　　试验日期＿＿＿＿＿

试样状态				周围压力 σ_3(kPa)	
	起始值	固结后	剪切后	反压力 u_0(kPa)	
直径 D(cm)				周围压力下的孔隙水压力 u(kPa)	

续上表

<table>
<tr><td>高度 h(cm)</td><td></td><td></td><td></td><td rowspan="2">孔隙水压力系数 $B=\frac{u}{\sigma_3}$</td><td rowspan="2"></td></tr>
<tr><td>面积 A(cm^2)</td><td></td><td></td><td></td></tr>
<tr><td>体积 V(cm^3)</td><td></td><td></td><td></td><td>破坏应变 ε_f(%)</td><td></td></tr>
<tr><td>质量 m(g)</td><td></td><td></td><td></td><td>破坏主应力差 $(\sigma_1-\sigma_3)_f$(kPa)</td><td></td></tr>
<tr><td>密度(g/cm^3)</td><td></td><td></td><td></td><td rowspan="3">破坏大主应力 σ_{1f}</td><td rowspan="3"></td></tr>
<tr><td>干密度 ρ_d(g/cm^3)</td><td></td><td></td><td></td></tr>
<tr><td colspan="4">试样含水率</td></tr>
<tr><td></td><td colspan="2">起始值</td><td>剪切后</td><td rowspan="2">破坏孔隙水压力系数 $\overline{B}_f=\frac{u_f}{\sigma_{1f}}$</td><td rowspan="2"></td></tr>
<tr><td>盒号</td><td colspan="2"></td><td></td></tr>
<tr><td>盒质量(g)</td><td colspan="2"></td><td></td><td rowspan="2">相应的有效大主应力 σ'_1(kPa)</td><td rowspan="2"></td></tr>
<tr><td>盒加湿土质量(g)</td><td colspan="2"></td><td></td></tr>
<tr><td>湿土质量(g)</td><td colspan="2"></td><td></td><td rowspan="2">相应的有效小主应力 σ'_3(kPa)</td><td rowspan="2"></td></tr>
<tr><td>盒加干土质量(g)</td><td colspan="2"></td><td></td></tr>
<tr><td>干土质量(g)</td><td colspan="2"></td><td></td><td rowspan="2">最大有效主应力比 $\left[\frac{\sigma'_1}{\sigma'_3}\right]_{max}$</td><td rowspan="2"></td></tr>
<tr><td>水质量(g)</td><td colspan="2"></td><td></td></tr>
<tr><td>含水率 w(%)</td><td colspan="2"></td><td></td><td rowspan="2">孔隙水压力系数 $A_f=\frac{u_f}{B(\sigma_1-\sigma_3)_f}$</td><td rowspan="2"></td></tr>
<tr><td>饱和度 S_r</td><td colspan="2"></td><td></td></tr>
<tr><td>试样破坏情况的描述</td><td colspan="5">呈鼓状破坏
6.8cm</td></tr>
<tr><td>备注</td><td colspan="5"></td></tr>
</table>

表 T 0177-2　三轴压缩试验记录表(二)

土样编号＿＿＿＿＿＿　　计　算　者＿＿＿＿＿＿

固结周围压力＿＿＿＿＿＿　　校　核　者＿＿＿＿＿＿

试　验　者＿＿＿＿＿＿　　试验日期＿＿＿＿＿＿

加反压力过程							说明(检验结果)	固结过程							说明
时间 (min)	周围压力σ_3 (kPa)	反压力 u_0 (ka)	孔隙压力u (kPa)	孔隙压力增量 Δu (kPa)	试验体积变化			时间 (min)	量管		孔隙水压力		体变管		
					读数 (cm^3)	体变量 (cm^3)			读数	排水量	读数 (kPa)	压力值 (kPa)	读数 (cm^3)	体变值 (cm^3)	

表 T 0177-3　三轴压缩试验记录表(三)

土样编号＿＿＿＿＿＿　　试验者＿＿＿＿＿＿

试验方法＿＿＿＿＿＿　　计算者＿＿＿＿＿＿

试验日期＿＿＿＿＿＿　　校核者＿＿＿＿＿＿

周围压力：　kPa　　固结下沉量：$\Delta h=$　cm

剪切应变速率：　mm/min　　固结后高度：$h_c=$　cm

测力计率定系数：　N/0.01mm　　固结后面积：$A_c=$　cm^2

轴向变形读数 (0.01mm)	轴向应变 $\varepsilon_1=\frac{\Delta h_i}{h_c}$ (%)	试样校正后面积 $A_a=\frac{A_c}{1-\varepsilon_1}$ (cm^2)	测力计表读数 R (0.01mm)	主应力差 $(\sigma_1-\sigma_3)=\frac{RC}{A_a}\times 10$ (kPa)	大主应力 $\sigma_1=(\sigma_1-\sigma_3)+\sigma_3$ (kPa)	孔隙水压力		试样体积变化				有效大主应力 σ'_1 (kPa)	有效小主应力 σ'_3 (kPa)	有效主应力比 $\frac{\sigma'_1}{\sigma'_3}$	$\frac{\sigma_1-\sigma_3}{2}$ (kPa)	$\frac{\sigma_1+\sigma_3}{2}$ (kPa)	$\frac{\sigma'_1+\sigma'_3}{2}$ (kPa)
						读数	压力值 (kPa)	排水管		体积变化							
								读数	排出水量 (cm^3)	读数	体变量 (cm^3)						

7 报告

7.1 土类(黏质土、砂类土)。

7.2 总应力抗剪强度参数 c、φ。

7.3 有效应力抗剪强度参数 c'、φ'。

由常规三轴压缩试验以及莫尔—库仑强度理论可以看出：

(1)任一平面上的抗剪强度是该面上法向应力的函数。

(2)在一定的应力范围内，这一函数关系可用直线近似表示。

(3)如果通过某点的任一平面上的剪应力达到它的抗剪强度，就认为该点已被剪破。

通常，人们把土的这种强度理论称为莫尔—库仑强度理论，而某点处于极限平衡状态时大、小主应力之间的关系，即式(23-A)、式(23-B)和式(23-C)称为莫尔—库仑破坏准则。应当注意的是，在这一强度理论中，不考虑中主应力对强度的影响。

显然，当土的强度包线通过坐标原点，即凝聚力 c 为零时，以最大倾角作为破坏准则与莫尔—库仑破坏准则是完全一致的。因此，可以将前者看成是后者的一种特殊情况。然而我们也需清楚，莫尔—库仑破坏准则，尽管由于它简单，现已广泛应用于土工实践，但它绝不是土的唯一可能的破坏准则。

在三轴试验中应注意以下问题：

(1)三轴试验中的轴向加荷速率即剪切应变速率，是三轴压缩试验中的一个重要问题，它不仅关系到试验的历时，而且影响试验结果。由于黏土和粉土的渗透系数不同，所以需要规定不同的剪切应变速率。

(2)在三轴试验成果整理中绘制应力圆时，需根据破坏标准选取代表试样破坏时的应力。因此破坏值的选择是正确选用抗剪强度参数的关键。大量实践表明，以主应力差的峰值作为破坏标准是可行的，而且易被接受，但是有些土类很难选择到明显的峰值，原因就在于不同土类的破坏特性不同，不能用一种标准来选择破坏值。当主应力差无峰值时，采用应变为15%时的主应力差作为破坏值。以上两种方法也是国际普遍采用的标准。目前也有采用三轴试验过程中试样的应力变化轨迹即有效应力路径来表示试样的破坏过程，可用总应力或有效应力来表示。通常以$(\sigma'_1-\sigma'_3)/2$为纵坐标，$(\sigma'_1-\sigma'_3)/2$为横坐标表示(图23-B)。用有效应力路径表示试样的破坏过程，有助于分析剪切过程中发生的变化，如剪胀性、土体的超固结程度等。为了能够正确地选取强度参数，在提供三轴试验成果时，应根据工程的具体要求或按土的实际破坏特征取值。

(3)通常在进行固结不排水和排水试验中，为了加速试样的固结，大多在试样外侧贴滤纸条。滤纸条有四种贴法：

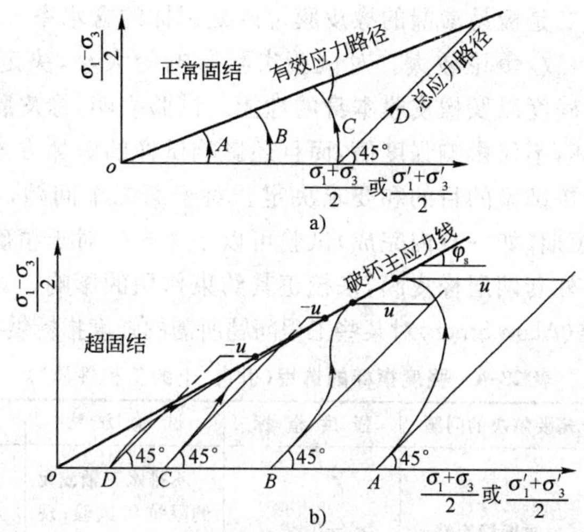

图 23-B 土的不固结不排水剪切试验应力路径

①覆盖面积达侧面的50%以上，上下连续的滤条如图 23-C 的 I 型；

②上下均与透水板相连的滤条，如图 23-C 所示的 II 型；

③滤条下部与透水板相连，而上部与透水板断开约 1/4 试样高度，见图 23-C 的 III 型；

④上下均与透水板相连，但中部间断 1/4 高度，见图 23-C 中的 IV 型。

试验对比研究认为：II 型滤条可以有效地加速试样固结，如对试样施加反压力或测定孔隙水压力，则滤条的上、下部与透水板不相连为好，以防反压力与孔隙水压力量测系统直接连通。

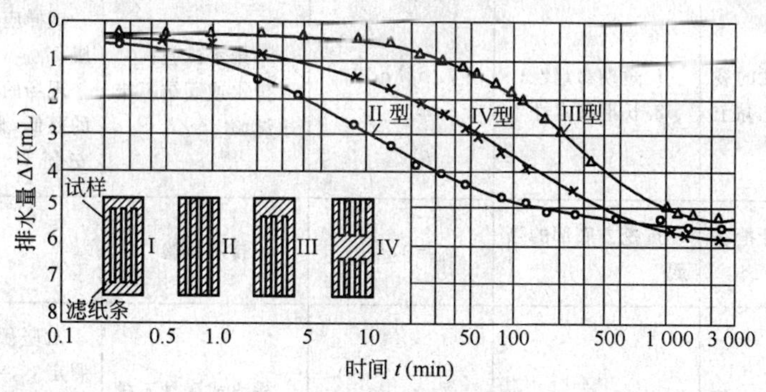

图 23-C 滤纸条不同贴法的固结过程线

(4)在常规三轴试验中，试样与压力室的液体之间采用橡皮膜隔离，橡皮膜对试验带来两方面的影响，一是橡皮膜的弹性包裹约束作用限制了试样的侧向变形使试样强度增大，二是极易渗漏的橡皮膜可改变试样的含水率。对于前者，国内外大量研究结论不一致，争论较大。对试验实际影响的大小，决定于试验所用的土质、试验要求的精确度以及橡皮膜本身的性能。试验表明，橡皮膜对土的脆性破坏影响高于塑性破坏，不仅影响强度值，而且还影响试样的破坏方式。在实际工程中是否进行校正，应按试验的目的和要求决定。对于第二个问题，研究表明，对周围压力不大的常规短期(如一日内完成)试验可以不考虑。对于精确度要求较高的长期试验，可在试样外套两层橡皮膜，来校正其约束作用的影响。

这里引证辛格(Alam Singh)对某些工程问题所需的强度指标供参考，见表23-A。

表23-A　强度指标的选用(引自“土的工程性质”)

工程类别	需要解决的问题	强度指标	试验方法	备注
1.位于饱和黏土上的结构或填方基础	1.短期稳定性； 2.长期稳定性	$\varphi_u=0, c_u$ c', φ'	不排水三轴或无侧限抗压试验；现场十字板试验。 排水试验；固结不排水试验	长期安全系数高于短期
2.位于部分饱和砂和粉质砂土上的基础	长期和短期稳定性	c', φ'	用饱和试样进行排水或固结不排水试验	可假定 $c'=0$，最不利的条件是室内在无荷载下将试样饱和
3.无支撑开挖地下水以下的紧密黏土	1.快速开挖时的稳定性； 2.长期稳定性	$\varphi_u=0, c_u$ c', φ'	不排水试验； 排水或固结不排水试验	除非用专用的排水设备降低地下水，否则长期安全系数是最小的
4.开挖坚硬的裂缝黏土和风化黏土	1.短期稳定性； 2.长期稳定性	$\varphi_u=0, c_u$ c', φ'	不排水试验； 排水或固结不排水试验	试样应在无荷载下膨胀。 现场的 c' 比室内测定的要低，假定 $c_u=0$ 较安全
5.有支撑开挖黏土地基	抗挖方底部的隆起	$\varphi_u=0, c_u$	不排水试验	
6.天然边坡	长期稳定性	c', φ'	排水或固结不排水试验	对坚硬的裂缝黏土，假定 $c'_u=0$，对特别灵敏的黏土和流动黏土，室内测定的 φ' 偏大，不能采用 $\varphi_u=0$ 分析

续上表

工程类别	需要解决的问题	强度指标	试验方法	备注
7.挡土结构物的土压力	1.估计挖方时的总压力； 2.估计长期土压力	$\varphi_u=0,c_u$ c',φ'	不排水试验； 排水或固结不排水试验	$\varphi_u=0$分析，不能正确反映坚硬裂缝黏土的性状，在应力减小情况下，甚至开挖后短期也不行
8.不透水的土坝	1.施工期或完工后的短期稳定； 2.稳定渗流期的长期稳定； 3.水位骤降时的稳定性	c',φ' c',φ' c',φ'	排水或固结不排水试验； 排水或固结不排水试验； 排水或固结不排水试验	试样用填筑含水率(或施工期具有的含水率范围)。 增加试样含水率，将大大降低c'，但φ'几乎无变化。 在稳定渗流和水位骤降两种情况下，对试样施加主应力差前，应使试样在适当范围内软化，假定$c'=0$针对稳定渗流做排水试验时，可使水在小水头下流过试样模拟坝体透水作用
9.透水土坝	上述三种稳定性	c',φ'	排水试验	对自由排水材料采用$c'=0$
10.填方工程，允许土层部分固结	短期稳定性	$\varphi_u=0,c_u$或c',φ'	不排水试验； 排水或固结不排水试验	不能肯定孔隙水压力消散速率，对所有重要工程都应进行孔隙水压力观测

注：表中φ_u和c_u为不固结不排水剪强度指标凝聚力和内摩擦角。

24 土的无侧限抗压强度试验

无侧限抗压强度试验可以视为是在侧向压力 $\sigma_3=0$ 的情况下的三轴压缩试验的特例。试验只对试样施加垂直压力 σ_1，不施加周围压力。试样为正圆柱体。试验时由于试样在侧向不受限制可任意变形，故称为无侧限抗压强度试验。这一试验只能用于黏性土，对于无黏性土在 $\sigma_3=0$ 时，因不能做成圆柱体试样，所以不适用。

根据三轴压缩试验，当试样处于极限平衡状态时，由第23章式(23-B)可知

$$\sigma_{1f}=\sigma_{3f}\tan^2(45°+\varphi/2)+2c\tan(45°+\varphi/2) \tag{24-A}$$

对于无侧限抗压强度试验，在试验过程中始终 $\sigma_3=0$，达到极限状态时 $\sigma_{3f}=0$，则式(24-A)变为：

$$\sigma_{1f}=2c\tan(45°+\varphi/2) \tag{24-B}$$

若用 q_u 表示黏性土样的无侧限抗压强度，则式(24-B)可写成：

$$q_u=2c\tan(45°+\varphi/2) \tag{24-C}$$

或

$$c=\frac{q_u}{2\tan(45°+\varphi/2)} \tag{24-D}$$

对于饱和软黏土，在不固结不排水条件下可以认为 $\varphi=0$(见第23章)。因此，有

$$\tan(45°+\varphi/2)=1$$

此时，根据式(24-D)，饱和软黏土的抗剪强度 τ_f 就为：

$$\tau_f=c=\frac{q_u}{2} \tag{24-E}$$

由于试样侧面不受限制，这样求得的抗剪强度值比常规三轴不排水剪试验的抗剪强度值略小。该试验中的试样破坏面是沿着黏土最软弱部分发生的，能获得均匀的应力应变关系曲线。

应当指出的是，由于取样过程中试样的扰动和应力释放，按无侧限抗压强度算出的不固结不排水强度不完全代表试样的原位不固结不排水强度。一般而言，原位不固结不排水强度要大一些。

T 0148—1993 细粒土无侧限抗压强度试验

1 目的和适用范围

1.1 无侧限抗压强度是试件在无侧向压力的条件下，抵抗轴向压力的极限强度。

1.2 本试验适用于测定饱和软黏土的无侧限抗压强度及灵敏度。

无侧限抗压强度是试件在侧面不受任何限制的条件下所承受的最大轴向应力。关于试验的适用范围，国内外的规定基本一致。在国内，以往规定为能切成圆柱状，且在自重作用下不发生变形的饱和软黏土。美国 ASTM 标准规定适用于具有足够黏性，而允许在无侧限状态下进行试验的饱和黏质土。英国 BS1377—75 标准规定适用于饱和的无裂隙的黏质土。为此，本规程的适用范围为饱和黏质土，但需具有两个条件，一个是试件在自重下能自立不变形；另一个是在不排水条件下，要求试验时有一定的应变速率，在较短时间内完成试验。

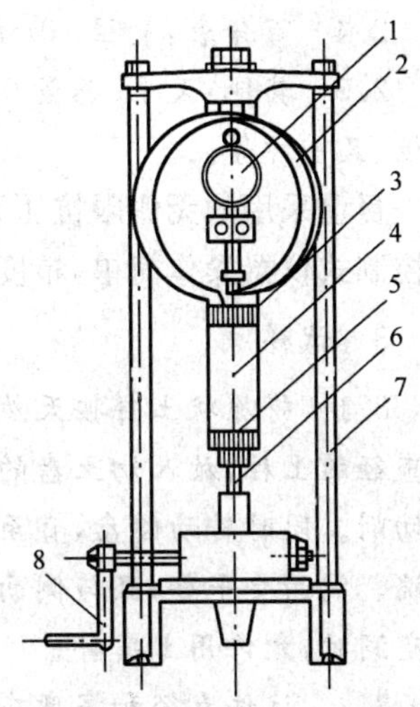

图 T 0148-1 应变控制式无侧限抗压强度仪

1-百分表；2-测力计；3-上加压杆；4-试样；5-下加压板；6-升降螺杆；7-加压框架；8-手轮

2 仪器设备

2.1 应变控制式无侧限抗压强度仪：如图 T 0148-1，包括测力计、加压框架及升降螺杆。根据土的软硬程度，选用不同量程的测力计。

2.2 切土盘：见图 T 0148-2。

2.3 重塑筒：筒身可拆为两半，内径 40mm，高 100mm，如图 T 0148-3。

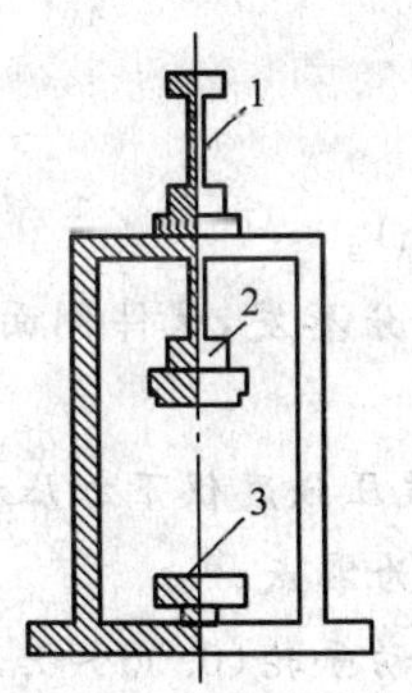

图 T 0148-2 切土盘

1-转轴；2-上盘；3-下盘

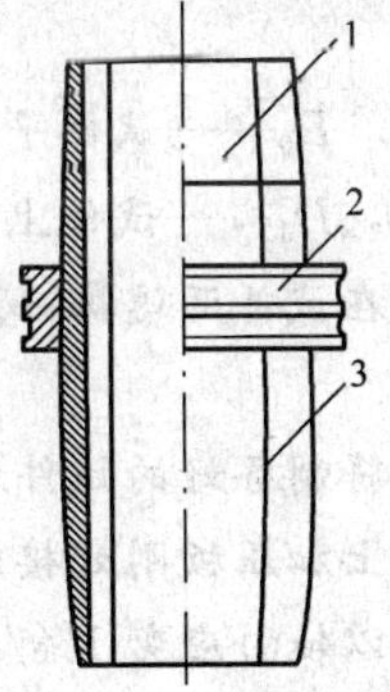

图 T 0148-3 重塑筒

1-重塑筒（筒身可以拆成两半）；2-钢箍；3-接缝

2.4　百分表：量程10mm，分度值0.01mm。

2.5　其他：天平(感量0.1g)、秒表、卡尺、直尺、削土刀、钢丝锯、塑料布、金属垫板、凡士林等。

目前采用的无侧限抗压强度仪器，一般有应变控制式和应力控制式两种。应变控制式仪器操作简单，精度高，质量轻，故应用广泛。本规程只采用应变式。

3　试样

3.1　将原状土样按天然层次方向放在桌上，用削土刀或钢丝锯削成稍大于试件直径的土柱，放入切土盘的上下盘之间，再用削土刀或钢丝锯沿侧面自上而下细心切削。同时转动圆盘，直至达到要求的直径为止。取出试件，按要求的高度削平两端。端面要平整，且与侧面垂直，上下均匀。如试件表面因有砾石或其他杂物而成空洞时，允许用土填补。

3.2　试件直径和高度应与重塑筒直径和高度相同，一般直径为40～50mm，高为100～120mm。试件高度与直径之比应大于2，按软土的软硬程度采用2.0～2.5。

试件的高度与直径应有适当的比值，本规程建议该比值为2～2.5。关于试件直径大小，建议采用3.5～4cm。

4　试验步骤

4.1　将切削好的试件立即称量，准确至0.1g。同时取切削下的余土测定含水率。用卡尺测量其高度及上、中、下各部位直径，按下式计算其平均直径D_0：

$$D_0 = \frac{D_1 + 2D_2 + D_3}{4} \tag{T 0148-1}$$

式中：　D_0——试件平均直径(cm)；

D_1、D_2、D_3——试件上、中、下各部位的直径(cm)。

4.2　在试件两端抹一薄层凡士林；如为防止水分蒸发，试件侧面也可抹一层薄凡士林。

4.3　将制备好的试件放在应变控制式无侧限抗压强度仪下加压板上，转动手轮，使其与上加压板刚好接触，调测力计百分表读数为零点。

4.4　以轴向应变1%/min～3%/min的速度转动手轮(0.06～0.12mm/min)，使试验在8～20min内完成。

4.5　应变在3%以前，每0.5%应变记读百分表读数一次；应变达3%以后，每1%应变记读百分表读数一次。

4.6　当百分表达到峰值或读数达到稳定，再继续剪3%～5%应变值即可停止试验。如读数无稳定值，则轴向应变达20%时即可停止试验。

4.7 试验结束后，迅速反转手轮，取下试件，描述破坏情况。

4.8 若需测定灵敏度，则将破坏后的试件去掉表面凡士林，再加少许土，包以塑料布，用手捏搓，破坏其结构，重塑为圆柱形，放入重塑筒内，用金属垫板挤成与筒体积相等的试件，即与重塑前尺寸相等，然后立即重复本试验4.3～4.7步骤进行试验。

试件受压破坏时，一般有脆性破坏和塑性破坏两种。脆性破坏有明显的破坏面，轴向压力具有峰值，破坏值容易选取。对于塑性破坏的试件，规定选取应变20%的抗压强度为破坏值，但试验应进行到应变达35%；《土工试验方法标准》(GB/T 50123—1999)规定选取应变为15%的抗压强度为破坏值，但试验应进行到应变达20%。为了与国标和三轴压缩试验取得一致，这次修订时改为选取应变15%的抗压强度为破坏值，但试验应进行到应变达20%。

测定土的灵敏度时，重塑试件应保持同原状试件相同的密度和湿度。

5 结果整理

5.1 按下式计算轴向应变：

$$\varepsilon_1 = \frac{\Delta h}{h_0} \tag{T 0148-2}$$

$$\Delta h = n\Delta L - R \tag{T 0148-3}$$

式中：ε_1——轴向应变(%)；

h_0——试件起始高度(cm)；

Δh——轴向变形(cm)；

n——手轮转数；

ΔL——手轮每转一转，下加压板上升高度(cm)；

R——百分表读数(cm)。

公式(T 0148-2)和(T 0148-3)中Δh和h_0的单位为cm，而通常ΔL和R的单位则为0.01mm，计算时应将mm化为cm，代入上式。

5.2 按下式计算试件平均断面积：

$$A_a = \frac{A_0}{1-\varepsilon_1} \tag{T 0148-4}$$

式中：A_a——校正后试件的断面积(cm^2)；

A_0——试件起始面积(cm^2)。

5.3 应变控制式无侧限抗压强度仪上试件所受轴向应力按下式计算：

$$\sigma = \frac{10CR}{A_a} \tag{T 0148-5}$$

式中：σ——轴向压力(kPa)；

C——测力计校正系数(N/0.01mm)；

R——百分表读数(0.01mm)；

A_a——校正后试件的断面积(cm^2)。

公式(T 0148-5)中的10为单位换算系数。

5.4 以轴向应力为纵坐标，轴向应变为横坐标，绘制应力—应变曲线(图T 0148-4)。以最大轴向应力作为无侧限抗压强度。若最大轴向应力不明显，取轴向应变15%处的应力作为该试件的无侧限抗压强度 q_u。

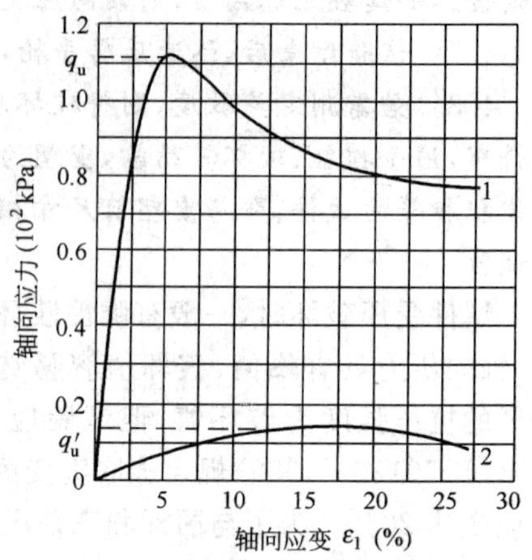

图 T 0148-4 轴向应力与应变的关系曲线

1-原状试样；2-重塑试样

5.5 按下式计算灵敏度 S_t：

$$S_t = \frac{q_u}{q'_u} \qquad (T0148-6)$$

式中：q_u——原状试件的无侧限抗压强度(kPa)；

q'_u——重塑试件的无侧限抗压强度(kPa)。

5.6 本试验记录格式如表T 0148-1。

表 T 0148-1 无侧限抗压强度试验记录

工程名称＿＿＿＿＿ 试验者＿＿＿＿＿

土样编号＿＿＿＿＿ 计算者＿＿＿＿＿

取土深度＿＿＿＿＿ 校核者＿＿＿＿＿

土样说明＿＿＿＿＿ 试验日期＿＿＿＿＿

试验前试件高度 h_0＝ cm	试验前试件直径 D_0＝ cm	无侧限抗压强度 q_u＝kPa					
试验试件面积 A_0＝ cm^2	试件质量 m＝ g	灵敏度 S_t＝	q'_u＝kPa				
试件密度 ρ＝ g/cm^3	测力计校正系数 C＝ N/0.01mm	试件破坏时情况：					
测力计百分表读数 R (0.01mm)	下压板上升高度 ΔL (cm)	轴向变形 Δh (cm)	轴向应变 ε_1 (%)	校正后面积 A_a (cm^2)	轴向荷载 P (N)	轴向应力 σ (kPa)	备注
(1)	(2)	(3)	(4)	(5)	(6)	(7)	
		(2)－(1)	$\frac{(3)}{h}$	$\frac{A_0}{1-(4)}$	(1)×C	$\frac{(6)}{(5)}$	

6 报告

6.1 土的鉴别分类和代号。

6.2 土的无侧限抗压强度 q_u(kPa)。

6.3 土的灵敏度 S_t。

对于脆性土,试样在破坏之前,表面可能出现破裂面,但对于饱和软黏土,这种破裂面一般不易出现。

黏性土受到扰动后变更了原有的结构状况,强度将有所降低。如将同一种土制备成若干个试样,保持它们的含水率不变,分别静置数小时乃至数十天,然后进行无侧限抗压强度试验。可以发现,试样强度随静置时间的延长而有所增长。黏性土的强度因受扰动而降低,再经静置而又能部分恢复的效应,称为土的触变效应或触变性。广义的触变性可将"液化"也包含在内。搅拌、揉搓、压实、振动等因素都属于扰动因素。图 24-A 示出了三种压实黏土强度随静置时间增长的特性,横坐标为时间[分(min),以对数坐标表示],以土刚被压实后进行试验测定试样剪破时的主应力差表示试样的强度,并令之等于 1.0;纵坐标为刚压实时试样的强度与经过一定时间后试样强度之比的强度相对值。

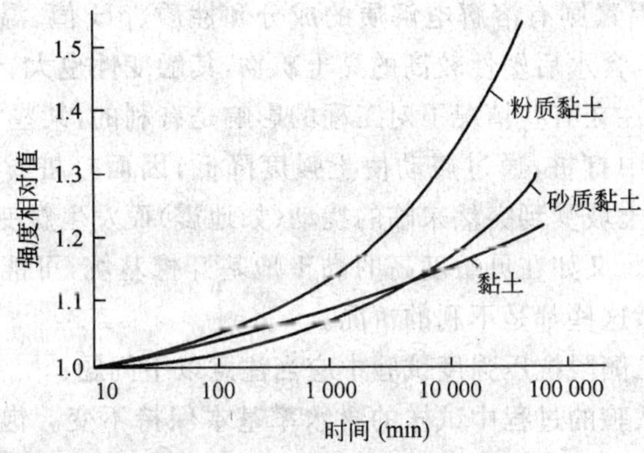

图 24-A 不同土强度随静置时间增长的特性

触变的过程是遭到破坏的黏性土颗粒重新排列,胶体重新凝聚,水的吸附作用重新调整的过程,因此强度的恢复将经过相当长的时间。黏性土颗粒间的联结遭到外力破坏后,触变效应仅能借土粒间的分子引力恢复强度,因此只能部分而不能全部恢复。黏性土结构经受破坏,强度削弱的程度,可用式(24-F)所表达的灵敏度 S_t 表示。具有触变性的黏性土,随被静置时间不同,其灵敏度也不同。

$$S_t = \frac{q_u}{q'_u} \tag{24-F}$$

式中：S_t——灵敏度；

q_u——原状黏性土的无侧限抗压强度；

q'_u——具有与原状土相同的含水率和密度但经过扰动的黏性土无侧限抗压强度。

不难看出，黏性土经过扰动后，其强度削弱较多者，说明其灵敏度较大。根据灵敏度的大小，常将黏性土分为：

$S_t=2\sim4$　　一般黏性土

$S_t=4\sim8$　　灵敏黏性土

$S_t>8$　　特别灵敏的黏性土

也有按灵敏度的大小，对黏性土进行如下分类：

$S_t=1\sim2$　　低灵敏

$S_t=2\sim4$　　中灵敏

$S_t>4$　　高灵敏

某些软黏土在重塑后甚至不能维持自己的形状，无侧限抗压强度几乎等于零，这时灵敏度就很大。对于灵敏度大的土应特别注意保护基槽，使其结构不受扰动。

决定土的触变性的内部因素主要有土粒的成分、大小和形状，土的膨胀性及薄膜水厚度等；外部因素则有溶解电解质的成分和性质、pH 值、温度及溶液中离子浓度等。研究证明，含水后塑性较高的黏土矿物，其触变性也大。

黏性土的触变性在有些情况下对工程的影响是有利的，某些情况下是不利的。例如在黏性地基土中打桩，通过震动使土强度降低，因而打桩省力，这是有利的。原已稳定的黏性土土坡受到突然来临的扰动（如地震）而发生触变时，因强度削弱，可能立即引起坍滑。又如在灵敏度高的黏土地基开挖基坑，可能因施工扰动而引起地基土强度降低，这些都是不利的情况。

综上所述，在无侧限抗压强度试验中应当注意以下问题：

(1)应注意在试验的过程中试样的含水率基本保持不变。饱和黏性土的无侧限抗压强度值，是随着土的密度增加而增大，并随含水率增加而减小。在测定土的无侧限抗压强度时，要求在试验的整个过程中土样的含水率保持不变。如果土的渗透性较小且试验历时较短时，可以认为试验前后的含水率基本不变。所以在试验过程中应控制剪切时间和应变速率，防止在试验中试样发生排水及试样表面的水分蒸发。

(2)应重视试验破坏值的选择。一般来说，试样的破坏形式有脆性破坏和塑性破坏两种。脆性破坏试样有明显的破坏面，轴向压力具有峰值，破坏值容易选取；而塑性破坏时试样没有破裂面，其应力随应变逐渐增加，没有明显的峰值或稳定值，在此情况下选取破坏值时应按应变15%所对应的轴向应力为试样的无侧限抗压强度(图T 0148-4)。对于重塑土试样，其取值标准应与原状试样的取值标准相同，即峰值或应变为15%时所对应的轴向应力为试样的无侧限抗压强度。

(3)取样和制样完成后应尽快进行试验，重塑试样应保持原状土的密度和含水率。测定土的灵敏度是判别土的结构受扰动后对强度的影响程度，因此重塑试样除了不具有原状试样的结构外，应保持与原状试样相同的密度和含水率。原状土经扰动重塑后，其结构力(如黏聚力等)已完全消失，但经过一段时间后，可以部分恢复，随着静置时间的延长，土体中的结构力恢复得越好。因此，对重塑试样要测定其灵敏度时，试验应立即进行。

(4)应注意尽量减少试样上下两端面的摩擦效应。土样在无侧限抗压强度试验时，应在试样上下两端抹一薄层凡士林，其目的是为了消除或减少试样与传压板之间发生的与侧向膨胀力方向相反的摩擦力。该力使试样两端的侧向膨胀受到限制，造成试样在压缩的过程中逐渐变成鼓形，试样内的应力分布不均匀。通常轴向应变越大，则鼓形越明显。为了减小这种影响，应在试样两端抹一薄层凡士林或硅脂。

25 粗粒土和巨粒土的最大干密度试验

相对于细粒土，粗粒土和巨粒土具有一些特性。如颗粒较粗、颗粒之间没有或只有很小的凝聚力，不具有可塑性，多成单粒结构，压缩性小，透水性高，抗剪强度较大且含水率的变化对它的性质影响不显著。本规程规定当粒径大于0.075mm、小于60mm(或粒径大于60mm小于200mm)的土颗粒含量大于总土质量的50%的土称为粗(巨)粒土。在自然界中，大多数土都是由各种大小不一的土粒混杂而成。判别一种土是否为粗(巨)粒土，主要看它是否表现出上述的特性，如果一种土具有上述的特性则显然含有少量的黏粒也可以列为粗(巨)粒土。这里所指的粗(巨)粒土既包括纯净砂、砾以及砂砾为主的混合土，同时也将填筑路基时常用的大粒径碎石土以及碎石混合土列入本试验范围内。

在大量的工程实践中，对纯净的砂和砂质砾石的击实试验成果表明(图25-A)，该类土在风干或在饱和状态下，经过击实都可获得较大的密度。但当含水率介于上述两种状态时，击实所能达到的密度就较小。这是由于在风干和饱和状态中，这些土内不存在假凝聚力的缘故，因此这些土与黏性土的击实特性就大不一样。含水率的变化对击实特性的影响较不明显。试验研究证明，具有相等孔隙体积的各种砂，在外力作用下，其稳定性很不相同，这就是说只靠砂的密度(干密度)去决定它的密实程度是不全面的。因此，太沙基建议使用相对密度 D_r 作为这类土的密实标准。

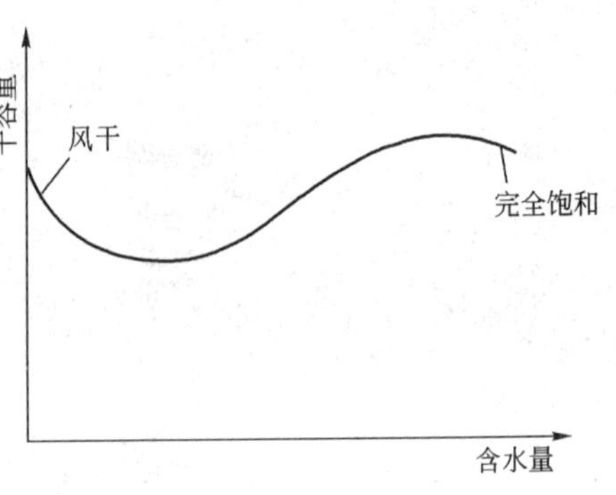

图25-A 粗(巨)粒大的击实试验成果

在工程现场，常用触探试验确定 D_r 值。

在填土工程中，将相对密度 D_r 的公式改写成式(25-A)，在使用上更为方便。

$$D_r = \frac{(\rho_d - \rho_{dmin})\rho_{dmax}}{(\rho_{dmax} - \rho_{dmin})\rho_d} \tag{25-A}$$

式中：ρ_d——干密度，有下角标max者表示最紧密，有min者表示最疏松的状态。

用粗(巨)粒土作为透水路堤时,通常应将土压实到相对密度大于0.67的状态。

T 0133—1993 表面振动压实仪法

表面振动压实仪法与现场压实形式较为相似,其压实效果取决于土料的级配特征、激振力、振动频率、振幅和振动压实持续时间。压实能量过大会造成固体颗粒破碎,少量的颗粒尖角钝化是可以接受的,但是出现显著的颗粒破碎就违背了压实试验本身的内涵。

1 目的和适用范围

1.1 本方法是测定粗粒土和巨粒土最大干密度的试验方法。

1.2 本试验规定采用表面振动压实仪法测定无黏性自由排水粗粒土和巨粒土(包括堆石料)的最大干密度。

1.3 本试验方法适用于通过0.075mm标准筛的土颗粒质量百分数不大于15%的无黏性自由排水粗粒土和巨粒土。

1.4 对于最大颗粒尺寸大于60mm的巨粒土,因受试筒允许最大粒径的限制,宜按本试验3.3规定处理。

本试验规定采用表面振动压实仪法测定无黏聚性自由排水粗粒土和巨粒土(小于0.075mm的干颗粒质量百分数不大于15%)的最大干密度。定性地说,本法可适用于颗粒土,特别是击实试验无法或难以确定最大干密度及最佳含水率的高透水性土,此时本法也可测定得出最佳含水率。

英国、瑞典等国家标准采用表面振动压实仪法。本规程系根据冯冠庆、杨荫华的研究结果制定的。

2 仪器设备

表面振动压实仪法,目前多采用H型支架,以扶持振动器做垂直振动。试验配置两种尺寸的试筒及相应附加荷重(但在试样表面产生的静压力仍为18kPa),从而适用于不同粒径的土样(表T 0133-1)。

表T 0133-1 试样质量及仪器尺寸

土粒最大尺寸(mm)	试样质量(kg)	试筒尺寸		套筒高度(mm)	装料工具
		容积(cm^3)	内径(mm)		
60	34	14 200	280	250	小铲或大勺
40	34	14 200	280	250	小铲或大勺
20	11	2 830	152	305	小铲或大勺
10	11	2 830	152	305	ϕ25mm漏斗
5或<5	11	2 830	152	305	ϕ3mm漏斗

试验表明，对于不同级配特征的土料，当表面静压力(即振动器总质量作用在试样表面上的静压力)从7kPa增至200kPa时，压实干密度随之先增大而后降低。因此，试验应根据土料的级配特征确定试验表面静压力。按目前国内试验设备的现状宜取18kPa以上。对粗粒土的系统试验表明，不同级配特征的粗、巨粒土，其振动压实的最佳振动频率、激振力和振动时间不同。当土料全为粗、巨粒土时，根据土料级配特征的不同，最佳振动频率范围为30～50Hz，最佳激振力为50～80kN，最佳振动时间为3～4min。试样受到过大的振动压实力，则会造成颗粒破碎或颗粒尖角钝化。

2.1　振动器：见图T 0133-1，功率0.75～2.2kW，振动频率30～50Hz，激振力10～80kN。钢制夯：可牢固于振动电机上，且有一厚15～40mm夯板。夯板直径应略小于试筒内径2～5mm。夯与振动电机总重在试样表面产生18kPa以上的静压力。

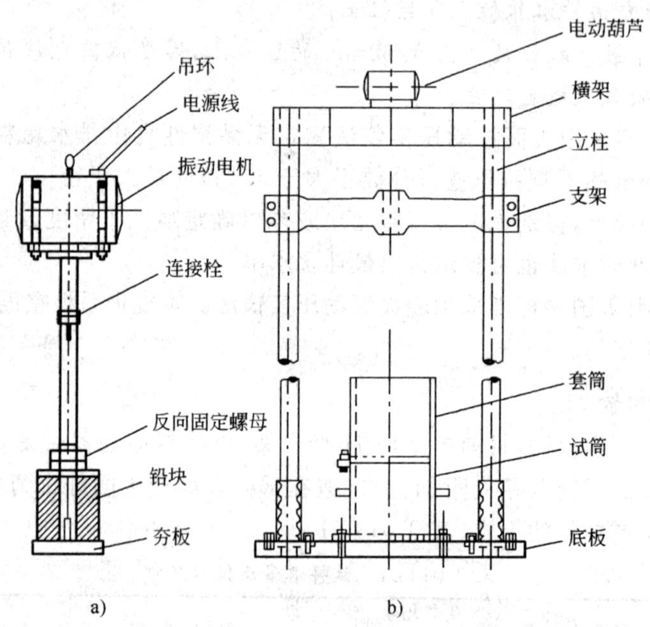

图T 0133-1　表面振动压实仪试验装置

2.2　试筒：见表T 0133-1或根据土体颗粒级配选用较大试筒。但固定试筒的底板须固定于混凝土基础上或至少质量为450kg混凝土块上。试筒容积宜用灌水法每年标定一次。

2.3　套筒：内径应与试筒配套，高度为170～250mm；与试筒固定后内壁须成直线连接。

2.4 台秤、电动葫芦、标准筛(圆孔筛:60mm、40mm、20mm、10mm、5mm、2mm、0.075mm)。

2.5 直钢条:宜用尺寸为350mm×25mm×3mm(长×宽×厚)。

2.6 深度仪或钢尺:量测精度要求至0.5mm。

2.7 大铁盘:其尺寸宜用600mm×500mm×80mm(长×宽×高)。

2.8 其他:烘箱、小铲、大勺及漏斗、橡皮锤、秒表、试筒布套等。

3 试验步骤

3.1 干土法

3.1.1 充分拌匀烘干试样,使其颗粒分离程度尽可能小;然后大致分成三份。测定并记录空试筒质量。

3.1.2 用小铲或漏斗将任一份试样徐徐装填入试筒,并注意使颗粒分离程度最小(装填量宜使振毕密实后的试样等于或略低于筒高的1/3);抹平试样表面。然后可用橡皮锤或类似物敲击几次试筒壁,使试料下沉。

3.1.3 将试筒固定于底板上,装上套筒,并与试筒紧密固定。

3.1.4 放下振动器,振动6min。吊起振动器。

3.1.5 按本试验3.1.2~3.1.4进行第二层、第三层试样振动压实。

3.1.6 卸去套筒。将直钢条放于试筒直径位置上,测定振毕试样高度。读数宜从四个均布于试样表面至少距筒壁15mm的位置上测得并精确至0.5mm,记录并计算试样高度H_0。

3.1.7 卸下试筒,测定并记录试筒与试样质量。扣除试筒质量即为试样质量。计算最大干密度ρ_{dmax}。

3.1.8 重复本试验3.1.1~3.1.7步骤,直至获得一致的最大干密度。但须制备足够的代表性试料,不得重复振动压实单个试样。

3.2 湿土法

3.2.1 按湿法试验时,可对烘干试料加足量水,或用现场湿土料进行。拌匀试料颗粒级配及含水率(使颗粒分离程度尽可能小),然后大致分成三份。如果向干料中加水,则需最小饱和时间约1/2h;加水量宜加到足够分量,即在拌和盘中无自由水滞积,且在振密过程中基本保持饱和状态。

注:对于估算向烘干试料中的加水量,起初可尝试每4.5kg试料约加1000mL的水量,或按下式估算:

$$M_w = M_s\left(\frac{\rho_w}{\rho_d} - \frac{1}{G_s}\right) \qquad (T\ 0133\text{-}1)$$

式中：M_w——加水量(g)；

ρ_d——由起初振密结果所估算的干密度(kg/m^3)；

M_s——试样质量(g)；

ρ_w——水的密度(1 000kg/m^3)；

G_s——土粒比重。

3.2.2 将试筒固定于底板上。用小铲或大勺将任一份湿料徐徐填入试筒(装填量宜使振毕试样等于或略低于筒高的1/3)。

3.2.3 放下振动器，振动6min。吊起振动器，吸去试样表面自由水。

3.2.4 按本试验3.2.2、3.2.3进行第二层、第三层试样振动压实。

3.2.5 卸下试筒。吸去加重底板上及边缘的所有自由水。将百分表架支杆插入每个试筒导向瓦套孔中；刷净试筒顶沿面上及加重底板上位于试筒导向瓦两侧测量位置所积落的细粒土，并尽量避免将这些细粒土刷进试筒内。然后分别测读并记录试筒导向瓦每侧试筒顶沿面(中心线处)各三个百分表读数，共12个读数(其平均值即为百分表初始读数 R_i)；再从加重底板上测读并记录出相应读数(其平均值即为终了百分表读数 R_f)。

3.2.6 测定振毕试样含水率后。计算最大干密度 ρ_{dmax}。

3.2.7 同本试验3.1.8。

3.3 对于粒径大于60mm的巨粒土，因受试筒允许最大粒径的限制，应按相似级配法制备缩小粒径的系列模型试料。相似级配法粒径及级配按以下公式及图T 0133-2计算。

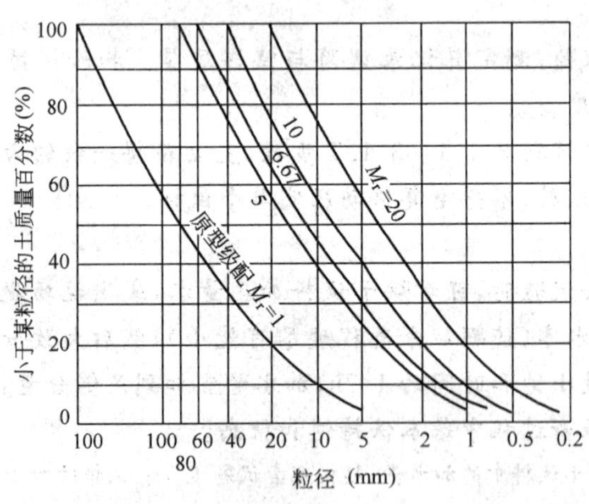

图 T 0133-2 原型料与模型料级配关系

相似级配模型试料粒径：

$$d = \frac{D}{M_r} \quad (T\ 0133\text{-}2)$$

式中：D——原型试料级配某粒径(mm)；

d——原型试料级配某粒径缩小后的粒径，即模型试料相应粒径(mm)；

M_r——粒径缩小倍数，通常称为相似级配模比。

$$M_r = \frac{D_{max}}{d_{max}} \quad (T\ 0133\text{-}3)$$

式中：D_{max}——原型试料级配最大粒径(mm)；

d_{max}——试样允许或设定的最大粒径，即60mm、40mm、20mm、10mm等。

相似级配模型试料级配组成与原型级配组成相同，即：

$$P_{M_r} = P_p \quad (T\ 0133\text{-}4)$$

式中：P_{M_r}——原型试料粒径缩小M_r倍后(即为模型试料)相应的小于某粒径d含量百分数(%)；

P_p——原型试料级配小于某粒径D的含量百分数(%)。

试验表明，压实干密度随振动历时的增长而增大，当振至6min左右时，干密度变化甚微，基本稳定。本规程规定振动6min。通常振动时间为3～4min压实效率较高。

由于振动器的激振力(F)为4.2kN，当表面静压力p_s=14kPa时，振动器总重(Q)为0.84kN，因此，相应振动器加速度(幅值)$a_p = FQ = 5g$。$a_p = 5g$时，相应振幅0.55mm即为最优振幅。

表面振动器法也是分三层压实时，干密度值较大。

4 结果整理

4.1 对于干土法，最大干密度ρ_{dmax}(g/m³)按下式计算：

$$\rho_{dmax} = \frac{M_d}{V} \quad (T\ 0133\text{-}5)$$

$$V = A_c H$$

式中：ρ_{dmax}——最大干密度(g/cm³)，计算至0.001；

M_d——干试样质量(g)；

V——振毕密实试样体积(cm³)；

A_c——标定的试筒横断面积(cm²)；

H——振毕密实试样高度(cm)。

4.2 对于湿土法，最大干密度按下式计算：

$$\rho_{dmax} = \frac{M_m}{V(1+0.01w)} \tag{T 0133-6}$$

式中：ρ_{dmax}——最大干密度(g/cm^3)，计算至0.001；

V——振毕密实试样体积(cm^3)；

M_m——振毕密实湿试样质量(g)；

w——振毕密实湿试样含水率(%)。

4.3 巨粒土原型料最大干密度应按以下方法确定：

4.3.1 作图法

延长图T 0133-3中最大干密度ρ_{dmax}与相似级配模比M_r的关系直线至$M_r=1$处，即读得原型试料的ρ_{Dmax}值。

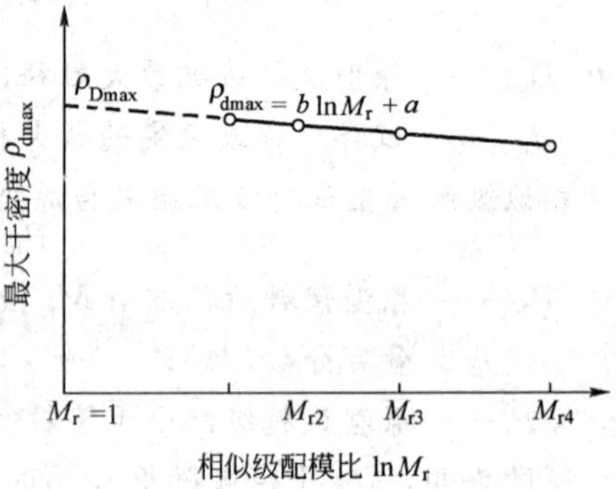

图T 0133-3 模型料ρ_{dmax}—M_r关系

4.3.2 计算法

对几组系列试验结果用曲线拟合法可整理出下式：

$$\rho_{dmax} = a + b\ln M_r \tag{T 0133-7}$$

式中：a、b——试验常数。

由于$M_r=1$时，$\rho_{dmax}=\rho_{Dmax}$，所以$a=\rho_{Dmax}$

即

$$\rho_{dmax} = \rho_{Dmax} + b\ln M_r \tag{T 0133-8}$$

令$M_r=1$时，即得原型试料ρ_{Dmax}的值。

4.4 计算干土法所测定的最大干密度试验结果的平均值作为试验报告的最大干密度值，当湿土法结果比干土法高时，采用湿土法试验结果的平均值。

4.5 压实指标计算。

如果已测定最小干密度ρ_{dmax}[采用测定ρ_{dmax}的试筒及装料工具以干土样松填法试验测定，或采用(T 0123—1993)的方法]，且已知土料的沉积或填筑干密度ρ_d，则相对密度D_r可按下式计算：

$$D_r = \frac{e_{max} - e_0}{e_{max} - e_{min}} \tag{T 0133-9}$$

或

$$D_r = \frac{(\rho_d - \rho_{dmin})\rho_{dmax}}{(\rho_{dmax} - \rho_{dmin})\rho_d} \tag{T 0133-10}$$

式中：D_r——相对密度，计算至0.01；

ρ_{dmin}——最小干密度(g/cm^3)；

ρ_{dmax}——最大干密度(g/cm^3);

e_0——天然孔隙比或填土的相应孔隙比;

e_{max}——最大孔隙比;

e_{min}——最小孔隙比;

ρ_d——天然干密度或填土的相应干密度(g/cm^3)。

如果粒径大于60mm的巨粒土难以测定其最小干密度,但当已知土料的沉积或填筑干密度ρ_D时,则压实度K可按下式计算:

$$K = \frac{\rho_D}{\rho_{Dmax}} \times 100 \tag{T 0133-11}$$

4.6 本试验记录格式如表T 0133-2。

表T 0133-2 最大干密度试验记录

试料编号CR21　　试料来源XBKD　　试料最大粒径60mm

相似级配模比1.33　　振动频率50Hz　　全振幅0.5mm

振动历时3×10min　　试验日期________

试验方法		干土法	
平行测定次数(kg)		1	2
试样+试筒质量(kg)		42.700	42.850
试筒质量(kg)		12.800	12.800
试样质量	干土法 M_d(kg)	29.900	30.051
	湿土法 M_m(kg)		
试筒容积 V_c(kg)		14 200	14 200
试筒横断面积 A_c(cm^2)		615.750	615.750
百分表初读数 R_i(mm)		42.275	46.350
百分表终读数 R_f(mm)		33.250	36.405
试样表面至试筒顶面距离 $\Delta H=\lvert R_i-R_f\rvert+T_p^*$(mm)		21.025	21.945
试样体积 $V=[V_c-A_c(\Delta H/10)]\times10^{-6}$(m^3)		0.012 905 4	0.012 848 8
试样干密度	干土法 M_d/V(kg/m^3)	2 316.900	2 338.700
	湿土法 $M_m/[V(1+0.01w^{**})]$(kg/m^3)		
最大干密度(即平均值)ρ_{dmax}(kg/m^3)		2 327.800	
任意两个试验值的偏差范围(以平均值百分数表示)(%)		0.940	
标准差 S(kg/m^3)		11.400	
* T_p=加重底板厚度,12mm; ** w=振毕湿试样含水率(%)		试验异常情况:	

试验者________ 计算者________ 校核者________

4.7 精密度及允许差。

最大干密度试验结果精度要求如表 T 0133-3 所列。最大干密度 ρ_{dmax}(kg/m^3)，取三位有效数字。

表 T 0133-3 最大干密度试验结果精度

试料粒径 (mm)	标准差 S (kg/cm^3)	两个试验结果的允许范围 (以平均值百分数表示) (%)
<5	±13	2.7
5～60	±22	4.1

5 报告

5.1 试料来源，外观描述。

5.2 试筒尺寸及方法。

5.3 任何反常现象，如试料损失、分离，加重底板过分倾斜等。

T 0132—1993 振动台法

振动台法与现场碾压形式有所不同，其压实效果取决于土料的级配特征、试样表面压重、振动频率、振幅和振动持续时间。目前应用振动台法进行粗(巨)粒土最大干密度试验，最主要的问题是如何确定在试验过程中试样表面的合理压重。

1 目的和适用范围

1.1 本方法是测定粗粒土和巨粒土最大干密度的比选试验方法。

1.2 本试验规定采用振动台法测定无黏性自由排水粗粒土和巨粒土(包括堆石料)的最大干密度。

1.3 本试验方法适用于通过 0.075mm 标准筛的干颗粒质量百分数不大于15%的无黏性自由排水粗粒土和巨粒土。

1.4 对于最大颗粒尺寸大于 60mm 的巨粒土，因受试筒允许最大粒径的限制，宜按 3.3 规定处理。

本试验规定采用振动台法测定无黏性自由排水粗粒土和巨粒土(小于0.075mm的干颗粒质量百分数不大于 15%)的最大干密度。

振动台法与表面振动压实仪法均是采用振动方法测定土的最大干密度。前者是整个土样同时受到垂直方向的振动作用，而后者是振动作用自土体表面垂直向下传递的。研究成果表明，这两种方法对无黏聚性自由排水土最大干密度试验的测定结果基本一致，但前者试验设备及操作较复杂，后者相对较简易，且更接近于现场振动碾压的实际状况。各单位可根据试验设备情况选择试验方法，但推荐优先考虑采用表面振动压实仪法。

另外需要指出的是，已有的国内外研究结果表明，对于像砂卵、漂石及堆石料(Rockfill materials)这样的无黏聚性自由排水土而言，普氏击实法不是最合适的测定最大干密度的方法，国内外一致公认采用振动方法，而不采用普氏击实法。因此，本规程建议对于粗、巨粒土应采用本次增列的振动方法测定无黏聚性自由排水土的最大干密度。

2 仪器设备

2.1 振动台(图 T 0132-1)：固定于混凝土基础上；振动台面尺寸至少550mm×550mm，且具有足够刚度。振动台最大负荷应满足试筒、套筒、试样、加重底板及加重块等质量的要求，不宜小于200kg；其频率 20～60Hz 可调，双振幅0～2mm可调。

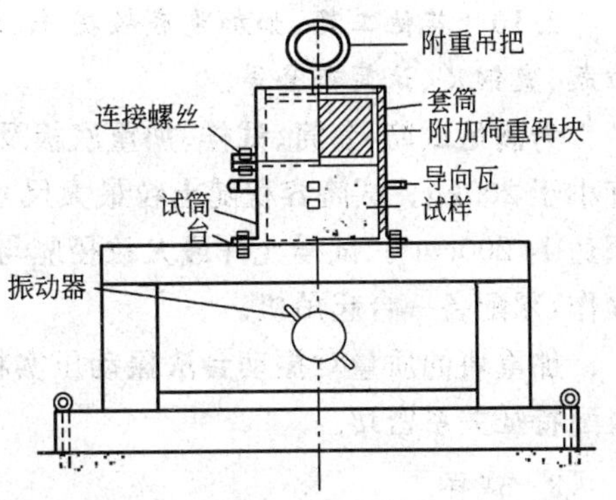

图 T 0132-1 振动台法试验装置

2.2 试筒：圆柱形金属筒，按表 T 0132-1 规定选用。试筒容积宜用灌水法每年标定一次。

2.3 套筒：内径宜与试筒配套一致，见表 T 0132-1，且与试筒紧密固定后内壁成直线连接。

2.4 加重底板：底板为 12mm 厚的钢板，其直径略小于相应试筒内径，中心应有 15mm 未穿通的提吊螺孔。

表 T 0132-1 试样质量及仪器尺寸

土粒最大尺寸(mm)	试样质量(kg)	试筒尺寸		套筒高度(mm)	装料工具
		容积(cm^3)	内径(mm)		
60	34	14 200	280	250	小铲或大勺
40	34	14 200	280	250	小铲或大勺
20	11	2 830	152	305	小铲或大勺
10	11	2 830	152	305	ϕ25mm 漏斗
5 或<5	11	2 830	152	305	ϕ3mm 漏斗

2.5 加重块：对于相应采用的试筒，加重块及其加重底板在试样表面产生的静压力应根据碾压设备确定，一般应大于 18kPa。

2.6 百分表及表架:百分表量程至少50mm以上,分度值为0.025mm。表架支杆应能插入试筒导向瓦套孔中,并使百分表表头杆中心线与试筒中心线或内壁面平行。

2.7 台秤:应具有足够测定试筒及试样总质量的量程,且达到所测定土质量0.1%的精度。所用台秤,对于ϕ280mm试筒,量程至少50kg,感量6g;对于ϕ152mm试筒,量程至少30kg,感量2g。

2.8 起吊机:起重量至少180kg。

2.9 标准筛(圆孔筛):60mm、40mm、20mm、10mm、5mm、2mm、0.075mm。

2.10 其他工具:如加重底板提手、烘箱、金属盘、小铲、大勺及漏斗、橡皮锤、秒表、直钢尺、试筒布套等。

为满足试筒、套筒、试样、加重底板及加重块等质量的要求,振动台最大负荷不宜小于200kg。试筒容积随土粒最大尺寸而异,对于60mm允许最大粒径,试筒容积达14 200cm^3。试样允许最大粒径应与试筒尺寸相对应,见表T 0132-1。为便于操作,须配备一台起吊机。

加重块的质量对振动台法振动压实粗、巨粒土的压实效果影响较大,它与土的级配特征关系密切。

3 试样

3.1 采集代表性试料,妥善储存备用。

3.2 采用标准筛分法(T 0115—2007)测定各粒组的颗粒百分数。

3.3 对于粒径大于60mm的巨粒土,因受试筒允许最大粒径的限制,应按相似级配法制备缩小粒径的系列模型试料。相似级配法粒径及级配按以下公式及图T 0132-2计算。

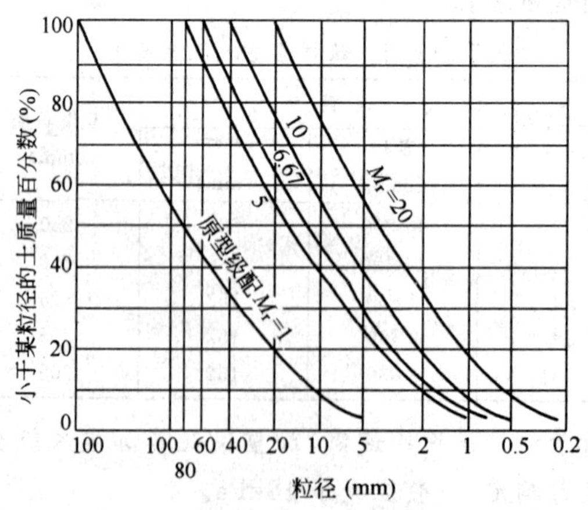

图T 0132-2 原型料与模型料级配关系

相似级配模型试料粒径：

$$d = \frac{D}{M_r} \qquad (T\ 0132\text{-}1)$$

式中：D——原型试料级配某粒径(mm)；

d——原型试料级配某粒径缩小后的粒径，即模型试料相应粒径(mm)；

M_r——粒径缩小倍数，通常称为相似级配模比：

$$M_r = \frac{D_{max}}{d_{max}} \qquad (T\ 0132\text{-}2)$$

D_{max}——原型试料级配最大粒径(mm)；

d_{max}——试样允许或设定的最大粒径，即60mm、40mm、20mm、10mm等。

相似级配模型试料级配组成与原型级配组成相同，即

$$P_{M_r} = P_p \qquad (T\ 0132\text{-}3)$$

式中：P_{M_r}——原型试料粒径缩小 M_r 倍后(即为模型试料)相应的小于某粒径 d 含量百分数(%)；

P_p——原型试料级配小于某粒径 D 的含量百分数(%)。

3.4 如果采用干土法进行试验，则需将试样在烘箱内烘至恒量，并用烘干法测定现场试料含水率。烘干后，应完全剥去弱胶结物，以免增大颗粒的自然尺寸。

对于大于60mm的巨粒土，因受试筒允许最大粒径的限制，宜采用按相似级配法缩小粒径的系列模型试料。目前有多种处理办法，如剔除超径颗粒、等量代替法、相似级配法及渐近线辅助法等，各法均有优缺点。但相似级配法外插得到的巨粒土及堆石料的最大干密度因得到现场振动碾压及原位实测资料的印证，因此使该法具有实用意义。本规程推荐用该法。

满足本试验精度要求的最少试样个数即是测定一个最大干密度值所需制备的最少土样数，这些土样应同时制备。一般制备2～4个试样即可。对于巨粒土，则是预定的模型试料个数的2～4倍。

4 试验步骤

4.1 干土法

4.1.1 充分拌匀烘干试样，使其颗粒分离程度尽可能小；然后大致分成三份。测定并记录空试筒质量。

4.1.2 用小铲或漏斗将任一份试样徐徐装填入试筒，并注意使颗粒分离程度最小(装填量宜使振毕密实后的试样等于或略低于筒高的1/3)；抹平试样表面。然后可用橡皮锤或类似物敲击几次试筒壁，使试料下沉。

4.1.3 放置合适的加重底板于试料表面上，轻轻转动几下，使加重底板与试

样表面密合一致。卸下加重底板把手。

4.1.4 将试筒固定于振动台面上，装上套筒，并与试筒紧密固定。将合适的加重块置于加重底板上，其上部尽量不与套筒内壁接触。

4.1.5 设定振动台在振动频率50Hz下的垂直振动双振幅为0.5mm；或在振动频率60Hz下的垂直振动双振幅为0.35mm。振动试筒及试样等，在50Hz下振动10min；在60Hz下振动8min。振毕卸去加重块及加重底板。

4.1.6 按本试验4.1.2～4.1.5步骤进行第二层、第三层试料振动压实。但第三层振毕加重底板不再立即卸去。

4.1.7 卸去套筒，然后检查加重底板是否与试样表面密合一致，即按压加重底板边缘，看其是否翘起，若翘起则宜在试验报告中注明。

4.1.8 将百分表架支杆插入每个试筒导向瓦套孔中；刷净试筒顶沿面上及加重底板上位于试筒导向瓦两侧测量位置所积落的细粒土，并尽量避免将这些细粒土刷进试筒内。然后分别测读并记录试筒导向瓦每侧试筒顶沿面(中心线处)各三个百分表读数，共12个读数(其平均值即为百分表初始读数 R_i)；再从加重底板上测读并记录出相应读数(其平均值即为终了百分表读数 R_f)。

4.1.9 卸去加重底板，并从振动台面上卸下试筒。在此过程中，尽可能避免加重底板上及试筒沿面上落积的细粒土进入试筒里。如这些细粒土质量超过试样总质量的0.2%，应测定其质量并注明于试验报告中。

4.1.10 在合适的台秤上测定并记录试筒及试样总质量，扣除空试筒质量即为试样质量，或仔细地将试筒里试样全部倒入已知质量的盘中称量。计算最大干密度 ρ_{dmax}。

4.1.11 重复本试验4.1.1～4.1.10步骤，直至获得一致的最大干密度值(最好在2%内)。如果发现产生过分的颗粒破碎或者是有棱角的石渣、堆石料或风化软弱岩试料，则宜尽量制备足够数量代表性试样，以避免单个试样重复使用。

4.2 湿土法

4.2.1 按湿法试验时，可对烘干试料加足量水，或用现场湿土料进行。拌匀试料颗粒级配及含水率(使颗粒分离程度尽可能小)，然后大致分成三份。如果向干料中加水，则需最小饱和时间约1/2h；加水量宜加到足够分量，即在拌和盘中无自由水滞积，且在振密过程中基本保持饱和状态。

注：对于估算向烘干试料中的加水量，起初可尝试每4.5kg试料约加1 000mL的水量，或按下式估算：

$$M_w = M_s\left(\frac{\rho_w}{\rho_d} - \frac{1}{G_s}\right) \quad (T\ 0132\text{-}4)$$

式中：M_w——加水量(g)；

ρ_d——由起初振密结果所估算的干密度(kg/m^3)；

M_s——试样质量(g)；

ρ_w——水的密度(1 000kg/m^3)；

G_s——土粒比重。

4.2.2 装试筒于振动台上。启动振动台，用小铲或勺将任一份湿料徐徐装填入试筒(装填料宜使振毕试样等于或略低于筒高的1/3)。每次添加试料后，宜察看试样表面是否滞积有少量自由水。若无，可用海绵蘸水挤入、小器皿注入或其他工具加入足量水。在此过程中，振动台的振幅或振动频率或这两者须随时调节，以阻止试样颗粒过分沸动或松散。大致振动2～3min后，宜用尽可能不带走土粒的办法吸去试样表面的所有自由水。

4.2.3 按本试验4.1.3、4.1.4步骤装上加重底板、套筒及加重块。

4.2.4 振动试筒及试样等，按本试验4.1.5步骤进行振动。振毕，卸去加重块及加重底板。吸去试样表面所有自由水。

4.2.5 按本试验4.1.3～4.1.5步骤进行第二层、第三层试料的振动压实。但第三层振毕加重底板不再立即卸去。

4.2.6 卸下套筒。吸去加重底板上及边缘的所有自由水。按本试验4.1.8步骤测读并记录百分表读数。

4.2.7 按本试验4.1.9步骤卸下加重底板及试筒，然后测定并记录试筒与试样的总质量。为测定试样的含水率，仔细地将试筒中全部湿试样倒入已知质量的盘中；并将黏附于试筒内壁及筒的所有颗粒冲洗于盘中。然后在烘箱中将试样烘至恒量，测定并记录其烘干质量。

试验方法分干土法和湿土法两种，干土法采用烘干试样，湿土法则对烘干试样加足量的水，或用现场的土料进行试验。

试验表明，无论是分层装填试料，还是施加不同的附加荷重，振动干密度均随振动历时的延长而增大；且当历时达8min以后，振动压实干密度基本上趋于稳定，即使分三层振动时，从8min至10min时的干密度增大也不显著。本规程规定，在50Hz下振动10min；在60Hz时，参照ASTM等规定振动8min。

试验表明，试样分层装填振压可以显著提高干密度。分三层装填振动压实干密度最大。本规程规定分三层装填试样。

试验还发现，当振动频率为25～30Hz时，有一个最优振幅0.50mm，相应的振动加速度为1.81g($g=9.8m/s^2$，下同)；当频率为47.5～50Hz时，有一个最优振幅0.30mm，相应的加速度为2.73g。由图T 0132-A可见，为得到较大的干密度值，应采用振动频率47.5～50Hz，最优振幅 0.25mm，相应的最优加速度为 2.5g。

当振动加速度超过一定值（如 3.63g）时，试样颗粒会产生分离现象，这表明加速度不可太大。

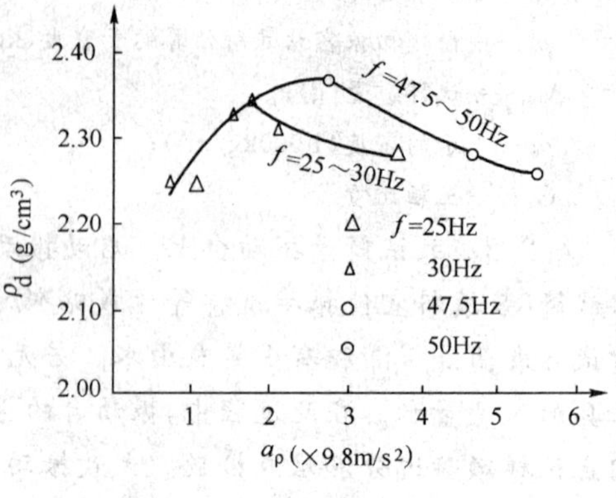

图 T 0132-A 振动加速度对干密度的影响

5 结果整理

5.1 对于干土法，最大干密度按下式计算：

$$\rho_{dmax} = \frac{M_d}{V} \quad (\text{T 0132-5})$$

式中：ρ_{dmax}——最大干密度（kg/m^3），计算至 0.1；

M_d——干试样质量（kg）；

V——振毕密实试样体积（m^3）；

$$V = \left[V_c - A_c\left(\frac{\Delta H}{10}\right)\right] \times 10^{-6}$$

V_c——标定的试筒体积（cm^3）；

A_c——标定的试筒横断面积（cm^2）；

$$\Delta H = (R_i - R_f) + T_p（顺时针读数百分表）$$
$$= (R_f - R_i) + T_p（逆时针读数百分表）$$

R_i——初始百分表读数（0.01mm）；

R_f——振毕后加重底板上相对位置百分表终读数的均值（0.01mm）；

T_p——加重底板厚度（mm）。

注：本标准以 kg/m^3 作为 ρ_{dmax} 的标准单位，而 g/cm^3 为认可的习用单位。

5.2 对于湿土法，最大干密度按下式计算：

$$\rho_{dmax} = \frac{M_m}{V(1 + 0.01w)} \quad (\text{T 0132-6})$$

式中：M_m——振毕密实湿试样质量（kg）；

w——振毕密实试样含水率（%）。

5.3 巨粒土原型料最大干密度应按以下方法确定：

5.3.1 作图法

延长图 T 0132-3 中最大干密度 ρ_{dmax} 与相似级配模比 M_r 的关系直线至 $M_r = 1$ 处，即读得原型试料的 ρ_{Dmax} 值。

5.3.2　计算法

对几组系列试验结果用曲线拟合法可整理出下式：

$$\rho_{dmax} = a + b\ln M_r \quad (T\ 0132\text{-}7)$$

式中：a、b——试验常数。

由于 $M_r = 1$ 时，$\rho_{dmax} = \rho_{Dmax}$，所以 $a = \rho_{Dmax}$

即

$$\rho_{dmax} = \rho_{Dmax} + b\ln M_r \quad (T\ 0132\text{-}8)$$

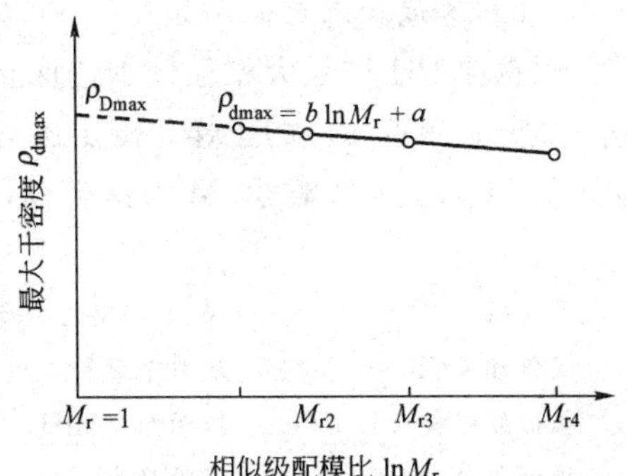

图 T 0132-3　模型料 ρ_{dmax}—M_r 关系

令 $M_r = 1$ 时，即得原型试料 ρ_{Dmax} 的值。

5.4　计算干土法所测定的最大干密度试验结果的平均值作为试验报告的最大干密度值。当湿土法结果比干土法高时，采用湿土法试验结果的平均值。

5.5　压实指标计算。

如果已测定最小干密度 ρ_{dmax}[采用测定 ρ_{dmax} 的试筒及装料工具以干土样松填法试验测定，或采用(T 0123—1993)的方法]，且已知土料的沉积或填筑干密度 ρ_d，则相对密度 D_r 可按下式计算。

$$D_r = \frac{e_{max} - e_0}{e_{max} - e_{min}} \quad (T\ 0132\text{-}9)$$

或

$$D_r = \frac{(\rho_d - \rho_{dmin})\rho_{dmax}}{(\rho_{dmax} - \rho_{dmin})\rho_d} \quad (T\ 0132\text{-}10)$$

式中：D_r——相对密度，计算至 0.01；

ρ_{dmin}——最小干密度(g/cm^3)；

ρ_{dmax}——最大干密度(g/cm^3)；

e_0——天然孔隙比或填土的相应孔隙比；

e_{max}——最大孔隙比；

e_{min}——最小孔隙比；

ρ_d——天然干密度或填土的相应干密度(g/cm^3)。

如果粒径大于 60mm 的巨粒土难以测定其最小干密度，但当已知土料的沉积或填筑干密度 ρ_D 时，则压实度 K 可按下式计算：

$$K = \frac{\rho_D}{\rho_{Dmax}} \times 100 \quad (T\ 0132\text{-}11)$$

5.6 本试验记录格式如表 T 0132-2。

根据原型土样最大粒径分别选取至少 4 个适当的相似模比值 M_{r1}、M_{r2}、M_{r3}、M_{r4}，并分别制备相应的土样。测定出对应于每一个 M 值的土样的最大干密度值 ρ_{dmax}后，以 ρ_{dmax}为纵坐标，M 为横坐标，将这些相应的 M 与 ρ_{dmax}点在半对数坐标纸上。

表 T 0132-2 最大干密度试验记录

试料编号CR21 试料来源XBKD 试料最大粒径60mm

相似级配模比1.33 振动频率50Hz 全振幅0.5mm

振动历时3×10min 试验日期________

试验方法		干土法	
平行测定次数(kg)		1	2
试样+试筒质量(kg)		42.700	42.850
试筒质量(kg)		12.800	12.800
试样质量	干土法 M_d(kg)	29.900	30.051
	湿土法 M_m(kg)		
试筒容积 V_c(kg)		14200	14200
试筒横断面积 A_c(cm^2)		615.75	615.750
百分表初读数 R_i(mm)		42.275	46.350
百分表终读数 R_f(mm)		33.250	36.405
试样表面至试筒顶面距离 $\Delta H=\|R_i-R_f\|+T_p^*$ (mm)		21.025	21.945
试样体积 $V=[V_c-A_c(\Delta H/10)]\times10^{-6}$($m^3$)		0.012 905 4	0.012 848 8
试样干密度	干土法 M_d/V(kg/m^3)	2 316.900	2 338.700
	湿土法 $M_m/[V(1+0.01w^{**})]$(kg/m^3)		
最大干密度(即平均值)ρ_{dmax}(kg/m^3)		2 327.800	
任意两个试验值的偏差范围(以平均值百分数表示)(%)		0.940	
标准差 S(kg/m^3)		11.400	
* T_p=加重底板厚度，12mm； ** w=振毕湿试样含水率(%)		试验异常情况：	

试验者__________ 计算者__________ 校核者__________

试验表明，巨粒土相似级配模型料最大干密度与相似模比之间存在着半对数线性关系，如图 T 0132-B 所示。若视原型料为相似模比 $M_r=1$ 时的模型料，则其最大密度点也必落在图中半对数直线上，即将图中ρ_{dmax}x$-\ln M_r$直线延长至 $M_r=1$ 处，便得到原型料最大干密度 $\rho_{dmax}=2.34g/cm^3$。若用曲线拟合法，可得：

$$\rho_{dmax} = -0.06\ln M_r + 2.34 \qquad (25\text{-A})$$

显然，当 $M_r=1$ 时，有 $\rho_{dmax}=2.34\text{g/cm}^3$，与作图法一致。

从表 T 0132-A 可见，按现行规程振动台法所测定的最大干密度均低于现场碾压试验干密度中值。而推荐方法所测定的最大密度则接近或超过现场碾压干密度中值。这表明，推荐方法与现场碾压试验结果基本一致。

按推荐方法试验结果，易知某工程主堆石填方为：主堆石 $K=92.7\%$，垫层料 $K=100.8\%$。因此，推荐的室内试验方法有可能确定巨粒土及堆石料的现场填筑标准。

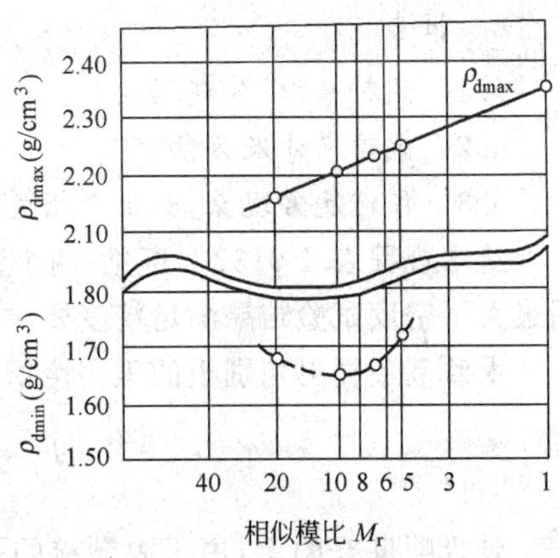

图 T 0132-B 模型干密度与模型比的关系

表 T 0132-A 现场试验结果

对比	现场 TZP—12t 牵引式振动碾碾压试验				室内试验，最大干密度(g/cm³)				备注
试验 / 料别	最大粒径 d_{max} (mm)	层厚 Δh (cm)	碾压遍数	碾压干密度 ρ_d 及 ρ_{d_3} (g/cm³)	设计干密度 ρ_d (g/cm³)	推荐方法：振动台法	推荐方法：表面振动压实仪法	原水电部《土工试验规程》振动台法	
主堆石料	400	80	6	2.12～2.23 平均 2.17	2.10	2.34			
	600		8	2.08～2.30 平均 2.19				2.15	
垫层	80	40	6	2.37～2.40 平均 2.39	2.30	2.37	2.35	2.17	

5.7 精密度及允许差。

最大干密度试验结果精度要求如表 T 0132-3 所列。最大干密度 ρ_{dmax} (kg/m³)，取三位有效数字。

表 T 0132-3 最大干密度试验结果精度

试料粒径 (mm)	标准差 S (kg/cm³)	两个试验结果的允许范围 (以平均值百分数表示) (%)
＜5	±13	2.7
5～60	±22	4.1

6 报告

6.1 试料来源,外观描述。

6.2 试筒尺寸及方法。

6.3 任何反常现象,如试料损失、分离,加重底板过分倾斜等。

从本规程表 T 0132-2 可见,两个试验结果的范围为 0.94,小于允许值 4.1,表明最大干密度试验结果满足精度要求。

太沙基还提出判别土的压实性指标 F,其表达式为:

$$F=\frac{e_{max}-e_{min}}{e_{min}} \tag{25-B}$$

对级配良好的土,由于大颗粒的孔隙可为小颗粒所充填,它们的 e_{min} 值小,而($e_{max}-e_{min}$)的值大,故它们的压实性指标 F 就大,即易于被压实。均粒土则不同,它们的 e_{min} 大而($e_{max}-e_{min}$)的值小,故其 F 值就小,即不易被压实。各种粗(巨)粒土的压实性取决于它们的级配特征。实践经验指出,级配良好的砾石和粉土质砾石的 F 值可大于 2,而级配不良的砂和粉土质砂其 F 值在 0.5 左右。

若粗(巨)粒土中含有一定量的细颗粒(超过总土重约 30%时),则含水量对土就会发生较明显的影响,用适当尺寸的压实仪进行压实试验,就可以找出其最大干密度 ρ_{dmax} 及最佳含水率 w_{op},但两者随土料的母岩成分、风化程度、含砾量多少以及颗粒级配而有一定的变化范围。由于引起细颗粒特性发生变化的因素是含水率,所以这种土的含水率常用细颗粒的含水率表示。对这类土的密实标准就不易用比重来表示,而应以最大干密度及最佳含水率来表示。

图 25-B 指出含砾量对细粒土压实性能的影响。当含砾量增多时,土的最大干密度变大而最佳含水率变小。出现这一现象的原因主要是砾粒的加入可以改善土的级配。但如果含砾量增加过多(>60%～75%),则土中细颗粒含量就不足以充填粗颗粒之间的孔隙,密度就因而下降(见图 25-B 中虚曲线)。

通常确定粗(巨)粒土最大干密度的手段有三种:

(1)用击锤击实。

①改变能量进行击实试验,当能量加大而密度不再提高时,即将此密度作为最大密度;

②以某一规定的能量进行击实试验所得的密度,计算能量值时按标准击实的 2 倍或 4 倍考虑。

不论采用何种击锤击实方法,在试验中不能出现显著的颗粒破碎。

(2)振动压实。给试料持续施加振动能量,直到能量增加而密度不再提高。但

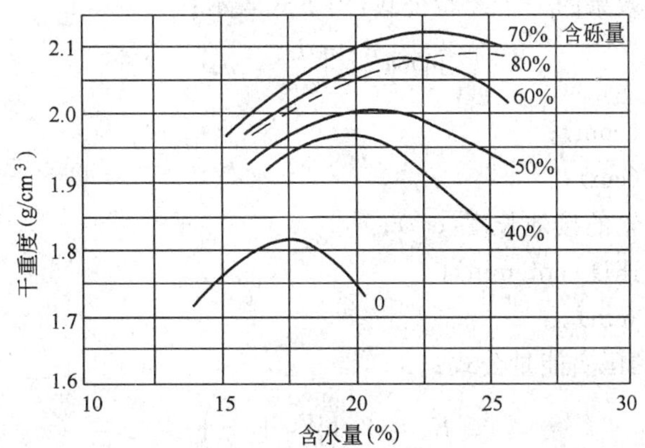

图 25-B 含砾量对击实特性的影响

在试验中不能出现显著的颗粒破碎。

(3)静力压实。试料装入压实筒后,用压力机等设备单向压缩,并绘制压力—变形曲线,对应于高压力下变曲点的密度即为最大密度。但在试验中不能出现显著的颗粒破碎。

对粗(巨)粒土采用击锤击实,虽然击实能量换算简单,但是这种方法与实际施工的压实方式几乎看不出具有任何关联性。随着粗(巨)粒土的母岩种类以及击锤的尺寸、质量、锤击落距等的不同对粗(巨)粒土的最大干密度影响较大。采用振动压实这一方式的理由在于粗(巨)粒土填料填筑路堤时多采用振动碾压压实。表面振动压实法与现场压实形式较为相似,其压实效果取决于土料的级配特征、激振力、振动频率、振幅和振动持续时间。振动台法与现场碾压形式不同,其压实效果取决于上料的级配特征、试样表面压重、振动频率、振幅和振动持续时间。在保证粗(巨)粒土压实试验中不出现显著的颗粒破碎现象的条件下,如果颗粒不产生移动就很难压实土体,因此静力压实显然对粗(巨)粒土不适用。不可否认,目前振动压实法在试验装置、激振方式等方面尚未统一,因此对于比较、分析各单位提供的数据不尽合适。

业内学者经过研究,提出了如下几个作为表示现场振动压实机械的压实能量的计算公式:

(1)估算振动碾的压实效果的公式:

压实效果=[常数]×[振动碾质量]×[振次]×[振幅]×[碾压遍数]/[速度] (25-C)

(2)TDM(Total Downward Movement):所谓 TDM 是混凝土铺面领域表示

修整器振动压实效果的一个经验公式，用下式表示：

$$\mathrm{TDM}=\frac{naL}{v}=nat \tag{25-D}$$

式中：n——振次(cpm)；

a——振幅(cm)；

L——振动轮的接地长度(cm)；

v——压实速度(cm/min)；

t——L/v(min)。

(3)振动碾的压实能量公式：

$$E_0=2a\left(W_v+\frac{F}{2}\right) \tag{25-E}$$

式中：E_0——一个循环的压实能量(J)；

a——振动轮的振幅(单向)(cm)；

W_v——振动部分的质量(N)；

F——起振力(N)。

但是，式(25-E)适用于$\beta \geqslant 1(\beta=F/W_v)$的情况。另外，以上式为基础，振动碾实用的压实能量公式有：

$$E=2a\left(W+\frac{F}{2}\right)\frac{L}{v}nN\frac{1}{BL} \tag{25-F}$$

式中：E——振动碾的压实能量(J/cm^2)；

W——振动轮的轴重(N)；

F——起振力(N)；

v——振动碾的碾压速度(cm/min)；

L——振动轮的接地长度(cm)；

n——振次(次/min)；

N——振动轮的碾压遍数；

B——压实宽度(cm)。

26 粗粒土的直接剪切试验

T 0178—2007 粗粒土直接剪切试验

1 目的和适用范围

1.1 本试验采用应力控制式或应变控制式大型直接剪切仪测定粗、巨粒土的抗剪强度参数。试验描述以应力控制式大型直接剪切试验为例。

1.2 本试验方法适用于最大粒径为60mm的粗颗粒土。

2 仪器设备

2.1 应力控制式大型直剪仪:由上剪切盒、下剪切盒、传压板、滚珠排、垂直加压框架和水平加压支座等组成,如图 T 0178-1。

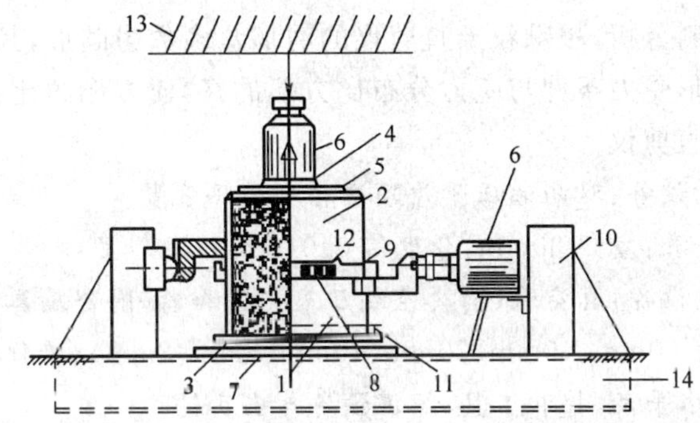

图 T 0178-1 大型直剪仪示意图

1-下剪切盒;2-上剪切盒;3-透水板;4-试样;5-传压板;6-千斤顶;7-滚轴排;8-开缝装置;9-水槽;10-水平加荷支座;11-进水孔;12-固定销;13-上反力横梁;14-下反力横梁

2.1.1 剪切盒:形状宜采用圆形,尺寸:D/d_{max}为8～12,H/d_{max}为4～8。

对粗颗粒土进行直剪试验时,试样尺寸取决于最大粒径。根据国内外现有资料,统计了各试验研究单位所用试样尺寸与最大粒径的比值。

由统计分析可知:试样直径与最大粒径的比值(D/d_{max})变化范围较大,为4～12.5。其中径径比为7.5～10的统计数为64%,径径比小于7.5的占25%,径径比大于10的占11%;高径比的变化为1.5～10,其中高径比为4～8的占53%,高径比大于 8 的占 17%,高径比小于 4 的占 30%。以上各单位采用的比值较集中的为:径径比为 7.5～10,高径比为 4～8。

不同的径径比和不同的高径比,对粗颗粒土的摩擦角的影响如图 T 0178-A、图 T 0178-B 所示。为此,确定试样尺寸与最大粒径关系时,应同时考虑高径比,推荐径径比为 8～12,高径比为 4～8。

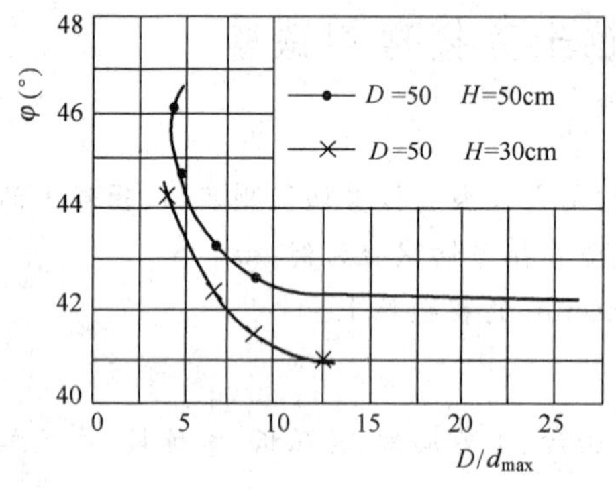

图 T 0178-A　φ—D/d_{max}关系曲线

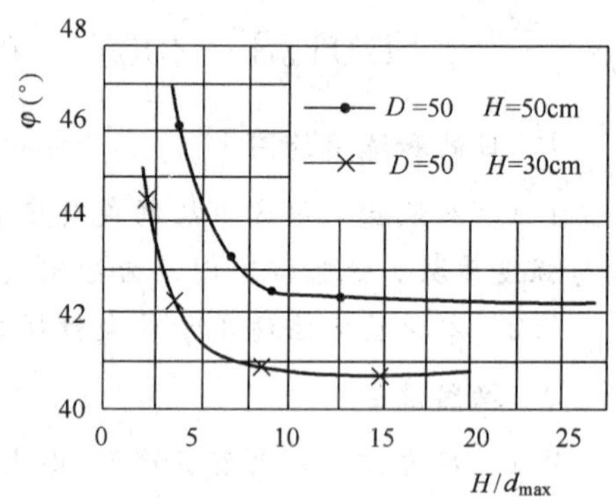

图 T 0178-B　φ—H/d_{max}关系曲线

根据统计资料分析,粗颗粒土直剪仪的剪切盒多数为圆形,其次是方形,少数为长方形。因圆形受力条件与应力分布比方形的好,而方形的比长方形的好。故本试验推荐圆形直剪仪。

2.1.2　加荷设备:双向油压千斤顶两台和稳压装置。

2.1.3　百分表:量程 30mm,分度值 0.01mm。

2.1.4　其他设备:真空泵(附真空测压表)、饱和器(附金属真空缸)、粗筛一套(筛孔孔径分别为 60mm、40mm、20mm、10mm、5mm、2mm)、磅秤(分度值 250g)、台秤、托盘天平、水平尺、拌和工具、恒湿设备与击实锤。

3　试验步骤

3.1　制备和安装

3.1.1 试样按(T 0102—2007)的规定进行备料。根据试验要求的干密度、含水率和试样尺寸,计算并称取试验所需的土样数量。对无黏性粗颗粒土,为防止颗粒分离,也可根据装填层数,分层称取试验所需的土样。

3.1.2　将下剪切盒吊放在滚轴排上,并在下剪切盒上安放开缝环及钢珠[控制剪切开缝尺寸为(1/3～1/4)d_{max}],然后将上剪切盒放上,务使上、下盒同心,并用固定插销定位。

粗颗粒土在剪切过程中,颗粒的位置不断调整。在剪切区产生错动、翻滚和剪损现象。在直剪仪中,试样受剪力盒约束及剪切面固定,因此,剪切时粗粒要发生翻滚和错动较困难,导致颗粒剪破,剪切过程中伴随着明显的剪胀,使测得的强度偏高。为此,应在上、下剪切盒之间开一定的缝隙。开缝的目的在于避免颗粒剪破,使试样沿弱面剪切。但开缝过大,也不恰当,因剪切区侧限作用过小,试样易从剪切缝挤出;开缝过小,不能消除约束的影响。根据国内资料综合分析,粗颗粒土直剪试验的开缝尺寸推荐(1/3～1/4)d_{max}作为其使用标准。

3.1.3 将称好的试样拌匀后分层装入剪切盒内(层次可根据高度与层缝错开的原则而定,一般为3层或5层)。每一层应击实至要求的高度。对黏质粗颗粒土,每层表面刨毛后,再填第二层。重复上述步骤至最后一层,整平表面。

试样制备选用以下方法:

(1)击实法。采用与室内击实试验相同的功能分3～5层及层缝交错法将试料击实至控制密度。

(2)振捣法。对砂砾石等无黏性粗颗粒土采用机械振捣到控制密度。

(3)静压法。用千斤顶施加静压力,分层将试料压实到控制密度。

试样制备方法应尽可能与现场施工情况一致。对于土坝及土石坝工程或回填基础的含黏质土粗颗粒土,一般可采用击实法制备试样。击锤底面积应比试样面积小,便于击实时排气,塑流揉搓,以与实际压实结构相似。对于无黏性粗颗粒土,采用振捣法制备,接近振动碾施工情况。静压法不便排气,静压时粗粒受压不均匀,在重要工程中也无使用经验,故不拟推荐。

3.1.4 试样如需饱和,对无黏性粗颗粒土,宜用水头饱和法;对黏质粗颗粒土宜用真空饱和法。

试样饱和常用的方法有真空抽气饱和法、毛细管饱和法和浸水饱和法。根据实践,真空抽气饱和法的饱和度最高,效果最好,适用于含黏质土的粗颗粒土;水头饱和法次之,可用于无黏性粗颗粒土。浸水饱和法易使气体封闭在土内,并造成细粒在水的作用下,向下移动,淤填孔隙,使试样密度不均匀,饱和效果最差,一般不宜使用。

3.1.5 在试样面上依次放上透水板、传压板、垂直千斤顶和传压板等,并与液压稳定器管路连接。要求安装对中,传压板应用水平尺校平。上、下反力钢梁应水平。然后安装2～4个垂直百分表,徐徐开动垂直千斤顶,使各部接触。记录变形起始读数。

3.1.6 安装水平千斤顶和水平百分表,务使水平千斤顶的着力线通过剪切面的中心。徐徐开动水平千斤顶,使其与下剪切盒的着力点接触(即水平百分表开始微动)即停止。

3.1.7 每组试验应制备4或5个试样，其密度差值不得大于0.03g/cm^3，含水率差值不得大于1%。在不同压力下进行试验，各级垂直压力级差大致相同。

3.2 快剪试验(Q)

3.2.1 按本试验3.1.5的规定安装试样和定位，但在试样上、下面接触处，安放与透水板厚度相等的不透水钢板。在试样上一次施加额定的垂直荷载，使其在整个试验过程中保持恒定。

粗颗粒土在高压情况下，抗剪强度与垂直压力呈非线性关系，不符合库仑方程的直线关系。因此，在设备出力允许条件下，采用的最大垂直压力应符合建筑物或地基中的受力情况；如限于仪器设备能力达不到要求的出力时，应在提交试验资料时予以说明。

3.2.2 拔除上、下剪切盒的固定销并取掉开缝环。记录垂直、水平千斤顶、百分表等的读数。随即开动水平千斤顶，施加水平荷载，每30s加一级，并测读一次水平百分表和垂直百分表的读数。起始水平荷载按垂直荷载的7%～10%施加。当某级水平荷载下的剪切位移超过前一级剪切位移的1.5～2.0倍时，改为按5%施加。每施加一级水平荷载，测读垂直和水平百分表各一次。

当水平荷载读数不再增加或剪切变形急骤增长时，即认为已剪损。若无上述两种情况出现，应控制剪切变形达试样直径的1/15～1/10，方可停止试验。应控制试样在5～10min内达到剪切破坏。

根据国内的情况，水平剪切力的施加方法有以下三种：

(1)应变控制法。按水平位移计读数的等速递增作为标准。

(2)时间控制法。采用液压稳压器均匀推动水平千斤顶施加水平剪切力，控制试样在3～5min(有的单位控制在5～10min)内剪损。

(3)应力控制法。按水平压力计读数递增水平剪切力。本规程推荐应力控制法。

剪切速率的大小直接关系到试样排水，是影响抗剪强度的主要因素之一。对应力控制法来说，剪切速率指水平荷载分级大小和加荷快慢这两个问题。

①水平荷载分级大小。分级施加水平荷载主要在于求得较规律的τ—ΔL关系曲线。目前国内外采用的分级方法有两种：其一是按估计的最大剪切力的百分数分级。大多数单位采用$0.1P_{hmax}$和$0.05P_{hmax}$两级(P_{hmax}为最大剪应力)。美国ASTM D3080—72在固结排水条件下土的直剪试验标准方法中，规定应力控制法的水平剪应力的增量约等于0.1倍估计最大剪应力，当达到估算破坏力的50%～70%时，减少增量至$0.05P_{hmax}$。其二是按施加的垂直压力的百分数分级，国内大多数单位采用$0.1P_v$或$0.05P_v$两级(P_v为垂直压力)。不论采用哪种分级方法，

水平剪切力施加不得少于10级，开始可按 $0.1P_v$ 施加，加至破坏力的50%～70%后可减至 $0.05P_v$。

②水平荷载施加速率。快剪试验（包括固结快剪试验）主要是求剪切过程中含水率保持不变时的抗剪强度，要求在较短时间内剪损。大部分单位采用快剪，剪损历时控制在5～10min内，每30s施加一级，但剪损总历时不应超过10min，使试样含水率变化最小，以符合快剪要求。

3.2.3　试验结束后，尽快卸去百分表、水平荷载、垂直荷载和加荷设备。视需要对剪切面作简要描述。取剪切面附近的试样，测定其剪切后含水率与颗粒级配。

3.3　固结快剪试验（R）

3.3.1　按本试验3.2.1的规定进行试样安装和定位。但试样上、下两面的不透水板换放细铜丝布和透水钢板。

3.3.2　在试样上施加垂直荷载后，如每小时垂直变形小于0.03mm，则认为变形稳定。测记此时垂直百分表读数。

目前对试样在垂直荷载作用下达到稳定的控制标准，大多数单位用每小时变形不大于0.01～0.05mm。本规程规定在垂直荷载作用下，每小时垂直变形不大于0.03mm为变形稳定标准，这与原大型固结试验的变形稳定标准一致。

3.3.3　试样达到固结稳定后，按本试验3.2.2和3.2.3的规定进行剪切。

3.4　慢剪试验（S）

慢剪试验要求在剪切过程中试样的孔隙压力完全消散，因此，试验要有充分的排水时间。关于施加水平剪切力的时间间隔，目前无统一规定。美国水道试验站规定，每加一级水平剪切力，固结度至少要达到95%。法国中央土木试验室试验法则只有原则规定，即用最慢的剪切速率进行剪切，施加水平荷载，原则上要求在每级荷载下变形达稳定为止。但为了操作方便，本规程规定，每1min内位移小于0.01mm时再施加下一级荷载。

3.4.1　按本试验3.2.1的规定进行试样安装和定位。但试样上、下两面的不透水板改放细铜丝布和透水钢板。

3.4.2　按本试验3.3.2的规定进行试样固结。

3.4.3　试样达到固结稳定，拔除上、下剪切盒固定销并取掉开缝环。检查垂直千斤顶、水平千斤顶、百分表等，记录其读数。开动水平千斤顶，施加水平荷载，每隔1min测记一次水平百分表读数和垂直百分表读数。若1min内剪切变形不超过0.01mm，则施加下一级水平荷载。起始水平荷载每级按垂直荷载的7%～10%施加，当某级水平荷载下的剪切位移超过前一级剪切位移的1.5～2.0倍时，改为按5%施加。

当水平荷载读数不再增加或剪切变形急骤增长，即认为已剪损。若无上述两种情况出现，应控制剪切变形达试样直径的1/5～1/10，方可停止试验。

3.4.4 试验结束后，按本试验3.2.3的规定拆除试样，并测定其剪切后含水率与颗粒级配。

4 结果整理

4.1 按下列公式计算垂直压力和剪应力：

$$P = \frac{P_v + \Delta P}{A} \qquad (T\ 0178\text{-}1)$$

$$\tau = \frac{P_h - F}{A} \qquad (T\ 0178\text{-}2)$$

$$P_v = C_v R_v \qquad (T\ 0178\text{-}3)$$

$$P_h = C_h R_h \qquad (T\ 0178\text{-}4)$$

式中：P、τ——分别为垂直压力和剪应力(kPa)；

P_v、P_h——分别为垂直荷载和水平荷载(kN)；

C_v、C_h——分别为垂直千斤顶和水平千斤顶上压力表的率定系数(kN/kPa)；

R_v、R_h——分别为垂直和水平千斤顶压力表读数(kPa)；

F——某垂直压力下仪器摩擦力(kN)；

ΔP——附加垂直荷载，包括透水板、传压板和千斤顶的重力，千斤顶以上的设备重力不计在内(kN)；

A——试样面积(m^2)。

4.2 以剪应力和垂直变形为纵坐标，水平位移为横坐标，分别绘制某级垂直压力下剪应力τ与水平位移ΔL关系曲线和垂直变形ΔS与水平位移ΔL关系曲线，见图T 0178-2和图T 0178-3。

4.3 取剪应力τ与水平位移ΔL关系曲线上峰值或稳定值作为抗剪强度。如无明显峰值，则取水平位移达到试样直径1/15～1/10处的剪应力作为抗剪强度S。

粗颗粒土直剪试验中现行破坏标准有两种，即极限强度标准和剪切位移标准。

据调查统计，国内许多单位采用极限强度标准作为破坏标准，即以τ—ΔL关系曲线上的峰值或稳定值作为破坏值。该值的概念与极限平衡理论相符，本规程推荐采用极限强度标准。

但粗颗粒土剪切试验中，有时没有明显的峰值，国内外资料建议采用相应于下列变形时的剪应力作为破坏值：

(1)塑性材料 $\Delta L_{max} > (1/15)D$

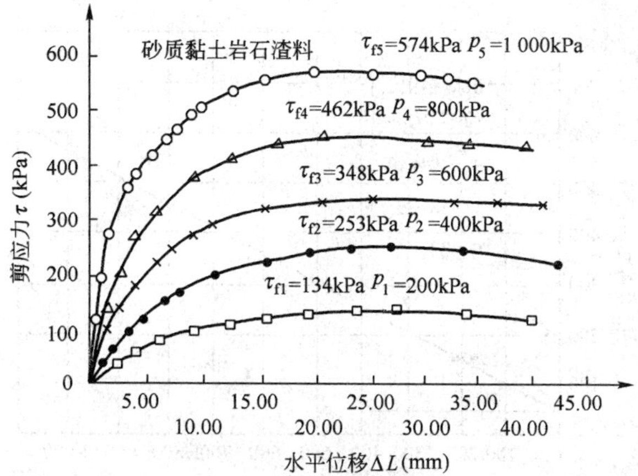

图 T 0178-2　剪应力与水平位移关系曲线

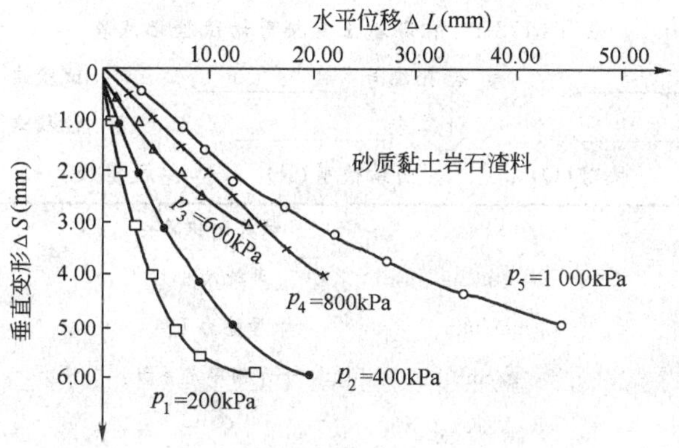

图 T 0178-3　水平位移与垂直变形关系曲线

(2)半脆性材料　　$\Delta L_{max} = (1/15)D$

(3)脆性材料　　$\Delta L_{max} = (1/15 \sim 1/20)D$

本规程建议在剪切试验过程中无峰值或稳定值时，可用 ΔL_{max} 值为 $\left(\frac{1}{15}\sim\frac{1}{10}\right)D$ 作为确定破坏值的标准。

4.4　以抗剪强度 S 为纵坐标，垂直压力 p 为横坐标，绘制抗剪强度 S 与垂直压力 p 的关系曲线，如图 T 0178-4 所示。直线的倾角为粗颗粒土的内摩擦角 φ，直线在纵坐标轴上的截距为粗颗粒土的黏聚力 c。

4.5　本试验的记录格式如表 T 0178-1，试验结果见图 T 0178-4。

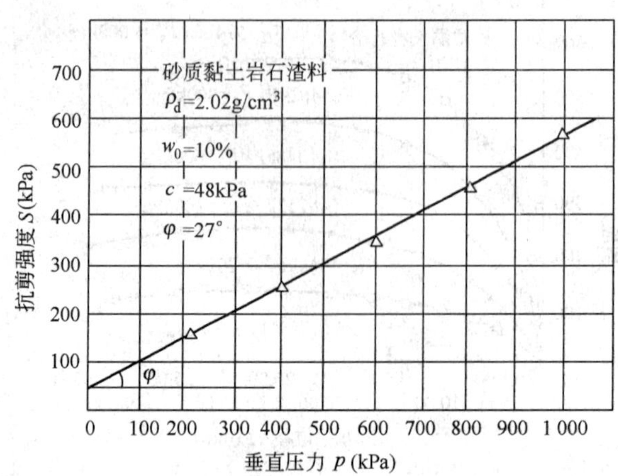

图 T 0178-4　抗剪强度与垂直压力关系曲线

表 T 0178-1　粗颗粒土直接剪切试验记录表

工程名称＿＿＿＿＿＿　　钻孔编号＿＿＿＿＿＿　　试验者＿＿＿＿＿＿

制样日期＿＿＿＿＿＿　　计算者＿＿＿＿＿＿　　校核者＿＿＿＿＿＿

试样方法　　快剪(Q)　　固结快剪(R)　　慢剪(S)

垂直压力 p=	kPa	试样面积 A=	m²
固结时间 t=	h	开缝尺寸 t_1	mm
剪切速率 S=	mm/min	摩擦力 F=	kN
起始干密度 ρ_d=	g/cm³	千斤顶率定系数：	
风干含水率 w=	%	C_v=	kN/kPa
破坏剪应力 τ=	kPa	C_h=	kN/kPa

水平压力表读数(kPa)	剪应力 τ (kPa)	垂直压力表读数(kPa)	水平位移(0.01mm)				垂直变形(0.01mm)			
			百分表读数 ΔL			累计增量 $\sum\Delta L$	百分表读数 ΔL			累计增量 $\sum\Delta L$
			1	2	平均		1	2	平均	
备注										

5　报告

5.1　土的鉴别分类和代号。

5.2 粗粒土的抗剪强度指标 c、φ 值。

1. 砂砾土的直剪试验方法问题

通过对一个试样多次剪切试验的方法(简称单样法)和一个试样一次剪切试验的方法(简称多样法)的对比研究表明,两种试验方法因试样的差异性以及其他因素造成各组试验的误差和离散性基本一致。

表 26-A 为三种砾石土分别用两种试验方法快剪试验的成果。以一个试样一次剪切方法(多样法)为准比较,二者摩擦角最大偏差为 $-1.83°$,最大偏差百分数为 4.21%。内聚力偏差较大,最大偏差为 -21.56kPa,最大偏差百分数为 200%。

表 26-A 两种试验方法的快剪试验对比试验成果

土样		相对密度 D_r	控制干重度 γ_d	一个试样多次剪切方法				一个试样一次剪切方法				偏差			
				试样数	试验点数	强度指标		试样数	试点数	强度指标		偏差		偏差百分数(%)	
						c (kPa)	φ (°)			c (kPa)	φ (°)	c (kPa)	φ (°)	δ_c	δ_φ
风干	HZR	0.8	2.22	6	19	62.76	44.78	8	8	40.18	45.47	−20.58	0.69	51.2	1.52
	WLB	0.67	2.16	5	20	32.34	42.71	4	4	10.78	44.48	−21.56	1.77	200	4.14
	KKY	0.67	2.15	5	15	9.8	45.33	15	15	10.78	43.50	0.98	−1.83	9.1	4.21
饱和	HZR	0.8	2.22	9	32	39.2	44.15	5	5	18.62	42.23	−11.76	1.08	111	2.56

由砾石土的大型三轴仪的两种试验方法可见,φ 值偏差小于 2°,偏差百分数小于 5%;c 值偏差也较大,最大偏差百分数达 14.3%,表明上述大直剪单样法与多样法 φ 值偏差一致,精度相应。表 26-B 中大型三轴试验成果也有类似规律。

表 26-B 大型三轴单样法与多样法对比试验成果

土料编号	单样法		多样法		偏差		偏差百分比		资料来源及说明
	c(kg/cm²)	φ(°)	c(kg/cm²)	φ(°)	c(kg/cm²)	φ(°)	δ_c(%)	δ_φ(%)	
砂性砾石土	0.25	39.5	0.25	40.0	0	0.5	0	1.3	中科院湖北岩土所 1975.5
	0.75	38.3	0.80	37.8	0.01	0.5	1.3	1.3	排水剪
	0.80	39.0	0.70	39.7	−0.1	0.7	−14.3	1.8	排水剪
	0.45	36.9	0.40	38.3	−0.05	1.4	−13.5	3.7	排水剪
	0.85	34.6	0.80	35.0	−0.05	0.4	−6.3	1.1	排水剪

注:1kg/cm² = 9.8×10⁴Pa。

在表26-C中列出了HZR砾石土的大三轴与大直剪多样法和单样法试验成果。

表26-C　HZR土料大三轴与大直剪对比试验结果

编号		仪器	控制干密度 ρ_d (g/cm³)	抗剪强度指标		偏差	
				c (kPa)	φ (°)	偏差 φ (°)	偏差百分数 δ(%)
HZR	多样法1	大三轴	2.05	0	43.0	0.2	0.5
	多样法2	大三轴	2.17	0	43.2	0	0
	单样法	大直剪	2.22	40	41.15	2.05	4.7
	多样法	大直剪	2.22	19	42.23	0.97	2.2

由表26-C可见，大三轴1、2两组试验所取干密度相差0.12g/cm³，其φ值仅差0.2，可以认为在此干重度变化范围内φ值相对稳定。因而表26-C中的大直剪与大三轴试验，即使控制干重度取值不同，其值相差也较小。若以第2组三轴试验成果为标准，大直剪多样法和单样法的摩擦角绝对误差分别小于1°和3°，相对误差分别小于3%和5%。可见，用大型直剪仪试验来标定抗剪强度指标，单样法成果、多样法成果的误差和离散性一致。以工程中采用的大三轴单样法与多样法对试验成果的偏差为标准，则大型直剪仪单样法的φ值偏差较小，以大直剪多样法成果为标准值则单样法成果满足工程要求且偏安全。虽然单样法和多样法各有利弊，但是单样法的优点在于容易得到成果。另外，在与大三轴试验对比中也表明，大直剪单样法是一种可靠的试验方法。

2. 砂砾土直剪试验上下盒的开缝宽度

在实际土体滑动中，剪切区受到恒定的土压力的作用，属于部分侧限的情况。此时颗粒的变位是沿阻力最小的方向发生，其运动形式为颗粒饶自身轴转动、翻滚和滑动，颗粒剪损较少。在大型直剪试验中，实际是在K_0状态的剪切，为了模拟实际剪切区，在直剪试验中，一般是采用适当的剪缝尺寸来加以调整，使直剪仪内的试样由完全侧限(K_0状态)改变为部分侧限状态。因此，剪缝尺度问题涉及到模拟实际土坡滑动是否真实相近、试验成果是否可靠的一个很重要的问题。根据收集的资料来看，对砾石土大剪试验建议性地提出了以下7种剪缝尺寸取值方法：

(1)剪缝与最大粒径的比值应在$1/12 \leqslant a/d_{max} \leqslant 1/4$(一般取$\frac{1}{6}d_{max}$)，其中：$d_{max}$为最大粒径；$a$为剪缝尺寸。

(2)剪缝大小以试料的平均粒径d_{50}为开缝尺度。

(3)剪缝取试料的控制粒径 d_{60} 为开缝尺度。

(4)开缝尺寸选定在使剪应力—正应力关系曲线由下垂曲线转变为直线时对应的开缝尺寸,即风化砾石料取 $0.5d_{50}$ 和 $2d_{50}$。

(5)土料在剪损与未剪损这个临界状态所对应的直剪仪开缝宽度。

(6)土料在剪胀与未剪胀这个临界状态时所对应的直剪仪开缝宽度。

(7)土的级配频率曲线的第一峰值所对应的土料粒径尺寸作为直剪仪开缝宽度。

上述 7 种方法,剪缝尺度不一,各有利弊。为了寻求合理的剪缝尺寸,按 6 种不同的剪缝尺寸(0,4.34mm,8.76mm,12.30mm,15.98mm,22.1mm)在相同的试验条件下进行直剪试验,测得 $\varphi—a$ 成果,绘出表 26-D(BWG)表格和图 26-A(BWG)曲线。表 26-D(SDW)和图 26-A(SDW)曲线为有关研究者的 $\varphi—a$ 资料,其级配见图 26-B,以作参考。

表 26-D　剪缝宽度与抗剪强度指标的对应关系

BWG 试料			SDW 试料		
剪缝宽度 (mm)	内摩擦角 φ(°)	内聚力 (kPa)	剪缝宽度 a(mm)	内摩擦角 φ(°)	内聚力 (kPa)
0	54.36		0	49.5	58.8
4.34	47.56		5	43.5	46.06
8.76	45.64		10	41.9	44.1
12.3	45.59		15	40.9	50.96
15.98	45.58		20	37.6	31.36
22.1	41.98		25	36.8	34.3
			30	33.9	31.36
相对密度	0.8		相对密度	0.8	
干密度(g/cm³)	2.15		干密度(g/cm³)	2.18	

试验成果图 26-A(BWG)表明,剪缝过大($>d_{60}$),φ 值急剧下降;剪缝过小($<d_{50}$),φ 值急剧上升。显然,上述范围的剪缝尺寸对 φ 值影响很大,不能代表砾石土的真实 φ 值。而剪缝在 $d_{50} \leqslant a \leqslant d_{60}$ 范围内 $\varphi—a$ 线接近一水平线,对应两端的 φ 值分别为 45.64°和 45.59°,偏差度仅为 0.05°,其中平均在各端都留有 20%的取值余地。所以,这一范围的剪缝尺度对强度指标 φ 值影响很小,可以认为是砾石土的真实 φ 值,剪缝尺寸选在这一范围内是比较合理的。图 26-A(SDW)的 $\varphi—a$ 曲线也有类似的规律。同时,控制粒径 d_{60} 和平均粒径 d_{50} 也易于掌握。

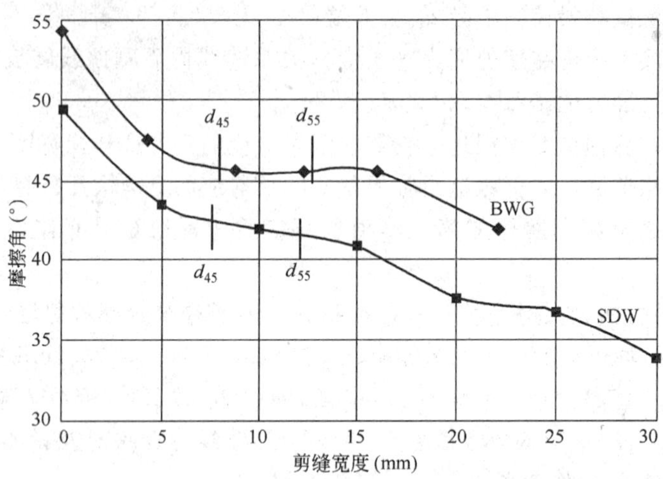

图 26-A　剪缝宽度与摩擦角之间的关系

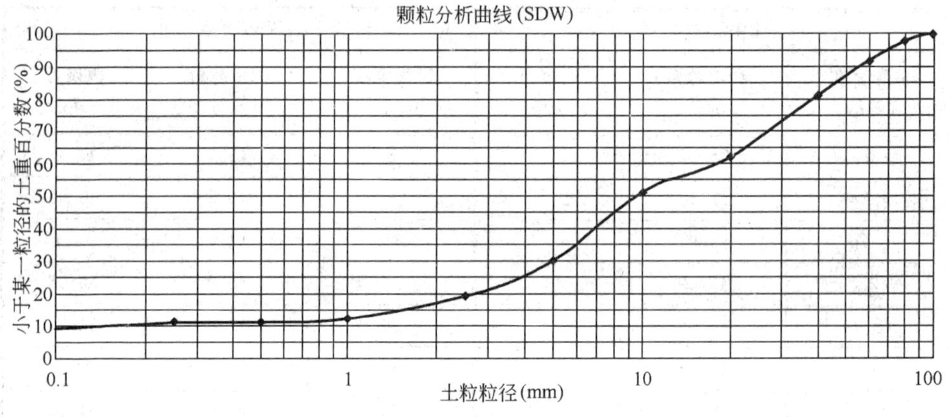

图 26-B　颗粒级配曲线图

与前述四种剪缝选取办法相比较，第(2)、(3)两法是在上述范围之内。而第(1)种方法包括了 $d_{50} \leqslant a \leqslant d_{60}$ 的取值方法。这两种剪缝取值方法的对比见表 26-E。

表 26-E　两种剪缝取值方法的对比

剪缝取值方法	剪缝取值范围 (当 d_{max}=60mm 时)	φ (°)	差值 (对应两端 φ 值差)(°)
$\frac{1}{12} \leqslant \frac{a}{d_{max}} \leqslant \frac{1}{4}$	$5 \leqslant a \leqslant 15$	$43.5 \geqslant \varphi \geqslant 40.9$	2.6
$d_{50} \leqslant a \leqslant d_{60}$	* $9.7 \leqslant a \leqslant 16.6$	$42.0 \geqslant \varphi \geqslant 40.5$	1.5

对于第(4)种方法，要绘出剪应力—正应力的临界曲线(即 τ—σ 关系由直线变为曲线)，必须进行多组试验，工作量大，且临界曲线的判别比较困难，故此法不宜采用。

当采用合理的剪缝时，使试样由完全侧限变为部分侧限状态，造成试样沿最薄弱的剪缝所控制的剪切区被剪损，且减少颗粒被破坏的程度，使试验剪切面与实际具体滑动面的土粒剪切状态尽可能地接近。当剪缝较小时，剪力盒对试样的侧限约束较大，剪缝区内各颗粒间的约束较大，致使强度指标虚假地提高。反之，当剪缝较大时，剪力盒对试样的侧限约束较小，在给定的剪缝所控制的剪切区内，颗粒间达不到实际的约束力，颗粒运动时所受阻力明显降低，以致强度包络线在有效的正应力范围内偏离库仑定律。同时，剪缝过大，粒料将从剪缝附近被挤出或剪切区内的试样在垂直压力作用下产生“压垮”的趋势，使得剪切区侧向应力被解除，试样失常。

颗粒的级配和颗粒的形状是影响剪缝尺寸的主要因素，其次垂直应力的大小对剪缝也有一定影响。因此，应结合级配寻求剪缝尺寸，而且必须找一代表性特征粒径尺度作为剪缝尺度，使试样所受部分侧限作用更为合理。若剪缝大于该特征粒径尺度，试样受侧向约束较强，反之则较弱。但是天然土料级配各有不同，情况复杂，所以剪缝尺寸不应为定值，而是一个范围。该范围即为 φ 值与剪缝尺寸无关的区间，如图 26-A 中两条曲线所示 φ—a 的曲线出现的水平段。试验成果表明该水平段可以用特征粒径 d_{60} 和 d_{50} 所控制，以 d_{60} 作为剪缝尺寸的上限，d_{50} 作为下限。

通过试验成果讨论分析以及考虑颗粒形状和垂直压力的影响，初步得出：

①一般情况剪缝都可以在 $d_{50} \leqslant a \leqslant d_{60}$ 范围内，特殊情况可以超出外限的20%。

②考虑到粗、细颗粒之间的充填、咬合状况，当细料含量较多时(小于 5mm 的含量超过 50%)，且试样处于紧密状态时，剪缝尺寸可取 d_{60}；当粗料较多时，且试样处于疏松状态时，剪缝尺寸取 d_{50}。

③考虑到颗粒形状，磨圆度较差的砾料颗粒间运动时阻力大，剪缝应接近 d_{60}；磨圆度较好的砾料颗粒间运动时阻力小，剪缝应偏于 d_{50}。

④考虑到垂直压力的影响，压力大时剪缝取小些，接近 d_{50}；压力小时剪缝取大些，接近 d_{60}。

资料分析表明，目前大都倾向于按土料颗粒特征粒径来确定剪缝尺度。这样简便易行，一般无需增加多余的试验工作。因此，目前多考虑用颗粒级配特征粒径来确定开缝宽度的方法。考虑到粗细颗粒之间的填充、咬合状况，当细粒含量较多时，且试样处于紧密状态，剪缝尺寸可取在 d_{60} 左右；当粗粒较多时，且试样处于疏松状态时，剪缝尺寸可取在 d_{50} 左右。考虑到颗粒的形状，对磨圆度较差的砾石土颗粒间运动的阻力大，剪缝易接近 d_{60}；磨圆度较好的砾石土颗粒间运动的阻力小，剪缝易偏于 d_{50}。考虑到垂直应力的影响，压力大时剪缝值取小些，易接近 d_{50}；压力小时剪缝值取大些，易接近 d_{60}。对于同一种试料，当综合考虑以上情况确定出剪缝尺寸后，各组试验中不应再改变剪缝尺寸。

3. 砂砾土的剪切规律

砂砾土的剪切性状取决于颗粒的尺寸和其表面的摩阻效应。1776 年库仑对均匀砂土在低正应力(小于 400kPa)条件下进行直接剪切试验得出规律(库仑定律)：

$$\tau_f = \sigma\tan\varphi \tag{26-A}$$

后来人们又将其推广应用于黏性土：

$$\tau_f = \sigma\tan\varphi + c \tag{26-B}$$

其中：τ_f——土的抗剪强度(kPa)；

σ——剪切正应力(kPa)；

φ——内摩擦角(°)；

c——内聚力(凝聚力)(kPa)。

实际上，人们在使用式(26-B)时，不仅用于黏性土，而且还应用于一切土体。该定律人们一直沿用至今，积累了很多的经验。即使这样，人们在工程实践中却不断地发现，某些经过强度验算证明是安全的砂砾土填土构筑物，仍然发生了属于抗剪切强度不足导致的工程失事。这就提出了一个问题，库仑强度规律是否合理反映了各种不同情况下土体的抗剪强度特性。

试验研究表明，在高正应力(大于 600kPa)情况下，砂砾土的剪切强度规律明显偏离库仑强度包线，并向下弯曲。即随着正应力的增大，砂砾土的内摩擦角则降低。因此，对于高填方砂砾土路堤不能使用库仑定律讨论其稳定性问题。通过对河床砂砾土的剪切规律研究表明，其抗剪强度内摩擦角 φ 符合如下规律：

$$\varphi = m - n\lg\sigma \tag{26-C}$$

式中：φ——砂砾土的内摩擦角(°)；

σ——正应力(kPa)；

m——试验常数；

n——试验常数，它反映了 φ 随 σ 的变化程度。

式(26-C)反映了随着 σ 的增大，φ 逐渐减小的规律。通过 78 组河床砂砾土的大型直剪试验得出下式：

$$\varphi = 57.53 - 12.70\lg\sigma \tag{26-D}$$

其中，φ 与 $\lg\sigma$ 的线性相关系数 R 为 0.807 5。

27 粗粒土的三轴压缩试验

T 0147—1993 粗粒土三轴压缩试验

1 目的和适用范围

1.1 本试验方法适用于测定最大粒径为 60mm 粗粒土的抗剪强度指标参数。

1.2 根据路面基层的受力状态和使用条件，本试验方法采用应变控制式试验，试样在不饱水、不固结和不排水情况下测定抗剪强度参数。

在现行柔性路面的设计和计算方法中，路面各结构层材料的弹性模量是沿深度方向逐层减小的。然而，对于冰冻地区化冻初期的土基、石方土基、桥涵顶面和旧路补强中出现的软夹层等类型的路面各结构层，其弹性模量却是沿深度方向按强弱强的形式变化的，这种结构型式称为具有刚性下卧层的柔性路面结构。根据力学计算的分析，对具有刚性下卧层的路面结构，除在面层表面轮隙中心处产生比较大的弯拉应力外，同时在粒料基层中还产生比较大的剪应力。因此，对具有刚性下卧层的路面结构，设计时需要验算基层材料的抗剪强度。西安公路研究所利用四川简阳水电设备厂制造的 SZ30—2A 型大三轴仪，对级配砾石、泥结碎石和级配砾石掺灰三种基层材料抗剪强度指标的测定方法和影响抗剪强度的因素进行了系统的试验研究，取得了一定经验，提出了这方面的研究报告和试验方法。本规程列入了粗粒土大三轴压缩试验，以测定粒料材料的抗剪强度参数(c,φ)，为柔性路面设计提供参数。

若土粒最大粒径大于 60mm，要求试样直径尺寸不小于最大粒径的 5 倍，试样高度为直径的 2 倍以上。

1.3 试件尺寸为 ϕ30cm×60cm 和 ϕ30cm×75cm 两种规格。

2 仪器设备

2.1 粗粒土三轴压缩试验仪(见图 T 0147-1)包括：

2.1.1 试验主机：由主机架、油缸、压力室和压力移动滑车组成。仪器轴向最大允许使用荷载为 500kN。

2.1.2 操作控制屏：由侧压力(或称周围压力)恒定系统、体变量测装置、电器控制组件等组成。

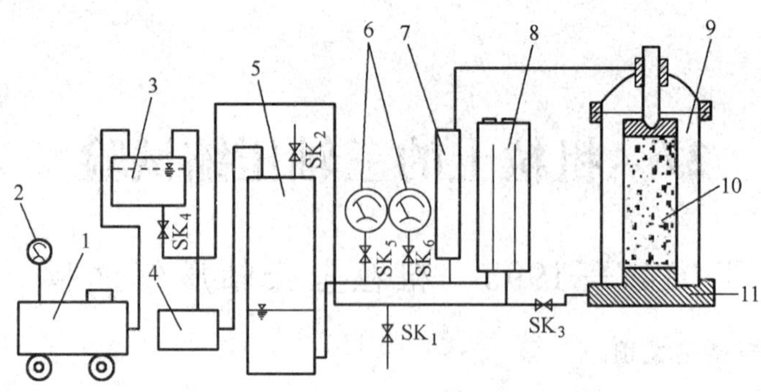

图 T 0147-1 三轴压缩仪控制系统

1-空压机；2-电接点压力表；3-水罐；4-定值器；5-蓄能器；6-标准压力表；7-油封管；8-体变管；9-压力室；10-试件；11-放水口

2.1.3 液压站：由液压油箱、液压泵和无级调速系统组成。

2.1.4 空气压缩机(简称：空压机)。

仪器轴向最大允许使用荷载为 500kN，试样的最大使用侧压力为 σ_3 = 1 500kPa，分别采用液压和气压作为轴向和侧向压力源。试件尺寸有两种规格，即 ϕ30cm×60cm 和 ϕ30cm×75cm，一般多用前者，后者仅在试件压缩较大时采用，通常试件高度为直径的 2～2.5 倍即可。由于压力室较重，操作时需用起吊装置，例如电动葫芦。测定粗粒土的抗剪强度参数时，所加荷载要比普通三轴仪大得多，因此标准测力计的量程一般为 100～300kN。测量轴向变形时，需用大量程(达 5cm)百分表。

2.2 附属设备包括：

2.2.1 压力室起吊装置(电动葫芦)。

2.2.2 标准测力计(量程为 10t、30t 各一套)。

2.2.3 轴向应变测量装置(表架和量程为 5cm 的百分表)。

2.2.4 对开成型筒(图 T 0147-2)及承膜筒。

2.2.5 击实设备。

2.2.6 磅秤：称量 100kg，感量 50g。

2.2.7 托盘秤：称量 5kg，感量 1.0g。

2.2.8 托盘天平：称量 100g，感量 0.1g。

2.2.9 烘箱、瓷盘(盆)、铝盒各若干。

2.2.10 橡皮膜若干。

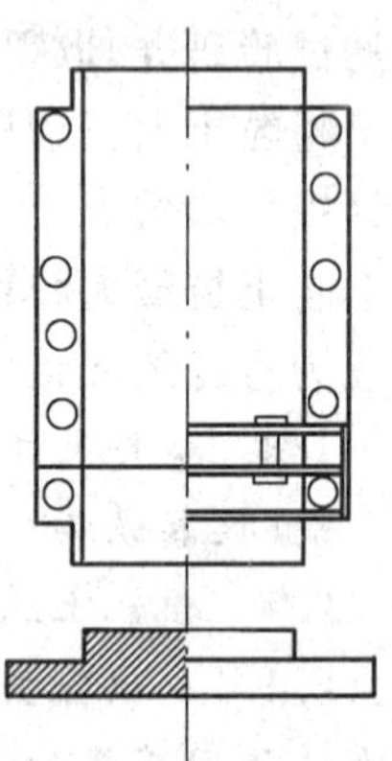

图 T 0147-2 对开成型筒

2.2.11 扭力扳手和活动扳手等工具。

2.2.12 圆孔筛(孔径按试验要求确定)。

3 仪器检查

3.1 检查轴向加压系统及侧压力恒压系统等运行是否正常。

3.2 检查体变测量系统运行是否正常。

3.3 检查压力室的密封性、传压活塞在轴套内滑动是否正常,管路、接头、阀门等是否畅通、不漏气。

3.4 检查橡皮膜是否完好。

3.5 标定无级调速阀上的刻度与油缸上升速度的关系。

3.6 检查蓄能器水位高程,其高程不应高于蓄能器高度的1/3,亦不得低于水面指示管。水罐内水位应高于罐高的3/4。

3.7 测力计使用超过半年或温差过大时,应重新标定。

3.8 安装测力计时,应根据试件最大破坏荷载,选用适当量程。

试验前应对仪器的加压系统、体变量测系统、压力室、传压活塞、橡皮膜和蓄能器水位高程等进行检查,标定无级调速阀上的刻度与油缸上升速度的关系。

4 试样

4.1 试样准备

4.1.1 取样进行筛分。筛的孔径按试验材料类型不同分别选用。经筛分的试料分组称量,堆放备用;并计算通过各级筛孔的质量百分数。如果需要准确控制试样的级配组成时,对含黏土的粒料材料,黏着的细粒土不易分散,可将粗料中的各级粒料用水洗过筛烘干备用。对不含黏土的粒料材料,则将全部试料依次过筛备用。

4.1.2 根据工程需要,从粗料(粒径大于5mm)和细料(粒径小于0.5mm)中分别取代表性试样进行石料磨耗和液限、塑限等物理性质试验。

4.1.3 测定颗粒粒径小于0.5mm细料和粒径大于0.5mm各级粒料材料的天然含水率。

4.1.4 对超过仪器允许粒径的颗粒含量的处理,可采用下述方法:

若超过粒径颗粒含量小于5%时,可采用剔除法,即把超径颗粒剔除。

若超过粒径颗粒含量大于5%时,则采用等质量代换法处理,方法是按仪器允许的全部粗料(从粒径为5mm至最大粒径之间的粗料)按比例等质量代换超径颗粒含量。新的级配组成可按下式计算:

$$p_i = \frac{100 - p_m}{p_m - p_5}(p_{0i} - p_5) + p_{0i} \tag{T 0147-1}$$

式中：p_i——代换后某粒径的粒料通过百分数(%)；

p_5——原级配中粒径为5mm的粒料通过百分数(%)；

p_m——原级配中粒径为60mm的粒料通过百分数(%)；

p_{0i}——原级配中某粒径粒料的通过百分数(%)。

4.1.5 分级确定粒径为0.5～60mm的某级粒料的饱和吸水率(w_a)，即将粒径为0.5～60mm的风干后的某级粒径(质量为m_s)浸泡至吸水饱和，再把表面揩干，然后称湿质量(m)。某级粒料的饱和吸水率为：

$$w_a(\%) = \frac{m - m_s}{m_s} \times 100 \tag{T 0147-2}$$

4.2 试件制备

4.2.1 试件尺寸：试件直径为30cm，高度60cm；若试件压缩量较大时，试件高度可采用75cm。

4.2.2 根据试件体积和密度要求，计算每个试件需要材料的干质量。为防止试样粗细颗粒分离，要求试件密度均匀一致，试样应分层装填(一般分6层)。按材料组成要求分层计算所需的试料，分层配料。粒径小于0.5mm的细粒另置。大于0.5mm的各级粒料可放一堆。

4.2.3 计算试件每层装填试料的需要加水量：

$$m_w = (w_d - w_l)m_s + \sum_{i=1}^{n}(w_{id} - w_{il})m_i \tag{T 0147-3}$$

式中：m_w——试件需要的加水量(kg)；

w_d——细料的设计含水率(%)；

w_l——细料的天然含水率(%)；

w_{id}、w_{il}——0.5～60mm粒料中某级粒料的设计含水率和天然含水率(%)；

m_s——细料的干质量(kg)；

m_i——0.5～60mm粒料中某级粒料的干质量(kg)；

n——0.5～60mm粒料按相邻筛孔孔径划分的级数。

4.2.4 把水加到粒径大于0.5mm的粒料中，充分拌和，然后掺入细粒继续拌和，直至拌匀为止。

4.2.5 将拌好的试料放入盘(盆)内，用塑料薄膜盖严，待用。为避免差错，应任意抽查复称其中一份，每份试料质量应为试件总湿质量的1/6。

4.2.6 在压力室试样底座上加盖板，扎好橡皮膜，安装成型筒。将橡皮膜外翻套在成型筒上，让橡皮膜顺直，使之与成型筒壁紧贴。

4.2.7 逐层装入试料,每装一层,先用细钢钎捣实,再用击实法使试料达到要求的密度(用高度控制其密度)。然后将表面刨松,再装第二层。依此类推,直至最后一层。

4.2.8 整平试件顶面,加上盖板和试件帽,卸除对开成型筒,脱去橡皮膜,用钢尺量测试件的实际高度。测量误差不得大于±2mm。再套上完好的橡皮膜,并将两头扎紧。

4.2.9 制件结束后,扫清底盘。

4.2.10 安装压力室,用扭力扳手旋紧和底盘连接的螺栓,然后往压力室内加满水,旋紧加水孔螺帽,置压力室于剪切试验仪机座上,静置24h,使试件内水分充分渗润。

试验用材料的最大粒径过大或过小,都不能真实反映粒料材料试验结果的可靠性。根据国内外经验,试件的最大允许粒径以不超过试件直径的1/5为宜。

修筑路面基层实际使用的材料,其粒径有的超过仪器允许粒径的规定。对超径材料的处理,一般有以下三种方法:

(1)简单剔除法。剔除超径颗粒,余下部分按100%计。但这样做的结果,改变了原样品的级配组成,细粒含量相对增加,从而改变了原样品的性质。因此,这种方法只适用于超径颗粒含量很少(小于5%)的情况。

(2)几何相似法。按几何相似条件等比例将原级配缩小。这样做,虽然保持了级配的均匀系数不变,但却改变了粗细颗粒的级配组成,与原级配相比,细粒含量增加,不能模拟原样品的性质。因此,本规程未采用这种方法。

(3)等质量代换法。按仪器允许的全部粗料(从粒径为5mm至最大粒径之间的粗料)按比例等质量代换超径颗粒含量。这样,既保持了粗料的骨架作用和粗细料的含量不变,又有保持粗粒级配的连续性和近似性。因此,本试验采用这种方法处理超径颗粒。

大量路况调查结果表明,路面基层实测的密度都比较高,干密度一般均在2.2g/cm^{3}以上,故制备试件时的设计干密度确定为2.2g/cm^3。

按试件尺寸和设计干密度,计算试件需要的材料总质量。为使试样沿试件高度方向分布均匀和便于击实,制备试件时试样采用分层装填击实法。为防止试件在装填时发生粗细颗粒分离,各层所需的试样用量应分层备料。比较试验表明,试件成型方式不同,骨料的破碎程度亦不同,静压法的碎石破碎率要比击实法大一倍左右。因此,本试验的成型方法采用击实法。

试验证明,试料的含水率是影响试验结果的重要因素,必须严格准确地加以控制。当试料的总含水率增加1%~2%时,φ将降低8%~28%,c值将降低68%~

97%。总含水率增加，导致细料含水率的明显改变，细料可由硬塑状态改变成软塑状态。因而如何控制试料的含水率就成为试验的主要问题。根据细料的物理特性，用相对含水率能较正确地反映细料的性质。同时还应考虑粒料材料的饱和吸水量。对粒径小于 0.5mm 的土，应测定其液限和塑限。粒径大于 0.5mm 的粒料，还应分别测定各级粒组材料的饱和吸水量。然后按试验设计含水率计算整个试件中粒料材料和土的加水量。

5　试验步骤

5.1　合上电源开关，接通电源。总电源指示灯亮，指示电源接通。

5.2　将钮子开关扳向油缸上升位置。按油缸起动按钮，逆时针旋转无级调速阀，压力室在油缸推动下快速上升。当与测力计下端接近时，顺时针旋动调速阀，使油缸缓慢上升，直到测力计百分表指针微动即关机。调整测力计百分表指针为零。

5.3　将电接点压力表调至高于所需周围压力 200kPa 左右，定值器旋至截止位置(反时针)，其余阀门处于关闭状态。按空压机按钮，压力上升到调定压力后，自动停止。此时打开标准侧压力表开关 SK_5，缓缓调整定值器至所需侧压力为止(侧压力分别采用 100kPa、150kPa、200kPa、250kPa)。稳定后，记录体变管读数。

5.4　逆时针旋开加压截止阀 SK_3，压力便自动加入压力室，可见体变管内油液面下降(表示试件压缩)。与此同时，逆时针旋开油封开关。

5.5　待侧压力稳定后(即体变管液面不动)，此时记录测力计百分表读数，重新调整测力计百分表为零，并记录体变管读数。

5.6　按下油缸起动按钮，然后旋动(逆时针方向)无级调速阀到规定位置，使剪切速率为 1.5mm/min。此时试件开始剪切。

5.7　剪切开始阶段，试件每产生 1.0mm 的垂直变形，测记轴向压力和垂直变形、体变各一次。当应力—应变曲线接近峰值时，应适当加密读数。一般应按每产生 0.5mm 的垂直变形记录一次读数。当轴向测力计百分表数读不再上升或有明显减小时，表明已出现峰值，继续测读 1～2 次读数，即可停机。若没有出现峰值，则当相邻两级的应力差小于 5kPa 时，即可关机。

5.8　当采用一个试件做四级侧压力的剪切试验时，侧压力由小到大，分级进行。在第一级侧压力作用下，施加轴向压力进行剪切，当轴向测力计百分表不再上升或相邻两级应力差小于 5kPa 时关机。立刻施加第二级侧压力。稳定 10min 后，再施加轴向压力进行剪切，当轴向测力计百分表不再上升或相邻两级应力差小于 5kPa 时关机。如此继续进行第三、第四级侧压力作用下的剪切试验，直至试件剪损为止。

5.9 试验进行中，若因试件剪胀，体变管内油液面向上推至顶点时，应将内管水排除，才能继续剪切。排除内管水时，首先关闭 SK_3，后再开 SK_1，让内管水经 SK_1 阀排出。当内管水面达到所需的位置，再关闭 SK_1。待压力稳定后，再旋开 SK_3，继续剪切。（注意：排水时，应停止剪切，并使试件悬停于原处。）

5.10 试验进行中，若体积压缩很大，致使体变管内管油液面下降至底部，此时应先关闭 SK_3，后旋开 SK_4。水罐内压力大于周围压力，罐内水自动加入体变管内，将外管之水压回蓄能器。此时恒压系统压力升高，然后将放水阀 SK_2 适当旋开放气，补水到所需位置。先关闭 SK_4，后关闭 SK_2，待恒压系统压力平衡稳定后，再旋开 SK_3，继续剪切。（注意：在补水时，应停止剪切，并使试件悬停于原处）。

5.11 剪切试验结束后，关闭侧压力阀 SK_3 及油封阀。把钮子开关扳向油缸下降位置，按下油缸起动按钮，使油缸迅速下降。打开排气阀放气。打开压力室加水孔和排水孔螺帽，排除压力室内的水。卸除压力室与底座的连接螺栓。吊起压力室，揩干试件周围的余水。脱去橡皮膜，描述试件的破坏情况。卸下试件，从中部取样，测定含水率。必要时，结合含水率试验，取烘干后试样进行颗粒分析，以了解颗粒的剪损情况。

作用在路面上的车轮荷载，其主要特征是瞬时多次重复作用。为使剪切试验的状态接近于路面基层的实际工作状态，试件宜采用不饱水、不固结排水的快剪试验方法。本试验剪切速率为 1.5mm/min。剪切开始阶段，试件每产生 1mm 的垂直变形，测记轴向压力、垂直变形和体变各一次。当应力—应变曲线接近峰值时，应适当加密读数。

车轮荷载作用下的路面力学计算结果表明，路面基层以内产生的侧压力均小于 200kPa。因此，本试验的侧压力分别采用 50kPa、100kPa、150kPa 和 200kPa 四级，以便绘制四个莫尔圆，确定抗剪强度参数。

6 结果整理

6.1 计算试件的最大主应力 σ_1 和应变 ε_1

6.1.1 计算轴向荷载 P：

$$P = CR \tag{T 0147-4}$$

式中：P——轴向荷载(N)；

C——测力计校正系数(10N/0.01mm)；

R——测力计百分表读数(0.01mm)。

6.1.2 计算轴向应变 ε_1：

$$\varepsilon_1 = \frac{\Delta H}{h_0} \tag{T 0147-5}$$

式中：Δh——试件的轴向变形(cm)；

h_0——试件的初始高度(cm)。

6.1.3 计算试件剪切过程中的体积变化 ΔV：

$$\Delta V = \Delta V_1 + \Delta V_2 \tag{T 0147-6}$$

式中：ΔV_1——从体变管测读的体积变化量(压缩为负，膨胀为正)(cm^3)；

ΔV_2——柱塞在剪切过程中伸入压力室而引起的体积变化量(为负值)(cm^3)；

$$\Delta V_2 = \frac{\pi d^2}{4} \cdot \Delta h = 44.2\Delta h \text{(其中柱塞直径 } d = 7.5\text{cm)}$$

6.1.4 校正后的试件截面积 A_a：

$$A_a = \frac{V_0 + \Delta V}{h_0 - \Delta h} \tag{T 0147-7}$$

式中：V_0——试件的初始体积(cm^3)。

6.1.5 应力差：

$$\sigma_1 - \sigma_3 = \frac{P}{A_a} \tag{T 0147-8}$$

式中：σ_3——侧压力(kPa)；

6.1.6 最大主应力 σ_1：

$$\sigma_1 = \frac{P}{A_a} + \sigma_3 \tag{T 0147-9}$$

6.2 计算抗剪强度指标 c、φ 值

6.2.1 确定试件剪切破坏极限值 $\sigma_{1\max}$。

6.2.2 c、φ 可分别采用作图法或计算法求解。

(1)作图法。

以主应力为横坐标，剪应力 τ 为纵坐标。在横坐标上，以 $\frac{\sigma_{1\max} + \sigma_3}{2}$ 点为圆心，以 $\frac{\sigma_{1\max} - \sigma_3}{2}$ 为半径，画莫尔圆。再作这几个莫尔圆的包线。包线的倾角即为摩擦角 φ，包线与纵坐标的截距即为凝聚力 c，如图 T 0147-3 所示。

(2)计算法。

$$\varphi = \arcsin \frac{m - 1}{m + 1} \tag{T 0147-10}$$

$$C = \frac{b}{2\sqrt{m}}$$

注：相关系数要求达到 0.99 以上。

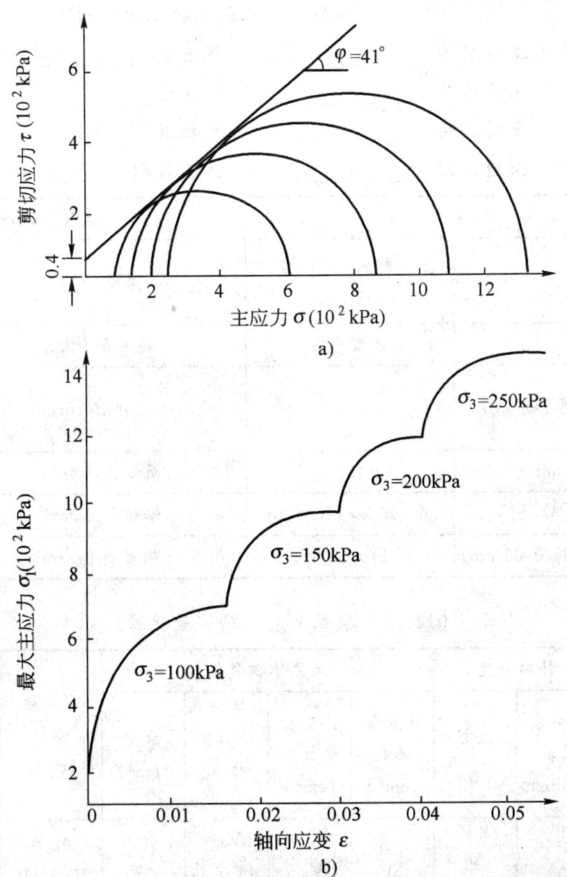

图 T 0147-3　应力—应变曲线和莫尔包线

a)莫尔包线；b)应力—应变曲线

$$m=\frac{\sum(\sigma_3\sigma_{1\max})-\frac{1}{n}(\sum\sigma_3)(\sum\sigma_{1\max})}{\sum\sigma_3^2-\frac{1}{n}(\sum\sigma_3)^2}$$

式中：n——试件的个数或侧压力的级数；

$$b=\sigma_{1\max}-m\sigma_3$$

$\sigma_{1\max}$——各级侧压力作用时，最大主应力极限值的平均值；

σ_3——四级侧压力的平均值。

6.3　本试验记录格式如表 T 0147-1 和表 T 0147-2。

表 T 0147-1　粗粒土大三轴试验记录(一)

工程名称__________　试验者__________

土样编号__________　计算者__________

土样说明__________　校核者__________

试验日期__________　试验日期__________

试件编号		试验时试件状态	
材料配比	粗料 70% 细料 20%	质量(kg)	93.3
成型条件	分层击实	高度 h_0(cm)	59.9
细粒设计相对含水率(w/w_L)	0.5	直径 d(cm)	30
加荷速度(mm/min)	1.5	面积 A_0(cm^2)	706.86
侧压力 σ_3(kPa)	50→100→150→200	体积 V_0(cm^3)	42 340.82
测力计标定系数 c(10N/0.01mm)	11.904 8	干密度 ρ_d(g/cm^3)	2.2

表 T 0147-2　粗粒土大三轴试验记录(二)

轴向荷载		轴向应变		试件体积变化				校正后面积(cm^2)	应力差(10^2kPa)	主应力(10^2kPa)
测力计百分表读数(0.01mm)	轴向荷载(10N)	百分表读数(0.01mm)	应变 ε	体变管读数(cm^3)	体变管读数差(cm^3)	柱塞进入压力室体积(cm^3)	体变(cm^3)			
R	$P=CR$	Δh	$\frac{\Delta h}{h_0}$	ΔV	$\Delta V_1=\Delta V_i-\Delta V_0$	$\Delta V_2=44.2\times\Delta h$	ΔV	$A_Q=\frac{V_0+\Delta V}{h_0-\Delta h}$	$\sigma_1-\sigma_2=\frac{P}{A_a}$	σ_1
0		0		−300						
$\sigma_3=$100kPa		−4=0		−660						
106	1 261.91	100	0.001 7	−690	−390	−4.42	−394.42	701.44	1.80	2.80
168	2 000.00	200	0.003 3	−680	−380	−8.84	−388.84	702.71	2.85	3.85
211	2 511.91	300	0.005 0	−650	−350	−13.26	−363.26	704.32	3.57	4.57
239	2 845.26	400	0.006 7	−605	−305	−17.68	−322.68	706.19	4.03	5.03
259	3 083.34	500	0.008 3	−560	−260	−22.10	−282.10	708.06	4.35	5.35
274	3 261.92	600	0.010 0	−515	−215	−26.52	−241.52	709.94	4.59	5.59
285	3 392.87	700	0.011 7	−460	−160	−30.94	−190.94	711.99	4.77	5.77
294	3.500.01	800	0.013 4	−410	−110	−35.36	−145.36	713.97	4.90	5.90

续上表

轴向荷载		轴向应变		试件体积变化				校正后面积 (cm²)	应力差 (10^2kPa)	主应力 (10^2kPa)
测力计百分表读数 (0.01mm)	轴向荷载 (10N)	百分表读数 (0.01mm)	应变 ε	体变管读数 (cm^3)	体变管读数差 (cm^3)	柱塞进入压力室体积 (cm^3)	体变 (cm^3)			
R	$P=CR$	Δh	$\frac{\Delta h}{h_0}$	ΔV	$\Delta V_1=\Delta V_1-\Delta V_{10}$	$\Delta V_2=44.2\times\Delta h$	ΔV	$A_Q=\frac{V_0+\Delta V}{h_0-\Delta h}$	$\sigma_1-\sigma_2=\frac{P}{A_a}$	σ_1
301	3 583.35	900	0.015 0	−360	−60	−39.78	−99.78	715.95	5.01	6.01
304	3 619.06	1 000	0.016 7	−310	−10	−44.20	−54.20	717.94	5.04	6.04
$\sigma_3=$ 150kPa										
304	3 619.06	1 015	0.016 9	−555	−255	−44.86	−399.86	713.95	5.07	6.57

求解 c、φ 值时，作图法和计算法均可采用，一般宜用前者，或两者并列，以便相互校核。本试验示例结果为：作图法：$c=40$kPa，$\varphi=40°$；计算法：$c=33$kPa，$\varphi=40.53°$，$r=0.999\,5$。可见，作图法和计算法所得 c、φ 值接近。

7 报告

7.1 土的鉴别分类和代号。

7.2 土的抗剪强度指标 c、φ 值。

28 土的膨胀性试验

膨胀土是一种吸水膨胀、失水收缩，具有较大胀缩变形能力，且变形往复的高塑性黏土，即使在一定的荷载作用下，膨胀土仍可具有这种胀缩性质。膨胀土在我国分布广泛(表 28-A)，已成为建筑工程不可忽视的一种特殊性地基土。

表 28-A　我国部分地区膨胀土的分布、成因类型、地质年代及地貌特征

地区		成因类型	地质年代	地貌特征
陕西	康平、汉中	残、坡、洪积土 冲积土	Q Q_2	斜坡 二级以上阶地
四川	成都、南充	冰水沉积土	$Q_3 \sim Q_2$	二级以上阶地
安徽	合肥	冲洪积土 冲积土	Q_3 Q_4	二级阶地 斜坡
云南	鸡街、蒙自、文山	冲积土 第三纪泥岩残坡积土	Q_3 Q	二级阶地 斜坡
贵州	贵阳、安顺、铜仁	石灰岩残坡积坡土	$Q_3 \sim Q_1$	低丘、缓坡
山东	泗水	坡洪积土 坡残积土	$Q_3 \sim Q_2$ $Q_3 \sim Q_2$	斜坡 低丘
河北	邯郸	残坡积土	Q	山前缓坡
河南	平顶山	湖相沉积土	Q_1	山前缓坡
湖北	郧县、襄樊、荆门、枝江	洪冲积土 湖相沉积土 坡残积土	$Q_3 \sim Q_2$ $Q_2 \sim Q_1$ Q	二级以上阶地 二级以上阶地 山前丘陵
广西	宁明、南宁、贵县	冲洪积土 石灰岩及第三纪泥岩残坡积土	$Q_4 \sim Q_3$ Q	一、二级阶地(南宁) 波状残丘(宁明)

土的膨胀过程与收缩过程相反。当水分子楔入水膜较薄的地方，将土粒推开，土体因而膨胀。反映土的膨胀性质的指标有：膨胀率、膨胀力等。土体膨胀会使土的强度降低。因此，在工程上对土的膨胀问题应给以充分重视。

膨胀土一般强度较高，压缩性低，易被误认为是建筑性能较好的黏土，但由于它具有吸水膨胀、失水收缩的特性，作为建筑物的地基，能使基础位移，建筑物和地坪开裂、变形，甚至遭到严重破坏。例如某地1956年以来，建有96幢建筑物，其中82幢因膨胀土胀缩性质的影响，出现不同程度的变形，占全部建筑物的85.4%；又如某地200多幢建筑物，几乎无一不开裂，其中损害十分严重而被迫拆除的有10多幢，损坏严重不能使用的达40多幢。从这两个例子说明，如果对膨胀土地基认识不足，处理不当，将对建筑物的使用和安全造成危害。因此，在膨胀土地基上进行建筑时，应切实注意工程地质勘察和采取相应的设计处理措施。

膨胀土一般主要是由黏土矿物蒙脱石和水云母组成。按其成因，大体有下列四种类型：

(1)残积—坡积型。如云南蒙自地区主要为第三系泥灰岩的残积物，宜威地区为玄武岩的残积物；广西宁明地区为泥岩或泥质页岩的残积物；湖北荆门漳河地区为砂页岩的残、坡积物等。

(2)湖积型。如河南平顶山地区为淡水湖相沉积物；云南昭通地区为老第四系(Q_{1-2})的湖相沉积物等。

(3)冲积—洪积型。如安徽合肥地区多为南肥河二级阶地的冲积物；湖北枝江地区多为长江二级阶地的冲积物；郧县地区多为汉江二级阶地的冲积物等。

(4)冰水沉积型。如四川成都地区的雅安砾石层上部土层属之，它分布在岷江二级阶地上。

从形成年代看，大部分为上更新统(Q_3)及其以前形成的土层。多分布在二级阶地以上地区的残留高地或地壳上升剥蚀区。

从膨胀土分布的气候条件看，分布在亚热带气候区的云南等地膨胀土的物理性质和胀缩特性，与全国其他温带地区比较，也有所差别。有关单位的初步统计情况如表28-B。

表28-B　云南与其他地区膨胀土特性的差别

地　　区	孔　隙　比	液　限　(%)	塑　限　(%)	体缩率(%)	膨胀总率(%)
云南	0.70～1.10	50～60	30～40	16～26	20～34
其他地区	0.60～0.70	40～50	20～26	6～20	10～25

一、膨胀土的特性指标及其试验

1.室内试验

膨胀土的特性指标试验主要有自由膨胀率、膨胀率、不同压力下的膨胀率、膨胀压力、缩限、线缩率等。

2. 现场原位试验

膨胀土的现场原位试验目前主要有试坑浸水载荷试验、现场膨胀压力试验以及原位干缩和干湿循环试验等。

进行浸水载荷试验时，试坑尺寸不宜过小（大于承压板宽度的三倍），承压板面积为 5 000cm^2（即 70.7cm×70.7cm），采用砂井、砂沟双面浸水，并分层设置测标。由于膨胀土的渗透性很弱，试坑浸水的时间应稍长（例如第一级荷重下的浸水时间不少于 40d）。稳定标准为 3d 内压板下 40cm 的分层测标的变形增量之差，不应大于±0.05mm。现场试验前、后应取土样做室内相关的试验。

现场膨胀压力试验，采用压力平衡法，将试坑浸水后允许膨胀变形，然后加压将其压到浸水前的位置，所施加的平衡压力即为土的膨胀压力。

不同荷重下的膨胀量试验是在承压板上分别施加不同级的荷重，待其压缩变形稳定后，在坑内浸水使土体饱和，观测土体的垂直变形量，直至膨胀变形稳定为止。

需要说明的是，对于膨胀土的室内和现场试验方法，目前尚处于探索阶段，还需要在实践中不断总结、提高和完善。

二、膨胀土的一般特征及影响膨胀土胀缩变形的因素

1. 物理力学性质和特性指标特征

膨胀土的物理力学特性指标是判定膨胀土的重要依据之一。我国部分地区的膨胀土样试验资料见表 28-C。

表 28-C 部分地区胀缩土的物性和特性指标范围值

项目 \ 数值范围 \ 地区		安徽合肥	四川成都	河北邯郸	河南平顶山	河南安阳	湖北荆门	陕西汉中	云南蒙自
黏粒含量（96%）	最小、最大值	20～44	26～56	17～37	23～38	25～50	19～30	16～36	16～47
	一般值	24～37	35～48	20～32	27～33	30～40	—	20～31	30～40
液限 w_L（%）	最小、最大值	37～60	36～54	36～68	37～58	31～53	35～71	31～49	40～97
	一般值	40～50	40～48	40～50	43～54	35～46	40～55	36～41	50～60
塑限 w_P（%）	最小、最大值	17～30	18～25	15～34	17～27	17～29	18～33	16～25	20～46
	一般值	20～26	20～23	20～26	21～26	20～25	20～25	18～22	30～40
塑性指数 I_P	最小、最大值	18～37	18～30	17～45	18～30	15～25	17～40	14～25	16～59
	一般值	20～30	20～28	18～35	19～28	16～20	19～30	15～22	30～40
孔隙比 e	最小、最大值	0.57～0.87	0.52～0.73	0.40～0.95	0.47～0.78	0.57～1.00	0.56～0.94	0.54～0.84	0.50～1.68
	一般值	0.60～0.70	0.60～0.70	0.50～0.80	0.52～0.76	0.66～0.84	0.60～0.80	0.62～0.73	0.70～1.10

续上表

项目 \ 数值范围 \ 地区		安徽合肥	四川成都	河北邯郸	河南平顶山	河南安阳	湖北荆门	陕西汉中	云南蒙自
天然含水率 w（%）	最小、最大值	18～31	18～24	15～30	13～25	15～36	18～31	17～27	15～55
	一般值	20～28	20～23	18～26	17～24	24～28	20～28	20～24	24～36
自由膨胀率 δ_{ef}（%）	最小、最大值	34～87	19～47	28～123	10～88	30～76	—	20～65	30～100
	一般值	44～76	30～45	40～70	40～64	60～70	—	30～50	40～70
膨胀率 δ_e（%）	最小、最大值	0.40～0.60	1.20～8.00	0.40～10.0	0.30～16.0	0.20～13.0	0～18.0	0.20～0.90	0.30～10.0
	一般值	1.0～4.0	2.00～4.0	2.0～7.0	0.9～8.7	0.9～2.5	1.0～8.0	0.5～3.0	1.0～8.0
膨胀压力 p_e(kPa)	最小、最大值	10～2 900	6～90	10～280	6～500	3～80	4～410	1～90	10～220
	一般值	20～100	10～30	20～100	25～250	5～30	14～100	10～50	10～80
体缩率 δ_s（%）	最小、最大值	6～24	5.3～22	7.0～12	2.7～21	6.0～22	10.4～31	0.4～25.5	6.0～44
	一般值	9～20	10～13	—	13～16	11～15	12～28	5～14	16～26
缩限 w_s（%）	最小、最大值	8～20	10～25	10～24	6～13	11～27	10～16	7～22	9～28
	一般值	12～16	12～20	12～16	8～12	14～17	12～14	11～17	14～20
胀缩总率 $\delta_e+\delta_s$（%）	最小、最大值	7～26	10～26	—	18～28	8～29	12～43	2～25	11～42
	一般值	9～22	12～19		20～25	12～17	16～30	7～14	20～34
胀缩指数 w_H-w_s	最小、最大值	5～22	6～17	—	—	6～22	9～25	7～44	12～36
	一般值	8～20	11～17	—	—	11～14	10～22	10～16	18～25

注：胀缩总率的计算可参考式(28-A)。

从表28-C中可以看出膨胀土的特征如下：

(1)黏粒(粒径＜0.005mm)含量高，一般在30%～40%。塑性指数高，其范围多在22～35之间，其中云南蒙自偏大，陕西汉中偏小。因此，除陕西汉中外，一般膨胀土均属于高塑性黏土。液限一般为40%～50%。

(2)天然含水量接近或略小于塑限，不同季节变化幅度为2%～4%，土体在天然状态下呈坚硬或硬塑状态。

(3)天然孔隙比小，变化范围常在0.5～0.8。云南偏大，为0.7～1.10，但就云南地区相对而言，这个变化值最小。同时，膨胀土的天然孔隙比是个变数，它随土体湿度的增减而变化，即土体增湿膨胀，孔隙比变大；土体失水收缩，孔隙比变小。

(4)饱和度大，一般均大于85%。这是因为膨胀土的饱和度主要受结合水(吸着水和薄膜水)所控制。

(5)自由膨胀率一般超过40%，也有超过70%的。

(6)缩限最小为8%～9%，一般在12%～17%。

各地膨胀土的膨胀压力、膨胀率和体缩率等指标试验结果差异很大。例如就膨胀压力而言，同一地点土的膨胀压力在河南平顶山可以达到6～550kPa，一般变化在25～250kPa；云南为10～220kPa，一般在10～80kPa。同样，对于体缩率值：平顶山2.7%～21%，云南6%～44%。这是因为这些试验是在天然含水率的条件下进行的，同一地区的土天然含水率在不断地变化，而土体的含水率变化对其膨胀率影响较大。试验证明，当膨胀土的天然含水率小于其最优含水率之后，每减少3%～5%，其膨胀压力可增大数倍，体缩率值也大量减小。

关于一般膨胀土的强度和压缩性问题，通常膨胀土在天然条件下多处于硬塑或坚硬状态，强度较高，压缩性较低。但这种土层往往由于干缩，裂隙发育，或呈现不规则网状与条带状结构(风化产物充填裂隙形成)。这种裂隙和结构面的存在，破坏了土体的整体性，它能使土体丧失稳定性，降低承载能力。对于这类问题，尤其对浅基础、重荷载的情况下，更应重视。不能单从“平衡膨胀压力”的角度，或小块试样的强度来对待膨胀土的地基强度问题。同时，当膨胀土的含水量剧烈增大(例如：由于地表浸水或地下水位上升)或土的原状结构被扰动时，土体强度会骤然降低，压缩性增高。这显然是由于土的内摩擦角和内聚力都相应减小及结构强度破坏所致。

2. 胀缩变形的因素

影响膨胀土产生胀缩变形的主要因素有下列几个方面：

(1)黏土矿物及化学成分。膨胀土主要含多量亲水性强的黏土矿物蒙脱石及水云母，故胀缩变形大。膨胀土的化学成分以SiO_2、Al_2O_3和Fe_2O_3为主，黏土粒的硅铝率$\frac{S_iO_2}{Al_2O_3+Fe_2O_3}$可以反映其矿物成分，其值越小，膨胀量越大，反之则小。

(2)黏土粒含量。当矿物成分相近时，土的黏粒含量越高，吸水力越强，则胀缩变形越大，这主要是由于颗粒小，比表面积大，颗粒负电场与极性水分子间的吸引作用，或由于阳离子的水化作用等影响所致。

(3)土的密度。土的密度反映在孔隙比上。密实土孔隙比小,松散土孔隙比大。同一类膨胀土孔隙比小,则浸水膨胀强烈,失水收缩小;相反,孔隙比大,则浸水膨胀小,失水收缩大。因此,土的密度状况对胀缩变形有着重要的影响。

(4)含水率的变化。影响膨胀土含水率的变化除气象因素外还有植物吸湿、地基土受热、地表水渗入、水管漏水下渗以及地下水位的变化等。膨胀土含水率变化,则产生土的胀缩变形。当初始含水量与胀后含水量越接近,土的膨胀就越小,收缩的可能性和其值就越大。如二者差值越大,土膨胀的可能性及其值就越大,收缩就越小。若初始含水量处于中间状态时,则浸水膨胀和失水收缩的可能性均存在。

(5)土的结构强度。土的结构强度能承受膨胀或收缩变形。即结构强度越大的土,抵制胀缩变形的能力也越大。例如,云南地区的膨胀土在很大的程度上保留了最初成岩过程中积存下来的铁锰成分,并在充分氧化的条件下,形成了高价铁锰的胶体的或重结晶的氧化物。这种物质加强了土的结构强度。所以这种土尽管是由亲水性较强的矿物水云母和蒙脱石组成,且黏粒含量很高,一般达 34,其液限和自由膨胀率比各地区都高得多(表 28-C),土的含水量较低,密度也较大(就云南地区相对来讲),但是浸水后所测得的膨胀性指标(膨胀率、膨胀压力)数值并不很大,主要原因就是它的结构强度大,抑制了它的变形。

三、膨胀土的判别与分类

判别某种土是否为膨胀土,是解决膨胀土问题的前提。因为只有确认了是膨胀土才可能有针对性地研究解决其特性及相应的防治措施问题。

关于膨胀土的判别方法,按理想往往希望能找到用室内的一般物理性指标,作为对膨胀土与非膨胀土划分界线的根据,但由于所谓非膨胀土也并非绝对没有胀缩性,这就给单纯的以室内物理性质指标作判别根据带来一定的困难。因此,一般认为,对膨胀土的判别应采用野外现场鉴别与定量指标鉴别相结合的原则。首先必须根据土体的野外工程地质特征和已有建筑物的变形特征进行初步判别,然后再根据试验指标进一步验证,作出评价。

1. 按野外工程地质特征判别膨胀土

膨胀土的野外特征有以下几个方面:

(1)地貌特征。根据国内已知的膨胀土地区来看,它们均分布于Ⅱ级以上的河谷阶地或丘陵区与山前缓坡区。在微地貌方面有如下共同特征:

①多呈微起伏的低丘缓坡,与坳谷相接,构成典型的垄岗式地形,无陡坎出现。

②一些人工地貌，如沟渠、坟墓、土坎、土坑等很快被夷平。

③一般在池塘、库岸、河溪边坡上有大量塌滑或小滑坡存在。

④旱季地表出现地面裂隙，宽数厘米至数十厘米，深数米，长数米至数百米。特点是多沿地形等高线延伸，并在雨季闭合。这种地裂在我国湖北、广西、云南等地多见。

(2)工程地质特征。我国膨胀土的地质年代大多为第四纪晚更新世(Q_3)及其以前，少量为全新世(Q_4)，有些地区为新第三纪泥灰岩与黏土岩的残积层(Q)。其岩性特征如下：

①颜色为黄、黄褐、红褐、灰白或花斑(杂色)等色。

②在土的类别方面，根据不同地区 1 557 个膨胀土样的试验资料统计，黏土占总数的 98%。

③状态为结构致密、呈坚硬或硬塑状态，其液性指数大多小于或接近于零，少数小于 0.25。

④裂隙有竖向、斜交和水平三种。距地表 1～2m 内，常见竖向张开裂隙，向下逐渐尖灭。由膨胀变形产生的斜交剪切裂隙，裂隙面呈油脂或蜡状光泽，时有擦痕或水渍，以及铁锰氧化物薄膜，裂隙中常充填灰绿、灰白色黏土。在大气影响深度或不透水界面附近，常有水平裂隙存在，裂隙中亦充填灰绿、灰白色黏土。在邻近边坡处，裂隙常构成滑坡的滑动面。

⑤包含物，常含铁锰结核和钙质结核，有的富集成层或呈透镜体。

(3)水文地质特征。膨胀土地区的地下水多为上层滞水或裂隙水，由于季节性水位的变化，因此而引起的地基不均匀胀缩变形，对建筑物危害也很大，应当引起注意。

2. 按已有建筑物的变形特征判别膨胀土

对已有建筑物的地区，根据建筑物的某些特定变形，来判别膨胀土是一种比较准确的方法。根据建筑物裂缝的部位、形态及特征归纳如下：

(1)山墙、内墙呈“倒八字”和垂直裂缝。图 28-A 为河北西部和安徽某地房屋，因外墙地基土收缩而开裂的情况。

(2)外纵墙呈水平裂缝，且墙体外倾，基础内外扭转。如图 28-B 所示。

图 28-C 为安徽某校宿舍楼，二层砖木结构，1956 年建成，到 1962 年，由于靠外墙的地基土逐渐失水收缩，在外纵墙上出现了约 20～40mm 的水平裂缝，墙面外倾最大达 15mm，裂缝延伸约 2.4m，内外墙接头处拉开达 35mm。

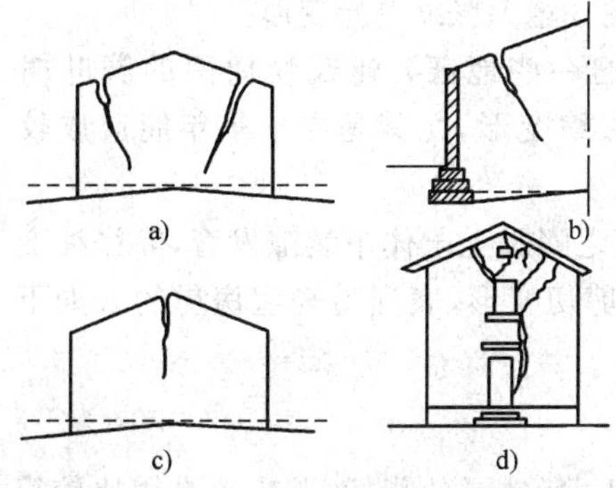

图 28-A 河北西部、安徽某地房屋因外墙地基土收缩而开裂的情况

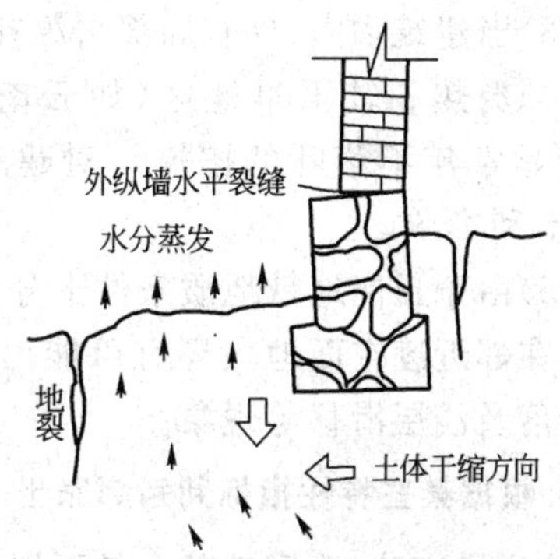

图 28-B 由于基土收缩、外墙基础向外扭转墙体呈水平裂缝

(3)房屋角端裂缝。这种裂缝常伴随着一定的水平位移和转动。

这种特征裂缝的形成，主要是因为基础埋置过浅，而墙角部位两侧面与大气接触，故墙基下土中水分蒸发较大，地基收缩变形远比墙体中间部分剧烈的缘故。

(4)地坪多出现平行于外纵墙的通长裂缝。这种裂缝的特点是，靠近外墙者缝宽，离外墙较远的缝窄，再远则不出现裂缝，如图 28-D 所示。这种裂缝与外墙距离有关，显然，主要是外墙地基土体收缩下沉，使地坪折断。

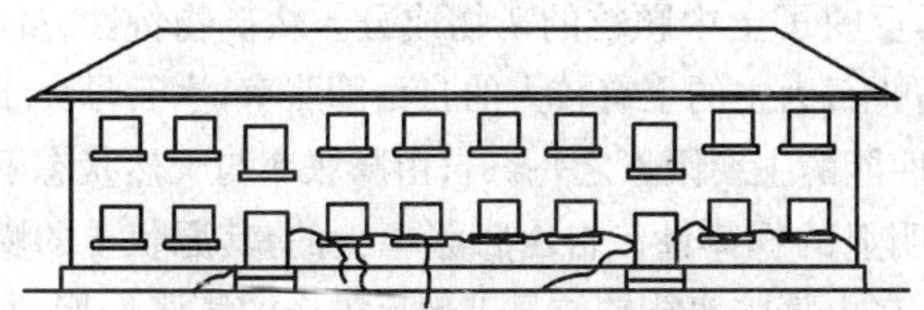

图 28-C 安徽某校宿舍因外墙地基土收缩而开裂的情况

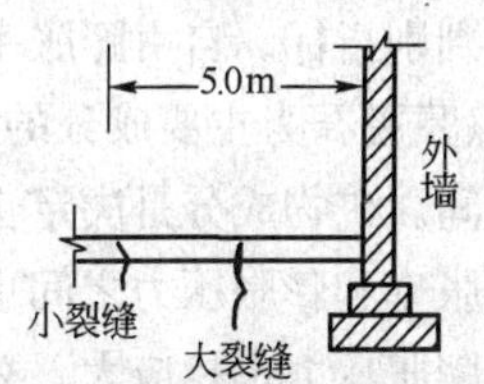

图 28-D 由墙基土收缩引起室内地坪开裂的情况

裂缝的总特征是上宽下窄，水平裂缝外宽内窄。二楼的裂缝比底层的严重。特别是这些裂缝具有随季节变化(即随月蒸发量和月降雨量的变化)而伸缩的往复性变化，这是区别于其他原因造成建筑物事故的有力证据。

膨胀土地区的建筑物，还常常由于某些特殊的原因，而使建筑物产生变形。这也可以作为判别膨胀土地基的依据之一。主要有：

(1)特殊气候(例如大旱和久旱后频雨)下的建筑物的变形幅度大于常年气候下的变形幅度，从而造成建筑物损坏。

(2)临近坡肩和处于冲沟尾部的建筑物，由于差异变形大，容易产生开裂和损坏。

(3)当建筑物内、外有局部水源补给时,往往增大胀缩差异变形。

(4)炎热和较干旱地区(如云南、广西的一些地区)建筑物周围的阔叶树(特别是常年不落叶的桉树),对建筑物的胀缩变形,尤其是在干旱年能造成较大的不利影响。

(5)由于丘岗地带地质条件十分复杂,加之膨胀土土体中裂隙发育,除胀缩变形外,在邻近凌空面地段还有可能出现局部剪切变形,表现为轻型房屋的长期下沉、错落及浅层滑移等现象。

3. 根据某些特性指标判别膨胀土

按定量方法,确定地基土是否属于膨胀土,所选择的指标,既应该是用比较简单易行和快速的勘测试验方法可以求得,又应当是能从本质上反映其原始条件对土性质的影响。目前国内外对膨胀土的判别指标问题,还没有一个统一的看法,标准也不一致。不同的研究者提出了不同的判别指标和标准。

从我国12个地区(单位)259个非膨胀土样与1 557个膨胀土样的试验项目中选择了自由膨胀率、液性指数、液限、孔隙比、膨胀压力、缩限、pH值、25kPa及50kPa压力下的膨胀率等9个指标,经过统计分析,确定了一个判别指标(自由膨胀率)和两个判别参考指标(液限和液性指数),作为从试验指标上判别膨胀土的标准。

(1)自由膨胀率。自由膨胀率是膨胀土较为理想的特性指标之一,也是膨胀土的常用判别指标。自由膨胀率的大小,反映了土中颗粒的矿物成分。从矿物特性方面来说,以蒙脱石为主要成分的土比以高岭石为主的土有较大的自由膨胀率,水云母介于二者之间。矿物成分是决定土体膨胀性能的主要因素之一。自由膨胀率与天然状态下土的膨胀率和膨胀压力之间也有较为明显的规律性。自由膨胀率大的,其原状土的膨胀率和膨胀压力也相应大。总体上看,自由膨胀率能够较显著地反映土的膨胀性能,而且其测试方法简单易行,所需土样为扰动土。因而目前一般倾向于将其作为膨胀土的判别指标。自由膨胀率大于或等于40%的土体,一般定为膨胀土。

根据建筑物变形特征划分膨胀土与非膨胀土后,再按自由膨胀率大于或等于40%的界限进行验证,由上述12个地区试验统计,属于膨胀土的有79.2%在界限以内,非膨胀土划入界限内的仅有7.9%。可见大体上是吻合的。

(2)液性指数。液性指数可作为膨胀土的判别参考指标。液性指数是反映土的状态的指标,膨胀土多呈硬塑—坚硬状态,其液性指数在零左右,少数接近0.25。从这点看来,液性指数小于或等于0.25可作为判别依据。但由于很多非膨胀土(主要是老黏土)的液性指数也往往小于0.25,因此它是膨胀土与硬塑、硬塑—坚硬的非膨胀土的共性指标。只能作为判别参考指标。

试验统计表明,以液性指数小于或等于0.25为界限时,膨胀土有89%在界限内，非膨胀土有72.3%也划入了界限以内。

(3)液限。液限在一定程度上反映了膨胀土的亲水性能，当非膨胀土黏粒含量较高和有机质较多时液限也高。因此液限是膨胀土与黏土的共性指标，只能作为判别参考指标。液限大于或等于40%者为膨胀土。

试验统计表明，以液限大于或等于40%为界限时，膨胀土有81.7%在界限内，但非膨胀土有60%也划入了界限以内。

4. 膨胀土的分类

根据国家建筑科学研究院所编《膨胀土地区建筑技术规定》，胀缩总率划分为强、中等和弱三级，见表28-D。

胀缩总率δ_{PS}按下式计算：

$$\delta_{PS} = \delta_{0.5} + C_{SL}(w - w_m) \tag{28-A}$$

式中：$\delta_{0.5}$——在50kPa时的膨胀率(%)；

C_{SL}——土的收缩系数；

w——土的天然含水率(%)；

w_m——地基土在收缩过程中，可能产生的含水率的下限值(%)。

表28-D 膨胀土的胀缩性分类

土的膨胀性	胀缩总率 δ_{PS}(%)	土的膨胀性	胀缩总率 δ_{PS}(%)
强	>4	弱	0.7~2
中等	2~4		

T 0124—1993 自由膨胀率试验

自由膨胀率是反映土膨胀性的指标之一，它与土的黏土矿物成分、胶粒含量、化学成分和水溶液性质等有着密切的关系。本试验的目的在于测定黏质土在无结构力影响下的膨胀潜势，初步评定黏质土的胀缩性。自由膨胀率与液限试验相配合，对判别膨胀土可得到满意的结果。自由膨胀率试验具有方法简单易行、便于室内大量试验、出成果较快等优点。

1 目的和适用范围

1.1 自由膨胀率为松散的烘干土粒在水中和空气中分别自由堆积的体积之差与在空气中自由堆积的体积之比，以百分数表示，用以判定无结构力的松散土粒在水中的膨胀特性。

1.2 本试验方法适宜用于膨胀土。

2 仪器设备

2.1 玻璃量筒：容积50mL，最小刻度1mL。

2.2 量土杯：容积10mL，内径20mm，高度32.8mm。

2.3 无颈漏斗：上口直径50～60mm，下口直径4～5mm。

2.4 搅拌器：由直杆和带孔圆盘构成(图T 0124-1)。

2.5 天平：称量200g，感量0.01g。

2.6 其他：烘箱、平口刀、支架、干燥器、0.5mm筛等。

无颈漏斗是自由膨胀率试验中的主要设备，与支架和量土杯配成量样装置。

比较试验表明，用100mL比用50mL测得的结果系统性地偏大，说明量筒容积大的水量多、土柱矮、压力小，土粒浸水膨胀的效果好。本试验从精度着眼规定用50mL量筒，但考虑到上述优点，也允许采用100mL量筒。

3 试剂

5%纯氯化钠溶液。

黏土颗粒在悬液中有时有长期混浊的现象，为了加速试验，可采用加凝聚剂的办法，本试验规定加入5%氯化钠溶液5mL。

4 试验步骤

4.1 取代表性风干土样碾碎，使其全部通过0.5mm筛。混合均匀后，取约50g放入盛土盒内，移入烘箱，在105～110℃温度下烘至恒量，取出，放在干燥器内冷却至室温。

4.2 将无颈漏斗装在支架上，漏斗下口对正量土杯中心，并保持距杯口10mm距离，如图T 0124-2所示。

4.3 从干燥器内取出土样，用匙将土样倒入量土杯中，盛满后沿杯口刮平土面，再将量土杯中土样倒入匙中，将量土杯按图T 0124-2所示仍放在漏斗下口正中处。将匙中土样一次倒入漏斗，用细玻璃棒或铁丝轻轻搅动漏斗中土样，使其全部漏下，然后移开漏斗，用平口刀垂直于杯口轻轻刮去多余土样(严防振动)，称记杯中土质量。

4.4 按本试验4.3规定，称取第二个试样，进行平行测定，两次质量差值不得大于0.1g。

4.5 将量筒置于试验台上，注入蒸馏水30mL，并加入5mL 5%的分析纯氯化钠溶液，然后将量土杯中的土样倒入量筒内。

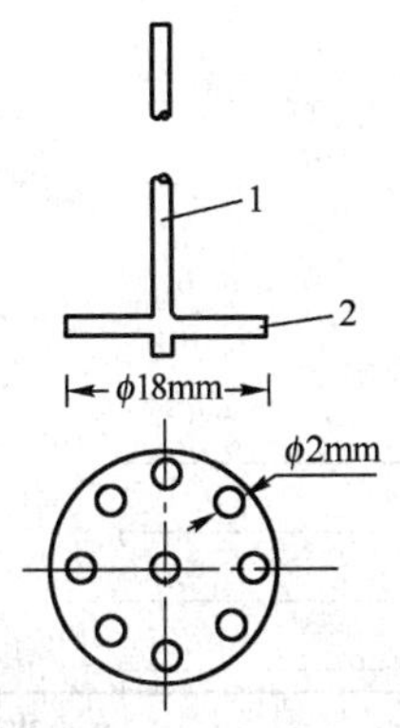

图 T 0124-1 搅拌器示意图

1-直杆；2-圆盘

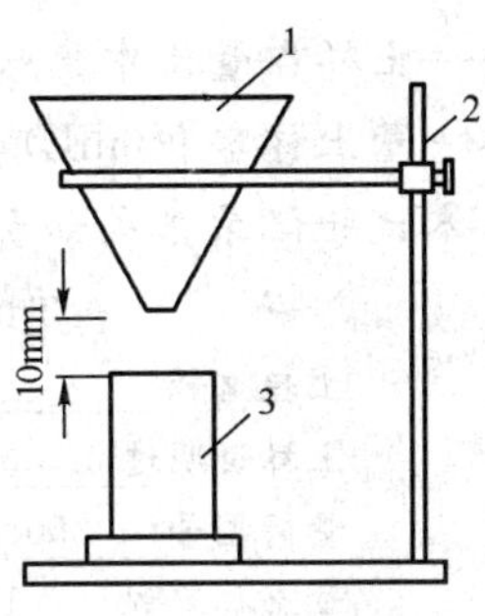

图 T 0124-2 量样装置

1-漏斗；2-支架；3-量土杯

4.6 用搅拌器搅拌量筒内悬液，搅拌器应上至液面下至底，搅拌 10 次(时间约 10s)取出搅拌器，将搅拌器上附着的土粒冲洗入量筒，并冲洗量筒内壁，使量筒内液面约至 50mL 刻度处。

4.7 量筒中土样沉积后约每隔 5h 记录一次试样体积，体积估读至 0.1mL。读数时要求视线与土面在同一平面上，如土面倾斜，取高低面读数的平均值。当两次读数差值不大于 0.2mL 时，即认为膨胀稳定。用此稳定读数计算自由膨胀率。

土样制备是至关重要的。首先是土样过筛的孔径大小问题。用不同孔径过筛的试样进行比较试验，其结果是过筛孔径越小，10mL 容积的土越轻，自由膨胀率越小。本规程规定过 0.5mm 筛孔作为标准。各种分散程度也会引起黏粒含量的很大差异。因此，为了取得相对稳定的试验条件，规定采用过筛、四分法取样，并要求充分分散。本规程规定用标准烘干法(105~110℃)制备土样。

因试样是用体积法量取，紧密或松散会影响自由膨胀率的大小。为消除这个影响因素，规定采用漏斗和支架、固定落距、一次倒入的方法，并将量土杯内径统一规定为 20mm，高度略大于内径，使在装土、刮平时避免或减轻自重和振动的影响。

搅拌的目的是使悬液中土粒分散，充分吸水膨胀。搅拌的方法有量筒反复倒转和上下来回搅拌两种。前者操作困难，工作强度大；后者有随搅拌次数的增加，读数有增大的趋势。本试验规定试样在水中浸泡 24h 后再开始测试。

5 结果整理

5.1 按下式计算土样的自由膨胀率：

$$\delta_{ef}=\frac{V-V_0}{V_0}\times 100 \qquad (T\,0124\text{-}1)$$

式中：δ_{ef}——自由膨胀率(%)计算至1%；

V——土样在量筒中膨胀稳定后的体积(mL)；

V_0——量土杯容积(mL)，即干土自由堆积体积。

5.2 本试验记录格式如表T 0124-1。

表T 0124-1 自由膨胀率试验记录

工程名称________ 试 验 者________

土样说明过0.5mm筛 计 算 者________

量筒型号 $50cm^3$ 校 核 者________

量土杯容积 $10cm^3$ 试验日期________

土样编号	干土质量(g)	量筒编号	不同时间(h)体积读数(cm^3)					自由膨胀率	
			2	4	6	8	10	δ_{ef}(%)	平均值(%)
1	9.64	1	16.2	16.5	16.7	16.8	16.8	68	69
	9.65	2	16.4	16.6	16.8	16.9	16.9	69	
2	9.70	3	18.0	18.3	18.5	18.7	18.7	87	88
	9.72	4	18.2	18.4	18.6	18.8	18.8	88	

5.3 精密度和允许差

本试验应做两次平行测定，取其算术平均值，其平行差值应为：$\delta_{ef} \geq 60\%$时不大于8%；$\delta_{ef} < 60\%$时不大于5%。

本规程按自由膨胀率大小规定了不同的精度要求，自由膨胀率大者，平行差值取高限，自由膨胀率小者，平行差值取低限。

6 报告

6.1 土的鉴别分类和代号。

6.2 土的自由膨胀率δ_{ef}值(%)。

T 0125—1993 无荷载膨胀率试验

1 目的和适用范围

1.1 本试验用于测定试样在无荷载有侧限条件下，浸水后在高度方向上的单向膨胀与原高度的比值，这一比值称膨胀率，以百分数表示。

1.2 本试验方法适用于测定原状土和击实土样的无荷载膨胀率，供评价黏质土膨胀势能时参考。

无荷载膨胀率试验是测定试样在无荷载有侧限条件下浸水后的单向膨胀率，适用于原状土和击实土试样。

2 仪器设备

2.1 膨胀仪：见图 T 0125-1，其环刀内径 58mm，高 35mm，顶土块高 15mm。

2.2 固结仪。

2.3 百分表：量程 10mm，分度值 0.01mm。

2.4 天平：称量 200g，感量 0.01g。

2.5 其他烘箱、干燥器、磁钵（附橡皮研杵）、修土刀、秒表、表面皿等。

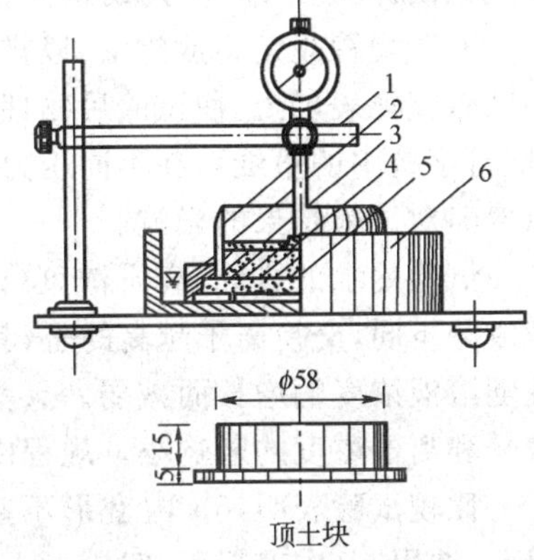

图 T 0125-1 膨胀仪(单位:mm)

1-环刀；2-底座；3-有孔活塞板；4-土样；5-透水石；6-水盆

试样尺寸对膨胀率是有影响的。在统一的膨胀稳定标准下，膨胀率随试样高度的增加而减小，随直径的增大而增大。为了在无荷载条件下试验时间不致拖得太长，选用试样高 20mm，直径 58mm；即环刀内径 58mm，高 35mm，扣去顶土块高 15mm，得净高为 20mm。

3 试验步骤

3.1 按工程需要取原状土或制备成所需状态的扰动土样，整平其两端；在环刀内壁涂一薄层凡士林，刃口向下，放在土样上。用修土刀将土样修成略大于环刀直径的土柱，将环刀垂直下压，边压边修，直至土样进入环刀内的厚度超过 1cm 时为止。

3.2 齐环刀刃口将土样修平，用顶土块从刃口端顶入，齐环刀钝口将顶出的余土修去，制成厚度宜为 20mm 的试样，取出顶土块，擦净环刀外壁，称环、土总质量，准确至 0.01g。

3.3 在底座中置湿润的透水石 1 块，将环刀钝口端旋在底座上，使试样底面与透水石顶面接触，然后一并放到水盆中。

3.4 将有孔活塞板放在试样顶面上，对准活塞中心，将百分表装好，并记录百分表读数。

3.5 注纯水入盆，盆内水面须经常保持约与试样底面高度齐平。

3.6 记下开始注水时间，按 5min、10min、20min、30min、1h、2h、3h、24h 及以后第隔 24h 测记百分表读数，直至试样不再膨胀为止。

3.7 移去百分表，将试样从环刀内推出，放入表面皿中，称皿土合质量，准确至 0.01g。

3.8 将试样入烘箱，烘至恒量。取出，放在干燥器内，等冷却后称量，准确至 0.01g。

膨胀率与土的自然状态关系非常密切。起始含水率、干密度都直接影响试验结果。为了防止透水石的水分影响初始读数，要求透水石先烘干，再埋置在切削试样剩余的碎土中1h，使大致具备与试样相同的湿度。

有些规程规定不放滤纸，以排除滤纸变形对试验结果的影响。但有时透水石会沾带试样表层土，使试验后物理指标的测定受到影响。国内有单位采用薄型滤纸（打字机中的垫纸），在不同压力下量测浸水前后的滤纸，其变形量相差很小，可以忽略对试验结果的影响。

试验用水的成分、离子浓度（pH值）和水温对膨胀率都有一定的影响。水溶液成分不同，交换离子越高的土，其膨胀率也越大。而当水溶液成分相同时，膨胀性随溶液浓度的增长而减弱。天然水的pH值对膨胀率的影响不大，远比溶液的成分和离子浓度的影响小。规程中规定采用纯水（蒸馏水）或天然水。

比较试验表明，6h内变形不超过0.01mm时，计算的膨胀率仅相差0.1%。因此，选用6h内变形不超过0.01mm作为无荷载膨胀率试验的稳定标准。

4 结果整理

4.1 按下式计算任一时间的无荷载膨胀率：

$$\delta_e = \frac{\Delta H}{H_0} \times 100 \tag{T 0125-1}$$

$$\Delta H = R_t - R_0 \tag{T 0125-2}$$

式中：δ_e——时间t时土的无荷载膨胀率（%），计算至0.1；

ΔH——时间t时试样膨胀的增量（mm）；

H_0——试样起始高度（mm）；

R_t——时间t时百分表读数（mm）；

R_0——试验开始时百分表读数（mm）。

4.2 按下式计算试验前的含水率w_i及孔隙比e_0：

$$w_i = \frac{m - m_s}{m_s} \times 100 \tag{T 0125-3}$$

$$e_0 = \frac{\rho_s}{\rho_{d0}} - 1 \tag{T 0125-4}$$

式中：w_i——试验前含水率（%），计算至0.1；

e_0——试验前孔隙比，计算至0.01；

m——试验前湿土质量（g）；

m_s——干土质量（g）；

ρ_s——土粒密度（g/cm^3），数值上等于土粒比重；

ρ_{d0}——试验前试样干密度（g/cm^3）。

4.3 按下式计算膨胀稳定后的含水率 w_H 及孔隙比 e_H：

$$w_H = \frac{m_H - m_s}{m_s} \times 100 \tag{T 0125-5}$$

$$e_H = \frac{\rho_s}{\rho_{dH}} - 1 \tag{T 0125-6}$$

式中：w_H——膨胀稳定后含水率(%)，计算至 0.1；

e_H——膨胀稳定后孔隙比，计算至 0.01；

m_H——膨胀稳定后湿土质量(g)；

ρ_{dH}——膨胀稳定后干密度(g/cm^3)。

4.4 如有需要，可以时间为横坐标，膨胀率为纵坐标，绘制膨胀率与经过时间的关系曲线。

膨胀率与经过时间的关系曲线有需要时才绘制。

4.5 本试验记录格式如表 T 0125-1。

表 T 0125-1 无荷载膨胀试验记录

工程编号________ 试 验 者________

土样编号________ 计 算 者________

土样说明________ 校 核 者________

土样体积 $V_1 = 53\text{cm}^3$ 试验日期________

膨胀含水率测定

环刀编号			10
环刀＋湿土质量(g)	(1)		181.40
环刀＋干土质量(g)	(2)		161.20
环刀质量(g)	(3)		56.30
湿土质量(g)	(4)	(1)－(3)	125.10
干土质量(g)	(5)	(2)－(3)	104.90
水的质量(g)	(6)		20.20
含水率(%)	(7)	$\frac{(6)}{(5)} \times 100$	19.30
土体积(cm^3)	(8)	$V_1(1+V_H)$	60.00
密度(g/cm^3)	(9)	$\frac{(4)}{(8)}$	2.09
干密度(g/cm^3)	(10)	$\frac{(5)}{(8)}$	1.75
土粒比重	(11)		
孔隙比	(12)	$\frac{(11)}{(10)} - 1$	0.55

无荷载膨胀率测定 续上表

测定时间			经过时间			百分表读数	膨胀率
						R(mm)	δ_e(%)
d	h	min	d	h	min		
							$\frac{R_t-R_0}{20}\times 100$
15	8	30				0	
	9				30	0.10	0.5
	10			1	30	0.40	2.0
	12			3	30	0.50	2.5
	18			9	30	1.00	5.0
16	8			23	30	1.60	8.0
18	15		3	6	30	1.90	9.5
19	8		3	23	30	2.2	11.0
	18		4	9	30	2.4	12.0
20	8		4	23	30	2.5	12.5
22	8		6	23	30	2.6	13.0
23	8		7	23	30	2.6	13.0

4.6 精密度和允许差。

本试验应做两次平行测定，取其算术平均值，其平行差值应为：$\delta_e \geqslant 10\%$时不大于1%；$\delta_e < 10\%$时不大于0.5%。

5 报告

5.1 土的鉴别分类和代号。

5.2 土的无荷载膨胀率 δ_e 值(%)。

T 0126—1993 有荷载膨胀率试验

1 目的和适用范围

1.1 为了模拟覆盖压力或某一特定荷载条件，可按实际荷载大小做有荷载有侧限的膨胀率试验，或做不同荷载下的膨胀率试验。

1.2 本试验方法适用于测定原状土或击实黏质土在特定荷载下的膨胀率，或测定荷载与膨胀的关系曲线。

有荷载膨胀率试验是在有侧限条件下，按实际荷载大小测定原状土或击实黏质土的膨胀率。

2 仪器设备

2.1 主要仪器为固结仪。

2.1.1 膨胀仪：见图 T 0126-1，其环刀内径 58mm，高 35mm，顶土块高 15mm。

2.1.2 固结仪。备一个等直径的环刀接环，接高 10mm。

2.1.3 百分表：量程 10mm，分度值0.01mm。

2.1.4 天平：称量 200g，感量 0.01g。

2.1.5 其他烘箱、干燥器、磁钵（附橡皮研杵）、修土刀、秒表、表面皿等。

2.2 试验前，固结仪应在不同压力下进行变形校正。以膨胀仪容器代替压缩容器时，也应事先做好联合变形校正，并检查仪器的平衡状况和注水通路。

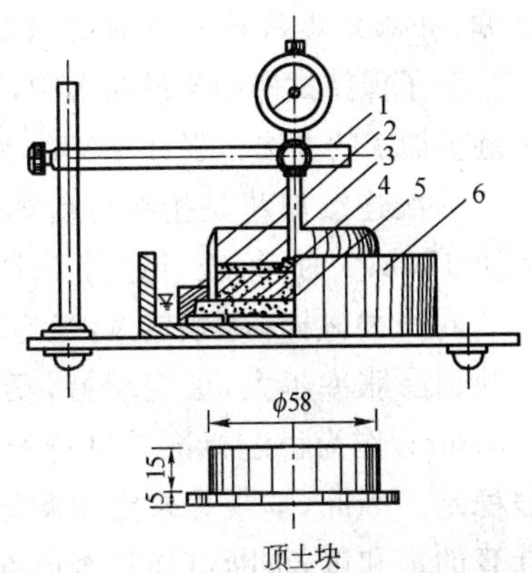

图 T 0126-1 膨胀仪（单位：mm）

1-环刀；2-底座；3-有孔活塞板；4-土样；5-透水石；6-水盆

本试验涉及到加荷问题，所以瓦氏膨胀仪已完全不适用。目前应用比较普遍的仍是固结仪。仪器在压力下的变形会影响试验结果，应予校正。

3 试验步骤

3.1 按工程需要取原状土或制备成所需状态的扰动土样，整平其两端；在环刀内壁涂一薄层凡士林，刃口向下，放在土样上。用修土刀将土样修成略大于环刀直径的土柱，将环刀垂直下压，边压边修，直至土样进入环刀内的厚度超过 1cm 时为止。

3.2 齐环刀刃口将土样修平，用顶土块从刃口端顶入，齐环刀钝口将顶出的余土修去，制成厚度宜为 20mm 的试样，取出顶土块，擦净环刀外壁，称环、土总质量，准确至 0.01g。

3.3 试样放入容器后，放上透水石和盖板，安装百分表，施加 1kPa 的压力，使仪器各部分接触。百分表短针对准整数 3 或 4，长针对零，记下初读数。

3.4 一次或分级连续施加所要求的荷载。待每小时变形不超过 0.01mm 时，即认为变形稳定，随后向容器注入蒸馏水，并始终保持水面超过土顶面约 5mm，使试样自下而上浸水。

3.5 浸水后每隔 2h 测记百分表读数一次，至两次差值不超过 0.01mm 时为止。

3.6 放水，解除荷载，取出试样，擦干环壁及其他表面水，称量，烘干，计算膨胀后含水率和孔隙比。

3.7 需要时，可在膨胀稳定后，按砝码的具体情况，分 3～4 个等级，逐次退荷到零，并测定各级荷载下的膨胀稳定值。

为了保持试样始终浸在水中，要求注入至土样顶面以上 5mm。为了方便排气，采取逐步加水的方法。装百分表时，要考虑试验时可能发生沉降和胀升两种情况。

一次连续加荷是指将总荷载分成几级，一次连续加完。具体做法是如总荷载大于 150kPa 时，每级可定为 5kPa；小于 150kPa 时，每级可定为 2.5～4kPa。

同一种试样，荷载越大，稳定越快；无荷载时，膨胀稳定最慢。对不同试样，则反映出膨胀率越大，稳定越慢，历时越长。因此，本试验规定 2h 的读数差不超过 0.01mm，作为稳定标准是可行的，但要防止因试样含水率较高或荷载过大产生的假稳定。因此，本规程规定应测定试样试验前、试验后的含水率，计算孔隙比，根据计算的饱和度，推断试样是否已充分吸水膨胀。

4 结果整理

4.1 按下式计算有荷载膨胀率：

$$\delta_{ep} = \frac{R_t + R_p + R_0}{H_0} \times 100 \quad \text{(T 0126-1)}$$

式中：δ_{ep}——荷载 P(kPa)作用下的膨胀率(%)，计算至 0.1；

H_0——试样的初始高度(mm)；

R_t——荷载 P 作用下膨胀稳定后的百分表读数(mm)；

R_p——荷载 P 作用下仪器的压缩变形量(mm)；

R_0——试样加荷前的百分表读数(mm)。

4.2 本试验记录格式如表 T 0126-1。

表 T 0126-1 有荷载膨胀试验记录

工程编号______	试 验 者______
土样编号______	计 算 者______
土样说明______	校核者______
土样体积 $V_1 = 53\text{cm}^3$	试验日期______

膨胀含水率测定

环 刀 编 号			10
环刀＋湿土质量(g)	(1)		181.40
环刀＋干土质量(g)	(2)		161.20
环刀质量(g)	(3)		56.30
湿土质量(g)	(4)	(1)－(3)	125.10
干土质量(g)	(5)	(2)－(3)	104.90

续上表

水的质量(g)	(6)		20.20
含水率(%)	(7)	$\frac{(6)}{(5)}\times 100$	19.30
土体积(cm^3)	(8)	$V_1(1+V_H)$	60.00
密度(g/cm^3)	(9)	$\frac{(4)}{(8)}$	2.09
干密度(g/cm^3)	(10)	$\frac{(5)}{(8)}$	1.75
土粒比重	(11)		
孔隙比	(12)	$\frac{(11)}{(10)}-1$	0.55

有荷载膨胀率测定

测定时间			经过时间			百分表读数	膨胀率
d	h	min	d	h	min	R(mm)	δ_{ep}(%)
							$\frac{R_t+R_p-R_0}{H_0}\times 100$
15	8	30				0	
	9				30	0.10	0.5
	10			1	30	0.40	2.0
	12			3	30	0.50	2.5
	18			9	30	1.00	5.0
16	8			23	30	1.60	8.0
18	15		3	6	30	1.90	9.5
19	8		3	23	30	2.2	11.0
	18		4	9	30	2.4	12.0
20	8		4	23	30	2.5	12.5
22	8		6	23	30	2.6	13.0
23	8		7	23	30	2.6	13.0

4.3　精密度和允许差

本试验应做两次平行测定，取其算术平均值，其平行差值应为：$\delta_{ep}\geqslant 10\%$时不大于1%；$\delta_{ep}<10\%$时不大于0.5%。

5　报告

5.1　土的鉴别分类和代号。

5.2　土的有荷载膨胀率δ_{ep}值(%)。

T 0127—1993　膨胀力试验

1　目的和适用范围

1.1　膨胀力是土体在吸水膨胀时所产生的内应力。本试验用于测定试样在体积不变时由于膨胀所产生的最大内应力。

1.2　本试验方法适用于原状土和击实土试样，采用加荷平衡法。

膨胀力是黏质土遇水而产生的内应力。伴随此力的解除，土体发生膨胀，从而使土基上建筑物或路面等受到破坏。根据实测，当不允许土体发生膨胀时，有些黏质土的膨胀力可达1 600kPa，所以对膨胀力的测定是有现实意义的。室内测定膨胀力的方法和仪器有多种，国内外采用最多的是以外力平衡内力的方法，即平衡法。实际应用时，应尽量接近现场原位情况。

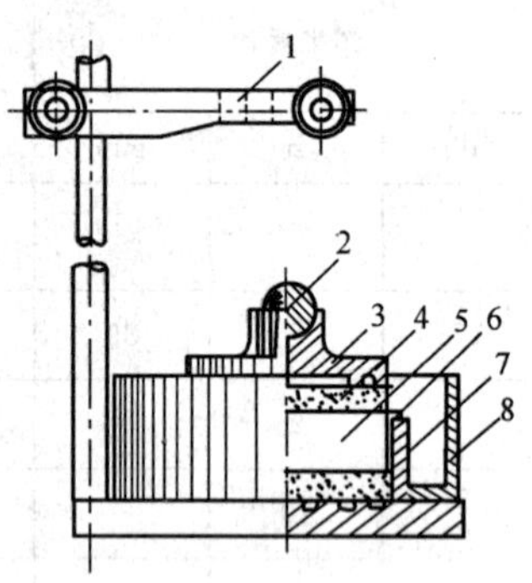

图 T 0127-1　固结仪

1-量表架；2-钢球；3-加压上盖；4-透水石；5-试样；6-环刀；7-护环；8-水槽

2　仪器设备

2.1　单轴固结仪：见图 T 0127-1，试样面积30mm^2 和 50cm^2，高 2cm。附杠杆式加压设备。为了加荷方便准确，宜用铁砂和盛砂桶代替砝码和吊盘。

2.2　环刀：直径为 61.8mm 和 79.8mm，高度为 20mm。环刀应具有一定的刚度，内壁应保持较高的光洁度，宜涂一薄层硅脂或聚四氟乙烯。

2.3　透水石：由氧化铝或不受土腐蚀的金属材料组成，其透水系数应大于试样的渗透系数。用固定式容器时，顶部透水石直径小于环刀内径 0.2～0.5mm；当用浮环式容器时，上下部透水石直径相等。

2.4　变形量测设备：量程 10mm，最小分度为 0.01mm 的百分表或零级位移传感器。

2.5　其他：天平、秒表、烘箱、钢丝锯、刮土刀、铝盒等。

为了加荷方便准确，常规固结仪应配以铁砂和盛砂筒，以代替砝码和吊盘。

3　试验步骤

3.1　制样和装样

3.1.1　制样

(1)根据工程需要切取原状土样或制备所需湿度、密度的扰动土样。切取原状土样时，应使试样在试验时的受压情况与天然土层受荷方向一致。

(2)用钢丝锯将土样修成略大于环刀直径的土柱。然后用手轻轻将环刀垂直下压，边压边修，直至环刀装满土样为止。再用刮刀修平两端，同时注意刮平试样时，不得用刮刀往复涂抹土面。在切削过程中，应细心观察试样并记录其层次、颜色和有无杂质等。

(3)擦净环刀外壁，称环刀与土总质量，准确至0.1，并取环刀两面修下的土样测定含水率。试样需要饱和时，应进行抽气饱和。

3.1.2　装样

(1)在切好土样的环刀外壁涂一薄层凡士林然后将刀口向下放入护环内。

(2)将底板放入容器内，底板上放透水石、滤纸，借助提环螺丝将土样环刀及护环放入容器中，土样上面覆滤纸、透水石，然后放下加压导环和传压活塞，使各部密切接触，调整杠杆平衡系统，使之水平，保持平稳。

3.2　施加1kPa的预压力，使试样与仪器各部接触。安好百分表，调节指针位置，记下初读数。随后自下而上地向容器注入蒸馏水，并始终保持水面足够低，而不致使试样受到太大的上浮力。

3.3　当百分表指针顺时针转动时，说明土体开始膨胀，立即往盛砂桶加适量铁砂，使百分表指针仍回到初读数。加铁砂要避免冲击力。

3.4　及时称余砂重(铁砂总重－余砂重＝平衡荷重)。当平衡荷重足以产生仪器变形时，在加下一级平衡荷重时，百分表指针应反方向转动以扣除与该级平衡荷重相应的仪器变形量。

3.5　当测试时间过长需要中断试验时，可用杠杆上下的固定螺旋或磅秤上的制动栓，在维持百分表指针不变的条件下，将其固定，以保证中断期间试样不发生膨胀变形。

3.6　维持某级平衡荷重达2h或更长而得到恒定试样高度时，则试样在该级平衡荷重下达到稳定。

3.7 试验结束后，吸去容器内水，卸除荷重，取出试样，称试样质量，并测定含水率。

在平衡法试验中，平衡不及时或施加过量的压力都会影响到潜能势的发挥。表 T 0127-A 的试验资料说明，膨胀力随允许变形值的增大而增加。当允许变形值由 0.01mm 增至 0.1mm 时，膨胀力将提高 50%左右。为了提高试验质量，允许变形量应限制到 0.005mm。但由于仪器本身的变形和量测精度不够，由此而引起操作上的困难，所以本试验规定允许变形值为 0.01mm。要求对变形较大的仪器（如固结仪），在施加平衡荷载时，注意使百分表指针不要退回到初读数，而是指向与压力相对应的仪器变形位置。还规定在加荷平衡时，指针应指向小于平衡位置 0.01mm 范围内，目的是为等待压缩稳定和为累积仪器变形值留有余地。

表 T 0127-A 试样允许变形与膨胀力的关系

允许变形值 (mm)	密度 (g/cm^3)	孔隙比	试验前含水率 (%)	试验后含水率 (%)	膨胀力 (kPa)
0.01	2.0	0.61	16.9	22.3	119
0.05	2.0	0.61	16.9	22.3	140
0.10	2.0	0.61	16.8	22.1	182
0.20	2.0	0.61	16.6	21.9	208

在稳定时间问题上，试验资料表明，达到最大膨胀力的时间并不长，浸水后 3～5h内变化较大，以后则趋于平缓。因此，规定加荷平衡后 2h 不再膨胀，作为稳定标准是可行的。

4 结果整理

4.1 膨胀力按下式计算：

$$p_e = \frac{W \times m}{A} \quad \text{(T 0127-1)}$$

式中：p_e——膨胀力(kPa)，计算至 0.1；

W——总平衡荷重(N)；

A——试样面积(cm^2)；

m——加压设备的杠杆比。

4.2 本试验记录格式如表 T 0127-1。

表 T 0127-1　膨胀力试验记录

工程名称＿＿＿＿＿＿　试 验 者＿＿＿＿＿＿

土样编号＿＿＿＿＿＿　计 算 者＿＿＿＿＿＿

仪器编号＿＿＿＿＿＿　校 核 者＿＿＿＿＿＿

土样说明　击实土样　试验日期＿＿＿＿＿＿

时间 (d h min)	荷重(铁砂总重 50N)			仪器变形量 (mm)	试验前后状态
	余砂量 (N)	平衡荷重 (N)	压力 (kPa)		
4　8(浸水)					试样面积＝30cm^2
10	48.2	1.8	7	0.01	环＋湿土质量＝172g
16	46.0	4.0	16	0.03	环＋试验后湿土质量＝175.8g
26	40.5	9.5	38	0.04	环＋干土质量＝159g
50	35.7	14.7	57	0.06	环的质量＝57g
10　14	33.1	16.9	68	0.07	起始含水率＝12.8%
58	31.1	18.9	76	0.08	试验后含水率＝16.2%
11　44	30.2	19.8	80	0.09	干密度＝1.7g/cm^3
12　36	29.7	20.3	82	0.09	比重＝2.72
14　42	29.5	20.5	82	0.09	孔隙比＝0.6
16　42	29.5	20.5	82	0.09	
膨胀力(kPa)	82	杠杆比 1∶12			

4.3　精密度和允许差

本试验应做两次平行测定，取其算术平均值，其平行差值应为：$P_e \geq 30$kPa 时不大于 5kPa；$P_e < 30$kPa 时不大于 2kPa；

5　报告

5.1　土的鉴别分类和代号。

5.2　土的膨胀力 p_e 值(kPa)。

需要指出的是，虽然人们在不断地探索膨胀土的工程性质，但是对膨胀土的工程应用的适应性以及试验方法的合理性仍未完全了解，例如：

(1)现场工程调查和试验分析表明，膨胀土地基上的结构物的裂缝，不仅与竖向胀缩变形有关，而且还与水平向的胀缩变形有关。

(2)工程施工期及其运行后环境干、湿变化特征，对工程建成运行后所产生的裂缝以及裂缝的发展关系密切。通常雨季施工的建筑物，随着旱季的到来，建筑结构的裂缝迅速发展。

(3)长期淋浴作用下的"膨胀土",其胀缩能力减弱,甚至丧失胀缩性能。这就是说,虽然从矿物本身的结晶格架特性上说,蒙脱石比高岭石具有更大的浸水膨胀性能,但是由于所处地区的气候环境不同以及雨水淋浴频率不同,其天然表层膨胀土的胀缩能力损失不同,即胀缩性能不同。长期以来人们试图得到天然膨胀土体的胀缩能力与蒙脱石、高岭石和伊利石这三种膨胀性矿物相对含量的关系,但是始终没有得到满意的结论,其原因就在于此。大量的现场调查和试验研究表明,天然表层膨胀土的胀缩性能与不同膨胀性矿物的相对含量或膨胀性矿物的种类没有根本的联系。当然深层未扰动的膨胀土的胀缩性能与膨胀性矿物的种类和相对含量有关。这里应当注意的是,大多公路工程建设都是地表工程建设,所接触的土体也多为地表土体。

(4)用现行常规取样技术采取"原状土"样,不能模拟和保持膨胀土样应力状态。因为此时土样的初始膨胀压力已降为零。土样结构已受到扰动。

(5)用现行常规饱和方法进行膨胀土样的饱和,不能模拟膨胀土的实际工况。因为这样的饱和过程已使膨胀土的初始膨胀总应力降为零。

(6)膨胀土的三维变形性能研究还不成熟。该类研究探讨,可以揭示膨胀土基上建筑结构的"不明"裂缝,对完善工程设计均有有益的帮助,并有较大的工程实际意义。

(7)膨胀土在三向应力作用下,垂直应变随土中含水率的增加,有四种典型形式,即单向胀缩型、双向胀缩型、单向有限膨胀型和单向压缩型。

(8)在一定范围的总应力和三向应力状态下,随着含水率的增加,变形稳定时的径向(水平向)应力大于竖向位移。

(9)一维膨胀变形试验,不能正确模拟地基土体的三维变形性状,其结果往往过高地估计了膨胀变形,忽视了对基础结构的水平拉裂。

(10)在实际工程中应注意正确区分变形的原因,例如由于过大的膨胀变形而导致建筑结构的破坏和由于浸水使强度降低而产生的三向变形,甚至屈服或剪切破坏而产生的变形。此外,还应注意滑坡的作用。

(11)在现行设计中,对建筑基础的变形(沉降)计算,大多只考虑试验的起始值和终了值,而忽视了变化过程,这样有可能造成过低地估计建筑基础的竖向变形的位移幅度(如单向胀缩型应力应变规律),而使设计失误。

(12)膨胀土的变形不仅具有应力路径的依附性,而且还具有初始含水量的依附性。也就是说,膨胀土的应力应变规律,不但与应力路径有关,而且还与起始含水量有关。

29 冻土试验

判断各种类型散粒土冻结的标准，是考察在适当温度下孔隙冰的结晶情况。土孔隙中冰结晶伴随着一系列非常复杂的物理化学现象和过程：水分迁移、土矿物颗粒冷凝冻结、孔隙溶液浓度增大等。这些现象和过程形成土的完全冻结，并使其具有不同于正常冻结时的特性，它是土的矿物颗粒被冻结起来的重要条件。但是，土中和其他散粒固体中的孔隙水要受到矿物颗粒表面电分子力的影响(至少在颗粒表面的头几层水膜里)，因此，土冷却时，并不是所有的水都转变为冰(冰晶)，而仅仅是那些与矿物颗粒表面相互作用力小于结晶力的水转变成冰，这种冰结晶力是在特殊的低于结冻温度下形成的。如果在土冷却时无冰形成，就没有理由称其为冻土。因此，我们用冻土这个术语来称呼那些在负温或结冻温度下，至少有部分水结冻并转变为冰的那些土、土壤及其他分散物质。如果土在低于结冻温度下，其孔隙水尚未结晶，则称此土为寒土；如果它们还含有强联结水或矿物水，在特殊的超结冻温度下未结冻，则称之为超冷却土。所有冰点以上的土均称之为未冻土，但如果它们有时结冻，迅即又融化，则称之为冻融土层。这样，就可依其孔隙水的相态构成分为三类：冻土、寒土、未冻土。

冻土常用术语及其含义见表 29-A。

表 29-A 冻土常用术语及其含义

常用术语	存在时间	常用术语	存在时间
永冻土	百年、百万年	季节冻土	一到两季
多年冻土	数年到数十年(不小于三年)	临时冻结土	数小时到数日(一般不存在)

如果冻土存在的时间，无须在术语上反映出来，我们即简单地称其为冻土(天然冻结或人工冻结)。这样，我们按照通俗的“永恒结冻”的概念，称长期(数百年)处于结冻状态的土为永冻土。而称多年结冻(至少是一代人的时间)的冻土为多年冻土。最后，称一季(冬季)冻结，并能保持一到二年的土壤和表层土为季节冻土。我们可将土的永冻状态看作是一种地质现象(例如，西伯利亚东北部永冻土层形成时间长达10 000～12 000，甚至 280 000 年)，而将多年冻土看成是当代现象，至于季节冻结状态，则看作是年季之间的正常现象，而临时短暂的冻结则是偶然的不正常季节冻结。

在概括描述冻土和冻土特性时，需要强调的是，冻土是矿物颗粒被冰所胶结(黏结)，冻土冰冻状态的绝大部分特性都可以由冻结温度来说明，并可计算具体的负温下冻土中的未冻水含率。

当冻土和永冻土用作各种建筑物的地基或材料时，最重要的是确定其冰含量及其所处物理状态范围。

1. 冻土分类

(1)冻土可按冰含量进行分类，见表29-B。

表29-B　冻土按冰含量分类

名　称	含冰量	名　称	含冰量
高含冰冻土	大于50%	低含冰量冻土	低于25%
中含冰冻土	25%～50%		

(2)冻土可按物理状态进行分类，见表29-C。

表29-C　冻土按物理状态分类

名　称	描　述
硬冻土(低温冻土)	由冰牢固胶结，实际上不可压缩
塑性冻土(高温冻土)	未冻水含量高，在结冻状态有较低的压缩性

除上述分类外，在前苏联建筑标准规范(CHиП，Ⅱ-Б，6-66)中还分出一种散冻土。这种冻土，即使在结冻温度以下，也不为冰所胶结，而呈松散的颗粒状，且孔隙含量很小。这种土中的含水率极低，实际上不具备冻结的条件，无论温度高或低，这种土的力学特性实际上无明显变化。事实上，将这种冻土划归为寒冷未胶结土更为恰当些。它应不属于冻土的范畴。

高含冰土：体积含冰率(冻土中冰体积与土体积之比)高于50%的冻土和永冻土，有适当的颗粒级配(黏土或粉质土)，具有流动性、流塑性或塑性，在融化时常发生塌陷。其特点是在融化状态承载力很低，而压缩性大(相对压缩系数 $a_r \geqslant$ 5kPa)。

低含冰土：体积含冰率低于25%，多余冰含量很少，含有黏土或粉质土，呈硬塑或半固体状态，压缩性较低(相对压缩系数约为 $R \leqslant 1$kPa)。

中等含冰土：体积含冰率为25%～50%，其特性介于前两类土之间。

硬冻土：为空隙冰所牢固胶结，其温度低至足以使其中大部分水冻结。前苏联建筑标准规范中列出了硬冻土的近似温度界限，见表29-D。

表 29-D　硬冻土的近似温度界限

土　　名	近似温度界限(℃)	说　　明
粉砂	−0.3	
砂壤土	−0.6	
壤土	−1.0	
黏土	−0.5	
仅适用于颗粒不太细的黏土	−1.5	常常带有细颗粒，其中有高岭土矿物成分
非常细的黏土	−5 甚至−7	主要含有蒙脱土成分

硬冻土的特征是碎颗粒较脆，在小荷载（小于 0.5～1MPa）作用下实际上不可压缩（相对压缩系数 $R<0.01$kPa）。

塑性冻土：由于有高含水率（通常土中水含量大于饱和含水率）而具有黏性，并且在结冻状态有较高的压缩性。所有的高温冻结黏土和壤土，在高于硬冻土状态的冻结点以下温度时均属于塑性冻土。这类冻土还包括完全为水和冰饱和的高压缩性（$d_r>10$kPa）冻土以及总含水率低于 0.8%（包括各种形态水）的具有较小压缩性的（$d_r=0.1\sim1.0$kPa）高温冻土。这类冻土甚至在保持地基为结冻状态下也会造成地基和基础的显著沉陷。

2. 影响冻土力学性能的因素

冻土是一种奇特的天然材料，在冻土上兴建构筑物，必须事先估算冻土的应力变化及其极限值、冻土变形能力沿其深度的变化以及通过冻土特征试验确定冻土的其他力学性能指标。其中包括强度指标（抗压、抗剪和抗冻结强度）和土体在冻融状态时的变形模量等。

冻土的工程性质对外界扰动的影响非常敏感，这种影响作用的数量或性质以及作用时间的微小变化，都将影响到冻土的力学性能。因此，在冻土地区进行工程设计必须考虑冻土的力学特性变化（例如有关建筑基础和地基处理的设计以及地下工程设计等）以及这些变化带来的的影响。也就是说，应考虑到冻土的不稳定性，正确确定冻土力学性能设计指标，合理预估所建工程在使用年限内地基或填筑体的力学性能可能发生的变化。这些对于冻土上的工程建设极为重要。

影响冻土及冻融土的力学性能不稳定的因素有：

(1)在自然条件下以及上部建筑物作用下，地基土温度的变化；

(2)在各种内外因素作用下，冻土及冻融土应力状态的变化；

(3)影响冻土和冻融土应力衰减和蠕变的荷载作用的时间等。

3. 永冻土层的温度变化

一般来说，永冻土的温度变化在天然条件下不明显，但是永冻土层的温度在垂直方向上的分布规律较明显，且不均匀。这种不均匀性使永冻土层变成了多相体。众所周知，冻土的温度越低其抵抗外力的能力就越高，而其变形就越小。温度对冻土的力学特性影响能力是根据水的相态转化而变化（不同类型的水其相态转化温度不同）。

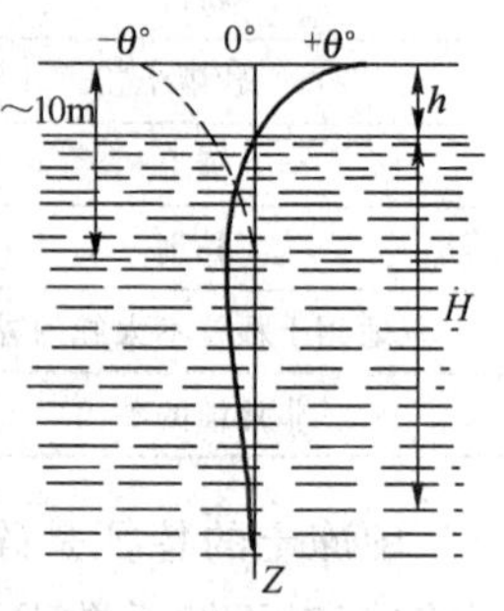

图 29-A 永冻土层温度变化示意图

图 29-A 所示为一永冻土层温度变化示意图。从图中可以看出，在季节融化深度 h 之内，温度的垂向分布不是常数，而且季节变化是由正温度向负温度变化；在季节层中温度变幅高于其下某一具体永冻土层的温度变幅。在永冻土上界（冻土夏季融化的最大深度）之下，土温总是在摄氏零度或低于摄氏零度；温度变化范围可达 10m，进入季节融化层以下一定范围。最后，在一定深度上，冻土层温度渐渐回升到 0℃，在这以下，温度曲线便进入正温的变化范围。必须指出，在温度曲线的下部区域里，土虽然有略低的负温度，但它并未结冻，这是因为由于上复层的重压存在，水结冻温度下降，因而它将没有冰形成。土层将只含有超冷却水，这种水在具体温度下并未结冻。

从永冻土的顶部到永冻土的底部高度 H 决定了永冻土层的厚度。

永冻土区的夏季融化深度（图 29-A 中的 h）以及永冻土区以外相应的冬季结冻深度 h' 是土季节温度变化（从正温变化到负温，从负温变化到正温）带的一个很重要的特征值，就是说，这一带将经受周期性的冻融循环，并有一系列复杂的物理和物理力学的过程和现象出现（有时是非常强烈的），这些均将影响到结构基础埋置深度以及基础设计的其他特点。在工程界，称此冬季结冻、夏季融化的年变化层为活动层。

研究冻土内的力学过程（如活动层中冻结和融化，永冻土层中在外部干扰作用下存在的力学过程及其上复层中出现的力学过程），研究正结冻土、冻结土和融化土的强度、稳定性及变形，以及结构和永冻土间应力应变相互作用等均是冻土力学所研究的课题。由于西部开发的需要，因而随着永冻土区公路工程以及其他类型工程建设的不断发展，必将促进对冻土工程问题的进一步研究。

作为工程冻土学的理论基础，冻土力学主要提供了一些物理学原理，以便使人们了解在冻土冻结和融化中发生的现象和过程，因此，它才是有实际意义的。

T 0179—2007 冻土密度浮称法试验

冻土密度试验宜在负温环境下进行。无负温环境时,应采取保温措施和快速测定。在试验过程中,冻土表面不得发生融化。

1 目的和适用范围

1.1 冻土密度是冻土单位体积的质量,它是冻土的基本物理特性指标之一。冻土密度试验应根据冻土的特点和试验条件选用不同的试验方法。本试验方法适用于原状冻土和人工冻土。

1.2 浮称法适用于表面无显著孔隙的冻土。

冻土密度是冻土的基本物理指标之一。它是冻土地区工程建设中计算土的冻结或融化深度、冻胀或融沉、冻土热学和力学指标、验算冻土地基强度等所需的重要指标。测定冻土的密度,关键是准确测定试样的体积。

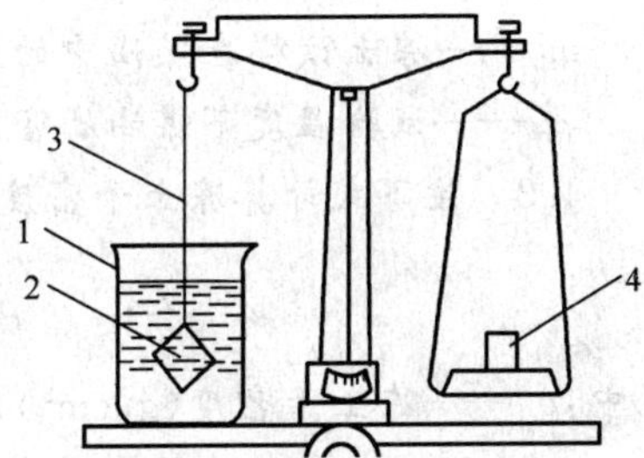

图 T 0179-1 浮重天平
1-盛液筒;2-试样;3-细线;4-砝码

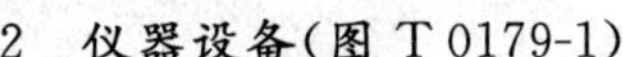
2 仪器设备(图 T 0179-1)

2.1 天平:称量 1 000g,分度值 0.1g。

2.2 液体密度计:分度值为 0.001g/cm^3。

2.3 温度计:测量范围为-30~+20℃,分度值为 0.1 ℃。

2.4 量筒:容积为 1 000mL。

2.5 盛液筒:容积为 1 000~2 000mL。

3 试验步骤

3.1 调整天平,将盛液筒置于天平一端。

3.2 切取质量为 300~1 000g 的冻土试样,用细线捆紧,放入盛液筒中并悬吊在天平挂钩上称量,准确至 0.1g。

3.3 将事先预冷接近冻土试样温度的煤油缓慢注入盛液筒,液面宜超过试样顶面 2cm,并用温度计量测煤油温度,准确至 0.1 ℃。

3.4 称取试样在煤油中的质量,准确至 0.1g。

3.5 从煤油中取出冻土试样,削去表层带煤油的部分,然后按规定取样测定冻土的含水率。

3.6 采用 0℃水时,应快速测定,试样表面不得发生融化。

考虑到国内不少单位没有低温试验室,故规定无负温环境时应保持试验过程中试样表面不得发生融化,以免改变冻土的体积。

4　结果整理

4.1　按下列两式计算冻土密度 ρ_f：

$$\rho_f = \frac{m_1}{V} \tag{T 0179-1}$$

$$V = \frac{m_1 - m_2}{\rho_m} \tag{T 0179-2}$$

式中：ρ_f——冻土密度（g/cm^3），计算至 0.01；

V——冻土试样体积（cm^3）；

m_1——冻土试样质量（g）；

m_2——冻土试样在煤油中的质量（g）；

ρ_m——试验温度下煤油的密度（g/m^3）。可由煤油密度与温度关系曲线查得。

4.2　按下式计算冻土干密度：

$$\rho_{fd} = \frac{\rho_f}{1 + 0.01w} \tag{T 0179-3}$$

式中：ρ_{fd}——冻土干密度（g/cm^3），计算至 0.01；

w——冻土的含水率（%）。

4.3　本试验记录格式如表 T 0179-1。

表 T 0179-1　冻土密度试验记录表（浮称法）

工程名称＿＿＿＿＿＿＿　　试验者＿＿＿＿＿＿＿

钻孔编号＿＿＿＿＿＿＿　　计算者＿＿＿＿＿＿＿

试验日期＿＿＿＿＿＿＿　　校核者＿＿＿＿＿＿＿

试样编号	土样描述	煤油温度（℃）	煤油密度（g/cm^3）	试样质量（g）	试样在煤油中质量（g）	试样体积（cm^3）	密度（g/cm^3）	平均值（g/cm^3）
		(1)	(2)	(3)	(4)	(5)	(6)	(7)
						$\frac{(3)-(4)}{(2)}$	$\frac{(3)}{(5)}$	

4.4　试验应进行不少于两组平行试验。对于整体状构造的冻土，两次测定的差值不应大于 $0.03g/cm^3$，并取其算术平均值；对于层状和网状构造和其他富冰冻土，宜提供两次测定值。

5　报告

5.1　冻土的鉴别分类和代号。

5.2 冻土的密度 ρ_f 值。

5.3 冻土的干密度 ρ_{fd} 值。

T 0180—2007 冻土密度浮力法试验

本试验与(T 0179—2007)具有相同的物理试验原理。前者是测量物体放入液体后液体质量的增加量(即物体所受到的浮力),而后者是测量物体受到液体浮力作用后的质量。

冻土密度试验宜在负温环境下进行。无负温环境时,应采取保温措施和快速测定。在试验过程中,冻土表面不得发生融化。

1 目的和适用范围

浮力法适用于表面无显著孔隙的冻土。本试验方法适用于原状冻土和人工冻土。

冻土密度是冻土的基本物理指标之一。它是冻土地区工程建设中计算土的冻结或融化深度、冻胀或融沉、冻土热学和力学指标、验算冻土地基强度等所需的重要指标。测定冻土的密度,关键是准确测定试样的体积。

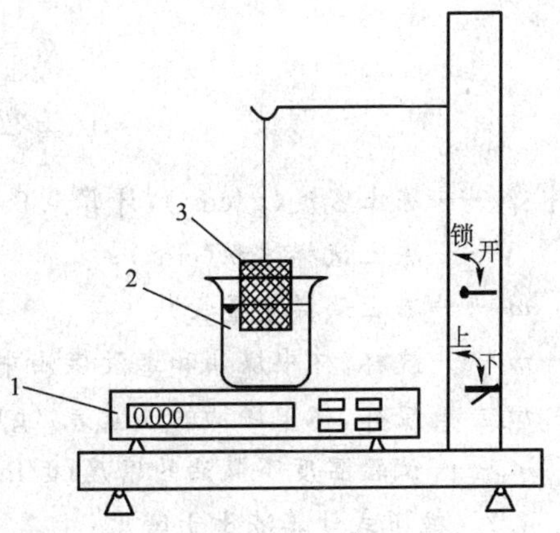

图 T 0180-1 浮力仪

1-电子天平;2-盛液筒;3-金属网篮

2 仪器设备

2.1 浮力仪(含电子天平)(图 T 0180-1):称量大于 1 000g 以上,感量 0.001g。

2.2 液体密度计:分度值为 0.001g/cm³。

2.3 温度计:测量范围为－30～＋20℃,分度值为 0.1 ℃。

2.4 量筒:容积为 1 000mL。

2.5 盛液筒:容积为 1 000～2 000mL。

3 试验步骤

3.1 调整天平,将盛液筒置于天平上。

3.2 切取质量为 300～1 000g 的冻土试样,称重量 m_1,准确至 0.1g。用细线捆紧,放入盛液筒中并悬吊在挂钩上。

3.3 将事先预冷接近冻土试样温度的煤油缓慢注入盛液筒,液面宜超过试样顶面 2cm,并用温度计量测煤油温度,准确至 0.1 ℃。

3.4 称烧杯、杯中煤油和悬没煤油中的试样的总质量 m_2，准确至0.1g。

3.5 从煤油中取出冻土试样，削去表层带煤油的部分，然后按规定取样测定冻土的含水率 w。

考虑到国内不少单位没有低温试验室，故规定无负温环境时应保持试验过程中试样表面不得发生融化，以免改变冻土的体积。

4 结果整理

4.1 按下式计算冻土密度：

$$\rho_f = \frac{m_1}{V} \tag{T 0180-1}$$

$$V = \frac{m_2 - m_3}{\rho_m} \tag{T 0180-2}$$

式中：ρ_f——冻土密度(g/cm³)，计算至0.001；

V——冻土试样体积(cm³)；

m_1——冻土试样质量(g)；

m_2——烧杯、杯中煤油和悬没煤油中的冻土试样的总质量 m_2(g)；

m_3——烧杯、杯中煤油的质量 m_3(g)；

ρ_m——试验温度下煤油的密度(g/m³)。可由煤油密度与温度关系曲线查得。

4.2 按下式计算冻土干密度：

$$\rho_{fd} = \frac{\rho_f}{1 + 0.01w} \tag{T 0180-3}$$

式中：ρ_{fd}——冻土干密度(g/cm³)，计算至0.001；

ρ_f——冻土密度(g/cm³)；

w——冻土含水率(%)。

4.3 本试验记录格式如表T 0180-1。

表T 0180-1 冻土密度试验记录表(浮力法)

工程名称＿＿＿＿＿＿＿＿＿＿＿＿　　试验日期＿＿＿＿＿＿

试 验 者＿＿＿＿＿＿　　计算者＿＿＿＿＿＿　　校 核 者＿＿＿＿＿＿

野外编号	室内编号	温度 T (℃)	某一温度下煤油的比重	冻土质量 m_1 (g)	烧杯、杯中水和悬没煤油中的冻土试样的浮力 m_2 (g)	烧杯和杯中水的质量 m_3 (g)	冻土密度 ρ_f (g/cm³)	冻土密度平均值 $\overline{\rho_f}$ (g/cm³)
		(1)	(2)	(3)	(4)	(5)	(6)	(7)
	1							
	2							

4.4 试验应进行不少于两组平行试验。对于整体状构造的冻土，两次测定的差值不应大于0.03g/cm³，并取其算术平均值；对于层状和网状构造和其他富冰冻土，宜提供两次测定值。

5 报告

5.1 冻土的鉴别分类和代号。

5.2 冻土的密度ρ_f值。

5.3 冻土的干密度ρ_{fd}值。

T 0181—2007 冻土密度联合测定法试验

冻土的基本构造有整体状、层状和网状，不同构造的冻土的均匀性差别较大。因此，冻土密度平行试验的差值较之融土密度平行试验的差值要大。整体状的冻土的结构一般比较均匀，故要求平行试验差值为0.03g/cm³，与融土试验的规定一致；而层状和网状构造冻土的结构均匀性差，平行试验的差值往往大于0.03g/cm³，此时，可以提供试验值的范围。

1 目的和适用范围

联合测定法适用于砂质土和层状、网状结构的黏质冻土。本试验方法适用于原状冻土和人工冻土。

联合测定法是采用一个试样，同时测定密度和含水率两个指标。这种方法对冻土更为适用。由于冻土的结构极不均匀，用一般方法分别取试样测定冻土的含水率和密度，往往使这些指标间彼此不协调。用联合测定法同时测定含水率和密度，能克服分别测定时存在的缺点，使试验资料彼此协调。

联合测定法是通过量测已知质量的试样所排开水的体积来求得重度(或密度)，并利用颗粒比重来计算含水率。在计算中取水的密度为1g/cm³，温度对水的密度的影响可以忽略不计。

联合测定法只适用于易分散的层状和网状结构的黏质土和砂质土。

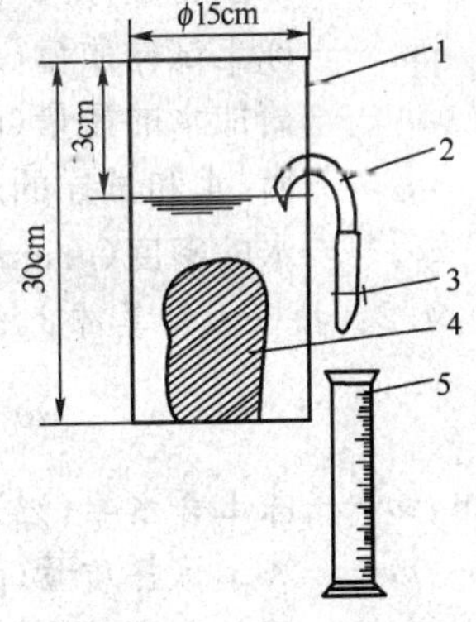

图 T 0181-1 排液筒装置示意图

1-排液筒；2-虹吸管；3-止水夹；4-冻土试样；5-量筒

2 仪器设备

2.1 排液筒：见图 T 0181-1。

2.2 台秤：称量：5kg，分度值1g。

2.3 量筒：容量1 000mL，分度值10mL。

3 试验步骤

3.1 将排液筒置于台秤上，拧紧虹吸管止水夹。排液筒在台秤上的位置，在试验过程中不得移动。

3.2 取约为1 000～1 500g的冻土试样，并称质量。

3.3 将接近0℃的清水缓慢倒入排液筒，使水面超过虹吸管顶。

3.4 松开虹吸管的止水夹，使排液筒中的水面徐徐下降，待水面稳定和虹吸管不再出水时，拧紧止水夹，称排液筒和水的质量。

3.5 将冻土试样轻轻放入排液筒中，随即松开止水夹，使排液筒中的水流入量筒内。

3.6 水流停止后，拧紧止水夹，立即称排液筒、水和试样质量。同时测读量筒中水的体积，用以校核冻土试样的体积。

3.7 使冻土试样在排液筒内充分融化成松散状态，澄清。补加清水使水面超过虹吸管顶。

3.8 松开止水夹，排水。当水流停止后，拧紧止水夹，并称排液筒、水和土颗粒质量。

3.9 在试验过程中应保持水面平稳，在排水和放入冻土试样时排液筒不得发生上下剧烈晃动。

4 结果整理

4.1 按下式计算冻土密度：

$$\rho_f = \frac{m}{m + m_1 - m_2}\rho_w \qquad (T\ 0181\text{-}1)$$

式中：ρ_f——冻土密度(g/cm^3)，计算至0.01；

m——冻土试样质量(g)；

m_1——筒加水的质量(g)；

m_2——筒、水和试样的质量(g)；

ρ_w——水的密度(g/cm^3)。

4.2 按下式计算冻土含水率：

$$w = \left[\frac{m(G_s - 1)}{(m_3 - m_1)G_s} - 1\right] \times 100 \qquad (T\ 0181\text{-}2)$$

式中：w——冻土含水率(%)，计算至0.1；

m——冻土试样质量(g)；

m_1——筒加水的质量(g)；

m_3——筒、水和土颗粒的质量(g)；

G_s——土颗粒的比重，可实测也可采用经验值。

4.3 本试验记录格式如表 T 0181-1。

表 T 0181-1 冻土密度和含水率试验记录表(联合测定法)

工程名称＿＿＿＿＿＿ 试验者＿＿＿＿＿＿

钻孔编号＿＿＿＿＿＿ 计算者＿＿＿＿＿＿

试验日期＿＿＿＿＿＿ 校核者＿＿＿＿＿＿

试样编号	试样质量 m (g)	筒加水质量 m_1 (g)	筒加水加土样质量 m_2 (g)	筒加水加土颗粒质量 m_3 (g)	土粒比重 G_s	土样体积 V (cm^3)	密度 ρ_f (g/cm^3)	含水率 w (%)
	(1)	(2)	(3)	(4)	(5)	(6)	(7)	(8)
						$\frac{(1)+(2)+(3)}{\rho_w}$	$\frac{(1)}{(6)}$	$\frac{(1)\times[(5)-1]}{[(4)-(2)]\times(5)}-1$

4.4 精密度和允许差

4.4.1 冻土密度试验应进行不少于两组平行试验。对于整体状构造的冻土,两次测定的差值不应大于 0.03g/cm^3,并取其算术平均值;对于层状和网状构造和其他富冰冻土,宜提供两次测定值。

4.4.2 冻土含水率试验须进行二次平行测定,取其算术平均值。允许平行差值应符合表 T 0181-2 规定。

表 T 0181-2 冻土含水率测定的允许平行差值

含水率(%)	允许平行差值(%)
5 以下	0.3
40 以下	≤1
40 以上	≤2

5 报告

5.1 冻土的鉴别分类和代号。

5.2 冻土的密度 ρ_f 值。

5.3 冻土的含水率 w 值。

冻土密度试验宜在负温环境下进行。无负温环境时,应采取保温措施和快速测定。在试验过程中,冻土表面不得发生融化。

冻土密度是冻土的基本物理指标之一。它是冻土地区工程建设中计算土的冻结或融化深度、冻胀或融沉、冻土热学和力学指标、验算冻土地基强度等所需的重要指标。测定冻土的密度,关键是准确测定试样的体积。

考虑到国内不少单位没有低温试验室，故规定无负温环境时应保持试验过程中试样表面不得发生融化，以免改变冻土的体积。

冻土的基本构造有整体状、层状和网状，不同构造的冻土的均匀性差别较大。因此，冻土密度平行试验的差值较之融土密度平行试验的差值要大。整体状的冻土的结构一般比较均匀，故要求平行试验差值为0.03g/cm^3，与融土试验的规定一致；而层状和网状构造冻土的结构均匀性差，平行试验的差值往往大于0.03g/cm^3，此时，可以提供试验值的范围。冻土含水率二次平行试验的允许差与融土试验的规定一致。

T 0182—2007　冻土密度环刀法试验

1　目的和适用范围

环刀法适用于温度高于－3℃的黏质和砂质冻土。本试验方法适用于原状冻土和人工冻土。

2　仪器设备

2.1　环刀：容积应大于或等于500cm^3。

2.2　天平：称量2 000g，分度值0.2g。

2.3　其他：切土器、钢丝锯等。

为了适应冻土结构的不均匀性，所用环刀容积要大一些，但太大会增加取样的困难。环刀尺寸国外有的采用直径为100～120mm，高度为80～100mm。本规程规定不宜小于500cm^3。

3　试验步骤

3.1　本试验宜在负温环境中进行。无负温环境时，必须快速进行。切样和试验过程中的试样表面不得发生融化。

3.2　取原状土样，整平其两端，将环刀刃口向下放在土样上。

3.3　用切土刀（或钢丝锯）将土样削成略大于环刀直径的土柱，然后将环刀垂直下压，边压边削，至土样伸出环刀为止。将两端余土削去修平，取剩余的代表性土样测定含水率。

3.4　擦净环刀外壁称量环刀加湿土质量m_1和环刀质量m_2，计算出湿土质量m，准确至0.2g。

4　结果整理

4.1　按下列两式计算冻土密度和干密度：

$$\rho_f = \frac{m}{V} \tag{T 0182-1}$$

$$\rho_{fd} = \frac{\rho_f}{1 + 0.01w} \tag{T 0182-2}$$

$$m = m_1 - m_2$$

式中：ρ_f——密度(g/cm³)，计算至0.01；

ρ_{fd}——干密度(g/cm³)，计算至0.01；

V——湿土体积(cm³)；

m_1——环刀加湿土质量(g)，准确至0.2；

m_2——环刀质量(g)，准确至0.2；

m——湿土质量(g)；

w——含水率(%)。

4.2　本试验记录格式如表T 0182-1。

表T 0182-1　冻土密度试验记录表(环刀法)

工程名称＿＿＿＿＿＿　试验者＿＿＿＿＿＿

钻孔编号＿＿＿＿＿＿　计算者＿＿＿＿＿＿

试验日期＿＿＿＿＿＿　校核者＿＿＿＿＿＿

试样编号	土样描述	试样体积(cm³)	湿土质量(g)	湿密度(g/cm³)	含水率(%)	干密度(g/cm³)	平均干密度(g/cm³)
		(1)	(2)	$(3)=\frac{(2)}{(1)}$	(4)	$(5)=\frac{(3)}{1+0.01\times(4)}$	(6)

4.3　精密度和允许差

本试验应进行两次平行试验。其平行差值不应大于0.03g/cm³。取其算术平均值。

5　报告

5.1　冻土的鉴别分类和代号。

5.2 冻土的密度 ρ_f 值。

5.3 冻土的干密度 ρ_{fd} 值。

冻土密度试验宜在负温环境下进行。无负温环境时,应采取保温措施和快速测定。在试验过程中,冻土表面不得发生融化。

冻土密度是冻土的基本物理指标之一。它是冻土地区工程建设中计算土的冻结或融化深度、冻胀或融沉、冻土热学和力学指标、验算冻土地基强度等所需的重要指标。测定冻土的密度,关键是准确测定试样的体积。

考虑到国内不少单位没有低温试验室,故规定无负温环境时应保持试验过程中试样表面不得发生融化,以免改变冻土的体积。

T 0183—2007 冻土密度充砂法试验

1 目的和适用范围

充砂法用于表面有明显孔隙的冻土。本试验方法适用于原状冻土和人工冻土。

2 仪器设备

2.1 金属测筒:内径宜用 15cm,高度宜用 13cm。

2.2 量砂:粒径 0.25～0.5mm 的干净标准砂。

2.3 漏斗:上口直径可为 15cm,下口直径为 1.5cm,高度为 10cm。

2.4 天平:称量 5 000g,分度值 1g。

3 试验步骤

3.1 切取冻土试样。试样宜取直径为 8～10cm 的圆形或 $l \times b \times h$[(8～10cm)×(8～10cm)×(8～10cm)]的方体。试样底面必须削平。称试样质量。

3.2 将试样平面朝下放入测筒内。试样底面与测筒底面必须接触紧密。

3.3 用标准砂充填冻土试样与筒壁之间的空隙和试样顶面。

3.3.1 取一定量的清洗干净校准后的干燥标准砂。标准砂的温度应接近冻土试样的温度。

3.3.2 用漏斗架将漏斗置于测筒上方。漏斗下口与测筒上口应保持 5～10cm 的距离。

3.3.3 用薄板挡住漏斗下口,并将标准砂充满漏斗后移开挡板,使砂充入测筒。与此同时,不断向漏斗补充标准砂,使砂面始终保持与漏斗上口齐平。在充砂过程中不得敲击或振动漏斗和测筒。

3.3.4 当测筒充满标准砂后,移开漏斗,轻轻刮平砂面,使之与测筒上口齐平。在刮砂过程中不应将砂压密。

3.4 称测筒、试样和充砂的总质量。

4 结果整理

4.1 按下列三式计算冻土密度：

$$\rho_f = \frac{m}{V} \tag{T 0183-1}$$

$$V = V_0 - \left(\frac{m_3 - m_1 - m}{\rho_s}\right) \tag{T 0183-2}$$

$$\rho_s = \frac{m_2 - m_1}{V_0} \tag{T 0183-3}$$

式中：ρ_f——冻土密度（g/cm^3），计算至 0.01；

m——冻土试样质量(g)；

V——试样体积（cm^3）；

V_0——测筒容积（cm^3）；

m_1——测筒质量(g)；

m_2——筒、砂总质量(g)；

m_3——测筒、试样和量砂的总质量(g)；

ρ_s——量砂的密度（g/cm^3）。

4.2 本试验记录格式如表 T 0183-1。

表 T 0183-1 冻土密度试验记录表(充砂法)

工程名称________ 试验者________

钻孔编号________ 计算者________

试验日期________ 校核者________

试样编号	测筒质量(g)	试样质量(g)	测筒、试样加量砂质量(g)	量砂质量(g)	量砂密度(g/cm^3)	测筒容积(cm^3)	试样体积(cm^3)	冻土密度(g/cm^3)	平均密度(g/cm^3)
	(1)	(2)	(3)	(4)	(5)	(6)	(7)	(8)	(9)
				(3)−(1)−(2)			$(6)-\frac{(4)}{(5)}$	$\frac{(2)}{(7)}$	

4.3 精密度和允许差

本试验需进行两次平行测定，其平行差值不大于 0.03g/cm^3，取算术平均值。

5 报告

5.1 冻土的鉴别分类和代号。

5.2 冻土的密度 ρ_f 值。

为了适应冻土结构的不均匀性，所用环刀容积要大一些，但太大会增加取样的困难。环刀尺寸国外有的采用直径为 100～120mm，高度为 80～100mm。本规程规定环刀容积不宜小于 $500cm^3$。

冻土密度试验宜在负温环境下进行。无负温环境时，应采取保温措施和快速测定。在试验过程中，冻土表面不得发生融化。

冻土密度是冻土的基本物理指标之一。它是冻土地区工程建设中计算土的冻结或融化深度、冻胀或融沉、冻土热学和力学指标、验算冻土地基强度等所需的重要指标。测定冻土的密度，关键是准确测定试样的体积。

考虑到国内不少单位没有低温试验室，故规定无负温环境时应保持试验过程中试样表面不得发生融化，以免改变冻土的体积。

T 0184—2007 冻结温度试验

1 目的和适用范围

本试验的目的是用量热法测定土体的冻结温度。本试验方法适用于原状和扰动的黏质土和砂质土。

土的冻结是以土中孔隙水结晶为表征。冰结温度是判别土是否处于冻结状态的指标。纯水的结冰温度为 0 ℃，土中水分由于受到土颗粒表面能的束缚且含有化学物质，其冻结温度均低于 0 ℃。土的冻结温度主要取决于土颗粒的分散度、土中水的化学成分和外加载荷。

2 仪器设备

本试验采用热电偶测温法，因此需要零温瓶和低温瓶。若采用贝克曼温度计（分辨度为 0.05 ℃、量程为 −10℃～＋20℃）测温，则可省略温瓶、数字表和热电偶。

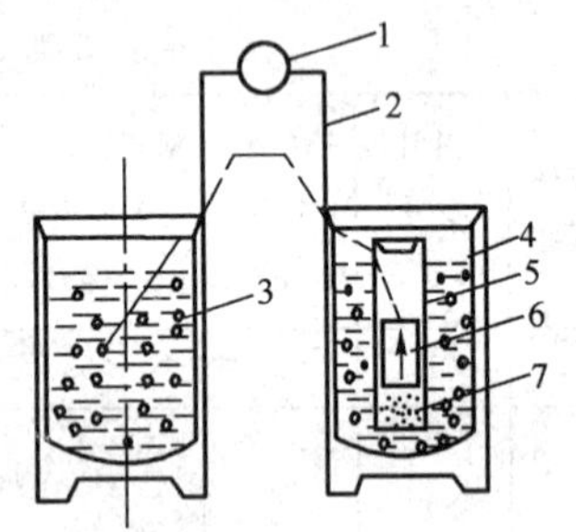

图 T 0184-1 冻结温度试验装置示意图

1-数字电压表；2-热电偶；3-零温瓶；4-低温瓶；5-塑料管；6-试样杯；7-干砂

2.1 仪器设备包括零温瓶、低温瓶、测温设备及试样杯等，如图 T 0184-1 所示。

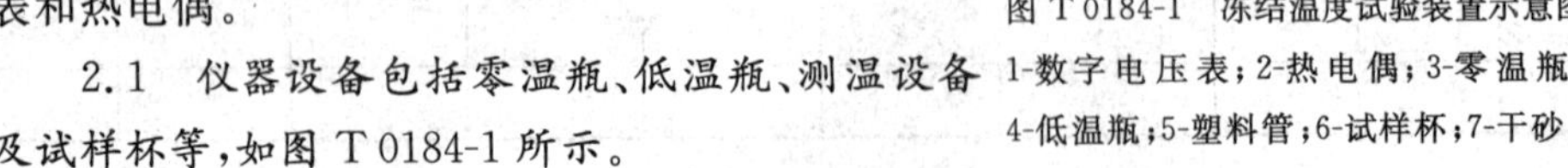

2.1.1 零温瓶：容积为 3.57L，内盛冰水混合物（其温度应为 0℃±0.1℃）。

2.1.2 低温瓶：容积为 3.57L，内盛低融冰晶混合物，其温度宜为 −7.6 ℃。

2.1.3 测温设备:由热电偶和数字电压表组成。热电偶宜用0.2mm的铜和康铜线材制成。数字电压表:量程2mV,分度值为1μV。

2.1.4 试样杯:用黄铜制成,直径3.5cm,高5cm,带有杯盖。

2.1.5 其他:用于配制低融冰晶混合物的氯化钠、氯化钙,硬质聚氯乙烯管(直径5cm,长25cm),切土刀等。

3 试验步骤

3.1 原状土试验

3.1.1 土样应按自然沉积方向放置。剥去蜡封和胶带,开启土样筒取出土样。

3.1.2 试样杯内壁涂一薄层凡士林,杯口向下放在土样上。将试样杯垂直下压,并用切土刀沿杯外壁切削土样。边压边削至土样达到试样杯高度,用钢丝锯整平杯口,擦净外壁,盖上杯盖,并取余土测定含水率。

3.1.3 将热电偶的测温端插入试样中心,杯盖周侧用硝基漆密封。

3.1.4 零温瓶内装入用纯水制成的冰块,冰块直径应小于2cm,再倒入纯水,使水面与冰块面相平,然后插入热电偶零温端。

3.1.5 低温瓶内装入用浓度2mol/L氯化钠等溶液制成的盐冰块,其直径应小于2cm,再倒入相同浓度的氯化物溶液,使之与冰块面相平。

3.1.6 将封好底且内装5cm高干砂的塑料管插入低温瓶内,再把试样杯放入塑料管内。然后,塑料管口和低温瓶口分别用橡皮塞和瓶盖密封。

3.1.7 将热电偶测定端与数字电压表相连,每分钟测量一次热电势,当电势值突然减少并连续3次稳定在某一数值(相应的温度即为冻结温度),试验结束。

土中的液态水变成固态的冰这一结晶过程大致要经历三个阶段:先形成很小的分子集团,称为结晶中心或称生长点(germs);再由这种分子集团生长变成稍大一些团粒,称为晶核(nucleus);最后由这些小团粒结合或生长,产生冰晶(icecrystal)。从冻结过程的温度曲线上,可以看出:第一阶段,土体开始冷却和过冷,此时土中尚未冻结成冰,其持续时间取决于土中的水量和冷却速度;第二阶段,土中冰晶已形成,由于水结晶而放出大量的潜热,使土体温度剧烈上升;第三阶段,孔隙水结冰阶段,这阶段中土体的稳定温度就是土中水的冻结温度。所以,土中水冰结的时间过程一般须经历过冷、跳跃、恒定及降低阶段,见图T 0184-A。当出现跳跃时,热电势会突然减小,接着稳定在某一数值,此即为开始冻结。因而本规程规定:“当电热值突然减小并连续3次稳定在某一数值(相应的温度即为冻结温度),试验结束”。

3.2 扰动冻土试验

3.2.1 称取风干土样，平铺于搪瓷盘内，按所需的加水量将纯水均匀喷洒在土样上，充分拌匀后装入盛土器内盖紧，润湿24h(砂质土的润湿时间可酌减)。

3.2.2 将制配好的土样装入试样杯中，以装实装满为止。杯口加盖。将热电偶测温端插入试样中心。杯盖周侧用硝基漆密封。

3.2.3 按本试验3.1.4～3.1.7的规定进行试验。

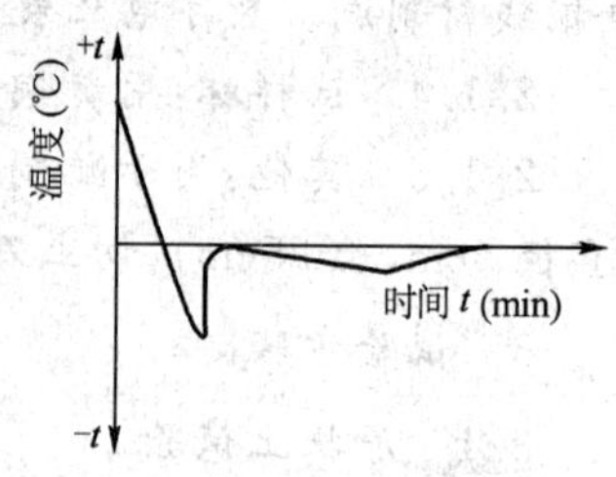

图 T 0184-2 土的冻结过程曲线

4 结果整理

4.1 按下式计算冻结温度：

$$T=\frac{V}{K} \tag{T 0184-1}$$

式中：T——冻结温度(℃)，计算至0.1；

V——热电势跳跃后的电压稳定值(μV)；

K——热电偶的标定系数(℃/μV)。

4.2 绘制温度和时间过程曲线，如图T 0184-2。

4.3 本试验记录格式如表T 0184-1。

表 T 0184-1 冻结温度试验记录表

工程名称＿＿＿＿＿＿ 试验者＿＿＿＿＿＿

钻孔编号＿＿＿＿＿＿ 计算者＿＿＿＿＿＿

试验日期＿＿＿＿＿＿ 校核者＿＿＿＿＿＿

热电偶编号：	热电偶系数 K		(℃/μV)	
序号	历时 (min)	电压表示值 (μV)	实际温度 (℃)	备注
	(1)	(2)	(3)	
	—	—	(2)/K	

5 报告

5.1 冻土的鉴别分类和代号。

5.2 冻土的冻结温度 t 值。

T 0185—2007 冻土导热系数试验

1 目的和适用范围

导热系数是表示土体导热能力的指标。本试验的目的是用稳态比较法测定冻土的导热系数。本试验方法适用于扰动的黏质土和砂质土。

冻土导热系数是在单位厚土层,其层面温度相差1 ℃时,单位时间内在单位面积上通过的热量,它表示土体导热能力的指标。其表达式为:

$$\lambda = q\frac{\Delta h}{\Delta t} \qquad (\text{T 0185-A})$$

式中:λ——冻土导热系数[W/(m·K)];

q——单位时间通过单位面积的热量[J/(m²·s)];

Δh——土层厚度(m);

Δt——层面温差(℃)。

导热系数用于土体冻融深度、热量周转、温度场计算以及冻土地区与建筑工程有关的热工计算中。因此,在土的热物理指标中占有相当重要的位置。

导热系数的测定方法分两大类:稳定态法和非稳定态法。稳定态法测定时间较长,但试验结果的重要性较好;非稳定态法具有快速特点,但结果重复性较差。因此,本试验采用稳定态法。稳定态法中,通常使用热电流计法,但国产热电流计的性能欠佳,故采用比较法,采用导热系数稳定的物质作为标准试样。

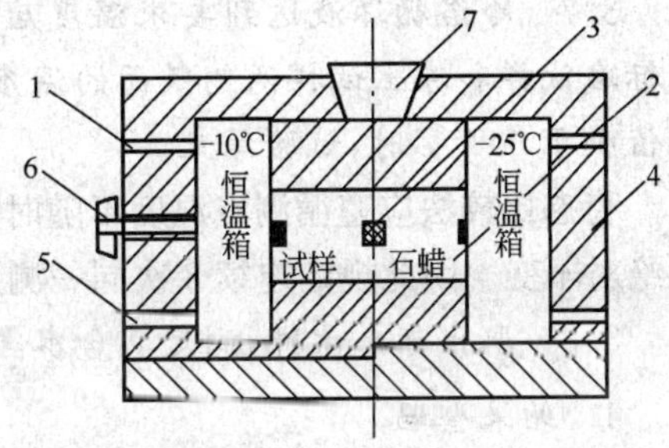

图 T 0185-1 导热系数试验装置示意图

1-冷浴循环液出口;2-试样盒;3-热电偶;4-保温材料;5-冷浴循环液进口;6-夹紧螺杆;7-保温盖

2 仪器设备

试验装置由恒热系统、测温系统和试样盒组成。见图 T 0185-1。

2.1 恒温系统:由两个尺寸为,$l \times b \times h$(50cm×20cm×50cm)的恒温箱和两台低温循环冷浴组成。恒温箱与试样盒接触面应采用5mm厚的平整铜板。两个恒温箱分别提供两个不同的负温环境(−10 ℃和−25 ℃)。恒温准确度应为±0.1 ℃。

2.2 测温系统:由热电偶、零温瓶和量程为2mV、分度值1μV的数字电压表组成。

2.3　试样盒：两只，其外形尺寸均为，$l \times b \times h$(25cm×25cm×25cm)，盒的两侧为厚5mm的平整铜板。试样盒的另两侧、底面和上端盒盖应采用尺寸为25cm×25cm、厚3mm的胶木板。

3　试验步骤

3.1　将风干试样平铺在搪瓷盘内，按所需的含水率和土样制备要求制备土样。

3.2　将制备好的土样按要求的密度装入一个试样盒，装实装满后加盒盖。装土时，将两支热电偶的测温端放置在试样两侧铜板内壁的中心位置。

3.3　另一个试样盒装入石蜡，作为标准试样。装石蜡时，按要求安放两支热电偶。

采用比较法测定冻土导热系数应采用导热系数稳定的物质作为标准试样。一般常用标准砂、石蜡等。标准砂的密度控制不易准确，因而，本规程采用石蜡作为标准试样。

3.4　将分别装好石蜡和试样的两个试样盒按图T 0185-1的方式安装好，驱动夹紧螺杆使试样盒和恒温箱的各铜板面紧密接触。

3.5　接通测温系统。

3.6　开动两个低温循环冷浴，分别设定冷浴循环液温度为－10℃和－25 ℃。

3.7　冷浴循环液达到要求温度后再运行8h，开始测温。每隔10min测定一次标准试样和冻土试样两侧壁面的温度，并记录。当各点的温度连续3次测得的差值小于0.1 ℃时，试验结束。

稳态比较法应遵循测点温度不随时间而变化的原则，但实际上很难做到测点温度绝对不变。因此规定连续3次同一测点温差值＜0.1 ℃则认为已满足方法原理。

3.8　取出冻土试样，测定其含水率和密度。

4　结果整理

4.1　按下式计算导热系数：

$$\lambda = \frac{\lambda_0 \Delta\theta_0}{\Delta\theta} \tag{T 0185-1}$$

式中：λ——冻土导热系数[W/(m·K)]，计算至0.001；

λ_0——石蜡的导热系数[0.279W/(m·K)]；

$\Delta\theta_0$——石蜡样品盒内两壁面温差(℃)；

$\Delta\theta$——待测试样盒两壁面温差(℃)。

4.2　本试验的记录表格式如表T 0185-1 。

表 T 0185-1 冻土导热系数试验记录表

工程名称＿＿＿＿＿＿ 试验者＿＿＿＿＿＿ 校核者＿＿＿＿＿＿

钻孔编号＿＿＿＿＿＿ 计算者＿＿＿＿＿＿ 试验日期＿＿＿＿＿＿

试样含水率 w＿＿＿＿%		石蜡导热系数 λ_0 0.279W/(m·K)		试样密度 ρ＿＿＿＿g/cm³	
序号	时间 (min)	石蜡样温差 (℃)	试样温差 (℃)	导热系数 [W/(m·K)]	备注
	(1)	(2)	(3)	(4)	
				$\lambda_0(2)/(3)$	

5 报告

5.1 冻土的鉴别分类和代号。

5.2 冻土的导热系数λ值。

T 0186—2007 未冻含水率试验

1 目的和适用范围

未冻含水率是冻土物理力学性质变化的主导因子之一。本试验的目的是测定试样在不同初始含水率状态时的冻结温度，推算未冻含水率。本试验方法适用于黏质土和砂质土。

在《土工试验规程》(SL 237—1999)中，将相对含冰量和未冻含水率两个指标进行联合测定，从总的含水率中减去测定的含冰量，即可得到未冻含水率。

测定的方法有许多种，诸如量热法、微波法、核磁共振法等。它们分别以热量平衡、微波吸收和核磁共振等原理为依据。量热法是一种经典的方法，其试验原理明确，具有一定的准确度，但操作及计算较繁；其他方法大都需要复杂而昂贵的仪器，一般单位难以采用。

本规程采用的方法是依据未冻含水率与负温为指数函数的规律，通过测定不同初始含水率的冻结温度(冰点)，利用双对数关系计算出未冻含水率的两点法。该法能满足试验准确度的要求，同时，与冻结温度试验方法相同。

2 仪器设备

2.1 仪器设备包括零温瓶、低温瓶、测温设备及试样杯等，如图 T 0186-1 所示。

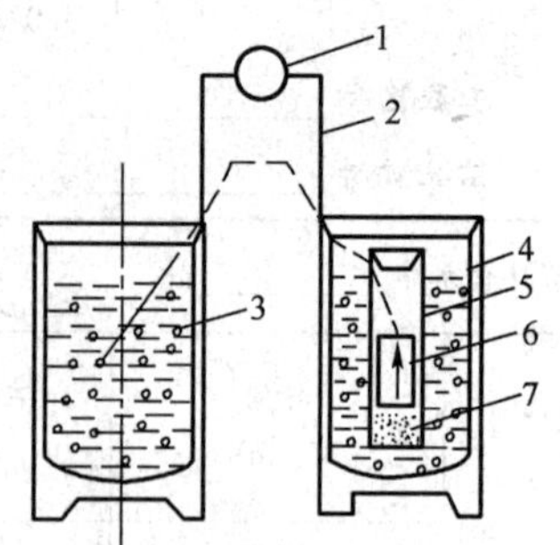

图 T 0186-1 冻结温度试验装置示意图
1-数字电压表；2-热电偶；3-零温瓶；4-低温瓶；5-塑料管；6-试样杯；7-干砂

2.1.1 零温瓶：容积为 3.57L，内盛冰水混合物(其温度应为 0℃±0.1℃)。

2.1.2 低温瓶：容积为 3.57L，内盛低融冰晶混合物，其温度宜为－7.6℃。

2.1.3 测温设备：由热电偶和数字电压表组成。热电偶宜用 0.2mm 的铜和康铜线材制成。数字电压表：量程 2mV，分度值为 1μV。

2.1.4 试样杯：用黄铜制成，直径 3.5cm，高 5cm，带有杯盖。

2.2 其他：用于配制低融冰晶混合物的氯化钠、氯化钙，硬质聚氯乙烯管(直径 5cm，长 25cm)，切土刀等。

3 试验步骤

3.1 称取风干土样，平铺于搪瓷盘内，按所需的加水量将纯水均匀喷洒在土样上，充分拌匀后装入盛土器内盖紧，润湿 24h(砂质土的润湿时间可酌减)。按上述方法制备 3 个试样。其中 1 个试样按所需的加水量加纯水制备；另两个试样的加水量宜使试样处于液限和塑限状态作为初始含水率。

未冻含水率随初始含水率的变化略有变化。初始含水率过小，会因冰点测定不准而带来较大的误差。因此，不同初始含水率宜在液限和塑限之间。

3.2 将制配好的土样装入试样杯中，以装实装满为止。杯口加盖。将热电偶测温端插入试样中心。杯盖周侧用硝基漆密封。

可以将制备好的三个不同初始含水率的试样，同时放入装试样杯的聚氯乙烯管内，一起进行试验。

3.3 零温瓶内装入用纯水制成的冰块，冰块直径应小于 2cm，再倒入纯水，使水面与冰块面相平，然后插入热电偶零温端。

3.4 低温瓶内装入用浓度 2mol/L 氯化钠等溶液制成的盐冰块，其直径应小于 2cm，再倒入相同浓度的氯化物溶液，使之与冰块面相平。

3.5 将封好底且内装 5cm 高干砂的塑料管插入低温瓶内，再把试样杯放入塑料管内。然后，塑料管口和低温瓶口分别用橡皮塞和瓶盖密封。

3.6 将热电偶测定端与数字电压表相连，每分钟测量一次热电势，当电势值突然减少并连续 3 次稳定在某一数值(相应的温度即为冻结温度),试验结束。

4 结果整理

4.1 按下列三式计算未冻含水率:

$$w_n = At_f^{-B} \tag{T 0186-1}$$

$$A = w_L t_L^B \tag{T 0186-2}$$

$$B = \frac{\ln w_L - \ln w_P}{\ln t_P - \ln t_L} \tag{T 0186-3}$$

式中:w_n——未冻含水率(%),计算至 0.1;

w_L——液限(%);

w_P——塑限(%);

A、B——与土的性质有关的常数;

t_f——冻结温度(冰点)绝对值(℃);

t_L——液限试样的冻结温度绝对值(℃);

t_P——塑限试样的冻结温度绝对值(℃)。

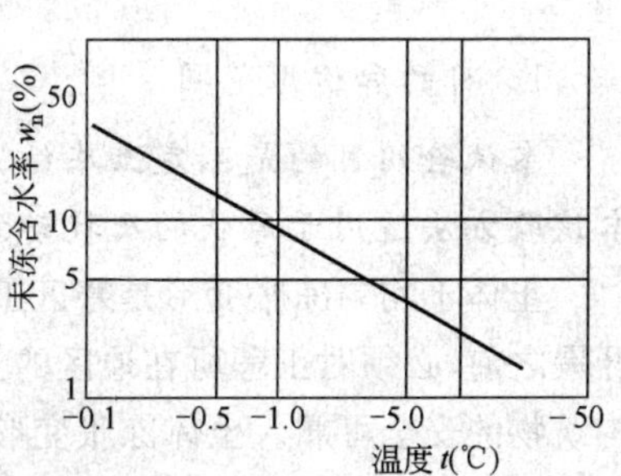

图 T 0186-2 未冻含水率与温度的关系

4.2 以含水率(w_n)为纵坐标,冻结温度为横坐标,在双对数纸上绘制关系曲线,如图 T 0186-2。从曲线上查得需测试样的冻结温度 t_f 相对应的含水率,即为未冻含水率。

4.3 本试验记录格式如表 T 0186-1。

表 T 0186-1 未冻含水率试验记录表

工程名称________ 试验者________

钻孔编号________ 计算者________

试验日期________ 校核者________

名称	历时 (min)	电压表示值 (μV)	实际温度 (℃)	B	A	未冻含水率 w_n (%)
	(1)	(2)	(3)	(4)	(5)	(6)
			(2)/K			
冻结温度(冰点)绝对值 t_f(℃)						
液限试样的冻结温度绝对值 t_L(℃)						
塑限试样的冻结温度绝对值 t_P(℃)						

4.4 精密度和允许差

未冻含水率两次平行试验的差值，在0～－3℃范围内不超过2%；低于－3℃不超过1%。

5 报告

5.1 冻土的鉴别分类和代号。

5.2 冻土的未冻含水率 w_n 值。

T 0187—2007 冻胀率试验

1 目的和适用范围

本试验的目的是测定土冻结过程的冻胀率，从而计算表征土冻胀性的冻胀率。本试验方法适用于原状的及扰动的黏质土和砂质土。

土体不均匀冻胀变形是寒区工程被大量破坏的重要因素之一。因此，各项工程开展之前，必须对工程所在地区的土体作冻胀性评价，以便采取相应措施，确保工程构筑物的安全可靠。土体冻胀变形的基本特征值是冻胀率。但由于各地冻结深度等条件不同，其冻胀率值相差很大。为了便于比较冻胀变形的强弱，因此，采用冻胀率与该冻结土层厚度之比，即冻胀率(用百分数计)作为土体冻胀性的特征值。

在特定条件下，土的冻胀性是确定的。但在土的冻胀性的评价方法和等级划分标准上，目前国内外不尽一致。我国《冻土地区建筑地基基础设计规范》(JGJ 118—98)采用冻胀率来分级，如表 T 0187-A。

表 T 0187-A 冻胀性分级表

冻胀率(%)	$\eta_f \leqslant 1$	$1 < \eta_f \leqslant 3.5$	$3.5 < \eta_f \leqslant 6$	$6 < \eta_f \leqslant 12$	$\eta_f > 12$
冻胀等级	不冻胀	弱冻胀	冻胀	强冻胀	特强冻胀

我国《水工建筑物抗冰冻设计规范》(SL 211—98)则按冻胀量进行划分，如表 T 0187-B。

表 T 0187-B 冻胀性分级表

冻胀量 Δh (mm)	$\Delta h \leqslant 20$	$20 < \Delta h \leqslant 50$	$50 < \Delta h \leqslant 120$	$120 < \Delta h \leqslant 220$	$\Delta h > 220$
冻胀性级别	I	II	III	IV	V

在《建筑地基基础设计规范》(GB 50007—2002)中，按地基土含水状态、地下水补给条件和冻胀性关系，分为不冻胀、弱冻胀、冻胀、强冻胀及特强冻胀性五类。

美国用冻胀速度分级，俄罗斯(rOCT28622—90)按冻胀率划分，其标准与我国接近。

土的冻胀性，可通过现场直接观测和室内试验来测定。室内试验不受季节和时间限制，能控制冻结过程中的有关条件，便于标准化。但影响土冻胀的因素如土的结构状态、现场冻融情况、地下水变化等条件的模拟和控制比较复杂。

原状冻土和扰动冻土的结构差异较大，为对冻胀性作出正确评价，试验一般应采用原状土进行。若条件不允许，非采用扰动土不可时，应在试验报告中予以说明。本试验方法与目前美国、俄罗斯等国所用方法基本一致。所得数据用于评价该种土的冻胀性略偏大，在工程设计上偏安全。

2 仪器设备

试验装置由试样盒、恒温箱和温控系统、温度监测系统、变形量测系统、补水系统及加压系统组成。

2.1 试样盒：由外径120mm、壁厚为10mm、高为100mm的有机玻璃筒作为侧壁，沿高度每隔10mm设热敏电阻温度计插入孔，底板和顶盖结构能提供恒温液循环和外界水源补充通道。如图T0187-1。

2.2 恒温箱：容积不小于0.8m³，内设冷液循环管路和加热器(功率为500W)，通过热敏电阻温度计与温度控制仪相连，使试验期间箱温保持在1℃±0.5℃。

2.3 温度控制系统：由低温循环浴和温度控制仪组成，提供试验所需的顶、底板温度。

2.4 温度监测系统：由热敏电阻温度计、数字电压表组成，监测试验过程中土样、顶、底板温度和箱温变化。

2.5 补水系统：由恒定水位装置(图T0187-1)通过塑料管与顶板相连，水位应低于顶板与土样接触面10mm。

2.6 变形监测系统：百分表或位移传感器(量程30mm、分度值0.01mm)。

2.7 加压系统：由加压框架和砝码组成。

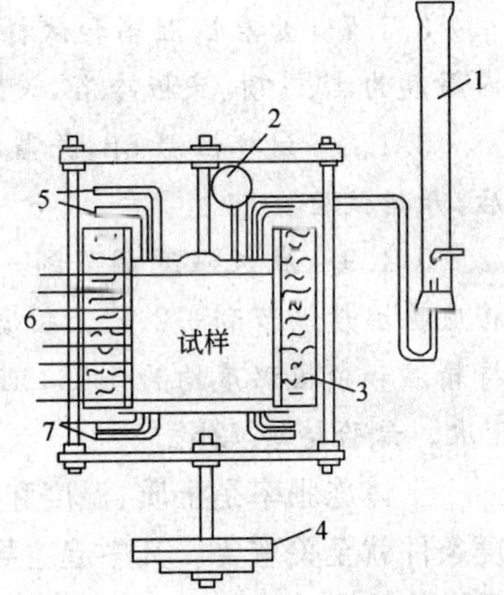

图T 0187-1 试样盒结构示意图

1-供水装置；2-百分表；3-保温材料；4-加压装置；5-正温循环液进出口；6-热敏电阻测温点；7-负温循环液进出口

3 试验步骤

3.1 原状土

3.1.1 土样应按自然沉积方向放置，剥去蜡封和胶带，开启土样筒取出土样。

3.1.2 用切土器将原状土样削成直径为100mm、高为50mm的试样，称量确定密度并取余土测定初始含水率。

试样尺寸以往多采用直径和高度均为15～24cm。国外各国的试样尺寸也不尽相同。本规程考虑到原状土取土设备的尺寸及土体的均匀程度，试样尺寸建议采用直径10cm，高5cm。

3.1.3 在有机玻璃试样盒内壁涂上一薄层凡士林，放在底板上并放一张滤纸，然后将试样从顶装入盒内，让其自由滑落在底板上。

3.1.4 在试样顶面上放一张滤纸，然后放上顶板，并稍稍加力，以使土柱与顶、底板接触紧密。

3.1.5 将盛有试样的试样盒放入恒温箱内，试样周侧、顶、底板内插入热敏电阻温度计。试样周侧包裹50mm厚的泡沫塑料保温。连接顶、底板冷液循环管路及底板补水管路，供水并排除底板内气泡，调节供水装置水位（若考虑无水源补充状态，可切断供水）。安装百分表或位移传感器。

在水源的补给上，根据不同条件分封闭和敞开系统两种方法。衔接的多年冻土地区及地下水位较深的季节冻土地区，无外界水源（大气降雨、人工给排水）补给条件的地区，可视为封闭系统；而有水源补给条件的地区，可视为敞开系统，本规程所列方法为敞开系统。若进行封闭系统的试验，可将供水装置关闭。

3.1.6 若需模拟原状土天然受力状态，可施加相应的荷载。

3.1.7 开启恒温箱和试样顶、底板冷浴，设定恒温箱冷浴温度为－15 ℃，箱内温度为1℃；顶、底板冷浴，设定冷浴温度为1 ℃。

3.1.8 试样恒温6h，并监测温度和变形。待试样初始温度均匀达到1 ℃以后，开始试验。

3.1.9 底板温度调节到－15 ℃并持续0.5h，让试样迅速从底面冻结，然后将底板温度调节到－2 ℃。黏质土以0.3 ℃/h，砂质土以0.2 ℃/h速度下降。保持箱温和顶板温度均为1 ℃，记录初始水位。每隔1h记录水位、温度和变形量各1次。试验持续72h。

土体冻胀率是土质、温度和外载条件的函数。当土质已定且不考虑外载时，温度条件就至关重要。其中起主导作用的因素是降温速度。冻胀率与降温速度大致呈抛物线形关系。考虑到自然界地表温度是逐渐下降的，本规程规定底板温度的调节使黏质土以0.3 ℃/h、砂质土以0.2 ℃/h的速度下降，是使试验所得冻胀率较大的情况。

另外，也可采用一定冻结速度的冻结方法，即零度等温线下移速度的控制方法。这种方法在室内试验较难控制。

3.1.10 试验结束后,迅速从试样盒中取出试样,量测试样高度并测定冻结深度。

3.2 扰动土

3.2.1 称取风干土样约700g,加纯水拌和呈稀泥浆,装入内径为100mm的有机玻璃筒内,加压固结,直至达到所需初始含水率要求后,将土样从有机玻璃筒中推出,并将土样高度切削到50mm。

3.2.2 在有机玻璃试样盒内壁涂上一薄层凡士林,放在底板上并放一张滤纸,然后将试样从顶装入盒内,让其自由滑落在底板上。

3.2.3 在试样顶面上放一张滤纸,然后放上顶板,并稍稍加力,以使土柱与顶、底板接触紧密。

3.2.4 将盛有试样的试样盒放入恒温箱内,试样周侧,顶、底板内插入热敏电阻温度计。试样周侧包裹50mm厚的泡沫塑料保温。连接顶、底板冷液循环管路及底板补水管路,供水并排除底板内气泡,调节供水装置水位(若考虑无水源补充状态,可切断供水)。安装百分表或位移传感器。

3.2.5 若需模拟原状土天然受力状态,可施加相应的荷载。

3.2.6 开启恒温箱和试样顶、底板冷浴,设定恒温箱冷浴温度为-15 ℃,箱内温度为1℃;顶、底板冷浴,设定冷浴温度为1 ℃。

3.2.7 试样恒温6h,并监测温度和变形。待试样初始温度均匀达到1 ℃以后,开始试验。

3.2.8 底板温度调节到-15 ℃并持续0.5h,让试样迅速从底面冻结,然后将底板温度调节到-2 ℃。黏质土以0.3 ℃/h、砂质土以0.2 ℃/h速度下降。保持箱温和顶板温度均为1 ℃,记录初始水位。每隔1h记录水位、温度和变形量各1次。试验持续72h。

3.2.9 试验结束后,迅速从试样盒中取出试样,量测试样高度并测定冻结深度。

4 结果整理

4.1 按下式计算冻胀率:

$$\eta_f = \frac{\Delta h}{H_f} \times 100 \tag{T 0187-1}$$

式中:η_f——冻胀率(%),计算至0.01;

Δh——试样总冻胀率(mm);

H_f——冻结深度(不包括冻胀量)(mm)。

4.2 本试验记录格式如表T0187-1。

表 T0187-1　冻胀率试验记录表

工程名称＿＿＿＿＿＿＿　试验者＿＿＿＿＿＿

土样编号＿＿＿＿＿＿＿　计算者＿＿＿＿＿＿

试验日期＿＿＿＿＿＿＿　校核者＿＿＿＿＿＿

试样含水率 w ＿＿＿＿＿ %		土样结构＿＿＿＿＿			试样密度 ρ ＿＿＿＿＿ g/cm^3		
序号	时间(h)	测温数字电压表读数(mV)					变形量(mm)	备注
		1	2	3	4	5		

5　报告

5.1　土的鉴别分类和代号。

5.2　土的冻胀率 η_f 值(%)。

T 0188—2007　冻土融化压缩试验

融沉系数是冻土融化过程中在自重作用下的相对下沉量。融化压缩是冻土融化后，在外荷作用下，所产生的压缩变形。融化压缩系数是单位荷载下的孔隙比变化量。

1　目的和适用范围

本试验的目的是测定冻土的融沉系数和融化压缩系数，供冻土地基的融化和压缩沉降计算用。本试验方法适用于冻结黏质土和粒径小于 2mm 的冻结砂质土。

冻土融化时在荷载作用下将同时发生融化下沉和压密。在单向融化条件下，这种沉降符合一维沉降。融化下沉是在土体自重作用下发生的，而压缩沉降则与外部压力有关。目前国内外在进行冻土融化压缩试验时首先是在微小压力下测出冻土融化后的沉降量，计算冻土的融沉系数，然后分级施加荷载测定各级荷载下的压缩沉降，并取某压力范围计算融化压缩系数。由此可以计算冻土融化压缩的总沉降量。

冻土的融沉和压缩的试验方法，有室内试验和原位试验两种。室内试验方法国内外进行的时间久，也比较成熟。

2 仪器设备

2.1 融化压缩仪(图 T 0188-1)：加热传压板应采用导热性能好的金属材料制成。试样环应采用有机玻璃或其他导热性低的非金属材料制成，其尺寸宜为：内径 79.8mm，高 40.0mm。保温外套可用聚苯乙烯或聚氨酯泡沫塑料。

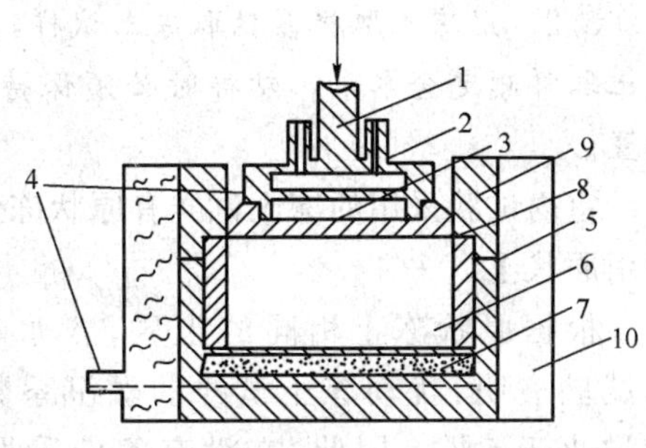

图 T 01881-1 融化压缩仪示意图

1-加热传压板；2-热循环水进出口；3-透水板；4-上下排水口；5-试样环；6-试样；7-透水板；8-滤纸；9-导环；10-保温外套

冻土融化压缩试验的试样尺寸，国外取高度(h)与直径(d)之比为 $h/d \geqslant 1/2$，最小直径取 5cm，对于不均匀的层状和网状构造的黏质土，则根据其构造情况加大直径并使 $h/d=1/3 \sim 1/5$。国内曾采用的试样环面积有 $45cm^2$、$78cm^2$ 两种，试样高度为 2.5cm、4cm。考虑到便于利用固结仪改装融化压缩仪，故规定可取试样环直径与固结仪大环刀直径(7.98cm)一致，高度则考虑冻土构造的不均匀性，取 4cm，这样高度与直径之比基本为 1∶2。

为了模拟天然地层的融化过程，在试验中必须保持试样自上而下的单向融化，因此，除单向加热使试样自上而下融化外，还必须避免侧向热传导而造成试样的侧向融化，以防止侧向传热。

2.2 加荷设备：可采用量程为 2 000kPa 的杠杆式、磅秤式和其他相同量程的加荷设备。杠杆平衡后，灵敏度为其最大输出力值的 0.02%。当杠杆输出力为最大值的 2.5% 时，相对误差不超过 ±1%，在 2.5% 以下时，不考虑。

2.3 变形测量设备：量程为 10mm，分度值为 0.01mm 的百分表或位移传感器。

2.4 恒温供水设备

2.5 原状冻土取样器：钻具开口内径为 79.8mm。

3 试验步骤

3.1 试验宜在负温环境下进行。在切样和装样过程中不得使试样表面发生融化。

试验时在负温环境下或较低室外温下进行。土温太低，切样时往往造成脆性破碎；土温太高，切样时表面要发生局部融化。温度一般控制在 −0.5 ℃～1.0 ℃为宜。

3.2 用冻土取样器钻取冻土试样，其高度应大于试样环高度。将钻样剩余的冻土取样测定含水率。钻样时必须保持试样的层面与原状土一致，且不得上、下倒置。

室内试验采用的冻土试样有原状冻土和用扰动融土制备的冻土试样。一般应采用原状土。

根据原状冻土相同的土质、含水率的扰动土制成的冻土试样进行的对比试验表明：扰动冻土试样的融沉系数小于原状冻土的融沉系数，其差值一般均小于5%。因此，在没有条件采取原状冻土时，可用扰动融土根据冻土天然构造及物理指标（含水率、密度）进行制样。必要时，对融沉系数作适当的修正。

3.3 将冻土样装入试样环，使之与环壁紧密接触。刮平上、下面，但不得造成试样表面发生融化。测定冻土试样的密度。

3.4 在融化压缩容器内先放透水板，其上放一张润湿滤纸。将装有试样的试样环放在滤纸上，套上护环。在试样上放滤纸和透水板，再放上加热传压板。然后装上保温外套。放置融化压缩容器位于加压框架正中。安装百分表或位移传感器。

3.5 施加1kPa的压力，调平加压杠杆。调整百分表或位移传感器到零位。

测定融沉系数 a_0 值时，本规程规定施加1kPa的压力。这主要是考虑克服试样与环壁之间的摩擦力。而且，冻土在融化过程中单靠自重下沉的过程往往很长，所以，施加这一小量压力可以加快下沉速度，又不致对融化土骨架产生过大的压缩，对 a_0 的影响甚微。

3.6 用胶管连接加热传压板的热循环水进出口与事先装有温度为40～50℃水的恒温水槽，并打开开关和开动恒温器，以保持水温。

试验中当融化速度超过天然条件下的排水速度时，融化土层不能及时排水，使融化下沉发生滞后现象。当遇到试样含冰（水）量较大时，若融化速度过快，土体常发生崩解现象，使土颗粒与水分一起挤出，导致试验失败或 a_0 值偏大。因此，循环热水的温度应加以控制。根据已有试验，本规程规定水温控制在40～50℃。加热循环水应畅通，水温要逐渐升高。当试样含冰（水）量大或试验环境温度较高时，可适当降低水温，以控制4cm高度的试样在2h内融化完为宜。

3.7 试样开始融沉时即开动秒表，分别记录1min、2min、5min、10min、30min、60min时的变形量。以后每2h观测记录一次，直至变形量在2h内小于

0.05mm时为止，并测记最后一次变形量。

3.8 融沉稳定后，停止热水循环，并开始加荷进行压缩试验。加荷等级视实际工程需要确定，宜取50kPa、100kPa、200kPa、400kPa、800kPa最后一级荷载应比土层的计算压力大100～200kPa。

3.9 施加每级荷载后24h为稳定标准，并测记相应的压缩量。直至施加最后一级荷载压缩稳定为止。

3.10 试验结束后，迅速拆卸仪器各部件，取出试样，测定含水率。

4 结果整理

4.1 按下式计算冻土融沉系数：

$$a_0 = \frac{\Delta h_0}{h_0} \times 100 \tag{T 0188-1}$$

式中：a_0——冻土融沉系数(%)，计算至0.01；

Δh_0——冻土融化下沉量(cm)；

h_0——冻土试样初始高度(cm)。

4.2 按下式计算冻土试样初始孔隙比：

$$e_0 = \frac{\rho_w G_s (1 + 0.01w)}{\rho_0} - 1 \tag{T0188-2}$$

式中：e_0——冻土试样初始孔隙比，计算至0.01；

ρ_w——水的密度(g/cm^3)；

ρ_0——试样初始密度(g/cm^3)；

G_s——土粒比重；

w——试样含水率(%)。

4.3 按下列两式计算融沉稳定后和各级压力下压缩稳定后的孔隙比：

$$e = e_0 - (h - \Delta h_0) \frac{1 + e_0}{h_0} \tag{T 0188-3}$$

$$e_i = e - (h - \Delta h) \frac{1 + e}{h} \tag{T 0188-4}$$

式中：e、e_i——分别为融沉稳定后和压力作用下压缩稳定后的孔隙比，计算至0.01；

e_0——冻土试样初始孔隙比；

h、h_0——分别为融沉稳定后和初始试样高度(cm)；

Δh、Δh_0——分别为压力作用下稳定后的下沉量和融沉下沉量(cm)。

4.4 按下式计算某一压力范围内的冻土融化压缩系数：

$$a=\frac{e_i-e_{i+1}}{p_{i+1}-p_i} \quad (T0188\text{-}5)$$

式中：a——某一压力范围内的融化压缩系数(MPa^{-1})，计算至0.01；

p_{i+1}、p_i——分级压力值(kPa)；

e_{i+1}、e_i——与分级压力相应的孔隙比。

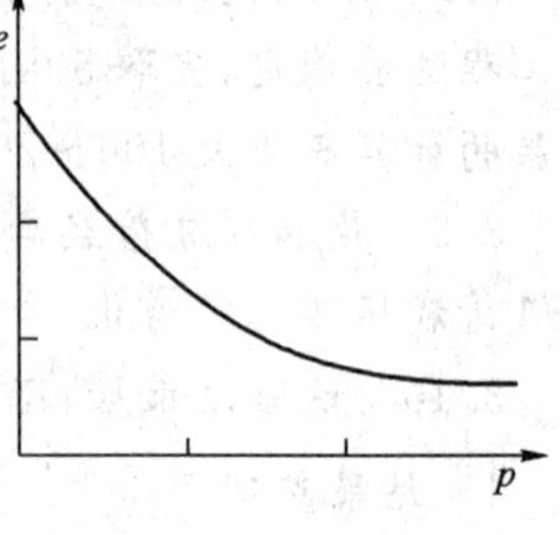

图 T 0188-2 孔隙比与压力关系曲线

4.5 绘制孔隙比与压力关系曲线，如图 T 0188-2。

4.6 本试验记录格式如表 T 0188-1。

表 T 0188-1 冻土融化压缩试验记录表

工程名称＿＿＿＿ 试验者＿＿＿＿

钻孔编号＿＿＿＿ 计算者＿＿＿＿

试验日期＿＿＿＿ 校核者＿＿＿＿

融沉后试样高度 h： cm			融沉后试样孔隙比 e：		
加压历时(h,min)	压力(kPa)	试样总变形量(mm)	压缩后试样高度(mm)	孔隙比	融化压缩系数(MPa^{-1})
t	p	$\sum\Delta h_i$	$h=h-\sum\Delta h_i$	$e_i=\frac{\sum\Delta h_i(1+e)}{h}$	a

5 报告

5.1 冻土的鉴别分类和代号。

5.2 冻土融沉系数 a_0 值(%)。

5.3 某一压力范围内的冻土融化压缩系数 a 值(%)。

30 土中化学成分试验

T 0149—1993 酸碱度试验

1 目的和适用范围

本试验方法适用于各类土。

2 仪器设备

2.1 酸度计:应附玻璃电极、甘汞电极或复合电极,以及电磁搅拌器等。

2.2 电动振荡器。

2.3 天平:称量100g,感量0.01g。

甘汞电极是目前常用的参比电极。甘汞电极是由含有饱和甘汞的氯化钾溶液与金属汞相接触的电极体系以及盐桥两部分组成,两部分分别套以玻璃管。盐桥下端底部焊上石棉丝与外部测定液相通。盐桥用溶液为饱和氯化钾溶液。在使用前应将电极侧管的小橡皮塞取下,以使管内氯化钾溶液借重力维持一定的流速。

3 试剂

3.1 pH4.01标准缓冲溶液:称10.21g经105～110℃烘干的苯二甲酸氢钾($KHC_8H_4O_4$分析纯)溶于水后定容至1L。

3.2 pH6.87标准缓冲溶液:称3.53g经105～110℃烘干的Na_2HPO_4(分析纯)和3.39g KH_2PO_4(分析纯)溶于水中,定容至1L。

3.3 pH9.18标准缓冲溶液3.8g硼砂($Na_2B_4O_7 \cdot 10H_2O$分析纯)溶于无CO_2的冷水中,定容至1L。此溶液的pH值易于变化,所以应储存于密闭的塑料瓶中(宜保存使用两个月)。

3.4 饱和氯化钾(KCl)溶液:向少量纯水中加入KCl,边加入边搅拌,直至不继续溶解为止。

土悬液的制备:浸提液有水和氯化钾盐溶液等,本规程按国标选用水为浸提液。水土比可采用1∶1、2.5∶1和5∶1等。本规程选用5∶1的水土比。用时规定振荡3min,静置30min测定。

4 试验步骤

4.1 酸度计的校正:在测定土样前应按照所用仪器的使用说明书校正酸度计。

4.2 土悬液的制备：称取通过 1mm 筛的风干土样 10g，放入具塞的广口瓶中，加水 50mL（土水比为 1∶5）。在振荡器上振荡 3min。静置 30min。

4.3 土悬液 pH 值的测定：将 25～30mL 的土悬液盛于 50mL 烧杯中，将该烧杯移至电磁搅拌器上。再向该烧杯中加一只搅拌子。然后将已校正完毕的玻璃电极、甘汞电极（或复合电极）插入杯中，开动电磁搅拌器搅拌 2min，从酸度计的表盘（或数字显示器）上直接测定出 pH 值，准确至 0.01。测记土悬液温度。进行温度补偿操作。

4.4 测定完毕，应关闭酸度计和电磁搅拌器的电源，用水冲洗电极，并用滤纸吸干电极上沾附的水。若一批试验测完后第二天仍继续测定的话，可将玻璃电极部分浸泡在纯水中。

5 精密度和允许差

酸碱度试验 pH 值的测定结果要求两次称样平行测定结果允许偏差为 0.1。

6 报告

6.1 土的鉴别分类和代号。

6.2 土的 pH 值。

T 0150—1993 烧失量试验

1 目的和适用范围

本试验方法适用于各类土。

2 仪器设备

2.1 高温炉：自动控制温度达 1 300℃。

2.2 分析天平：称量 100g。

2.3 瓷坩埚、干燥器、坩埚钳等。

3 试验步骤

3.1 先将空坩埚放入已升温至 950℃的高温炉中灼烧 0.5h，取出稍冷（0.5～1min），放入干燥器中冷却 0.5h，称量。

3.2 称取通过 1mm 筛孔的烘干土（在 100～105℃烘干 8h）1～2g（称准到 0.000 1g），放入已灼烧至恒量的坩埚中，把坩埚放入未升温的高温炉内，斜盖上坩埚盖。徐徐升温至 950℃，并保持恒温 0.5h，取出稍冷，盖上坩埚盖。放入干燥器内，冷却 0.5h 后称量。重复灼烧称量，至前后两次质量相差小于 0.5mg，即为恒量。至少做一次平行试验。

烧失量是全量分析的一个组成部分。它不包括吸湿水，仅包括有机质和结合水，石灰性土中还包括二氧化碳(由碳酸盐所产生)。因此，必须用烘干土作烧失量测定。

关于烧失量的灼烧温度，有文献采用550℃或700℃，同时也有采用950℃的，本规程统一采用950℃。但确系中性和酸性土时，亦可采用700℃。

坩埚放入干燥器中的平衡时间，要尽量一致，称量应越快越好，以免样品吸湿。称量时切不可用手直接拿取坩埚，可戴上干净的汗布手套拿取，也可用坩埚夹取。

若遇到有机质含量高的样品时，可预先放在四孔小电炉上碳化后，再放入高温炉中灼烧。

4 结果整理

4.1 烧失量按下式计算：

$$烧失量(\%)=\frac{m-(m_2-m_1)}{m}\times 100 \tag{T 0150-1}$$

式中：m——烘干土样质量(g)；

m_1——空坩埚质量(g)；

m_2——灼烧后土样+坩埚质量(g)。

4.2 烧失量试验记录格式如表T 0150-1。

表T 0150-1 烧失量试验记录表

工程编号__________ 试验计算者__________

土样编号__________ 校 核 者__________

土样说明__________ 试 验 日 期__________

灼烧温度(℃)	950	
试验次数	1	2
土样质量 m (g)	1.790	2.103
灼烧残渣+坩埚质量 m_2(g)	21.602	20.395
空坩埚质量 m_1(g)	19.876	18.366
烧失量(%)	3.536	3.537
平均烧失量(%)	3.536 5	

4.3 精密度和允许差。

烧失量试验结果精度应符合表T 0150-2的规定。

表 T 0150-2　矿质全量分析及烧失量测定结果允许偏差

测定值(%)	绝对偏差(%)	相对偏差(%)
>50	<0.9	1.0～1.5
50～30	<0.7	1.5～2.0
30～10	<0.5	2.0～3.0
10～5	<0.3	3.0～4.0
5～1	<0.2	4.0～5.0
1～0.1	<0.05	5.0～6.0
0.1～0.05	<0.006	6.0～8.0
0.05～0.01	<0.004	8.0～10.0
0.01～0.005	<0.001	10.0～12.0
0.005～0.001	<0.000 6	12～15.0
<0.001	<0.000 15	15.0～20.0

5　报告

5.1　土的鉴别分类和代号。

5.2　土的烧失量(%)。

T 0151—1993　有机质含量试验

测定有机质的方法很多，有容量法、质量法、比色法等。但应用普遍的为容量法。在容量分析法中最普遍的则是 $K_2G_2O_2$ 法。故本规程选用了重铬酸钾容量法。因该法的氧化能力有一定限度，所以有机质含量>15%的土样不宜直接采用该法测定。若要测定时，可称磨细土样 1 份(准确到 1mg)与经过高温灼烧并磨细的矿质土 9 份(准确到 1mg)充分混匀；再从中称样分析，其结果以称样量的 1/10 计算。

若土样中含有 Cl^-、Fe^{2+}、Mn^{2+} 等还原性物质，则须去除或经校正，否则本法不适用。

1　目的和适用范围

本试验的目的在于了解土中有机质的含量。本试验方法适用于有机质含量不超过 15%的土。测定方法采用重铬酸钾容量法——油浴加热法。

2 仪器设备

2.1 分析天平:称量200g。

2.2 电炉:附自动控温调节器。

2.3 油浴锅:应带铁丝笼。

2.4 温度计:0～250℃,精度1℃。

3 试剂

3.1 0.0750mol/L $\frac{1}{6}K_2Cr_2O_7$—H_2SO_4 溶液:用分析天平称取经105～110℃烘干并研细的重铬酸钾44.1231g,溶于800mL蒸馏水中(必要时可加热),缓缓加入浓硫酸1000mL,边加入边搅拌,冷却至室温后用水定容至2L。

3.2 0.2mol/L 硫酸亚铁(或硫酸亚铁铵)溶液:称取硫酸亚铁($FeSO_4 \cdot 7H_2O$ 分析纯)56g或硫酸亚铁铵[$(NH_4)_2SO_4FeSO_4 \cdot 6H_2O$]80g,溶于蒸馏水中,加15mL浓硫酸(密度1.84g/mL化学纯)。然后加蒸馏水稀释至1L,密封贮于棕色瓶中。

3.3 邻菲咯啉指示剂:称取邻菲咯啉($C_{12}N_8N_2 \cdot H_2O$)1.485g,硫酸亚铁($FeSO_4 \cdot 7H_2O$)0.695g,溶于100mL蒸馏水中,此时试剂与Fe^{2+}形成红棕色络合物,即$[Fe(C_{12}H_8N_2)_3]^{2+}$,贮于棕色滴瓶中。

3.4 石蜡(固体)或植物油2kg。

3.5 浓硫酸(H_2SO_4)(密度1.84g/mL化学纯)。

3.6 灼烧过的浮石粉或土样:取浮石或矿质土约200g,磨细并通过0.25mm筛,分散装入数个瓷蒸发皿中,在700～800℃的高温炉内灼烧1～2h,把有机质完全烧尽后备用。

4 硫酸亚铁(或硫酸亚铁铵)溶液的标定

准确吸取$K_2Cr_2O_7$标准溶液3份,每份20mL分别注入150mL锥形瓶中,用蒸馏水稀释至60mL左右,加入邻菲咯啉指示剂3～5滴,用硫酸亚铁(或硫酸亚铁铵)溶液进行滴定,使锥形瓶中的溶液由橙黄经蓝绿色突变至橙红色为止。按用量计算硫酸亚铁(或硫酸亚铁铵)溶液的浓度。准确至0.0001mol/L,取3份计算结果的算术平均值即为硫酸亚铁(或硫酸亚铁铵)溶液的标准浓度。

5 试验步骤

5.1 用分析天平准确称取通过100目筛的风干土样0.1000～0.5000g,放入一干燥的硬质试管中，用滴定管准确加入 0.075 0mol/L $\frac{1}{6}K_2Cr_2O_7$—H_2SO_4 标准溶液 10mL(在加入 3mL 时摇动试管使土样分散)，并在试管口插入一小玻璃漏斗，以冷凝蒸出的水汽。

5.2 将 8～10 个已装入土样和标准溶液的试管插入铁丝笼中(每笼中均有 1～2个空白试管)，然后将铁丝笼放入温度为 185～190℃的石蜡油浴锅中，试管内的液面应低于油面。要求放入后油浴锅内油温下降至 170～180℃，以后应注意控制电炉，使油温维持在 170～180℃，待试管内试液沸腾时开始计时，煮沸 5min，取出试管稍冷，并擦净试管外部油液。

5.3 将试管内试样倾入 250mL 锥形瓶中，用水洗净试管内部及小玻璃漏斗，使锥形瓶中的溶液总体积达 60～70mL，然后加入邻菲咯啉指示剂 3～5 滴，摇匀，用硫酸亚铁(或硫酸亚铁铵)标准溶液滴定，溶液由橙黄色经蓝绿色突变为橙红色时即为终点，记下硫酸亚铁(或硫酸亚铁铵)标准溶液的用量，精确至 0.01mL。

5.4 空白标定：即用灼烧土代替土样，取两个试样，其他操作均与土样试验相同，记录硫酸亚铁用量。

有机质是指土中碳、氮、氢、氧为主，还有少量硫、磷和金属元素组成的有机化合物。本试验仅测定土中的有机碳，再乘以 1.724 的经验系数和 1.1 的氧化校正系数后换算为有机质，以烘干土的质量百分比表示。

6 结果整理

6.1 有机质含量按下式计算：

$$有机质(\%)=\frac{C_{FeSO_4}(V'_{FeSO_4}-V_{FeSO_4})\times 0.003\times 1.724\times 1.1}{m_s} \tag{T 0151-1}$$

式中：C_{FeSO_4}——硫酸亚铁标准溶液的浓度(mol/L)；

V'_{FeSO_4}——空白标定时用去的硫酸亚铁标准溶液的量(mL)；

V_{FeSO_4}——测定土样时所用去的硫酸亚铁标准溶液的量(mL)；

m_s——土样质量(将风干土换算为烘干土)(g)；

0.003 ——$\frac{1}{4}$碳原子的摩尔质量(g/mmol)；

1.724——有机碳换算成有机质的系数；

1.1——氧化校正系数。

6.2 本试验记录格式如表 T 0151-1。

表 T 0151-1 有机质含量试验记录

工程编号__________ 试验计算者__________

土样编号__________ 校 核 者__________

土样说明__________ 试 验 日 期__________

硫酸亚铁标准液浓度:0.1434 0.029mol/L				
试验次数			1	2
土样质量 m_s	(g)		0.399 2	0.401 6
空白标定消耗硫酸亚铁标准液的量 V'_{FeSO_4}	(mL)	滴定前读数	0.00	0.00
		滴定后读数	24.87	24.87
		滴定消耗	24.87	24.87
滴定土样消耗标准液的量 V_{FeSO_4}	(mL)	滴定前读数	0.00	0.00
		滴定后读数	19.20	19.20
		滴定消耗	19.20	19.20
有机质	(%)		1.16	1.15
平均有机质	(%)		1.15	

注:①如滴定消耗硫酸亚铁铵标准溶液小于 10mL,应适当减少土样量,重做。

②如用邻苯氨基苯甲酸为指示剂滴定时,瓶内溶液不宜超过 60～70mL,滴定前溶液呈棕红色,终点为暗绿色(或灰蓝绿色)。

③本法氧化有机质程度平均约 90%,故应乘以 1.1 才为土的有机质含量。

6.3 精密度和允许差

有机质含量试验结果精度应符合表 T 0151-2 的规定。

表 T 0151-2 有机质测定的允许偏差

测定值(%)	绝对偏差(%)	相对偏差(%)
10～5	<0.3	3～4
5～1	<0.2	4～5
1～0.1	<0.05	5～6
0.1～0.05	<0.004	6～7
0.05～0.01	<0.006	7～9
<0.01	<0.008	9～15

7 报告

7.1 有机质土代号。

7.2 土的有机质含量(%)。

自然界中由于生物的活动而堆积下来的有机物,最常见的是植物的残余物。这些残余物也像水溶盐一样,或者构成一段很大的风化壳(泥炭、煤),或者夹杂在岩土中。

植物残余物的分解程度是不相同的,他们常呈三种状态存在于岩土中,即植物残骸、泥炭和腐殖质。而腐殖质是土中常见的有机矿物,它的颗粒很细,属于黏粒,对土的性质有很大的影响。

泥炭物质和腐殖质的一个特殊的性质就是其高度的亲水性。因而使之具有较高的水容度、较高的可塑性、较高的压缩性和较低的透水性与抗剪强度等。所以,夹杂在土中的有机质必然影响着土的性质。其中特别是对细粒砂的影响,更为突出。在这种砂中,即使有机质的含量很少,也会使这些砂在具备条件的情况下,表现出具有特殊的流砂状态。

有机质对土性质的影响,主要取决于下列因素:

(1)土中有机质的含量。

(2)土中有机质的成分,特别是有机物中灰分的含量。

(3)土中有机质的分解程度。

(4)腐殖质的物理化学状态,这种状态也像黏土矿物一样决定于补给腐殖质土的水溶液的成分。

很显然,土中有机残余物的含量愈大,分解程度愈高,则其对土的工程性质的影响也越强烈。补给水的矿化度越小,则腐殖质的亲水性表现越明显,同时对土的工程性质的影响也越强烈。水溶液的离子成分也同样影响它的亲水性,例如溶液中以钠盐为主的腐殖质比以钙盐为主的腐殖质亲水性更强。

T 0152—1993 易溶盐试验待测液的制备

1 目的和适用范围

本试验方法适用于各类土。

2 仪器设备

2.1 过滤设备:包括真空泵、平底瓷漏斗、抽滤瓶。

2.2 离心机:转速为 4 000r/min。

2.3 天平：称量200g，感量0.01g。

2.4 广口塑料瓶：1 000mL。

2.5 往复式电动振荡机。

3 制备步骤

3.1 称取通过1mm筛孔的烘干土样50～100g（视土中含盐量和分析项目而定），精确至0.01g，放入干燥的1 000mL广口塑料瓶中（或1 000mL三角瓶内）。按土水比例1∶5加入不含二氧化碳的蒸馏水（即把蒸馏水煮沸10min，迅速冷却），盖好瓶塞，在振荡机上振荡（或用手剧烈振荡）3min，立即进行过滤。

3.2 采用抽气过滤时，滤前须将滤纸剪成与平底瓷漏底部同样大小，并平放在漏斗底上，先加少量蒸馏水抽滤，使滤纸与漏斗底密接。然后换上另一个干洁的抽滤瓶进行抽滤。抽滤时要将土悬浊液摇匀后倾入漏斗，使土粒在漏斗底上铺成薄层，填塞滤纸孔隙，以阻止细土粒通过，在往漏斗内倾入土悬浊液前须先行打开抽气设备，轻微抽气，可避免滤纸浮起，以致滤液浑浊。漏斗上要盖一表皿，以防水汽蒸发。如发现滤液浑浊，须反复过滤至澄清为止。

3.3 当发现抽滤方式不能达到滤液澄清时，应用离心机分离。所得的透明滤液，即为水溶性盐的浸出液。

3.4 水溶性盐的浸出液，不能久放。pH、CO_3^{2-}离子、HCO^{3-}离子等项测定，应立即进行，其他离子的测定最好都能在当天做完。

用水浸提水溶性盐时采用的水土比有多种，如1∶1、2∶1、5∶1、10∶1和饱和土浆浸出液等。水土比不同将影响测定结果。在选择水土比和浸提时间时，应力求将易溶性盐完全溶解出来，而尽可能不使中溶盐和难溶盐溶解。同时要防止浸出液中的离子与土粒上吸附的离子发生交换性置换作用。

水土比例、振荡时间和提取方式对盐分的溶出量都有一定的影响。试验证明，像$Ca(HCO_3)_2$和$CaSO_4$这样的中溶性和难溶性盐，随着水土比例的增大和浸泡时间的延长，其溶出量逐渐增大，致使水溶性盐的分析结果产生误差。为了便于资料交流，本规程采用国内普遍采用的水土比(5∶1)和浸提时间(3min)。

水浸提液的过滤问题是该项试验成败的关键。目前采用抽滤方法效果较好，且操作简便。如抽滤方式不能达到滤液澄清时，可采用离心机分离。

因碳酸根与碳酸氢根容易互相转化，故待测液制备后应立即进行此项分析。否则，某些土类待测液的pH和滴定时消耗的酸量，常因二氧化碳的逸出或吸收等原因而发生变化。

T 0153—1993 易溶盐总量的测定——质量法

测定易溶盐总量的方法有质量法、电导法等。本规程采用质量法。该法不需要特殊的仪器设备，且比较精确，故在室内分析中应用广泛。电导法虽然简单、快速，但受各种因素如颗粒成分、盐分组成、温度等的影响，故本规程未采用。

1 目的和适用范围

本试验方法适用于各类土。

2 仪器设备

2.1 分析天平：称量200g，感量0.000 1g。

2.2 水浴锅、瓷蒸发皿、干燥器。

3 试剂

3.1 15%的H_2O_2。

3.2 2%的Na_2CO_3溶液：2.0g无水Na_2CO_3溶于少量水中，稀释至100mL。

土中易溶盐包括所有氯化物盐类、易溶的硫酸盐类和碳酸盐类，还包括水溶性有机质等。在采用质量法测定水溶性盐总量时，应用H_2O_2除去烘干残渣中的有机质后，即为水溶性盐总量。

4 试验步骤

4.1 用移液管吸取浸出液50mL或100mL(视易溶盐含量多少而定)，注入已经在105～110℃烘至恒量(前后两次质量之差不大于1mg)的瓷蒸发皿中，盖上表皿，架空放在沸腾水浴上蒸干(若吸取溶液太多时，可分次蒸干)。蒸干后残渣如呈现黄褐色时(有机质所致)，应加入15%H_2O_2 1～3mL，继续在水浴锅上蒸干，反复处理至黄褐色消失。

4.2 将蒸发皿放入105～110℃的烘箱中烘干4～8h，取出后放入干燥器中冷却0.5h，称量。再重复烘干2～4h，冷却0.5h，用分析天平称量、反复进行至前后两次质量差值不大于0.000 1g。

5 结果整理

5.1 易溶盐总量按下式计算：

$$\text{易溶盐总量}(\%)=\frac{m_2-m_1}{m_s}\times 100 \qquad (T\ 0153\text{-}1)$$

式中：m_2——蒸发皿加蒸干残渣质量(g)，计算至0.001；

m_1——蒸发皿质量(g)；

m_s——相当于50mL或100mL浸出液的干土样质量(g)。

5.2 易溶盐总量试验记录格式如表T 0153-1。

表T 0153-1 易溶盐总量试验记录表

工程编号＿＿＿＿＿＿ 试验计算者＿＿＿＿＿＿

土样编号＿＿＿＿＿＿ 校　核　者＿＿＿＿＿＿

土样说明＿＿＿＿＿＿ 试 验 日 期＿＿＿＿＿＿

吸取浸出液体积 V (mL)	50	
试验次数	1	2
残渣＋蒸发皿的质量(g)	57.397 4	57.482 8
蒸发皿的质量(g)	57.385 0	57.470 0
残渣的质量	0.012 4	0.012 8
全盐量(%)	0.124	0.128
全盐量平均值(%)	0.126	

注:①残渣中如果 $CaSO_4 \cdot 2H_2O$ 或 $MgSO_4 \cdot 7H_2O$ 的含量较高时,105～110℃不能除尽这些水合物中所含的结晶水,在称量时较难达到"恒量",遇此情况应在180℃烘干。但潮湿盐土含 $CaCl_2 \cdot 6H_2O$ 和 $MgCl_2 \cdot 6H_2O$ 的量较高,这类化合物极易吸湿、水解,即使在180℃干燥,也不能得到满意结果。遇到这样土样,可在浸出液中先加入10mL 2% Na_2CO_3 溶液,蒸干时即生成 $NaCl$、Na_2SO_4、$CaCO_3$、$MgCO_3$ 等沉淀,再在180℃烘干2h,即可达到"恒量",加入的 Na_2CO_3 量应从盐分总量中减去。

②由于盐分(特别是镁盐)在空气中容易吸水,故在相同的时间和条件下冷却称量。

5.3 精密度和允许差

易溶盐总量试验结果精度应符合表T 0153-2的规定。

表T 0153-2 易溶盐总量(质量法)两次测定的允许偏差

全盐量范围(%)	允许相对偏差(%)	全盐量范围(%)	允许相对偏差(%)
<0.05	15～20	0.2～0.4	5～10
0.05～0.2	10～15	>0.5	<5

6 报告

6.1 土的鉴别分类和代号。

6.2 土的全盐量(%)。

T 0154—1993 易溶盐碳酸根及碳酸氢根的测定

1 目的和适用范围

本试验方法适用于各类土。

2 仪器设备

2.1 酸式滴定管:刻度0.1mL。

2.2 移液管(大肚型):25mL。

2.3 三角瓶:150mL或200mL。

2.4 分析天平:称量200g,感量0.000 1g。

2.5 量筒、容量瓶、电热干燥箱等。

3 试剂

3.1 0.1mol/L $\frac{1}{2}H_2SO_4$ 标准溶液。

量取浓硫酸(密度1.848g/mL)3mL,加入到1 000mL去除 CO_2 的蒸馏水中,然后稀释定容至5 000mL,按本规程第4条标定。

3.2 0.1%甲基橙指示剂。

0.1g甲基橙溶于100mL蒸馏水中。

3.3 0.5%酚酞指示剂。

0.5g酚酞溶于50mL 95%酒精中,再加50mL蒸馏水。

4 硫酸标准溶液的标定

称取在160～108℃下烘2～4h的无水 Na_2CO_3 3份。每份约0.1g,精确至0.000 1g,分别放入3个三角瓶中,注入25mL煮沸逐出 CO_2 的蒸馏水使其溶解。加入甲基橙指示剂2滴,用配制好的硫酸标准溶液滴定至溶液由黄色突变为橙色为止。记下硫酸标准的用量(mL)。硫酸标准溶液的准确浓度应按照式(T 0154-1)计算,精确至0.000 1mol/L。取三个计算结果的算术平均值作为硫酸标准溶液的确切浓度。

$$C=\frac{m}{V\times 0.053} \tag{T 0154-1}$$

式中:C——$\frac{1}{2}H_2SO_4$ 溶液的浓度(mol/L);

m——无水碳酸钠的质量(g);

V——$\frac{1}{2}H_2SO_4$ 溶液的用量(mL);

0.053——$\frac{1}{2}Na_2CO_3$ 的摩尔质量(g/mmol)。

5 试验步骤

5.1 用移液管吸取浸出液25mL,注入三角瓶中,滴加0.5%酚酞指示剂2～3

滴,如试液不显红色,表示无 CO_3^{2-} 存在。如试液显红色时,则表示有 CO_3^{2-} 存在,即以 H_2SO_4 标准溶液滴定,随滴随摇,至红色刚一消失即为终点,记录消耗 H_2SO_4 标准溶液的体积,精确至 0.01mL(V_1)。

5.2 在上述试液中再加入 0.1%甲基橙指示剂 1~2 滴,继续用 H_2SO_4 标准溶液滴定至试液由黄色突变为橙红色为止,读取第二次滴定消耗的 H_2SO_4 标准溶液的体积。精确至 0.01mL(V_2)。

5.3 滴定后的试液,可供测定 Cl^- 用。

碳酸根与碳酸氢根用双指示剂中和滴定时,终点不易掌握好,特别是在滴定碳酸根时等当点应当是 pH 为 8.3,此时酚酞应呈微红色。如果滴定到无色,pH 已小于 7.7,故滴定时可以用近似浓度的纯 $NaHCO_3$,溶液如同量的酚酞指示剂作终点对照。滴定 HCO_3^- 到等当点的 pH 为 3.8,其终点应该是明显的橙红色,但常因溶液中剩下的 CO_2 过多,使终点变化不明显,可同时用一份水,加同量的甲基橙指示剂作对照。为了使终点变化明显,也可以改用溴甲酚绿—甲基橙混合指示剂,但终点由蓝绿色变为橙色。

6 结果整理

6.1 碳酸根和碳酸氢根含量按下列各式计算:

$$CO_3^{2-}\left(\text{mmol}\ \frac{1}{2}CO_3^{2-}/\text{kg}\right)=\frac{2V_1\times c}{m}\times 1000 \qquad (\text{T 0154-2})$$

$$CO_3^{2-}(\%)=CO_3^{2-}\left(\text{mmol}\ \frac{1}{2}CO_3^{2-}/\text{kg}\right)\times 0.0300\times 10^{-1} \qquad (\text{T 0154-3})$$

$$HCO_3^-(\text{mmol}HCO_3^-/kg)=\frac{(V_2-V_1)\times c}{m}\times 1000 \qquad (\text{T 0154-4})$$

$$HCO_3^-(\%)=HCO_3^-(\text{mmol}HCO_3^-/\text{kg})\times 0.0610\times 10^{-1} \qquad (\text{T 0154-5})$$

式中:V_1——滴定 CO_3^{2-} 时消耗 H_2SO_4 标准液体积 (mL);

V_2——滴定 HCO_3^- 时消耗 H_2SO_4 标准体积(mL);

c——$\frac{1}{2}H_2SO_4$ 标准溶液的浓度(mol/L);

m——相当于分析时所取浸出液体积的干土质量(g);

0.030 0——$\frac{1}{2}CO_3^{2-}$ 摩尔质量(g/mmol);

0.061 0——HCO^{3-} 的摩尔质量(g/mmol)。

6.2 碳酸根与碳酸氢根试验记录格式如表 T 0154-1。

表 T 0154-1 碳酸根与碳酸氢根试验记录表

工程编号________ 试验计算者________

土样编号________ 校 核 者________

土样说明________ 试 验 日 期________

吸取浸出液的体积(mL)	25	
吸取浸出液体积相当的干土质量(g)		
H_2SO_4 标准液的浓度(mol/L)	0.010 24	
试验次数	1	2
滴定 CO_3^{2-} 时消耗 H_2SO_4 标准液体积(mL)	0.74	0.72
滴定 HCO_3^- 时消耗 H_2SO_4 标准液体积(mL)	8.12	8.10
CO_3^{2-}(%)	0.018	0.174
CO_3^{2-} 平均值(%)	0.017 7	
HCO_3^-(%)	0.166	0.166
HCO_3^- 平均值(%)	0.166	

6.3 精密度和允许差。

碳酸根及碳酸氢根测定结果的精度应符合表 T 0154-2 的规定。

表 T 0154-2 易溶盐各离子的允许偏差

各离子含量的范围 m(mol/kg)								相对偏差(%)
CO_3^{2-}	HCO_3^-	SO_4^{2-}	Cl^-	Ca^{2+}	Mg^{2+}	Na^+	K^+	
<2.5	<5.0	<2.5	<5.0	<2.5	<2.5	<5.0	<5.0	10～15
2.5～5.0	5.0～10	2.5～5.0	5.0～10	2.5～5.0	2.5～5.0	5.0～10	5.0～10	5～10
5.0～25	10～50	5.0～25	10～50	5.0～25	5.0～25	10～50	10～50	3～10
>25	>50	>25	>50	>25	>25	>50	>50	<3

7 报告

7.1 土的鉴别分类和代号。

7.2 土的碳酸根含量(%)。

7.3 土的碳酸氢根含量(%)。

T 0155—1993 易溶盐氯根的测定——硝酸银滴定法

1 目的和适用范围

本试验方法适用于各类土。

2 仪器设备

酸式滴定管(25mL)。

3 试剂

3.1 5％铬酸钾指示剂。

称取铬酸钾(K_2CrO_4)5g溶于少量蒸馏水中,逐滴加入1mol/L硝酸银$AgNO_3$溶液至砖红色沉淀不消失为止,放置一夜后过滤,滤液稀释至100mL。贮在棕色瓶中备用。

3.2 0.02mol/L硝酸银标准溶液。

准确称取经105～110℃烘干30min的分析纯$AgNO_3$ 3.397g,用蒸馏水溶解,倒入1L容量瓶中,用蒸馏水定容。贮于棕色细口瓶中。

3.3 0.02mol/L碳酸氢钠($NaHCO_3$)溶液。

称取1.7g $NaHCO_3$,溶于纯水中,稀释至1L。

4 试验步骤

4.1 在滴定碳酸根和碳酸氢根以后的溶液中继续滴定Cl^-。首先在此溶液中滴入0.02mol/L $NaHCO_3$溶液几滴,使溶液恢复黄色(pH为7),然后再加入5％铬酸钾指示剂0.5mL,用硝酸银标准溶液滴定至浑浊液由黄绿色突变成砖红色,即为滴定终点。(可用标定硝酸银溶液浓度时的终点颜色作为标准进行比较)。记录所用硝酸银的毫升数(V)。

4.2 如果不利用测定CO_3^{2-}、HCO_3^-的溶液时,可用移液管另取两份新的土样浸出液,每份25mL,放入三角瓶中。加入甲基橙指示剂,逐滴加入0.02mol/L碳酸氢钠($NaHCO_3$)溶液至试液变为纯黄色,控制pH为7,再加入5％ K_2CrO_4指示剂5～6滴,用硝酸银标准溶液滴定,直至生成砖红色沉淀,记录$AgNO_3$标准溶液用量。若浸出液中Cl^-含量很高,可减少浸出液用量,另取1份进行测定。

当水提取液呈黄色时,会影响判定终点,可在滴定前加入30％H_2O_2 1～2mL,煮沸使黄色消失,冷却后测定。

5 结果整理

5.1 氯根含量按下式计算:

$$Cl^-\ (\text{mmol/kg}) = \frac{V \times c}{m} \times 1000 \tag{T 0155-1}$$

$$Cl^-\ (\%) = Cl^-\ (\text{mmol/kg}) \times 0.0355 \times 10^{-1} \tag{T 0155-2}$$

式中: c——硝酸银标准溶液的浓度(mol/L);

V——滴定用硝酸银溶液体积(mL);

m——相当于分析时所取浸出液体积的干土质量(g)；

0.035 5——氯根的摩尔质量(g/mmol)。

5.2 氯根试验记录格式如表 T 0155-1。

表 T 0155-1 氯根试验记录表

工程编号____________ 试验计算者 __________

土样编号 ____________ 校 核 者__________

土样说明____________ 试 验 日 期__________

吸取浸出液的体积 V(mL)	25	
与吸取浸出液相当的土样质量(g)		
$AgNO_3$ 标准液的浓度(mol/L)	0.018 04	
试验次数	1	2
滴定试样消耗 $AgNO_3$ 标准液的量(mL)	0.88	0.90
Cl^-(%)	0.011	0.012
Cl^- 平均值(%)	0.012	

注：①K_2CrO_4 指示剂的浓度对滴定结果有影响，溶液中 CrO_4^{2-} 离子浓度过大，会使终点提前出现，使滴定结果偏低；反之，CrO_4^{2-} 浓度太低，则终点推迟出现而使结果偏高。一般应每 5mL 溶液加 K_2CrO_4 指示剂 1 滴。

②滴定过程中生成的 AgCl 沉淀容易吸附 Cl^-，使溶液中的 Cl^- 浓度降低，以致未到等当点时即过早产生砖红色 Ag_2CrO_4 沉淀。故滴定时须不断剧烈摇动，使被吸附的 Cl^- 释放出来。

5.3 精密度和允许差。

氯根测定结果的精度应符合表 T 0155-2 的规定。

表 T 0155-2 易溶盐各离子的允许偏差

各离子含量的范围 m(mol/kg)								相对偏差
CO_3^{2-}	HCO_3^-	SO_4^{2-}	Cl^-	Ca^{2+}	Mg^{2+}	Na^+	K^+	(%)
<2.5	<5.0	<2.5	<5.0	<2.5	<2.5	<5.0	<5.0	10～15
2.5～5.0	5.0～10	2.5～5.0	5.0～10	2.5～5.0	2.5～5.0	5.0～10	5.0～10	5～10
5.0～25	10～50	5.0～25	10～50	5.0～25	5.0～25	10～50	10～50	3～10
>25	>50	>25	>50	>25	>25	>50	>50	<3

6 报告

6.1 试验方法。

6.2 土的鉴别分类和代号。

6.3 土的氯根含量(%)。

T 0156—1993 易溶盐氯根的测定——硝酸汞滴定法

1 目的和适用范围

本试验方法适用于各类土。

2 仪器设备

2.1 酸式滴定管(50mL)、三角瓶(150mL)、试剂瓶、量筒。

2.2 移液管(大肚型)25mL、容量瓶1L。

2.3 天平:称量200g,感量0.000 1g。

3 试剂

3.1 混合指示剂:0.5g二苯偶氮碳酰肼与0.05g溴酚蓝及0.12g二甲苯蓝FF混合,溶于100mL 95%的酒精中,保存于棕色试制瓶中。

3.2 0.025mol/L硝酸汞标准溶液:称取8.34g分析纯硝酸汞[$Hg(NO_3)_2 \cdot 1/2H_2O$],溶于100mL加有1~1.5mL浓硝酸的蒸馏水中,最后加水定容至1 000mL,充分摇匀。其标准浓度用0.025mol/L氯化钠标准溶液标定(标定方法与滴定待测液相同)。

3.3 0.05mol/L硝酸溶液:量取3.2mL浓硝酸(比重1.42),稀释至1 000mL,摇匀,备用。

4 试验步骤

4.1 吸取待测定液25mL于150mL三角瓶中。

4.2 加混合指示剂10滴,并用0.05mol/L HNO_3溶液调至溶液呈蓝绿色。即用$Hg(NO_3)_2$标准溶液滴定至突变为紫色即为终点,记下消耗的体积(mL)。

在试验过程中应熟悉注意事项。特别是滴定近终点时,一定放慢滴定速度,每滴一滴应充分摇匀,否则会超过终点,造成误差。

5 结果整理

5.1 氯根含量按下式计算:

$$Cl^- (mmol/kg) = \frac{V \times c}{m} \times 1000 \qquad (T\,0156\text{-}1)$$

$$Cl^- (\%) = Cl^- (mmol/kg) \times 0.0355 \times 10^{-1} \qquad (T\,0156\text{-}2)$$

式中: c——$\frac{1}{2}Hg(NO_3)_2$溶液的浓度(mol/L);

V——滴定用硝酸汞溶液体积(mL);

m——相当于分析时所取浸出液体积的干土质量(g);

0.035 5——Cl^- 的摩尔质量(g/mmol)。

5.2 氯根试验记录格式如表 T 0156-1。

表 T 0156-1 氯根试验记录表

工程编号＿＿＿＿＿ 试验计算者＿＿＿＿＿

土样编号＿＿＿＿＿ 校　核　者＿＿＿＿＿

土样说明＿＿＿＿＿ 试 验 日 期＿＿＿＿＿

吸取浸出液的体积 V (mL)		
与吸取浸出液相当的土样质量(g)		
$\frac{1}{2}Hg(NO_3)_2$ 溶液的浓度(mol/L)		
试验次数	1	2
滴定试样消耗 $\frac{1}{2}Hg(NO_3)_2$ 溶液的量(mL)		
Cl^-(%)		
Cl^- 平均值(%)		

注:①在滴定过程中,必须控制溶液的 pH 在 3.0～3.5 范围内,pH 高于此范围有负误差,pH 低于此范围有正误差。

②如果待测液有颜色,则对终点有干扰,可用稀硝酸酸化后的活性炭吸附脱色,过滤后滴定;也可直接用硝酸酸化待测液后,再加微热,使有机质絮固脱色,过滤后滴定;或者蒸干待测液,用过氧化氢去除有机质,再溶解后进行滴定。

③加入指示剂过量时也会使结果偏低。

5.3 精密度和允许差。

氯根测定结果的精度应符合表 T 0156-2 的规定。

表 T 0156-2 易溶盐各离子的允许偏差

各离子含量的范围 m(mol/kg)								相对偏差(%)
CO_3^{2-}	HCO_3^-	SO_4^{2-}	Cl^-	Ca^{2+}	Mg^{2+}	Na^+	K^+	
<2.5	<5.0	<2.5	<5.0	<2.5	<2.5	<5.0	<5.0	10～15
2.5～5.0	5.0～10	2.5～5.0	5.0～10	2.5～5.0	2.5～5.0	5.0～10	5.0～10	5～10
5.0～25	10～50	5.0～25	10～50	5.0～25	5.0～25	10～50	10～50	3～10
>25	>50	>25	>50	>25	>25	>50	>50	<3

6 报告

6.1 试验方法。

6.2 土的鉴别分类和代号。

6.3 土的氯根含量(%)。

T 0157—1993　易溶盐钙和镁离子的测定——EDTA 配位滴定法

1　目的和适用范围

本试验方法适用于各类土。

2　仪器设备

2.1　移液管:(大肚型)25mL。

2.2　三角瓶:150mL。

2.3　滴定管:(酸式)25mL或50mL,准确至0.1mL。

2.4　试剂瓶。

3　试剂

3.1　0.01mol/L EDTA标准溶液

3.1.1　0.01mol/L EDTA标准溶液:先将乙二胺四乙酸二钠(Na_2EDTA,$Na_2H_2C_{10}H_{12}O_8N_2 \cdot 2H_2O$,相对分子质量372.1分析纯)在80℃干燥约2h,保存于干燥器中。将3.72g Na_2EDTA,溶于1L水中,充分摇动,贮于塑料试制瓶中。EDTA二钠盐在水中溶解缓慢,在配制溶液时须常摇动促溶,最好放置过夜后备用。

3.1.2　EDTA溶液的标定。

(1)用分析天平称取经110℃干燥的$CaCO_3$(优级纯或一级)约0.40g,称准至0.000 1g,放在400mL烧杯内,用少量蒸馏水润湿,慢慢加入1∶1的盐酸约10mL,盖上表皿,小心地加热促溶,并驱尽CO_2,冷却后定量地转移入500mL容量瓶中用蒸馏水定容。

(2)用移液管吸取本方法3.2(1)的溶液25.00mL于250mL三角瓶中,加20mL pH10的氨缓冲溶液和少许K—B指示剂(或铬黑T指示剂),用配好的EDTA溶液滴定至溶液由酒红色变为蓝绿色为终点,同时做空白试验。按下式计算EDTA溶液的浓度(mol/L),取三次标定结果的平均值。

$$C_{EDTA}=\frac{m}{0.100\,1\times(V-V_0)} \quad (T\ 0157\text{-}1)$$

式中:0.100 1——$CaCO_3$的摩尔质量(g/mmol);

m——每份滴定所用$CaCO_3$的质量(g);

V——标定时所用EDTA溶液的体积(mL);

V_0——空白标定所用 EDTA 溶液的体积(mL)。

3.2 pH10 的氨缓冲液：67.5g NH_4Cl(化学纯)溶于无 CO_2 水中，加入新开瓶的浓氨水(化学纯，比重 0.9，含 NH_3 25%)570mL，用水稀释至 1L，贮于塑料瓶中，并注意防止吸收空气中的 CO_2。

3.3 K—B 指示剂：0.5g 酸性铬蓝 K 和 0.1g 萘酚绿 B，与 100g、105℃烘过的 NaCl 一同研细磨匀，越细越好，贮于棕色瓶中。

3.4 铬黑 T 指示剂：0.5g 铬黑 T 与 100g 烘干的 NaCl(三级)共研至极细，贮于棕色瓶中。

3.5 钙指示剂：0.5g 钙指示剂[2—羟基(2—羟基—4 磺酸—1—萘偶氮基)—3—萘甲酸，$C_{21}H_{14}O_7N_2S$]与 50g NaCl(需经烘焙)研细混匀，贮于棕色瓶中，放在干燥器中保存。

3.6 2mol/L NaOH 溶液：8.0g NaOH 溶于 100mL 无 CO_2 水中。

4 试验步骤

4.1 $Ca^{2+}+Mg^{2+}$ 含量的测定：用移液管吸取土样浸出液 25.00mL 于 150mL 三角瓶中，加 pH10 缓冲溶液 2mL，摇匀后加 K—B 指示剂约 0.1g。用 EDTA 标准溶液滴定至溶液由酒红色突变为纯蓝色为终点。记录 EDTA 溶液的用量(V_2)(mL)，精确至 0.01mL。

4.2 Ca^{2+} 的测定：用 25mL 移液管另吸取土样浸出液 25mL 于三角瓶中，加 1∶1HCl 1 滴，充分摇动，煮沸 1min 排出 CO_2，冷却后，加 2mol/L NaOH 2mL，摇匀，放置 1～2min，使溶液 pH 值达 12.0 以上，加入钙指示剂约 0.1g，即以 EDTA 标准溶液滴定，接近终点时须逐滴加入，充分摇动，直至溶液由红色突变为纯蓝色。记录 EDTA 溶液的用量 V_1(mL)，精确至 0.01mL。

采用 EDTA 配位滴定法试验时，一定要注意控制溶液的 pH 值。测定钙时，必须调整 pH 值在 12 以上(可用 pH 广泛试纸试验)，且调好后应及时滴定，以防溶液吸收空气中的 CO_2，而生成 $CaCO_3$ 沉淀，使滴定终点延长。

5 结果整理

5.1 钙和镁离子含量按下列各式计算：

$$Ca^{2+}\left(\text{mmol}\,\frac{1}{2}Ca^{2+}/\text{kg}\right)=\frac{c\times V_1\times 2}{m}\times 1\,000 \qquad (\text{T 0157-2})$$

$$Ca^{2+}(\%)=Ca^{2+}\left(\text{mmol}\,\frac{1}{2}Ca^{2+}/\text{kg}\right)\times 0.020\,0\times 10^{-1} \qquad (\text{T 0157-3})$$

$$Mg^{2+}\left(\text{mmol}\ \frac{1}{2}Mg^{2+}/\text{kg}\right)=\frac{c\times(V_2-V_1)\times 2}{m}\times 1\,000 \quad (\text{T 0157-4})$$

$$Mg^{2+}(\%)=Mg^{2+}\left(\text{mmol}\ \frac{1}{2}Mg^{2+}/\text{kg}\right)\times 0.012\,2\times 10^{-1} \quad (\text{T 0157-5})$$

式中：c——EDTA 标准溶液的浓度(mol/L)；

m——相当于分析时所取浸出液体积的干土质量(g)；

0.020 0——$\frac{1}{2}$钙离子的摩尔质量(g/mmol)；

0.012 2——$\frac{1}{2}$镁离子的摩尔质量(g/mmol)。

注：①土的水提取液中，如含有 Fe^{3+}、Al^{3+}、Mn^{2+}、Ti^{4+} 及其他重金属离子时，会影响滴定终点，可在酸性溶液中加 1∶2 的三乙醇胺 2mL，以消除其影响。

②测定 Ca^{2+} 或 $Ca^{2+}+Mg^{2+}$ 时，都必须严格控制溶液的 pH 值，所以在加入 NaOH 或 pH10 缓冲溶液后，应再用精密 pH 试纸检验，确认 pH 合格后再加入指示剂进行滴定，否则终点会不明显。

5.2 钙、镁离子试验记录格式如表 T 0157-1。

表 T 0157-1 钙、镁离子试验记录表

工程编号________ 试 验 者________

土样编号________ 校 核 者________

土样说明________ 试验日期________

吸取提取液的体积 V	(mL)	25	
EDTA	(mol/L)	0.010 20	
试验次数		1	2
滴定 Ca^{2+} 时所用 EDTA 的量 V_1	(mL)	4.18	4.20
滴定 $Ca^{2+}+Mg^{2+}$ 时所用 EDTA 的量 V_2	(mL)	5.40	5.42
Ca^{2+}	(mmol $\frac{1}{2}Ca^{2+}$/kg)	0.085 3	0.085 7
Ca^{2+} 平均值	(mmol $\frac{1}{2}Ca^{2+}$/kg)	0.085 5	
Ca^{2+}	(%)	0.034 2	0.034 2
Ca^{2+} 的平均值	(%)	0.034 2	
Mg^{2+}	(mmol $\frac{1}{2}Mg^{2+}$/kg)	0.249	0.249
Mg^{2+} 平均值	(mmol $\frac{1}{2}Mg^{2+}$/kg)	0.249	
Mg^{2+}	(%)	0.006 1	0.006 1
Mg^{2+} 的平均值	(%)	0.006 1	

5.3 精密度和允许差。

钙离子和镁离子测定结果的精度应符合表 T 0157-2 的规定。

表 T 0157-2 易溶盐各离子的允许偏差

各离子含量的范围 m(mol/kg)								相对偏差(%)
CO_3^{2-}	HCO_3^-	SO_4^{2-}	Cl^-	Ca^{2+}	Mg^{2+}	Na^+	K^+	
<2.5	<5.0	<2.5	<5.0	<2.5	<2.5	<5.0	<5.0	10～15
2.5～5.0	5.0～10	2.5～5.0	5.0～10	2.5～5.0	2.5～5.0	5.0～10	5.0～10	5～10
5.0～25	10～50	5.0～25	10～50	5.0～25	5.0～25	10～50	10～50	3～10
>25	>50	>25	>50	>25	>25	>50	>50	<3

6 报告

6.1 土的鉴别分类和代号。

6.2 土的钙离子含量(%)。

6.3 土的镁离子含量(%)。

T 0158—1993 易溶盐硫酸根的测定——质量法

1 目的和适用范围

本试验方法适用于各类土。

质量法测定硫酸根,适用于硫酸根含量高的试样。该法是测硫酸根的标准方法。质量法精确度高,但操作冗长,所需待测液较多,且待测液须特别清亮。

2 仪器设备

2.1 高温电炉:温度可自控,最高炉温 1 100℃。

2.2 瓷坩埚:30mL。

2.3 坩埚钳:长柄的。

2.4 水浴埚、烧杯、紧密滤纸、漏斗。

2.5 移液管(大肚型)、量筒、试剂瓶等。

2.6 漏斗架。

2.7 表面皿、玻璃支架、玻璃棒。

3 试剂

3.1 1∶3 盐酸：1 份浓盐酸加 3 份蒸馏水混合。

3.2 10%氯化钡水溶液：称取由 $BaCl_2 \cdot 2H_2O$ 10g 溶于水后，再加水稀释至 100mL。

3.3 1%硝酸银溶液：1g $AgNO_3$ 溶于 100mL 蒸馏水中。如有杂质应过滤，滤液要透明。

4 试验步骤

4.1 吸取 50～100mL 水浸提液于 150mL 烧杯中，在水浴上蒸干。用 1∶3 盐酸溶液 5mL 处理残渣，再蒸干，并在 100～105℃烘干 1h。

4.2 用 2mL 1∶3 盐酸和 10～30mL 热蒸馏水洗涤，用致密滤纸过滤，除去二氧化硅，再用热水洗至无氯离子反应(用硝酸银检验无浑浊)为止。

4.3 滤出液在烧杯中蒸发至 30～40mL，在不断搅动中途趁热滴加 10%氯化钡至沉淀完全。在上部清液再滴加几滴氯化钡，直至无更多沉淀生成时，再多加2～4mL 氯化钡。在水浴上继续加热 15～30min，取下烧杯静置 2h。

4.4 用紧密无灰滤纸过滤，烧杯中的沉淀用热水洗 2～3 次后转入滤纸，再洗至无氯离子反应为止，但沉淀也不宜过多洗涤。

4.5 将滤纸包移入已灼烧称恒量的坩埚中，小心烤干，灰化至呈灰白色。

4.6 在 600℃高温电炉中灼烧 15～20min，然后在干燥器中冷却 30min 后称量。再将坩埚灼烧 15～20min，称至恒量(两次称量之差小于 0.000 5g)。

4.7 用相同试剂和滤纸同样处理，做空白试验，测得空白质量。

5 结果整理

5.1 硫酸根含量按下式计算：

$$SO_4^{2-}(\%)=\frac{(m_1-m_2)\times 0.4116}{m}\times 100 \qquad (T\ 0158\text{-}1)$$

$$SQ_4^{2-}\left(\text{mmol}\,\frac{1}{2}SQ_4^{2-}/\text{kg}\right)=\frac{SQ_4^{2-}(\%)}{0.0480}\times 10 \qquad (T\ 0158\text{-}2)$$

式中：m_1——硫酸钡的质量(g)；

m_2——空白标定的质量(g)；

m——相当于分析时所取浸出液体积的干土质量(g)；

0.411 6——硫酸钡换算为硫酸根(SO_4^{2-})的系数；

0.048 0——$\frac{1}{2}$硫酸钡的摩尔质量(g/mmol)。

5.2　硫酸根试验记录格式如表 T 0158-1。

表 T 0158-1　硫酸根试验记录表(质量法)

工程编号＿＿＿＿＿＿　试验计算者＿＿＿＿＿＿

土样编号＿＿＿＿＿＿　校　核　者＿＿＿＿＿＿

土样说明＿＿＿＿＿＿　试 验 日 期＿＿＿＿＿＿

吸取提取液的体积 (mL)	50	
试验次数	1	2
(坩埚＋沉淀)质量 (g)	18.353 5	19.004 6
空坩埚质量 (g)	18.351 2	19.002 2
沉淀质量(g)	0.002 3	0.002 4
空白试验结果(g)	0.000 4	0.000 4
SO_4^{2-}(%)	0.007 8	0.008 2
SO_4^{2-} 平均值 (%)	0.008 0	
SO_4^{2-}(mmol $\frac{1}{2}SO_4^{2-}$/kg)	0.081	0.085
SO_4^{2-} 平均值 (mmol $\frac{1}{2}SO_4^{2-}$/kg)	0.083	

注:①本方法适用于含硫酸根量较高的土样,含量低者应采用其他方法。

②硫酸钡沉淀应在微酸性溶液中进行,一方面可以防止某些阴离子如碳酸根、碳酸氢根、磷酸根和氢氧根等与钡离子发生共沉淀现象,另一方面硫酸钡沉淀在微酸性溶液中能使结晶颗粒增大,更便于过滤和洗涤。沉淀溶液的酸度不能太高,因硫酸钡沉淀的溶解度随酸度的增大而增大,最好控制在 0.05mol/L 左右。

③硫酸钡沉淀同滤纸灰化时,应保证空气的充分供应,否则沉淀易被滤纸烧成的炭所还原($BaSO_4+4C \rightarrow BaS+4CO$)。当发生这种现象时,沉淀呈灰色或黑色,这可在冷却后的沉淀中加入 2～3 滴浓硫酸,然后小心加热至二氧化硫白烟不再发生为止,再在 600℃ 的温度下灼烧至恒量。炉温不能过高,否则硫酸钡开始分解。

5.3　精密度和允许差。

硫酸根测定结果的精度应符合表 T 0158-2 的规定。

表 T 0158-2　易溶盐各离子的允许偏差

各离子含量的范围 m(mol/kg)								相对偏差
CO_3^{2-}	HCO_3^-	SO_4^{2-}	Cl^-	Ca^{2+}	Mg^{2+}	Na^+	K^+	%
<2.5	<5.0	<2.5	<5.0	<2.5	<2.5	<5.0	<5.0	10～15
2.5～5.0	5.0～10	2.5～5.0	5.0～10	2.5～5.0	2.5～5.0	5.0～10	5.0～10	5～10
5.0～25	10～50	5.0～25	10～50	5.0～25	5.0～25	10～50	10～50	3～10
>25	>50	>25	>50	>25	>25	>50	>50	<3

6 报告

6.1 试验方法。

6.2 土的鉴别分类和代号。

6.3 土的硫酸根含量(%)。

T 0159—1993 易溶盐硫酸根的测定——EDTA间接配位滴定法

1 目的和适用范围

本试验方法适用于各类土。

2 仪器设备

2.1 分析天平:称量200g,感量0.000 1g。

2.2 酸式滴定管:50mL,准确至0.1mL。

2.3 三角瓶:150mL或200mL。

2.4 移液管:(大肚型)25mL,50mL。

3 试剂

3.1 钡镁混合剂:2.44g $BaCl_2 \cdot 2H_2O$(化学纯)和2.04g $MgCl_2 \cdot 6H_2O$(化学纯)溶于水,稀释至1L,此溶液中Ba^{2+}和Mg^{2+}的浓度各为0.01mol/L,每毫升约可沉淀SO_4^{2-} 1mg。

3.2 pH10的氨缓冲液:67.5g NH_4Cl(化学纯)溶于无CO_2水中,加入新开瓶的浓氨水(化学纯,比重0.9,含NH_3 25%)570mL,用水稀释至1L,贮于塑料瓶中,并注意防止吸收空气中的CO_2。

3.3 1∶4HCl溶液:1份浓HCl(化学纯)与4份水混合。

3.4 K—B指示剂:0.5g酸性铬蓝K和0.1g萘酚绿B,与100g、105℃烘过的NaCl一同研细磨匀,越细越好,贮于棕色瓶中。

3.5 铬黑T指示剂:0.5g铬黑T与100g烘干的NaCl(三级)共研至极细,贮于棕色瓶中。

3.6 0.01mol/L EDTA标准溶液:先将乙二胺四乙酸二钠(Na_2EDTA,$Na_2H_2C_{10}H_{12}O_8N_2 \cdot 2H_2O$,相对分子质量372.1,分析纯)在80℃干燥约2h,保存于干燥器中。将3.72g Na_2EDTA溶于1L水中,充分摇动,贮于塑料试制瓶中。EDTA二钠盐在水中溶解缓慢,在配制溶液时须常摇动促溶,最好放置过夜后备用。

4　EDTA溶液的标定方法

4.1　用分析天平称取经110℃干燥的$CaCO_3$(优级纯或一级)约0.40g,称准至0.000 1g,放在400mL烧杯内,用少量蒸馏水润湿,慢慢加入1∶1的盐酸约10mL,盖上盖皿,小心地加热促溶,并驱尽CO_2,冷却后定量地转移入500mL容量瓶中用蒸馏水定容。

4.2　用移液管吸取本试验4.1的溶液25.00mL于250mL三角瓶中,加20mL pH10的氨缓冲溶液和少许K—B指示剂(或铬黑T指示剂),用配好的EDTA溶液滴定至溶液由酒红色变为蓝绿色为终点,同时做空白试验。按下式计算EDTA溶液的浓度(mol/L),取三次标定结果的平均值。

$$C_{EDTA}=\frac{m}{0.100\,1\times(V-V_0)} \tag{T0159-1}$$

式中:0.100 1——$CaCO_3$的摩尔质量(g/mmol);

m——每份滴定所用$CaCO_3$的质量(g);

V——标定时所用EDTA溶液的体积(mL);

V_0——空白标定所用EDTA溶液的体积(mL)。

5　试验步骤

由于土中SO_4^{2-}含量变化较大,为了掌握加沉淀剂$BaCl_2$是否足量,必须经初步试验,具体试验应按注解进行。

5.1　用移液管吸取25mL土水比1∶5的土样浸出液于150mL三角瓶中,加1∶4 HCl 5滴,加热至沸,趁热用移液管缓缓地准确加入过量25～100%的钡镁混合液(约5～10mL)。

*注:继续微沸5min,然后放置2h以上。

5.2　加pH10缓冲液5mL,加铬黑T指示剂少许或K—B指示剂约0.1g,摇匀。用EDTA标准溶液滴定至由酒红色变为纯蓝色。如终点前颜色太浅,可补加一些指示剂。记录EDTA标准溶液的消耗体积V_1(mL)。

5.3　空白标定:取25mL水,加入1∶4 HCl 5滴,钡镁混合液5mL或10mL(注意,其用量应与上述待测液相同),pH10缓冲液5mL和铬黑T指示剂少许或K—B指示剂约0.1g,摇匀后用EDTA标准溶液滴定至由酒红色变为纯蓝色,记录EDTA溶液的用量V_2(mL)。

5.4　土样浸出液中钙镁总量的测定(如Ca^{2+}、Mg^{2+}已知,可免去此步):吸取与5.1相同体积的土样浸出液25mL,放在150mL三角瓶中,加1∶1 HCl两滴,摇匀,加热至沸1min,除去CO_2冷却。加pH10缓冲溶液3.5mL,加K—B指示剂约 0.1g，用 EDTA 标准溶液滴定，溶液由紫红色变成蓝绿色即为终点，记录消耗 EDTA 溶液的体积 V_3(mL)。

6 结果整理

6.1 硫酸根含量按下式计算：

$$SO_4^{2-}\left(\text{mmol}\,\frac{1}{2}SO_4^{2-}/\text{kg}\right)=\frac{2c(V_2+V_3-V_1)}{m}\times 1000 \quad (\text{T 0159-2})$$

$$SO_4^{2-}(\%)=SO_4^{2-}\left(\text{mmol}\,\frac{1}{2}SO_4^{2-}/\text{kg}\right)\times 0.0480\times 10^{-1} \quad (\text{T 0159-3})$$

式中： c——EDTA 标准液的浓度(mol/L)；

m——相当于分析时所取浸出液体积的干土质量(g)；

0.048 0——$\frac{1}{2}$硫酸根的摩尔质量(g/mmol)。

注：由于土中 SO_4^{2-} 含量变化比较大，有些土中 SO_4^{2-} 含量很高，可用下式判断所加沉淀剂 $BaCl_2$ 是否足量：$V_2+V_3-V_1=0$，表明土中无 SO_4^{2-}；$V_2+V_3-V_1<0$，则表明操作有误；如果 $V_2+V_3-V_1=A\text{mL}$，$A\text{mL}+A\times 25\%\leqslant$所加 $BaCl_2$ 的体积数，表明加入的沉淀剂足量；若 $A\text{ mL}+A\times 25\%>$所加 $BaCl_2$ 体积数，表示所加沉淀剂不够，应重新少取待测液，或多加沉淀剂重新测 SO_4^{2-}。

6.2 硫酸根试验记录格式如表 T 0159-1。

表 T 0159-1 硫酸根试验记录表（EDTA 间接配位滴定法）

工程编号＿＿＿＿＿＿ 试验计算者＿＿＿＿＿＿

土样编号＿＿＿＿＿＿ 校　核　者＿＿＿＿＿＿

土样说明＿＿＿＿＿＿ 试 验 日 期＿＿＿＿＿＿

吸取浸出液的体积 V(mL)	25	
EDTA 二钠盐溶液的浓度(mol/L)	0.010 20	
试验次数	1	2
待测液经沉淀后剩余钡镁合剂所消耗 EDTA 的量 V_1(mL)	6.70	6.72
钡镁合剂(空白标定)所消耗 EDTA 液的量 V_2(mL)	5.20	5.20
同体积待测液中原有 Ca^{2+}、Mg^{2+} 所消耗 EDTA 液的量 V_3(mL)	5.50	5.50
SO_4^{2-} (mmol $\frac{1}{2}SO_4^{2-}$/kg)	0.816	0.812
SO_4^{2-} (mmol $\frac{1}{2}SO_4^{2-}$/kg) 平均值	0.814	
SO_4^{2-} (%)	0.078	0.078
SO_4^{2-} (%)的平均值	0.078	

6.3 精密度和允许差。

硫酸根测定结果的精度应符合表 T 0159-2 的规定。

表 T 0159-2 易溶盐各离子的允许偏差

各离子含量的范围 m(mol/kg)								相对偏差(%)
CO_3^{2-}	HCO_3^-	SO_4^{2-}	Cl^-	Ca^{2+}	Mg^{2+}	Na^+	K^+	
<2.5	<5.0	<2.5	<5.0	<2.5	<2.5	<5.0	<5.0	10~15
2.5~5.0	5.0~10	2.5~5.0	5.0~10	2.5~5.0	2.5~5.0	5.0~10	5.0~10	5~10
5.0~25	10~50	5.0~25	10~50	5.0~25	5.0~25	10~50	10~50	3~10
>25	>50	>25	>50	>25	>25	>50	>50	<3

7 报告

7.1 试验方法。

7.2 土的鉴别分类和代号。

7.3 土的硫酸根含量(%)。

T 0160—1993 易溶盐钠和钾离子的测定——火焰光度法

火焰光度法是发散光谱分析中比较简单的一种方法。它是利用火焰激发使原子的电子跃迁而释放能量产生特征谱线。由于激发的能量较低,仅有碱金属和碱土金属能用此方法激发,所产生的发射光谱经滤光片后用光电池和检流计来测其发射强度。这种方法简便、迅速、灵敏度较高,常用来测定钠、钾的含量。尤其是当它们含量较低时,用火焰光度法优于其他方法,故本规程选用该法。

1 目的和适用范围

本方法适用于各类土。

2 仪器设备

2.1 火焰光度计。

2.2 分析天平:称量 200g,感量 0.000 1g。

2.3 容量瓶、试剂瓶、移液管。

3 试剂

3.1 0.1mol/L 硫酸铝溶液:称取 34.2g $Al_2(SO_4)_3$ 溶于水中,稀释至 1 000mL。

3.2 钾(K^+)标准溶液:精确称取经 105~110℃烘干的分析纯 KCl 0.190 7g,在少量纯水中溶解,转入 1 000mL 容量瓶中定容,贮于塑料瓶中。此溶液含

K^+0.1mg/mL，以此为母液可稀释配制所需浓度的标准系列。

3.3 钠(Na^+)标准溶液：精确称取550℃灼烧过的NaCl 0.254 2g，在少量纯水中溶解，转入1 000mL容量瓶中定容，贮于塑料瓶中，此溶液含Na^+0.1mg/mL，以此为母液可稀释配制成所需浓度的标准系列。

4 仪器分析法标准曲线的测绘

分别取浓度适宜的钠、钾溶液标准系列。按测定试样相同条件，在火焰光度计上测出各浓度的读数，宜测5～7点，以读数为纵坐标，钠、钾浓度为横坐标，在直角坐标上绘制关系曲线，并注明试验条件。

5 试验步骤

用火焰光度法测定Na^+、K^+，激发状况的变化是导致误差的重要原因，因此，在试验过程中必须使激发状况稳定。试液中其他成分的干扰也是产生误差的原因。为此，绘制标准曲线时，配制标准溶液所用的盐类，应与土样中的主要盐类一致。

用移液管吸取一定量的土浸出液，放在火焰光度计上，按仪器说明书的要求进行操作。当Na^+、K^+含量超过仪器容许范围时，宜稀释后再操作。测Na^+时用钠滤光片，测K^+时用钾滤光片。记下仪器读数，注明试验条件，分别查钠、钾标准曲线，分别计算含量。

6 结果整理

6.1 钠、钾离子含量按下列各式计算：

$$Na^+\ (mmolN_a^+/kg) = \frac{C_{Na} \times \frac{25}{V}}{m} \times \frac{1.0}{23} \qquad (T\ 0160\text{-}1)$$

$$Na^+\ (\%) = Na^+\ (mmolNa^+/kg) \times 0.023 \times 10^{-1} \qquad (T\ 0160\text{-}2)$$

$$K^+\ (mmolK^+/kg) = \frac{C_K \times \frac{25}{V}}{m} \times \frac{1.0}{39.1} \qquad (T\ 0160\text{-}3)$$

$$K^+\ (\%) = K^+\ (mmolK^+/kg) \times 0.0391 \times 10^{-1} \qquad (T\ 0160\text{-}4)$$

式中：C_{Na}——待测液中钠离子浓度(10^{-6})；

C_k——待测液中钾离子浓度(10^{-6})；

V——吸取土样浸出液的体积(mL)；

m——相当于分析时所取浸出液体积的干土质量(g)；

1.0——由10^{-6}换算成千克的系数；

23——钠离子的摩尔质量(g/mol)。

40.1——钾离子的摩尔质量(g/mol)。

6.2 钠、钾离子试验记录格式如表T 0160-1。

表 T 0160-1　钠、钾离子试验记录表(火焰光度法)

工程编号＿＿＿＿＿　　试验计算者＿＿＿＿＿

土样编号＿＿＿＿＿　　校　核　者＿＿＿＿＿

土样说明＿＿＿＿＿　　试 验 日 期＿＿＿＿＿

吸取滤液体积 V(mL)		
试验序号	1	2
由标准曲线查出 Na^+ 量(10^{-6})		
Na^+(%)		
Na^+ 的平均值(%)		
Na^+(mmol Na^+ %/kg)		
平均值(mmol Na^+ %/kg)		
由标准曲线查出 K^+ 量(10^{-6})		
K^+(%)		
K^+ 的平均值(%)		
K^+(mmol K^+/kg)		
平均值(mmol K^+/kg)		

6.3　精密度和允许差。

钠和钾离子测定结果的精度应符合表 T 0160-2 的规定。

表 T 0160-2　易溶盐各离子的允许偏差

各离子含量的范围 m(mol/kg)								相对偏差(%)
CO_3^{2-}	HCO_3^-	SO_4^{2-}	Cl^-	Ca^{2+}	Mg^{2+}	Na^+	K^+	
<2.5	<5.0	<2.5	<5.0	<2.5	<2.5	<5.0	<5.0	10～15
2.5～5.0	5.0～10	2.5～5.0	5.0～10	2.5～5.0	2.5～5.0	5.0～10	5.0～10	5～10
5.0～25	10～50	5.0～25	10～50	5.0～25	5.0～25	10～50	10～50	3～10
>25	>50	>25	>50	>25	>25	>50	>50	<3

7　报告

7.1　土的鉴别分类和代号。

7.2　土的钠离子含量(%)。

7.3　土的钾离子含量(%)。

T 0161—1993 中溶盐石膏测定——盐酸浸提硫酸钡质量法

1 目的和适用范围

本试验方法适用于含石膏较多(>1%)的土类。

石膏在水中的溶解度仅约2g/L。土中的石膏含量<1%时，尚易用水浸提法将其全部浸出。但含量>1%时，水浸提法很难浸提完全，而且由于石膏与土溶液中的Na_2CO_3作用时，在石膏颗粒表面常形成一层难溶的$CaCO_3$胶膜，因而更难用水把石膏浸提出来，在此情况下，应选用1mol/L的HCl浸提法。

2 仪器设备

2.1 分析天平：称量200g，感量0.000 1g。

2.2 离心机(4 000r/min)；80mL离心管。

2.3 高温电炉、瓷坩埚。

2.4 移液管、容量瓶、烧杯。

3 试剂

3.1 70%乙醇：700mL无水乙醇用水稀释至1 000mL。

3.2 1mol/L HCl：83.3mL浓HCl用水稀释至1L。

3.3 10%$BaCl_2$溶液(W/V)：称取10g $BaCl_2\cdot 2H_2O$用水溶成100mL。

3.4 1∶1氨(NH_3)水：1份浓氨(NH_3)水+1份水。

3.5 1∶1 HCl：1份浓HCl+1份水。

3.6 1%(W/V)甲基橙指示剂：1g甲基橙指示剂溶于100mL水中。

4 试验步骤

4.1 洗去盐分：在1%感量天平上称取通过0.25mm的风干土样1～10g(约含石膏0.1～0.8g)于离心管中，加50mL 70%乙醇，在2 500～3 000r/min离心机中，倾去洗液，反复洗涤直到SO_4^{2-}反应为止。

4.2 用1mol/L HCl浸提：给脱盐后的土样中加1mol/L HCl约30mL搅动、离心、将清液倾入100mL容量瓶中，反复三次，最后用水定容。

4.3 沉淀$BaSO_4$：吸取清液30mL于250mL烧杯中，加甲基橙指示剂2～3滴，用1∶1氨水中和至黄色，然后加1mL 1∶1 HCl加热至沸，再按下述进行。

4.3.1 吸取50～100mL水浸提液于150mL烧杯中，在水浴上蒸干。用1∶3盐酸溶液5mL处理残渣，再蒸干，并在100～105℃烘干1h。

4.3.2 用2mL 1∶3盐酸和10～30mL热蒸馏水洗涤，用致密滤纸过滤，除去二氧化硅，再用热水洗至无氯离子反应(用硝酸银检验无浑浊)为止。

4.3.3 滤出液在烧杯中蒸发至30～40mL，在不断搅动中途趁热滴加10%氯化钡至沉淀完全。在上部清液再滴加几滴氯化钡，直至无更多沉淀生成时，再多加2～4mL氯化钡。在水浴上继续加热15～30min，取下烧杯静置2h。

4.3.4 用紧密无灰滤纸过滤，烧杯中的沉淀用热水洗2～3次后转入滤纸，再洗至无氯离子反应为止，但沉淀也不宜过多洗涤。

4.3.5 将滤纸包移入已灼烧称恒量的坩埚中，小心烤干，灰化至呈灰白色。

4.3.6 在600℃高温电炉中灼烧15～20min，然后在干燥器中冷却30min后称量。再将坩埚灼烧15～20min，称至恒量(两次称量之差小于0.000 5g)。

4.3.7 用相同试剂和滤纸同样处理，做空白试验，测得空白质量。

为了加快土中石膏的溶解，土样的颗粒应小于0.25mm。沉淀灰化时，不应出现明火燃烧，以免沉淀飞出损失。同时灰化要充分，以免残留的碳素使硫酸钡还原为硫化钡。为避免发生这种反应，高温炉灼烧时的温度以不超过600℃为宜。

5 结果整理

5.1 石膏含量按下式计算：

$$CaSO_4 \cdot 2H_2O(\%) = \frac{(m_1 - m_0) \times 0.738 \times 2}{m_s} \times 100(1 + H) \tag{T 0161-1}$$

式中：m_0——空坩埚质量(g)；

m_1——坩埚+$BaSO_4$质量(g)；

0.738——将$BaSO_4$换算成$Ca_SO_4 \cdot 2H_2O$的系数($CaSO_4 \cdot 2H_2O/ BaSO_4$)；

2——分取系数(100mL/50mL)；

H——以烘干基的土样吸湿水分数。

5.2 本试验记录格式如表T 0161-1。

表T 0161-1 中溶盐试验记录表(质量法)

工程名称＿＿＿＿＿ 试验计算者＿＿＿＿＿

土样编号＿＿＿＿＿ 校 核 者＿＿＿＿＿

土样说明＿＿＿＿＿ 试验日期＿＿＿＿＿

风干土样量	(g)		
土样吸湿水分数	(H)		
吸取待测液的体积	(mL)		
试验次数		1	2
空坩埚的质量 m_0	(g)		

续上表

风干土样量 (g)		
(空坩埚＋$BaSO_4$)的质量 m_1 (g)		
$CaSO_4 \cdot 2H_2O$ (%)		
$CaSO_4 \cdot 2H_2O$ 平均值 (%)		

5.3 精密度和允许差。

中溶盐石膏($CaSO_4 \cdot 2H_2O$)试验结果精度要求：质量法允许绝对误差为0.2%；容量法允许绝对误差为0.05%。

6 报告

6.1 土的鉴别分类和代号。

6.2 土中石膏含量(%)。

T 0162—1993 难溶盐碳酸钙测定——气量法

1 目的适用范围

本试验方法适用于各类土。

2 仪器设备

2.1 气量法测量装置(二氧化碳约测计示意图见图 T 0162-1)。

2.2 天平：称量200g，感量0.01g。

2.3 气压计。

2.4 温度计。

3 试剂

3.1 1∶3 HCl：1份HCl和3份水混合。

3.2 0.1%甲基红指示剂。

4 试验步骤

4.1 安装好二氧化碳约测计(如图 T 0162-1所示)，将加有微量盐酸和数滴甲基红指示剂的红色水溶液注入量管中。

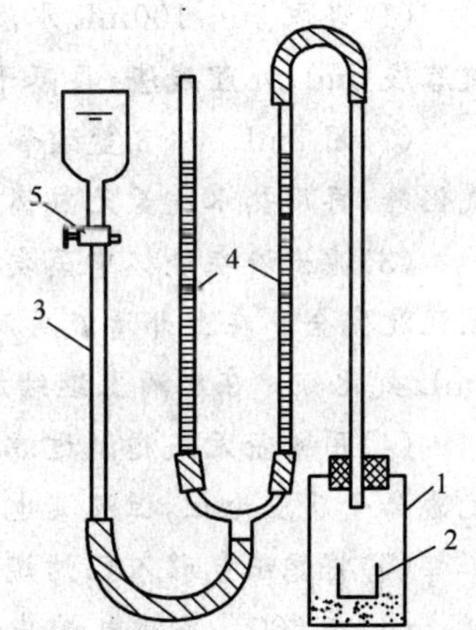

图 T0162-1 二氧化碳约测计示意图

1-广口瓶；2-坩埚；3-移动管；4-量管；5-阀门

4.2 称取过0.5mm筛，经105～110℃烘干的试样1～5g，精确至0.01g，放入广口瓶中。再将盛有1∶3HCl溶液的瓷坩埚也放入广口瓶塞中，塞紧瓶塞。打开阀门上下移动管(3)，使管(3)和管(4)三个管的水面齐平。

4.3 将管(3)继续下移,当管(4)的右边管内水面下降很快时,表示接头处漏气,应仔细检查各接头并用石蜡溶液密封至不漏气。三管水面齐平后,关闭阀门,记下管(4)右边管内的起始水位读数。

4.4 手持长柄夹子夹住广口瓶,使坩埚中的盐酸倾出与瓶中的土样充分反应,当管(4)右边管内水面受到 CO_2 气体压力而下降时,打开阀门。静置 10min,当管(4)右边管内水面稳定时,再移动管(3),使三管水面齐平。记下管(4)右边管内水面最终的水位读数。最终读数与起始读数之差即为产生的 CO_2 体积,同时记录试验时的温度和气压。

4.5 重复下述操作,进行空白试验。并从试样产生的 CO_2 体积中减去空白试验值。

4.5.1 洗去盐分:在 1%感量天平上称取通过 0.25mm 的风干土样 1~10g(约含石膏 0.1~0.8g)于离心管中,加 50mL 70%乙醇,在 2 500~3 000r/min 离心机中,倾去洗液,反复洗涤直到 SO_4^{2-} 反应为止。

4.5.2 用 1mol/L HCl 浸提:给脱盐后的土样中加 1mol/L HCl 约 30mL 搅动、离心、将清液倾入 100mL 容量瓶中,反复三次,最后用水定容。

4.5.3 沉淀 $BaSO_4$:吸取清液 30mL 于 250mL 烧杯中,加甲基橙指示剂 2~3 滴,用 1:1 氨水中和至黄色,然后加 1mL 1:1 HCl 加热至沸。

4.5.4 再按下述处理。

(1)吸取 50~100mL 水浸提液于 150mL 烧杯中,在水浴上蒸干。用 1:3 盐酸溶液 5mL 处理残渣,再蒸干,并在 100~105℃烘干 1h。

(2)用 2mL 1:3 盐酸和 10~30mL 热蒸馏水洗涤,用致密滤纸过滤,除去二氧化硅,再用热水洗至无氯离子反应(用硝酸银检验无浑浊)为止。

(3)滤出液在烧杯中蒸发至 30~40mL,在不断搅动中途趁热滴加 10%氯化钡至沉淀完全。在上部清液再滴加几滴氯化钡,直至无更多沉淀生成时,再多加 2~4mL 氯化钡。在水浴上继续加热 15~30min,取下烧杯静置 2h。

(4)用紧密无灰滤纸过滤,烧杯中的沉淀用热水洗 2~3 次后转入滤纸,再洗至无氯离子反应为止,但沉淀也不宜过多洗涤。

(5)将滤纸包移入已灼烧称恒量的坩埚中,小心烤干,灰化至呈灰白色。

(6)在 600℃高温电炉中灼烧 15~20min,然后在干燥器中冷却 30min 后称量。再将坩埚灼烧 15~20min,称至恒量(两次称量之差小于 0.000 5g)。

(7)用相同试剂和滤纸同样处理,做空白试验,测得空白质量。

为防止 CO_2 在水中溶解,装入量管的水应呈酸性。为了便于观察,水中可加入一些指示剂。水中含一定量的酸时还可以减小集气管中水蒸气分压。故在计算CO_2压力时可减小误差。

5 结果整理

5.1 碳酸钙含量按下式计算：

$$CaCO_3(\%) = \frac{V \times \rho \times 2.272}{m_s \times 10^6} \times 100 \quad (T\,0162\text{-}1)$$

式中：m_s——烘干土的质量(g)；

V——CO_2 的体积(mL)；

ρ——在试验的温度和气压下 CO_2 的密度(μg/mL)，从附录B查出；

2.272——由 CO_2 换算成 $CaCO_3$ 的系数；

10^6——微克与克的换算系数。

5.2 碳酸盐试验记录格式如表T 0162-1。

表T 0162-1 碳酸盐试验记录表（气量法）

工程名称＿＿＿＿＿ 试验计算者＿＿＿＿＿

土样编号＿＿＿＿＿ 校 核 者＿＿＿＿＿

土样说明＿＿＿＿＿ 试验日期＿＿＿＿＿

试验时的大气压力(Pa)		
试验时的温度(℃)		
试验次数	1	2
土样质量 m_s(g)		
CO_2 的体积 V(mL)		
$CaCO_3$(%)		
$CaCO_3$ 平均值(%)		

5.3 精密度和允许差。

碳酸钙试验结果精度应符合表T 0162-2的规定。

表T 0162-2 碳酸钙测定允许偏差

碳酸钙(%)	绝对偏差(%)	相对偏差(%)
20～10	<1	5～7
10～5	<0.8	7～11
5～1	<0.6	11～17
<1	<0.2	17～25

6　报告

6.1　土的鉴别分类和代号。

6.2　土中碳酸钙含量(%)。

气量法受温度影响,特别是广口瓶与量管(4)右肢尤甚。因此,需用长柄夹子夹住广口瓶,即使摇动时也不要用手接触量管(4)左肢,以免人体温度影响气体体积。

试验装置不漏气是做好该试验的前提。读数时保持三管水面齐平是为了使两个量管(4)所受压力均为一个大气压。

T 0163—1993　阳离子交换量试验——EDTA—铵盐快速法

1　目的和适用范围

EDTA—铵盐法既适用中性、酸性土,又适用于石灰性土样。

碱化度较高的土,用该交换剂一次提取交换不完全,因为钠盐同 EDTA 易形成稳定常数极小的 EDTA 二钠盐,在这种情况下要提取 2~3 次。

2　仪器设备

2.1　电动离心机(转速 3 000~4 000r/min)。

2.2　离心管:100mL。

2.3　带橡皮头玻璃棒。

2.4　天平:称量 200g,感量 0.001g。

2.5　凯氏蒸馏瓶。

2.6　滴定管、三角瓶等。

3　试剂

3.1　0.005mol/L EDTA(乙二胺四乙酸)与 1mol/L 醋酸铵(NH_4OAc)混合液:称取化学纯醋酸铵 77.09g 及 EDTA 1.641g,加水溶解后一起洗入 1 000mL 容量瓶中,再加蒸馏水至 900mL 左右,以 1∶1 的氢氧化铵或稀醋酸调至 pH7.0(适用于中性、酸性土)或 8.5(适用于石灰性土),然后用水定容。

3.2　95%酒精:工业用,应无铵离子反应。

3.3　2%硼酸溶液:称取 20g 硼酸用热蒸馏水(约 60℃)溶解,冷却后稀释至 1 000mL,最后用稀盐酸或稀氢氧化钠调节 pH 至 4.5(定氮混合指示剂显淡红色)。

3.4　氧化镁(固体):在高温电炉中经 500~600℃灼烧 0.5h,使氧化镁中可能存在的碳酸镁转化成氧化镁,提高其利用率,同时防止蒸馏时大量气泡发生。

3.5 0.1%溴百里酚蓝指示剂：称取0.1g溴百里酚蓝溶于100mL无水酒精中（pH6.2～7.6，颜色黄～蓝）。

3.6 0.05mol/L盐酸标准溶液：取浓盐酸4.17mL，用水稀释至1 000mL，用硼砂标准溶液标定（可参见T 0154—1993中第4条）。

3.7 K—B指示剂：称取0.5g酸性铬蓝K与1g萘酚绿B加50g分析纯硫酸钾，在玛瑙研钵中充分研磨混合，贮于棕色小瓶中防潮备用。

3.8 定氮混合指示剂：分别称取0.1g甲基红和0.5g溴甲酚绿指示剂，放入玛瑙研钵中，并用100mL 95%酒精研磨溶解。此溶液应用稀盐酸或稀氢氧化钠调节pH到4.5。

3.9 纳氏试剂（定性检查用）：称氢氧化钾134g，溶于460mL蒸馏水中，为第一溶液，称取碘化钾20g，溶于50mL蒸馏水中，加碘化汞使溶液至饱和状态（大约42g），为第二溶液。然后将两溶液混合而成。

3.10 pH10缓冲液：称氯化铵33.75g溶于水中，加比重0.90的氨水285mL，最后稀释至500mL。

3.11 液状石蜡或固体石蜡。

4 试验步骤

4.1 称取通过0.25mm的风干样品1.0g（精确到0.01g）。有机质少的土样可称2～5g，将其小心放入100mL离心管中。

4.2 沿管壁加入少量EDTA—醋酸铵混合液，用橡皮头玻璃棒充分搅拌，使样品与交换剂混合，直到整个样品呈均匀的泥浆状态，再加交换剂使总体积达80mL左右，再搅拌1～2min，然后洗净橡皮头玻璃棒。

4.3 将离心管在粗天平上成对平衡，对称放入离心机中离心3～5min，转速3 000r/min左右，弃去离心管中的清液。酸性及中性土测定盐基组成时，则将清液收集在100mL容量瓶中，用提取剂定容到刻度，作为交换性盐基待测液，具体测定方法详见有关资料。

4.4 将载土的离心管管口向下用自来水冲洗外部，然后再用不含铵离子的95%酒精如前搅拌样品，洗去过量的醋酸铵，洗至无铵离子反应为止。

附：检查铵离子方法——滴少量离心液于白瓷板上，加1滴纳氏试剂，无黄色产生即可，并用酒精作空白对照。

4.5 最后用自来水冲洗管外壁后，在管内放入少量自来水，以橡皮头玻璃棒搅成糊状，并洗入150mL凯氏瓶中，洗入体积控制在80～100mL左右，其中加2mL液状石蜡（或2g固体石蜡）、1g左右氧化镁，然后在定氮仪上进行蒸馏，蒸馏方法同土壤全氮的测定。

4.6 以装有2%硼酸溶液25mL和3滴混合指示剂的三角瓶来接收馏出液，若没有蒸气蒸馏设备，可改为直接加热凯氏瓶蒸馏，但在空白试验时，凯氏瓶内另加入玻璃珠30～50粒，加热时电炉上须加石棉网，以减少凯氏瓶内溶液的剧烈跳动。

4.7 接收液用0.05mol/L盐酸标准溶液滴定至微红色为终点，记录消耗盐酸标准溶液的体积(mL)。

4.8 与上述试验同步做空白试验，即取未经交换剂提取的土样。同样蒸馏滴定，记录滴定消耗盐酸标准溶液的体积(mL)。

5 结果整理

5.1 阳离子交换量按下式计算：

$$\text{阳离子交换量(mmol/kg)} = \frac{C \times (V - V_0)}{m} \times 1000 \qquad (\text{T 0163-1})$$

式中：C——盐酸标准溶液的浓度(mol/L)；

V——滴定待测液所消耗盐酸量(mL)；

V_0——空白试验时消耗盐酸量(mL)；

m——试验所用的土样质量(g)。

5.2 本试验记录格式如表T 0163-1。

表T 0163-1 阳离子交换量试验记录表(EDTA—铵盐快速法)

工程名称＿＿＿＿＿＿ 试验计算者＿＿＿＿＿＿

土样编号＿＿＿＿＿＿ 校核者＿＿＿＿＿＿

土样说明＿＿＿＿＿＿ 试验日期＿＿＿＿＿＿

<table>
<tr><td colspan="2">盐酸标准液的浓度(mol/L)</td><td colspan="2"></td></tr>
<tr><td colspan="2">试验次数</td><td>1</td><td>2</td></tr>
<tr><td colspan="2">试验土样的质量 m(g)</td><td></td><td></td></tr>
<tr><td rowspan="2">空白试验</td><td>滴定消耗HCl标准液的量(mL)</td><td></td><td></td></tr>
<tr><td>平均值 V_0(mL)</td><td colspan="2"></td></tr>
<tr><td colspan="2">土样试验时消耗HCl标准溶液的量 V(mL)</td><td></td><td></td></tr>
<tr><td colspan="2">阳离子交换量(mmol/kg)</td><td></td><td></td></tr>
<tr><td colspan="2">阳离子交换量平均值(mmol/kg)</td><td colspan="2"></td></tr>
</table>

5.3 精密度和允许差。

阳离子交换量试验结果的精度应符合表T 0163-2的规定。

表 T 0163-2 阳离子交换量测定结果允许偏差

测定值 (mmol/kg)	绝对偏差 (mmol/kg)	相对偏差 (%)
300～200	<10	3～4
200～100	<8.0	4～5
100～50	<5.0	5～6
50～10	<3.0	6～9
<10	<1.0	9～15

6 报告

6.1 试验方法。

6.2 土的鉴别分类和代号。

6.3 土的阳离子交换量(mmol/kg)。

T 0164—1993 阳离子交换量试验——草酸铵—氯化铵法

1 目的和适用范围

本试验方法适用于有机质含量在5%以下的石灰性土及中度盐渍化的土(须预先用95%酒精洗去盐分)。

对于石灰土的阳离子交换量的测定,目前尚未有十分理想的方法。本法是测定一定量铵盐交换剂与土交换后所剩余的铵盐量。铵盐能与中性甲醛溶液很快化合为六次甲基四胺,同时放出一定量的酸,然后用标准碱液滴定放出的酸,即可求出铵盐量。可由此间接测定阳离子交换总量。

2 仪器设备

2.1 天平:感量0.0001g。

2.2 滴定管、三角瓶、移液管、漏斗、吸耳球。

2.3 振荡器。

3 试剂

3.1 草酸铵—氯化铵交换剂:称取3.55g分析纯草酸铵及1.34g分析纯氯化铵,共溶于蒸馏水中,稀释至1000mL,pH为7.0左右。

3.2 0.05mol/L NaOH标准溶液:称取2.0g固体NaOH(分析纯)溶于除去CO_2的冷水中,定溶至1000mL,贮于塑料瓶中,精确浓度用基准草酸标定。

3.3 0.05mol/L HCl标准溶液:量取4.1 mL浓HCl稀释至1000mL。准确浓度以0.05mol/L标准NaOH溶液标定。

3.4 甲醛溶液：取市售甲醛溶液(37％)的上层澄清液，临用[①]前加入甲基红指示剂，用 0.05mol/L NaOH 调至橙黄色。

3.5 1％酚酞指示剂：1g 酚酞溶于 100mL 80％的酒精溶液中。

4 0.05mol/L NaOH 溶液浓度的标定步骤

4.1 称取基准结晶草酸 0.200 0g 左右，$mH_2C_2O_2 \cdot 2H_2O$，共称取三份。

4.2 将每份草酸溶于 50mL 热水中，冷却后滴入 1％酚酞指示剂 1～2 滴。

4.3 以待标定浓度的 NaOH 溶液滴定至粉红色，记录所消耗 NaOH 溶液的体积(mL)。

4.4 浓度计算按下式进行。取三次结果的算术平均值。

$$C_{NaOH}=\frac{m_{H_2C_2O_4\cdot 2H_2O}}{\frac{126.07}{2\,000}\times V_{NaOH}} \tag{T 0164-1}$$

式中：$mH_2C_2O_4 \cdot 2H_2O$——称取草酸的质量(g)；

V_{NaOH}——滴定所消耗 NaOH 溶液的体积(mL)；

$\frac{126.07}{2000}$——$\frac{1}{2}H_2C_2O_4 \cdot 2H_2O$ 的摩尔质量(kg/mol)。

5 试验步骤[②]

5.1 称取通过孔径为 0.5mm 筛的烘干土样 2.0g，放入 200mL 三角瓶中。用移液管加入草酸铵—氯化铵交换剂 25.0mL，振荡 2min，放置 10min，再振荡 2min(或在振荡器上连续振荡 10min)。用干滤纸过滤[③]，在振荡及过滤的过程中，三角瓶和漏斗均须加盖，以防氨的逸出而影响测定结果。

5.2 吸取 10mL 滤液，用 0.05mol/L(或 0.1mol/L)盐酸中和滤液至甲基红变红时，再加过量的酸(0.05mol/L HCl 10mL 左右)，煮沸 1～2min，除尽 CO_2 冷却后用 0.05mol/L NaOH 溶液中和过量的酸，至溶液成橙黄色为止。

5.3 然后加入中和好的 37％甲醛溶液 3.0mL 及 1％酚酞指示剂 2 滴，用0.05 mol/L NaOH 标准溶液滴定至明显的酚酞红色后，继续多加 1～2mL，即用 0.05mol/L盐酸标准溶液回滴至黄色后，再用 NaOH 标准溶液继续滴定至微红色为终点。记录消耗的 NaOH 标准溶液和盐酸标准溶液的体积(mL)，精确至0.01mL。

5.4 另用原交换剂 10.0mL，按上述方法经过驱除 CO_2、中和、滴定等程序，标定铵离子的含量。由标定和测定两者净消耗 NaOH 的体积之差，计算土的阳离子交换量。

6 结果整理

6.1 阳离子交换量按下式计算：

$$阳离子交换量(mmol/kg)=\frac{(V_0-V)\times C}{m_s} \qquad (T\,0164\text{-}2)$$

式中：V_0——标定时净用 NaOH 标准液的量(mL)；

V——测定土样时净用 NaOH 标准液的量(mL)；

C——NaOH 标准液的浓度(mol/L)；

m_s——与吸取滤液相应的干土重(g)。

注：①甲醛溶液与空气接触时，易被氧化成甲酸。因此，宜在临用时中和较为可靠。甲醛有毒，切勿用嘴直接吸取。

②操作要严格，因为本法是根据交换剂的铵浓度与浸提液的铵浓度之差来计算土的交换量，由两大值之差所得的小值，其误差容易变大，同时土浸出液的 pH 值常在 8.0 以上，容易导致氨的损失。但试验证明，只要严格按照操作规程进行，完全能够获得满意的结果。

③ 土样浸提液经过滤后，如果不清，必须再行过滤。

6.2　本试验记录格式如表 T 0164-1。

表 T 0164-1　阳离子交换量试验记录表（草酸铵—氯化铵法）

工程名称＿＿＿＿＿＿　试验计算者＿＿＿＿＿＿

土样编号＿＿＿＿＿＿　校　核　者＿＿＿＿＿＿

土样说明＿＿＿＿＿＿　试 验 日 期＿＿＿＿＿＿

盐酸标准液的浓度 C_{HCl}(mol/L)			
氢氧化钠标准液的浓度 C_{NaOH}(mol/L)			
试验次数		1	2
土样质量(g)			
空白标定试验	C_{HCl}的用量(mL)		
	C_{NaOH}的用量(mL)		
	C_{NaOH}的净用量(mL)		
	平均消耗 C_{NaOH} 的用量(mL)		
土样	C_{HCl}的用量(mL)		
	C_{NaOH}的用量(mL)		
	C_{NaOH}的净用量(mL)		
校正空白标定后 C_{NaOH} 的净用量(mL)			
阳离子交换量(mmol/kg)			
阳离子交换量平均值(mmol/kg)			

6.3　精密度和允许差。

阳离子交换量试验结果的精度应符合表 T 0164-2 的规定。

表 T 0164-2　阳离子交换量测定结果允许偏差

测定值 (mmol/kg)	绝对偏差 (mmol/kg)	相对偏差 (%)
300～200	＜10	3～4
200～100	＜8.0	4～5
100～50	＜5.0	5～6
50～10	＜3.0	6～9
＜10	＜1.0	9～15

7　报告

7.1　试验方法。

7.2　土的鉴别分类和代号。

7.3　土的阳离子交换量(mmol/kg)。

经采用三种不同试验方法对 36 个黄土样品的比较试验表明,该法所测定的结果稳定,平行试验误差小,操作也较简便,故本规程采用此法。

31 土中矿物成分试验

1. 土中矿物成分的分类

土的固体颗粒主要来源于不同风化程度的岩石。物理风化使岩石破碎成细粒,但不改变它原有的矿物,所以物理风化形成土的固体颗粒是由原生矿物组成的。化学风化使岩石原有的矿物发生了变化,形成了次生矿物。原生矿物中一部分可溶的物质被溶滤带走,在其他地方沉积下来,形成了可溶性次生矿物。原生矿物中可溶物质被溶滤后,残存的部分也相应改变了原有的性质,形成了新的不可溶性的次生矿物。在风化作用的过程中,往往有生物作用参加,使土中增加了有机质,这种有机质往往很细小称为腐殖质。有机质除腐殖质外,往往伴有各种大小的动植物残骸和泥炭。

通常可将土中矿物归纳为以下几个基本类型:

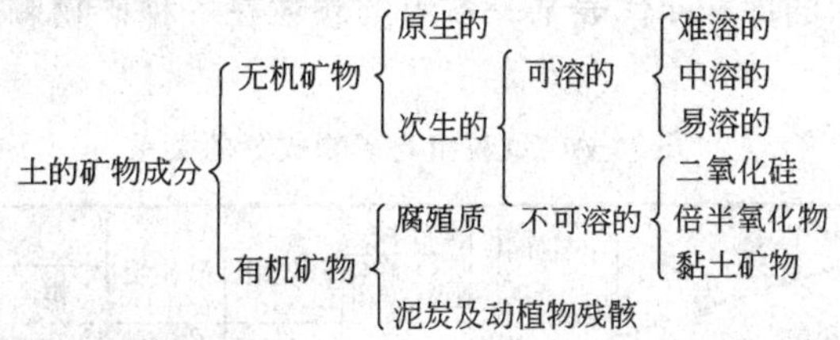

原生矿物最常见的有石英、长石、云母等。

可溶的次生矿物按其溶解度又可分为难溶的、中溶的和易溶的三种。

(1)难溶的次生矿物如方解石 $CaC0_3$、白云石 $MgCO_3$,在 1L 蒸馏水中仅可溶解几毫克。

(2)中溶的次生矿物如石膏 $CaSO_4 \cdot 2H_2O$ 在 1L 蒸馏水中可溶解 2g。

(3)易溶的次生矿物如岩盐 NaCl、钾盐 KCI、芒硝 $N_{a2}SO_4$ 和苏打 $N_{a2}C0_3 \cdot 10H_2O$ 等,在 1L 水中可溶 100g 以上。

不可溶的次生矿物的特点是颗粒非常细小,是黏性土的主要组成部分。这部分的百分含量有时可能不大,但是却成为控制土的许多工程性质的主要因素。不可溶的次生矿物主要有次生二氧化硅,倍半氧化物和黏土矿物等三大类。

(1)次生二氧化硅是由原生矿物铝硅酸盐化学风化后,原有的结构被破坏而游离出结晶格架的细小破碎片，由 Si-O 组成，呈准胶体颗粒或胶体颗粒状。

(2)倍半氧化物也是由原生矿物铝硅酸盐经化学风化后游离出的 Al-O-OH 或 Fe-O-OH 等组成结晶格架破碎片，通常以 R_2O_3 表示。所谓倍半氧化物：是由三价的 Fe、Al 和 O、OH、H_2O 等组成的各种矿物的统称。而三价 Fe 往往与三价 Al 共生。三价 Fe 能使土呈红、棕、黄、褐等色，可见 R_2O_3 是很常见于土中的，因为一般土往往有这些颜色。R_2O_3 很细，大多呈细黏粒。R_2O_3 可看作 $RO_{1.5}$，即 O 为 R 的一倍半，所以 R_2O_3 称为倍半氧化物。

(3)所谓黏土矿物不能简单地认为就是组成黏土颗粒的矿物，因为次生的二氧化硅、倍半氧化物难溶盐，甚至原生矿物石英都可以是组成黏土颗粒的矿物，但它们并不是黏土矿物。黏土矿物是专指组成黏粒的并有片状结晶格架的铝硅酸盐。最常见的有高岭石、蒙脱石和水云母三大类组。

2. 粒组与矿物成分的关系

从碎屑土到黏性土，随着颗粒变小，土的矿物成分通常是逐渐地有规律地变化，就是说土中常见的矿物和它的颗粒大小存在着一定的关系。因此，在测得土的颗粒大小之后，对它的矿物成分也可以有个大致的概念。这种关系列于表 31-A。表中各种图形表示的面积 i 代表某一粒组的颗粒在一种矿物颗粒分布范围中所占的比重。

表 31-A D 粒组与矿物成分的关系

土粒组 名称 / 最常见的矿物			漂石、块石 卵石、碎石 圆砾、角砾	砂粒组	砂粒组	黏粒组 粗	黏粒组 中	黏粒组 细
直径(mm)			>2	2~0.05	0.05~0.005	0.005~0.001	0.001~0.000 1	<0.000 1
原生矿物	母岩碎屑(多矿物结构)							
原生矿物	单矿物颗粒	石英						
原生矿物	单矿物颗粒	长石						
原生矿物	单矿物颗粒	云母						
次生矿物	次生二氧化硅(SiO_2)							
次生矿物	黏土矿物	高岭石						
次生矿物	黏土矿物	水云母						
次生矿物	黏土矿物	蒙脱石						
次生矿物	倍半氧物 (Al_2O_3，Fe_2O_3)							
次生矿物	难熔盐($CaCO_3$,$MgCO_3$)							
腐殖质								

从表 31-A 中可以看出，漂石、卵石、砾石等，往往比岩石中原有的矿物颗粒还要大，因而仍保持着岩石原有的多矿物结构，岩石碎屑可由原生矿物组成，也可能原生矿物和次生矿物同时存在，有的母岩本身就是次生矿物组成的。

砂粒与砂岩中原生矿物的颗粒大小差不多，所以往往是单矿物的，常由石英、长石、云母等原生矿物组成。有时也可能由难溶的次生矿物组成，如白云石等。

粉粒往往由抗风化能力较强的矿物如石英组成，也有次生的高岭石。在干旱地区，难溶的碳酸盐也可以成为粉粒的主要成分。

黏粒几乎都由次生矿物组成，有时黏粒中也含有一定数量的腐殖质。

3. 黏土矿物对土工程性质的影响

黏土矿物存在于土中呈高度分散状态。其矿物颗粒大小一般介于 5 到0.001 μm 之间。这种矿物是由原生矿物分解的产物结合而成。由于它们有很高的分散性，而使黏土具有很大的比表面积。所以使黏土矿物具有较高的自由表面能，因而引起了黏土各种表面现象的明显化，其中特别是胶体体系中所特有的一些现象。如在胶体化学中我们知道的有电动现象、吸附现象、凝聚作用和胶溶作用、交换反应等现象。

黏土矿物所特有的上述性质，在土中的影响十分强烈，以至于土中含有很少的黏土矿物，也足以决定着整个土的工程性质。特别是决定着土的强度和透水性。

(1)最主要的几组黏土矿物。黏土矿物种类很多，根据其特征可将黏土矿物划分为三个基本组：高岭石组、水云母组和蒙脱石组。

属于高岭石组的主要矿物有：高岭石($Al_2O_3 \cdot 2SiO_2 \cdot 2H_2O$)和多水高岭石($Al_2O_3 \cdot 2SiO_2 4H_2O$)。其中高岭石分布最广，并形成所谓高岭土的堆积。

属于水云母组的主要矿物有：伊利水云母($K_2O \cdot 3Al_2O_3 \cdot 6SiO_2 \cdot 2H_2O$)，绢云母($K_2O \cdot 3Al_2O_3 \cdot 6SiO_2 \cdot 2H_2O$)和海绿石。按照该组矿物的本身性质来说，这类矿物是高岭石组和蒙脱石组之间的过渡类型。

属于蒙脱石组的主要矿物有：蒙脱石($Mg0 \cdot Al_2O_3 \cdot 5SiO_2 + nH_2O$)、皂石($MgO_2 \cdot Al_2O_3 \cdot 5SiO_2 + nH_2O$)、拜来石($Al_2O_3 \cdot 3SiO_2 + nH_2O$)和绿高岭石($Fe_2O_3 \cdot SiO_2 + nH_2O$)。富含蒙脱石和拜来石的土为斑脱土。

(2)各组黏土矿物的特点。高岭石组和蒙脱石组具有两种极端的性质，而水云母组矿物的性质介于两者之间。决定黏性土基本性质和性状的黏土矿物具有明显的特点。

高岭石组矿物具有坚固的不活动的结晶格架，在浸水时格架中晶胞的距离不变。而蒙脱石组的矿物格架具有活动性，浸水时这种矿物分解成很细的基本晶胞并相应增加其比表面积。因此，这种情况再配合以其他的因素就使得这两种矿物处在水中时的性状不同。其中特别是膨胀性，高岭石膨胀小而蒙脱石膨胀大。

蒙脱石格架的活动性和高岭石格架的不活动性是由它们的结晶构造特点决定的。高岭石的每一个晶胞由五个基本层组成[图 31-Ab)]。自下而上分成下列各层：

(1)氧原子层；

(2)硅原子层；

(3)含有氢氧根的氧原子层；

(4)铝原子层；

(5)氢氧根层。

晶胞一个接一个地有规则地排列着，构成了高岭石的层状结构，而且相邻两个接触层又不同。下部晶胞的上层由氢氧根组成，与该层相接触的上部晶胞的下层则由氧原子组成。两晶胞间的这种异性接触，就使得它们牢固地连接起来。在晶胞的内部带有正电荷的原子层和带有负电荷的原子层依次交替排列，因此内部的联结也很牢固。从而，这样一个结构也就决定了高岭石组矿物的格架具有非活动性。

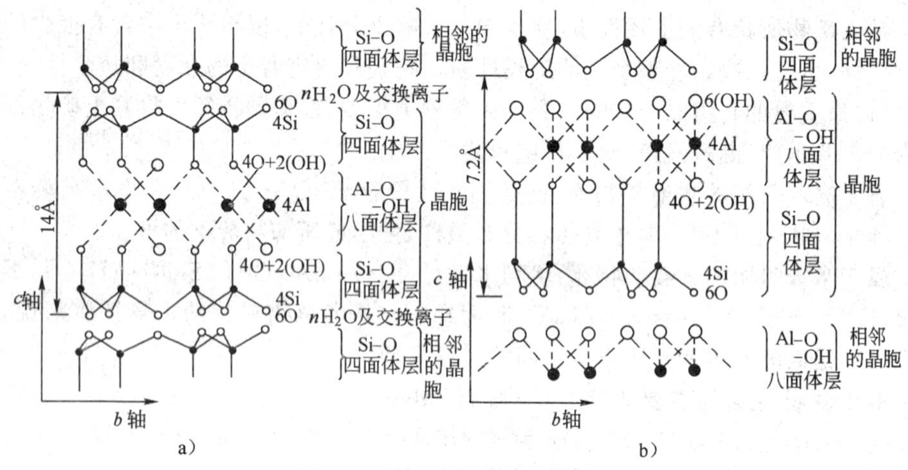

图 31-A　黏土矿物的结晶格架

a)蒙脱石；b)高岭石

高岭石组黏土矿物之所以联结较强，与每个晶胞薄也有关，其厚度仅 7.2A°。

高岭石不能使水分子进入晶胞之间，因此它的亲水性比水云母组小，而且粒径粗大，甚至可以形成粉粒。但高岭石颗粒本身具有亲水性，因为作为颗粒的表面，它不仅是晶胞的顶面或底面，而且也可能是晶胞侧面的断口，在这些面上，均由具有游离价的原子组成，因而能吸引水分子，形成水化膜。但因水分子不能浸入到晶胞的内部，也不易渗入到相邻两晶胞之间，所以其膨胀性受到了限制。

从整体来看，蒙脱石的结构与高岭石极为相似，但它们之间有本质的差别，即蒙脱石的晶胞并不像高岭石是由五个层组成，而是由七个原子层构成[图 31-A，a)]。每一个晶胞的两端均由硅原子层和氧原子构成。相邻两晶胞以相同原子层彼此相对，当然两晶胞间的联结力远低于异层相对晶胞的联结力。因而蒙脱石结晶格架具有很大的活动性。

当蒙脱石浸入到水中时，水分子并不能渗入到晶胞的内部，因为这些晶胞的各个部分本身也如高岭石的晶胞一样彼此联结很牢固。但是，水分子却能渗到联结很薄弱的蒙脱石格架中的相邻两晶胞之间。在这种情况之下，晶胞根据吸入水量的不同而产生不同距离的移动。因为相邻两晶胞之间的接触层是由带有同样电荷的氧原子构成，所以具有排斥力，这种排斥力也促进了格架更易于扩张。这就是蒙脱石较高岭石组矿物膨胀性更强的原因。

蒙脱石格架还有一个特点，就是在格架的内部，某些元素有着很高的被其他价数较低的元素所取代的能力。其中铝可以取代硅，而铁、钙、镁、锌、镍等可取代铝。由于这种取代作用，结果在格架中就出现了多余的游离原子价。这些多余的游离原子价便增加了这种黏土的吸附能力。这种吸附能力使得蒙脱石组矿物的性质随着水溶液成分的不同，也就是随着外界所补充的离子的成分不同而经常发生变化。但是这种吸附能力也同时为人工改变蒙脱石类黏土的性质，尤其是改变透水性、膨胀性和压缩性等提供了可能性。由于蒙脱石组矿物具有很高的吸附能力，所以在石油工业中以及其他的一些部门中被广泛作为漂白原料使用。

高岭石组矿物的格架没有这个特点。高岭石结合水的能力远低于蒙脱石，因此高岭石的亲水性低于蒙脱石。特别是透水性也与其有密切的关系，高岭石黏土的透水性较蒙脱石大，而蒙脱石黏土（斑脱土）的透水性则较小。

水云母或伊利水云母组黏土矿物具有前两组矿物之间的过渡性质。特别有意义的是这组矿物为泥质页岩所特有。这说明伊利水云母与高岭石和蒙脱石不同，它是在另两种条件下形成的，即是在初期的碱性风化阶段中的原生矿物变化的产物，是其他成分的黏土在饱和钾介质中再造变化的后期产物。

(3)黏土矿物成分对土的工程性质的影响。黏土矿物对土的影响十分显著。一般来说，富含蒙脱石组矿物的黏土，具有很大的压缩性、可塑性、膨胀性和很小的抗剪强度，并且几乎是完全不透水的。而富含高岭石组矿物的黏土，则与此相反，不论其压缩性、可塑性、隔水性都远低于蒙脱石组矿物组成的黏土，而其抗剪强度却较前者为高。总之，黏土矿物对土性质的影响程度，主要取决于黏土矿物的成分及其含量。这在对于评价黏性土的工程性质中应当特别给予注意。

4. 水溶盐对土工程地质性质的影响

水溶盐是指溶于水的次生矿物。按其在水中的可溶程度可分为三大类：

(1)难溶盐类如碳酸钙、碳酸镁、磷酸钙和磷酸铁；

(2)中等溶解性盐类以硫酸钙(石膏)为代表；

(3)易溶盐类如氯化钠、氯化钾、氯化镁、氯化钙和碳酸钠。

自然界中最常见的几种可溶性风化产物为：碳酸钙和碳酸镁，硫酸钙以及氯化钠和硫酸钠。这些盐类或者形成很大的矿体，或者包裹在土中。在后一种情况下，这些盐类可能形成夹层、透镜体、大型包裹体或处于分散浸染状态。在土中，水溶盐可能呈固体状态存在，也可能溶于土的孔隙水中。显然，如果在土中含有某种固体盐，则其孔隙水中也含有这种盐类，并形成该条件下的饱和溶液。而如果某种盐类呈溶解状态存在时，则可能找不到这种固体的水溶盐。在自然界中以溶液状态存在的最常见的是易溶的钠盐。因为钠盐在一般情况下仅呈溶液状态存在。而具有中等溶解性的石膏，则常呈溶液状态和固体状态存在。难溶的碳酸钙和碳酸镁一般是呈固体状态存在，有时也呈溶解状态存在，但均以固态为主(例如钙质黏土和泥灰岩等)。盐类在该溶液中的溶解度决定了土中固态盐和溶解盐之比。因此，碳酸盐的浓度最小，石膏次之，而钠盐最大。固态和液态水溶盐对土的工程性质有下述影响：

(1)固体水溶盐的影响。对于碳酸钙(石灰质)，这种盐类普遍存在于黄土、钙质黏土等土中。它们常成为土的胶结物。其对土性质的影响，主要取决于以下两个因素：

①碳酸盐的含量。因为碳酸盐在土中起着充填孔隙和胶结颗粒的作用，所以其含量的增加，可使颗粒固结，降低土的孔隙度，增加土的强度。

②碳酸盐的分布方式。例如：均匀分布、斑点状分布、条带状分布、结核状的集中分布等，它们对岩石的工程性质有显著不同的影响。

不论这些盐类在土中的含量如何，分布怎样，都有一个共同的特点，则是在不同程度上增加了土的力学强度和降低了土在水中的稳定性。石膏对土工程性质的影响虽然研究得还不够，但它们的影响同碳酸盐相似。亦能胶结土的颗粒、充填土孔隙、提高力学强度、降低土在水中的稳定性。至于硫酸钠和氯化钠则一般均呈溶解状态存在。

(2)液态水溶盐的影响。众所周知，黏土矿物对黏土的性质有很大影响。而黏土矿物本身的性质和物理化学状态，除因黏土矿物的种类不同而不同外，最主要是由其外界孔隙溶液中的盐类(尤其是阳离子)成分来决定。因此，溶解状态的水溶盐就好像黏土粒周围的一种介质，它决定着黏土的性质和状态。

例如，如果土孔隙的溶液中以钙离子为主(灰质黏土和石膏质黏土)，则该土的黏土特性(膨胀性、可塑性、压缩性等)就会显著地降低。而如果孔隙溶液中以钠离子为主，则将增强土的黏土特性。因此，我们可以用人工的方式改变孔隙溶液中的盐分浓度和成分，以改变和控制黏土的性质和状态，使之符合工程的要求。

T 0165—1993　硅的测定

1　目的和适用范围

本试验方法适用于各类土。如遇盐渍土时，在进行矿物成分测定前，应先用酒精将盐分淋洗除去后，再烘干测定。

2　仪器设备

2.1　高温电炉(或称马福炉)。

2.2　铂坩埚、瓷坩埚(100mL)。

2.3　附有铂头的长柄坩埚钳。

2.4　分析天平：感量 0.000 1g。

2.5　烧杯、表皿、容量瓶等玻璃仪器。

2.6　水浴锅。

2.7　滤纸(快速、无灰)。

3　试剂

3.1　无水碳酸钠：分析纯试剂须在 120℃烘干并磨细。

3.2　1%动物胶溶液：0.5g 动物胶溶于 50mL 沸水，加热并搅动至全部溶解。

3.3　1∶5 盐酸溶液：1 份浓盐酸用 5 份水稀释。

3.4　浓盐酸：分析纯，比重 1.19。

3.5　1%的硝酸银溶液：1g 硝酸银溶于 100mL 蒸馏水，贮于棕色瓶中。

1%动物胶溶液应在即将加入前配制。因动物胶在 70℃时活力最强，高于 80℃和低于 60℃均会降低其活力。

4　试验步骤

4.1　于铂坩埚内预先加大约 2.5g 的无水碳酸钠，用分析天平精确称入通过 0.1mm 筛孔的烘干土样 0.500 0g。用细的圆头玻璃棒仔细搅拌均匀，在试验台面上轻轻敲击，使坩埚中物质紧实后，再往坩埚内铺上一层碳酸钠(约 0.5g)。加上铂坩埚盖。

4.2　置此铂坩埚于底部已铺有石棉丝(已灼烧过)的大瓷坩埚内。然后用长柄坩埚钳夹住坩埚，送入已升温至950℃的高温炉门口，合上炉门，先热2min；打开炉门，将坩埚移入炉中央，继续灼烧6～8min取出坩埚，立即用附铂头钳子夹起铂坩埚，将其下部浸入冷水，上下移动几次，使熔融物急速凝固而脱离坩埚壁。

4.3 待完全冷却后，用少量沸水浸取熔块，倾入200mL烧杯内，继续以热水洗净坩埚，最后用1∶5 HCl洗涤3次，每次用量不宜太多。溅到盖上的溶融物也须以热水及1∶5 HCl洗入杯内。最好总的洗液体积不要超过25mL。

4.4 将杯子加盖表皿，从杯口逐滴滴入1∶1 HCl，并连续摇动杯子，使其充分作用。待不再发生气泡后，停止加酸，并用蒸馏水吹洗杯壁及表面。移烧杯于电炉上，煮沸片刻（注意：勿使溅出），然后加入1倍其体积的浓盐酸（过量一点）搅拌均匀。

4.5 将杯移入70℃的热水浴内，温热几分钟。使杯内外温度一致后，用移液管缓缓滴入热的新配制的动物胶溶液10mL，随滴随加搅拌。加完动物胶须继续搅拌4min，并继续保温15min。

4.6 取出烧杯，稍冷，过滤于快速无灰滤纸上。先以1∶5热盐酸洗涤3次，再以热水洗涤至无Cl^-反应为止（用硝酸银溶液检验），但洗涤次数不宜过多（一般6～8次）。接滤液及洗涤液于250mL容量瓶中，冷却后加水至刻度，此为A溶液，供下列各试验之用。

4.7 沉淀放入已经烧至恒量的瓷坩埚中，经烘干、灰化、灼烧（900℃～950℃，0.5h）称量，并重复灼烧至恒量为止（前后两次称量之差不超过0.3mg即可）。同时必须按本试验4.1～4.7步骤做空白试验，以减去空白质量，得二氧化硅实量。

铂坩埚是贵重仪器，试验者必须在使用前了解其使用规则。

沉淀在瓷坩埚中进行烘干、灰化时，不能启动抽风，以避免碳粒的飞失。低温灰化时温度不能太高，以免滤纸着火，致使SiO_2被带出，造成损失。

沉淀经灼烧后，移入干燥器中平衡的时间要尽量保持一致，称量的速度应越快越好。因为SiO_2吸湿性很强，称量者不可用手直接放取坩埚，而应戴上洁净的汗布手套进行。

5 结果整理

5.1 二氧化硅含量按下式计算：

$$SiO_2(\%)=\frac{m_2-m_1-m_0}{m}\times 100 \qquad (T\ 0165\text{-}1)$$

式中：m_2——灼烧后坩埚加二氧化硅质量（g）；

m_1——空坩埚质量（g）；

m_0——空白质量（g）；

m——烘干土样质量(g)。

5.2 本试验记录格式如表 T 0165-1。

表 T 0165-1 二氧化硅含量试验记录表

工程名称＿＿＿＿＿＿ 试验计算者＿＿＿＿＿＿

土样编号＿＿＿＿＿＿ 校 核 者＿＿＿＿＿＿

土样说明＿＿＿＿＿＿ 试 验 日 期＿＿＿＿＿＿

试 验 次 数		1	2	3
烘干土样质量 m(g)				
坩埚＋沉淀质量 m_2(g)	第一次称量			
	第二次称量			
空坩埚质量 m_1(g)				
空白试验 SiO_2 质量 m_0(g)				
沉淀质量 m_2-m_1(g)				
$SiO_2=\frac{m_2-m_1-m_0}{m}\times100$(%)				
SiO_2 平均值(%)				

6 报告

6.1 土的鉴别分类和代号。

6.2 土中二氧化硅含量(%)。

T 0166—1993 倍半氧化物(R_2O_3)总量的测定

1 目的和适用范围

本试验方法采用质量法，适用于各类土。

2 仪器设备

2.1 高温电炉。

2.2 分析天平：感量 0.000 1。

2.3 铂坩埚及铂金包头的坩埚钳。

2.4 水浴锅及调压变压器。

2.5 普通电炉。

2.6 通风橱。

2.7 烧杯等玻璃仪器。

3 试剂

3.1 2%硝酸铵溶液:称固体硝酸铵(分析纯)20g 溶于蒸馏水中,然后稀释至1 000mL,以硝酸和氢氧化铵调至 pH 值为 7。

3.2 硝酸银溶液:称硝酸银(化学纯)1.7g 溶于蒸馏水中,然后定容至100mL,贮于棕色瓶中。

3.3 1∶1 氢氧化铵:1 份浓氢氧化铵(分析纯)加 1 份蒸馏水。

3.4 1∶1 HCl 溶液;浓硝酸;浓盐酸。

3.5 0.1%甲基红指示剂:溶解 0.1g 甲基红于 100mL 99%酒精中。

4 试验步骤

4.1 吸取 A 溶液 100mL,放入 300mL 烧杯内,加盖表皿后移往电炉上加热至沸。滴加浓硝酸 3 滴,继续煮沸 10min。从电炉上取下烧杯,缓缓地逐滴加入氨水,边滴边搅拌,至有沉淀出现而搅动又溶解时,加入甲基红指示剂 2 滴,此时溶液呈红色。继续滴加氨水至有大量沉淀出现,并且溶液由红色变为黄色后,再多加 2 滴,重新煮沸 0.5h,移至温处,静置片刻。

4.2 待溶液澄清,即趁热过滤于快速定量滤纸上。过滤时不使漏斗内溶液流尽,而必须连续倾入,直至杯内溶液全部倾完为止。以热至近沸的中性硝酸铵溶液洗涤烧杯及滤纸 3 次。

4.3 取下漏斗,斜放于原沉淀之烧杯内,用蒸馏水流将沉淀吹洗入浇杯内(注意:勿使损失)。加入浓 HCl 5mL,加热沸腾,使沉淀溶解。再如前用氨水重新沉淀,过滤于原来的滤纸上,并以热的中性硝酸铵溶液洗涤 6~8 次。将前后两次滤液及洗液承接于 500mL 容量瓶中,加水定容后为 B 溶液,供钙镁测定之用。

4.4 沉淀及滤纸移入已经恒量的瓷坩埚中,烘干、灰化,并在 950℃的高温炉中灼烧 0.5h。在浓 H_2SO_4 干燥器中冷却,称量,并重复灼烧至前后两次质量之差不超过 0.000 5g 为止。

沉淀完成时,氨水必须慢慢滴入,以免过量氨水致使氢氧化铝溶解。沉淀完毕后煮沸时间不能太久,煮沸目的是促使胶体凝聚,并驱逐出过量的氨水,如煮沸过久,反使凝聚的沉淀重新分散,以致过滤洗涤时发生困难。

煮沸后应趁热过滤,不宜放置过久,以防吸收空气中的 CO_2,使钙变为 $CaCO_3$ 而共沉,造成试验误差。但溶液是碱性,容易吸收空气中的 CO_2,所以必须重沉淀一次,所用氨水也应重新配制,并且整个沉淀与过滤、洗涤过程的时间要越短越好。

氧化铝具有强烈的吸水性,因此,必须在浓硫酸干燥器内冷却后,迅速称量。

5　结果整理

5.1　倍半氧化物总量按下式计算：

$$R_2O_3(\%) = \frac{m_2 - m_1}{m} \times t_s \times 100 \tag{T0166-1}$$

式中：m_2——瓷坩埚＋R_2O_3 的质量(g)；

m_1——瓷坩埚的质量(g)；

m——烘干土样的质量(g)；

t_s——分取倍数，t_s＝待测液(A)总体积(mL)/吸取待测液的体积(mL)。

5.2　本试验记录格式如表 T 0166-1。

表 T 0166-1　倍半氧化物总量试验记录表

工程名称＿＿＿＿＿＿　　试验计算者＿＿＿＿＿＿

土样编号＿＿＿＿＿＿　　校　核　者＿＿＿＿＿＿

土样说明＿＿＿＿＿＿　　试 验 日 期＿＿＿＿＿＿

试验次数		1	2	3
烘干土样质量 m(g)				
坩埚＋沉淀质量 m_2(g)	第一次称量			
	第二次称量			
空坩埚质量 m_1(g)				
沉淀质量 m_2-m_1(g)				
$R_2O_3(\%)=\frac{m_2-m_1}{m}\times t_s\times 100$				
R_2O_3 平均值(%)				

5.3　精密度和允许差

倍半氧化物总量测定结果的精度应符合表 T 0166-2 的规定。

表 T 0166-2　矿质全量分析及烧失量测定结果允许偏差

测定值 (%)	绝对偏差 (%)	相对偏差 (%)
＞50	＜0.9	1.0～1.5
50～30	＜0.7	1.5～2.0
30～10	＜0.5	2.0～3.0
10～5	＜0.3	3.0～4.0
5～1	＜0.2	4.0～5.0

续上表

测定值（%）	绝对偏差（%）	相对偏差（%）
1～0.1	＜0.05	5.0～6.0
0.1～0.05	＜0.006	6.0～8.0
0.05～0.01	＜0.004	8.0～10.0
0.01～0.005	＜0.001	10.0～12.0
0.005～0.001	＜0.000 6	12.0～15.0
＜0.001	＜0.000 15	15.0～20.0

6　报告

6.1　土的鉴别分类和代号。

6.2　土中倍半氧化物总量(%)。

T 0167—1993　铁和铝的测定

铁、铝的测定，采用EDTA连续滴定法，该法比较简捷，铁、铝都能和EDTA结合生成稳定的配位物质，但它们的稳定常数不同，EDTA与铁离子的$\lg K_{稳}$为25.1，而与铝离子的$\lg K_{稳}$为16.13；它们配位时对pH的要求也不同，铁离子在pH值为2～3与EDTA配位，而铝离子在pH值为4～5时与EDTA配位。利用这些性能，便可对铁、铝离子分步连续滴定。但在pH值为4～5时，开始生成氢氧化铝沉淀，使测定结果偏低，因此须先加入过量的EDTA，使之与铝离子充分配位后，多余的EDTA再用醋酸锌回滴，按净消耗的EDTA量分别计算出Fe_2O_3和Al_2O_3的百分含量。

1　目的和适用范围

铁与铝的测定采用EDTA连续滴定法。它适用于各类土。

2　仪器设备

2.1　酸式滴定管：50mL，精确至0.1mL。

2.2　移液管(大肚型)50mL。

2.3　烧杯，200mL。

2.4　调温电炉。

3 试剂

3.1 10%磺基水杨酸钠溶液：称取10g固体磺基水杨酸钠先溶于90mL蒸馏水中，再加入3mL 20%氢氧化钠溶液。

3.2 二甲酚橙干燥指示剂：0.5g固体二甲酚橙与50g干燥氯化钠研磨均匀，贮于试制瓶中。

3.3 醋酸铵—醋酸缓冲溶液：60g结晶醋酸铵与5mL冰醋酸混合，以蒸馏水稀释至100mL。

3.4 0.01mol/L醋酸锌标准溶液：称取2.2g醋酸锌溶于1L蒸馏水中，如溶液水解变成胶状，可滴入几滴醋酸(30%)充分摇匀，直至清亮为止。

3.5 0.01mol/L EDTA二钠盐标准溶液。

3.5.1 0.01mol/L EDTA标准溶液：先将乙二胺四乙酸二钠(Na_2EDTA，$Na_2H_2C_{10}H_{12}O_8N_2 \cdot 2H_2O$，相对分子质量372.1，分析纯)在80℃干燥约2h，保存于干燥器中。将3.72g Na_2EDTA溶于1L水中，充分摇动，贮于塑料试制瓶中。EDTA二钠盐在水中溶解缓慢，在配制溶液时须常摇动促溶，最好放置过夜后备用。

3.5.2 EDTA溶液的标定

(1)用分析天平称取经110℃干燥的$CaCO_3$(优级纯或一级)约0.40g，称准至0.000 1g，放在400mL烧杯内，用少量蒸馏水润湿，慢慢加入1∶1的盐酸约10mL，盖上表皿，小心地加热促溶，并驱尽CO_2，冷却后定量地转移入500mL容量瓶中用蒸馏水定容。

(2)用移液管吸取本试验3.5.2(1)的溶液25.00mL于250mL三角瓶中，加20mL pH10的氨缓冲溶液和少许K—B指示剂(或铬黑T指示剂)，用配好的EDTA溶液滴定至溶液由酒红色变为蓝绿色为终点。同时做空白试验。按下式计算EDTA溶液的浓度(mol/L)，取三次标定结果的平均值。

$$C_{EDTA}=\frac{m}{0.1001\times(V-V_0)} \quad \text{(T 0167-1)}$$

式中：0.100 1——$CaCO_3$的摩尔质量(g/mmol)；

m——每份滴定所用$CaCO_3$的质量(g)；

V——标定时所用EDTA溶液的体积(mL)；

V_0——空白标定所用EDTA溶液的体积(mL)。

4 试验步骤

4.1 用50mL移液管吸取A液50.0mL，放入200mL烧杯中，加入浓硝酸

0.5mL后加热并煮沸5min,放冷后,加入磺基水杨酸钠溶液2.0mL。慢慢滴入20%氢氧化钠溶液,边加边搅,至溶液呈现葡萄酒红色(如含铁量多,即成暗红色)。此时溶液的pH即为2.5左右,加热至45~55℃,即用EDTA二钠盐标准溶液滴定至亮黄色。当滴定近终点时,一定要放慢滴定速度,每滴一滴后都要充分搅动,待溶液颜色稳定后,再滴加第二滴。

4.2 于滴定完毕的溶液中再继续放入EDTA二钠盐标准溶液25.00mL,投入刚果红试纸一片,若变为蓝色或紫色,则须滴入1∶1氨水至试纸略显红色。然后加入醋酸铵—醋酸缓冲溶液8mL,并煮沸3min,放冷至60℃。再加入二甲酚橙粉末指示剂少许,使溶液显橙黄色,即以醋酸锌标准溶液滴定至红色为终点。

4.3 同时必须做空白标定试验。即从滴定管放出25.00mLEDTA二钠盐标准溶液于烧杯中,加入25.00 mL蒸馏水,用1∶1氨水调pH为4~5,仍以刚果红试纸检验,再加入缓冲液、煮沸,冷至60℃滴定。

5 结果整理

5.1 铁和铝氧化物含量按下式计算:

$$Fe_2O_3(\%) = \frac{c \times V \times 0.07985}{m \times \frac{50}{250}} \times 100 \tag{T 0167-2}$$

$$Al_2O_3(\%) = \frac{c(V_2 - V_1)\frac{25}{V_2} \times 0.05098}{m \times \frac{50}{250}} \times 100 \tag{T 0167-3}$$

式中: c——EDTA二钠盐标准溶液的浓度(mol/L);

V——第一次滴定消耗EDTA二钠盐标准液的体积(mL);

V_2——空白标定试验时滴定消耗醋酸锌标准液的体积(mL);

V_1——第二次滴定消耗醋酸锌标准液的体积(mL);

$\frac{25}{V_2}$——EDTA二钠盐标准液对醋酸锌标准液的换算率;

m——烘干土样的质量(g);

$\frac{50}{250}$——试验时分取A液的体积/A液总体积;

0.079 85——Fe_2O_3的摩尔质量(g/mmol);

0.050 98——Al_2O_3的摩尔质量(g/mmol);

5.2 本试验记录格式如表 T 0167-1。

表 T 0167-1 铁、铝试验记录表

工程名称＿＿＿＿＿＿ 试验计算者＿＿＿＿＿＿

土样编号＿＿＿＿＿＿ 校 核 者＿＿＿＿＿＿

土样说明＿＿＿＿＿＿ 试 验 日 期＿＿＿＿＿＿

EDTA 二钠盐标准溶液浓度(mol/L)			
试验次数	1	2	3
土样质量 m(g)			
滴定铁消耗 EDTA 二钠盐标准溶液的体积 V(mL)			
滴定铝消耗 $ZnAc_2$ 标准液的体积 V_1(mL)			
滴定 EDTA 二钠盐消耗 $ZnAc_2$ 标准液的体积 V_2(mL)			
$Fe_2O_3(\%)=\dfrac{c\times V\times 0.07985}{\frac{1}{5}m}\times 100$			
Fe_2O_3 平均值(%)			
$Al_2O_3(\%)=\dfrac{c(V_2-V_1)\frac{25}{V_2}\times 0.05098}{\frac{1}{5}m}\times 100$			
Al_2O_3 平均值(%)			

6 报告

6.1 土的鉴别分类和代号。

6.2 土中铁氧化物含量(%)。

6.3 土中铝氧化物含量(%)。

T 0168—1993 钙和镁的测定

1 目的和适用范围

本试验方法适用于各类土。

2 仪器设备

2.1 酸式滴定管,50mL,准确至 0.01mL。

2.2 移液管(大肚型),50mL 或 100mL。

2.3 烧杯,150mL、200mL。

2.4 试剂瓶、量筒等。

3 试剂

3.1 20%氢氧化钠溶液。

3.2 20%三乙醇胺溶液:20mL 三乙醇胺溶于 80mL 水中。

3.3 5%盐酸羟胺溶液;5g 盐酸羟胺溶于 100mL 水中。

3.4 0.01mol/L EDTA 二钠盐标准溶液

3.4.1 0.01mol/L EDTA 标准溶液:先将乙二胺四乙酸二钠(Na_2EDTA,$Na_2H_2C_{10}H_{12}O_8N_2 \cdot 2H_2O$,相对分子质量 372.1,分析纯)在 80℃干燥约 2h,保存于干燥器中。将 3.72g Na_2EDTA,溶于 1L 水中,充分摇动,贮于塑料试制瓶中。EDTA 二钠盐在水中溶解缓慢,在配制溶液时须常摇动促溶,最好放置过夜后备用。

3.4.2 EDTA 溶液的标定

(1)用分析天平称取经 110℃干燥的 $CaCO_3$(优级纯或一级)约 0.40g,称准至 0.000 1g,放在 400mL 烧杯内,用少量蒸馏水润湿,慢慢加入 1∶1 的盐酸约 10mL,盖上表皿,小心地加热促溶,并驱尽 CO_2,冷却后定量地转移入 500mL 容量瓶中用蒸馏水定容。

(2)用移液管吸取本试验 3.4.2(1)的溶液 25.00mL 于 250mL 三角瓶中,加 20mLpH10 的氨缓冲溶液和少许 K—B 指示剂(或铬黑 T 指示剂),用配好的 EDTA溶液滴定至溶液由酒红色变为蓝绿色为终点。同时做空白试验。按下式计算 EDTA 溶液的浓度(mol/L),取三次标定结果的平均值。

$$C_{\mathrm{EDTA}} = \frac{m}{0.100\,1 \times (V - V_0)} \tag{T 0168-1}$$

式中:0.100 1——$CaCO_3$ 的摩尔质量(g/mmol);

m——每份滴定所用 $CaCO_3$ 的质量(g);

V——标定时所用 EDTA 溶液的体积(mL);

V_0——空白标定所用 EDTA 溶液的体积(mL)。

3.5 钙红指示剂:0.5g 钙指示剂[2—羟基(2—羟基—4 磺酸—1—萘偶氮基)—3—萘甲酸,$C_{21}H_{14}O_7N_2S$]与 50g NaCl(需经烘焙)研细混匀,贮于棕色瓶中,放在干燥器中保存。

3.6 K—B 指示剂:0.5g 酸性铬蓝 K 和 0.1g 萘酚绿 B,与 100g、105℃烘过的 NaCl 一同研细磨匀,越细越好,贮于棕色瓶中。

3.7 pH 试纸:1～14。

4　试验步骤

4.1　用移液管吸取B溶液100mL两份，分别放入150mL烧杯中，加入三乙醇胺溶液及盐酸羟胺溶液各1mL，充分搅匀，放置数分钟。

4.2　取其一份测定钙。用20%NaOH溶液调节待测溶液的pH至13～13.5(约6～8mL，用pH试验检验)。加入钙红指示剂少许(约0.1g)。若pH及指示剂均合乎要求，此时溶液呈红色。立即用0.01mol/LEDTA二钠盐标准溶液滴定，当溶液由红色突变为纯蓝色时，即为滴定终点。

4.3　另取1份测定钙、镁总量。加入浓氨水调节待测液的pH为10(用pH试纸检验)，加入K—B混合指示剂约0.2g，即以0.01mol/LEDTA二钠盐标准溶液滴定，当溶液由玫瑰红色突变为纯蓝色时即为滴定终点。

加入三乙醇胺及盐酸羟胺可以消除锰等元素存在时的干扰。

用本法测定钙时省去了蒸干、分解铵盐的步骤，缩短了测定时间。但有大量铵盐存在时，致使终点不甚明显，此时只要加入足量的氢氧化钠溶液，使溶液的pH达13以上，就能容易识别滴定终点。如仍不易辨别终点时，可以加水稀释，并改用0.02mol/L的EDTA二钠盐标准溶液进行滴定，即可提高终点的灵敏度。必要时还可加氢氧化钠溶液煮沸至没有氨味，冷却后调pH至13.5后，便能容易判定滴定终点，顺利完成滴定。

5　结果整理

5.1 氧化钙和氧化镁含量按下式计算：

$$\mathrm{CaO}(\%)=\frac{c\times V_1\times 0.0561}{m\times\frac{100}{250}\times\frac{100}{500}}\times 100 \tag{T 0168-2}$$

$$\mathrm{MgO}(\%)=\frac{c(V_2-V_1)\times 0.0403}{m\times\frac{100}{250}\times\frac{100}{500}}\times 100 \tag{T 0168-3}$$

式中：c——EDTA二钠盐标准溶液的浓度(mol/L)；

V_1——滴定钙时消耗EDTA的体积(mL)；

V_2——滴定钙、镁总量时消耗EDTA的体积(mL)；

m——烘干土样的质量(g)；

$\frac{100}{250}$——测钙时分取A液的体积/A液总体积；

$\frac{100}{500}$——测钙、镁时分取B液的体积/B液总体积；

0.056 1——CaO的摩尔质量(g/mmol)；

0.040 3——MgO 的摩尔质量(g/mmol)；

5.2 本试验记录格式如表 T 0168-1。

表 T 0168-1 钙、镁试验记录表

工程名称________ 试验计算者________

土样编号________ 校 核 者________

土样说明________ 试验日期________

EDTA 二钠盐标准溶液浓度(mol/L)			
试验次数	1	2	3
土样质量 m(g)			
滴定钙、镁总量消耗 EDTA 二钠盐标准溶液体积 V_2(mL)			
滴定钙消耗 EDTA 二钠盐标准溶液体积 V_1(mL)			
$CaO(\%)=\frac{c\times V_1\times 0.0561}{m\times\frac{2}{5}\times\frac{1}{5}}\times 100$			
CaO 平均值(%)			
$MgO(\%)=\frac{c(V_2-V_1)\times 0.0403}{m\times\frac{2}{5}\times\frac{1}{5}}\times 100$			
MgO 平均值(%)			

6 报告

6.1 土样的鉴别分类和代号。

6.2 土中氧化钙含量(%)。

6.3 土中氧化镁含量(%)。

附录A　试验成果的分析整理方法

在进行试验成果的分析整理时,必须坚持理论与实际统一的原则,以现场和工程的具体条件为依据,以测试所得的实际成果为基础,以数理统计分析为手段,以土力学的基本理论为指导,区别不同条件,针对不同要求,采取不同方法。

土工试验测得的土性指标,可按其在工程设计中的实际作用区分为一般特性指标和主要计算指标。前者如土的天然密度、天然含水率、颗粒比重、颗粒组成、液限、塑限、有机质、水溶盐等,系指作为对土分类定名和阐明其物理化学特性的土性指标;后者如土的凝聚力、内摩擦角、压缩系数、回弹模量或承载比、渗透系数等,系指在设计计算中直接用以确定土体对于强度、变形和强度稳定性的土性指标。

对于一般特性指标的成果整理,通常可采用多次测定值 x_i 的算术平均值 $\overline{x}$,并计算相应的标准差 S 与变异系数 C_v,或绝对误差 m_x 与精度指标 P_x,以反映实际测定值对于算术平均值的变化程度,从而判别其采用算术平均值时的可靠性。算术平均值、变异系数、绝对误差和精度指标按下列各式确定:

$$\overline{x}=\frac{\sum_{i=1}^{N}x_i}{N} \tag{A1}$$

$$S=\pm\sqrt{\frac{\sum_{i=1}^{N}(x_i-\overline{x})^2}{N-1}} \tag{A2}$$

$$C_v=\pm\frac{S}{x}\times 100\% \tag{A3}$$

$$m_x=\pm\frac{S}{\sqrt{N}} \tag{A4}$$

$$P_x=\pm\frac{m_x}{\overline{X}}\times 100\% \tag{A5}$$

式中:$\sum_{i=1}^{N}x_i$——指标各测定值的总和;

N——指标测定的总次数。

对于试验成果中那些明显不合理的数据,应通过仔细的调查研究,分析原因,或有条件时,进行一定的补充试验,以便决定对可疑数据的取舍或改正。当最后舍弃试验数据时，应根据误差分析的概念，按 3 倍标准差(即$\pm 3S$)作为舍弃标准，即在资料分析中，应该舍弃那些在$x\pm 3S$范围以外的测定值，然后再重新计算整理。

对于主要计算指标，在进行成果整理时，如果测定的组数较多，此时指标的最佳值接近于诸测值的算术平均值，仍可按上述对于一般特性指标的方法确定其设计计算值，即采用算术平均值。但通常由于试验的数据较少，考虑到测定误差的影响、土体本身不均匀的影响、施工质量的影响以及构造物的规模和设计阶段，为安全计，除对于初步设计和次要的构造物仍可采用算术平均值作为计算指标外，一般均应区别不同指标在设计计算中的不利影响，采用一个略高于(或略低于)算术平均值的数值，作为计算指标。其高于(或低于)算术平均值的幅度，应视测定次数的多少、土体的不均匀性和构造物的重要程度等，或采用标准差平均值，即对算术平均值加(或减)一个标准差的绝对值，如$\overline{x}\pm|S|$；或采用保证率平均值，即对算术平均值加(或减)一个按要求的保证率α所确定的保证值，如$\overline{x}\pm t_a\cdot S/\sqrt{N}$，式中$S$为标准差，$N$为测定次数；$t_a$可按要求的保证率$\alpha$和自由度$(N-1)$由$t$分布表查得，$t_a/\sqrt{N}$值见表 A-1。在上述取值法中，建议优先考虑保证率平均值。大平均值(或小平均值)和标准差平均值，因其较为方便，可直接使用于一般构造物的初步设计。例如，抗剪强度取小值平均值，压缩变形取大值平均值，渗透系数在计算渗量时取大值平均值，计算渗透变形时取小值平均值等。

表 A-1　$t_a/\sqrt{N}$

N \ α	0.10	0.05	0.025
2	2.177	4.465	8.986
3	1.089	1.686	2.484
4	0.819	1.177	1.591
5	0.688	0.953	1.242
6	0.603	0.823	1.050
7	0.544	0.743	0.925
8	0.500	0.670	0.836
9	0.466	0.620	0.769
10	0.437	0.580	0.715
11	0.414	0.546	0.672
12	0.393	0.518	0.635
13	0.376	0.494	0.604
14	0.361	0.473	0.577

续上表

N \ α	0.10	0.05	0.025
15	0.347	0.455	0.554
16	0.355	0.438	0.533
17	0.324	0.423	0.514
18	0.314	0.410	0.497
19	0.310	0.398	0.482
20	0.297	0.387	0.468
21	0.289	0.376	0.455
22	0.282	0.367	0.443
23	0.275	0.358	0.432
24	0.269	0.350	0.422
25	0.264	0.342	0.413
26	0.258	0.335	0.404
27	0.253	0.328	0.396
28	0.248	0.322	0.388
29	0.244	0.316	0.380
30	0.239	0.310	0.373

上工试验中，有些计算指标(如内摩擦角 φ、凝聚力 c 和压缩系数 a 等)需要由不同垂直压力下测得的某种指标(如抗剪强度和孔隙比等)经过综合整理求取。在有些情况下，尚需求出不同土体单元综合使用时的计算指标。这种综合性的土性指标，一般可按图解法或最小二乘分析法确定。

G_s 或 G、ρ 和 w 为基本指标，由这 3 个指标可求出任一其他指标。根据 2～3 个指标，可求算另一指标。土工常用指标的换算见表 A-2，计算公式中的含水率 w 值均以小数计。

根据送样者提出的要求，说明采用的试验方法和仪器，通过数据分析，提出推荐的数据。对于试验成果中土的基本物理、力学、化学性质指标可根据需要汇列总表，以便了解各个试样之间的差别和分析各项指标之间的相互联系。提出使用的试验报告，必须经过审核手续，建立必要的责任制度。

表 A-2　土的常用物理性质指标换算公式

含水率 w(%)	$\left[\frac{\rho(1+e)}{G\rho_w}-1\right]100$	$\left(\frac{\rho}{\rho_d}-1\right)100$	$\left[\frac{S_r(G\rho_w-\rho_d)}{G\rho_d}\right]100$	$\left(\frac{eS_r}{G}100\right)$	$\left(\frac{nS_r\rho_w}{\rho-nS_r\rho_w}\right)100$	$\left[\frac{eS_r\rho_w}{(1+e)\rho_d}\right]100$	$\left(\frac{w_{max}\rho}{n\rho_w}-1\right)100$	$\left[\frac{\rho}{\rho'+(1-n)\rho_w}-1\right]100$
$\frac{(1+e)\rho}{\rho_w(1+w)}$	土粒比重 G	$\frac{S_r\rho}{S_r\rho_w(1+w)-w\rho}$	$\frac{S_r\rho_d}{S_r\rho_W-w\rho}$	$\frac{(1+e)\rho_d}{\rho_w}$	$\frac{\rho-nS_r\rho_w}{(1-n)\rho_w}$	$\frac{eS_r}{w}$	$\frac{e}{w_{max}}$	$1+\frac{\rho'(1+e)}{\rho_w}$
$\frac{G\rho_w(1+w)}{1+e}$	$\frac{S_rG\rho_w(1+w)}{wG+S_r}$	密度 ρ (g/cm^3)	$\rho_d(1+w)$	$\frac{G+eS_r}{1+e}\rho_w$	$\rho_d+nS_r\rho_w$	$\frac{eS_r(1+w)\rho_w}{(1+e)w}$	$\frac{G(1+w)}{1+Gw_{max}}\rho_w$	$\frac{G\rho'(1+w)}{G-1}$
$\frac{\rho}{1+0.01w}$	$\frac{G\rho_w}{1+e}$	$\frac{G(\rho-S_r\rho_w)}{G-S_r}$	干密度 ρ_d (g/cm^3)	$\frac{eS_r\rho_w}{(1+e)w}$	$\rho-nS_r\rho_w$	$\frac{S_rG\rho_w}{wG+S_r}$	$\frac{e\rho_w}{(1+e)w_{max}}$	$\frac{G\rho'}{G-1}$
$\frac{G\rho_w(1+w)}{\rho}-1$	$\frac{wG}{S_r}$	$\frac{w\rho}{S_r\rho_w(1+w)-w\rho}$	$\frac{\rho-\rho_d}{S_r\rho_w-(\rho-\rho_d)}$	孔隙比 e	$\frac{n}{1-n}$	$\frac{G\rho_w-\rho}{\rho-S_r\rho_w}$	$w_{max}G$	$\frac{\rho_w(G-1)}{\rho'}-1$
$\left[1-\frac{\rho}{G\rho_w(1+w)}\right]100$	$\left(\frac{wG}{S_r+wG}\right)100$	$\left(\frac{\rho-\rho d}{S_r\rho d}\right)100$	$\left(\frac{w\rho_d}{S_r\rho_w}\right)100$	$\left(\frac{e}{1+e}\right)100$	孔隙率 n(%)	$\left[\frac{G\rho_w-\rho}{(G-S_r)\rho_w}\right]100$	$\left(\frac{w_{max}G}{1+Gw_{max}}\right)100$	$\left(1+\frac{\rho_d-\rho'}{\rho_w}\right)100$
$\left[\frac{wG\rho}{G\rho_w(1+w)-\rho}\right]100$	$\left(\frac{wG}{e}\right)100$	$\left[\frac{\rho-\rho_dG}{G\rho_w-\rho_d}\right]100$	$\left[\frac{w(1-e)\rho_d}{e\rho_w}\right]100$	$\left[\frac{\rho(1+e)G\rho_w}{e\rho_w}\right]100$	$\left[\frac{w\rho}{n(1+w)\rho_w}\right]100$	饱和度 S_r(%)	$\left(\frac{w}{w_{max}}\right)100$	$\left[\frac{(\rho'+\rho_w)w}{n\rho_w}-w\right]100$
$\left[\frac{G\rho_w(1+w)-\rho}{G\rho}\right]100$	$\left(\frac{e}{G}\right)100$	$\left[\frac{\rho_w(1+w)n}{\rho}\right]100$	$\left(\frac{\rho-\rho_d}{S_r\rho_d}\right)100$	$\left[\frac{\rho_we}{\rho_d(1+e)}\right]100$	$\left(\frac{n\rho_w}{\rho-nS_r\rho_w}\right)100$	$\left(\frac{w}{S_r}\right)100$	饱和含水率 w_{max}(%)	$\left[\frac{(G-1)n\rho_w}{G\rho'}\right]100$
$\frac{\rho(G-1)}{G(1+w)}$	$\frac{\rho_w(G-1)}{1+e}$	$\frac{\rho}{1+0.01w}-\frac{\rho_w}{1+e}$	$\rho_d-(1-n)\rho_w$	$\frac{eS_r-w}{(1+e)w}\rho_w$	$\frac{\rho-[1-n(1-S_r)]}{\rho_w}$	$\frac{\rho_d(S_r+w)}{S_r}-\rho_w$	$\frac{(G-1)n\rho_w}{Gw_{max}}$	水下密度 ρ'(g/cm^3)

注：①表中方框内为欲求指标，同一横行内的式子，为其计算式。

②ρ_w——水的密度(g/m^3)。

附录B 二氧化碳密度表

表 B-1 二氧化碳密度表($\mu g/mL$)

温度(℃) \ 气压(mmHg)	742	744.5	747	749	751	753.5	756	758	760	762.5	765	767	769	711	774
28	1 778	1 784	1 791	1 797	1 804	1 810	1 817	1 820	1 829	1 833	1 837	1 842	1 847	1 852	1 856
27	1 784	1 790	1 797	1 803	1 810	1 816	1 823	1 823	1 834	1 839	1 843	1 848	1 853	1 858	1 863
26	1 991	1 797	1 803	1 809	1 816	1 822	1 829	1 835	1 840	1 845	1 840	1 845	1 859	1 864	1 869
25	1 797	1 803	1 810	1 816	1 823	1 829	1 836	1 842	1 847	1 852	1 856	1 861	1 866	1 871	1 876
24	1 803	1 809	1 816	1 822	1 829	1 837	1 842	1 848	1 853	1 858	1 862	1 867	1 872	1 877	1 882
23	1 809	1 815	1 822	1 828	1 835	1 841	1 848	1 854	1 859	1 864	1 868	1 873	1 878	1 883	1 888
22	1 815	1 821	1 828	1 834	1 841	1 847	1 854	1 860	1 865	1 870	1 875	1 880	1 885	1 890	1 895
21	1 822	1 828	1 835	1 841	1 848	1 854	1 861	1 867	1 872	1 877	1 882	1 887	1 892	1 897	1 902
20	1 828	1 834	1 841	1 847	1 854	1 860	1 867	1 873	1 878	1 883	1 888	1 893	1 898	1 903	1 908
19	1 834	1 840	1 847	1 853	1 860	1 866	1 873	1 879	1 884	1 889	1 894	1 899	1 904	1 909	1 914
18	1 840	1 846	1 853	1 859	1 866	1 872	1 879	1 885	1 890	1 895	1 900	1 905	1 910	1 915	1 920
17	1 846	1 853	1 860	1 866	1 873	1 879	1 886	1 892	1 897	1 902	1 907	1 912	1 917	1 922	1 927
16	1 853	1 860	1 866	1 873	1 879	1 886	1 892	1 898	1 903	1 908	1 913	1 918	1 923	1 928	1 933
15	1 869	1 866	1 872	1 879	1 886	1 892	1 899	1 905	1 910	1 915	1 920	1 925	1 930	1 935	1 940
14	1 855	1 872	1 878	1 885	1 892	1 899	1 906	1 912	1 917	1 922	1 927	1 932	1 937	1 942	1 947
13	1 872	1 878	1 885	1 892	1 899	1 906	1 913	1 919	1 924	1 929	1 934	1 939	1 944	1 949	1 954
12	1 878	1 885	1 892	1 899	1 906	1 912	1 919	1 925	1 930	1 935	1 940	1 945	1 950	1 955	1 960
11	1 885	1 892	1 899	1 906	1 913	1 919	1 926	1 932	1 937	1 942	1 947	1 952	1 957	1 962	1 967
10	1 892	1 899	1 905	1 913	1 920	1 926	1 933	1 939	1 944	1 949	1 954	1 959	1 964	1 969	1 974

注:1mmHg=133.322Pa。

附录C　水的动力黏滞系数表

表 C-1　水的动力黏滞系数表

温度 t (℃)	动力黏滞系数 η_t (10^6 kPa·s)	20℃时的温度校正系数 $\frac{\eta_t}{\eta_{20}}$	10℃时的温度校正系数 $\frac{\eta_t}{\eta_{10}}$	温度 t (℃)	动力黏滞系数 η_t (10^6 kPa·s)	20℃时的温度校正系数 $\frac{\eta_t}{\eta_{20}}$	10℃时的温度校正系数 $\frac{\eta_t}{\eta_{10}}$
0.0	1.780 000	1.762 000	1.359 000	2.1	1.660 850	1.644 055	1.268 031
0.1	1.774 018	1.756 078	1.354 433	2.2	1.655 499	1.638 758	1.263 945
0.2	1.768 068	1.750 188	1.349 890	2.3	1.650 175	1.633 487	1.259 880
0.3	1.762 150	1.744 330	1.345 372	2.4	1.644 878	1.628 244	1.255 837
0.4	1.756 264	1.738 504	1.340 878	2.5	1.639 609	1.623 028	1.251 813
0.5	1.750 409	1.732 709	1.336 408	2.6	1.634 366	1.617 839	1.247 811
0.6	1.744 586	1.726 944	1.331 962	2.7	1.629 151	1.612 676	1.243 829
0.7	1.738 794	1.721 211	1.327 540	2.8	1.623 962	1.607 540	1.239 868
0.8	1.733 033	1.715 508	1.323 142	2.9	1.618 800	1.602 430	1.235 926
0.9	1.727 303	1.709 836	1.318 767	3.0	1.613 664	1.597 346	1.232 005
1.0	1.721 603	1.704 194	1.314 415	3.1	1.608 554	1.592 287	1.228 104
1.1	1.715 934	1.698 581	1.310 086	3.2	1.603 470	1.587 255	1.224 222
1.2	1.710 294	1.692 999	1.305 781	3.3	1.598 411	1.582 248	1.220 360
1.3	1.704 684	1.687 446	1.301 497	3.4	1.593 378	1.577 266	1.216 518
1.4	1.699 104	1.681 922	1.297 237	3.5	1.588 371	1.572 309	1.212 694
1.5	1.693 553	1.676 427	1.292 999	3.6	1.583 389	1.567 377	1.208 891
1.6	1.688 031	1.670 961	1.288 783	3.7	1.578 431	1.562 470	1.205 106
1.7	1.682 538	1.665 523	1.284 589	3.8	1.573 499	1.557 587	1.201 340
1.8	1.677 073	1.660 114	1.280 417	3.9	1.568 591	1.552 729	1.197 593
1.9	1.671 637	1.654 733	1.276 267	4.0	1.563 708	1.547 895	1.193 865
2.0	1.666 230	1.649 380	1.272 138	4.1	1.558 849	1.543 085	1.190 155

续上表

温度 t (℃)	动力黏滞系数 η_t (10^6 kPa·s)	20℃时的温度校正系数 $\frac{\eta_t}{\eta_{20}}$	10℃时的温度校正系数 $\frac{\eta_t}{\eta_{10}}$	温度 t (℃)	动力黏滞系数 η_t (10^6 kPa·s)	20℃时的温度校正系数 $\frac{\eta_t}{\eta_{20}}$	10℃时的温度校正系数 $\frac{\eta_t}{\eta_{10}}$
4.2	1.554 014	1.538 299	1.186 464	6.2	1.462 136	1.447 351	1.116 316
4.3	1.549 203	1.533 537	1.182 790	6.3	1.457 772	1.443 030	1.112 984
4.4	1.544 416	1.528 798	1.179 136	6.4	1.453 428	1.438 730	1.109 667
4.5	1.539 653	1.524 083	1.175 499	6.5	1.449 104	1.434 450	1.106 367
4.6	1.534 913	1.519 391	1.171 880	6.6	1.444 801	1.430 191	1.103 082
4.7	1.530 196	1.514 722	1.168 279	6.7	1.440 519	1.425 952	1.099 812
4.8	1.525 502	1.510 076	1.164 695	6.8	1.436 257	1.421 733	1.096 558
4.9	1.520 832	1.505 453	1.161 129	6.9	1.432 014	1.417 533	1.093 319
5.0	1.516 184	1.500 852	1.157 581	7.0	1.427 792	1.413 354	1.090 095
5.1	1.511 559	1.496 273	1.154 050	7.1	1.423 590	1.409 194	1.086 887
5.2	1.506 956	1.491 717	1.150 536	7.2	1.419 407	1.405 053	1.083 693
5.3	1.502 376	1.487 184	1.147 039	7.3	1.415 244	1.400 932	1.080 515
5.4	1.497 818	1.482 672	1.143 559	7.4	1.411 100	1.396 831	1.077 351
5.5	1.493 282	1.478 182	1.140 096	7.5	1.406 976	1.392 748	1.074 202
5.6	1.488 768	1.473 713	1.136 650	7.6	1.402 870	1.388 684	1.071 068
5.7	1.484 276	1.469 267	1.133 220	7.7	1.398 784	1.384 639	1.067 948
5.8	1.479 805	1.464 841	1.129 807	7.8	1.394 717	1.380 613	1.064 843
5.9	1.475 356	1.460 437	1.126 410	7.9	1.390 668	1.376 605	1.061 752
6.0	1.470 929	1.456 054	1.123 029	8.0	1.386 638	1.372 616	1.058 675
6.1	1.466 522	1.451 692	1.119 665	8.1	1.382 627	1.368 646	1.055 613

续上表

温度 t (℃)	动力黏滞系数 η_t (10^6kPa·s)	20℃时的温度校正系数 $\frac{\eta_t}{\eta_{20}}$	10℃时的温度校正系数 $\frac{\eta_t}{\eta_{10}}$	温度 t (℃)	动力黏滞系数 η_t (10^6kPa·s)	20℃时的温度校正系数 $\frac{\eta_t}{\eta_{20}}$	10℃时的温度校正系数 $\frac{\eta_t}{\eta_{10}}$
8.2	1.378 634	1.364 693	1.052 564	11.0	1.273 867	1.260 985	0.972 576
8.3	1.374 660	1.360 759	1.049 530	11.1	1.270 361	1.257 515	0.969 899
8.4	1.370 704	1.356 842	1.046 509	11.2	1.266 871	1.254 060	0.967 234
8.5	1.366 765	1.352 944	1.043 502	11.3	1.263 395	1.250 619	0.964 581
8.6	1.362 845	1.349 064	1.040 509	11.4	1.259 935	1.247 194	0.961 939
8.7	1.358 943	1.345 201	1.037 530	11.5	1.256 490	1.243 784	0.959 309
8.8	1.355 058	1.341 355	1.034 564	11.6	1.253 059	1.240 388	0.956 690
8.9	1.351 191	1.337 527	1.031 612	11.7	1.249 644	1.237 007	0.954 082
9.0	1.347 342	1.333 717	1.028 673	11.8	1.246 243	1.233 641	0.951 486
9.1	1.343 510	1.329 924	1.025 747	11.9	1.242 857	1.230 289	0.948 900
9.2	1.339 695	1.326 147	1.022 834	12.0	1.239 485	1.226 951	0.946 326
9.3	1.335 897	1.322 388	1.019 935	12.1	1.236 128	1.223 628	0.943 763
9.4	1.332 117	1.318 646	1.017 049	12.2	1.232 785	1.220 319	0.941 211
9.5	1.328 353	1.314 920	1.014 175	12.3	1.229 457	1.217 024	0.938 670
9.6	1.324 607	1.311 212	1.011 315	12.4	1.226 143	1.213 743	0.936 139
9.7	1.320 877	1.307 520	1.008 467	12.5	1.222 842	1.210 477	0.933 620
9.8	1.317 163	1.303 844	1.005 632	12.6	1.219 556	1.207 224	0.931 111
9.9	1.313 467	1.300 185	1.002 810	12.7	1.216 284	1.203 985	0.928 612
10.0	1.309 787	1.296 542	1.000 000	12.8	1.213 026	1.200 759	0.926 125
10.1	1.306 123	1.292 915	0.997 203	12.9	1.209 781	1.197 548	0.923 648
10.2	1.302 475	1.289 304	0.994 418	13.0	1.206 551	1.194 350	0.921 181
10.3	1.298 844	1.285 709	0.991 645	13.1	1.203 333	1.191 165	0.918 725
10.4	1.295 228	1.282 130	0.988 885	13.2	1.200 130	1.187 994	0.916 279
10.5	1.291 629	1.278 567	0.986 137	13.3	1.196 940	1.184 836	0.913 843
10.6	1.288 045	1.275 020	0.983 401	13.4	1.193 763	1.181 691	0.911 418
10.7	1.284 477	1.271 488	0.980 677	13.5	1.190 600	1.178 560	0.909 003
10.8	1.280 925	1.267 972	0.977 965	13.6	1.187 449	1.175 442	0.906 598
10.9	1.277 388	1.264 471	0.975 264	13.7	1.184 312	1.172 336	0.904 203

续上表

温度 t (℃)	动力黏滞系数 η_t (10^6kPa·s)	20℃时的温度校正系数 $\frac{\eta_t}{\eta_{20}}$	10℃时的温度校正系数 $\frac{\eta_t}{\eta_{10}}$	温度 t (℃)	动力黏滞系数 η_t (10^6kPa·s)	20℃时的温度校正系数 $\frac{\eta_t}{\eta_{20}}$	10℃时的温度校正系数 $\frac{\eta_t}{\eta_{10}}$
13.8	1.181 188	1.169 244	0.901 817	16.5	1.101 523	1.090 384	0.840 994
13.9	1.178 078	1.166 164	0.899 442	16.6	1.098 736	1.087 625	0.838 867
14.0	1.174 980	1.163 098	0.897 077	16.7	1.095 961	1.084 878	0.836 748
14.1	1.171 894	1.160 044	0.894 722	16.8	1.093 196	1.082 142	0.834 637
14.2	1.168 822	1.157 002	0.892 376	16.9	1.090 443	1.079 416	0.832 535
14.3	1.165 762	1.153 974	0.890 040	17.0	1.087 700	1.076 701	0.830 441
14.4	1.162 715	1.150 958	0.887 714	17.1	1.084 969	1.073 997	0.828 355
14.5	1.159 681	1.147 954	0.885 397	17.2	1.082 248	1.071 304	0.826 278
14.6	1.156 659	1.144 962	0.883 090	17.3	1.079 538	1.068 621	0.824 209
14.7	1.153 649	1.141 983	0.880 792	17.4	1.076 838	1.065 949	0.822 148
14.8	1.150 652	1.139 016	0.878 504	17.5	1.074 150	1.063 287	0.820 095
14.9	1.147 667	1.136 062	0.876 225	17.6	1.071 471	1.060 636	0.818 050
15.0	1.144 695	1.133 119	0.873 955	17.7	1.068 803	1.057 995	0.816 013
15.1	1.141 734	1.130 188	0.871 695	17.8	1.066 146	1.055 365	0.813 985
15.2	1.138 785	1.127 270	0.869 443	17.9	1.063 499	1.052 745	0.811 964
15.3	1.135 849	1.124 363	0.867 202	18.0	1.060 863	1.050 135	0.809 951
15.4	1.132 924	1.121 468	0.864 969	18.1	1.058 236	1.047 535	0.807 945
15.5	1.130 012	1.118 585	0.862 745	18.2	1.055 620	1.044 945	0.805 948
15.6	1.127 111	1.115 713	0.860 530	18.3	1.053 014	1.042 366	0.803 958
15.7	1.124 222	1.112 853	0.858 324	18.4	1.050 418	1.039 796	0.801 977
15.8	1.121 344	1.110 005	0.856 127	18.5	1.047 832	1.037 236	0.800 002
15.9	1.118 478	1.107 168	0.853 939	18.6	1.045 257	1.034 687	0.798 036
16.0	1.115 624	1.104 342	0.851 760	18.7	1.042 691	1.032 147	0.796 077
16.1	1.112 781	1.101 528	0.849 589	18.8	1.040 135	1.029 616	0.794 125
16.2	1.109 949	1.098 725	0.847 428	18.9	1.037 589	1.027 096	0.792 181
16.3	1.107 129	1.095 933	0.845 274	19.0	1.035 052	1.024 585	0.790 245
16.4	1.104 320	1.093 153	0.843 130	19.1	1.032 526	1.022 084	0.788 316

续上表

温度 t (℃)	动力黏滞系数 η_t (10^6kPa·s)	20℃时的温度校正系数 $\frac{\eta_t}{\eta_{20}}$	10℃时的温度校正系数 $\frac{\eta_t}{\eta_{10}}$	温度 t (℃)	动力黏滞系数 η_t (10^6kPa·s)	20℃时的温度校正系数 $\frac{\eta_t}{\eta_{20}}$	10℃时的温度校正系数 $\frac{\eta_t}{\eta_{10}}$
19.2	1.030 009	1.019 593	0.786 394	21.9	0.965 532	0.955 768	0.737 167
19.3	1.027 501	1.017 111	0.784 480	22.0	0.963 266	0.953 525	0.735 437
19.4	1.025 004	1.014 638	0.782 573	22.1	0.961 009	0.951 291	0.733 714
19.5	1.022 515	1.012 175	0.780 673	22.2	0.958 760	0.949 065	0.731 997
19.6	1.020 037	1.009 722	0.778 781	22.3	0.956 519	0.946 847	0.730 286
19.7	1.017 567	1.007 277	0.776 896	22.4	0.954 287	0.944 637	0.728 582
19.8	1.015 108	1.004 842	0.775 017	22.5	0.952 063	0.942 435	0.726 884
19.9	1.012 657	1.002 417	0.773 147	22.6	0.949 846	0.940 241	0.725 192
20.0	1.010 216	1.000 000	0.771 283	22.7	0.947 638	0.938 055	0.723 506
20.1	1.007 784	0.997 593	0.769 426	22.8	0.945 438	0.935 878	0.721 826
20.2	1.005 361	0.995 194	0.767 576	22.9	0.943 246	0.933 708	0.720 153
20.3	1.002 947	0.992 805	0.765 733	23.0	0.941 062	0.931 546	0.718 485
20.4	1.000 542	0.990 424	0.763 897	23.1	0.938 886	0.929 391	0.716 823
20.5	0.998 147	0.988 053	0.762 068	23.2	0.936 717	0.927 245	0.715 168
20.6	0.995 760	0.985 691	0.760 246	23.3	0.934 557	0.925 106	0.713 518
20.7	0.993 382	0.983 337	0.758 431	23.4	0.932 404	0.922 975	0.711 875
20.8	0.991 014	0.980 992	0.756 622	23.5	0.930 259	0.920 852	0.710 237
20.9	0.988 654	0.978 656	0.754 820	23.6	0.928 122	0.918 737	0.708 606
21.0	0.986 303	0.976 329	0.753 025	23.7	0.925 992	0.916 629	0.706 980
21.1	0.983 960	0.974 010	0.751 237	23.8	0.923 871	0.914 528	0.705 360
21.2	0.981 627	0.971 700	0.749 455	23.9	0.921 756	0.912 435	0.703 745
21.3	0.979 302	0.969 399	0.747 680	24.0	0.919 649	0.910 350	0.702 137
21.4	0.976 985	0.967 106	0.745 912	24.1	0.917 550	0.908 272	0.700 534
21.5	0.974 678	0.964 821	0.744 150	24.2	0.915 459	0.906 201	0.698 937
21.6	0.972 378	0.962 545	0.742 394	24.3	0.913 374	0.904 138	0.697 346
21.7	0.970 088	0.960 278	0.740 646	24.4	0.911 297	0.902 082	0.695 760
21.8	0.967 805	0.958 019	0.738 903	24.5	0.909 228	0.900 033	0.694 180

续上表

温度 t (℃)	动力黏滞系数 η_t (10^6kPa·s)	20℃时的温度校正系数 $\frac{\eta_t}{\eta_{20}}$	10℃时的温度校正系数 $\frac{\eta_t}{\eta_{10}}$	温度 t (℃)	动力黏滞系数 η_t (10^6kPa·s)	20℃时的温度校正系数 $\frac{\eta_t}{\eta_{20}}$	10℃时的温度校正系数 $\frac{\eta_t}{\eta_{10}}$
24.6	0.907 166	0.897 992	0.692 606	27.3	0.854 137	0.845 500	0.652 120
24.7	0.905 111	0.895 958	0.691 037	27.4	0.852 267	0.843 649	0.650 692
24.8	0.903 063	0.893 931	0.689 474	27.5	0.850 403	0.841 804	0.649 268
24.9	0.901 023	0.891 912	0.687 916	27.6	0.848 545	0.839 965	0.647 850
25.0	0.898 990	0.889 899	0.686 364	27.7	0.846 694	0.838 132	0.646 437
25.1	0.896 964	0.887 894	0.684 817	27.8	0.844 849	0.836 306	0.645 028
25.2	0.894 945	0.885 895	0.683 276	27.9	0.843 011	0.834 486	0.643 624
25.3	0.892 933	0.883 904	0.681 740	28.0	0.841 178	0.832 672	0.642 225
25.4	0.890 929	0.881 919	0.680 209	28.1	0.839 352	0.830 864	0.640 831
25.5	0.888 931	0.879 942	0.678 684	28.2	0.837 532	0.829 062	0.639 441
25.6	0.886 940	0.877 971	0.677 164	28.3	0.835 718	0.827 267	0.638 056
25.7	0.884 957	0.876 008	0.675 650	28.4	0.833 910	0.825 477	0.636 676
25.8	0.882 980	0.874 051	0.674 140	28.5	0.832 108	0.823 694	0.635 301
25.9	0.881 010	0.872 101	0.672 636	28.6	0.830 312	0.821 916	0.633 930
26.0	0.879 047	0.870 158	0.671 138	28.7	0.828 523	0.820 145	0.632 563
26.1	0.877 091	0.868 221	0.669 644	28.8	0.826 739	0.818 379	0.631 201
26.2	0.875 141	0.866 292	0.668 156	28.9	0.824 962	0.816 619	0.629 844
26.3	0.873 199	0.864 369	0.666 673	29.0	0.823 190	0.814 866	0.628 492
26.4	0.871 263	0.862 452	0.665 195	29.1	0.821 424	0.813 118	0.627 143
26.5	0.869 334	0.860 543	0.663 722	29.2	0.819 664	0.811 376	0.625 800
26.6	0.867 411	0.858 640	0.662 254	29.3	0.817 910	0.809 639	0.624 461
26.7	0.865 495	0.856 743	0.660 791	29.4	0.816 162	0.807 909	0.623 126
26.8	0.863 586	0.854 853	0.659 333	29.5	0.814 420	0.806 184	0.621 796
26.9	0.861 683	0.852 970	0.657 881	29.6	0.812 683	0.804 465	0.620 470
27.0	0.859 787	0.851 093	0.656 433	29.7	0.810 952	0.802 752	0.619 149
27.1	0.857 897	0.849 222	0.654 990	29.8	0.809 227	0.801 044	0.617 832
27.2	0.856 014	0.847 358	0.653 552	29.9	0.807 508	0.799 342	0.616 519

续上表

温度 t (℃)	动力黏滞系数 η_t (10^6 kPa·s)	20℃时的温度校正系数 $\frac{\eta_t}{\eta_{20}}$	10℃时的温度校正系数 $\frac{\eta_t}{\eta_{10}}$	温度 t (℃)	动力黏滞系数 η_t (10^6 kPa·s)	20℃时的温度校正系数 $\frac{\eta_t}{\eta_{20}}$	10℃时的温度校正系数 $\frac{\eta_t}{\eta_{10}}$
30.0	0.805 794	0.797 646	0.615 211	32.7	0.761 584	0.753 883	0.581 457
30.1	0.804 086	0.795 955	0.613 906	32.8	0.760 020	0.752 334	0.580 262
30.2	0.802 384	0.794 270	0.612 607	32.9	0.758 460	0.750 790	0.579 072
30.3	0.800 687	0.792 591	0.611 311	33.0	0.756 906	0.749 252	0.577 885
30.4	0.798 996	0.790 917	0.610 020	33.1	0.755 356	0.747 718	0.576 702
30.5	0.797 311	0.789 248	0.608 733	33.2	0.753 812	0.746 189	0.575 522
30.6	0.795 631	0.787 585	0.607 451	33.3	0.752 272	0.744 665	0.574 347
30.7	0.793 956	0.785 927	0.606 172	33.4	0.750 737	0.743 145	0.573 175
30.8	0.792 287	0.784 275	0.604 898	33.5	0.749 207	0.741 631	0.572 007
30.9	0.790 623	0.782 628	0.603 628	33.6	0.747 682	0.740 121	0.570 843
31.0	0.788 965	0.780 987	0.602 362	33.7	0.746 162	0.738 616	0.569 682
31.1	0.787 312	0.779 351	0.601 100	33.8	0.744 646	0.737 116	0.568 525
31.2	0.785 665	0.777 720	0.599 842	33.9	0.743 136	0.735 621	0.567 371
31.3	0.784 023	0.776 095	0.598 588	34.0	0.741 630	0.734 130	0.566 222
31.4	0.782 386	0.774 474	0.597 339	34.1	0.740 128	0.732 644	0.565 076
31.5	0.780 755	0.772 860	0.596 093	34.2	0.738 632	0.731 163	0.563 933
31.6	0.779 129	0.771 250	0.594 852	34.3	0.737 140	0.729 686	0.562 794
31.7	0.777 508	0.769 645	0.593 614	34.4	0.735 653	0.728 214	0.561 659
31.8	0.775 892	0.768 046	0.592 381	34.5	0.734 170	0.726 746	0.560 527
31.9	0.774 282	0.766 452	0.591 151	34.6	0.732 693	0.725 283	0.559 398
32.0	0.772 677	0.764 863	0.589 926	34.7	0.731 219	0.723 825	0.558 274
32.1	0.771 077	0.763 279	0.588 704	34.8	0.729 751	0.722 371	0.557 152
32.2	0.769 482	0.761 701	0.587 486	34.9	0.728 287	0.720 922	0.556 035
32.3	0.767 892	0.760 127	0.586 273	35.0	0.726 827	0.719 477	0.554 920
32.4	0.766 308	0.758 558	0.585 063	35.1	0.725 372	0.718 037	0.553 810
32.5	0.764 728	0.756 995	0.583 857	35.2	0.723 922	0.716 601	0.552 702
32.6	0.763 154	0.755 436	0.582 655	35.3	0.722 476	0.715 170	0.551 598

续上表

温度 t (℃)	动力黏滞系数 η_t (10^6 kPa·s)	20℃时的温度校正系数 $\frac{\eta_t}{\eta_{20}}$	10℃时的温度校正系数 $\frac{\eta_t}{\eta_{10}}$	温度 t (℃)	动力黏滞系数 η_t (10^6 kPa·s)	20℃时的温度校正系数 $\frac{\eta_t}{\eta_{20}}$	10℃时的温度校正系数 $\frac{\eta_t}{\eta_{10}}$
35.4	0.721 035	0.713 743	0.550 498	38.1	0.683 741	0.676 827	0.522 025
35.5	0.719 598	0.712 321	0.549 401	38.2	0.682 418	0.675 517	0.521 014
35.6	0.718 165	0.710 903	0.548 307	38.3	0.681 098	0.674 211	0.520 007
35.7	0.716 737	0.709 489	0.547 216	38.4	0.679 783	0.672 909	0.519 003
35.8	0.715 313	0.708 080	0.546 129	38.5	0.678 471	0.671 610	0.518 001
35.9	0.713 894	0.706 675	0.545 046	38.6	0.677 164	0.670 316	0.517 003
36.0	0.712 479	0.705 274	0.543 966	38.7	0.675 860	0.669 025	0.516 008
36.1	0.711 068	0.703 878	0.542 889	38.8	0.674 560	0.667 739	0.515 015
36.2	0.709 662	0.702 486	0.541 815	38.9	0.673 264	0.666 456	0.514 026
36.3	0.708 260	0.701 098	0.540 744	39.0	0.671 972	0.665 177	0.513 039
36.4	0.706 862	0.699 714	0.539 677	39.1	0.670 684	0.663 901	0.512 056
36.5	0.705 469	0.698 335	0.538 614	39.2	0.669 399	0.662 630	0.511 075
36.6	0.704 080	0.696 960	0.537 553	39.3	0.668 119	0.661 362	0.510 097
36.7	0.702 695	0.695 589	0.536 496	39.4	0.666 842	0.660 098	0.509 122
36.8	0.701 314	0.694 222	0.535 441	39.5	0.665 569	0.658 838	0.508 150
36.9	0.699 938	0.692 859	0.534 390	39.6	0.664 299	0.657 582	0.507 181
37.0	0.698 565	0.691 501	0.533 343	39.7	0.663 034	0.656 329	0.506 215
37.1	0.697 197	0.690 147	0.532 298	39.8	0.661 772	0.655 080	0.505 252
37.2	0.695 833	0.688797	0.531 257	39.9	0.660 514	0.653 834	0.50 4291
37.3	0.694 473	0.687 450	0.530 219	40.0	0.659 259	0.652 593	0.503 333
37.4	0.693 117	0.686 108	0.529 184	40.1	0.658 009	0.651 354	0.502 378
37.5	0.691 766	0.684 770	0.528 152	40.2	0.656 761	0.650 120	0.501 426
37.6	0.690 418	0.683 437	0.527 123	40.3	0.655 518	0.648 889	0.500 477
37.7	0.689 075	0.682 107	0.526 097	40.4	0.654 278	0.647 662	0.499 530
37.8	0.687 735	0.680 781	0.525 074	40.5	0.653 042	0.646 438	0.498 587
37.9	0.686 400	0.679 459	0.524 055	40.6	0.651 810	0.645 218	0.497 646
38.0	0.685 069	0.678 141	0.523 038	40.7	0.650 581	0.644 002	0.496 707

续上表

温度 t (℃)	动力黏滞系数 η_t (10^6kPa·s)	20℃时的温度校正系数 $\frac{\eta_t}{\eta_{20}}$	10℃时的温度校正系数 $\frac{\eta_t}{\eta_{10}}$	温度 t (℃)	动力黏滞系数 η_t (10^6kPa·s)	20℃时的温度校正系数 $\frac{\eta_t}{\eta_{20}}$	10℃时的温度校正系数 $\frac{\eta_t}{\eta_{10}}$
40.8	0.649 355	0.642 789	0.495 772	43.5	0.617 574	0.611 329	0.471 507
40.9	0.648 133	0.641 579	0.494 839	43.6	0.616 444	0.610 210	0.470 644
41.0	0.646 915	0.640 373	0.493 909	43.7	0.615 316	0.609 094	0.469 784
41.1	0.645 700	0.639 171	0.492 981	43.8	0.614 192	0.607 981	0.468 925
41.2	0.644 489	0.637 972	0.492 057	43.9	0.613 071	0.606 871	0.468 069
41.3	0.643 282	0.636 777	0.491 135	44.0	0.611 953	0.605 765	0.467 216
41.4	0.642 077	0.635 585	0.490 215	44.1	0.610 838	0.604 661	0.466 365
41.5	0.640 877	0.634 396	0.489 299	44.2	0.609 727	0.603 561	0.465 516
41.6	0.639 680	0.633 211	0.488 385	44.3	0.608 618	0.602 464	0.464 670
41.7	0.638 486	0.632 029	0.487 473	44.4	0.607 513	0.601 369	0.463 826
41.8	0.637 296	0.630 851	0.486 564	44.5	0.606 411	0.600 278	0.462 984
41.9	0.636 109	0.629 676	0.485 658	44.6	0.605 311	0.599 190	0.462 145
42.0	0.634 925	0.628 505	0.484 755	44.7	0.604 215	0.598 105	0.461 308
42.1	0.633 745	0.627 336	0.483 854	44.8	0.603 122	0.597 023	0.460474
42.2	0.632 568	0.626 172	0.482 955	44.9	0.602 032	0.595 944	0.459 641
42.3	0.631 395	0.625 010	0.482 060	45.0	0.600 945	0.594868	0.458 812
42.4	0.630 225	0.623 852	0.481 166	45.1	0.599 861	0.593 795	0.457 984
42.5	0.629 059	0.622 697	0.480 276	45.2	0.598 780	0.592 725	0.457 159
42.6	0.627 895	0.621 546	0.479 388	45.3	0.597 703	0.591 658	0.456 336
42.7	0.626 735	0.620 398	0.478 502	45.4	0.596 628	0.590 594	0.455 515
42.8	0.625 579	0.619 253	0.477 619	45.5	0.595 556	0.589 533	0.454 697
42.9	0.624 426	0.618 111	0.476 738	45.6	0.594 487	0.588 475	0.453 881
43.0	0.623 275	0.616 973	0.475 860	45.7	0.593 421	0.587 420	0.453 067
43.1	0.622 129	0.615 838	0.474 985	45.8	0.592 358	0.586 368	0.452 255
43.2	0.620 985	0.614 706	0.474 112	45.9	0.591 298	0.585 318	0.451 446
43.3	0.619 845	0.613 577	0.473 241	46.0	0.590 240	0.584 272	0.450 639
43.4	0.618 708	0.612 451	0.472 373	46.1	0.589 186	0.583 228	0.449 834

续上表

温度 t (℃)	动力黏滞系数 η_t (10^6 kPa·s)	20℃时的温度校正系数 $\frac{\eta_t}{\eta_{20}}$	10℃时的温度校正系数 $\frac{\eta_t}{\eta_{10}}$	温度 t (℃)	动力黏滞系数 η_t (10^6 kPa·s)	20℃时的温度校正系数 $\frac{\eta_t}{\eta_{20}}$	10℃时的温度校正系数 $\frac{\eta_t}{\eta_{10}}$
46.2	0.588 135	0.582 187	0.449 031	48.2	0.567 701	0.561 960	0.433 430
46.3	0.587 086	0.581 150	0.448 231	48.3	0.566 708	0.560 978	0.432 672
46.4	0.586 041	0.580 115	0.447 432	48.4	0.565 718	0.559 997	0.431 916
46.5	0.584 998	0.579 082	0.446 636	48.5	0.564 731	0.559 020	0.431 162
46.6	0.583 958	0.578 053	0.446 636	48.6	0.563 746	0.558 045	0.430 410
46.7	0.582 921	0.577 027	0.445 051	48.7	0.562 764	0.557 073	0.429 661
46.8	0.581 887	0.576 003	0.444 261	48.8	0.561 784	0.556 103	0.428 913
46.9	0.580 856	0.574 982	0.443 474	48.9	0.560 807	0.555 136	0.428 167
47.0	0.579 827	0.573 964	0.442 688	49.0	0.559 833	0.554 172	0.427 423
47.1	0.578 802	0.572 948	0.441 905	49.1	0.558 861	0.553 210	0.426 681
47.2	0.577 779	0.571 936	0.441 124	49.2	0.557 892	0.552 251	0.425 941
47.3	0.576 758	0.570 926	0.440 345	49.3	0.556 926	0.551 294	0.425 203
47.4	0.575 741	0.569 919	0.439 569	49.4	0.555 962	0.550 340	0.424 467
47.5	0.574 727	0.568 915	0.438 794	49.5	0.555 000	0.549 388	0.423 733
47.6	0.573 715	0.567 913	0.438 022	49.6	0.554 042	0.548 439	0.423 001
47.7	0.572 706	0.566 914	0.437 251	49.7	0.553 085	0.547 492	0.422 271
47.8	0.571 699	0.565 918	0.436 483	49.8	0.552 132	0.546 548	0.421 543
47.9	0.570 696	0.564 925	0.435 717	49.9	0.551 180	0.545 607	0.420 817
48.0	0.569 695	0.563 934	0.434 952	50.0	0.550 232	0.544 668	0.420 093
48.1	0.568 697	0.562 946	0.434 190	50.1	0.549 286	0.543 731	0.419 370

附录 D　洁净水在不同温度下的密度 ρ_w

表 D-1　洁净水在不同温度下的密度 ρ_w（g/cm³）

温度（℃）	0.0	0.1	0.2	0.3	0.4	0.5	0.6	0.7	0.8	0.9
5	0.999 991 9	0.999 990 2	0.999 988 3	0.999 986 4	0.999 984 2	0.999 981 9	0.999 979 5	0.999 976 9	0.999 974 1	0.999 971 2
6	0.999 968 1	0.999 964 9	0.999 961 6	0.999 958 1	0.999 954 4	0.999 950 6	0.999 946 7	0.999 942 6	0.999 938 4	0.999 934 0
7	0.999 929 5	0.999 924 8	0.999 920 0	0.999 915 0	0.999 909 9	0.999 904 6	0.999 899 2	0.999 893 6	0.999 887 9	0.999 882 1
8	0.999 876 2	0.999 870 1	0.999 863 8	0.999 857 4	0.999 850 9	0.999 844 2	0.999 837 4	0.999 830 5	0.999 823 4	0.999 816 2
9	0.999 808 8	0.999 801 3	0.999 793 6	0.999 785 9	0.999 778 0	0.999 769 9	0.999 761 7	0.999 753 4	0.999 745 0	0.999 736 4
10	0.999 727 7	0.999 718 9	0.999 709 9	0.999 700 8	0.999 691 5	0.999 682 0	0.999 672 4	0.999 662 7	0.999 652 9	0.999 642 8
11	0.999 632 8	0.999 622 5	0.999 612 1	0.999 601 7	0.999 591 1	0.999 580 3	0.999 569 4	0.999 558 5	0.999 547 3	0.999 536 1
12	0.999 524 7	0.999 513 2	0.999 501 6	0.999 489 8	0.999 478 0	0.999 466 0	0.999 453 8	0.999 441 5	0.999 429 1	0.999 416 6
13	0.999 404 0	0.999 391 3	0.999 378 4	0.999 365 5	0.999 352 4	0.999 339 1	0.999 625 8	0.999 312 3	0.999 298 7	0.999 285 0
14	0.999 271 2	0.999 257 2	0.999 243 2	0.999 229 0	0.999 214 7	0.999 200 3	0.999 185 8	0.999 171 1	0.999 156 4	0.999 141 5
15	0.999 126 5	0.999 111 3	0.999 096 1	0.999 080 8	0.999 065 3	0.999 049 7	0.999 034 0	0.999 018 2	0.999 002 3	0.998 986 2
16	0.998 970 1	0.998 953 8	0.998 937 4	0.998 920 9	0.998 904 3	0.998 887 6	0.998 870 7	0.998 853 8	0.998 836 7	0.998 819 5
17	0.998 802 2	0.998 784 9	0.998 767 3	0.998 749 7	0.998 731 9	0.998 714 1	0.998 696 1	0.998 678 1	0.998 659 9	0.998 641 6
18	0.998 623 2	0.998 604 6	0.998 586 1	0.998 567 3	0.998 548 5	0.998 529 5	0.998 510 5	0.998 491 3	0.998 472 0	0.998 452 6
19	0.998 433 1	0.998 413 6	0.998 393 8	0.998 374 0	0.998 354 1	0.998 334 1	0.998 314 0	0.998 293 7	0.998 273 3	0.998 252 9
20	0.998 232 3	0.998 211 7	0.998 190 9	0.998 170 1	0.998 149 0	0.998 128 0	0.998 106 8	0.998 085 5	0.998 064 1	0.998 042 6
21	0.998 021 0	0.997 999 3	0.997 977 5	0.997 955 6	0.997 933 5	0.997 911 4	0.997 889 2	0.997 866 9	0.997 844 4	0.997 821 9
22	0.997 799 3	0.997 776 5	0.997 753 7	0.997 730 8	0.997 707 7	0.997 684 6	0.997 661 3	0.997 638 0	0.997 614 5	0.997 591 0
23	0.997 567 4	0.997 543 7	0.997 519 8	0.997 495 9	0.997 471 8	0.997 447 7	0.997 443 5	0.997 399 1	0.997 371 7	0.997 350 2

续上表

温度(℃)	0.0	0.1	0.2	0.3	0.4	0.5	0.6	0.7	0.8	0.9
24	0.997 325 6	0.997 300 9	0.997 276 0	0.997 251 1	0.997 226 1	0.997 201 0	0.997 175 8	0.997 150 5	0.997 125 0	0.997 099 5
25	0.997 073 9	0.997 048 2	0.997 022 5	0.996 996 6	0.996 970 6	0.996 944 5	0.996 918 4	0.996 892 1	0.996 865 7	0.996 839 3
26	0.996 812 8	0.996 786 1	0.996 759 4	0.996 732 6	0.996 705 7	0.996 678 6	0.996 651 5	0.996 624 3	0.996 597 0	0.996 569 6
27	0.996 542 1	0.996 514 6	0.996 486 9	0.996 459 1	0.996 431 3	0.996 403 3	0.996 375 3	0.996 347 2	0.996 319 0	0.996 290 7
28	0.996 262 3	0.996 233 8	0.996 205 2	0.996 176 6	0.996 147 8	0.996 119 0	0.996 090 1	0.996 061 0	0.996 031 9	0.996 002 7
29	0.995 973 5	0.995 944 0	0.995 914 6	0.995 885 0	0.995 855 4	0.995 825 7	0.995 795 8	0.995 765 9	0.995 735 9	0.995 705 9
30	0.995 675 6	0.995 645 4	0.995 615 1	0.995 584 6	0.995 554 1	0.995 523 5	0.995 492 8	0.995 462 0	0.995 431 2	0.995 400 2
31	0.995 369 2	0.995 338 0	0.995 306 8	0.995 275 5	0.995 244 2	0.995 212 7	0.995 181 2	0.995 149 5	0.995 117 8	0.995 086 1
32	0.995 054 2	0.995 022 2	0.994 990 1	0.994 958 0	0.994 925 8	0.994 893 5	0.994 861 2	0.994 828 6	0.994 796 1	0.994 763 5
33	0.994 730 8	0.994 698 0	0.994 665 1	0.994 632 1	0.994 599 1	0.994 566 0	0.994 532 8	0.994 499 5	0.994 466 1	0.994 432 7
34	0.994 399 1	0.994 365 5	0.994 331 9	0.994 298 1	0.994 264 3	0.994 230 3	0.994 196 3	0.994 162 2	0.994 128 0	0.994 093 8
35	0.994 059 4	0.994 025 1	0.993 990 6	0.993 956 0	0.993 921 4	0.993 886 7	0.993 851 8	0.993 817 0	0.993 782 0	0.993 747 0
36	0.993 711 9	0.993 676 7	0.993 641 4	0.993 606 1	0.993 570 7	0.993 535 1	0.993 499 6	0.993 463 9	0.993 328 2	0.993 392 4
37	0.993 356 5	0.993 320 6	0.993 284 6	0.993 248 4	0.993 212 3	0.993 176 0	0.993 139 7	0.993 103 2	0.993 066 8	0.993 030 2
38	0.992 993 6	0.992 956 8	0.992 920 1	0.992 883 3	0.992 846 3	0.992 809 3	0.992 772 2	0.992 735 1	0.992 697 8	0.992 660 5
39	0.992 623 2	0.992 585 7	0.992 548 2	0.992 510 6	0.992 473 0	0.992 435 2	0.992 397 4	0.992 359 5	0.992 321 6	0.992 283 6

参考文献

[1] 中华人民共和国国家标准. GB/T 50123—1999 土工试验方法标准. 北京:中国计划出版社,1999.

[2] 中华人民共和国行业标准. TBJ 102—2004 铁路工程土工试验方法. 北京:中国铁道出版社,2004.

[3] 中华人民共和国行业标准. SL 237—1999 土工试验标准. 北京:中国水利水电出版社,1999.

[4] 中华人民共和国国家标准. GBJ 145—1990 土的分类标准. 北京:中国计划出版社,1990.

[5] 中华人民共和国冶金工业部标准. 冶金工业建设工程地质勘察土工试验操作规程. 北京:冶金工业出版社,1979.

[6] 中华人民共和国行业标准. DT—1992 土工试验标准. 北京:中国地质出版社,1992.

[7] 中华人民共和国行业标准. JTJ 051—93 公路土工试验规程. 北京:人民交通出版社,1993.

[8] 中华人民共和国行业标准. GB 50324—2001 冻土工程地质勘察规范. 北京:中国计划出版社,2001.

[9] 中华人民共和国交通部部标准. JTJ 002—87 公路工程名词术语. 北京:人民交通出版社,1999.

[10] 中华人民共和国行业标准. JTJ 004—89 公路工程抗震设计规范. 北京:人民交通出版社,1989.

[11] 中华人民共和国行业标准. JTG B01—2003 公路工程技术标准. 北京:人民交通出版社,2004.

[12] 中华人民共和国行业标准. JTJ 064—98 公路工程地质勘察规范. 北京:人民交通出版社,1998.

[13] 中华人民共和国行业标准. JTJ 024—85 公路桥涵地基与基础设计规范. 北京:人民交通出版社,1985.

[14] 中华人民共和国行业标准. JTG D30—2004 公路路基设计规范. 北京:人民交通出版社,2004.

[15] 中华人民共和国行业标准. JTG D70—2004 公路隧道设计规范. 北京:人民交通出版社,2004.

[16] 中华人民共和国行业标准.JTJ 059—95 公路路基路面现场测试规程.北京:人民交通出版社,1995.

[15] 中华人民共和国行业标准.JTG F80/1—2004 公路工程质量检验评定标准(土建工程).北京:人民交通出版社,2004.

[16] 中华人民共和国行业标准.JTG F10—2006 公路路基施工技术规范.北京:人民交通出版社,2006.

[17] 吉林省交通厅主编.公路工程抗冻设计与施工技术指南(公交便字[2006]02号).北京:人民交通出版社,2006.

[18] 新疆公路学会主编.盐渍土地区公路设计与施工指南(公交便字[2006]243号).北京:人民交通出版社,2006.

[19] 中华人民共和国行业标准.JGJ 118—98 冻土地区建筑地基基础设计规范.北京:中国建筑工业出版社,1998.

[20] 中华人民共和国行业标准.GB 50021—94 岩土工程勘察规范.北京:中国建筑工业出版社,1999.

[21] 中华人民共和国国家标准.GB 50007—2002 建筑地基基础设计规范.北京:中国建筑工业出版社,2002.

[22] 中华人民共和国国家标准.GBJ 25—90 湿陷性黄土地区建筑规范.北京:中国建筑工业出版社,1999.

[23] 中华人民共和国国家标准.GBJ 112—87 膨胀土地区建筑技术规范.北京:中国建筑工业出版社,1999.

[24] 中华人民共和国行业标准.JTJ 017—96 公路软土地基路堤设计与施工技术规范.北京:人民交通出版社,1996.

[25] 中华人民共和国行业标准.JTJ 056—84 公路工程水质分析操作规程.北京:人民交通出版社,1984.

[26] 中华人民共和国水利电力部.SDS 01—79 土工试验规程.北京:水利出版社,1980.

[27] 中华人民共和国水利电力部.土工试验操作规程(62 规程).北京:中国工业出版社,1963.

[28] 中华人民共和国行业标准.TBJ 102—96 铁路工程土工试验方法.北京:中国铁道出版社,2000.

[29] 中华人民共和国石化行业标准.YBJ 42—1992 土工试验规程.北京:冶金工业出版社,1992.

[30] 中华人民共和国国家标准.GB/T 50279—98 岩土工程基本术语标准.北京:

中国计划出版社,1998.

[31] 中华人民共和国行业标准.JGJ/T 97—95 工程抗震术语标准.北京:中国建筑工业出版社,1995.

[32] 中华人民共和国国家标准.GBJ 123—88 土工试验方法标准.北京:中国计划出版社,1990.

[33] 中华人民共和国国家标准.GBJ 7—89 建筑地基基础设计规范.北京:中国建筑工业出版社,1999.

[34] 中华人民共和国行业标准.CJJ 80—98 固化类路面基层和底基层技术规程.北京:中国建筑工业出版社,1998.

[35] 中华人民共和国行业标准.CJJ 4—97 粉煤灰石灰类道路基层施工及验收规程.北京:中国建筑工业出版社,1998.

[36] 中华人民共和国国家标准.GB/T 50269—97 地基动力特性测试规程.北京:中国计划出版社,1998.

[37] 中华人民共和国行业标准.JGJ 83—91 软土地区工程地质勘察规范.北京:中国建筑工业出版社,1992.

[38] 中华人民共和国水利电力部.SD 128—86 第二分册土工试验规程.北京:水利电力出版社,1987.

[39] 中华人民共和国水利电力部.SD 128—84 第一分册土工试验规程.北京:水利电力出版社,1987.

[40] 中华人民共和国行业标准.GB 50021—2001 岩土工程勘察规范.北京:中国建筑工业出版社,2001.

[41] 中华人民共和国国家标准.GB/T 1.1—2000 标准化工作导则第一部分:标准的结构和编写规则.北京:中国标准出版社,2000.

[42] 中华人民共和国行业标准.JTG C30—2003 公路工程水文勘测设计规范.北京:人民交通出版社,2003.

[43] 中华人民共和国行业标准.JTG D60—2004 公路桥涵设计通用规范.北京:人民交通出版社,2004.

[44] 中华人民共和国行业标准.JTG D61—2005 公路圬工桥涵设计规范.北京:人民交通出版社,2005.

[45] 中华人民共和国行业标准.JTG E41—2005 公路工程岩石试验规程.北京:人民交通出版社,2005.

[46] 中华人民共和国行业标准.JTG E42—2005 公路工程集料试验规程.北京:人民交通出版社,2005.

[47] 中华人民共和国行业标准. JTG E50—2006 公路土工合成材料试验规程. 北京:人民交通出版社,2006.
[48] 中华人民共和国行业标准. JTG G10—2006 公路工程施工监理规范. 北京:人民交通出版社,2006.
[49] 中华人民共和国行业标准. JTG H12—2003 公路隧道养护技术规范. 北京:人民交通出版社,2003.
[50] 中华人民共和国行业标准. JTG H11—2004 公路桥涵养护规范. 北京:人民交通出版社,2004.
[51] 长沙理工大学主编. 公路土钉支护技术指南(公交便字[2006]02 号). 北京:人民交通出版社,2006.
[52] 中华人民共和国交通行业标准. JT/T 480—2002 交通工程土工合成材料土工格栅. 北京:人民交通出版社,2002.
[53] 中华人民共和国交通行业标准. JT/T 513—2004 公路工程土工合成材料土工网. 北京:人民交通出版社,2004.
[54] 中华人民共和国交通行业标准. JT/T 514—2004 公路工程土工合成材料有纺土工织物. 北京:人民交通出版社,2004.
[55] 中华人民共和国交通行业标准. JT/T 515—2004 公路工程土工合成材料土工模袋. 北京:人民交通出版社,2004.
[56] 中华人民共和国交通行业标准. JT/T 518—2004 公路工程土工合成材料土工膜. 北京:人民交通出版社,2004.
[57] 中华人民共和国交通行业标准. JT/T 664—2006 公路工程土工合成材料防水材料. 北京:人民交通出版社,2006.
[58] 中华人民共和国交通行业标准. JT/T 665—2006 公路工程土工合成材料排水材料. 北京:人民交通出版社,2006.
[59] 中华人民共和国交通行业标准. JT/T 666—2006 公路工程土工合成材料轻型硬质泡沫材料. 北京:人民交通出版社,2006.
[60] 中华人民共和国交通行业标准. JT/T 667—2006 公路工程土工合成材料无纺土工织物. 北京:人民交通出版社,2006.
[61] 中华人民共和国交通行业标准. JT/T 668—2006 公路工程土工合成材料保温隔热材料. 北京:人民交通出版社,2006.
[62] 中华人民共和国交通行业标准. JT/T 669—2006 公路工程土工合成材料复合材料的分类、性能要求和试验方法. 北京:人民交通出版社,2006.
[63] 太沙基,等著. 工程实用土力学. 北京:水利电力出版社,1960.

[64] 南京水利科学研究院土工研究所编著.土工试验技术手册.北京:人民交通出版社,2003.
[65] 武汉水利电力学院主编.土力学及岩石力学.北京:水利电力出版社,1979.
[66] 日本土质工学会.粗粒料的现场压实.北京:中国水利电力出版社,1999.
[67] 洪毓康主编.土质学与土力学.北京:人民交通出版社,2003.
[68] 孙忠义,等编著.公路工程试验工程师手册.北京:人民交通出版社,2006.
[69] 李冰,等.振动压实机与震动压实技术.北京:人民交通出版社,2001.
[70] 高速公路丛书编委会.高速公路路基设计与施工.北京:人民交通出版社,1998.
[71] 王晓谋,等.高等级公路软土地基路堤设计与施工技术. 北京:人民交通出版社,2001.
[72] 裴章勤,等.湿陷性黄土地基处理.北京:中国铁道出版社,1992.
[73] 张中兴译.湿陷性黄土上地基与基础的计算.北京:水利电力出版社,1984.
[74] 沙庆林编著.公路压实与压实标准.北京:人民交通出版社,1999.
[75] 捷尼索夫著.黄土与黄土状亚粘土的建筑性质.北京:地质出版社,1956.
[76] 交通部第三铁路工程局等编.粉细砂浸水路堤.北京:人民交通出版社,1975.
[77] 张建仁,等编著.公路工程结构可靠度理论及其应用.北京:人民交通出版社,1995.
[78] 屈智炯.土的塑性力学.成都:成都科技大学出版社,1987.
[79] 王观平,等编著.分散性粘土与水利工程.北京:中国水利水电出版社,1999.
[80] 吴邦颖,等编著.软土地基处理.北京:中国铁道出版社,1995.
[81] 蒋彭年编著.土的本构关系.北京:科学出版社,1982.
[82] [苏]维亚洛夫,等著.人工冻结土强度与蠕变计算.兰州:中国科学院兰州冰川冻土研究所图书情报室,1983.
[83] 前家欢主编.土力学.南京:河海大学出版社,1988.
[84] 冯夏庭主编.面向学科前沿,面向国家需求.北京:科学出版社,2003.
[85] 王锺琦,等编筑.岩土工程测试技术.北京:中国建筑工业出版社,1986.
[86] 罗家枢主编.土力学.北京:水利电力出版社,1990.
[87] 周汉荣主编.土力学地基与基础.武汉:武汉工业大学出版社,1988.
[88] 陈希哲. 土力学地基基础.北京:清华大学出版社,1982.
[89] 方左英主编.路基工程.北京:人民交通出版社,1993.
[90] 黄熙龄,等编.地基基础的设计与计算.北京:中国建筑工业出版社,1981.
[91] [美]吴天行.土力学.成都:成都科技大学出版社,1982.

[92] 费洛林著.土体压密理论.北京:水利电力出版社,1958.
[93] 杨人凤著.冲击振动复合压实技术与设备.北京:中国科学技术出版社,2003.
[94] 黄文熙主编.土的工程性质.北京:水利电力出版社,1983.
[95] 晏同珍著.水文工程地质与环境保护.武汉:中国地质大学出版社,1994.
[96] [美]米切尔著.岩土工程土性分析原理.南京:南京工学院出版社,1988.
[97] 河北省宣大高速公路管理处.黄土地区高速公路施工新技术.北京:人民交通出版社,2001.
[98] 梁富权,等主编.路基路面工程.北京:人民交通出版社,1998.
[99] 曾宪明,等编著.土钉支护设计与施工手册.北京:中国建筑工业出版社,2000.
[100] [印度]普拉卡什著.土动力学.北京:水利电力出版社,1984.
[101] 童长江、管枫年.土的冻胀与建筑物冻害防治.北京:水利电力出版社,1985.
[102] 郑颖人、沈珠江编著.广义塑性理论岩土塑性力学原理.重庆:中国人民解放军后勤工程学院,1998.
[103] 赵维炳主编.排水固结加固软基技术指南.北京:人民交通出版社,2005.
[104] 陈肇元,崔京浩主编.土钉支护在基坑工程中的应用.北京:中国建筑工业出版社,2000.
[105] 丁玉琴译.最新软弱地基处理方法.北京:中国铁道出版社,1988.
[106] 刘大鹏,等主编.基础工程.北京:清华大学出版社、北京交通大学出版社,2005.
[107] 华东水利学院土力学教研室主编.土工原理与计算.北京:水利出版社,1980.
[108] 蔡体楞主编.杭甬高速公路软土地基处理.杭州:杭州出版社,1998.
[109] 张剑锋,等编译.岩土工程勘测设计手册.北京:水利电力出版社,1992.
[110] 华南工学院,等编.地基及基础.北京:中国建筑工业出版社,1981.
[111] 河海大学,等主编.交通土建软土地基工程手册.北京:人民交通出版社,2001.
[112] 刘景政,等编著.地基处理与实例分析.北京:中国建筑工业出版社,1998.
[113] 俞调梅,等译校.岩土工程.北京:中国建筑工业出版社,1986.
[114] 魏道垛主编.西部开发中的岩土工程问题.上海:同济大学出版社,2005.
[115] [美]黄仰贤著.路面分析与设计.北京:人民交通出版社,1998.
[116] 交通部第二公路勘察设计院主编.路基.北京:人民交通出版社,1997.
[117] 刘金励主编.桩基工程技术.北京:中国建材工业出版社,1996.

[118] 俞衍升,等主编.水利技术标准汇编水利水电卷仪器.北京:中国水利水电出版社,2002.

[119] 钱鸿晋,等.湿陷性黄土路基.北京:中国建筑出版社,1985.

[120] 刘祖典.黄土力学与工程.西安:陕西科学技术出版社,1997.

[121] 林崇义.黄土的结构特性.北京:科学出版社,1961.

[122] 中国科学院土木建筑研究所土力学研究室.黄土基本性质的研究.北京:科学出版社,1961.

[123] 窦宜,等.土工实验室测定技术.北京:水利电力出版社,1987.

[124] 赵祖康,等主编.道路与交通工程词典.北京:人民交通出版社,1995.

[125] 王园.膨胀土三向和单向变形特性研究.区域性土的岩土工程问题讨论会论文集.南京:原子能出版社,1996.

[126] 王园.膨胀土地基的吸水变形性能.全国山区地基基础学术讨论会论文集.重庆:重庆大学出版社,1997.

[127] 王园,等.材料本构的数据描述方法.现代力学与科技进步.北京:清华大学出版社,1997.

[128] 王园,等.西安地区地面沉降灾害问题的数据本构分析.工程地质面向21世纪.武汉:中国地质大学出版社,1997.

[129] 王园,等.上海市地面沉降灾害的数据本构预测分析.中国地质灾害与防治学报,1997(3).

[130] 王园.膨胀土的变形性能.工程勘察,1997(5).

[131] 王园,等.西安地裂灾害问题数据本构分析.西安地质学院学报,1998(1).

[132] 王园,等.岩石边坡动力特性及其地震动力响应研究.工程地质面向21世纪.武汉:中国地质大学出版社,1997.

[133] 王园,等.地质灾害问题的数据本构分析意义.自然灾害学报,1998(1).

[134] 王园,等.斜坡地质灾害成因问题数据本构分析.地质灾害与环境保护,1998(3).

[135] 王园.西安地裂与地面沉降灾害投影寻踪分析预测.工程地质学报,1999(1).

[136] 王园.长江三峡巴东县黄土坡前缘斜坡变形数据本构分析预测研究.地球科学,1998(6).

[137] 王园.MOMTE CARLO量子格点模拟.新疆师范大学学报(自然科学版),1999(3).

[138] 王园,等.超晶格BOSON—FREMION偶合效应与非绝热效应竞争的计算

机投影寻踪回归模拟分析.新疆师范大学学报(自然科学版),1999(3).

[139] 王园.高速公路横向半填半挖路基特殊病害研究.2000年道路工程学会论文集.北京:人民交通出版社,2000.

[140] 王园.半填半挖路基病害数据本构分析研究.2000年公路学会年会论文集.中国公路,2000.

[141] 王园.高孔隙率湿陷性黄土路基施工处治.湿陷性黄土研究与工程.2001年全国黄土会议论文集.2001.

[142] 王园.数据本构在斜坡地质灾害防治目标研究中的应用.第七届全国岩土数值计算分析会议论文集.2001.

[143] 王园.路基粉土试验指标的数据本构分析计算.2001年公路工程地质年会论文集.2001.

[144] 王园.路基地层划分数据本构分析.成都理工学院学报,2001,28,(增刊).

[145] 王园,等.西部山区膨胀土路基浸水变形试验研究.2001年公路学会年会论文集.2001.

[146] 王园.土工合成材料在公路反滤防渗排水中的应用.全国反滤防渗排水会议论文集.2001.

[147] 王园.数据本构在岩土本构模型中的应用.中国公路学会2002年学术交流论文集.2002.

[148] 王初生,王园,等.隧道浅埋偏压段稳定性评价方法及其应用."国际隧道研讨会暨公路建设技术交流大会"论文集.2002.

[149] 王初生,王园,等.土工织物加筋柔性桥台合理间距的模型试验研究.公路交通科技,2004,21(5).

[150] 梁向前,王园,等.碎石土振动压实动态监测方法研究.地球物理学进展,2004,19(4):864—867.

[151] 李辉,王园,等.利用波动参数检测路基施工质量的试验研究.工程地质学报,2004,12(2):221—224.

[152] 王初生,王园,等.土工织物加筋柔性台背路堤非线性计算与评价.水文地质工程地质,2006,(1).

[153] 李辉,王园,等.高液限黏土路基填土工程性质探讨.中国地质灾害与防治学报,2006(4).

[154] 李辉,王园,等.含砂低液限粉土的压实特性研究.探矿工程(岩土钻掘工程),2006(9).

[155] 刘祖德,王园.膨胀土浸水三向变形研究.武汉水利电力大学学报,2004(6).

[156] 王园,刘祖德.三向应力作用下膨胀土吸水变形性能.中加非饱和土学术研讨会.1994.

[157] 王恭先,王园,等.中国铁路与公路建设中的边坡工程.第二届全国岩土与工程学术大会.2006.

[158] 梁向前,王园.碎石土振动压实特性试验研究.第九届全国岩石动力学学术会议.2005.

[159] 王园,等.固体材料数据本构研究.新疆师范大学学报(自然科学版),1995(2).

[160] 王园.土的工程分类PC—1500计算机程序简介.水电自动化与大坝监测,1987(5).

[161] 王园.《交通工程土工合成材料土工格栅》产品质量技术标准简介.公路交通科技(应用技术版),2004(1).

[162] 王园.《公路工程土工合成材料土工网》产品质量技术标准简介.公路交通科技(应用技术版),2004(2).

[163] 王园.《公路工程土工合成材料土工膜》产品质量技术标准简介.公路交通科技(应用技术版),2005(2).

[164] 王园.《公路工程土工合成材料土工模袋》产品质量技术标准简介.公路交通科技(应用技术版),2005(2).

[165] 王园.《公路工程土工合成材料有纺土工织物》产品质量技术标准简介.公路交通科技(应用技术版),2005(3).

[166] 王园.《公路工程土工合成材料排水材料》产品质量技术标准简介.全国排水反滤学术研讨会论文集.2005.